犯罪及其原因
和矫治

〔意〕切萨雷·龙勃罗梭 著

吴宗宪 译

商务印书馆
The Commercial Press

Cesare Lombroso
CRIME: ITS CAUSES AND REMEDIES
Translated by Henry P. Horton
Boston
Little, Brown, and Company
1911
根据利特尔 & 布朗出版公司 1911 年英译本译出

龙勃罗梭及其犯罪学研究
（代译序）

一、导言

切萨雷·龙勃罗梭（Cesare Lombroso，1835—1909）是意大利精神病学家、犯罪学家、实证主义犯罪学学派的创始人和主要代表人物。从犯罪学历史以及龙勃罗梭对于现代犯罪学的诞生所做出的贡献来看，可以把龙勃罗梭看成是现代犯罪学的创始人。在汉语文献中，他的姓 Lombroso 又译为"隆布罗索"、[①]"龙布罗梭"、[②]"龙勃罗索"[③]等。

作为一名伟大的犯罪学家，龙勃罗梭在学术方面获得了多种头衔。主要有四个：

（1）"犯罪学之父"（father of criminology）。较早使用这个头

[①] 《简明不列颠百科全书》（中文版，第5卷），中国大百科全书出版社1986年版，第374页。

[②] 马克昌主编：《近代西方刑法学说史略》，中国检察出版社2004年版，第163页。

[③] 王牧：《犯罪学》，吉林大学出版社1992年版，第77页。

衔的是美国犯罪学家格雷沙姆·赛克斯,他在1978年出版的《犯罪学》一书中使用了这个头衔。① 此后,其他研究者也使用了这个头衔。②

(2)"现代犯罪学之父"(father of modern③ criminology)。较早使用这个头衔的是匈牙利出生的美国犯罪学家斯蒂芬·谢弗,他在1969年出版的《犯罪学中的理论:犯罪问题的过去和现在的哲学》一书中使用了这个头衔。④ 此后,美国著名犯罪学家马文·沃尔夫冈、⑤美国出生的加拿大犯罪学家约翰·哈根、⑥美国女犯罪学家休·泰特斯·里德⑦等人沿用了这个头衔。

(3)"生物实证主义学派的创建之父"(the founding father of the biological positivist school)。这是英国犯罪学家伊恩·泰勒

---

① Gresham M. Sykes, *Criminology* (New York: Harcourt Brace Jovanovich Inc., 1978), p.12.

② Frank E. Hagan, *Introduction to Criminology: Theories, Methods, and Criminal Behavior*, 4th ed. (Chicago: Nelson-Hall Publishers, 1998), p.115. Larry J. Siegel, *Criminology*, 9th ed. (Belmont, CA: Thomson Higher Education, 2006), p.8.

③ modern 这个词既包含"近代的"意思,也包含"现代的"意思;"近代""现代"之分似乎是中国历史研究中使用的特有分类。过去翻译为"近代的",是以中国的框架衡量西方的内容,似乎不妥。

④ Stephen Schafer, *Theories in Criminology: Past and Present Philosophies of the Crime Problem* (New York: Random House, 1969), p.123.

⑤ Marvin Wolfgang, "Cesare Lombroso", in Herman Mannheim (ed.), *Pioneers in Criminology*, 2nd ed. (Montclair, NJ: Patterson Smith, 1972), p.232.

⑥ John Hagan, *Modern Criminology: Crime, Criminal Behavior, and Its Control* (New York: McGraw-Hill, 1985), p.19.

⑦ Sue Titus Reid, *Crime and Criminology*, 11th ed. (New York: McGraw-Hill, 2006), p.62.

等人使用的头衔。①

（4）"意大利学派之父"（father of the Italian School）。这是美国著名犯罪学家马文·沃尔夫冈使用的头衔。②

在这些头衔中，最为贴切的头衔可能是"现代犯罪学之父"，因为这一方面表明，龙勃罗梭对犯罪学的发展起了极其重要的作用；另一方面，龙勃罗梭对于犯罪学的贡献，是在较晚的时期做出的，特别是促进了现代犯罪学的诞生和迅速发展。因此，把龙勃罗梭看成现代犯罪学的创始人，是比较恰当的。

一些犯罪学家把龙勃罗梭称为"犯罪学之父"，这个头衔虽然表明了对龙勃罗梭在犯罪学方面的巨大贡献的肯定，但是，并不十分恰当，因为龙勃罗梭的同胞和前辈切萨雷·贝卡里亚（Cesare Beccaria,1738—1794）对于犯罪学的早期发展，做出了巨大的贡献，他和英国学者杰里米·边沁（Jeremy Bentham, 1748—1832）等人一起创立了古典犯罪学学派。有些学者把贝卡里亚称为"犯罪学之父"，③这可能是更为恰当的。

龙勃罗梭不仅自己对犯罪学有精深的研究，而且创立了一个重要的犯罪学学派。对于这个学派的名称，人们有不同的称呼。例如，美国现代犯罪学家伦纳德·萨维茨（Leonard Savitz,1926—

---

① Ian Taylor, Paul Walton & Jack Young, *The New Criminology: For a Social Theory of Deviance* (London: Rutledge & Kegan Paul. , 1973), p. 41.

② Marvin Wolfgang, "Cesare Lombroso", in Hermann Mannheim (ed.), *Pioneers in Criminology*, 2nd ed. (Montclair, NJ: Patterson Smith, 1972), p. 241.

③ Dennis C. Benamati, Phyllis A. Schultze, Adam C. Bouloukos & Graeme R. Newman, *Criminal Justice Information: How to Find It, How to Use It* (Phoenix, Arizona: The Oryx Press, 1988), p. 2.

2002)在谈到龙勃罗梭时指出:"他是一个思想和研究学派的创始人,对这个学派有不同的称呼——意大利学派(Italian school)、人类学学派(anthropological school)、现代学派(modern school),但最广泛使用的称呼是实证主义学派(positivist school,la Scuola Positiva)。"[1]

二、生平与著作

龙勃罗梭的一生,是辛勤研究、锐意探索的一生。了解他的生平、研究和思想发展轨迹,对以后的犯罪学家而言,有重要的借鉴价值。

龙勃罗梭于1835年11月6日生于意大利维罗纳的一个犹太人家庭,在五个孩子中排行第二。先后在帕维亚大学(1852—1854)、维也纳大学(1855—1856)读书。龙勃罗梭早期对病理学的兴趣就是在维也纳大学时产生的,这种兴趣逐渐发展成为持久的对精神病学的职业性研究,使龙勃罗梭有可能对脑解剖学和脑生理学进行深入研究。1858年,龙勃罗梭从帕维亚大学获得医学学位,这时他对呆小病和糙皮病产生了浓厚兴趣,这是两种流行于意大利北部地区达两个世纪之久的地方病。1859年,他发表了关于呆小病的初步研究,这项研究作为博士论文,使龙勃罗梭在同年获得了热那亚大学的外科学学位。同年,意大利和奥地利之间发生战争,龙勃罗梭从军入伍,担任军医,直到1863年。在战争结束

---

[1] Leonard Savitz, "Introduction to the Reprint Edition", in Gina Lombroso-Ferrero, *Criminal Man: According to the Classification of Cesare Lombroso* (Montclair, NJ: Patterson Smith, 1972), pp. vi-vii.

后，龙勃罗梭开始对3000名士兵进行系统的观察和测量，试图用测量方法分析和表达他在意大利不同地区的居民中已经注意到的身体差异。在此期间，他也对文身，特别是对他觉得品质很差的士兵身上的淫秽标记作了观察。文身后来成为龙勃罗梭识别犯罪人的特征之一。

在军队驻帕维亚的和平时期，他有机会从事临床精神病学研究。他得到允许，可以对圣尤菲米娅医院的精神病人作临床研究。1862年，龙勃罗梭在当军医的同时，又兼任了帕维亚大学精神病学及病理学讲师，获得了讲授自己学说的机会。他在该大学作了一系列精神病学与人类学方面的演讲，并于1863年出版了《精神疾病临床教程导论》一书，第一次系统论述了他所研究过的糙皮病、天才、犯罪与精神错乱的关系。1863年，龙勃罗梭辞去军医职务，但是讲师的薪金又很少，因此，他不得不靠翻译外国著作补贴生活费用。

1864年，龙勃罗梭被任命为帕维亚大学精神病学教授。他当教授后发表的第一篇论文是《天才与精神错乱》，这篇论文当年就被扩充成同名著作——《天才与精神错乱》出版，得到了很多的好评，于1894年出了第6版，并被译成多国文字出版。这部著作也是龙勃罗梭的代表著作《犯罪人论》的先驱，它的续篇《天才与退化》于1897年出版。从1863年起，龙勃罗梭也兼管帕维亚医学院中的精神病人，这使他有机会用人类学方法观察和测量精神病人和在精神病院中关押的犯罪人，对他们进行比较研究，特别注意研究犯罪人的头盖骨和相貌。

1869年，34岁的龙勃罗梭与22岁的犹太姑娘亚历山德里娅

(Alexandria)结婚,婚后得两个女儿波拉(Paola)和吉娜(Gina)。这两个女儿及她们的丈夫都对龙勃罗梭的研究给予了帮助,并且对龙勃罗梭产生了重要影响,他们将新颖的世界观带给了他们的父亲。大女儿波拉与医生马里奥·克拉拉(Mario Carrara)结婚。小女儿吉娜与历史学家古格列莫·费雷罗(Guglielmo Ferrero, 1871—1943)结婚。

随着研究的发展,龙勃罗梭产生了建立精神病人与犯罪人的人类学学说的想法。恰在这时,他得到了一个极好的实践机会,于1870年被任命为佩萨罗(Pesaro)地方的精神病院院长。当地有一个很大的监狱,为龙勃罗梭研究犯罪人提供了可能,他便用一年时间在监狱中精心研究,搜集了许多有关犯罪人的人类学资料。1871年,龙勃罗梭在解剖一个犯人时发现,这个犯人的头盖骨上有在某种低等动物脑部才有的形态特征——中央枕骨窝(median occipital fossa,又译为"枕骨中窝""中央缓头窝"),于是,他在1872年发表题为《对400名威尼斯犯罪人的人体测量》的论文,提出了一种关于犯罪人生来就具有犯罪本能的假说。同年,加罗法洛和菲利也发表了有关犯罪行为这方面的论文,因此,有的人把1872年看成是犯罪人类学产生的年份。

1876年,龙勃罗梭接受了都灵大学任命他为法医学和公共卫生学教授的职位,后来又担任都灵大学的精神病学和临床精神病学教授(1896)、犯罪人类学教授(1906)。1876年,龙勃罗梭在米兰出版他的代表著作——《犯罪人:人类学、法理学和精神病学的思考》,简称为《犯罪人论》(*L'Uomo Delinquente*),由于所收集到的资料较少,这本书仅是一个252页的小册子。在都灵,有一个很大的拘留未决犯的监狱，龙勃罗梭兼任这个监狱的狱医，因此，他每年精心在监狱中研究200个左右的犯罪人，不断发表关于犯罪人研究的论著：1877年发表《尸体法医学》；1878年在都灵出版《犯罪人论》第二版，篇幅增至740页，这本书为龙勃罗梭在意大利之外赢得了声誉。

1880年是一个比较重要的年份，在菲利和加罗法洛的协助下，龙勃罗梭创办了《精神病学、犯罪人类学和刑罚学档案》，作为宣传犯罪人类学领域的思想学说的阵地。1881年，龙勃罗梭发表《自杀及犯罪中的恋爱》；1885年出版《犯罪人论》第3版；1888年出版《监狱笔记》；1889年《犯罪人论》第4版出版，篇幅扩充为2卷；1890年与拉司奇（Rodolfo Laschi）合著的《法律及犯罪人类学中的政治犯罪与革命》出版；1893年发表《精神病及犯罪人类学最近的发现及其适用》，同年又出版与其女婿古格列莫·费雷罗合著的《女性犯罪人；卖淫者及普通妇女》；1896年出版《犯罪人论》第5版的第1卷（序言35页，正文650页）和第2卷（576页）；1897年出版《犯罪人论》第5版的第3卷（正文677页，另外有附录102个图表）。

1896—1897年出版的3卷本的《犯罪人论》第5版，是集中体现龙勃罗梭犯罪人理论的集大成的著作。该书第1卷是对植物、动物、野蛮人和儿童中的犯罪的隔代遗传根源的调查。这是对生来犯罪人、癫痫病人的生理特征，对现代颅相学，对与各类犯罪有关的异常现象，对脊柱、骨盆、肢体和观相学进行详尽研究的结果。所提供的数据，是以龙勃罗梭及其同事对7000多名犯罪人进行检查的结果为基础的。书中论述了犯罪人和癫痫病人的脑回和大脑皮层组织结构中肉眼可见的异常现象,论述了犯罪人的许多生理退化特征和心理特征。最后,分别论述了不同类型的犯罪人——癫痫犯罪人和悖德狂犯罪人,政治犯罪人和激情犯罪人,醉酒犯罪人,癔症性犯罪人和精神紊乱犯罪人,并且互相加以比较。第2卷讨论了癫痫病人及其肌肉疲劳测定情况、癫痫病人的心理、笔迹和视觉异常;此外,还补充了对激情犯罪人、精神病人的一些研究。第3卷论述了犯罪的原因、矫治和预防。

1899年,龙勃罗梭《犯罪人论》第5版的第3卷被译成法文在巴黎出版,书名为《犯罪,原因与矫治》,1902年被译成德文在柏林出版。1910年由亨利·霍顿翻译成英文,并于1911年在美国以《犯罪及其原因和矫治》(Crime: Its Causes and Remedies)为名出版。1911年在美国出版的、由龙勃罗梭的女儿吉娜·龙勃罗梭-费雷罗(Gina Lombroso-Ferrero)用英文写的《犯罪人:根据切萨雷·龙勃罗梭的分类》(Criminal Man: According to the Classification of Cesare Lombroso)[①]一书,是英语读者用来了解龙勃罗梭《犯罪人论》全书内容的权威性著作,龙勃罗梭本人为此书写了序言。

龙勃罗梭兴趣广泛。在都灵大学时代,他除了进行大量有关犯罪人的研究之外,还对精神病学、法医学等继续进行研究,成绩卓著。1873年,他出版了一本《精神病的法理学》。1883年,他出版了《精神病人反常的爱与早熟》。

---

① 该书的中译本名称是《犯罪人:切萨雷·龙勃罗梭犯罪学精义》,吴宗宪译,中国人民公安大学出版社2009年版。

1886年出版的《法医学讲义》(Leziori di Medicina Legale，1900年出第2版)，试图以简明扼要和通俗的形式表述犯罪人类学家的理论。该书主要由作者以前在大学中进行的一系列演讲讲稿组成。该书有三个部分：第一部分是犯罪人类学，概述了作者关于犯罪人的隔代遗传和病理根源的观点；第二部分是与法医学有关的精神病，包括精神错乱、先天性精神病、习得性精神病、与神经病有关的精神病和中毒性精神病；第三部分深入讨论了严重犯罪与法医学的关系。

1889年出版《精神病学中的天才》。1890年出版《尸体法医学》第2版，同年又出版《精神错乱与变态》。1895年出版《笔迹学》一书。1902年发表《关于天才的新研究》。1905年发表《法律精神病学鉴定》。1908年发表《催眠及心理现象研究》一书。

1902年，龙勃罗梭出版了《古代与近代的犯罪》(Delitti Vecchi e Delitti Nuovi)一书。该书共分三部分：第一部分是对欧洲、墨西哥、美国和澳大利亚的犯罪的比较与统计研究；第二部分描述了近代以前的著名犯罪人的生涯；第三部分论述了近代的著名犯罪人。

1905年，出版了《法律精神病学的诊断方法》(La Perizia Psichiatrica Legale)。这是一本供与犯罪人接触的专业人员，例如法官、医生、鉴定人使用的教科书。该书第一部分包括由作者与其同事在工作中收集的、用新方法进行诊断的50个案例；第二部分是"犯罪人类学的技术方面"，详细论述了检查犯罪嫌疑人、对犯罪嫌疑人进行分类的方法。

1906年，龙勃罗梭获得法国政府授予的第三级法国荣誉勋位,并在法国创建了犯罪人类学博物馆。1908年5月,美国刑法与犯罪学研究所(the American Institute of Criminal Law and Criminology)第一任所长、美国西北大学法学院院长约翰·威格莫尔(John Wigmore,1863—1943)拜访龙勃罗梭,推荐他担任1909—1910年西北大学的哈里斯讲座演讲人(Harris Lecturer)。龙勃罗梭很感兴趣,但是由于年老未能成行。几个月后的1909年10月9日清晨,龙勃罗梭这位伟大的犯罪学家安静地去世。根据他的遗愿,他的遗体被送到法医学实验室,由托瓦(Tovo)教授代替龙勃罗梭的女婿克拉拉进行尸体解剖,龙勃罗梭的大脑被安放在解剖学研究所中。①

龙勃罗梭是一位兴趣广泛、涉足领域较多的伟大学者。他的研究辐射到精神病学、人类学、犯罪学、历史学、文学等很多方面。从龙勃罗梭的一生来看,他在犯罪学方面的兴趣与活动大致按这样的顺序发展:②

(1)当他在意大利军队中任军医时,发现了文身士兵的不良品性和行为。他注意到,坏的士兵在身体的许多部位都有淫秽下流的文身图案。文身后来成为龙勃罗梭识别生来犯罪人的主要特征之一。

(2)将身体测量方法应用于对精神病院的精神病人的研究,因为龙勃罗梭不满意当时的精神病学的理论与实践。这方面的研

---

① Hermann Mannheim (ed.), *Pioneers in Criminology*, 2nd ed. (Montclair, NJ: Patterson Smith, 1972), p. 241.

② Gina Lombroso-Ferrero, *Criminal Man: According to the Classification of Cesare Lombroso* (Montclair, NJ: Patterson Smith, 1972), pp. xxii-xxx.

究使他得出了调查研究的中心是精神病人而不是精神疾病的结论。

（3）将这些身体和心理方面的研究方法应用于对犯罪人的研究，即研究犯罪人与精神病人的差别与相似之处。

（4）直接将犯罪人与正常人、精神病人进行比较和分析研究。

三、生来犯罪人论

（一）理论产生的过程

生来犯罪人（意大利语 delinquente nato，英语 born criminal）学说，是龙勃罗梭最重要、最有影响的犯罪学理论，也是龙勃罗梭用力最多、最富于创新精神的理论，当然，也是后来最有争论的理论观点之一。这种理论是龙勃罗梭在运用体质人类学等学科的方法进行大量的人体测量、尸体解剖和对获得的资料进行多方面的分析、比较的基础上提出的。不过，龙勃罗梭并没有创造"生来犯罪人"这个术语，这个术语是由他的朋友、意大利社会学家和犯罪学家菲利（Enrico Ferri，1856—1929）首先提出来的。[1]

龙勃罗梭的生来犯罪人学说，是在大量实证研究的基础上提出的。在龙勃罗梭时代，观相术、颅相学已经有了很大发展，实证主义、进化论、唯物主义也已经得到广泛传播，体质人类学的人体

---

[1] Stephen Schafer, *Theories in Criminology: Past and Present Philosophies of the Crime Problem* (New York: Random House, 1969), p.126.

测量方法在人类学研究中已经得到大量应用,文化人类学对许多地方居民的风俗习惯进行了较多研究。受过系统医学教育并对许多方面感兴趣的龙勃罗梭,通过对士兵、精神病人、犯罪人等的观相术和颅相学观察、身体测量、尸体解剖等方法,发现善良的人和不良的人不仅在性情方面,而且在身体解剖特征等方面,都有明显的差异。龙勃罗梭对383名死刑犯人的颅骨(头盖骨)进行的解剖检查发现,这些犯罪人具有一系列不同于正常人的解剖学特征。特别是在帕维亚时,龙勃罗梭认识了伦巴第省的一个江洋大盗维莱拉(Vilella,又译"维内拉"),这个犯罪人的残忍的犯罪活动,使整个伦巴第省都产生了恐怖氛围。龙勃罗梭在监狱中与这个犯人进行了接触,这个大盗很直爽地将他无耻的犯罪行为告诉了龙勃罗梭。龙勃罗梭发现,维莱拉是一个体力强壮、行动敏捷的人,表现出危险犯罪人或职业犯罪人通常所具有的自负傲慢。因此,龙勃罗梭确信,他找到了解释犯罪行为的正确线索。1870年11月,当这个犯人死后,龙勃罗梭应邀对他进行尸体解剖。当他打开维莱拉的颅骨后,龙勃罗梭发现了一个明显的凹陷,他称为"中央枕骨窝";在维莱拉的大脑中,龙勃罗梭还发现中央枕骨窝附近的小脑蚓部肥大(发育过度)。这两种特征是众所周知的低等灵长目动物,例如类人猿的特征,"在低劣的人种中都很少见",这说明维莱拉是在龙勃罗梭生活的那个时代出生的原始野蛮人。受这一事实的启发,龙勃罗梭提出了生来犯罪人理论,认为犯罪人是出生在文明时代的野蛮人,他们的生物特征决定了他们从出生时起就具有原始野蛮人的心理与行为特征,这种行为必然不符合文明社会中的传统、习惯和社会规范,必定构成犯罪。由此可见,犯罪人是一种自出生时起就具有犯罪性的人,他们的犯罪性是与生俱来的,是由他们的异常生物特征决定的,犯罪人就是生来就会犯罪的人。决定犯罪人生来就具有犯罪性的这种生物异常,则是通过隔代遗传而来的。

(二) 生来犯罪人的特征

龙勃罗梭对生来犯罪人特征的描述,大体上可以分为六个方面:[①]

1. 生来犯罪人的身体特征

龙勃罗梭发现,生来犯罪人的头部外形、面部、眼睛、耳部、鼻部、嘴部、颊囊、腭部、牙齿、颏部(下巴)、皱纹、毛发、胸部、骨盆和腹部、上肢和下肢、脚、大脑和小脑等,都与正常人有所不同。例如,生来犯罪人的颚部异常发达,下巴向上突起;有犬齿窝,这个部位的肌肉像狗那样发达。女性犯罪人和杀人犯的嘴唇多肉膨胀而向外突出,"就像黑人那样"。诈骗犯的嘴唇薄而直挺;犯罪人中有兔唇的也比正常人多。很多生来犯罪人脸颊上有肉褶皱,就像一些哺乳动物的颊囊那样。生来犯罪人的面部皱纹在数量、变化和产生时间方面,都与一般人明显不同。犯罪人的皱纹往往有这样的特征:额部有竖皱纹和横皱纹,鼻根部有竖皱纹和半圆形皱纹,

---

① Gina Lombroso-Ferrero, *Criminal Man: According to the Classification of Cesare Lombroso* (Montclair, NJ: Patterson Smith, 1972), pp. 20-48.

两个眼角的外部有鱼尾纹,嘴和鼻子周围有鼻唇皱纹。

2. 生来犯罪人的感觉和功能特征

龙勃罗梭发现,生来犯罪人的一般感受性与一般人不同,他们的左侧比右侧更加敏感,与一般人相反。生来犯罪人对疼痛和触摸的感受性比正常人低。生来犯罪人的触觉迟钝。正常人中极少有磁感(sensibility to the magnet),而48%的生来犯罪人有明显的磁感。生来犯罪人和精神病人中有气候感的远远多于正常人,随着气温和气压的变化,生来犯罪人和精神病人会变得焦虑不安,性情和各种感觉也产生变化;正常人很少有这样的体验。生来犯罪人的视力一般比普通人更敏锐。生来犯罪人的听觉、嗅觉和味觉一般低于平均敏锐度。生来犯罪人一般灵活敏捷,甚至在老年时也保持这种特性。大盗维莱拉在70多岁时,还能像山羊一样爬上他家乡陡峭的岩石。生来犯罪人通常并没有超人的体力。

3. 生来犯罪人的感情

自然感情(natural affections)在正常人的生活中起着重要作用,事实上也是正常人存在的理由,但是,生来犯罪人极少体验到这类感情,他们尤其不考虑自己的同胞。另一方面,生来犯罪人表现出对动物和陌生人的过分喜爱。生来犯罪人往往用一些激情代替家庭和社会感情,这样的激情包括虚荣心、冲动性、复仇心和放荡性(licentiousness)。

4. 道德感

道德感是辨别是非的能力,它是文明人最多的属性,这种属性在身体发育和心理发展受到阻碍的人中明显缺乏。许多犯罪人并没有认识到他们的犯罪行为是不道德的。犯罪人使用的隐语就可以表明这一点。犯罪人似乎认为,他们有权抢劫和杀人,阻碍他们的犯罪行为的人们的行动是不公平的。尤其是在复仇动机支配下杀人的人,更认为他们的行动是绝对正确的。

5. 心理特征

龙勃罗梭通过研究,发现了生来犯罪人的一系列心理异常特征。犯罪人很少有悔恨和自责。他们玩世不恭,完全缺乏自责,不能区别美德与邪恶,夸耀自己的堕落行为,捏造他们并没有感觉到的虔诚的感情。犯罪人很有可能出卖和背叛他们的同谋和朋友,他们很容易受到诱惑,为了获得个人利益或者伤害那些他们怀疑背叛了自己的人而充当告密者。犯罪人中骄傲自满,或者更确切地说是虚荣心、夸大自己的重要性的心理特别强烈。冲动性是生来犯罪人所具有的、几乎是病态的特征,癫痫病人和悖德狂者也有这样的特征。与冲动性和夸大的个人虚荣心密切相连的,是一种超常的复仇欲望。生来犯罪人的复仇欲望在他们的文身图案、隐语、监狱中的文字作品等之中,都有明显的表现。生来犯罪人极其残酷,他们不可能感觉到痛苦,对别人遭受的痛苦也漠不关心。妇女的残酷性往往超过男性。生来犯罪人被不可救药的懒惰所支配,在一些情况下,这种不可改造的懒惰使他们在饥饿时宁愿饿死,也不愿从事正常的工作。这种懒惰与猛烈的冲动交替出现,在产生冲动时,他们会表现出极大的力量。生来犯罪人就像整天全神贯注于某项能使他们快乐的游戏的儿童一样,"犯罪人是已经长大的儿童",他们对习惯性的淫逸放荡有着相当强烈的爱好,以至于盗窃犯只要获得财产或者只要从监狱中逃跑出来,他们就立即回到他们常去的地方狂饮暴食,寻欢作乐,而不顾警察会突然到来的危险。生来犯罪人赌博冒险的欲望相当强烈。生来犯罪人一直保留或恢复与野蛮人的娱乐方式相类似的、许多原始而残忍的娱乐方式。生来犯罪人一般缺乏小心谨慎和深思远虑,他们往往草率鲁莽。

6. 其他智慧表现

龙勃罗梭也发现,生来犯罪人还有一些奇特的智慧表现。例如,他们在谈论自己的事情时,往往使用一种特殊的隐语(黑话);使用象形文字表达他们的观点。尽管习惯犯罪人表现出强烈的对任何有益劳动的厌恶,但是在监狱中,大多数犯罪人都努力从事一些工作。这些工作有时候具有非法性质,例如,制造帮助他们逃跑的工具;有时候却是艺术性的,例如,用面包屑、砖灰、肥皂等塑像。犯罪人也常常制造一些签子、机械、多米诺骨牌、扑克等,与其他犯人进行交换。他们还从事有益的工作,例如,训练动物(鸟、鼠等)。在许多犯罪人身上都可以发现文身这种装饰。文身由图案、象形文字和文字组成,它们是通过一种特别的、非常痛苦的过程用针刺在皮肤上的。生活在原始社会中的原始人,把文身当作功勋的标志或装饰,作为一种荣誉或地位的象征。尽管文身并不绝对局限于犯罪人,但是犯罪人文身的数量大大多于正常人。许多犯罪人的文身图案表现出性格暴力倾向和复仇欲望。

四、犯罪原因论

龙勃罗梭对犯罪原因的认识有一个变化的过程。最初,他只承认犯罪的人类学原因——隔代遗传;接着,他也承认退化也是引起犯罪的原因之一。随着研究的进行和别人的影响与批评,龙勃罗梭逐渐认识到自然因素和社会因素对犯罪的产生所起的作用,因而开始研究犯罪的自然原因和社会原因。

(一) 隔代遗传原因

隔代遗传(atavism,又译为"隔世遗传""返祖现象")是龙勃罗梭用来解释生来犯罪人的犯罪行为产生原因的最重要的概念。atavism 一词来源于拉丁文 atavus 和 avus,其中 atavus 的意思是"祖先""曾祖父的曾祖父的父亲";avus 的意思是"曾祖"。隔代遗传是指倒退到原始人或者低于人类的人的一种返祖现象。隔代遗传者在生理方面所表现出的一系列形态学特征,使人容易联想起猿和低等灵长类动物的形态学特征,这些特征在类人猿化石中可以见到,在某些情况下,也可以在近代的"野蛮人"中出现。此外,隔代遗传一词还意味着,隔代遗传者的心理就是原始人或野蛮人的心理,他们是在生物学上倒退到早期进化阶段的人,他们的行为必然与近代文明社会的规则和期望相矛盾。

为了更加准确地解释犯罪原因,龙勃罗梭在进行大量观察、解剖等研究的基础上,将退化学说引入隔代遗传理论的框架之中。在龙勃罗梭看来,退化(degeneration)是犯罪人身上的一种病理现象,退化者是其祖先身上有病的身体成分的产物,这种有病的身体成分阻碍了后代的进化,使后代产生退化现象。因此,病态的人也会表现出原始人所具有的最初的身体和心理特征,产生原始人或野蛮人那样的行为,这类行为在文明社会就成为了犯罪。

(二)自然因素

在龙勃罗梭晚年的著作《犯罪及其原因和矫治》一书中,龙勃罗梭提出了这样的一些影响犯罪的自然因素:

1. 极端的气温

在龙勃罗梭看来,高温导致生产过剩,而生产过剩又会变成财富不平等的原因,财富分配不平等接着导致政治权力和社会权力分配的不平等。这种不平等就会引起政治犯罪——革命。炎热也造成人们的懒惰,使人们容易使用麻醉品,沉溺于宗教式的苦思冥想,喜欢作夸大的幻想,这些都会助长无政府主义的倾向。同样,寒冷也与犯罪有关。在寒冷的国家,人们性格倔强、暴躁,对衣食住等的需要较为强烈,这些情况也会助长犯罪的产生。

2. 中等气温的影响

龙勃罗梭认为,"最容易导致造反和犯罪倾向的影响因素,就是比较适度的高温的影响。"[1]由于适度的气温就像酒精那样刺激人们的神经中枢,因此,人们不能冷静地思考和生活,往往容易激动起来,在情绪激动状态中进行侵害行为。

此外,龙勃罗梭还引证大量资料,论述了月份、季节、炎热的年份、地势构造、疟疾发病率、甲状腺疾病地区、死亡率以及种族、性别、年龄、遗传对犯罪的影响。

(三) 社会因素

龙勃罗梭对犯罪的社会因素的认识,经历了一个变化过程。在早年,龙勃罗梭很少甚至完全没有注意社会和经济因素,而仅仅提出纯粹的生来犯罪人说。只是在1889年于巴黎举行的第二届犯罪人类学大会之后,由于他的学说在会上受到了拉柯沙尼(J. A. E. Lacassagné,1843—1924)、马努夫里埃(Léonce Manouvrier,1850—1927)、约利(Henri Joly,1839—1925)、托皮纳德(Paul Topinard,1830—1911)等人的猛烈抨击,龙勃罗梭才在这些抨击以及朋友们的影响之下,在论著中谈到社会因素。在《犯罪人论》第5版中,龙勃罗梭用较多篇幅论述了犯罪的社会因素。

龙勃罗梭社会因素主要包括:

1. 文明程度

龙勃罗梭认为,文明的发展程度对犯罪和精神病的发生率

---

[1] 参见本书边码第3页。

有影响。文明社会的犯罪与野蛮社会的犯罪的不同在于犯罪类型方面;随着社会向文明方向的发展,犯罪的数量也可能正在增长。

2. 人口过剩

龙勃罗梭认为,人口的稠密和过剩,对犯罪的发生率有影响。由于道路的发展,政府和商业的集中,文明社会呈现出人口向大城市聚集的趋势,使这些城市出现人口稠密和过剩现象。在这些地区聚集的习惯犯罪人的数量也最多,因而产生犯罪在大城市发生率高的现象。之所以出现这种不幸的犯罪集中的趋势,是因为大城市可以为犯罪人提供更大的利益或更大的安全感;同时,也因为大城市中人口的警惕性较松懈,犯罪的诱惑和进行犯罪的机会较多的缘故。但是,在龙勃罗梭看来,"人口拥挤本身会产生进行犯罪和不道德行为的不可抗拒的冲动。"[1]

3. 新闻媒介

龙勃罗梭认为,文明社会鼓励创办和发行报纸,但是,报纸却是邪恶和犯罪的记录者,它会刺激犯罪人进行犯罪模仿,为犯罪人提供了进行犯罪模仿的榜样,因此,在龙勃罗梭看来,报纸等新闻媒介也变成了一种新的犯罪原因。龙勃罗梭似乎发现了一种新闻媒介与犯罪互相作用、恶性循环的规律:报刊对犯罪的报道扩大了它们的发行量,而报刊发行量的扩大,又使更多的人进行犯罪模

---

[1] 参见本书边码第53页。

仿,导致了更多的犯罪的产生。可以肯定地说,新闻媒介使人们了解到更多的犯罪方式;知道哪里有可以进行犯罪的机会或对象;对不良社会现象的报道降低了人们的道德感。

4. 生活状况

龙勃罗梭引用德国统计学家亚历山大·冯·厄廷根(Alexander von Oettingen,1827—1905)对普鲁士必需食品价格与犯罪发生率的统计资料的比较研究指出,食物问题对犯罪的作用与文明对犯罪的作用同等重要,甚至比文明对犯罪的作用更重要。食物价格低时,财产犯罪下降(纵火犯罪除外),而人身犯罪特别是强奸犯罪上升,反之亦然。龙勃罗梭还引用统计资料分析了食物价格的波动对不同类型犯罪的影响效果。此外,龙勃罗梭还指出,饥饿对造反的影响也是很大的,饥饿往往引起大规模的造反行动。

5. 酗酒

龙勃罗梭列举了酗酒所造成的一般性危害后果。例如,酗酒的人在霍乱流行时容易感染霍乱,酗酒的孕妇容易流产,长期酗酒引起人种体质下降等。然后,引用统计数字论述了酗酒对犯罪的影响。他认为,无论从社会的观点来看,还是从病理的观点来看,都很容易看到酗酒与犯罪的联系。存在这种联系的首要证据就是,文明国家的犯罪持续增长,这种增长率高于人口出生率,而与酒类消费量的增长率相吻合,因此,很容易用酗酒来解释这种犯罪的增长。

6. 吸烟

龙勃罗梭认为,吸烟与犯罪有一定关系,犯罪人中吸鼻烟的不仅比一般人多,而且也比精神病人多。吸烟与酗酒、流浪、乞讨等恶劣习惯有密切联系,它们共同对犯罪的发生起促进作用。

7. 教育

龙勃罗梭认为,教育与犯罪的关系比较复杂,一般说来,犯罪人的受教育程度比正常人的要低,但是,不能绝对地把受教育程度与犯罪发生率对应起来;受教育程度低固然会引起大量犯罪,但是也不能说,受教育程度越高,犯罪就越少。在龙勃罗梭看来,教育的确给人的发展和社会进步带来极大促进作用,然而,教育也会产生危害社会的副作用,文化水平高的人会使用更复杂的犯罪方式进行犯罪,会给社会造成更大的危害。同时,受教育程度不同的人所实施的犯罪的类型也有所不同。这是因为,教育会通过改变人的性格等对犯罪产生无可置疑的影响。

8. 经济条件

龙勃罗梭认为,贫穷和富裕都与犯罪有关,他反对那种认为犯罪仅仅与贫穷有关的说法,认为:"那些断言犯罪总是贫穷的产物的人,并没有考虑这个问题的另一方面,没有发现犯罪也是富裕的产物。急剧获得的财富,并不能与良好的品格、高尚的宗教或者政治思想相适应,因而比贫穷更有害。……财富相应地会导致美德或者邪恶;邪恶尤其是过度富裕的产物……因此,财富有时候是犯罪的阻止因素,有时候则是犯罪的诱发因素。"[1]所以,龙勃罗梭在充分重视贫穷与犯罪的亲和性,强调贫穷对犯罪的产生起重大推动作用之外,也提醒人们重视财富或富裕在犯罪产生中所起的作用。

9. 宗教

根据龙勃罗梭的见解,宗教对犯罪的影响很复杂,甚至比文明或富裕对犯罪的影响更复杂。有些犯罪人非常笃信宗教,比较落后的地区和国家的犯罪人尤其如此;有些犯罪人不相信宗教;还有些犯罪人是无神论者。龙勃罗梭指出:"我们已经看到,在宗教教徒中,犯罪人和诚实人几乎同样多,而且犯罪人往往占多数。……在同等条件下,在无神论者很多的地方,犯罪人比天主教徒或者新教徒占多数的地方要少。"[2]许多宗教教义的确教化人们从善、仁慈和博爱,不要作恶和犯罪,但是,有些宗教教徒并不笃信这些教条,不能用它们来约束自己的行为,甚至寻找宗教上的理由为自己的犯罪辩护。例如,有的信宗教的犯罪人说:"偷窃是上帝给我们的本能","(世俗的)犯罪并不是(宗教上的)罪过,因为神父也实施犯罪","我有罪过,这是真的,但是在忏悔时神父原谅了我。"许多宗教徒并不在乎来世的报应和惩罚,就像他们不在乎现世的惩罚一样。

---

[1] 参见本书边码第132页。
[2] 参见本书边码第138页。

10. 家庭出身

龙勃罗梭认为,私生子、孤儿和有有缺陷及不道德的父母的人,容易进行犯罪。他指出:"在最文明的国家中,教育对犯罪的影响,可以间接地通过非婚生子女犯罪人数量的持续增长表现出来。"①

此外,龙勃罗梭还论述了交往、战争、模仿、监狱生活、移民、职业等与犯罪的关系。

五、犯罪人类型论

在龙勃罗梭的犯罪学理论中,对犯罪人的分类以及对不同类型犯罪人特征的论述,占据着重要地位。但是,由于龙勃罗梭本人的理论发展变化以及后来的研究者们对龙勃罗梭著作的理解不同,在分析龙勃罗梭的著作中有关犯罪人分类的论述时,提出了很多不同的观点。② 尽管对龙勃罗梭的犯罪人分类的概括有所不同,但对每类犯罪人的特征,有大致相同的论述。

(一) 生来犯罪人

龙勃罗梭认为,生来犯罪人代表了一种独特的人类学类型。

---

① 参见本书边码第145页。
② 参见吴宗宪:《西方犯罪学史》(第二版,第二卷),中国人民公安大学出版社2010年版,第371—373页。

这种类型的犯罪人有许多独特的身体方面的特征。在解剖了383名意大利犯罪人的颅骨之后，龙勃罗梭发现，210名犯罪人都有所发现的那些异常特征，而43％的犯罪人则具有5种或更多的异常特征。因此，龙勃罗梭认为有5种或更多的异常特征可以表明该犯罪人是一个"生来犯罪人"。

生来犯罪人与悖德狂者相似。悖德狂者（moral imbecile）最突出的病理特征是完全缺乏或几乎完全缺乏道德感或道德观念，这样的人很容易成为犯罪人。龙勃罗梭的统计研究证实，悖德狂者与生来犯罪人在体重、颅骨、身体特征、痛觉缺失、触觉感受性、文身、血管反应、感情等方面有很多相似性，因此，龙勃罗梭提出，可以用生来犯罪人的特征来识别出悖德狂者，每个生来犯罪人都是悖德狂者。但是，龙勃罗梭并不认为每个悖德狂者都是犯罪人，并非每个生来具有犯罪倾向的人都会变成真正的犯罪人，外部环境可以阻止和克服先天的犯罪倾向。

生来犯罪人与癫痫病人（epileptic）之间也有很多相似之处。他们在身高、体重、大脑、颅骨和身体特征、厚实的脚、感受性、视野、灵敏、文身等方面是相似的。在谈到癫痫病人与生来犯罪人的这种相似性时，龙勃罗梭指出："犯罪性是一种由病理原因引起的隔代遗传现象，这种原因的基本表现是癫痫。犯罪性的确也可以由其他原因（例如，歇斯底里、酒精中毒、瘫痪、精神错乱、智力发育障碍等）引起，但是，癫痫是它最广泛的基础，决定着犯罪性的发生频率和严重性。"[①]

随着龙勃罗梭对生来犯罪人的认识的转变,生来犯罪人在犯罪人总数中所占的比例也相应变化。在龙勃罗梭的早期学说中,龙勃罗梭几乎将所有的犯罪人都归入生来犯罪人之中(占65%~70%)。后来,由于龙勃罗梭对隔代遗传之外的其他犯罪原因的认识和重视,生来犯罪人所占的比例逐渐下降(50%~60%)。[②] 在《犯罪人论》第5版第2卷中,龙勃罗梭认为,生来犯罪人占所有犯罪人的40%。[③] 在《犯罪及其原因和矫治》一书中,龙勃罗梭将这个比例降为33%。[④]

(二) 激情犯罪人

激情犯罪人(criminal by passion)是龙勃罗梭在生来犯罪人之外区分出的第一种其他犯罪人。龙勃罗梭认为,这类犯罪人具有残忍、鲁莽、犯罪行为突然发生等特点和强烈的暴力行为倾向,他们的犯罪行为基本上都是在激情作用下发生的暴力行为,因此,应当更确切地将他们称为"暴力犯罪人"。激情犯罪人很少,通常都是年轻人,他们的颅骨异常较少,相貌较好,性格诚实,富于情

[①] 参见本书边码第 xxiii 页。
[②] Hermann Mannheim (ed.), *Pioneers in Criminology*, 2nd ed. (Montclair, NJ: Patterson Smith, 1972), p.268.
[③] 同上书,第257页。
[④] 同上书,第365页。

感,与生来犯罪人的冷酷无情形成对比,往往在犯罪之后感到后悔,在监狱中常常进行自杀行为。龙勃罗梭认为,激情犯罪人有一定的接受改造的可能性。激情犯罪人中妇女占的比例远远大于其他犯罪人中妇女所占的比例。

龙勃罗梭认为,政治犯罪人(political criminal)是激情犯罪人的一种特殊类型。政治犯罪人的特征是智力较高,感受性很强,有强烈的利他精神、爱国精神、自我牺牲精神、宗教理想,甚至有科学的理想。龙勃罗梭认为,政治犯罪人是社会传统的反抗者,他们往往对国民的历史、经济、政治及社会的传统,采取反抗的态度。政治犯罪的领导人,大多是富有热情的人,他们不一定属于某种特殊的阶级,在社会上的一切阶级、一切环境中都会产生这种领导人。这种人思想敏锐,有高度的洞察力和批判精神,他们会为了政治理想而献身。

(三)精神错乱犯罪人

精神错乱犯罪人(insane criminal)[①]就是由于精神病的影响而犯罪的人。精神错乱犯罪人与生来犯罪人有许多共同的退化的生理特征,尤其是突出的耳朵、额窦、大颌骨和颧骨、凶恶的相貌或斜视、薄上嘴唇。精神错乱犯罪人具有这样一些特征:他们很少表现出对可能遭受到的刑罚的恐惧,也不试图逃避刑罚;他们几乎不

---

① 在一些文献中,将 insane criminal 翻译为"精神病犯罪人"。

隐匿自己的犯罪行为,也不消除犯罪行为的痕迹。他们常常暴怒发作,伤害那些在场的人,或者忘记所偷的东西。每当他们的犯罪完成之后,他们不仅不设法隐瞒犯罪,反而可能会直率地承认犯罪,渴望谈论犯罪,用得意的口吻诉说他们在犯罪当时体验到的解脱感;他们认为自己遵守秩序,觉得自己的行为是值得赞扬的。精神病人否认自己是精神病人,如果在某些情况下承认自己是精神病人,也仅仅是由于律师或监狱中的犯人同伴劝说他们这样去做的缘故。他们甚至会炫耀和夸大自己的犯罪行为。这些特征可以将精神错乱犯罪人与习惯犯罪人区分开来。

精神错乱犯罪人主要有偷窃癖者(kleptomania)、间发性酒狂者(dipsomania,即习惯性嗜酒者)、杀人狂者(homicidal monomania)、女性色情狂者和恋童癖者,以及歇斯底里犯罪人(hysteric criminal)、犯罪狂者(criminal mattoid)。龙勃罗梭也认为,几乎所有类型的精神障碍都能引起一定的犯罪。

(四)偶然犯罪人

偶然犯罪人(occasional criminal)是"那些并不寻找犯罪机会,但总是遇到犯罪机会,或者由于极其轻微的原因而犯罪的人。他们仅仅是那些与隔代遗传和癫痫完全无关的人;但是,正像加罗法洛所观察的那样,恰当地说,这些人不应该被称为犯罪人"[1]。

---

[1] 参见本书边码第376页。

偶然犯罪人又可以区分为四小类:[①]

1. 虚假犯罪人或准犯罪人

虚假犯罪人或准犯罪人(pseudo-criminal)是指为了保卫个人、名誉和家庭而偶然地实施犯罪的人。他们的行为并不违背社会意愿,也不损害社会。他们的行为所以被看成是犯罪,是因为法律作了这样的规定的缘故。龙勃罗梭认为,正像这个名称的含义那样,这些人毕竟不应当看成是犯罪人,但是由于法律的缺陷,才做了这样的标定。这些人是司法上的犯罪人,而不是实际上的犯罪人,因为他们是由法律的缺陷,而不是由这些人本身的缺点造成的:他们不会在将来造成恐惧,也不会扰乱大众的道德感。

2. 倾向犯罪人

倾向犯罪人(criminaloid)是既无特殊的生理特征,也没有可以识别的精神疾病,但其精神和情绪特质在某些情况下会有特殊表现,从而使他们容易进行凶恶的和犯罪的行为的人。有的犯罪学家认为,龙勃罗梭所说的倾向犯罪人,大致相当于后来在精神病学和心理学中所说的"病态人格者"或"人格障碍者"。龙勃罗梭认为,大约有一半以上的犯罪人既不是他所说的生来犯罪人,也不是精神病人或癫痫病人,但是,他们的缺陷更加难以捉摸,也更加复杂,这些人被称之为倾向犯罪人。这类人的特征是,软弱,屈服,在

[①] 参见吴宗宪:《西方犯罪学史》(第二版,第二卷),中国人民公安大学出版社2010年版,第379—381页。

一定时期内总想犯罪。龙勃罗梭把受托人作为倾向犯罪人的例子,例如,受委托经营或管理金钱的银行家或律师、商人(他们总有机会进行诈骗活动),与邪恶的丈夫结婚一段时间后变得堕落的妻子。倾向犯罪人与生来犯罪人仅有程度的不同,没有性质的差别。情况确实如此,倾向犯罪人中的很大一部分变成了习惯犯罪人,长期关押在监狱中,除了他们的犯罪性的生理标志不太明显外,很难再将他们与生来犯罪人相区别。

3. 习惯犯罪人

习惯犯罪人(habitual criminal)是指养成犯罪的生活方式的犯罪人。根据龙勃罗梭的观点,这种犯罪的生活方式并不是由于某一种环境造成的,而是由早年生活中发生影响的一系列环境所造成的。这类犯罪人似乎最接近"正常"犯罪人,因为习惯犯罪人在出生时并没有严重的、会促使他们进行犯罪的异常或者素质倾向,他们所以变成犯罪人,是由早年时来自父母、学校和社会的不良教育和训练的缘故。龙勃罗梭把有组织的犯罪家族的成员作为习惯犯罪人的例子,例如,像意大利那不勒斯的卡莫拉(camorra)、西西里的黑手党(mafia)和西班牙的黑手党的成员。

4. 癫痫样犯罪人

癫痫样犯罪人(epileptoid criminal)是指具有在任何时候都会表现出来的潜在癫痫的犯罪人。不过,这种动态的犯罪性在癫痫犯罪人的一生中都有可能处于潜伏状态,而不实际表现,变成犯罪行为。根据龙勃罗梭的论述,由于癫痫病人特别容易产生犯罪行为,所以,癫痫病人与癫痫犯罪人这两个术语的含义基本上是一致的。在龙勃罗梭看来,生来犯罪人和悖德狂者在身心特质上是一致的,癫痫病人或癫痫样犯罪人就是这两类犯罪人之间的一种退化类型。

此外,女性犯罪人虽然没有纳入龙勃罗梭的犯罪人分类体系,但是,龙勃罗梭对女性犯罪人做了系统的研究,其主要成果是1893年发表的与其女婿古格列莫·费雷罗合著的《女性犯罪人;卖淫者及普通妇女》一书。

六、犯罪对策论

龙勃罗梭在大量实证研究的基础上,提出了一些发现犯罪人、预防犯罪和矫治犯罪人的措施。这些措施构成了龙勃罗梭的犯罪对策论。

(一) 鉴别犯罪人

龙勃罗梭认为,鉴定和识别犯罪人有重要的意义。对犯罪人进行仔细的生理和心理鉴定的结论,可以用来确定犯罪人责任的程度、重新犯罪的可能性,决定对犯罪人给予什么矫治或惩罚,给法官提供判决的根据,给缓刑官、孤儿院及娼妓救济所(rescue homes)的管理人提供帮助。因此,龙勃罗梭根据自己的研究,提出了鉴别犯罪人的心理和生理方法。

1. 鉴别犯罪人心理的方法

龙勃罗梭认为,在对犯罪人或犯罪倾向进行鉴别之前,要对其经历进行仔细的调查。要向他的亲属、朋友们了解他的过去生活,了解他生长的环境和童年期所患的疾病,了解他的家族疾病史,了解他的家庭中是否有人犯罪。其次,要了解他是否结婚,配偶是否活着;了解他的职业及其表现情况,因为有的职业与犯罪有关,例如,提供犯罪机会,促使犯罪人进行犯罪等;查明犯罪发生的时间及有关情节。如果被调查的人是一名累犯的话,就应当查明初次犯罪发生的年龄和具体情况。对犯罪人心理的鉴别应包括智力、感情、病态现象、言语、记忆、笔迹、衣服等方面的内容。

2. 鉴别犯罪人生理的方法

在调查了犯罪人或嫌疑犯的历史,检查了他们的心理异常现象之后,就应当进一步检查他们的生理特征。犯罪人有独特的生理特征,对这些生理特征的检查包括皮肤、文身、皱纹、毛发、牙齿等 30 多个方面。龙勃罗梭列出了每个方面的检查内容。[1]

(二) 犯罪预防

龙勃罗梭认为,首先应当预防犯罪人的产生,而不是惩罚犯罪

---

[1] Gina Lombroso-Ferrero, *Criminal Man: According to the Classification of Cesare Lombroso* (Montclair, NJ: Patterson Smith, 1972), pp. 220-257.

人,如果不能预防的话,就应当对犯罪人进行矫治;如果无法矫治的话,就应当把这种不可救药的人在适当的机构中隔离起来,这种隔离机构能够比现行的监禁制度更好地保卫社会,但是它却没有监狱所具有的那种臭名声。要用预防性措施和法律措施矫治犯罪人。

1. 预防贫穷儿童犯罪的机构

龙勃罗梭认为,矫治犯罪就如同矫治任何别的疾病一样,有很大的成功可能性,矫治犯罪应当及早开始。因此,应当特别关心那些有可能变成犯罪人的儿童:孤儿和贫穷儿童,这些儿童在成年后犯罪的可能性最大。一个下决心预防自己免受邪恶侵袭的社会,应当为那些不幸的、由于自然保护人死亡或犯罪而无家可归者提供良好的教育。最好的矫治是在受人尊敬的私人家庭中安置他们,使他们能在那里受到细致的照管,或者将他们安置在能够给他们以良好的教育和道德训练的适当机构。为此,国家应像当时的一些著名慈善家一样,开办收容、教育贫穷儿童的机构,防止他们成为犯罪人。

2. 预防贫穷成年人犯罪的机构

龙勃罗梭认为,预防犯罪的方法也包括在成年人遇到生活危机时,例如失去依靠、失业,给他们提供帮助。为移民或异乡人建立的旅馆、庇护所、阅览室,价格低廉但对身心有益的娱乐场所,为体力劳动者创办的夜校、劳动局、移民救助组织等,都是预防成年人在遇到生活危机时犯罪的机构。

3. 对一些具体犯罪的预防

龙勃罗梭还特别论述了对几种具体犯罪以及与犯罪有关的社会病态现象的预防。

(1) 对性犯罪的预防。龙勃罗梭认为,"性犯罪和诈骗犯罪是先进的文明世界的特殊犯罪。"[①]在提到对性犯罪的预防时,龙勃罗梭首先指出:"离婚是预防许多通奸和其他性犯罪的一种强有力措施,而这些犯罪属于现代犯罪中最可悲的现象之列。"[②]龙勃罗梭举例证实,在实行离婚的地方,通奸犯罪下降,而在不允许离婚的地方,通奸犯罪则呈上升的趋势,因此,离婚是预防通奸这种性犯罪的有效手段。

在龙勃罗梭看来,近代文明对性犯罪起着相当直接的影响作用。由于教育的普及,增加了对神经系统的刺激,结果使神经系统需要更新、更强烈的刺激和快乐。人的心理活动越增加,他对快乐的需求和体验似乎也就越增加,当个人的心理没有被大量科学和人道的观念所占据时,尤其如此。所以,在近代文明已经激起人们大量的性需求的情况下,龙勃罗梭认为,预防性犯罪的重要方法就是允许离婚,鼓励老年人结婚,减少婚姻的金钱色彩,使合法的性关系更容易进行,允许卖淫的存在,在法律上允许婚外性行为等,使成年未婚者和已婚但得不到性满足的人们的性需求,以合法的方式得到满足,而不致采用强奸、奸淫儿童等犯罪的手段。这样,

---

① 参见本书边码第 255 页。
② 同上。

不仅会预防性犯罪的发生,也会大大减少自杀、杀人、杀婴等与性关系有关的犯罪。龙勃罗梭似乎认为,对性犯罪应使用疏导的方法加以预防,而不能用严厉的刑罚来对待。他引用菲利的统计资料证实,严厉的刑罚并不是万能的,严厉的刑罚并没有遏制往往日益增加的犯罪。

(2)对诈骗犯罪的预防。龙勃罗梭指出,诈骗和违反信托义务,是最新式的犯罪,它们表现了进化和文明对犯罪产生的消极影响。这些犯罪用贪婪、说谎和欺骗代替了原始犯罪的残忍性质,使犯罪活动成功的可能性变得更大。新式的金融制度似乎更便利于诈骗和背信犯罪的实施。因此,龙勃罗梭提出了广泛宣传信用知识、改革银行信用制度等预防诈骗和背信犯罪的措施。

此外,龙勃罗梭还论述了预防酗酒、预防贫穷和富裕对犯罪的影响、对政治犯罪的预防等问题。

(三)对犯罪人的矫治

龙勃罗梭认为,预防犯罪的方法、对儿童的照料和训练、对成年人在发生危机时的帮助,可以最大限度地减少犯罪,但是不可能完全消除犯罪,还应当有一些补充措施,例如,设立矫治犯罪人的机构,设立将不可改造的犯罪人隔离起来的其他机构等。对于青少年犯罪人,尤其是对于儿童,应当用特殊的法律措施分开加以处理。龙勃罗梭称赞当时产生的少年法庭,提出不能根据普通的法律审判少年犯罪人,而应该设立特别的法官,专门审理少年犯罪案件。这些法官应当针对少年、儿童犯罪人的特征,采取有益的处置措施;应当在监狱中把少年、儿童与成年犯罪人区分开来,以免他们受到成年犯罪人的影响,变为成年犯罪人。同时,也应该注意区分不同性质的犯罪儿童。因为龙勃罗梭认为,生来犯罪人在年龄很小时,就开始其犯罪生涯,这类儿童尽管年龄很小,但却是一种对社会有危险的人,他们的悖德狂症状一有机会就会发作,所以,必须把他们仔细地隔离起来,对他们单独进行矫治。

考虑到未成年犯罪人的犯罪是在童年时代偶然产生的,他们仍然有可能成为诚实的人,因此,要用特别的方法处置他们。要为他们制定专门法典,这种法典应当对未成年的生来犯罪人、癫痫病人和悖德狂者作出规定。用专门的不会使他们受到犯罪传染的教养院隔离他们,对他们进行有效的矫治。此外,还应当建立少年犯缓刑制度,建立监督少年法庭判决的少年犯的组织。

龙勃罗梭指出,对少年犯罪人采取的特殊对待,同样适用于女性犯罪人。在他看来,对女性犯罪人也应当实行特别的审判和在立法中作出特别的规定。

龙勃罗梭认为,刑罚应当根据犯罪人类型的不同而有区别:

(1) 对真正的激情犯罪人来说,懊悔自责造成的痛苦比任何法律惩罚都要大,此外,还应当进行流放、赔偿损害等。

(2) 对倾向犯罪人应当避免反复使用短期监禁刑,以免他们与习惯犯罪人接触。对所有的轻微犯罪人来说,罚金都要比监禁有效;如果犯罪人是穷人,则可以用强制劳动来代替。也可以要求初次犯罪并且罪行轻微的人具结,在保证人的监督下履行具结的内容。在龙勃罗梭看来,处置倾向犯罪人的有效的也比较严重的方法,就是缓刑和不定期刑制度。

（3）对于习惯犯罪人,龙勃罗梭认为应当实行隔离。在这样的隔离性机构中,应当把犯罪人的赎罪作为首要目标,只有在各种尝试都证明不起作用时,才可以考虑将习惯犯罪人送到流放地(penal colony),永久地隔离起来。

（4）由于生来犯罪人、癫痫病人和悖德狂者的犯罪是由他们先天的邪恶本能引起的,因此,不能把他们送入普通的监狱;在普通的精神病院中监禁他们也是有害的,因为他们会宣扬兽奸、逃跑以及造反,会煽动别人进行抢劫,他们的下流而野蛮的坏名声,使他们成为令人恐怖的人,会对其他病人及其亲属造成危害。所以,应当把这些人监禁在特别的机构中进行矫治,应当为这些犯罪人建立专门的监禁和矫治机构。英国是第一个为犯罪的精神病人建立专门的精神病院的国家,1840年英国在贝德拉姆(Bedlam)建立了一个这样的精神病院。

七、龙勃罗梭获得的成功及其原因

毫无疑问,龙勃罗梭的理论研究产生了巨大的影响,获得了极大的成功。可以说,在龙勃罗梭1876年出版《犯罪人论》后的20多年间,他的学说在犯罪研究领域和其他社会领域中,都引起了巨大的反响。正如英国-美国当代社会学家、犯罪学家戴维·加兰(David Garland)指出的那样:"在《犯罪人论》于1876年问世后的20年间,这种奇妙的新科学逐渐成为了一场重大的国际运动的基础,出版了介绍这种科学的大量论著,组织了一些新的协会,主办了一些国际会议,发行了一些专门的刊物,形成了全国性的思想流派,整个欧洲和美国都有对其感兴趣的官员。同时,龙勃罗梭自己也变成了家喻户晓的人物,托尔斯泰、①穆西尔、②布拉姆·斯托克③和柯南·道尔④的小说以及无数的期刊文章和科学报告中,都有对龙勃罗梭的描述。"⑤

美国女历史学家、犯罪学家玛丽·吉布森(Mary Gibson)在其《生来犯罪:切萨雷·龙勃罗梭与生物犯罪学的起源》(2002)一书中指出,"在龙勃罗梭的一生中,他成功地以其生来犯罪人观点抓住了整个欧洲和美国的艺术家和知识分子的想象。尽管往往忽略他的理论的细微差别,但是,他描述的具有大量异常特征的隔代遗传越轨者的形象,却被广泛使用。像列夫·托尔斯泰的《复活》、约瑟夫·康拉德⑥的《特工》等小说中的人物,就提到了龙勃罗梭以及龙勃罗梭对具有原始野蛮特征的犯罪行为的论述。甚至在作者们模仿龙勃罗梭式的观点时,他们也不过是想吸引读者熟悉犯罪人类学中最激动人心的一些方面。"⑦

如果仔细加以分析,就可以发现,龙勃罗梭的学说之所以能在

---

① 托尔斯泰(Leo Tolstoy,1828—1910)是俄国作家。
② 穆西尔(Robert Musil,1880—1942)是奥地利—德意志小说家。
③ 布拉姆·斯托克(Bram Stoker,1847—1912)是爱尔兰作家,以写恐怖故事著称。
④ 柯南·道尔(Conan Doyle,1859—1930)是英国著名的侦探小说作家。
⑤ David Garland, "Of Crimes and Criminals: The Development of Criminology in Britain", in Mike Maguire, Rod Morgan & Robert Reiner (eds.), *The Oxford Handbook of Criminology*, 3rd ed. (Oxford: Clarence Press, 2002), p. 26.
⑥ 约瑟夫·康拉德(Joseph Conrad,1857—1924)是波兰出生的英国小说家。
⑦ Mary Gibson, *Born to Crime: Cesare Lombroso and the Origins of Biological Criminology* (Westport, CT: Praeger, 2002), p. 247.

当时取得很大成功,对以后西方乃至世界犯罪学的发展产生深远的历史影响,其原因主要有以下几个方面:[1]

(一)采取了在自然科学中普遍使用的实证研究方法

龙勃罗梭使用了归纳、解剖、人体测量、实验、观察等逻辑的、客观的、"实证的"方法。在 19 世纪中后期,随着物理学、生物学、化学、人类学、医学,尤其是精神病学的发展,自然科学中的一系列实证方法逐渐得到发展和完善,成为人们认识世界、解释事物的有效工具,并且也成为衡量思想学说的科学性的重要标准;决定论也成为人们普遍接受的观点。龙勃罗梭顺应社会潮流,锐意创新,把自然科学的一些方法引入犯罪与犯罪人研究之中,摆脱了纯粹的理性思辨的旧传统,抛弃了古老的"自由意志"和"道德责任"观念,从而使人们对他的学说的科学性有了肯定评价,进而接受、认可龙勃罗梭的学说。

(二)理论学说符合欧洲的学术传统

龙勃罗梭的犯罪学理论继承了为人们所熟悉的观相术、颅相学和精神病学的学术传统。在欧洲历史上,观相术、颅相学和精神病学的研究历史源远流长,曾经数度引起社会轰动,受到普遍的社

---

[1] 参见吴宗宪:《西方犯罪学史》(第二版,第二卷),中国人民公安大学出版社 2010 年版,第 408—409 页。

会关注，不但在学术界有深远影响，而且其影响波及一般社会人士，使这些学说深入人心，成为人们日常生活中所熟知的观念。龙勃罗梭在这种学术传统的基础上推陈出新，必然会使人们产生既熟悉又陌生的感觉，容易为人们所普遍关注、接受，也容易激起人们的探求欲望。

（三）以当时盛行的进化论为理论基础

龙勃罗梭把当时享有很高威望的达尔文的进化论作为了主要的理论基础之一。除了继承观相术、颅相学和精神病学的研究成果之外，龙勃罗梭的思想显然受到达尔文进化论的重要影响，龙勃罗梭最重要的学说——生来犯罪人及其隔代遗传，就是直接从达尔文的学说中产生的。达尔文于1859年出版了著名的《物种起源》一书，认为生物物种都是不断进化的，进化是一种自然选择、适者生存的过程。他的这个宣言震动了世界，在基督教的"上帝创造一切生命"的教条盛行的西方社会，引起了一场思想革命。1871年，达尔文《人类的起源》一书出版，在书中，他用确凿的论据证实，人类的祖先是低等动物，最原始的生物与人之间构成了一个连续体。他在这本书中还指出："在人类中，偶然出现的一些最坏的素质，或许可能是野蛮状态的隔代遗传，我们经过许多代人都不可能消除这种隔代遗传。"[1]这本书更是震惊了世界，也深深地启发了

---

[1] David A. Jones, *History of Criminology: A Philosophical Perspective* (New York: Greenwood Press, 1986), p. 82.

龙勃罗梭的思想。由于达尔文的贡献，使科学界和一般社会成员都相信了人类是由动物进化而来的观点，使进化论成为社会公认的常识。龙勃罗梭在达尔文理论的启发下，使用进化论来解释犯罪和犯罪人，提出生来犯罪人的观点，把生来犯罪人看成是隔代遗传者，这当然会受到人们的关注，为人们所接受。龙勃罗梭的理论似乎真的借助进化论的威望得到传播，并借助进化论的威望使人们对它产生确信。

（四）适应当时的社会需要

龙勃罗梭的学说适应了当时社会的需要。社会需要比任何因素都更能推动科学的发展，也能大大促进科学理论的传播和普及。19世纪中后期，随着工业化、都市化的发展，犯罪数量急剧增加，犯罪浪潮席卷各个工业化国家，累犯率不断上升，而当时的犯罪与刑罚学说不能提供有效的解释和对策，现有的刑法措施似乎也失去了效用，显得无能为力。在这种形势下，龙勃罗梭理论的提出，恰恰适合了社会需要，使那些深为犯罪问题所困扰的人们获得了解脱。龙勃罗梭的理论从四方面满足了当时人们的需要：

（1）为预防犯罪活动的失败找到了合适的理由——犯罪人是天生的，无法预防。

（2）摆脱了认为犯罪是由当时的社会组织引起的激进学说——按照这种学说，犯罪是当时社会的必然产物，因此，要根除犯罪就必须推翻现行社会制度。这显然是为统治者所不能接受的。

（3）为加强国家对社会的控制提供了借口——既然犯罪人是隔代遗传者，是不可救药的道德堕落者，就必须把他们从社会中根除，或者永远隔离起来。

（4）提出了一些对付犯罪的新方法，指示了在对付犯罪方面进行努力的新方向。

八、外国学者对龙勃罗梭及其理论的评价

从外国学者对龙勃罗梭犯罪学研究的反应来看，既有肯定性和赞扬性的评价，也有否定性和批评性的评价。

（一）肯定性评价

龙勃罗梭的研究与理论不仅在当时引起了巨大的反响，而且对以后的犯罪研究产生了深远的、积极的影响。因此，龙勃罗梭及其犯罪学研究受到了很多人的肯定和赞扬。除了本文开始时提到的、给予龙勃罗梭的一系列能够表明对他的肯定和赞扬的头衔之外，许多人还对龙勃罗梭的犯罪学研究给予了具体的肯定性评价。这类评价不仅在早期大量存在，[1]而且在晚近也有较多论述。

美国社会学家和犯罪学家莫里斯·帕米利（Maurice Parmelee，

---

[1] 早期对龙勃罗梭的肯定性反应和评价，参见吴宗宪：《西方犯罪学史》（第二版，第二卷），中国人民公安大学出版社2010年版，第397—398页。

1882—1969)在为龙勃罗梭《犯罪及其原因和矫治》一书的英文版所写的序言中,这样评价了龙勃罗梭的影响:"无论他有什么错误,龙勃罗梭都是伟大的先驱者,他的独创性和多方面的天才,他的富于进取性的人格,导致了将现代科学的实证方法、归纳方法应用于犯罪问题的伟大运动,他比任何其他人都更加有力地促进了新的犯罪学科学的发展。"[1]

美国著名犯罪学家马文·沃尔夫冈(Marvin E. Wolfgang, 1924—1998)指出:"在犯罪学史上,没有一个人受到像切萨雷·龙勃罗梭那样多的赞美或攻击。到1909年他去世的时候,他的思想观念受到了欧洲和美国从事犯罪行为研究的批评者和朋友们的广泛关注。由龙勃罗梭撰写的(论著)和有关龙勃罗梭的(论著)比任何别的犯罪学家都要多,……他的调查研究的深度和广度,导致了一种有关犯罪原因的后龙勃罗梭主义(Post-Lombrosian)的当代研究,这种研究仍然在欧洲继续进行……"[2]

美国犯罪学家伦纳德·萨维茨在评价龙勃罗梭在犯罪学史上所起的作用时指出:"尽管对犯罪学的最早'起源'仍有争议,但是,人们肯定承认,现代犯罪学直接来源于一个人——龙勃罗梭的活动与奉献。……他是一个思想和研究学派的创始人,对这个学派有不同的称呼——意大利学派、人类学派、现代学派,但最广泛使用的称呼是实证主义学派。"

这些评价在一定程度上反映了龙勃罗梭的理论在犯罪学研究

---

[1] 参见本书边码第 xxxii 页。
[2] Hermann Mannheim (ed.), *Pioneers in Criminology*, 2nd ed. (Montclair, NJ: Patterson Smith, 1972), p. 232.

中所产生的影响。

（二）否定性评价

一些犯罪学家对龙勃罗梭的研究方法和研究结论提出了批评或者否定性评价。其中，一些批评是学术性的，相对而言比较客观；另一些批评似乎是非学术性的，表现得偏激、偏见或者带有明显的政治色彩。

在学术性批评中，比较有代表性的是法国犯罪学家塔尔德、英国犯罪学家格林、美国犯罪学家胡顿等人的批评。

法国社会学家、哲学家和犯罪学家加布里埃尔·塔尔德(Gabriel Tarde, 1843—1904)在《比较犯罪论》(*La criminalité comparée*, 1886)一书中，根据大量的统计研究，其中大部分是由犯罪人类学家们进行的研究，说明并不存在支持生来犯罪人理论的证据。他特别引证了马罗(Antonio Marro, 1841—1913)对4000名犯罪人所进行的研究。马罗发现，像大脑前庭(frontal cavity)的大小、后缩的额头、斜眼等隔代遗传特征和身体异常，在犯罪人中的出现率与非犯罪人中同样多。对马罗的研究结论和其他欧洲犯罪人类学家的研究的比较，例如对博迪厄(Bordier)、赫格(Heger)、达勒马涅(Jules Dalemagne)、菲利、贝尼迪克特(Moritz Benedikt, 1835—1920)、汤普森(Thompson)、费吉里奥(Virgilio)和拉柯沙尼等人的研究的比较，使塔尔德得出了并不存在可以识别犯罪人的那类身体特征的结论，从而否定了龙勃罗梭关于存在着生来犯罪人类型的理论。塔尔德着重提出了四种批评意见:第一,犯罪人不是在我们中重现的野蛮人;第二,犯罪人不是精神病人;第三,犯罪人不是退化者;第四,犯罪人不是癫痫病人。①

英国犯罪学家查尔斯·巴克曼·格林(Charles Buckman Goring,1870—1919)不但以其实证研究否定龙勃罗梭的犯罪人类学理论,他也对龙勃罗梭的理论和龙勃罗梭本人进行了一般性的评价。主要观点是:首先,格林批判了龙勃罗梭研究中的不科学性。其次,格林批判了龙勃罗梭仅仅根据身体外表就将从未触犯过法律的人当作犯罪人的观点。再次,格林认为,即使犯罪人和非犯罪人之间的确存在着特别的差异,这也不能表示犯罪人就有异常。尽管格林对龙勃罗梭在科学方面的谬误进行了严厉批评,但是,格林对作为一个学者和普通人的龙勃罗梭,给予了高度的评价。他把龙勃罗梭看成是一个"天才,一个不知疲倦的工作者,也是一个有坚强人格的人,吸引了来自欧洲国家的许多追随者和合作者"②。

美国哈佛大学人类学家和犯罪学家欧内斯特·艾伯特·胡顿(Earnest Albert Hooton,1887—1954)对龙勃罗梭的评价是比较客观的。他承认,龙勃罗梭是试图证实犯罪人的身体上有隔代遗传或退化特征的先驱者。但是,他更认为,龙勃罗梭的许多观点没有经受住许多批判性考察的检验;龙勃罗梭和他的学派提出的许

---

① 参见吴宗宪:《西方犯罪学史》,警官教育出版社1997年版,第354—355页。
② 吴宗宪:《西方犯罪学史》(第二版,第二卷),中国人民公安大学出版社2010年版,第399页。

多证据并没有使大多数犯罪学研究者信服。根据他的看法,龙勃罗梭学派的主要缺陷是,所研究对象的数量不够多,所研究对象的种族不相同,缺乏科学的统计学方法。①

上述学者对龙勃罗梭的许多观点的批评都有合理之处。更重要的是,他们的评价都是在大量研究的基础上提出来的,这种评价不仅体现了对龙勃罗梭学说的态度,而且其研究过程本身,就促进了犯罪学研究的发展,因此是值得重视的。

一些学者对于龙勃罗梭的批评似乎是非学术性的。例如,法国人类学家保罗·托皮纳德(Paul Topinard,1830—1911,又译为"托皮纳尔")在1889年于巴黎举行的第二届国际犯罪人类学大会上,对龙勃罗梭进行了"最绝妙的批评","当他看到龙勃罗梭搜集的那些相貌不对称和有特征的罪犯画像时,他挖苦说,这些肖像看起来与龙勃罗梭朋友们的肖像一模一样。"②法国学者洛朗·米基勒(Laurent Mucchille)在所编的《法国犯罪学史》(1994)中指出,以法国法医学家、犯罪学家让-亚历山大·欧仁·拉柯沙尼(Jean-Alexander E. Lacassagne,1843—1924)为首、包括人类学家和医学家莱翁斯·皮埃尔·马努夫里埃(Léonce Pierre Manouvrier,1850—1927)、保罗·托皮纳德和塔尔德在内的法国学派对于龙勃罗梭的批评和反对,政治性多于理论性,他们之所以采用"法国社会环境学派"(French school of social milieu)这样的术语,是想把

---

① 吴宗宪:《西方犯罪学》(第二版),法律出版社2006年版,第154页。
② 转引自理查德·昆尼和约翰·威尔德曼:《新犯罪学》,陈兴良等译,中国国际广播出版社1988年版,第52页。

它作为一个同意大利在犯罪学话语中的主导地位进行"斗争的名称"。①

在政治性评价中,比较具有代表性的可能是 1950—1958 年间出版的《苏联大百科全书》中的评价。在该书中,把龙勃罗梭看成是"资产阶级刑法学中极端反动的所谓人类学派的鼻祖。……他的伪学说掩盖了下述事实:对劳动人民的残酷剥削是资本主义条件下犯罪的根本原因,并隐瞒了资产阶级国家中刑事惩罚的反人民的反动目的。在所谓新龙勃罗梭学说中,他的反动的种族主义观点得到了进一步的发展。希特勒匪帮利用了这种观点,把它作为他们在德国所建立的恐怖制度的理论根据,来杀戮少数民族,对不利于法西斯的人实行绝育和阉割"②。

还应当指出的是,国外对于龙勃罗梭的研究在沉寂了多年之后,近年来有复苏的迹象。例如,2002 年,美国犯罪学研究者玛丽·吉布森出版了专著《生来犯罪:切萨雷·龙勃罗梭与生物犯罪学的起源》,③较为系统地阐述了作者对龙勃罗梭学说的研究成果。

2006 年,玛丽·吉布森与尼科尔·哈恩·拉夫特(Nicole

---

① Mary Gibson, *Born to Crime: Cesare Lombroso and the Origins of Biological Criminology* (Westport, CT: Praeger, 2002), p. 248.
② 转引自商务印书馆编辑部编:《近代现代外国哲学社会科学人名资料汇编》,商务印书馆 1978 年版,第 1470—1471 页。
③ Mary Gibson, *Born to Crime: Cesare Lombroso and the Origins of Biological Criminology* (Westport, CT: Praeger, 2002).

Hahn Rafter)合作出版了《犯罪人论》一书,[1]这本书将龙勃罗梭《犯罪人论》五个版本(原书分别于1876、1878、1884、1889和1896—1897年出版)中的精华摘译为英文,编辑成一册出版,有利于能够阅读英语文献的研究者较为全面地了解龙勃罗梭《犯罪人论》一书各个版本的内容。

2013年,英国谢菲尔德大学法学院犯罪学教授保罗·内珀和挪威奥斯陆大学犯罪学与法社会学系研究人员伊斯特赫德合作编辑出版了《切萨雷·龙勃罗梭手册》,[2]收入了多国研究者撰写的20篇文章,从不同角度介绍和评论了龙勃罗梭的犯罪学研究。

此外,近年来也发表了一系列研究龙勃罗梭的论文。仅用英语发表的论文就比较可观:

——保罗·内珀(2011)发表的《龙勃罗梭犹太身份及其对犯罪学的启示》;[3]

——保罗·马扎雷罗(2011)发表的《切萨雷·龙勃罗梭:一位介于进化和退化之间的人类学家》;[4]

---

[1] Cesare Lombroso, *Criminal Man* (Translated and With a New Introduction by Mary Gibson and Nicole Hahn Rafter. Durham, NC: Duke University Press, 2006).

[2] Paul Knepper and P. J. Ystehede (ed.), *The Cesare Lombroso Handbook* (London: Routledge, 2013).

[3] Paul Knepper, "Lombroso's Jewish Identity and Its Implications for Criminology," *Australian & New Zealand Journal of Criminology*, 44(3, 2011): 355-369.

[4] Paolo Mazzarello, "Cesare Lombroso: An Anthropologist between Evolution and Degeneration," *Functional Neurology*, 26(2, 2011): 97-101.

——尤伯托·加蒂等人(2012)发表的《切萨雷·龙勃罗梭：方法论的模糊性和卓越的直觉》；①

——恩里科·格拉涅里等人(2012)发表的《龙勃罗梭在医学中的偏见：癫痫案例、癫痫性精神病、癫痫与攻击》；②

——卡洛斯·阿尔瓦拉多等人(2017)发表的《切萨雷·龙勃罗梭论灵媒与病理学》③等。

在这些研究成果中，反映了发现的新史料，提出了学者的新见解。随着越来越多的新史料的发现，人们对于龙勃罗梭及其犯罪学研究的认识会越来越深入和全面。

九、中国学者对龙勃罗梭及其学说的研究与评价

应当说，中国对于龙勃罗梭及其犯罪学学说的了解和探讨都是不太充分的。

中国学者对龙勃罗梭著作的介绍是从20世纪20年代开始的。1922年出版了《朗伯罗梭氏犯罪学》(刘麟生翻译，商务印书馆出版)，这是龙勃罗梭的《犯罪及其原因和矫治》一书的中译本。

---

① Uberto Gatti & Alfredo Verde, "Cesare Lombroso: Methodological Ambiguities and Brilliant Intuitions," *International Journal of Law and Psychiatry*, Vol. 35 (Iss. 1, Jan 2012-Feb 2012): 19-26.

② Enrico Granieri & Patrik Fazio, "The Lombrosian Prejudice in Medicine. The Case of Epilepsy. Epileptic Psychosis. Epilepsy and Aggressiveness," *Neurological Sciences*, Vol. 33 (Iss. 1, Feb 2012): 173-192.

③ Carlos S. Alvarado & Massimo Biondi, "Cesare Lombroso on Mediumship and Pathology," *History of Psychiatry*, Vol. 28 (Iss. 2, June 2017): 225-241.

1929年，出版了一本名为《伦勃罗梭犯罪人论》的书，这本书由国民政府立法院编译处出版，上海民智书局发行；扉页写着：琴娜女士著，徐天一重译；版权页上写着"原著者日本水野錬太郎"。但是，由于这两本书出版年代久远，现在流传的很少，一般读者根本无缘接触它们。① 此后，由于战争等的影响，对于龙勃罗梭及其学说的介绍和研究似乎进入了一个低谷。

1949年以后，我国台湾地区的一些学者在著作中对龙勃罗梭及刑事人类学派的研究有一些简要的介绍。例如，林纪东的《刑事政策学》(1969)、张甘妹的《犯罪学原论》(1976)以及周冶平、甘添贵等人的论述。但是，这些介绍在很长时间内不为大陆学者所知。

大约从20世纪80年代中期开始，中国大陆才有人开始重新对龙勃罗梭及其犯罪学学说进行学术性研究。1984年出版的《外国刑法学》(甘雨沛、何鹏著)，在"刑事人类学派"的标题下，简单介绍了龙勃罗梭等人的观点。② 1992年，陈立撰写了《龙勃罗梭犯罪学思想述评》一文，③比较详尽地评述了龙勃罗梭的犯罪学思想。我自己大约从1988年左右，开始了解龙勃罗梭的学说，为《西方犯罪学史》一书的写作做准备。经过几年的努力，写出5万余字的书

---

① 直到2000年，才出版了第一本从意大利语直接翻译过来的龙勃罗梭的著作，这就是黄风根据龙勃罗梭的《犯罪人论》第二版翻译的《犯罪人论》(黄风译，中国法制出版社2000年版)。

② 甘雨沛、何鹏：《外国刑法学》(上册)，北京大学出版社1984年版，第115—116页。

③ 陈立：《龙勃罗梭犯罪学思想述评》，肖剑鸣、皮艺军主编：《犯罪学导论》，警官教育出版社1992年版，第588—618页。

稿(见该书第 14 章)。① 后来在写高等学校法学教材《西方犯罪学》一书时,将 5 万余字的书稿浓缩、改写为 2 万余字(见该书第 4 章第 2 节)。② 这可能是目前国内介绍龙勃罗梭学说中字数较多的两本书。

其他一些学者也对龙勃罗梭的学说表现出浓厚的兴趣。例如,陈兴良教授在《遗传与犯罪》(1992)一书中,曾详细论述了龙勃罗梭的学说;③ 在《刑法的启蒙》(1998)一书中,又设专章"遭遇基因",对龙勃罗梭的犯罪学学说进行评述。④ 在马克昌教授主编的《近代西方刑法学说史略》(1996)一书中,设专节介绍龙勃罗梭的刑法思想。⑤ 张筱薇教授在《比较外国犯罪学》(1996)一书中,用较多的篇幅(第二章)论述了"实证主义犯罪学的基本理论",其中有 5 节是主要论述龙勃罗梭的犯罪学学说的。⑥ 此外,一些犯罪学教科书也简要介绍了龙勃罗梭的犯罪学学说,例如,储槐植、许章润等著《犯罪学》(1997)。⑦

由于对龙勃罗梭的著作译介不多,对他的学说了解有限,因而也限制了研究工作的学术水平。而且,对龙勃罗梭及其学说的研究工作大多利用第二手资料(主要是英语资料,少数研究者也使用

---

① 吴宗宪:《西方犯罪学史》,警官教育出版社 1997 年版,第 185—224 页。
② 吴宗宪:《西方犯罪学》,法律出版社 1999 年版,第 129—157 页。
③ 陈兴良:《遗传与犯罪》,群众出版社 1992 年版。
④ 陈兴良:《刑法的启蒙》,法律出版社 1998 年版,第 163—189 页。
⑤ 莫洪宪:《龙勃罗梭的刑法思想》,马克昌主编:《近代西方刑法学说史略》,中国检察出版社 1996 年版,第 146—158 页。
⑥ 张筱薇:《比较外国犯罪学》,百家出版社 1996 年版,第 54—90 页。
⑦ 储槐植、许章润等:《犯罪学》,法律出版社 1997 年版,第 22—25 页。

日语资料)甚至第三手资料(非意大利语的有关论著的汉语译文)进行,这也限制了研究的深度。

对龙勃罗梭及其犯罪学学说的研究状况,也影响了对龙勃罗梭及其学说的评价。大体而言,新中国学者对于龙勃罗梭及其学说的评价,经历了一个从全面否定、部分否定到给予比较肯定和科学的评价的过程。

早期对于龙勃罗梭的评价,深受苏联对龙勃罗梭的否定性评价的影响。一些论著和学者的评价中可以看到上述《苏联大百科全书》中评价的影子。例如,在新中国第一部高等学校法学试用教材《刑法学》中指出,刑事人类学派的"这种理论为资产阶级的加强镇压、滥施刑罚和草菅人命提供了所谓'科学依据'。后来德国和意大利的法西斯政权,正是利用了这种理论,鼓吹人种有优劣之别,公民有'危险'与否之分,肆意地进行种族灭绝和残害革命者与劳动人民。"①

在《中国大百科全书·法学》卷的《刑法》条目中,在评价刑事人类学派时指出,"上述论点在理论上完全背离法制原则,在政治上为帝国主义统治服务,反对劳动人民的革命斗争,在龙勃罗梭和R.拉斯基合著的《法律及刑事人类学关系中的政治犯罪与革命》(1890)一书中,作者竟力图证明巴黎公社的革命者都是'天生犯罪人'。"②

---

① 高铭暄主编:《刑法学》,法律出版社1982年版,第6页。
② 曾庆敏:《刑法》,《中国大百科全书·法学》,中国大百科全书出版社1984年版,第651页。

后来的评价既有否定也有肯定。例如,在老一代刑法学家甘雨沛、何鹏合著的《外国刑法学》中,有这样的论述:"……这个理论,[1]曾给法西斯统治提出公开施行政治恐怖,种族压迫和灭绝的'理论'以借口。不能否认,这一学说曾被后继学者所否定。但是,这一学说将从前的抽象的概念的方法研究凝固的犯罪行为转向以实证的科学方法研究犯罪者,从此使刑法理论的研究进入了所谓科学的或实证的新时代。"[2]由于作者熟悉国外情况,确实对有关问题进行了一定研究,加之当时论述国外研究的书籍极端缺乏,因此,他们的观点对于国内学者产生了很大影响。

大约从20世纪90年代开始,中国学者对龙勃罗梭的评价进入了比较肯定的阶段。例如,康树华、王晓燕在合写的《犯罪人类学派》条目中,对该学派做了这样的评价:"犯罪人类学派从以抽象概念出发研究犯罪行为转向以实证方法研究犯罪人,使犯罪学理论进入了所谓科学或实证的新时代,因而它对欧美犯罪学以及近现代犯罪学理论产生了深远的影响,同时他的天生犯罪人论也曾给法西斯的恐怖统治和种族压迫提供了理论工具。"[3]

可以说,凡是较多地研究了龙勃罗梭及其犯罪人类学派的学说的学者,都对龙勃罗梭进行了比较肯定和科学的评价。在1992年出版的《犯罪学》一书中,王牧教授就表示了这样的观点。他既批评了龙勃罗梭学说中的错误成分,也认为他的研究对犯罪学的

---

[1] 指龙勃罗梭的生来犯罪人学说。——引者
[2] 甘雨沛、何鹏:《外国刑法学》,北京大学出版社1984年版,第115页。
[3] 杨春洗、高铭暄、马克昌、余叔通主编:《刑事法学大辞书》,南京大学出版社1990年版,第136页。

发展做出了贡献:"他的学说否定了在刑事古典学派中占统治地位的自由意志论,使犯罪研究从研究犯罪事实和刑罚而转向研究犯罪人,把过去对犯罪的法律上的关注转移到对犯罪根源、本质的认识,重视犯罪原因的研究,为开拓犯罪学的新学科,对犯罪进行科学研究起了示范和开路的作用。"[1]

张远煌教授在《犯罪学原理》(2001)一书中认为,"龙勃罗梭以其漫长而富有耐心的探索成为科学犯罪学的主要奠基者。"[2]张旭教授在《犯罪学要论》(2003)一书中认为,龙勃罗梭的犯罪学学说对于犯罪学的贡献主要有三方面:首先,它激起了对犯罪人犯罪原因的研究;其次,它揭示了科学化、个别化的犯罪对策;第三,它引发了犯罪学研究方法的革命。[3]

笔者曾在拙著《西方犯罪学史》和《西方犯罪学》两书中,都对龙勃罗梭及其犯罪学研究进行了简要评价。[4] 随着对龙勃罗梭及其犯罪学研究的认识的深入,笔者在以前对他提出的评价仍然没有多少改变。概括来讲,本人对龙勃罗梭及其犯罪学研究的简要的初步评价如下:[5]

---

[1] 王牧:《犯罪学》,吉林大学出版社1992年版,第80页。
[2] 张远煌:《犯罪学原理》,法律出版社2001年版,第52页。
[3] 张旭:《犯罪学要论》,法律出版社2003年版,第9页。
[4] 参见吴宗宪:《西方犯罪学史》,警官教育出版社1997年版,第221—222页;吴宗宪:《西方犯罪学》(第二版),法律出版社2006年版,第115—117页。
[5] 吴宗宪:《西方犯罪学史》(第二版,第二卷),中国人民公安大学出版社2010年版,第401—405页。

1. 龙勃罗梭是一位伟大的犯罪学家

根据本人对龙勃罗梭及其学说的粗浅了解,笔者感到用"伟大的"这个形容词来评价龙勃罗梭是合适的。龙勃罗梭有资格被看作是犯罪学乃至整个刑事法学领域中的"伟人",他配得上享受人们给予他的多种"之父"的称号;把龙勃罗梭和他同时代的另外两位犯罪学家菲利、加罗法洛(Baron Raffaele Garofalo, 1852—1934)并称为"犯罪学三圣"(holy three of criminology),[①]也是恰当的。这是因为,龙勃罗梭对犯罪问题进行了富有创新精神的、孜孜不倦的探讨。他将实证的、归纳的方法引入犯罪研究领域,引起了犯罪研究领域中的一场方法论革命,使犯罪学向科学方向大大迈进了一步;他用许多富有挑战性的观点,激励人们对犯罪行为和犯罪人进行科学探讨;他将自己的大半生献给了犯罪学研究事业。尽管他在犯罪学研究中提出的一些具体结论、观点已经过时(实际上,并不存在永远不过时的理论或观点,问题的实质不在于某种理论或观点是否会过时,而在于经历多长时间才过时,杰出的理论或观点总是能在很长的时间之后都有生命力),有的观点在今天看来或许有点荒唐可笑,但是,龙勃罗梭的许多结论、观点不仅像塞林所说的在 50 年以后,就是在 100 多年后的今天,仍然具有生命力,仍然富有启发性。而且,即使他的那些已经过时的结论、观点,也不是凭空杜撰或主观臆造的,而是在大量占有资料的基础上提出

[①] Stephen Schafer, *Theories in Criminology: Past and Present Philosophies of the Crime Problem* (New York: Random House, 1969), p.123.

的,他的严谨、勤奋、客观、求是的学风,永远是犯罪学领域中的后来者学习的楷模。应当实事求是地说,龙勃罗梭本人确实是一个伟大的、严肃的、认真的学者,是犯罪学史上少数几个对犯罪学的发展做出了巨大贡献的杰出人物之一;在犯罪学史上,能与龙勃罗梭相提并论的人并不多,或许只有他的同胞、前辈——贝卡里亚才勉强享有这样的资格,其他人都很难与龙勃罗梭相媲美。① 他开创性地将当时的一般性科学方法和基础理论引入犯罪和犯罪人研究领域,提出了自己独特的犯罪理论,引起了巨大的反响,这已经足以使龙勃罗梭受到人们尊敬和重视。因此,龙勃罗梭当之无愧地在犯罪学史上享有不可替代的重要地位。

2. 龙勃罗梭极大地推动了犯罪学的发展

现代犯罪学的发展在很大程度上归功于龙勃罗梭的努力和推动。"尽管以前的欧洲思想家思考了犯罪原因,但是,龙勃罗梭是第一位预期犯罪学将成为一门独立于法律和公共卫生(public hygiene)的新学科的人……在《犯罪人论》出版时,'犯罪学'这个术语是不存在的;龙勃罗梭自己使用'犯罪人类学'这个术语称呼他的研究,以此强调他研究的对象是人,而不是法律。犯罪学是在以后不到十年间产生的一个替代性名称,但不是对立性名称,这个术语可能是由他的同事和信徒拉斐尔·加罗法洛发明的。"② 龙勃

---

① 参见吴宗宪:《西方犯罪学史》,警官教育出版社1997年,第221—222页。
② Mary Gibson, *Born to Crime: Cesare Lombroso and the Origins of Biological Criminology* (Westport, CT: Praeger, 2002), p.2.

罗梭的研究和学说，引起了人们对于犯罪问题的极大兴趣和广泛研究，大大加速了现代犯罪学的发展。可以说，在龙勃罗梭及其学说的影响下从事犯罪学研究的人不计其数，仅仅在意大利，就可以识别出三代龙勃罗梭的信徒。[1] 不仅如此，龙勃罗梭的大量学生和信徒还将他的学说传播到社会的很多方面，促进了犯罪学学说的广泛传播和实际应用，使犯罪人类学和犯罪学成为世界性的学科和研究领域。晚近的研究表明，"龙勃罗梭和意大利实证犯罪学产生了比以前认识到的更大的国际影响。"[2]因此，把龙勃罗梭称为"现代犯罪学之父"，是恰当的。

3. 龙勃罗梭学说的缺陷具有时代性

龙勃罗梭的研究和学说确实有重大缺陷，但是，这些缺陷在很大程度上反映了时代的局限性，而不一定是他自己的过失造成的。在龙勃罗梭所处的那个时代，尽管科学有了很大发展，它们启发龙勃罗梭用新的方法和新的理论研究、解释犯罪和犯罪人，但是，那个时代科学的发展毕竟有限，没有为龙勃罗梭恰当地解释所观察到的事实提供成熟的一般性科学方法论和理论基础。龙勃罗梭不是圣贤，不是"完人"，他只是一个学者，不能苛求龙勃罗梭既要提出科学的一般方法论和基础理论，又要将它们应用于犯罪和犯罪人研究；龙勃罗梭只能根据那个时代的精神，只能在那个时代的科

---

[1] Mary Gibson, *Born to Crime: Cesare Lombroso and the Origins of Biological Criminology* (Westport, CT: Praeger, 2002), p.44.

[2] 同上书，第250页。

学氛围中进行研究,他只能将当时已有的一般性科学方法论和基础理论应用于犯罪和犯罪人研究,而不可能超越当时整个科学的发展水平,提出永恒不变的"真理"。[①]

4. 将龙勃罗梭的学说与法西斯联系起来,可能是不适当的

一些评价中将龙勃罗梭与德国希特勒法西斯政权和意大利墨索里尼的法西斯政权及其血腥活动联系起来,以此指责龙勃罗梭的犯罪学研究,这可能是不适当的。主要理由如下:

第一,从时间顺序来看,在法西斯兴起的时候,龙勃罗梭已经逝世,他不能为自己身后的事情负责。龙勃罗梭是1909年去世的。德国法西斯领导人希特勒(Adolf Hitler,1889—1945)参与政治活动是从20世纪20年代开始的,他担任德国总理是在1933年,实行种族灭绝更是在此之后。意大利法西斯独裁者墨索里尼(Benito Mussolini,1883—1945)组建法西斯组织"战斗团"是在1919年,正式建立法西斯党是在1921年,担任意大利首相是在1922年。这些都是在龙勃罗梭逝世很久之后才发生的,不能让已经去世多年的龙勃罗梭为自己死后的事情负责。

第二,法西斯政权的做法可能与龙勃罗梭的某些观点吻合,这只能说是法西斯分子对于龙勃罗梭学说的滥用或者歪曲,而不能认为龙勃罗梭启发或者诱发了法西斯的血腥念头和做法。法西斯政权的血腥活动并非都是利用自己发明和创造的观念、工具等进

[①] 参见吴宗宪:《西方犯罪学》,法律出版社1999年版,第154页。

行的,他们实际上大量利用了人类文明发展的很多成果,不能因为法西斯分子利用这些成果就归罪于这些文明成果的发明者、创造者。

第三,晚近的研究表明,龙勃罗梭的犯罪人类学理论可以和多种政治倾向相结合。玛丽·吉布森的研究发现,龙勃罗梭和实证主义学派的大部分第一代同事,都属于意大利社会党,[①]对于他们来讲,实证主义学说与马克思主义在唯物论、决定论和人道主义方面是相当吻合的。但是,在第一次世界大战之后,龙勃罗梭的大部分追随者与法西斯主义结盟,他们发现独裁更容易接纳实证主义的计划。根据实证主义的计划,不仅要对犯罪人进行分类和惩戒(discipline),而且要对被怀疑具有煽动混乱或者反抗这个国家的个人甚至整个群体进行分类和惩戒。"意大利犯罪人类学既吸引社会主义者又吸引纳粹分子的事实表明,复杂的犯罪学理论并不必然是左派理论或者右派理论。一些犯罪学理论与某些特殊的政治立场的明显兼容性,可以因为历史环境的不同而变化,或者使某一方面的理论更受重视。在意大利,犯罪人类学从而也是生物决定论并不必然导致法西斯式的刑事司法政策,但是,犯罪人类学得到了学术界、政治家和各个政治派别公民的广泛支持。"[②]由此可见,仅仅把龙勃罗梭及其理论与法西斯主义联系起来,是不全面、

---

① 意大利社会党(Italian Socialist Party,PSI)成立于1892年,1893年使用现名,是意大利具有全国规模和现代民主体制度最早的政党之一。该党最初的基础是工会、社会主义集团和合作组织,有无政府主义派和马克思主义派。

② Mary Gibson, *Born to Crime: Cesare Lombroso and the Origins of Biological Criminology* (Westport, CT: Praeger, 2002), p. 7.

不公平的。

5. 龙勃罗梭是一位具有多方面才能和贡献的杰出学者

他不仅在犯罪学研究中做出了巨大贡献,在犯罪学史上享有崇高的地位,而且在精神病学(包括司法精神病学)、法医学、人类学等方面也进行了深入的研究,取得了丰硕的成果。龙勃罗梭首先是一个精神病学家,然后才是一个犯罪学家,他在精神病学理论研究和临床实践中的成就,使他在精神病学史上也占有一席之地。例如,在一本精神病学书籍中,龙勃罗梭被看成是"产生于莫雷尔[①]的隔代遗传与退化的传统的最后一位重要贡献者"。[②] 在另一本精神病学书籍中,对龙勃罗梭做了这样的论述:"意大利精神病学家切萨雷·龙勃罗梭是科学犯罪学的创始人之一,他在19世纪后期及以后出版的许多著作(1864、1876、1911)中采纳并推广了莫雷尔所谓的天才与精神错乱之间的关系。龙勃罗梭最具影响力的作品是关于犯罪人的,他对犯罪人进行了细致的精神和身体检查,以便寻找退化的痕迹,并在这个过程中发明了'犯罪人类型'的概念。只要有可能,他就进行神经病理学研究——通常是在谋杀犯被处死之后。例如,他报告说罪犯维莱拉的小脑正中有异常,他认为这是高等哺乳动物和原始人的特征。从1870年到20世纪初,龙勃罗梭的思想对犯罪学产生了深远的影响。他的论点与莫雷尔

---

① 贝内迪克特·奥古斯丁·莫雷尔(Benedict Augustin Morel,1809—1873)是奥地利出生的法国精神病学家、早期犯罪学研究者。

② Parmand M. Nicholi, Jr. (ed.), *The Harvard Guide to Modern Psychiatry* (Cambridge, MA: The Belknap Press of Harvard University Press, 1980), p. 284.

的一样,是拉马克式的,不过,他也考虑了达尔文的进化论。然而,根据龙勃罗梭的观点,进化并不一定是渐进的,进化也可能变成复旧(involutionary),从而导致'退化'(dissolution)和'隔代遗传'。"[1]在其他精神病学书籍中,也提到龙勃罗梭的工作和贡献。[2]同时,他利用人类学方法进行的大量研究,也使他获得了人类学家的身份,甚至在精神病学史的书籍中,也称他为"意大利人类学家"。[3]

十、关于本书及其翻译

(一) 本书的翻译底本

本书是根据美国利特尔 & 布朗公司1911年出版的英译本翻译的,而这个英译本主要是根据1899年在法国巴黎出版的龙勃罗梭《犯罪人论》第5版第3卷的法文版转译的,这个法文译本的书名为《犯罪:原因与矫治》(*Le Crime: causes et remèdes*)。同时,在根据法文版翻译的过程中,参考了本书德文版的一些内容。因此,在吸取本书法文版以及德文版精华的基础上完成的这个英译

---

[1] Edwin R. Wallace and John Gach (eds.), *History of Psychiatry and Medical Psychology* (New York: Springer, 2008), p. 387.
[2] Allan Tasman et al., *Psychiatry*, 4th ed. (Chichester, West Sussex: John Wiley & Sons, 2015), pp. 2607-2608.
[3] Franz Alexander and Sheldon T. Selesnick, *The History of Psychiatry: An Evaluation of Psychiatric Thought and Practice from Prehistoric Times to the Present* (New York: Harper & Row, 1966), pp. 82, 162.

本,是龙勃罗梭《犯罪人论》一书的唯一的英译本,《犯罪人论》原书并没有出过完整的英译本。[①]

尽管本书的英文版是根据法文版以及德文版转译的,但是,有理由相信本书准确反映了龙勃罗梭晚年的犯罪学学说。这是因为,首先,这个英译本得到了龙勃罗梭本人的肯定,龙勃罗梭本人为这个英译本撰写了《序言》。这表明,龙勃罗梭本人相信这个英译本的质量。

其次,这个英译本及其译者得到了当时美国一流学者的肯定。这个英译本是作为美国刑法和犯罪学研究所组织翻译的"现代刑事科学丛书"(Modern Criminal Science Series)[②]中的一本。为了翻译这套丛书,还成立了一个专门的"翻译委员会",其成员由当时美国的若干杰出学者组成,该委员会的主席是西北大学法学院院长约翰·威格莫尔,成员包括芝加哥大学法学教授恩斯特·弗罗因德(Ernst Freund)、密苏里州立大学社会学教授莫里斯·帕米利、芝加哥大学法学教授罗斯科·庞德、原威斯康星州立大学政治

[①] Hermann Mannheim (ed.), *Pioneers in Criminology*, 2nd ed. (Montclair, NJ: Patterson Smith, 1972), p. 237.

[②] 该丛书一共有9本:西班牙贝纳尔多·德奎罗斯(Bernaldo de Quirós)的《现代犯罪理论》(*Modern Theories of Criminality*);奥地利汉斯·格罗斯(Hans Gross)的《犯罪心理学》(*Criminal Psychology*);意大利切萨雷·龙勃罗梭的《犯罪及其原因和矫治》;法国雷蒙·萨莱勒斯(Raymond Saleilles)的《刑罚个别化》(*The Individualization of Punishment*);法国加布里埃尔·塔尔德的《刑罚哲学》(*Penal Philosophy*);德国古斯塔夫·阿沙芬堡(Gustav Aschaffenburg)的《犯罪及其遏止》(*Crime and Its Repression*);意大利拉斐尔·加罗法洛的《犯罪学》(*Criminology*);荷兰威廉·邦格(Willem A. Bonger)的《犯罪与经济条件》(*Criminality and Economic Conditions*);意大利学者恩里科·菲利的《犯罪社会学》(*Criminal Sociology*)。这9本书均由位于马萨诸塞州波士顿的利特尔&布朗公司出版。

科学教授罗伯特·斯科特(Robert B. Scott)和美国律师协会比较法部的秘书威廉·史密瑟斯(William Smithers)。翻译委员会在选择英译者和翻译底本时,自然会考虑英译者的学术水准、语言能力以及翻译底本的质量。

再次,这个英译本吸收了法文版和德文版的精华。本书法文版和德文版的译者中,不乏当时著名的犯罪学家,例如,德文版的第一译者汉斯·库雷拉(Hans Kurella,1858—1916)教授,就是当时德国著名的犯罪学家,也是龙勃罗梭学说的重要支持者和龙勃罗梭本人的好朋友。这些译者熟悉龙勃罗梭的犯罪学学说,在此基础上诞生的英译本,自然也深得龙勃罗梭学说的真谛。

这个英译本的译者是获得文学硕士学位的亨利·霍顿。他不仅是本书的英译者,也是"现代刑事科学丛书"中另一本书——荷兰著名犯罪学家威廉·邦格(1876—1940)的《犯罪与经济条件》的英译者。虽然他的生平资料不详,[①]但是,一个人翻译这套丛书中的两本(他是本丛书中唯一翻译两本书的译者),说明这套丛书的翻译委员会认可译者的学术水平。当时的美国犯罪学家、密苏里大学社会学副教授莫里斯·帕米利为这个英译本写了一篇详尽

---

① 亨利·霍顿(Henry P. Horton, M. A.)的生平资料不详。本书英文版中的介绍文字表明,他来自密苏里州的哥伦比亚市(Columbia, Mo);而在他翻译的荷兰犯罪学家威廉·邦格《犯罪与经济条件》英文版的扉页上,在亨利·霍顿的名字下方注明译者所在地是纽约州的伊萨卡市(Ithaca, New York)。经在网上反复搜索,仅仅查到一些十分简单的信息,即他的全名是亨利·波默罗伊·霍顿(Henry Pomeroy Horton),生于1869年。参见 http://www.archive.org/search.php?query = creator％3A％22Horton％2C％20Henry％20P.％20(Henry％20Pomeroy)％2C％20b.％201869％22,最后浏览时间:2007年8月31日。

的"序"。

(二) 本书的第一个中译本

根据笔者了解到的信息,《犯罪及其原因与矫治》一书的第一个中译本,是由刘麟生翻译的。这个中译本的书名为《朗伯罗梭氏犯罪学》,1922年作为"共学社社会丛书"的一种,由上海的商务印书馆出版。1932年2月又出版"国难后第一版",[①]这个版本是小32开本,全一册,共431页;在正文前面,有刘麟生撰写的《导言》,内容包括"犯罪学之渊源与概论""朗伯罗梭氏之生平与著述""朗氏之犯罪学说及其批评"等三部分,落款的日期是"(民国)11年5月15日",即1922年5月15日。下文中提到的刘麟生中译本,就是指这个版本。

根据中国国家图书馆的资料,刘麟生的这个译本还曾作为商务印书馆《万有文库》中的一种,在1929年分两册出版过,其中第一册227页,第二册204页。

本书译者刘麟生(1894—1980),字宣阁,安徽无为人,曾任商务印书馆、中华书局编辑;1927年任南京金陵女子文理学院教授。抗日战争期间,辗转四川等地,以卖文为生。后赴台湾。1959年任职于台湾"驻美大使馆"后定居美国,病逝于旧金山。著有《中国文学史》《中国文学概论》《中国诗词概论》《骈文研究法》,译著有

---

① 这个"国难"可能是指1932年1月29日商务印书馆遭受日本飞机轰炸的事件。

《朗伯罗梭氏犯罪学》《经济地理学》《乌托邦》等。①

刘麟生的这个中译本,对于现代中国犯罪学研究,曾经产生了重大的影响,是帮助中国学者们了解龙勃罗梭晚年犯罪学思想的主要书籍之一,也促进了中国现代犯罪学的国际化进程。即使在 20 世纪后半期,在一些注重学术历史的学者们的论著中,也还引用刘麟生译本的内容,或者把这本书作为重要的参考书之一。

不过,在仔细阅读这个中译本的过程中,也发现这个中译本存在一些问题。其中,有的问题是时代造成的,有的问题则是译者自己造成的。这些问题主要是:第一,语言问题。这个译本出现得较早,使用了文言文,很多表达对于现在的年轻读者来说可能不好理解。第二,内容问题。这个译本对很多内容的翻译,体现了译者的学术功底,译文精辟,值得肯定。但是,对一些内容的翻译,有需要商榷的地方。更大的问题是,在翻译很多内容时,采取了节译或者编译的方式,很多内容省略不译,或者加以概括综述后用简洁的语句表达,但是,对于这样的处理并没有注明,容易使人对原文产生不准确的理解,似乎原文就是如此。第三,译名问题。这个译本产生的年代较早,其中使用的许多译名今天已经发生变化。不仅对于人名的翻译如此,就是对于很多专业术语的翻译也是如此。

---

① 这部分资料来自两个网页:http://baike.baidu.com/view/993331.htm 和 http://www.douban.com/subject/1981333/,最后浏览时间:2007 年 8 月 31 日。

(三) 本书的第二个中译本

本书的第二个中译本,是笔者邀请几位青年学人合作翻译后,由中国人民公安大学出版社在2009年出版的译本。[①] 这个译本是笔者主编的"犯罪学名著译丛"的一种,这一版的译者除了笔者外,还有房绪兴博士、李安博士、赵书鸿博士、苏明月博士等。

在这次翻译的过程中,参考了刘麟生中译本的一些内容,同时,也在克服刘麟生中译本存在的问题方面,做了很多努力。特别是在翻译的技术和格式方面确立了一些规则:

1. 术语的翻译与保留

(1) the insane 的翻译

对这个英语术语有两种译名:一种译名是翻译为"精神病人";另一种译名是翻译为"精神错乱者"。应当说,这两种译名都有一定道理,一些文献中就翻译为"精神病人",的确,这个术语实际上包括了很多种类型的精神病人。但是,在今天的精神病学以及心理学方面的英语文献中,在表达"精神病人"这样的含义时,已经很少使用 the insane 这个术语。对于当代的精神病学家们来讲,the insane 似乎是一个旧时代的术语或者是外行人使用的术语。很多精神病学和心理学英语书籍中,甚至看不到 the insane 这样的

---

① 〔意〕切萨雷·龙勃罗梭:《犯罪及其原因和矫治》,吴宗宪、房绪兴、李安、赵书鸿、苏明月等译,中国人民公安大学出版社2009年版。

名词。

同时,也要看到,精神病学(特别是司法精神病学)和心理学书籍中,大量使用与 the insane 有密切关系的一个术语——insanity,而且,对于 insanity 的中文译名是很一致的,普遍都翻译为"精神错乱"。有的专业工具书还对 insanity 做出了这样的解释:"此名称在法学上和医学上都非专业术语。法院和立法机关不加区别地用于下面的两种情况:(1)任何类型和程度的精神疾病或精神缺损;(2)丧失责任能力,需住入精神病院或指定监护人,即可解除契约或免除刑事责任能力的精神病人。"[①]在法学、司法精神病学和司法心理学领域中,insanity 往往与 defense 一词连用,insanity defense 就是指"精神错乱辩护"。

因此,鉴于中文文献中普遍将 insanity 翻译为"精神错乱"的情况,在本书中,统一将 the insane 翻译为"精神错乱者"。不过,读者也应当注意的是,the insane 包括很多种类型的精神病人,甚至可以把 the insane 看成是"精神病人"的另一种表达。

(2)其他学科名词的翻译

在其他学科名词的翻译过程中,既参考了有关学科的名词译法,例如,朱智贤主编的《心理学大词典》(北京师范大学出版社1989年版),林崇德、杨治良、黄希庭主编的《心理学大辞典》(上海教育出版社2003年版),贾谊诚主编的《简明英汉汉英精神医学词典》(人民卫生出版社2002年版),笔者编写的《英汉犯罪学词典》

---

① 朱智贤主编:《心理学大词典》,北京师范大学出版社1989年版,第335—336页。

(中国人民公安大学出版社2007年版),以及《不列颠百科全书》(国际中文版,中国大百科全书出版社1999年版)等多种词典和工具书,同时,也在翻译很多名词时多方斟酌,做了必要调整,力求准确表达原意。

此外,在一些名词的翻译上,参考了刘麟生的译法。具体做法是,对于与今天的译名相同的译名,继续沿用;对于今天也没有公认译名的,择善而从,在这个译本和目前已有的译名之间,选择最合适的译名加以采用;对于已经显然不合适的译名,采用今天公认的译名或者我们认为更恰当的译名。

(3) 术语原文的保留

本书毫无疑问是一部学术著作,因此,为了保证读者能够准确理解原文的内容,也为了检验术语翻译的准确性,对于大量的专业术语,在中文译名之后保留了原文,以便读者更准确地了解中文译名的原文表达用语,从而更好地理解其内容。

2. 标题与表格的翻译

本译本中的绝大多数标题,都是按照原文翻译的。不过,也在翻译过程中对极少数标题进行了一些加工,例如,有的增加了文字,有的根据内容调整了表达方法。所有这些变化,都在"译注"中明确地做了说明。

本书中有很多表格。为了更好地排列这些表格,在翻译的过程中增加了编号和表格的名称。表格的编号包括三部分,例如,"表格4-1",其中"4"表示表格所在的"节",横线后面的"1"表示本节中表格的序列号。

3. 脚注问题

在翻译帕米利写的《英文版序》以及《作者序》的过程中，将全部的脚注都翻译了出来。但是，在翻译正文的过程中，发现了三方面的问题：一是很多脚注仅仅注明所引内容的出处，而没有更多的实质性内容；二是很多脚注在注明出处方面，内容不完整，例如，很多仅有篇名，而没有出版者、出版或者发表的年代和地点；三是在脚注中注明的出处，都是较早的文献，而且很多是法语、德语、西班牙语等语言的文献，中国读者基本上看不到这些文献。因此，对于原文中的脚注，采用了三种方式加以处理：第一，有实质内容的脚注，完全译出；而且，其中有的脚注中内容较多或者有表格的，改为正文译出；第二，仅仅注明出处的脚注，一般从略不译；第三，注明出处的脚注中表明了文献发表或者出版年代的，在正文的相应地方注明年代。

同时，为了帮助读者更好地理解译文的内容，笔者根据自己多年的学习和研究情况，增加了很多"译注"，用来介绍有关背景情况或者提供相关资料。

（三）本书的第三个中译本

此次由商务印书馆出版的笔者独自翻译的《犯罪及其原因和矫治》一书，是本书的第三个中译本。

在翻译之前，笔者首先与房绪兴博士、李安博士、赵书鸿博士、苏明月博士协商，得到他们的同意，才开始相关的翻译工作。在翻译的过程中，主要进行了下列工作：

第一，逐句审读译稿。对于有问题或者不流畅的语句，对照原文重译或者调整。这是耗费时间最多的工作，期间发现并改正了不少内容方面和表述方面的问题。

第二，翻译大量脚注。在第二个中译本中，酌情翻译了少数有实质内容的脚注，而没有翻译大多数仅仅表明文献出处的脚注。在此次重译的过程中，将所有脚注都翻译为汉语。同时，取消了第二个中译本"在正文的相应地方注明年代"的做法，将相关的内容全部放在脚注中。

第三，翻译附录。本书英文版的正文之后，有一个篇幅较长的附录《龙勃罗梭犯罪人类学著作目录》，这是龙勃罗梭的女儿吉娜·龙勃罗梭-费雷罗女士精心准备的，但是，在以往的中译本中都没有翻译。此次将其中的文献名称等主要部分翻译成汉语，供大家参考。

第四，翻译索引。本书英文版正文之后，有一个索引，此次将它翻译成汉语。同时，在翻译正文的过程中，注明原书中每页的起始位置（即本书边码），以便通过索引便捷地查阅和了解相关信息。

第五，增添译注。龙勃罗梭的这本书写于19世纪末期（第一版1876年出版，第五版1896—1897年出版），其中包含了大量当时以及更早时候的犯罪和经济社会等方面的信息，对于今天的读者来讲，时间较远；许多在当时可能是广为人知的内容，今天的读者可能不大容易理解。而且，在翻译的过程中，译者深切感受到原作者龙勃罗梭的确学识渊博，知识丰富，书中的内容不仅涉及很多学科，而且也涉及了多个语种的资料。因此，在翻译的过程中，对于今天读者不熟悉的很多内容,涉及犯罪学、刑法学之外的其他学科以及英语之外的其他语种的内容,酌情增添了一些脚注。凡是译者增添的脚注,都在其后注明"——译者"字样,以便与原注相区别。

在翻译和校订的过程中,继续保持在翻译第二个中译本时确立的技术和格式方面的规则。

在此次翻译的过程中,遇到大量非英语的内容,对它们的翻译得到了多位同事和友人的帮助。其中,对意大利文、德文、法文、俄文内容的翻译,分别得到了同事杨超博士、赵书鸿博士、孙平博士、赵路博士的帮助;对拉丁文内容的翻译,得到了厦门大学法学院徐国栋教授的帮助。衷心感谢他们的大力帮助。同时,译者也要感谢以前翻译过本书的所有译者,他们的奉献和智慧,是做好这个译本的翻译工作的重要基础。

翻译本书是一项十分有价值,但是又异常艰巨的工作,希望通过译者的努力,使大家能够更好地了解龙勃罗梭及其犯罪学学说,从而为推动中国犯罪学和相关学科研究的发展,竭尽绵薄之力。

吴宗宪
2019 年 7 月 18 日
于北京师范大学刑事法律科学研究院

目　录

英文版序 ················· 莫里斯·帕米利　1
作者序 ················· 切萨雷·龙勃罗梭　33
英文版译者说明 ················· 亨利·霍顿　38

第一部分　犯罪原因论

第1章　气象与气候的影响、月份及高温 ············· 41
　第1节　气象与气候的影响 ················· 41
　第2节　极端的气候 ····················· 41
　第3节　温和气候的影响 ·················· 44
　第4节　犯罪与月份 ····················· 46
　第5节　季节 ························· 49
　第6节　炎热的年份 ····················· 51
　第7节　犯罪日历 ······················ 53
　第8节　过分炎热 ······················ 57
　第9节　其他气候影响 ··················· 58
　第10节　在炎热国家的犯罪与造反 ·············· 59

第2章　地质的影响 ······················· 65
　第11节　地质 ························· 65

- 第 12 节 　地势形态 ································ 66
- 第 13 节 　疟疾 ···································· 67
- 第 14 节 　甲状腺肿多发地区 ·························· 68
- 第 15 节 　死亡率的影响 ······························ 69

第 3 章　不同种族的影响 ································ 71
- 第 16 节 　种族的影响 ································ 71
- 第 17 节 　犯罪猖獗地 ································ 73
- 第 18 节 　欧洲 ···································· 77
- 第 19 节 　奥地利 ···································· 78
- 第 20 节 　意大利 ···································· 78
- 第 21 节 　法国的种族 ································ 86
- 第 22 节 　长头型人和圆头型人 ························ 88
- 第 23 节 　浅色和黑色头发 ···························· 90
- 第 24 节 　犹太人 ···································· 91
- 第 25 节 　吉普赛人 ·································· 95

第 4 章　文明—野蛮—人口聚集—报刊书籍—新型犯罪 ····· 99
- 第 26 节 　文明和野蛮 ································ 99
- 第 27 节 　人口拥挤 ·································· 114
- 第 28 节 　报刊书籍 ·································· 116
- 第 29 节 　新型犯罪 ·································· 119

第 5 章　人口密度—移民—出生率 ························ 121
- 第 30 节 　人口密度 ·································· 121
- 第 31 节 　外来移民与迁出移民 ························ 127
- 第 32 节 　出生率和外来移民 ·························· 134

|第33节　城市与乡村 ………………………………… 138

第6章　生存(饥荒、面包的价格) ……………………… 143
|第34节　生存 ……………………………………… 143
|第35节　起义 ……………………………………… 153

第7章　酗酒 ……………………………………………… 157
|第36节　酗酒和食物供应 ………………………… 157
|第37节　酒精饮料的有害影响 …………………… 157
|第38节　贫穷 ……………………………………… 159
|第39节　酗酒与犯罪统计 ………………………… 160
|第40节　生理效果 ………………………………… 165
|第41节　特别犯罪 ………………………………… 169
|第42节　文明国家中酗酒与犯罪之间的反比关系 …… 172
|第43节　政治骚乱 ………………………………… 174
|第44节　酗酒和进化 ……………………………… 176
|第45节　烟草 ……………………………………… 177
|第46节　大麻 ……………………………………… 179
|第47节　吗啡 ……………………………………… 179
|第48节　变质的玉米 ……………………………… 180

第8章　教育对犯罪的影响 ……………………………… 182
|第49节　文盲与犯罪 ……………………………… 182
|第50节　推广教育——它的好处 ………………… 186
|第51节　文盲和受教育者的特殊犯罪行为 ……… 190
|第52节　监狱中的教育 …………………………… 194
|第53节　教育的危险性 …………………………… 195

第9章　经济条件的影响——财富 ········· 200

　　第54节　引言 ········· 200
　　第55节　税收 ········· 201
　　第56节　遗产税 ········· 204
　　第57节　失业 ········· 206
　　第58节　工作天数 ········· 207
　　第59节　储蓄银行 ········· 209
　　第60节　法国的存款 ········· 211
　　第61节　农业和制造业 ········· 213
　　第62节　作为犯罪原因的财富 ········· 216
　　第63节　解释 ········· 217
　　第64节　贫穷犯罪人的数量 ········· 220

第10章　宗教 ········· 223

　　第65节　宗教与犯罪 ········· 223

第11章　教育、非婚生子女与孤儿 ········· 233

　　第66节　非婚生子女 ········· 233
　　第67节　孤儿 ········· 236
　　第68节　不良出身与教育 ········· 237

第12章　遗传 ········· 240

　　第69节　遗传影响的统计 ········· 240
　　第70节　临床证据 ········· 247
　　第71节　同类相聚 ········· 254
　　第72节　朱克家族中的隔代遗传 ········· 255
　　第73节　父母的精神错乱 ········· 261

目 录

  第74节 父母的癫痫 ………………………………… 264
  第75节 酗酒的遗传 ………………………………… 265
  第76节 父母的年龄 ………………………………… 267
  第77节 结论 ………………………………………… 270
第13章 年龄与早熟的影响 ………………………………… 273
  第78节 年龄与早熟 ………………………………… 273
  第79节 所谓的犯罪等级 …………………………… 277
  第80节 人生不同阶段的犯罪 ……………………… 279
第14章 性别与卖淫 ………………………………………… 281
  第81节 性别 ………………………………………… 281
  第82节 特殊犯罪 …………………………………… 285
  第83节 卖淫 ………………………………………… 287
  第84节 文明 ………………………………………… 289
  第85节 累犯 ………………………………………… 292
第15章 公民身份、职业与失业 …………………………… 296
  第86节 公民身份 …………………………………… 296
  第87节 职业 ………………………………………… 297
  第88节 士兵 ………………………………………… 306
  第89节 精神错乱者 ………………………………… 309
  第90节 对工作的厌恶 ……………………………… 311
第16章 监狱、报纸、模仿、领导人和其他原因 ………… 317
  第91节 监狱 ………………………………………… 317
  第92节 感觉 ………………………………………… 318
  第93节 模仿 ………………………………………… 319

第17章 犯罪团伙及其原因 …… 321

第94节 引言 …… 321

第95节 宗教、道德和政治 …… 323

第96节 野蛮行为 …… 326

第97节 糟糕的政府 …… 326

第98节 武器 …… 328

第99节 懒惰 …… 329

第100节 贫穷 …… 331

第101节 混合文明 …… 332

第102节 战争和起义 …… 332

第103节 犯罪团伙的头目 …… 334

第104节 监狱 …… 334

第105节 种族影响 …… 335

第106节 遗传 …… 336

第107节 其他原因 …… 337

第18章 政治犯罪的原因 …… 339

第108节 引言 …… 339

第109节 山岳形态 …… 339

第110节 交汇处 …… 340

第111节 密度 …… 341

第112节 健康和天才 …… 341

第113节 种族 …… 342

第114节 种族交融 …… 342

第115节 糟糕的政府 …… 343

第 116 节	一个阶层的排他性优势——牧师	346
第 117 节	政党与派别	347
第 118 节	模仿	350
第 119 节	理想的传播	351
第 120 节	历史传统	351
第 121 节	不恰当的政治改革	353
第 122 节	宗教	354
第 123 节	经济影响	356
第 124 节	税收与货币改革	357
第 125 节	经济危机	358
第 126 节	贫困与罢工	359
第 127 节	环境的变化	360
第 128 节	偶然原因	362
第 129 节	战争	363

第二部分　犯罪的预防和矫治

第 1 章	刑罚替代措施	367
第 130 节	引言	367
第 131 节	气候和种族	369
第 132 节	野蛮行为	371
第 133 节	文明	373
第 134 节	现代警察制度	374
第 135 节	辨认的方法	376
第 136 节	新闻媒体	378

- 第137节 体积描记法 ······ 379
- **第2章 性犯罪和诈骗的预防** ······ 380
  - 第138节 引言 ······ 380
  - 第139节 性犯罪的预防 ······ 380
  - 第140节 立法和行政措施 ······ 384
  - 第141节 诈骗犯罪的预防 ······ 387
- **第3章 酗酒的预防** ······ 393
  - 第142节 引言 ······ 393
  - 第143节 治疗 ······ 404
- **第4章 对贫富都有影响的预防性措施** ······ 407
  - 第144节 引言 ······ 407
  - 第145节 互助合作 ······ 410
  - 第146节 慈善与仁爱 ······ 411
  - 第147节 伦敦——收容所、避难所和对穷人的帮助 ······ 413
  - 第148节 (1)移民机构 ······ 414
  - 第149节 (2)雇佣机构 ······ 414
  - 第150节 (3)孤儿院 ······ 415
  - 第151节 (4)被忽视儿童的机构 ······ 415
  - 第152节 (5)学校 ······ 415
  - 第153节 (6)对犯人、罪犯等的照顾 ······ 416
  - 第154节 (7)互助协会 ······ 416
  - 第155节 拉丁语国家的慈善事业 ······ 419
  - 第156节 唐·鲍斯高 ······ 420

目　录

　　第157节　巴纳多博士…………………………… 422
　　第158节　慈善机构的无效之处…………………… 425
第5章　宗教………………………………………… 428
　　第159节　概述……………………………………… 428
第6章　教诲、教育和教养学校等的危险性……… 440
　　第160节　引言……………………………………… 440
　　第161节　家庭教育………………………………… 443
　　第162节　心理学在教养院的运用………………… 445
　　第163节　儿童的交往……………………………… 449
　　第164节　教养学校………………………………… 451
　　第165节　教育方法………………………………… 457
　　第166节　通过收养进行的道德训练……………… 459
　　第167节　美国教养制度——乡间居留制度……… 459
　　第168节　日间儿童教养院………………………… 462
　　第169节　平民免费学校…………………………… 464
　　第170节　英国救济儿童的其他措施……………… 465
　　第171节　巴纳多博士的机构……………………… 465
　　第172节　医学治疗………………………………… 470
第7章　政治犯罪的预防…………………………… 471
　　第173节　引言……………………………………… 471
　　第174节　种族亲和力……………………………… 471
　　第175节　分权制度………………………………… 472
　　第176节　政治权力的争夺………………………… 473
　　第177节　普遍选举权……………………………… 473

第178节	司法机关	474
第179节	穷人的律师——法律援助协会	474
第180节	修改法律的能力	475
第181节	保守主义	475
第182节	全民公决	476
第183节	陈旧的教育	476
第184节	经济不满意	477

第8章 刑罚制度 ··· 479

第185节	引言	479
第186节	蜂窝状监狱	479
第187节	分级制度	488
第188节	工资和储蓄	497
第189节	被释放犯人的住处等设施	498
第190节	流放	500
第191节	监视	507

第9章 刑事诉讼程序中的荒谬矛盾之处 ············ 509

第192节	引言	509
第193节	陪审团	509
第194节	上诉	515
第195节	赦免	515
第196节	犯罪学的偏见	517
第197节	错误的理论	519
第198节	这种状态的原因	521

第三部分 综合与应用

第1章 犯罪与刑罚中的隔代遗传和癫痫 ……………………… 527
第199节 引言 ……………………………………………………… 527
第200节 隔代遗传 ………………………………………………… 527
第201节 癫痫 ……………………………………………………… 533
第202节 病态异常与隔代遗传的结合 …………………………… 538
第203节 倾向犯罪人 ……………………………………………… 540
第204节 犯罪型精神错乱者 ……………………………………… 542
第205节 激情犯罪人 ……………………………………………… 543
第206节 偶然犯罪人 ……………………………………………… 543
第207节 原因 ……………………………………………………… 544
第208节 犯罪的必然性 …………………………………………… 545
第209节 惩罚权 …………………………………………………… 547

第2章 各种刑罚研究 ……………………………………………… 556
第210节 引言 ……………………………………………………… 556
第211节 监禁之外的其他刑罚 …………………………………… 559
第212节 体罚——家庭拘留 ……………………………………… 561
第213节 罚金 ……………………………………………………… 561
第214节 赔款 ……………………………………………………… 562
第215节 训诫与担保 ……………………………………………… 563
第216节 缓刑制度——附条件刑罚 ……………………………… 564
第217节 埃尔迈拉教养院 ………………………………………… 567
第218节 犯罪精神病院 …………………………………………… 570

第3章　与犯罪人和犯罪性质相适应的刑罚 …… 581

第219节　性别 …… 581

第220节　堕胎 …… 583

第221节　杀婴 …… 584

第222节　年龄——青年 …… 587

第223节　老年人 …… 589

第224节　激情犯罪人 …… 589

第225节　政治犯罪人 …… 589

第226节　偶然犯罪人 …… 592

第227节　帮助自杀 …… 593

第228节　诽谤 …… 595

第229节　决斗 …… 596

第230节　通奸 …… 597

第231节　倾向犯罪人 …… 598

第232节　同性恋犯罪人 …… 598

第233节　其他轻微犯罪 …… 598

第234节　共犯 …… 600

第235节　习惯犯罪人 …… 600

第236节　犯罪型精神错乱者 …… 601

第237节　难改善犯罪人 …… 605

第238节　死刑 …… 608

第4章　这些改革措施有效的实用证据——英格兰与瑞士 …… 612

第239节　引言 …… 612

第240节　生来犯罪人 …………………………………… 616
第5章　对刑法的批判、专家证言、教育学、艺术和科学的
　　　　实际应用 ………………………………………………… 619
　　第241节　引言 ………………………………………………… 619
　　第242节　政治犯罪 …………………………………………… 619
　　第243节　精神病学专家证言的运用 ………………………… 620
　　第244节　无罪的证据 ………………………………………… 623
　　第245节　教育学 ……………………………………………… 624
　　第246节　艺术与文学 ………………………………………… 625
第6章　对犯罪的利用——共生现象 ……………………………… 627
　　第247节　概述 ………………………………………………… 627
　　第248节　共生现象 …………………………………………… 634

龙勃罗梭犯罪人类学著作目录 …………………………………… 641
索引 …………………………………………………………………… 680

英文版序

莫里斯·帕米利[①]

直到19世纪后半期,对于犯罪人的处置(treatment)[②]一直由古典犯罪学学派(classical school of criminology)的理论控制着。这个学派以18世纪的哲学家们的思想为基础,它的主要创始人是著名的意大利犯罪学家切萨雷·贝卡里亚。在他于1764年出版的伟大著作《论犯罪与刑罚》(Crime and Punishment)中,他谴责法官们经常在确定对犯罪人的刑罚时享有的那种几乎不受限制的权力。这种权力往往导致对于犯罪人的不人道和不公平的对待。基于人道主义感情并受当时民主观念的影响,贝卡里亚坚持认为,任何刑罚都不应当超过所确定的犯罪,所有人在法律面前应当一律平等。因此,古典学派的基本原则是,应当根据所实施的犯罪的特

[①] 莫里斯·帕米利(Maurice Parmelee,1882—1969)是美国早期犯罪学家、密苏里大学社会学助理教授(assistant Professor of Sociology in the University of Missouri),撰写了美国第一部以《犯罪学》(Criminology,1918年在纽约出版)为名的著作以及《犯罪人类学原理》(Principles of Criminal Anthropology)等书籍。——译者

[②] treatment本来的含义是"治疗""对待"等,在刑罚学领域中又译为"处遇""矫治"等。在本书的翻译中,将根据这个术语含义的细微差别,分别翻译为"处置"或者"矫治"。——译者

点,决定对犯罪人的处置。在每起犯罪案件中,应当确定实施了什么样的犯罪,然后适用刑法典规定的刑罚,而不考虑犯罪人的人格。

现在,我们可以看到,在根据古典学派确定的原则处置犯罪人方面,有很多差别。犯有同样罪行的犯罪人,往往没有受到同样的刑罚处罚;犯罪人在受到处罚方面的差别,通常并不是由他们在社会地位(social standing)方面的差异造成的,而在古典学派时代以前的案件中,经常是这样的。对于犯罪人的处置越来越多地根据他自己的特点,而不是根据他所实施的犯罪的特点进行的。这种巨大的变化是怎样发生的?毫无疑问,这种变化的最大功劳,应当归功于伟大的意大利犯罪人类学家切萨雷·龙勃罗梭,他于1909年10月去世。很少有人承受过在龙勃罗梭的一生中所经历的那样多的批评和侮辱。但是,如果把龙勃罗梭的观念激起的兴趣程度和意见分歧,把用来讨论龙勃罗梭的观点的众多文献,作为衡量龙勃罗梭影响力的指标的话,那么,龙勃罗梭肯定是自贝卡里亚以来犯罪学科学中最重要的人物。让我们看看引起如此巨大影响的龙勃罗梭学说的特点吧。

龙勃罗梭是19世纪那些有勇气和智慧将现代科学中实证的、归纳的方法应用于研究人类与社会现象的伟大思想家群体中的一员。他不是第一个在个人的生理和心理特征中寻求人类行为原因的人,因为其他人,例如,盖伦、[1]加尔、[2]莫雷尔[3]等,已经在他前面

---

[1] 盖伦(Galenus)又译为"加伦纳",可能是指古希腊医学家盖伦(Claudius Galen, 129—199)。——译者

[2] 应当是指德国解剖学家、颅相学的创始人弗朗茨·约瑟夫·加尔(Franz Joseph Gall, 1758—1828)。——译者

[3] 应当是指奥地利出生的法国精神病学家、早期犯罪学研究者贝内迪克特·奥古斯丁·莫雷尔(Benedict Augustin Morel, 1809—1873)。——译者

进行了这样的研究。但是，这些人中没有一个人进行过像他那样极为深入的分析，这些人所使用的方法往往也是很不科学的。龙勃罗梭毕生致力于他的研究工作，并且使用了彻底的归纳方法。他的学说立即招致了很大的反对，这首先是由于当时存在的不赞同将人类行为归因于自然原因的偏见。但是，许多反对也是因为这样的事实，即在龙勃罗梭的第一部著作中，他将犯罪行为几乎完全归因于犯罪人自身的特征。不过，在后来，他也认识到犯罪的社会原因，就像在本书中所表明的那样，很重视这些社会原因。

龙勃罗梭是在用几年时间研究了意大利监狱中的犯罪人的特点之后，开始其研究工作的。1876年，他出版了他的《犯罪人论》（L'Uomo Delinquente）一书的第一版。在这本书中，他论述了自己的理论：犯罪几乎完全是由犯罪人的人类学特征引起的。但是，在这本书后来的几个版本中，他越来越重视犯罪的社会原因；他最后出版了现在翻译的这本书。尽管他的几本不太重要的著作被翻译成英语，但是，他的两种重要著作一直都没有被翻译成英语。因此，英语国家的人们主要是通过别人的转述而熟悉他的理论的。[①] 美国刑法和犯罪学研究所欧洲文献翻译委员会[②]已经选择了他的

[①] 对他的《犯罪人论》的一种简要介绍性著作，已经在美国出版，这就是由Putnam's Sons公司出版的、由他的女儿吉娜·龙勃罗梭-费雷罗夫人和费雷罗教授编辑的书籍。本序言将介绍这个简要介绍性著作的背景。

[②] 该委员会由当时美国一流的学者组成，主席是美国律师协会比较法部（the Comparative Law Bureau of the American Bar Society）的秘书威廉·史密瑟斯，成员包括芝加哥大学法学教授恩斯特·弗罗因德、堪萨斯州立大学社会学教授莫里斯·帕米利、芝加哥大学法学教授罗斯科·庞德、威斯康星州立大学政治科学教授罗伯特·斯科特和西北大学法学院院长约翰·威格莫尔。翻译委员会成立后，挑选当时欧洲最有代表性的9本犯罪学著作，请当时美国的著名学者译成英文，编为"现代刑事科学丛书"（Modern Criminal Science Series），在美国出版，本书就是其中的一本。——译者

伟大著作中的第二部进行翻译;该委员会相信,这个国家的人们应当对他的理论有更好的了解。美国刑法和犯罪学研究所致力于将科学应用到刑法管理中;我们也很高兴地得知,龙勃罗梭在去世前不久书面同意了该研究所的工作:①

请允许我对在芝加哥举行的全国刑法与犯罪学会议的呼吁②表示满意的态度。这将标志着刑法演进过程中一个新的时代。如果我能够向如此有能力的一群人们提出什么建议的话,那就是强调根据犯罪人而不是根据犯罪适用刑罚的重要性。为此目的,在美国已经获得很大声望并且加以介绍的缓刑制度(probation system),应当扩展适用,以便适合于犯罪人的类型和个别性。给生来犯罪人确定一个监禁期限,是毫无益处的。但是,最大限度地缩短对情绪型犯罪人(emotional offender)的监禁期限,修改对偶然犯罪人(occasional offender)的监禁期限,将偶然犯罪人置于法官的监督之下,而不是给他确定一个监禁刑期——监禁只不过相

---

① 摘自给美国刑法和犯罪学研究所第一任所长约翰·威格莫尔的一封信,这封信注明:都灵,1909年5月3日。
很有趣的是,1908年5月,威格莫尔先生邀请龙勃罗梭博士担任西北大学1909—1910年度的哈里斯讲座演讲人,他演讲的主题是"现代犯罪科学"(modern criminal science)。龙勃罗梭博士很感兴趣,但是,他的高龄使他无法离开意大利。
在写了上述信件的几个月后,龙勃罗梭博士去世了。
② 指在这次会议上发出的几项呼吁,包括成立美国刑法和犯罪学研究所;创办《美国刑法和犯罪学研究所杂志》(Journal of the American Institute of Criminal Law and Criminology);成立一个委员会,考察英国的刑事司法制度;成立一个翻译委员会,将当时欧洲最有代表性的著作译成英文,介绍到北美。——译者

当于一种现代的奴隶制度,是很有必要的。

本书主要讨论了犯罪的社会原因。美国刑法和犯罪学研究所欧洲文献翻译委员会似乎想在这个序言中,对于龙勃罗梭在其伟大著作《犯罪人论》中阐述的关于犯罪的人类学原因理论,进行一个批判性的概述。①

从龙勃罗梭1906年4月在都灵举行的第六届犯罪人类学大会上的开幕式演讲中摘引一段话,就可以了解其理论发展的第一阶段的主要内容:

> 1870年,我在帕维亚的监狱和精神病院中,对犯人尸体和活人进行了几个月的研究,以便确定精神错乱者(the insane)②与犯罪人之间的真正差别,但是,并不是很成功。最后,我在一个强盗的颅骨上,发现了一系列隔代遗传型异常(atavistic anomaly),最重要的是一个巨大的中央枕骨窝和小脑蚓部肥大(hypertrophy of the vermis),类似于在低等脊椎动物中所见到的那种现象。一看见这些奇怪的异常现象,我似乎就解决了关于犯罪人的本质和根源问题:原始人和低等动物的特征肯定在我们时代重现了。许多事实似乎证实了这

---

① 下文中的概述,主要取自本作者撰写的《人类学和社会学原理及其与刑事诉讼的关系》(Principles of Anthropology and Sociology in their Relations to Criminal Procedure),纽约麦克米兰公司(The Macmillan Company, New York),1908年,第25—78页。

② the insane 又译为"精神病人"。——译者

个假设,特别是下列事实:犯罪人的心理特征;文身和使用专门隐语的频率;促使他们很残暴的那些激情,特别是复仇的激情;缺乏预见,这类似于勇敢;怯懦和勇敢交替出现;懒惰与进行游戏、活动的激情交替出现。①

他关于犯罪人的第一种观点认为,犯罪人是一种隔代遗传现象(atavistic phenomenon),是过去的某种类型的再现。这种观点在后来进行了很大的修改。为了发现这种隔代遗传现象的根源,他不仅追溯研究了原始人,而且也追溯研究了动物,甚至追溯研究了植物。严格地讲,犯罪和犯罪人是人类的现象,因此,不应当在人类社会之外去寻找。但是,当一个犯罪人表现出强烈的犯罪倾向,而这种犯罪倾向来源于异常的或者病态的、生理的和心理的特征时,就有必要在低等物种中寻找与犯罪人的特征对应的那些特征。龙勃罗梭认为,这些特征导致的行为等同于犯罪行为。他发现,在植物中,食虫植物(insectivorous plant)的习性(habit)中有这样的等同现象。然而,如果把这些植物对昆虫的"谋杀行为"(murder)看成是同于犯罪的行为,是有问题的,因为它们是一个物种对另一个物种进行的,与人类吃动物和植物的习惯是相同的。但是,在动物中,应当能够发现真正等同于犯罪的行为,这就是与同一个物种内成员们的一般习性和福利相反的那些行为。同类相食(cannibalism)、杀害幼崽和杀害父母(parricide)经常发生,也经

---

① 见《犯罪人类学档案》(Archives d'anthropologie criminelle),里昂,1906 年 6 月。

常通过谋杀、虐待和盗窃来获取食物、维护秩序和达到其他目的。在过去,关于动物实施犯罪的观念十分强大,以至于在古代和中世纪,动物往往因为伤害人类的行为而被司法机关判处刑罚。人们已经注意到动物中这些等同于犯罪的行为的不同原因,例如,大脑的先天性异常。兽医们认识到这些异常,把它们看成是马进行不良行为的原因。其他原因包括反感引起谋杀、老年导致脾气变坏、突然发怒、身体痛苦等。

人们不仅注意到低等动物中等同于犯罪的行为,也注意到了低等动物中等同于刑罚的行为(equivalent of punishment)。很多有关动物案例的记录表明,如果动物群中的某个成员进行了破坏该动物群体福利的行为,或者没有履行其对该动物群体的义务,这群动物会将这个成员撕成碎片。在这类盲目的复仇行为中,我们看到了被称为刑罚的这种社会反应形式的萌芽。

低等动物也有许多不能被称为等同于犯罪的习性,因为这些习性是自然的和正常的,但是,当在文明人中产生这类行为时,就会变成犯罪。原始人的许多习惯也是如此。例如,像杀死婴儿、老年人、妇女、病人和宗教牺牲者等的杀人行为,往往得到社会认可;同类相食的行为在许多原始部落很流行。盗窃也是得到社会认可的,不过这不很多见,因为在原始人中,私有财产制度并不是很发达。原始人中的真正犯罪,是那些损害已经确立的风俗习惯或者宗教仪式的行为。

就像在原始人中那样,类似的行为方式也会在儿童中发现,并且会被认为是正常的,但是,成年人中这类行为方式会被认为是犯罪,例如,愤怒、复仇、嫉妒、说谎、残忍行为、缺乏远见等。在出生后的第一年或者更长时间中,儿童缺乏道德标准,道德标准的发展主要是由周围环境决定的。而且,有许多反常的儿童,他们的犯罪倾向在早年就表露出来了。

对于低等动物、原始人和儿童的这些现象的考察,使得龙勃罗梭形成了他最初的理论观点,即犯罪有隔代遗传根源。正如我们将要看到的,他后来对这种理论观点进行了很大的修改。在他的著作的第一部分,他讨论了犯罪的隔代遗传根源,然后研究了犯罪人通过遗传获得的素质(constitution)。现在,我们将简要论述这些内容。

犯罪人的最初一些特征是解剖学特征。对383个犯罪人的颅骨的研究,为龙勃罗梭提供了一些结果,他在下列一段话中概括了这些研究结果:

> 在考虑了这383名犯罪人的颅骨向我们提供的结果后发现,最常见的病变是:眉弓很突出,占58.2%;智齿发育异常,占44.6%;颅脑容量过小,占32.5%;缝合的骨性连接(synostosis of the sutures),占28.9%;前额后仰,占29%;骨头肥大(hyperostosis),占28.9%;斜头畸形(plagiocephaly),占23.1%;骨头龟裂(worming bones),占22%;缝合简单(simplicity of sutures),占18.4%;枕骨隆起(occipital protuberance)现象突出,占16.6%;中央枕骨窝,占16%;象征性缝合(symbolic sutures),占13.6%;枕骨扁平,占13.2%;斜坡的骨赘(osteophytes of the clivus),占10.1%;印加人骨头或者多余的骨头(Inca's or

epactal bone),占 10.5%。①

在同一个颅骨上有很多这类异常特征的犯罪人,占到 43%;21%的犯罪人仅有某一种异常特征。但是,如果不与正常人的相应数字进行比较的话,这些数字几乎是没有价值的。这样的比较降低了这类异常中一些异常的重要性,因为在正常人中也存在几乎一样多的异常特征。

但是,在另一方面,还有一些异常特征在犯罪人中的数量是正常人的 2 倍或者 3 倍。例如,硬化症(sclerosis)、多余的骨头、不对称、前额后仰、额窦和眉弓过大、尖头畸形(oxycephaly)、鼻骨缝敞开(open internasal suture)、牙齿不规则、面部不对称,尤其是男性中的中央枕骨窝、寰椎合并(fusion of the atlas)和枕骨口异常。②

与精神错乱者的颅骨进行的对比显示,在大多数颅骨异常方面,犯罪人的异常数量均超过了精神错乱者。与原始人和史前人类颅骨的对比显示,犯罪人的一些异常具有隔代遗传特征。

不过,隔代遗传并不允许我们解释在颅骨和面部经常发现的倾斜现象,也不能解释寰椎与枕骨的合并和融合,不能解

---

① 《犯罪人论》(Homme Criminel),巴黎,第一卷,1895 年,第 155 页。
② 同上书,第 161 页。

释斜头畸形、过多的硬化症,这些异常似乎是在颅骨发育过程中发生某种错误的结果,或者是在神经中枢中逐渐发生的疾病的一种产物。[1]

关于颅骨异常的重要性,龙勃罗梭指出:

> 发生了如此多改变的人,能够具有与颅骨完全正常的人同样的感情吗?应当注意到,这些颅骨改变会使这个智力中枢发生很明显的变形,会改变其容量和形状。[2]

对犯罪人大脑脑回(convolution)的一项研究,发现了很多异常,对此,他讲了下列一段话:

> 如果现在就得出结论认为,人们确实已经发现犯罪人的脑回有一些异常,那么,这样的结论太轻率了。但是,完全可以说,在犯罪人中有很多这样的异常,而且有两种类型:一些异常不同于任何正常类型,甚至不同于低等类型,就像弗莱施(Flesch)在一些案件中发现的额叶的横向沟(transverse groove)那样,这些异常特征很突出,以至于无法看到纵向沟(longitudinal groove)。另一些异常与此不同,但是,也会使人想起低等动物的类型,就像枕骨的距状沟(calcarine

---

[1] 《犯罪人论》,巴黎,第一卷,1895年,第168页。
[2] 同上书,第174页。

fissure)的分离一样,西尔维乌斯裂①仍然是开的,这是枕叶的一个厣盖(operculum)的常见形态。②

犯罪人大脑的生物组织,也表现出许多异常,大多数这类异常是发育受阻造成的。也可以发现骨骼、心脏、生殖器官和胃部的异常。

然后,他转向研究5907名犯罪人的人体测量学特征和相貌特征,这方面的研究是通过他自己和十几位其他犯罪学家对这些犯罪人的检查进行的。在人体测量学测定中注意到,犯罪人的一些身体部位呈现出这方面的特征,犯罪人从左手指尖到右手指尖的宽度通常超过身高,犯罪人常常表现出左利手现象,③犯罪人的脚具有抓握能力,大拇趾很灵活并且比其他脚趾长很多,过早地产生皮肤皱纹,毛发浓密,前额低而窄,颌骨阔大等。在相貌方面,他讨论了毛发、虹膜、耳朵、鼻子和牙齿等方面的异常特征,注意到了不同类型犯罪人之间的差异。

> 一般来讲,许多犯罪人有突出的耳朵、浓密的毛发、稀疏的胡须、巨大的额窦(frontal sinuses)和颌骨、方形突出的下巴、宽大的颧骨、频繁地使用手势,实际上类似于蒙古人,有时

---

① 西尔维乌斯裂(the fissure of Sylvius)是德国出生的荷兰生理学家、医生和化学家西尔维乌斯(Franciscus Sylvius,1614—1672)在1641年发现的大脑外侧裂。——译者
② 《犯罪人论》,巴黎,第一卷,1895年,第185页。
③ 左利手现象(left-handedness)俗称"左撇子",是指身体左侧的功能比右侧更为发达的现象。大多数人似乎都表现出右利现象,也就是"右撇子"。——译者

候类似于黑人。①

在概括对犯罪人进行的解剖学研究时,他指出:

> 简言之,尽管对活着的犯罪人的研究缺乏精确性和稳定性,但是却证实了小头畸形、不对称、斜眼或突颚、额窦的出现率,就像在解剖台上所发现的那样。这表明了精神错乱者、野蛮人和犯罪人之间的新的相似性。突出的前额,浓密、黝黑而卷曲的毛发,方形下巴,斜眼;小头颅,发达的颌骨和颧骨,向后倾斜的额头,大耳朵,两种性别的人之间的相似性,强壮有力,都是在尸体解剖中所观察到的特征之外的新特征,这些特征使欧洲的犯罪人更加接近澳洲人和蒙古人;而斜视,颅骨不对称,严重的生物组织结构异常,骨瘤,脑膜炎,肝和贲门损伤也向我们表明,犯罪人是一种在出生之前就有异常的人。这种异常是由发育受阻或者不同器官所患的疾病造成的,特别是由像精神错乱者那样的神经中枢造成的;这些异常使犯罪人成为一种确实患有慢性疾病的人。②

对犯罪人的解剖特征的研究,使他能够将生来犯罪人与习惯犯罪人、激情犯罪人或者偶然犯罪人区分开来,这些犯罪人在出生时很少或者没有异常特征。暂且把其他类型的犯罪人放在一边,

---

① 《犯罪人论》,巴黎,第一卷,1895年,第222页。
② 同上书,第262页。

他继续研究生来犯罪人的生物学和心理学特征,第一种心理学特征就是文身(tattooing)。

> 原始人或者野蛮人中最多的特征之一,就是他们并非为了审美而进行这类外科手术,甚至在一个大洋洲谚语中提到了这种手术的名称。①

通过对13666人(其中,4376名是诚实的人,6347名是犯罪人,2943名是精神错乱者)的统计学研究,他发现,在社会的一些下层阶级成员中,文身是非常普遍的,但是,在犯罪人中最为常见。

> 可以说,在这些人身上,由于经常文身,文身就构成了一种独特的、全新的解剖学与法律方面的特征。②

他论述了文身的许多原因,例如,宗教原因、模仿、肉欲、复仇、懒惰、虚荣心,最重要的是隔代遗传。

> 但是,在我看来,这种风俗在人们中大量存在的首要原因,就是隔代遗传,或者也可以用其他的名称把历史性隔代遗传称为传统。实际上,文身是原始人和仍然生活在原始状态中的人们的基本特征之一。③

---

① 《犯罪人论》,巴黎,第一卷,1895年,第266页。
② 同上。
③ 同上书,第295页。

在关注了通过像体温、脉搏、尿等显示出来的分子交换（molecular exchange）性质的异常特征之后，他讨论了犯罪人的一般感觉。

> 犯罪人对于像文身这样长时间进行并充满危险的痛苦手术的特别喜好，身体上存在的很多伤口，都使我猜想，他们的身体感觉不如我们大多数人那样敏感，在一些精神错乱者中，特别是在那些暴力型精神病人（violent lunatic）中，可以发现这种感觉迟钝。[①]

大量的实验已经发现，在身体的很多部位都有感觉迟钝现象。在视敏度、视野、嗅觉、味觉、听觉、灵活性、对不同外部影响的反应、血管舒缩反射方面，都发现了异常特征。

> 根据所有这些事实，可以推断，犯罪人的几乎所有不同类型的感觉、触觉、嗅觉和味觉，都是迟钝的；即使在偶然犯罪人中，也比正常人要迟钝。同时，犯罪人的金属感觉、磁感、气候感觉，与精神错乱者和癔症患者一样，都过度发展。他们的身体迟钝，这让人回想起原始人的极端凶残；他们从青春期开始时，就可以面对白种人决不可能忍受的那些折磨。[②]

---

① 《犯罪人论》，巴黎，第一卷，1895年，第310页。
② 同上书，第346页。

这项研究表明,犯罪人中存在明显的痛觉缺失现象,由此开始,他转向论述犯罪人的感情敏感性。

> 一般而言,在犯罪人中,道德感觉迟钝(moral insensibility)与身体感觉迟钝(physical insensibility)一样严重。毫无疑问,这两类感觉迟钝是相互影响的。在犯罪人中,情操(sentiment)的力量并不是完全缺乏,就像一些能力低劣的文人所推测的那样;但是,可以肯定的是,那种让正常人的心跳加剧的激情,在犯罪人中是非常微弱的。在这些犯罪人中缺乏的第一种情操,就是对别人痛苦的怜悯(pity),之所以缺乏怜悯,是因为犯罪人自己对痛苦不敏感。[1]

接着,龙勃罗梭讨论了犯罪人的各种心理特征,包括不稳定、虚荣心、好色(lasciviousness)、懒惰、缺乏远见等。龙勃罗梭发现,犯罪人的智力因其类型的不同而有很大差别。龙勃罗梭也用一定篇幅讨论了隐语(argot)或者犯罪人们的行话(professional slang)。

> 隔代遗传对于这种现象的作用比对其他现象更大。犯罪人用与我们不同的语言交谈,因为他们没有同样的感觉。他们像野蛮人那样说话,因为他们是这个杰出的欧洲文明中的

---

[1] 《犯罪人论》,巴黎,第一卷,1895年,第356页。

真正野蛮人。①

他用类似的方式研究了犯罪人的象形文字（hieroglyphics）、笔迹（writing）和文学作品。

在本书②的第一卷中，龙勃罗梭描述了生来犯罪人的多种特征。正如我们已经看到的，龙勃罗梭相信，(生来犯罪人)代表了一种明显的人类学类型。在本书的第二卷中，他首先研究了一些他相信在生来犯罪人与其他异常类型之间存在的类似性，然后论述了其他一些犯罪人类型。首先，他研究了他相信在生来犯罪性（congenital criminality）与悖德狂（moral insanity）之间存在的类似性甚至是相同性。"我们在第一卷中已经研究的生来犯罪人的特征，与悖德狂者的那些特征是相同的。"③精神病学家们在道德卑劣（moral imbecile）的名称下，对精神错乱者进行了分类，这类人最突出的病理特征是完全或者几乎完全缺乏道德感情和道德观念。著名的英国精神病学家亨利·莫兹利④用下列文字描述了这种类型的人：

> 尽管有相反的偏见，但是，的确存在着一种心理疾病，这种心理疾病没有错觉、妄想或者幻觉，其症状主要表现为一些

---

① 《犯罪人论》，巴黎，第一卷，1895年，第497页。
② 指龙勃罗梭的《犯罪人论》，该书的最后一版包括三卷。——译者
③ 《犯罪人论》，巴黎，第二卷，1895年，第1页。
④ 亨利·莫兹利（Henry Maudsley，1835—1918）是英国著名的精神病学家、司法精神病学家，曾任伦敦大学法学院的医学法理学教授，致力于研究精神病与犯罪的关系以及犯罪产生的原因，他的学说对于龙勃罗梭的犯罪学研究产生了重要影响。——译者

心理功能的反常,这些心理功能通常称之为活动力(active power)和道德力(moral power),包括情感、感情、倾向、气质、习惯和行为。个人的感情生活发生了极度的错乱,这类错乱在其感觉、欲望和行为中都有表现。个人没有真正的道德情感;个人产生的所有冲动和欲望都是不受控制的,都是自我中心的;个人的行为似乎受到不道德动机的支配,个人怀有并且按照这种动机行事,丝毫不想抵制这类动机。存在着一种惊人的道德迟钝。智力往往是相当发达的,除了受到影响其思维和行动的病态情感的消极影响之外,没有受到其他影响。他们经常在解释、辩解或者将自己的行为合理化,夸大自己的行为,忽视自己的行为,或者使整个行为似乎受到误传和迫害的影响方面,表现出某种特别的独创性。[1]

这样的人很容易变成犯罪人。

一个没有道德感的人,很容易变成犯罪人。如果他的智力不足以使他相信犯罪最终是不会成功的,也就是说,这个人相当愚蠢的话,他就很有可能变成犯罪人。[2]

悖德狂可能是由不同的异常或者病态的心理特征造成的,而这些心理特征既可能是先天性的,也可能是后天获得的。当这样

---

[1] 亨利·莫兹利:《精神疾病中的责任》(Responsibility in Mental Disease),伦敦,1874年,第171—172页。
[2] 同上书,第58页。

的心理特征破坏了个人的道德感情和对道德观念的理解能力时，个人就会变成一个悖德狂者。因此，悖德狂并不是一种病态实体（morbid entity），因为它是由一种病态的心理特征或者心理状态引起的。相反，正如贝尔[①]所讲的，这是一种在不同的脑部疾病中常见的症状。不过，龙勃罗梭显然把悖德狂看成是这样一种病态实体，因为他经常谈到它，似乎它是一种独特的疾病。而且，龙勃罗梭把悖德狂与生来犯罪人等同起来，他认为生来犯罪人就是一种独特的类型。他引用了许多证据来支持这种相同性。

> 间接证明悖德狂与犯罪相同的一种证据，同时也向我们解释迄今为止精神病学家们所持有的怀疑的一种证据，就是在精神病院中悖德狂极少，相反，在监狱中悖德狂又极多。[②]

在用统计数据支持这种说法之后，龙勃罗梭证明，在悖德狂者与生来犯罪人之间，有很多相似性，例如，在体重、颅骨、相貌、痛觉缺失、触觉、文身、血管反应、易感性（affectability）等方面就是如此。尽管他坚持悖德狂者与生来犯罪人之间具有相同性，但是，他并没有因此而认为每个悖德狂者都是犯罪人。并非每个生来就具有某种犯罪气质（criminal temperament）的人，都会变成犯罪人，因为外部环境会抵制并克服先天犯罪倾向。不过，他相信在身体素质和心理特征这两个方面，悖德狂者与犯罪人基本上是相似的。

---

① 可能是指德国犯罪学家、监狱医生亚伯拉罕·阿道夫·贝尔（Abraham Adolf Baer，1834—1908）。——译者

② 《犯罪人论》，巴黎，第二卷，1895 年，第 3—4 页。

他相信,悖德狂者与生来犯罪人之间的相同性,可以通过他在犯罪人与癫痫病人之间发现的类似的相似性而得到更具有决定性的证明。

> 有人已经公正地对这种相似性提出了异议,因为我所研究的真正的悖德狂案例在数量上太少了。这是真的,但是,这也是很自然的,正因为悖德狂者就是生来犯罪人,因此,在精神病院中发现的悖德狂者不如在监狱中发现得多。也正因为如此,对他们进行比较是很不容易的。但是,在癫痫中存在着一种更重要、更容易理解的密切结合(uniting bond),它将同一个自然家族中的悖德狂者与生来犯罪人结合了起来,并且构成了他们的基础,对此可以进行大规模的研究。①

就像悖德狂者与生来犯罪人之间的相似性那样,龙勃罗梭证明,在癫痫病人与生来犯罪人之间也有很多相似性,例如,在身高、体重、大脑、颅骨、相貌、扁平和适于抓握的脚、感觉、视野、灵活性和文身等方面,就是如此。

> 因此,犯罪性是一种由病理原因引起的隔代遗传现象,这种原因的基本表现是癫痫。犯罪性的确也可以由其他原因(例如,歇斯底里、酒精中毒、瘫痪、精神错乱、智力发育障碍等)引起,但是,癫痫是它最广泛的基础,决定着犯罪性的发生

---

① 《犯罪人论》,巴黎,第二卷,1895年,第49—50页。

频率和严重性。①

尽管根据龙勃罗梭的观点,所有生来犯罪人都是癫痫病人,但是,并非所有的癫痫病人都是生来犯罪人。在生来犯罪性(congenital criminality)、悖德狂和癫痫这三者中,我们都发现了导致犯罪或者类似的不负责任行为的那种不可抗拒的力量。

> 感情反常、憎恨、夸大的动机和无动机、缺乏足够的控制力量、多种遗传倾向,都是悖德狂者以及生来犯罪人和癫痫病人中不可抗拒冲动的来源。②

生来犯罪人与悖德狂者、癫痫病人之间的这些相似性,标志着龙勃罗梭理论发展的第二阶段。

> 这一卷中第一部分的研究,与第一卷的第二和第三部分中论述的那些研究,是相当一致的,这使我们看到,在犯罪人中,既有野蛮人,也有病人。③

换言之,他不再认为生来犯罪人仅仅是回到野蛮状态的一种隔代遗传,也有发育受阻和疾病的作用,因此,生来犯罪人既是一种隔代遗传现象,也是一种退化现象。

---

① 《犯罪人论》,巴黎,第二卷,1895年,第120页。
② 同上书,第125页。
③ 同上书,第135页。

现在,龙勃罗梭转向研究除了生来犯罪人之外的其他类型犯罪人的矫治(treatment)。首先关注的是激情犯罪人(criminal by passion)的矫治。

在犯罪人中,存在着一种绝对不同于其他所有犯罪人的类型,这种类型就是激情犯罪人,更应当把他们叫作暴力犯罪人(criminal by violence),因为正如我们已经看到的,并且正如我们将会在原因方面更清楚地看到的,所有这些犯罪都具有在一些激情影响下进行暴力行为的基础。①

这些犯罪人是很少的,他们通常年轻,颅骨很少异常,相貌良好,性格诚实,表现出与生来犯罪人的冷漠相反的夸张情感,犯罪之后往往感到后悔,有时候会在犯罪之后自杀或者在监狱中接受改造。这类犯罪人中妇女的百分比要多于其他犯罪人。

刺激这些犯罪人的那些激情,并不是像贪婪、野心那样在机体中逐渐产生的激情,而是突然爆发的那些激情,例如,愤怒、精神恋爱(platonic love)或子女之爱(filial love)、名誉受损;通常是慷慨的激情,而且往往是崇高的激情。另一方面,在普通犯罪人中占优势的激情,则是最卑鄙和最野蛮的激情,例如,复仇、贪婪(cupidity)、肉欲(carnal love)和醉酒。②

---

① 《犯罪人论》,巴黎,第二卷,1895年,第153页。
② 同上书,第165—166页。

但是，就像在普通犯罪人中那样，在激情犯罪人中，往往也会发现癫痫和冲动型精神错乱（impulsive insanity）的痕迹，这些痕迹表现为他们犯罪的急躁性（impetuosity）、突发性（suddenness）和凶残性（ferocity）。激情犯罪人中的自杀频率也表明了一种病理心理状态。

激情犯罪人的一种特别类型，就是政治犯罪人（political criminal）。

> 我们已经注意到，在几乎所有的政治型激情犯罪人（political criminal by passion）中，都有一种夸张的感觉和真正的感觉过敏，就像在普通激情犯罪人中那样。但是，推动他们朝着目标努力的一种强有力的、伟大的利他主义，却要比普通激情犯罪人高得多：推动他们进行努力的，决不是财富、虚荣心和妇女的微笑［尽管在他们中往往并不缺乏性爱倾向，就像加里巴尔迪（Garibaldi）、马齐尼（Mazzini）和卡沃（Cavour）那样］，而是伟大的爱国理想、宗教理想和科学理想。①

统计表明，在犯罪人中，精神错乱者的数量高于平均水平，因此，龙勃罗梭接着论述了精神错乱犯罪人（insane criminal），将他们作为犯罪人的一种特别类型。

---

① 《犯罪人论》，巴黎，第二卷，1895年，第217页。

已经对 100 名精神错乱犯罪人进行了一项研究,这些精神错乱犯罪人主要是从那些在犯罪之前就已经成为精神错乱者的人中选择的,但是排除了癫痫病人。这项研究向我表明,这种犯罪人类型的发生频率为 44%(也就是说,有 5—6 种退化特征,特别是向外突出的耳朵、额窦、巨大的下巴和颧骨、凶恶的相貌或者斜视、上嘴唇薄)。①

不过,这类事实并没有使龙勃罗梭将精神错乱犯罪人与生来犯罪人等同起来,但是,他发现这两类犯罪人在体重、身高、颅骨、文身等方面有很多相似性,也发现他们在实施犯罪的方式方面,有很多心理学相似性。他将一些类型的犯罪与一些类型的精神错乱(insanity)联系起来。

我已经提到存在着一些类型的精神错乱,它们引起不同类型的犯罪行为,因此,关于纵火、杀人的司法统计数字,可能与有关纵火癖(pyromania)、杀人狂(homicidal monomania)、反常性欲(paradoxical sexuality)等的精神病学统计数字是相反的。②

所以,他反对有关盗窃的司法统计数字,而采纳有关偷窃癖(kleptomania)的精神病学统计数字;反对有关习惯型酗酒

---

① 《犯罪人论》,巴黎,第二卷,1895 年,第 254 页。
② 同上书,第 290 页。

(habitual drunkenness)的司法统计数字,而采纳有关间发性酒狂(dipsomania)的精神病学统计数字;反对有关强奸和鸡奸幼童(pederasty)的司法统计数字,而采纳有关性倒错(sexual inversion)的精神病学统计数字;反对有关色情犯罪(crime of lust)的司法统计数字,而采纳有关男子色情狂(satyriasis)和女性色情狂(nymphomania)的精神病学统计数字;反对有关懒惰和流浪的司法统计数字,而采纳有关神经衰弱症(neurasthenia)的精神病学统计数字。然后,他讨论了生来犯罪人与精神错乱犯罪人之间的心理差异,特别是在不同类型的心理疾病(mental malady)、犯罪动机和犯罪方式方面的差异。最后,他研究了三种特殊类型的精神错乱犯罪人——醉酒型犯罪人(alcohol criminal)、歇斯底里犯罪人(hysterical criminal)和犯罪癖者(criminal mattoid)。

在他的著作的最后一部分,研究了偶然犯罪人(occasional criminal)。关于这部分研究,他指出:

> 如果我不得不拖延几年出版本书的话,那肯定是由于这部分的缘故。因为尽管有很多的文字材料,但是我无法直接接触事实。大量的事实也表明,他们有很多的差别,这是阻止我得出结论的原因。①

他探讨的第一种类型是虚假犯罪人(pseudo-criminal)。这些犯罪人包括那些无意中实施犯罪的人;进行那些社会并不认为邪

---

① 《犯罪人论》,巴黎,第二卷,1895年,第463页。

恶或者有害,但是法律规定为犯罪的行为的人;在自卫、保护名誉或者为了赡养家庭等特殊情况下进行犯罪的人。这些犯罪是"司法上的犯罪,而不是真正的犯罪,因为它们是由法律的缺陷造成的,而不是由人们的缺陷造成的。他们不会对未来担心,也不扰乱社会公众的道德感"①。

第二种类型是倾向犯罪人(criminaloid)。"偶然的、任何明显的机会,都会吸引那些已经有一定邪恶倾向的人。"②引起这些犯罪的机会包括可以模仿的诱惑;商业活动为诈骗、滥用信用等提供的大量机会;在监狱中的交往;促使诚实的人逐渐进行犯罪的那种激情,这种激情没有激情犯罪人那样强烈;犯罪夫妻(criminal couple);会使软弱者堕落的很多邪恶倾向;流行的诱惑等。

> 这些人是介于生来犯罪人和诚实人之间的人,或者更确切地讲,是生来犯罪人的一个变种,他们确实有一种特别的器质性倾向(organic tendency),但是并不强烈,因此,只有轻微的退化,这就是我称他们为倾向犯罪人的原因。但是,机会在决定其犯罪方面,肯定会起决定性的重要作用;不过,对于生来犯罪人而言,并不是这样,机会仅仅是其可以利用的一种情况,例如,在残忍恶作剧(brutal mischievousness)的情况下,他们往往可能会利用机会。③

---

① 《犯罪人论》,巴黎,第二卷,1895年,第484页。
② 同上书,第485页。
③ 同上书,第512页。

倾向犯罪人介于生来犯罪人与诚实人之间的这种地位,与各种自然现象是相协调的,"其中最突出的现象,是与一系列不太突出的类似现象构成的连续性";① 就像在道德领域中我们有天才(genius)、天资(talent)、智慧(intelligence)等,在退化病理学中,我们也有呆小病患者(cretin, the cretinous)、亚呆小病患者(the sub-cretin)、白痴者(idiot)、精神病边缘者(mattoid)和痴愚者(imbecile)等等那样。

偶然犯罪人的第三种类型是习惯犯罪人(habitual criminal)。

> 这些人中的绝大部分,来自那些出生时正常,没有特别的犯罪素质的人,他们在早年没有受到过父母、学校等的良好教育;引起或者促使我们在早年就可以看到的生理犯罪性(physiological criminality)向正常而诚实的生活转变的这种力量,会逐渐演变成原始的作恶倾向。②

因此,这些遗传正常的人,不仅受到产生犯罪机会的某种处境的影响,而且也受到那些促使其在早年生活中就开始犯罪生涯的一系列处境的影响。

犯罪人的组织,例如,意大利的黑手党③和卡莫拉④匪徒、西班

---

① 《犯罪人论》,巴黎,第二卷,1895 年,第 513 页。
② 同上书,第 534 页。
③ 黑手党(mafia)是 19 世纪后期逐渐形成、在 20 世纪 30 年代达到顶峰的秘密犯罪集团。——译者
④ 卡莫拉(camorra)是 1820 年前后在意大利那不勒斯组成的一个秘密团体,一度发展成颇有势力的政治组织,后因从事诈骗、抢劫等非法恐怖活动而在 1911 年被取缔。——译者

牙的"黑手"(black hand)组织等,都包含了许多受其伙伴影响而进行犯罪行为的成员。在这类犯罪人中,如果存在财富、权力等阻止实施犯罪的条件时,他们在出生时就具有的这类犯罪倾向仍然会潜伏,或者以其他方式表现出来。最后,有一类癫痫样(epileptoid)类型,它是发生癫痫的一种基础,往往构成犯罪倾向发展的基础。

在其著作的第一版中,龙勃罗梭过分强调他的解剖学和人类学数据资料,这是毫不奇怪的,因为它们是最明显的,也是最容易得到的。对犯罪人的解剖特征的过分强调,使得他仅仅区分出一类犯罪人——作为一种隔代遗传现象的那类犯罪人。这种观点立即招致了人们的指责,被认为是片面的。有人仍然认为,龙勃罗梭仅仅承认由单一原因——隔代遗传引起的那种犯罪人类型。但是,我迄今为止对其著作的概要介绍,足以反驳这种观点。我们已经看到,除了研究犯罪人的解剖特征之外,他也大量研究了犯罪人的生物特征和心理特征。在其著作以后的版本中,他部分地放弃了犯罪的隔代遗传理论,采纳了把退化(degeneracy)作为原因之一的理论。

> 在这一版中,我已经证实,除了真正的隔代遗传的特征外,还存在着习得的和完全是病态的特征,例如,在野蛮人中并不存在的面部不对称,斜视,耳朵不对称,色觉障碍,单侧麻痹,无法控制的冲动,纯粹作恶的需要等;而在犯罪人的行话中可以看到的这种邪恶和欢乐气氛,也可以在癫痫病人身上

经常看到。另外,脑膜炎和大脑软化,也不是由隔代遗传引起的。①

在对悖德狂和癫痫的研究中,他证实了这两种现象与生来犯罪性(congenital criminality)之间的相似性。尽管他关于悖德狂者与生来犯罪人之间具有相同性、生来犯罪人与癫痫病人之间具有相同性的观点可能会受到驳斥,但是,他关于这三类人之间相互具有病理相似性的证明,是不容置疑的。在对精神错乱犯罪人的研究中,他揭示了另一类异常犯罪人类型的特征。他证实了一些激情犯罪人的异常性。不过,他发现倾向犯罪人是存在部分异常的一类犯罪人,这类犯罪人只有在遇到很好机会的情况下,才会实施犯罪行为。习惯犯罪人尽管在出生时没有犯罪倾向,但是,他们在早年的生活环境中发展起了犯罪倾向。最后,在一些激情犯罪人和虚假犯罪人中,我们发现了完全正常的人,这些人是在非常意外的情况下实施犯罪的。因此,我们看到,他关于犯罪人特征的研究,是非常具有综合性的,因为这些研究不仅涉及十分异常的人,而且也涉及完全正常的人,其中包括了对犯罪的社会原因的研究,在目前翻译的这本书中,这方面的研究占有很大篇幅。

与龙勃罗梭的名字联系最紧密的理论,就是犯罪人类学的理论,也就是说,是他关于存在着与习惯型犯罪行为(habitual criminal conduct)相对应的人类学类型的理论。这一直是犯罪人类学中一个最具争议性的观点,也是一个在很多书籍、会议等中得

---

① 《犯罪人论》,巴黎,第一卷,1895年,第 xi—xii 页。

到很多讨论的观点。尽管在过去,人们曾经几次提出过有关某种犯罪类型的观点,但是,第一次充分发展这种观点的,是龙勃罗梭。我们已经概括介绍了他关于生来犯罪人构成一种独特犯罪类型的概念。所引用的他1906年在都灵的犯罪人类学大会上的演讲表明,他早期的研究使他把犯罪人看成是一种隔代遗传类型,是低等种族(lower races)和低等人类(lower species)的那些特征的再现。他在早期的著作中提出来解释先天犯罪倾向的这种理论,因其片面性而受到严厉批评。正如我们已经看到的,这些批评以及他进一步的研究,导致他修改了自己的理论,承认退化是生来犯罪性的原因。他甚至把隔代遗传看成是退化的一种形式,正如他说讲的,这种犯罪类型"具有五六种退化特征,特别是突出的耳朵、额窦、巨大的下巴和颧骨、凶恶的相貌或者斜视、上嘴唇薄"①。这种承认退化是犯罪的一种原因的观点,使得龙勃罗梭的学说更具有包容性,使得人们更容易将犯罪人与他已经提出的社会和身体条件联系起来,但是,正如我们将要看到的,是否可以把退化看成是隔代遗传的一种形式,仍然是成问题的。

为了使他的犯罪类型的观点更加清楚,他在一般性地讨论某种犯罪类型的特征时,提出了下列看法:

> 在我看来,应当把类型(type)看成是与在统计学中估计平均值时所用的概念相同的东西。当说到平均寿命32年、最有可能死亡的月份是11月时,不会有人理解为每个人都会在

---

① 《犯罪人论》,巴黎,第一卷,1895年,第 ix 页。

32岁和11月份时死亡。①

因此,类型是一个抽象概念,它包括了在一定类型的人群中最常见的那些特征。但是,这并不意味着这个人群中的每个人都必然会具备所有这些特征。正如伊西多尔·圣-伊莱尔(Isidore G. Saint-Hilaire)指出的:

> 类型是一种固定的点(fixed point)和共同的中心(common centre),它们之间的差异就像在不同方向的很多偏差一样,波动(oscillation)也是很大的,甚至是无限变化的,就像解剖学家们经常说的那样,大自然似乎在发挥作用。②

如果应用关于类型的这个一般概念的话,那么,很明显,代表这一类型的每个犯罪人都不必具有该种类型的所有特征。实际上,任何一名犯罪人是否都具有所有这些特征,是值得怀疑的。

而且,他讨论了代表该犯罪类型的犯罪人的百分数。他认为这种百分数大约为40%。反对意见则认为,如果60%的犯罪人不代表该类型,那么,就不可能谈论某种犯罪类型,对此异议,他做出了下列回答:

> 但是,除了不应当轻视40%这个数字之外,从一种特征

---

① 《犯罪人论》,巴黎,第一卷,1895年,第 ix 页。
② 转引自《犯罪人论》,巴黎,第一卷,1895年,第237页。

向另一种特征的微妙过渡,在所有的有机物中都是有表现的,甚至在有机物的不同种类之间也有表现。在人类学领域中,情况更是这样,随着个别变异性(individual variability)的改善和向文明方向的发展,个别变异性的完整类型似乎会消失。①

我们可以更为仔细地概括介绍龙勃罗梭的理论,但是现在,要进行一些评论和批评。说来奇怪,龙勃罗梭似乎在某种程度上忽视了生物学,特别是遗传理论。例如,他不精确地使用"隔代遗传"这个术语就是一个例子。生物学家确实认识到了隔代遗传或者返祖遗传(reversion),正如他们经常提到的,当早期类型的特征在现代人中重新出现时,就会发生隔代遗传或者返祖遗传,而这种重新出现似乎就是遗传力量的结果。这就是说,已经长期消失的早期特征如果在胚质(germ plasm)中重新出现的话,那么,从理论上讲,就发生了返祖遗传。但是,很显然,龙勃罗梭称之为隔代遗传的许多犯罪人特征,并不是由于遗传而产生的,而是在出生前后的发育受阻造成的。当他把退化作为隔代遗传的一种形式时,就存在这样的情况,因为很明显,他所提到的那些特征,如果不是全部的话,起码大多数也不是先天性的。个人在出生时就具有这些特征的事实,并不必然意味着它们是先天性的,因为它们可能是怀孕期间发育受阻的结果。在其他情况下,他称之为隔代遗传的特征,仅仅是通过社会方式传递的习惯。例如,他似乎把文身习惯看成

---

① 《犯罪人论》,巴黎,第一卷,1895年,第 ix 页。

是一种隔代遗传特征，但是，文身仅仅是一种习惯，它不可能通过遗传方式(hereditary means)传递。这表明，龙勃罗梭可能相信获得型特征(acquired characteristics)的遗传传递，不过，他没有明确论述这种观点。但是，他反复地谈到习惯或者习惯效果似乎是通过遗传方式传递的。现在，生物学家们的一致看法是，获得型特征不可能通过遗传方式传递，因此，龙勃罗梭在这方面是非常错误的。

龙勃罗梭相信，存在着一种犯罪人类学类型，或者更确切地讲，存在一些与犯罪行为的习惯型方式相对应的类型。他似乎也相信，获得型特征是可以遗传的，不过对于其他人来讲，很难想象人类学类型必然包含着一些习惯。人类学类型可能拥有一些先天倾向，使其更有可能养成某些习惯，可是，并不必然会这样。龙勃罗梭确实认识到，环境力量可能阻止个人在某些种类的行为中表示出这些先天倾向。然而，他过分强调遗传力量决定个人习惯的程度。

但是，无论他有什么错误，龙勃罗梭都是伟大的先驱者，他的独创性和多方面的天才，他的富于进取性的人格，导致了将现代科学的实证方法、归纳方法应用于犯罪问题的伟大运动，他比任何其他人都更加有力地促进了新的犯罪学科学的发展。他对犯罪问题的广泛讨论，在本书中有更好的介绍，在本书中，谈论了犯罪的很多复杂原因。因此，希望通过本书，英语国家的人们能够对他在研究和处置犯罪方面的天才和伟大贡献，有一个恰当的认识。

作者序

——致马克斯·诺尔道[①]

谨以本书献给你,我最能干、最挚爱的兄弟。在本书中,我尝试用事实回答那些既没有阅读过我的《犯罪人论》一书(本书是《犯罪人论》一书的必要补充),也没有阅读过佩尔曼、库雷拉、[②]范·哈默尔、[③]萨莱勒斯、[④]霭理士、[⑤]布洛伊勒[⑥]和其他人的著作,但是却指责我的学派忽视了犯罪的经济和社会原因,把我的学派仅仅

[①] 马克斯·诺尔道可能是指出生于匈牙利布达佩斯的德国医生和作家、早期犯罪学研究者马克斯·西蒙·诺尔道(Max Simon Nordau,1849—1923),著有《社会的习惯性谎言》(Die konventionelle Lügen der Kulturmenschheit,1883)和《论退化》(Entartung,2卷,1892)等著作。——译者

[②] 库雷拉应当是指德国犯罪学家、龙勃罗梭的好朋友和重要支持者汉斯·库雷拉(Hans Kurella,1858—1916)。——译者

[③] 范·哈默尔应当是指荷兰刑法学家、犯罪学家杰拉德·安东·范·哈默尔(Gerard Anton van Hamel,1842—1917),又译为"哈麦耳""哈米尔""哈麦尔"等。——译者

[④] 萨莱勒斯(Salillas)可能是指法国近代刑法学家雷蒙·萨莱勒斯(Raymond Saleilles),又译为"萨雷伊"。——译者

[⑤] 霭理士可能是指英国性学家、犯罪学家亨利·哈夫洛克·霭理士(Henry Havelock Ellis,1859—1939),又译为"霭里士"。——译者

[⑥] 布洛伊勒可能是指瑞士近代精神病学家、早期犯罪学研究者保罗·尤金·布洛伊勒(Paul Eugen Bleuler,1857—1939)。——译者

局限为对生来犯罪人的研究,从而认为犯罪人是由命定如此、人类无法摆脱其隔代遗传型残暴行为(atavistic ferocity)的那些人。

现在,如果这种指责真正成立的话,那么,所揭示的事实的不利性质,并不能用来反对发现这些事实的学派。但是,真相是,旧的法学家们除了提出有关监狱和流放制度的残忍而无效的经验学说之外,并没有提出更有效的预防犯罪观点;大多数从事实务工作的人们仅仅偶然地获得了良好的结果,就像不系统地在黑暗中摸索时偶然获得的结果那样。我的学派已经根据对于犯罪的原因和性质的研究,设计出了一套对付犯罪的新的对策方法。

首先,我们区分了倾向犯罪人、偶然犯罪人、激情犯罪人和生来犯罪人,对犯罪的很多重要原因进行了研究,这使得我们能够准确地确定我们能够加以矫治的犯罪人以及适合每类犯罪人的方法。

对于生来犯罪人,仅仅给予轻微的处置的确是可以的。这就是我所说的"共生现象"(symbiosis),即通过转移犯罪本能的方向,尝试利用这类犯罪人的邪恶倾向。不过,实现这种目标的措施只能是个别性的。

但是,对于倾向犯罪人,[①]由于他们的邪恶倾向并不那样根深蒂固,我们往往希望有较好的结果。对于他们来讲,很有必要在青年早期就开始利用我所说的道德教养(moral nurture)进行处置,将他们安置在农场(farm)和感化农场(colony)中,这样可以使年轻犯罪人免受堕落的父母和来自街头的影响。

---

① 参见我的《犯罪人论》,第二卷,第 485—539 页。

在这方面,立法和社会影响是很重要的。因此,从人口稠密的国家向人口较少的国家移民,可以免除最坏的影响,可以消除密集的人口。离婚可以预防通奸、投毒等。通过宗教社团和禁酒协会可以反对酗酒活动,通过判处刑罚可以预防很多纠纷和暴力行为。所有这些方法都得到了统计学数据的支持。

的确,这些直接的预防措施,并不总是能够满足需要的。因为导致人们饮酒的因素,是对大脑刺激的需求,这种需求是随着文明的进步而发展的,它必然成为邪恶的根源,应当用除了饮酒之外的其他不太危险的方式,例如,表演、咖啡室等满足这种需求。

但是,又会产生另外的困难。也就是说,犯罪的几乎所有的身体和道德原因,都具有双重性质,而且往往是相反的性质。因此,一些犯罪是在人口稠密的影响下发生的,例如,造反;其他犯罪是在人口稀少的影响下发生的,例如,敲诈勒索、杀人。因此,尽管一些犯罪是由贫穷引起的,但是,也有很多犯罪是在极端富裕的影响下发生的。当我们观察不同国家的情况时,也会发现同样的矛盾现象。所以,尽管在意大利,犯罪随着人口和财富的增加而下降,但是,在法国,犯罪却随着人口和财富的增加而增长——这种现象可以用酗酒和外来移民①的巨大影响来解释。

宗教在基督教新教徒中似乎可以预防很多犯罪,但是,在许多天主教国家中,宗教似乎成倍地增加了犯罪,或者至少不能预防那里的犯罪。如果教育在预防杀人、盗窃、伤害等犯罪方面似乎有效的话,那么,当教育太发达的时候,它似乎往往会促使诈骗、提供虚

---

① 参见本书第 31、54 和 60 节。

假证词和政治犯罪的发生。①

即使我们发现了同环境影响作斗争的有效方法,应用这些方法也是不容易的,这种情况会增加同犯罪作斗争的困难性。例如,通过洗冷水澡的方法,可以减少暴力犯罪和不道德行为的发生频率,但是,很难将所有人都带去洗澡,也很难将他们带到海中,就像古罗马曾经做过、在卡拉布里亚②仍然在做的那样。

希望预防犯罪的政治家应当是选举产生的,他们不应当将自己局限于某一类活动中。他们必须预防财富的危险后果,这种危险后果并不比贫穷小;也必须预防教育的不良影响,这种不良影响并不比无知小。在这类错综复杂的矛盾中,唯一安全的方向就是将对犯罪人的研究与对犯罪原因的研究相结合。

由此可见,我们可以理解这些矛盾给政府官员们带来的不确定性和尴尬境地;可以理解为什么守法者们会发现他们最迫切的要求就是修改几页刑法典。这就是监狱这种所有补救措施(如果我们可以称为补救方法而不是毒药的话)中最坏的措施,总是会被用作最简单、最有效的安全措施的原因。监狱有古老的传统和风俗,这对普通人来说是很重要的,他们发现使用同样的补救方法,要比寻找适合不同年龄、性别和教育情况的不同补救方法,更加容易。

我在上文中仅仅概述了我试图在本书中确立的犯罪人治疗制度(system of criminal therapeutics)的要点。但是,说实话,这并不是一种全新的制度。

---

① 参见本书第 51、52 和 160 节。
② 卡拉布里亚(Calabria)是意大利的一个行政区。——译者

据说,在一些注重实用的国家中,不像我们的国家那样被很显赫的历史所束缚,并且由于不迷信古代法典,尽管对犯罪人类学一无所知,但是却已经到处进行了我将建议的改革。犯罪精神病院(asylum for the criminal insane)、流浪儿学校(truant school)、贫民免费学校(ragged school)、保护儿童协会、酒鬼收容所等,都是在北美、英格兰和瑞士普遍使用的机构,这些机构不属于刑罚机构。这些国家是幸运的,在那里,宗教并不仅仅是一些教条和仪式,而是与犯罪作斗争的一种有效手段;在这些国家,特别是在伦敦,财富、人口稠密和外来移民都很自然地会增加犯罪,但是,与犯罪进行的斗争是有效的。

不过,这些尝试都是部分性的、分散的,缺乏协调,在世人眼中也是缺乏效果的,需要立即进行从理论到实践的全面验证。然而,它们是很有价值的,因为部分应用总是在科学立法之前进行的,可以为科学立法做准备;而且,也因为谨慎,这些尝试给我们的改革提供了最具有说服力的支持——经验的支持。

现在,摆在我们面前的任务是,应当根据生物学和社会学的资料,用一种恰当的方式完成这些改革并加以系统化。这就是我在本书中试图要做的事情。

C. 龙勃罗梭[①]
都灵,1906年

[①] 英文版扉页上注明,切萨雷·龙勃罗梭是意大利都灵大学精神病学与犯罪人类学教授(Professor of psychiatry and criminal anthropology in the University of Turin)。——译者

英文版译者说明

尽管本书是以龙勃罗梭教授(著作)的法文版为基础的,但是,我发现在库雷拉(Kurella)教授和延什(Jentsch)博士的德语译本的一些部分中,有一些很有价值的注解,还有一些仅仅为意大利人所感兴趣的注释和其他细节。法文版是1899年在巴黎出版的,它似乎已经被作者收录为《犯罪人论》一书的意大利文版的第三卷。德语译本是1902年出版的。

亨利·霍顿

哥伦比亚,密苏里

1910年11月

第一部分

犯罪原因论

第1章 气象与气候的影响、月份及高温

第1节 气象与气候的影响

每种犯罪都有多种多样的原因,这些原因往往交织在一起,使人难以理解,为了思考和叙述的方便,我们必须逐个进行调查。一般而言,这种多样性是符合人类现象的规则的,决不能仅仅关注某一种原因而认为犯罪与其他原因无关。众所周知,霍乱、斑疹伤寒和肺结核都有特别的原因,但是,不能冒昧地认为,气象因素、卫生因素和心理因素与它们无关。的确,最好的观察往往都不能确定任何特定现象的真正的具体原因。

第2节 极端的气候

在各种生物活动的决定原因中,都要包括气候现象,其中就包括高温(heat)。因此,当把圆形茅膏菜[①]的叶子浸入华氏110度的

---

① 圆形茅膏菜(Drosera rotundifolia)是一类食虫植物。——译者

水中后,它就会发生弯曲,对含氮物质的作用更加敏感。① 但是,在华氏130度时,它们不再发生变形,触毛暂时失去作用,直到浸入冷水中,它们才会恢复活动能力。

生理学和统计学表明,大多数人类机能都受高温的影响。② 因此,可以预期,过高的气温会对人的心理产生影响。

历史表明,热带地区的人民都有被征服过的记录。高温导致过度生育,过度生育又变成财富分配不平等的首要原因,结果,就导致了政治权力和社会权力分配的极不平等。在气温很高的国家中,人数虽多,但是无足轻重;他们在政府中既无声音,也无影响。尽管有可能经常发生革命,但是,这些革命都是宫廷革命,决不会发生人民起义,人民不重视革命。③ 巴克尔在众多原因中发现了对这种事实的一种解释:气候炎热国家的居民不太需要食物、衣服和燃料,因此,他们也没有气候寒冷国家的居民在与大自然的斗争中获得的那种抵抗力。根据这种解释,热带的人民更具有惰性,更有可能使用麻醉品,更有可能大规模地进行瑜珈冥想活动,也更有可能过托钵僧④式的极端禁欲生活和进行自虐行为。高温以及伴随高温的持续性感觉疲软所引起的惰性,造成了一种很容易发生惊厥的素质,促成一种容易做梦、夸大幻想的倾向,结果,产生了盲目信奉宗教和服从专制的倾向。这种状况自然会产生过度的淫

---

① 达尔文(Darwin):《食虫植物》(Insectivorous Plants)。
② 龙勃罗梭:《思想与气象》(Pensiero e Meteore),米兰,1878年。
③ 巴克尔(Buckle):《文明史》(Hist. of Civilization),第一卷,第195—196页。
④ 托钵僧(fakir)是伊斯兰教或印度教的游方修士。——译者

荡,并且会与过度的禁欲主义相互交替,就像用最无约束的无政府状态代替最野蛮的专制主义那样。

在气候寒冷的国家中,由于必须在获取食物、衣服和燃料方面耗费能量,人们抵御艰辛的力量是很大的。因此,容易幻想和不稳定的性格是不常见的,过度的寒冷使得人们不可能充满幻想,心理不容易受到刺激而激动起来,也不太会变化无常。与寒冷作斗争消耗了能量,否则,这些能量可用于个人的社会活动与自身活动中。由于这种情况,也由于寒冷对于神经系统直接产生的抑制作用,造成了北极地区居民的平和与友善。在林克(Rink)博士的笔下,一些爱斯基摩人部落很太平、很平和,他们甚至没有"争吵"一词,他们对冒犯行为的最强烈的反应,仅仅是沉默。拉瑞(Larrey)注意到,从莫斯科撤退的时候,俄罗斯的大雪使士兵变得怯懦而胆小,到那时候为止,士兵们既没有危险和受伤,也没有遭受饥饿。博夫(Bove)谈到,生活在零下40度寒冷气候中的楚克其人[①],没有争吵,没有暴力行为,也没有犯罪行为。勇敢的极地旅行者普莱尔(Preyer)注意到,在同样的气温下,他会变得怎样的身心麻木,感觉迟钝,讲话变得怎样的困难。[②]

这可以解释为什么不仅在专制的俄罗斯,而且在开明的斯堪的纳维亚国家也很少发生革命的现象。

---

① 楚克其人(Chukchi)是指西伯利亚东北部的人。——译者
② 彼得曼(Petermann):《报告》(Mitteilungen),1876年。

第3节 温和气候的影响

最容易导致造反和犯罪倾向的影响因素,就是比较适度的高温的影响。对南欧地区人们的心理进行的一项研究,证实了这一点。这一研究告诉我们,南欧人往往是不稳定的,他们往往将个人的利益置于社会和国家的利益之上。这是毫无疑问的,因为高温对神经中枢的刺激,就像酒精对神经中枢的刺激那样,不会达到使感情冷静下来的程度;而且,也因为气候虽然不能完全消除人们的需要,但是会通过一边增加土壤肥力,一边降低对于食物、衣物和酒精饮料的需求而减少人们的需要。在帕尔马①的方言中,把太阳叫作"衣服褴褛人的父亲"(Father of Ragamuffins)。

都德②已经写了一部完整的小说《努马·卢梅斯当》(Nouma Roumestan),描绘了气候对于南欧人的重大影响,他写道:

> 南方人并不喜欢烈性酒,他们陶醉于大自然。太阳和微风在人体内蒸馏出一种可怕的天然酒精,这种酒精会影响在这种天空下出生的每个人。一些人只有适度的狂热,这种狂

---

① 帕尔马(Parma)是意大利北部的城市。——译者
② 都德是指法国著名小说家阿尔方斯·都德(Alphonse Daudet,1840—1897),小说《努马·卢梅斯当》(1881)描写了男人和女人身上南北方性格的尖锐矛盾。——译者

热使得他们自由地讲话和行动,使他们变得胆大妄为,使一切都似乎充满希望,并且会驱使他们骄傲自大;其他人则生活在盲目的兴奋之中。南方人不会感觉到勃然大怒或者激情四射之后的突然疲倦和精疲力竭。

奈瑞·桃符霄(Neri Taufucio)指出,不一致是南方人的一种特征:

> 人们最初会把他们看成是天真的人,后来突然发现,他们是十足的无赖。他们既勤勉又懒惰,既冷静又放纵。简言之,他们的性格,至少是在下层阶级成员中的性格,有很不相同的方面,很容易突然发生变化,以至于不能确定他们的性格。气候促成了温和性格的缺失。人们生育很多子女;有关子女的未来的思考,吓不住他们。流浪者一有机会就偷盗,但是,他们绝不会冒险。一个自吹自擂的人,可能会承诺十件事情,但是仅仅兑现一件事情。如果与别人发生争吵,他就会大喊大叫,做出使人感到害怕的动作姿势,不过,他还是担心自己;他试图避免实际的战斗,但是,如果要发生殴斗的话,他就会变得很野蛮。由于嫉妒心理,他可能怀疑自己的妻子,如果这样的话,就会用鞭子抽打妻子的脸。由于无法接受约束,他既不能忍受医院,也不能忍受精神病院。当他有了工作时,他会干得很好。他对家庭有强烈的感情,对自己很容易满足,也不会酗酒。由于狡猾、说

谎和胆小,他会不断进行轻微诈骗、说谎和乞讨行为。为了从别人那里得到一点施舍,他会亲吻别人的脚而不会感到遭受羞辱。他深信迷信。在遇到一个驼背的人或者一个盲人的时候,就一定会进行占卜活动。他的观念都是围绕上帝、魔鬼、巫婆、恶毒眼光、神圣三位一体、[①]荣誉、刀子、装饰品和卡莫拉这个小圈子的。人们害怕卡莫拉,但是也尊重卡莫拉。因为他们感到,这种专制力量可以保护他们免受其他专制力量的侵害。这是他们所希望的、类似于正义的唯一权威。

第4节 犯罪与月份[②]

高温对于一些犯罪的影响,是很容易理解的。

格雷[③]的统计资料向人们清楚地表明,在英格兰和法国,强奸犯罪往往是在炎热的月份中发生的。孔萧(Curcio)在意大利观察到同样的现象(参见表4-1)。

---

① 圣三一(Holy Trinity)是指基督教中圣父、圣子、圣灵三位一体。——译者
② 原文是 crimes and seasons,本来的含义是"犯罪与季节"。但是,从内容来看,论述的是犯罪与月份的关系。因此,改译为现名。——译者
③ 格雷应当是指法国统计学家、早期的犯罪问题研究者安德烈·米歇尔·格雷(André Michel Guerry,1802—1866)。旧译为"桂赖"。——译者

第1章 气象与气候的影响、月份及高温

表4-1 英格兰、法国和意大利的强奸犯罪[1]

月 份	强 奸 犯 罪		
	英格兰(1834—1856)	法国(1829—1860)	意大利(1869)
	百分数	百分数	总数
1月	5.25	5.29	26
2月	7.39	5.67	22
3月	7.75	6.39	16
4月	9.21	8.98	28
5月	9.24	10.91	29
6月	10.72	12.88	29
7月	10.46	12.95	37
8月	10.52	11.52	35
9月	10.29	8.77	29
10月	8.18	6.71	14
11月	5.91	5.16	12
12月	3.08	4.97	15

根据格雷提供的英格兰的资料和孔萧提供的意大利的资料，杀人犯罪发生最多的时期是最热的月份（参见表4-2）。

表4-2 英格兰和意大利不同月份中发生的杀人犯罪数量

	英格兰(1834—1856)	意大利(1869)
7月	1043	307
6月	1071	301
8月	928	343

---

[1] 这个表格的序号和标题是译者增加的，原文中没有这些内容，其中，短横线前面的数字表示表格所在的"节"，短横线后面的数字是同一节中表格的序号。下同。——译者

续表

	英格兰(1834—1856)	意大利(1869)
5月	842	288
2月	701	254
3月	681	273
12月	651	236
1月	605	237

根据格雷提供的资料,投毒犯罪往往也在五月份发生。造反的发生规律也是如此。在研究1791年到1880年间全世界发生的836起起义的过程中(就像我在《政治犯罪》中研究的那样),人们发现,在亚洲和非洲,发生数量最多的月份是七月。在欧洲和美国,在最炎热的几个月里,叛乱的盛行程度更加明显。在欧洲,造反发生最多的月份往往是7月份,而在南美洲则是1月份,这分别是两个最热的月份。在欧洲,造反发生最少的月份是12月和1月,而在南美洲则是5月和6月,那里的气候与北半球相反。

如果我们现在从整个欧洲转向特定的国家,我们仍然会发现,在炎热月份中发生的起义的数量是最多的。在意大利、西班牙、葡萄牙和法国,发生得最多的月份是7月;而在德国、土耳其、英格兰,则是8月;在希腊是3月。在爱尔兰、瑞典、挪威和丹麦,发生得最多的月份是3月;在瑞士,发生得最多的月份是1月;在比利时和荷兰,发生得最多的月份是9月;在俄罗斯和波兰,发生得最多的月份是4月;在波斯尼亚、黑塞哥维那、塞尔维亚和保加利亚,发生得最多的月份是5月。从炎热月份的影响来看,对于欧洲南部的国家发生的影响似乎最大。

第5节 季节

将欧洲一百年间发生的起义的数据按照季节(seasons)排列，就可以发现一些情况(参见表5-1)。

表5-1 欧洲起义的数量与季节的关系

国　家	季　节			
	春季	夏季	秋季	冬季
西班牙	23	38	18	20
意大利	27	29	14	18
葡萄牙	7	12	4	6
土耳其(欧洲部分)	9	11	5	3
希腊	6	7	3	3
法国	16	20	15	10
比利时与荷兰	7	8	6	2
瑞士	6	5	3	10
波斯尼亚、黑塞哥维那、塞尔维亚和保加利亚	7	3	1	4
爱尔兰	6	3	3	3
英格兰和苏格兰	5	9	5	4
德国	7	11	4	3
奥匈帝国	6	3	7	2
瑞典、挪威、丹麦	4	4	2	2
波兰	6	1	2	1
俄罗斯(欧洲部分)	3	0	2	1

从这些数据来看，在南欧的5个国家中，起义似乎在夏季发生得最多。在北欧的4个国家中，包括最北边的一个国家，起义似乎

在春季发生得最多。在奥匈帝国,[①]起义似乎在秋季发生得最多。在瑞士,起义似乎在冬季发生得最多。我们进一步发现,主要是在最热的国家中,冬季发生的起义是秋季的 5 倍;在不太热的国家中,冬季发生的起义是秋季的 8 倍;在最热的国家中发生的起义是平均数的 3 倍。

如果我们考察美洲,特别是南美洲的话(记住,那里的 1 月相当于我们的 7 月,那里的 2 月相当于我们的 8 月),我们就会发现一些情况(参见表 5-2)。

表 5-2 美洲和欧洲不同季节的起义数量

季节	美洲	欧洲
春季	76	142
夏季	92	167
秋季	54	94
冬季	61	92

然后,我们会发现,无论是在南半球,还是在北半球,起义在夏季发生得最多,在春季发生的起义数量往往也超过秋季和冬季。毫无疑问,犯罪发生的情况也是如此,因为最热的季节,也是食物的供应最短缺的季节。相反,秋季和冬季发生革命的数量稍有不同,在美洲,冬季发生的革命数量是秋季的 7 倍;而在欧洲,冬季发生的革命数量不到秋季的 2 倍。

---

① 奥匈帝国(Austro-Hungary)是奥地利和匈牙利两国根据 1867 年协约成立的哈布斯堡王朝帝国,1918 年解体,分裂为奥地利、匈牙利、捷克斯洛伐克(现在分成捷克、斯洛伐克二国)、南斯拉夫(现在分成塞尔维亚、黑山、克罗地亚共和国、斯洛文尼亚共和国、马其顿共和国、波斯尼亚和黑塞哥维纳共和国)等国。——译者

就犯罪而言,春季和夏季发生的数量显然是最多的。格雷提供了一组人身犯罪的发生数字(参见表 5-3)。

表 5-3 英格兰和法国的人身犯罪在不同季节的数量

季节	英格兰(%)	法国(%)
冬季	17.92	15.93
春季	26.20	26.00
夏季	31.70	37.31
秋季	24.38	20.60

拜诺斯登·德·夏特钮夫(Benoiston de Chateneuf)指出,持械决斗在夏季发生得更多。[1]

我的研究证实,在天才人物身上也产生同样的影响。[2]

第 6 节 炎热的年份

菲利[3]在其《犯罪与气候的关系》(Crime in Its Relation to Temperature)中,根据对法国 1825—1878 年间的犯罪统计数据的一项研究证实:人们可以推论,在炎热与犯罪之间总是存在着一种完全对应的关系,不仅在不同的月份是这样,就是在气候炎热程度不同的年份也是这样。1825—1848 年间气候对犯罪的影响,似

---

[1] 科雷(Corre):《犯罪与自杀》(Crimes et Suicides),1891 年,第 628 页。
[2] 龙勃罗梭:《天才》(Man of Genius),第一部分。
[3] 菲利是指意大利社会学家、犯罪学家恩里科·菲利(Enrico Ferri, 1856—1929)。——译者

乎是很明显而且持续性的,这种影响往往甚至比农作物产量的影响更大一些。自1848年以来,尽管农业和政治动荡更加严重,但是,气候与犯罪之间的一致性变得日益明显,气候与杀人和谋杀犯罪之间的一致性更是如此。特别是在1826年、1829年、1831—1832年、1833年、1837年、1842—1843年、1844—1845年、1846年、1858年、1865年和1867—1868年,更是这样。

不过,在强奸和侵害贞洁犯罪(offence against chastity)的统计中,这种联系表现得更为明显,它甚至比气候的年度差异更为明显。这可以从表6-1中可以看出。

表6-1 不同年份的气候与犯罪的关系

年份	气候(华氏度数)	犯罪案件	
1830	89	430	杀人
1832	95	520	
1848	89	435	
1850	91	569	
1848	89	380	强奸
1852	95	640	
1871	90	550	
1874	100	850	

就侵犯财产的犯罪而言,它们在冬季有明显的增长(盗窃和伪造在1月份发生得最多),而在其他季节中稍有差别。对于这类犯罪来说,气候的影响是完全不同的。当需求增加时,满足需求的手段却在减少。

第7节 犯罪日历

为了证实这种观点,拉柯沙尼、[①]肖辛纳德(Chaussinaud)和莫里(Maury)借助于每项个人犯罪的统计数字,以植物学家的植物日历(calendars of flora)为模型,建立了真正的犯罪日历(criminal calendars)。

在侵害人身犯罪中,杀婴行为在1月、2月、3月和4月中居第一位(分别为647、750、783和662起),这与春季出生的婴儿数量较多相对应。到5月份时,这个数字有所下降,在6月和7月份有明显的下降;到11月和12月份时再次增加,这是由于受狂欢节[②]影响的缘故。我们发现,在上述月份中,非婚生子女出生得较多,分别为1100、1131、1095和1134起,堕胎发生得也较多。杀人和伤害(assault)[③]在7月份达到高峰(716起)。相反,杀害长辈犯罪(parricide)[④]在1月和10月份发生得较多。

[①] 拉柯沙尼应当是指法国法医学家、犯罪学家让·亚历山大·欧仁·拉柯沙尼(Jean Alexander E. Lacassagne, 1843—1924)。——译者
[②] 狂欢节(Carnival)是许多天主教国家在大斋前最后几天最后几小时举行的欢庆活动,节期的开始因民族和地域传统而有不同。在欧洲国家,一般开始于11月中旬。——译者
[③] 为了避免表达方面的问题,assault这个词将用于除了针对妇女举行的伤害之外的其他伤害,原文相当于我们所说的"伤害和殴打"(assault and battery)。——英译者注
[④] 法语中的parricide类似于意大利语中的parricidio,包括杀害除了祖先(antecedent)之外的其他亲属。不过,由于这种观点并没有对英语发生影响,在本译本中将使用英语的同词源词。——英译者注

6月似乎是气候对强奸儿童犯罪的数量影响最大的月份,5月、7月和8月次之,数量分别为2671、2175、2459、2238起。强奸儿童的犯罪在12月份最少,为993起,其他寒冷的月份又次之;每月的平均数为1684起。强奸成人犯罪并没有按照同样的模式发生,这类犯罪发生的高峰在6月份,为1078起;发生最少的月份是11月份,为534起;在12月和1月份有增加,为584起,这显然是狂欢节影响的结果;在2月份维持不变,为616起;在3月份和5月份有增加,为904起;每月平均发生数为698起。

伤害的分布没有规律,因为它们很少受气候的影响。伤害在1月份增加,为931起;在后面的几个月中下降,从840起到476起不等;在5月份和6月份再次增加,分别为983起和958起;在7月份有所下降,为919起;在8月份和9月份再次上升,分别为997起和993起;到11月份和12月份时重新开始下降,为886起。

在侵犯财产罪的案件中,差别并不那么明显,不过,在12月份(16879起)、1月份(16396起)和一般较冷的季节中,发生的数量要比4月份(13491起)和炎热的季节中多3000起。(每月的平均数量为14630起。)显然,这不是寒冷直接影响的结果,而是在冬季需求增加,但是满足需求的手段减少的结果,因此,盗窃动机更容易产生。

根据莫里[①]的调查,对于不同月份的犯罪分布可以得出下列结果:在3月份,杀婴犯罪占据第一,10000起案件中有1193起是

---

① 《社会道德运动》(Le Mouvement Moral de la Société),1960年。

这类犯罪；然后依次是强奸（1115起）、绑架（1054起）、替换儿童（substitution of children）和隐匿出生（concealment of birth）（1019起）、写恐吓信（997起）。

在5月份，流浪（vagrancy）居第一，为1257起；接着是强奸和侵害贞洁犯罪（1150起）；然后是投毒（1144起）；最后是强奸未成年人（rape of minors，1106起）。在炎热气候的影响下，强奸未成年人犯罪在5月份突然剧增，达到第4位，而在3月份仅居第35位，在4月份居第10位，在6月份达到第2位，为1303起。在6月份，占据第一位的是与强奸成人类似的犯罪（1313起）；占据第4位的是一种性犯罪——堕胎（1080起），杀害长辈犯罪占据第3位（1151起）。

在7月份，强奸未成年人犯罪占据第一（1330起），其他数量很多的犯罪都是类似的犯罪，例如，绑架（1118起）、侵害贞洁犯罪（1093起）。占据第3位的是伤害近亲属的身体（1100起）。在8月份，性犯罪退居第3位，焚烧农作物（crop-burning）上升为第1位。不过，这种变化不是由气候引起的，而是由机会引起的，因为在收获的季节中，工人很容易对地主进行报复。然而，正如莫里正确地观察到的那样，炎热并不是这种激情倾向表现出来的原因。这些犯罪可能使伪证（perjury）变得比收买未成年人更难。

在9月份，残忍激情（brutal passion）的暴力性逐步减弱，对儿童的性侵害居第15位，对成人的性侵害占据第25位；而盗窃和破坏信用的犯罪上升到第4位。

挪用公款和贿赂犯罪在9月份和10月份占据第1位，因为在这个阶段，房租已经到期，各种账目也需要清理。替换儿童和隐匿出生也随着生育数量的增加而增加。

从10月份到1月份,杀人、杀害长辈犯罪和公路抢劫发生得很多,原因是夜间变长,田野荒芜。在11月份,商业活动繁忙,结果使得伪造账目和贿赂犯罪增加。

在1月份,伪造货币和抢劫教堂的犯罪居第1位,这显然是由于天色灰暗造成的。在2月份,杀婴犯罪和隐匿出生犯罪再次剧增,这是由于出生率的增加造成的。

性犯罪在10月份降到第28位,强奸成人降到第29位;在11月份,这两类犯罪分别上升到第24位和第26位。

毫无疑问,炎热对于激情犯罪是有影响的。我已经用另一种方式证实了这一点:首先,通过咨询5个意大利大型监狱的登记员,了解对暴乱、打架、侵害人身暴力犯罪判处的刑罚;其次,根据费吉里奥(Virgilio)[①]对于在艾佛萨(Aversa)的刑罚机构进行的5年期的观察中获得的数据,炎热月份的暴力行为数量很多(参见表7-1)。

表7-1 暴力行为的月份分布

月份	数量	月份	数量
5月	346	10月	368
6月	522	11月	364
7月	503	12月	352
8月	433	1月	362
9月	508	2月	361

① Virgilio旧译为"佛吉留"。——译者

根据精神病院中对精神病人进行的突发攻击行为（acute attack）的记录，发现了类似的数量（参见表7-2）。

表7-2 精神病院中精神病人突发攻击行为的月份分布

数量描述	月份	年份(1867)	年份(1868)
最多数量	9月	460	191
	6月	452	207
	7月	451	298
最少数量	11月	206	206
	2月	205	121
	12月	245	87
	1月	222	139

第8节 过分炎热

相反，过分炎热（excessive heat），特别是在过分炎热伴随潮湿的时候，会产生较轻微的影响。根据科雷①对瓜德罗普②的克雷罗斯（Creoles）地区的犯罪调查结果，当气候达到最热的时候（7月5日，为85度），犯罪就降到最低，侵害人身的犯罪尤其如此；在3月份（气候为62度）的时候，犯罪人的数量达到高峰。在这里，我们发现了相反的情况，过分炎热会引起革命，这是因为，湿热，特别是过度的湿热会起一种镇静剂的作用；相反，中等程度的寒冷会起一

---

① 科雷可能是指法国精神病学家、犯罪学家阿尔芒·科雷（Armand Corre, 1841—1908）。——译者
② 瓜德罗普（Guadaloupe）是拉丁美洲的一个法国所属的岛屿。——译者

种兴奋剂的作用。

这方面的情况参见表 8-1。

表 8-1 炎热季节和寒冷季节的犯罪情况

犯罪类型	炎热季节	寒冷季节
侵犯财产犯罪	51	53
侵害人身犯罪	23	48

科雷也发现,在 7 月份时,侵害人身犯罪达到高峰;而在 1 月份时,侵害人身犯罪跌到低谷。

第 9 节 其他气候影响

监狱的领导人们通常都会发现,当暴风雨来临的时候,在每个月的第一个星期,犯人们都很兴奋。我自己没有获得足够的数据证实这一点,但是,就精神错乱者[1]而言,他们与犯罪人有很多近

---

[1] 精神错乱者(the insane)是指具有精神错乱(insanity)症状的人。精神错乱(insanity)又译为"心理丧失""心神丧失""精神病"等,通常指可以用来免除一个人对其行为应负的刑事责任的精神缺陷或精神障碍状态(condition of mental defect or disorder)。最典型的特征是不能理解犯罪行为的性质,或者不知道犯罪行为是错误的。根据这种精神缺陷或精神障碍状态,可以免除行为人在这种精神状态下所实施的危害行为的刑事责任。这就是所谓的"精神错乱辩护"(insanity defence)。目前,"精神错乱"这个术语主要在刑法、司法精神病学(forensic psychiatry)等领域中使用,不过,真正由精神错乱者犯罪的案例是较少的。在普通精神病学中,目前几乎不使用 insanity 这个术语,例如,在世界卫生组织(WHO)2008 年出版的《国际疾病分类》(International Statistical Classification of Diseases and Related Health Problems)第 10 版(ICD - 10)中,在美国精神病学协会(American Psychiatric Association, APA)2013 年出版的《精神障碍诊断与统计手册》(Diagnostic and Statistical Manual of Mental Disorders)第 5 版(DSM - 5)中,都没有"insanity"这种精神疾病或者"the insane"字样。——译者

似之处,他们对于气候的影响很敏感,会迅速地对气压和月亮的变化产生反应,因此,犯罪人也有可能产生相同的反应。①

不过,一种事实已经向我证实,器质性影响②的作用与气候影响的作用是相同的。几年来,我经常观察收押在都灵的看守所中的犯罪人,总是会发现,在不同年份的同一时期,总会收押很多的(10到15人)有同样身体特征的人,他们或者患有疝气,或者身体不对称,或者金发碧眼,或者肤色浅黑,但是,他们来自不同的省份。在同一个星期内,尽管气候的影响没有重大变化,但是,却可以发现完全不同的人群。

近年来,经济和政治影响不断增大,使气候的影响降到第二位。因此,在法国,每年的气候对于造反的影响,在过去很明显,但是近年来已经减弱。另一方面,北部欧洲(俄罗斯、丹麦)尽管处在同样的气候条件下,但是,已经发生了几次起义。所以,气候的影响是不容置疑的。

第10节 在炎热国家的犯罪与造反

在所有这些方面,气候的影响尽管不是绝对的,但也是很明显的。在犯罪和政治造反的地理分布方面,可以清楚地看到这一点。

在意大利和法国的南部,发生的侵害人身犯罪要多于中部和

---

① 参见龙勃罗梭:《思想与气象》,米兰,1878年。
② 器质性影响(organic influence)通常是指与身体组织的异常或者变化有关系的影响。——译者

北部地区。我们仍然以强盗和卡莫拉为例说明这种情况。格雷的统计表明,法国南部的侵害人身犯罪(4.9),是法国中部(2.7)和北部(2.9)的两倍。相反,法国北部的侵犯财产犯罪(4.9),要多于中部和南部地区(2.3)。

意大利的情况见表 10-1。

表 10-1 意大利不同地区的犯罪情况

地　　区	每 10 万居民中的数量		
	被起诉的犯罪	杀人、公路抢劫杀人	严重盗窃
意大利北部	746	7.22	143.4
意大利中部	862	15.24	174.2
意大利南部	1094	31.00	143.3
意大利海岛	1141	30.50	195.9

利古里亚[①]地区仅仅因为气候较热,侵害人身犯罪的数量就比意大利北部的其他地区多。在 1875—1884 年间,犯罪发生数量最多的地区是拉丁姆(Latium)地区,海岛地区次之。犯罪发生数量最少的是北部,在皮德蒙特(Piedmont),每 10 万居民中发生犯罪 512 起;在伦巴第(Lombardy),每 10 万居民中发生犯罪 689 起;但是,在拉丁姆地区,每 10 万居民中发生犯罪 1537 起;在撒丁岛(Sardinia),每 10 万居民中发生犯罪 1293 起;在卡拉布里亚(Calabria),每 10 万居民中发生犯罪 1287 起。我们发现,杀人犯罪在南部地区发生得最多,然后是海岛地区。在俄罗斯,杀婴犯罪和盗窃教堂犯罪在东南部发生得最多;而杀人犯罪,特别是杀害长

---

① 利古里亚(Liguria)是意大利西北部的一个大区,首府是热那亚。——译者

第1章 气象与气候的影响、月份及高温

辈犯罪从东北部向西南部逐渐增加。霍尔岑多夫(Holtzendorff)[①]估计,在北美洲,南部一些州中的杀人犯罪是北部一些州的15倍;在英格兰也是如此,英格兰北部的杀人犯罪是每6.6万居民中一起,而在英格兰南部,杀人犯罪是每0.4—0.6万居民中一起。根据雷德菲尔德(Redfield)的资料,在美国得克萨斯,15年间发生的杀人犯罪是81.8万居民中0.7万起。甚至学龄儿童也往往携带危险武器。

在研究欧洲单纯杀人犯罪和加重杀人犯罪的分布的过程中,我们发现,意大利和其他南部国家的犯罪数量最多,而比较靠近北部地区的国家,例如,英格兰、丹麦和德国,犯罪数量最少。整个欧洲的政治起义(political uprising)的发生数量也相同。[②] 实际上,我们看到,犯罪的数量是从北向南增加的,而气候的温度也是从北向南增加的。我们发现,在希腊,犯罪数量最多,在1000万人口中,革命者就有95人;在俄罗斯,犯罪数量最少,在1000万人口中革命者仅为0.8人。我们注意到,在欧洲北部的国家,即英格兰和苏格兰、德国、波兰、瑞典、挪威和丹麦,犯罪数量最少;在欧洲南部的国家,即葡萄牙、西班牙、土耳其的欧洲部分、意大利的南部和中部地区,犯罪数量最多。在这两个部分之间的地区中,犯罪数量居中。用这种方式对数字分组的话,可以看到下列情况(参见表10-2)。

15

[①] 《论谋杀罪与死刑》(Das Verbrech en des Mordes und die Todesstrafe),柏林,1875年。
[②] 参见我的《政治犯罪》(Crime Politique),1889年。

表 10-2　欧洲不同地区的犯罪率

欧洲不同地区	每千万居民中的造反数量
欧洲北部	大约 12 起
欧洲中部	大约 25 起
欧洲南部	大约 56 起

如果考察意大利的情况的话,可以看到下列情况(参见表 10-3)。

表 10-3　意大利不同地区的犯罪率①

意大利不同地区	每千万居民中的造反数量
意大利北部	大约 27 起
意大利中部	大约 32 起
意大利南部	大约 33 起[1]

[注][1]包括在科西嘉、撒丁岛和西西里岛发生的 17 起。

如果根据纬度和人口比率对这些犯罪数量进行分类,我们就会看到表 10-4 中的情况。

表 10-4　不同纬度的犯罪分布

纬度	西班牙 每 10 万居民实施的犯罪数量 针对执法者的造反行为	西班牙 每 10 万居民实施的犯罪数量 侵害人身犯罪	意大利 每 10 万居民中被起诉的犯罪数量 抗拒官员	意大利 每 10 万居民中被起诉的犯罪数量 杀人
36°—37°	14	74.3	……	……
37°—38°	12	112.1	36.7	39.9

---

① 这些关于谋杀和叛乱的事实,在博迪欧(Bodio)出版的《意大利犯罪的十年统计报告》(Statistique Décennale de la Criminalité en Italie)和西班牙司法部长 1885 年在马德里出版的《1884 年西班牙年度犯罪统计报告》(Stat. Crim de l'Année,1884,pour l'Espagne)中,都得到了证实。

第1章 气象与气候的影响、月份及高温

续表

纬 度	西 班 牙		意 大 利	
	每10万居民实施的犯罪数量		每10万居民中被起诉的犯罪数量	
	针对执法者的造反行为	侵害人身犯罪	抗拒官员	杀人
38°—39°	9	58.5	42.0	32.8
39°—40°	3	48.4	30.6	30.0
40°—41°	11(1)	72.4	37.8(3)	31.9
41°—42°	9(2)	39.7	36.8(4)	28.7
42°—43°	6	31.2	32.7	20.9
43°—44°	5	29.7	18.7	14.1
44°—45°	……	……	19.8	9.2
45°—46°	……	……	19.2	5.8
46°—47°	……	……	16.2	5.8

从表10-4可以看出,气候的影响是明显的。只有在地处首都(1和2)和其他大城市(3和4)的情况下,气候的影响才不太明显。在西班牙的北部、南部和中部,严重盗窃的发生频率几乎是相同的;在加的斯(Cadiz),严重盗窃的发生频率,与在巴达霍斯(Badajos)、卡塞雷斯(Caceras)和萨拉曼卡(Salamanca)相同,因为这类犯罪较少依赖气候,而更多地取决于机会。同样,在中部省份(首都在这个地区)和北部省份,杀婴犯罪和杀害长辈犯罪更多。在法国、意大利和整个欧洲,也是如此。在意大利,我们根据菲利的调查发现,除了撒丁岛之外,在所有南部地区和海岛地区,炎热的气候对于单纯杀人犯罪的影响是很大的;除了弗利(Forli)之外,加重杀人犯罪的情况也是如此。谋杀犯罪在意大利南部和海岛地区也是同样增长的,只有曾经属于希腊殖民地的地区除外,包

括阿普利亚（Apulia）、卡塔尼亚（Catania）①和墨西拿（Messina）等。伤害犯罪也是按照同样的模式发生的，只有撒丁岛和利古里亚除外。在撒丁岛，伤害犯罪的数量没有预期的那样多；在利古里亚，伤害犯罪的数量比预期的多。杀害长辈犯罪也按照类似的模式发生。这类犯罪在意大利南部和海岛地区非常多，只有希腊人居住的部分除外，但是，在皮德蒙特中心地带发生得也很多。投毒犯罪在海岛地区和卡拉布里亚中心地带同样多，但是，这里的气候显然没有产生多大影响作用。杀婴犯罪在卡拉布里亚和撒丁岛非常多，但是，在阿布鲁佐（Abruzzo）和皮德蒙特也很猖獗，这在一定程度上与气候无关。同样，伴随杀人的公路抢劫在上皮德蒙特高原地区、马萨（Massa）和莫里斯港（Port Maurice）非常多，在意大利边远地区和海岛地区也是如此。严重盗窃在撒丁岛、卡拉布里亚和罗马很常见，在威尼斯、费拉拉（Ferrara）、罗维戈（Rovigo）、帕多瓦（Padua）和博洛尼亚（Bologna）发生得也很多，因此，几乎也与气候无关。② 同样的气候原理也适用于法国。在法国，谋杀和杀人犯罪在南部地区发生得最多，一些例外的地区可以用种族影响来解释。相反，杀害长辈犯罪和杀婴犯罪在北部、中部和南部的一些地区同样多，这不是由于气候的影响，而是因为偶然的因素在这些地区发挥作用的结果。

---

① 意大利西西里岛东岸港市。又译为"喀大尼亚"。——译者
② 菲利：《论杀人》（Omicidio），1895年。

第 2 章 地质的影响①②

第 11 节 地质

我早期的调查使我认识到,地质条件对于政治犯罪的影响很小,因此,在法国,起义发生的频率和那些地质构造不同的国

---

① 原文是 Influence of Mountain Formation upon Crime – Geology – Soils Producing Goiter,Malaria,etc.(山脉构造对犯罪的影响—地质—产生甲状腺肿、疟疾等的土壤)。这个标题太长,因此,参照刘麟生译本的译法,将本章的标题翻译为"地质的影响"。——译者

② 本章中的资料来源于博迪欧的出色著作《犯罪统计》(Criminal Statistics),来自于菲利《论杀人》(1895 年)中引人注目的地形图和统计地图;也来自于下列论著:勒克吕斯(Reclus)的《地理学》(Géographie);德查西诺(Dechassinaud)的《法国犯罪统计研究》(Etude de la Statistique Criminelle de France,里昂,1881 年);德科利尼翁(De Collignon)的《对法国人口的人类学研究的贡献》(Contribution à l'Etude Anthropologique de Population Française,1893 年),《法国犯罪人的头颅指数》(Indice Céphalique suivant le Crime en France),《犯罪人类学档案》(Arch.d'Anthrop.Crim,1890 年);托皮纳德(Topinard)的《眼睛和头发的颜色》(La Couleur des Yeux et Cheveux,1879 年)。有关意大利的情况,来自利维(Livi)的《人体测量结果》(Saggio di Risultati Antropometrici,罗马,1894 年),《关于意大利头颅指数》(Sull' Indice Cefalico degli Italiani,罗马,1890 年)。关于定罪的统计资料,来自《法国刑事司法统计》(Compte Criminelle de la Justice en France,1882 年),该文献中包括了 1826—1880 年间的定罪数量;索奎特(Socquet)的《1876—1880 年法国对犯罪统计研究的贡献》(Contribution a l'Étude Statistique de la Criminalité en France,de 1876 à 1880,巴黎,1884 年);约利(Joly)的《法国的犯罪》(La France Criminelle,1890 年)。

家一样频繁,这些国家的地质构造在侏罗纪[①]和白垩纪[②]稍有不同。[③]

同样的看法也适用于法国的侵害人身犯罪。在法国,我们发现了54年间这些犯罪在不同地质年代形成的土地上的分布(参见表11-1)。

表11-1 不同地质年代形成的土地上的犯罪分布

地 质 年 代	百分比(%)
侏罗纪和白垩纪	21
花岗石(Granite)	19
黏土(Clay)	22
冲积土(Alluvial)	21

财产犯罪的分配也相同,几乎没有差别。

第12节 地势形态

根据对国家的基本地形与人身犯罪发生频率之间关系的调查,我们发现,在50年间,在平原地区发生的人身犯罪最少,为20%;在丘陵地区发生的人身犯罪居中,为33%;在山区发生的人身犯罪最多,为35%。毫无疑问,这是由于山区提供了更多的进

[①] 侏罗纪(Jurassic)是一个地质年代的名称,这个时期开始于2.08亿年前,结束于1.44亿年前。参见《不列颠百科全书(国际中文版)》第9卷,第108页。——译者

[②] 白垩纪(Cretaceous)是一个地质年代的名称,这个时期开始于1.44亿年前,结束于0.64亿年前。参见《不列颠百科全书(国际中文版)》第5卷,第8页。——译者

[③] 参见《政治犯罪》(Délit Politique),第77页。

行伏击的条件,也由于那里生活着比较好动的民族。我不怀疑,在犯罪与好动之间存在着一种实际的联系,因为我已经发现,在法国的天才人物与革命倾向之间存在着同样的联系,这种联系在山区更为密切,在平原地区比较淡薄。① 就强奸犯罪而言,在山区(35%)和丘陵地区(32%)几乎是同样常见的,而在平原地区则更为常见(70%),这肯定是由于大城市的人口数量更多、密度更大的缘故。财产犯罪的情况也是如此,原因也是同样的。财产犯罪的发生频率的顺序,与人身犯罪相反,在平原地区达到50%,在丘陵地区为47%,在山区只有43%。在意大利,犯罪与地势形态的这种联系是较弱的。我们发现,波河②山谷的财产犯罪最多,每10万居民为201起;在卡拉布里亚③和来亨④的山区和海滨地区,财产犯罪最少。在东京,⑤那里的灌溉系统有利于海盗行为,它促进了海滨地区强盗的活动。⑥

第13节 疟疾

在意大利的一些地区,很容易发生疟疾,在格罗塞托(Grosseto)、费拉拉、威尼斯、克雷莫(Cremo)、维切利(Vercelli)、

---

① 参见《政治犯罪》(Crime Politique)第4章。
② 波河(Po)在意大利北部。——译者
③ 卡拉布里亚(Calabria)是意大利20个大区之一,位于亚平宁半岛南部。——译者
④ 来亨(Leghorn)即Livorno(里窝那),是意大利西部港市。——译者
⑤ 东京(Tonquin)是法国殖民地时代越南城市河内的旧名,法国人控制越南北方以后,用这个名字称呼整个越南北方地区。——译者
⑥ 科雷:《犯罪民族志》(Ethnol. Crim.),第43页。

诺瓦拉(Novara)、兰西亚纳(Lanciano)、韦斯特(Vaste)、圣塞韦罗(San Severo)、卡坦扎罗(Catanzaro)、莱切(Lecce)、福贾(Foggia)、特拉希纳(Terracina)和撒丁岛,5%—8%的人死于疟疾;其中,在格罗塞托、撒丁岛、费拉拉和特拉希纳,13个人中有5个人死于疟疾,这些地区发生的财产犯罪数量也是最多的。另一方面,在疟疾与杀人犯罪的发生率之间,似乎没有联系。在撒丁岛南部,疟疾最为流行,而那里的杀人犯罪却较少,性犯罪也比北部少。法国的情况也是如此,在疟疾最为流行的地区,即莫尔比昂省(Morbihan)、朗德省(Landes)、卢瓦尔-谢尔省(Loire-Cher)和安省(Ain),杀人犯罪和强奸犯罪的发生数量最少。

第14节 甲状腺肿多发地区

在意大利的很多地方,都有地方性疾病——甲状腺肿(goitre)和呆小病(cretinism)。在这些地区,土壤对于居民的健康和智力有很大的影响,桑德里亚(Sondrio)、奥斯塔(Aosta)、诺瓦拉(Novarra)、库内奥(Cuneo)和帕维亚(Pavia)就是如此;但是,土壤对于犯罪没有产生同样的影响。这里的杀人犯罪、盗窃犯罪和性犯罪都低于平均数,只有桑德里亚的性犯罪高于平均数。在法国,甲状腺肿多发地区的情况也是如此,大部分这类地区的杀人犯罪的发生率只有百万分之一到百万分之五点七。只有在下阿尔卑斯省(Basses Alpes)、上阿尔卑斯省(Hautes Alpes)和东比利牛斯省(Pyrenees Orientales)的一些地区,杀人犯罪的数量稍多一些,为百万分之九点七六。甲状腺肿多发地区的盗窃犯罪数量也是很低的,只有杜省(Doubs)、孚日省(Vosges)和阿登省(Ardennes)的部分地区除外。不过,值得注意的是,几乎在所有的甲状腺肿多发地区都可以发现,那里的犯罪更加残忍,更具有淫荡色情性质。

第15节 死亡率的影响

在法国的死亡率很低的23个地区中,[1]7个地区(30%)的谋杀犯罪高于平均数。这些地区是:洛特-加龙省(Lot-et-Garonne)、埃纳省(Aisne)、曼恩省(Maine)、科多尔省(Côte d'Or)、厄尔省(Eure)、上索恩省(Haute Saône)和奥布省(Aube),平均数为13.9%。在18个死亡率中等的地区,有6个地区(33%)的暗杀数量高于平均数,这6个地区是安德尔-卢瓦尔省(Indre-et-Loire)、奥布省、下比利牛斯省(Basses Pyrénées)、埃罗省(Hèrault)、杜省、塞纳-瓦兹省(Seine-et-Oise)和孚日省。[2] 这18个地区的谋杀犯罪为15.4%,也就是说,几乎和第一组地区一样多。在25个死亡率最低的地区,有7个地区(28%)的谋杀犯罪超过平均数,这7个地区是:下阿尔卑斯省、上卢瓦尔省、塞纳省(Seine)、下塞纳省(Seine Inférieure)、罗讷河口省(Bouches du Rhône)、科西嘉岛(Corsica)和沃尔省(War),它们的谋杀犯罪的平均数为28%。不过,假如省略最后两个省的话(因为最后两个省的犯罪率异常高),那么,这个数字仅仅是20%,这很接近其他两组地区。就盗窃犯

---

[1] 贝蒂荣(Bertillon):《法国的人口统计学》(Démographie de la France),1878年。
[2] 原文中如此。提到的数字是6个地区,但是,列举出的却是7个地区。——译者

罪而言,在 24 个死亡率很高的地区中,有 14 个超过 90%;在 18 个死亡率为中等的地区中,有 17 个超过 90%;在 25 个死亡率很低的地区中,有 8 个超过 90%。

  总之,可以说,在死亡率与盗窃犯罪的发生率之间,不存在联系;同时,随着死亡率的上升,谋杀犯罪的发生频率在增加。在意大利的撒丁岛、西西里和巴西利卡塔(Basilicata),情况更是如此。同样,在死亡率极高的地区,造反活动也更常见。在法国,在死亡率很低的 27 个地区中,有 15 个地区在帝国时代倾向于共和;但是,在 27 个死亡率极高的地区,有 20 个地区在帝国时代倾向于共和。

第 3 章　不同种族的影响[①]

第 16 节　种族的影响

我们已经看到——并且随着我们研究的深入,事实也会越来越清晰——野蛮人头脑中关于犯罪的概念是很模糊的,以至于我们经常会怀疑原始人头脑中是否存在犯罪的概念。[②] 然而,许多部落都有自己相对的道德规范,他们也按自己的方式遵守这些道德规范,而我们立刻就能够看到在他们中发生的犯罪。美国的玉理司人(Yuris)非常尊重个人的财产,一根线就足以划定界线。科雅克人(Koryaks)和姆巴雅人(Mbayas)会惩罚在部落内部行凶的杀人者,但是,他们并不认为谋杀部落外的人是犯罪。显然,没有这些规定,部落就不能得到统一,或者很快就会分裂。

不过,也存在着一些反对这些道德规范的部落。在非洲的卡拉曼萨(Caramansa)部落,除了诚实和平、靠耕种为生的巴格纳斯

[①] 原文是 Influence of Race—Virtuous Savages—Criminal Centers—Semitic Race—Greeks in Italy and France—Cephalic Index—Color of Hair—Jews—Gypsies(种族的影响——有良知的野蛮人——犯罪猖獗地——闪米特人——在意大利和法国的希腊人——头部指数——头发的颜色——犹太人——吉普赛人)。这个标题很长,因此,采用现名作为标题。——译者

[②] 参见我的《犯罪人论》。

人(Bagnus)之外，我们发现，巴兰资人(Balantes)仅仅靠打猎和抢掠为生，他们会处死那些偷盗他们村落的任何人，但是他们自己也去偷盗其他部落。① 偷得最好的那个人会是最受他们尊敬的人，并且会请他去教他们的孩子，也会让他来带领他们进行抢掠冒险活动。摩洛哥的百里哈珊人(Beni-Hassan)与以上的部落不同，他们主要进行的是偷窃。所有的人都受过纪律训练，他们自己在得到政府授权的长官的领导下生活，这能保证盗窃所得不被私人侵吞。他们有的专门偷窃燕麦，有的专门偷窃农庄，有的专门在公路上偷窃。他们中有的是配有马匹的强盗，能够飞速地逃跑，别人根本追捕不到他们。为了不惊扰别人的马匹，他们经常赤膊并涂上油溜进房子里，或者躲在叶丛中。自8岁时起，他们就开始偷窃。② 在印度靠偷窃为生的察加开尔(Zacka-Khail)部落中，当一个小男孩出生后，大人们就会让他穿过房屋墙上的洞，同时对他说三遍"当个贼"，以此来确定这个小男孩将来的职业。

相反，库鲁巴人(Kurubars)却以他们的诚实而出名。他们从不说谎，宁可饿死也不偷盗。因此，在丰收的季节，他们就开始值班。③ 斯宾塞(Spencer)也注意到，一些人有同样的诚实倾向，例如，萄达斯人(Todas)、艾因努斯人(Ainus)和巴多斯人(Bodos)。一般而言，这些人不推崇战争，他们更多的是进行贸易。他们不会进行同态复仇(*lex talionis*)，不会进行残忍的行为，尊重女性，而且很奇怪的是他们也不信教。在阿拉伯的贝都因人(Bedouins)

---

① 《人类学评论》(Revue d'Anthrop.)，1874年。
② 德·亚米契斯(De Amicis)：《摩洛哥》(Maroc)，第205页。
③ 泰勒(Taylor)：《原始社会》(Sociétés Primitives)，巴黎，1874年。

中,有许多诚实勤勉的部落,然而也存在着一些过着寄生生活的部落。他们以冒险精神、不计后果的勇气、不断改变的需要、懒散和偷盗的倾向而闻名。斯坦利(Stanley)发现,在非洲中部有着一些以诚实闻名的部落,也存在着像塞弗斯人(Zeghes)一样有抢掠和杀人倾向的部落。在卡菲斯人(Kafirs)和霍顿督人(Hottentots)的部落中,有些人特别野蛮,他们没有工作能力,到处靠掠夺他人的劳动成果为生。这些人被卡菲斯人称为芬加斯(Fingas),被霍顿督人称为松夸斯(Sonquas)。

在我们这个文明社会中,更容易也更有必要注意种族对犯罪的影响。我们知道,伦敦的很多小偷都是爱尔兰人的后代,或者兰开夏郡的当地人。阿努特什英(Anutschin)指出,在俄罗斯,比萨拉比亚(Bessarabia)[1]和赫尔松(Kherson)[2]是盗窃活动最猖獗的地方,被控告和被判有罪的比例非常大。犯罪在他们的家庭之间互相传播。[3] 在德国,在吉普赛人居住的区域中,人们认为那里的女人有极度的偷窃倾向。

第 17 节 犯罪猖獗地[4]

意大利的每一个地方,几乎每个省都有一些村庄因为存在一系列的特殊违法者而出名。因此,在利古里亚区,勒瑞斯(Lerice)

---

[1] 苏联东南部的一个地区,曾属于罗马尼亚。——译者
[2] 苏联乌克兰南部港市,又译为"刻松"。——译者
[3] 《社会地理的地位》(Sitz. d. Geogr. Gesellsch.),1868 年,圣彼得堡。
[4] 原文是 criminal centers,可以直译为"犯罪的中心"。——译者

以出骗子著称,坎珀弗雷多(Campofreddo)和马森(Masson)以出杀人犯著称,珀佐罗(Pozzolo)以出公路强盗著称。在卢卡(Lucca)省,卡帕诺里(Capannori)以刺客出名,皮德蒙特的卡德(Carde)以田野偷窃闻名。自1860年以来,意大利南部的梭罗(Soro)、迈尔菲(Melfi)和圣费里(St. Fele)一直有强盗出没,在西西里(Sicily)的帕丁尼卡(Partinico)和门雷勒(Monreale)也同样如此。

正是因为种族的关系,才使一些国家犯罪猖獗,历史也已经清楚地表明了这种原因。因此,吉普赛人定居在皮斯托亚(Pistoja)附近的珀高拉(Pergola),葡萄牙的逃犯聚居到马森,科西嘉海盗则集中在坎珀弗雷多。甚至在今天,坎珀弗雷多的方言中还有一半是科西嘉语,一半是利古里亚语。不过,在所有这些地方中,最著名的是罗马省的阿尔泰纳(Artena)村,西盖尔[1]是这样描述的:[2]

> 这个村庄坐落在山巅,位于碧绿而宁静的平原中部,沐浴着柔和的阳光,那里的人们不知道什么是痛苦。这样的村庄本应是一个最快乐最诚实的地方。但是,事实却恰恰相反。它处在周围的小偷村、强盗村和刺客村的包围中,村庄的居民们中也有臭名昭著的恶人。这样的名声并非是最近才获得

---

[1] 西盖尔是指意大利社会学家、犯罪学研究者斯皮罗·西盖尔(Scipio Sighele,1868—1913),又译为"西盖勒"。——译者

[2] 《精神病学和人类学档案》(Arch. di Psichiatria ed Anthop.),第XI卷,都灵,1890年。

第3章 不同种族的影响

的。在意大利的编年史中,经常可以看到阿尔泰纳的名字,它的历史可以浓缩成长长的一系列犯罪。

可以从表17-1的数据中看出这些邪恶的严重性。

表17-1 每年每10万居民中的犯罪数量

罪　　名	意大利(1875—1888)	阿尔泰纳(1852—1888)
杀人,抢劫后谋杀	9.38	57.00
暗杀	34.17	205.00
公路抢劫	3.67	113.75
(普通的或严重的)盗窃	47.36	177.00

阿尔泰纳已经因为许多的暗杀、谋杀而出名,那里的谋杀数量几乎是意大利的6倍,公路抢劫则是意大利的30倍之多。然而,这些数字也仅仅是对阿尔泰纳犯罪人的胆大妄为和凶狠残忍的一个不完整的描述而已。要想恰当地理解他们的这些特征,就有必要描述所有的犯罪,要告诉人们他们是怎样在光天化日、大庭广众下实施谋杀的,他们是怎样扼杀敢于向法官揭露真相的目击证人的。

西盖尔认为,当地居民的性格和早期政府的影响是以上现象的起因,同时也造成了抢劫和卡莫拉;而且,由于目击证人受到贿赂或胁迫都保持沉默,使得当局根本无法惩罚这些罪行。但是,在所有的因素中,遗传的影响是最主要的。实际上,在1852年就开始进行的一项针对聚居在阿尔泰纳的居民的调查中,西盖尔便不断地看到相同的姓氏,隔一段就会发现父亲、儿子、侄子的名字,一个接一个,就好像这是他们命中注定要出现的一样。阿尔泰纳一个古老家族的姓氏——门特佛迪诺(Montefortino)早在1555年就以犯罪而闻名。保罗四世(Paul Ⅳ)不得不在1557年下令处死这个镇上所有的居民,批准每个人都可以杀死他们,摧毁他们的城堡,"这样他们就不再有巢穴,卑鄙的盗贼也不再有庇护所了。"

需要注意的是,在西西里,强盗几乎仅仅局限于著名的康家多罗(Conca d'Oro)峡谷,那儿是以强盗著称的柏柏尔人(Berbers)和闪米特人①部落的第一个也是最长久的庇护所;在那里,人们的解剖类型、风俗习惯、政治和道德理念,仍然保留着阿拉伯人留下的烙印,托马希-科鲁德勒斯(Tommasi-Crudeles)的描述便足以证明这一点。② 此外,在这里的阿拉伯人中,偷牲畜是主要的犯罪。通过这些事实,我们马上就会相信这些人既是征服者也是抢掠者,他们既好客又残忍,既聪明又迷信,变化无常,不知满足,讨厌约束,这些人在西西里肯定会挑起突发性的、难以安抚的反叛,会产生持久性的抢掠。值得注意的是,在父母双亲都有阿拉伯血统的情况下,持久性的抢掠常常会与政治搅和到一起,它们并不会让人感到恐怖,也不会让智力平常的人感到厌恶。但是,如果有雅利安人的血统,一切都要复杂得多,例如,在西西里岛上的卡塔尼亚人(Catania)和墨西拿人(Messina)就是这样。沃尔特拉(Volterra)省的拉德雷罗(Larderello)的社会与此十分不同,在那

---

① 闪米特人(Semite)是指讲闪米特语言的人,包括希伯来人、阿拉伯人、巴比伦人等,今特指犹太人。——译者

② "他们冷静、耐心、不屈不挠;他们接受一切友好的行为;他们有秘密地实现自己目的的爱好;他们既好客又善偷盗。下等阶层迷信,上等阶层傲慢。他们说'我是一个强盗'就好比是说'我的血管里有血'一样平常。告发杀人者对他们而言是侵犯了别人的尊严。"《西西里》(La Sicilla),佛罗伦萨,1874年。

里已经有六十年没有发生过杀人或者偷盗案了,甚至连轻罪都没有发生过。在观察到大部分居民比附近区域的人身材更高大时,我更加相信种族是这些地区中很多犯罪的一个重要因素。

福维尔(Fauvel)在法国铁拉赫(Tierache)森林边缘的一些村庄里也发现了容易犯罪的种族,铁拉赫森林是阿登(Ardennes)森林的延伸。[①] 在以这些种族为主的地方,总是会爆发剧烈的暴力争执,就连当地的当权者也只能闭眼不管。冒险与这些人打交道的陌生人容易受到他们的羞辱。即便是彬彬有礼、衣着光鲜的有钱人,也会表现出同样的野蛮。这种半野蛮的状态由于经常性的酗酒而被加剧。那些嘲讽农业耕种的人们会致力于林业工作或者冶金工作。然而,他们最喜欢的工作是走私。他们的身高中等偏下,但是,却有着强壮的肌肉、宽阔有力的下巴、挺拔的鼻梁、醒目的眉毛和浓密的黑发等特征。最后的这个特征一下子就把他们与住在他们附近的、很少有来往的金发碧眼的种族区分开了。

第18节 欧洲

在《论杀人》一书中,菲利清楚地说明了种族对于欧洲犯罪分布的影响。拉丁人和日耳曼人处于两个极端,大体上两者都有普通的杀人行为和加重的杀人行为,还有杀害婴儿的行为。自杀和精神错乱的排序也是如此,只不过顺序颠倒了,日耳曼人占的比例最多,拉丁人最少。

[①] 《人类学学会通讯》(Bulletin de la Société d'Anthropologie),1891年。

第 19 节 奥地利

不过,因为我们面临着复杂多样的犯罪因素,使我们无法得出一种确切的结论,不能根据犯罪统计所提供的数据而精确地估计种族的影响。例如,在西班牙、意大利的伦巴第、丹麦、斯洛文尼亚和德国的格里茨(Göritz),女性犯罪率最低;而在奥地利的西里西亚(Silesia)和俄罗斯的波罗的海地区,女性犯罪率最高。但是,造成这种现象的因素,更多是文化的影响而不是种族的影响,因为在奥地利的西里西亚和俄罗斯的波罗的海地区,女性接受与男性一样的教育,或者她们为了生存要与男人一样地战斗,从而使她们犯罪的比例与男性很接近。另一个使我们无法精确估计种族影响的因素是,我们在奥地利帝国所观察到的很多犯罪,都是年轻人进行的犯罪;如果将萨尔茨堡和奥地利本身的年轻人与格里茨的斯拉夫人和意大利人以及卡林西亚(Carinthia)和蒂罗尔①的人们相比的话,更是如此。

第 20 节 意大利

表 20-1 概括了普通杀人(包括伤害致死)和加重杀人罪(包括公路抢劫致死)的情况,这些犯罪是 1880—1883 年间在意大利的不同省份受到控告的犯罪。

---

① 蒂罗尔(Tyrol)是奥地利西部的一个州。——译者

第3章 不同种族的影响

表 20-1 意大利不同地区的犯罪情况

意大利各省在1881年时的人口	每100万人口中受到杀人控告的居民数	
	普通杀人罪	加重杀人罪
皮德蒙特(3070250)	47	34
利古里亚(892373)	40	29
伦巴第(3680615)	22	21
威尼托(Venetia)(2814173)	34	25
艾米利亚(Emilia)(1706817)	27	24
罗马涅(Romagna)(476874)	103	76
翁布里亚(Umbria)(572660)	102	70
马尔凯斯(Marches)(936279)	94	53
托斯卡纳(Tuscany)(2208869)	76	42
拉丁姆(903472)	178	90
阿布鲁佐(751781)	174	76
莫利塞(Molise)(365434)	286	104
坎帕尼亚(Campania)(289577)	217	81
阿普利亚(1589054)	117	46
巴西利卡塔(Basilicata)(524504)	214	86
卡拉布里亚(1257883)	246	104
西西里(5927901)	205	122
撒丁岛(682002)	122	167

显然,与以日耳曼人、利古里亚人、凯尔特人为主的省份(伦巴第、利古里亚和皮德蒙特)或者以斯拉夫人为主的省份(威尼托)相比,以闪米特人为主的省份(西西里、撒丁岛、卡拉布里亚区)和只有拉丁人的省份(拉丁姆和阿布鲁佐)中,这些犯罪最为频繁。除了土著居民,北部的利古里亚人,中部的翁布里亚人和伊特鲁里亚人(Etruscans),南部的欧斯干人(Oscans),西西里有利古里亚血统的西古里人(Siculi)之外,意大利人口的主要社会成分是日耳曼

人、凯尔特人、北部的斯拉夫人、腓尼基人(Phenicians)、阿拉伯人、阿尔巴尼亚人、南部和海岛上的希腊人。卡拉布里亚、西西里和撒丁岛之所以频繁地发生杀人案件,正是由于这些非洲人和东方人的因素(希腊人除外);不过,像伦巴第那样的地区之所以杀人案件发生率低,是因为在这个区域的人口中有大量的日耳曼人。

在特定的区域确实可以发现种族的影响,这些区域中的居民与周围的人存在种族上的差异,而这里犯罪的相对频繁或者不频繁,是与这里的种族差异相吻合的。因此,我们在托斯卡纳区就发现了这种显著的对比。在这个地区中,锡耶纳(Siena)每百万人中有39人犯杀人罪,佛罗伦萨(Florence)每百万人中有43人犯杀人罪,比萨(Pisa)每百万人中有60人犯杀人罪;然而,马萨卡拉拉(Massacarrara)每百万人中有83人犯杀人罪,格罗塞托每百万人中有102人犯杀人罪,卢卡每百万人中有119人犯杀人罪,阿雷佐(Arezzo)每百万人中有134人犯杀人罪,来亨每百万人中有140人犯杀人罪。马萨卡拉拉的采石场、格罗塞托的沼泽地确实造成了特殊的生存环境;但是,卢卡省的种族影响也是不可否认的,这里的人比托斯卡纳区的其他人身材要高大,头颅狭长(马萨卡拉拉的人也有这个特征),他们有很强的移民倾向。当人们回想到利古里亚人是那么频繁地用起义去反抗罗马的统治时,可能也会提到利古里亚人血统的影响。但是在来亨,种族的影响特别明显,而且人们也都知道这个种族的来源。来亨在16世纪时还仅仅是一个位于沼泽地的村庄,1551年时有749个居民。最早的定居者是属于伊利里亚人(Illyrian)的利伯尼(Liburni)人,他们曾发明了大型

第3章 不同种族的影响

划船,是声名狼藉的海盗。撒拉逊人(Saracens)、[1]犹太人、马赛人(Marseillais)和后来受到梅第奇(Medici)邀请的冒险家及海盗都加入到了利伯尼人中。[2] 1879—1883年,在来亨被控告为犯罪或者违法行为的比例与整个托斯卡纳区(包括阿雷佐)的比例相比,都是最高的;加重杀人罪、叛乱罪和加重偷窃罪的数量最多。这不能归因于当地人口的密度过高,因为米兰的人口密度与来亨是一样的(每平方英里919人),那不勒斯的人口密度更是要大得多(每平方英里3976人)。也不能将此归因于城市人口占多数,因为那不勒斯的城市居民占到自治市总人口的94%,米兰占到92%,而来亨则只有80%;然而,那里的起义和加重盗窃罪却发生得更为频繁。

在半岛南部可以发现另一个显著的差异。可以在这里对普通杀人罪做一个小结,这个小结表明,在坎波巴索(Campobasso)、阿韦利诺(Avellino)、科森扎(Cosenza)和卡坦扎罗的一些地区,犯罪相对较多,而贝内文托(Benevento)、萨莱诺(Salerno)、巴里(Bari)和卢卡的杀人罪频率与附近的阿奎拉(Aquila)、卡塞托(Caserto)、波坦察(Potenza)、雷焦(Reggio)相比,特别是与那不勒斯相比,却要低得多。最后,人们自然地认为社会环境会刺激犯罪。现在,很容易就会推论阿尔巴尼亚侨民与科森扎、卡坦扎罗和坎波巴索的大量犯罪有因果关系。但是在另一方面,雷焦、那不勒斯,特别是在阿普利亚区的巴里和莱切,普通杀人罪的比例较低,

---

[1] 阿拉伯人的古称。——译者
[2] 龙勃罗梭:《太快了》(Troppo Presto),1880年。

这在很大程度上取决于当地人口中有希腊人。要理解这种人口因素的存在及其程度,必须要追溯到古代的马格纳·格拉西亚(Magna Graecia),这个后来的希腊殖民地是在拜占庭帝国霸权形成前后出现的,早期的移民是伊阿皮亚-梅萨比人(Iapygo-Messapians)。"甚至在今天,"尼克卢齐(Nicolucci)说,"这些省份中大部分当地人的相貌,都能让人回想到一种展示出平和而甜蜜的性格的相貌。"[1]当然,在考虑希腊人因素所起作用的同时,应当考虑诺曼人征服所造成的种族影响。

至于在萨勒诺(Salerno)和贝内文托普通杀人罪不常见的现象,很容易让人想到伦巴第人的影响,他们在贝内文托和萨勒诺公国时就已占据统治地位,时间之久、程度之深已经使他们能够抵制意大利当地人的同化,并且将他们高大的身材和金发保留至今,使他们在半岛的本地人中十分醒目。从加重杀人罪和公路抢劫杀人罪的分布状态来看,阿尔巴尼亚人、希腊人和伦巴第人对犯罪所产生的影响,与在那些用来进行对比的地区中所产生的影响,是截然不同的。当然,萨勒诺和雷焦确实是例外,它们有着相对较高的犯罪比例;那不勒斯尽管人口稠密而贫穷,却因为希腊血统而使得杀人的数量较少,其犯罪比例与巴里和莱科相似。

西西里同样是一个能够证明种族对杀人罪有着显著影响的例子。墨西拿、卡塔尼亚和锡拉库扎(Syracuse)[2]等东部省份杀人罪的比例,要比卡尔塔尼塞塔(Caltanissetta)、格艮地(Girgenti)、特

---

[1] 《意大利人种志》(Etnografia dell'Italia),1880年。
[2] 意大利西西里岛东部一港市。——译者

第 3 章 不同种族的影响

拉巴尼(Trapani)①和巴勒莫(Palermo)低得多。出现这种现象的部分原因是因为,占领和统治这个岛的大量的北部人[汪达尔人(Vandals)、诺曼人(Normans)和法国人],使得现在的西西里人口特征与周围的半岛地区有极大的不同。但是在东部海岸,确实是希腊人的因素起了主导作用,必须要提到的是那儿的杀人罪数量要少;另一方面,在大量撒拉逊人和阿尔巴尼亚血统的混血人中,也没有发现在南部和北部地区频繁发生杀人罪的原因。勒克吕斯②写道:

> 在诺曼人围攻巴勒莫时(公元1071年),西西里一共有5种语言——阿拉伯语、希伯来语、希腊语、拉丁语和普通西西里语。即便是在诺曼人的控制下,阿拉伯语依然占据着主导地位。后来,法国人、德国人、西班牙人和阿拉贡人(Aragonese)组成了现在的西西里岛人,他们的衣着、行为、风俗和民族情感都与他们的意大利邻居不一样。虽然不同种族在这个群体中轮流占上风,但他们的差异在整个西西里人中还是十分明显的。埃特纳(Etna)省的人口毫无疑问有古希腊血统,由于他们没有与斯拉夫人混合过,所以他们是最纯种的希腊人,他们的举止得体与和蔼可亲是享有盛名的。相反,巴勒莫的居民比任何其他地方的人更多地受到阿拉伯人的影

---

① 意大利西西里岛西北岸港市。——译者
② 勒克吕斯是指法国地理学家和无政府主义者埃利斯·勒克吕斯(Élisée Reclus,1830—1905)。——译者

响,一般而言,他们表情严肃,行为放荡。①

不管是把撒丁区与大陆上的某个地方相比,甚至是与西西里的某个地方相比,或者是一直与北部省份萨萨里(Sassari)或南部省份卡利亚里(Cagliari)相比,撒丁区的犯罪也同样具有典型性。因为撒丁区从遥远的古代到迦太基人(Carthaginian)时期的复兴,一直受到腓尼基人的统治,比西西里所受到的统治更广泛、更持久,从而使得撒丁区在种族上与西西里不同,以至于直到今天,撒丁区人的颅骨可以部分地用来解释古腓尼基人的长颅骨类型。尽管撒拉逊人在撒丁区有两个殖民地——萨萨里省的巴巴利斯尼(Barbaricini)和卡利亚里省内伊格莱西亚斯(Iglesias)附近的莫雷迪(Maureddi),但是他们的影响并不那么显著。② 这一种族差异当然就导致他们的平均犯罪率比西西里人还要高(虽然比东部省份要相对少一些),而在另一方面,撒丁区的财产犯罪率也更高。例如,把撒丁区与西西里相比较,可以发现两者在普通杀人罪的数量上存在极大的差异,伤害罪的数量差异则更大。由于东部省份的犯罪数量较少,西西里的加重杀人罪的数量也很低。但是如果考察人身犯罪总数,包括单纯杀人罪、加重杀人罪、公路抢劫杀人罪,那么,就要比撒丁区多得多。而财产犯罪则相反,撒丁区的人由于受到闪米特人的巨大影响,他们的这类犯罪率要比西西里人高得多,加重偷盗和伪造罪更是如此;然而,在财产型暴力犯罪方

---

① 菲利。
② 尼克卢齐:《意大利人种志》。

第 3 章　不同种族的影响

面,例如,公路抢劫、敲诈、勒索,西西里则再一次处于领先地位。

而且,要注意观察撒丁区的萨萨里省与卡利亚里省居民之间的差异,观察他们在社会和经济生活方面的差异。北部的农业和制造业发展良好,而在卡利亚里、伊格莱西亚斯等地附近的南部,则发展矿业。现在,我们已经知道卡利亚里更多地受到腓尼基人的影响,而萨萨里省受到的是西班牙人的影响,毫无疑问,这些因素和他们的经济情况共同造成了卡利亚里频繁发生伪造罪和加重偷窃罪,在萨萨里则频繁发生杀人罪和公路抢劫杀人罪。

在法国的科西嘉岛,可以发现另一个种族影响的例子。科西嘉岛上的杀人罪(杀婴罪和投毒杀人除外)很多,而偷窃罪的数量却很少。将1880—1883年间在科西嘉岛上犯杀人罪的人数与意大利其他犯杀人罪人数多的地方比较,可以获得表20-2的结果。

表 20-2　意大利不同地区杀人犯罪的情况

犯罪类型	1880—1883 年间被判杀人罪的人数					
	每 10 万居民中年均杀人罪				
	科西嘉岛	撒丁区	西西里	卡拉布里亚	莫利塞(坎波巴索)
单纯杀人罪和侵害致死罪	11.2	8.6	14.3	21.5	19.1
谋杀罪和杀人公路抢劫罪	9.5	19.8	9.6	9.0	5.2

这意味着,尽管科西嘉岛在政治上属于法国,但是在种族和犯罪特点上却更多受到意大利的影响。勒克吕斯评论说:

撒丁岛和科西嘉岛一旦能统一,那么,尽管科西嘉岛与法国有政治联系,但是它在地理位置和历史传统上更属于意大利。

因此,应该用种族的原因来解释科西嘉岛与撒丁区显著的犯罪差异,这种差异也因为科西嘉岛与西西里岛犯罪的类似性而得到证实。事实上,虽然西西里岛受到撒拉逊人的全面统治,但同样的统治方式对科西嘉岛也是存在的,甚至是更加猛烈、更加疯狂。我们知道:

> 古代居民(利古里亚人和伊比利亚人,或者像有些人认为的西西里岛人)都追随腓尼基人和诺曼人,但到了 11 世纪,他们则追随撒拉逊人,然后是意大利人和法国人。①

因此,在科西嘉岛、西西里岛以及卡拉布里亚的部分地区,可以将那里密集的杀人罪和较低的财产犯罪,归因于他们的撒拉逊血统。

第 21 节　法国的种族

粗略地看一下法国的犯罪分布,我们就会把大量的血腥犯罪归于利古里亚人和高卢人(Gallic)。对于各地区高于平均数

---

① 尼克卢齐。

第 3 章　不同种族的影响

以上的各种犯罪的概述,充分证明了以上内容。通过这样的概述,我们发现,从辛布里人(Cimbric)的地区(18 人中有 1 人,为 5.5％,谋杀罪处于平均数以上)到高卢人的地区(32 人中有 8 个,为 25％,高于平均数),到伊比利亚人的地区(8 人中有 3 人,为 37.5％),到比利时人的地区(15 人中有 6 人,为 40％),最后到利古里亚人的地区,谋杀的趋势是在增加,所有地区的谋杀罪(100％)都在平均数以上。强奸罪的排序有点细微的差异:首先是伊比利亚人的地区(8 人中有 2 人,为 25％),其次是辛布里人的地区(18 人中有 6 人,为 33％),比利时人的地区(15 人中有 6 人,为 40％),高卢人的地区(32 人中有 13 人,为 41％),最后,与上面一样是利古里亚人的地区(9 人中有 6 人,67％)。另一方面,在财产犯罪的排序中,我们发现工业化程度最高的种族——比利时人,其犯罪率达到 67％,高于平均数,利古里亚人和伊比利亚人紧随其后,分别是 60％和 61％,而辛布里人和高卢人仅为 30％和 39％。

正如我在《政治犯罪》一书中所提到的,利古里亚人和高卢人所受到的影响主要是由他们极大的活动性决定的。法国的利古里亚人起义的数量最多(所有的地区或者 100％,远高于平均数),他们中天才人物的数量最多(60％,高于平均数)。然后是高卢人,起义数量是 82％,天才人物是 19％;比利时人,62％和 33％;而辛布里人的起义只有 38％,天才人物则仅为 5％;伊比利亚人两种数量都最少,分别是 14％和 5％。

第22节　长头型人和圆头型人

我曾试图找出犯罪与头部指数和头发颜色的关系,因为我相信通过这种方式能够获得种族对犯罪影响的更可靠的证据。在研究和头部指数有关的犯罪时,我在利维盘(plates of Livi)中看到,在21个长头型人(dolichocephaly,头部指数从77到80,包括80)占多数的省份中,杀人罪和伤害罪的平均数为31%,而在意大利这一平均数为17%。在所有长头型人占多数的省份中,除了卢卡和莱科之外,也就是说,21个省份中有19个省份的杀人罪比例高于平均数。中头型人(mesocephaly,头部指数为81到82)占多数省份的杀人罪比长头型人省份要低,平均为25%。但是在圆头型人(brachycephaly,头部指数为83到88)最多的省份,平均仅为8%,比整个国家的平均数还要低得多。

然而,必须要指出的是,除了卢卡省以外,所有的长头型人省份都在南部,而卢卡省同样是长头型人占多数,但与犯罪的关系却是一个例外;除了阿布鲁佐以外,所有的圆头型人省份都在意大利的北部;可以在山区发现极度圆头型的人,那里的血腥犯罪也比较少。至于中头型人口,可以在意大利南部,或者在意大利北部温暖的地区看到,例如,来亨和热那亚。因此,不得不承认,气候和种族一样对犯罪有影响。尽管偷窃罪的分布存在一定的差异,但是这种差异要小得多,没有杀人罪那么显著;从已有调查中可以发现,在长头型人省份中,每百万居民中有460起偷窃案,中头型省份是400起,圆头型省份是360起。

第3章　不同种族的影响

在法国,①人身犯罪在圆头型人地区每10万人中平均有18起;在长头型人地区,包括科西嘉的利尼翁(Collignon)在内是36起;但是,如果排除科西嘉的话,那么长头型人地区平均就只有24起,而整个法国每10万人中平均有24到33起。如果我们继续看菲利提供的数字,我们就会发现差异会更小。菲利认为,在长头型人口中(除了科西嘉),每10万人中的血腥犯罪总计为13,圆头型人口为19。从这里可以明显看出气候对血腥犯罪的影响是多么的巨大,要比种族对血腥犯罪的影响大;因为在意大利,长头型人口聚集在南部,它对犯罪的影响是巨大的。但是在法国,到处都有长头型人口,南部,北部的加来海峡省(Pas-de-Calais)、诺尔省(Nord)和埃纳省,中部的上维埃纳省(Haute Vienne)和夏朗德省(Charente),都有长头型人。这样的分布并没有提供精确的数据,用来说明长头型人比圆头型人的犯罪比例更高;有时,长头型人犯罪的比例甚至比圆头型人还要低。不过,在财产犯罪中,法国的差异要显著一些:长头型人的犯罪每10万人中有44起,而圆头型人仅仅是23起。

一般而言,在长头型人占多数的各个地区,犯罪的数量也更多。在法国,革命家和天才中最多的是长头型人;正是在长头型的高卢人和利古里亚人中,可以发现进行最强烈的反抗征服的王子和平民。这一切显然与犯罪人类学的学说完全相反,犯罪人类学认为罪犯几乎都是极度的圆头型人;但在实际上,这一事实能够让我们更好地说明,罪犯中过多的圆头型,只是堕落的一种明显

---

① 参见《法国刑事司法统计》。

标记。

第23节 浅色和黑色头发

我在法国调查头发颜色与犯罪的关系时发现,在黑色头发为主的地区,谋杀罪达到12.6%(除了科西嘉是9.2%),而浅色头发为主的地区只有6.3%。不过,需要指出的是,热带地区黑色头发特别多,像旺代省(Vendée)、埃罗省、瓦尔省(Var)、热尔省(Gers)、朗德省、科西嘉、罗讷河口省、下阿尔卑斯省、纪龙德省(Gironde)等,都是如此。因此,不可能排除气候的影响。同样,在具有北方气候的地区,除了沃克吕兹省(Vaucluse)之外,在加来海峡省、诺尔省、阿登省、芒什省(Manche)、厄尔-卢瓦尔省(Eure-et-Loire),金发比较多,这些地方的血腥犯罪也比较少。

在整个意大利南部,金发人所占的比例要低于整个王国的平均数,[①]除了贝内文托接近平均数之外,奥普利牙(Auplia)、那不勒斯、坎帕尼亚、特拉巴尼和东西西里只比平均数低一点。现在,整个意大利东部的血腥犯罪要低于平均数,而且,虽然贝内文托省的血腥犯罪平均数很高(27.1%),但是却比邻近省份要低。阿普利亚、东西西里、锡拉库扎和卡塔尼亚的情况也是如此,犯罪率较低(锡拉库扎是15%,卡塔尼亚是28%,莱科是10%)。在这些省份中,金发与伦巴第族人(贝内文托)和希腊人(西西里)有直接的联系;也是因为这个原因,他们的犯罪率很低。不过,在佩鲁贾

---

① 参见利维:《人类学档案》(Archivio d'Antrop.),1894年。

(Perugia)的金发碧眼人区域和意大利中部弗利的褐头发人区域中,我并没有发现他们的犯罪与种族有关。

居住在阿尔卑斯山附近的金发人与阿尔卑斯山里的金发人有着直接的关系,他们像阿尔卑斯山里的金发人那样,所进行的犯罪都是很少的。不过,这种现象仅仅是山脉地形造成的。另一方面,来亨和卢卡地区的褐色头发人的犯罪行为,甚至是血腥犯罪,都比托斯卡纳邻近地区的犯罪行为还要多。如果任何的地形原因都无法解释他们特殊的长头型为什么伴随着这种颜色的头发,那么对我而言,我们似乎有了种族对血腥犯罪发生影响的新证据。但是在财产犯罪情况中,并不存在这种明显的关联。例如,特雷维佐省(Treviso)的居民是金发种族,然而却有最高的犯罪率,与皮肤和头发都很黑的费拉拉省的犯罪率是一样的。

第24节　犹太人

尽管种族对犯罪的影响在犹太人和吉普赛人中的表现形式不尽相同,但这种影响确实是非常明显的。许多国家的统计数据表明,犹太人的犯罪程度要比和他们在一起的非犹太居民更低。值得注意的是,鉴于犹太人通常从事的职业,从公平的角度出发,不应该把犹太人与一般人口进行比较,而应当把他们与商人(merchants)和小商人(petty tradespeople)们进行比较,正如我们将要看到的,商人和小商人中有犯罪记录的人是较多的。在德国,在巴伐利亚州,每 315 个犹太人中有一个被判刑,而每 265 个天主教徒有一个人被判刑。在巴登州,犹太人的犯罪是基督教徒犯罪的63.3%。在奥地利统治下的伦巴第,在7年间,每2568个犹太居民中只有一个犹太人被判刑。在1855年的意大利,监狱里只有7个犹太人,其中5个是男人,2个是女人,这个比例要比天主教人口中的一般比例低得多。塞维(Servi)最近所作的调查表明,在1869年,每17800个犹太人中只有8人被判刑。在普鲁士,[①]豪斯纳(Hausner)发现犹太人的犯罪有所不同,每2600个犹太人中有1人被控告犯罪,而基督教徒是2800人中有一人被控告犯罪。科尔布(Kolb)也部分地证实了这一点,以下就是科尔布提供的数据:

1859年,在普鲁士,[②]

每2793个犹太人中有1人被控告犯罪;
每2645个天主教徒中有1人被控告犯罪;
每2821个新教徒中有1人被控告犯罪。

但是,从1862年到1865年,

每2800个犹太人中有1人被控告犯罪;
每3800个新教徒中有1人被控告犯罪。

[①] 普鲁士(Prussia)是欧洲历史上位于东欧和中欧的一些地区,1701年起成为王国,1871年建立了统一的德意志帝国(简称"德国")。第二次世界大战后,德国被瓜分,东普鲁士的北部并入苏联,一些地区划归波兰,其余部分为苏联、英国和法国的占领区。同盟国管制委员会1947年3月1日的一项法令正式取消普鲁士。——译者

[②]《比较统计手册》(Handb. der Vergleich. Statistik),1875年,第130页。

第 3 章 不同种族的影响

在法国,从 1850 年到 1860 年,平均而言,

在犹太人中,0.0776% 的成年人被控告犯罪;
在天主教徒中,0.0584% 的成年人被控告犯罪;
在总人口中,0.0111% 的犹太人被控告犯罪;
在总人口中,0.0122% 的天主教徒被控告犯罪。

1854 年,有 166 个犹太犯罪人;1855 年,有 118 个;1856 年,有 163 个;1858 年,有 142 个;1860 年,有 123 个;1861 年,有 118 个——以后的年份中都有略微的下降。[①] 不过,在奥地利,犹太人被控告犯罪的百分比分别为 1872 年 3.74%,1873 年 4.13%,这要比其他种族要略微高一些。[②]

犹太人进行某一类犯罪的事实,要比他们在犯罪数量方面的多少更加明显。犹太人与吉普赛人一样,遗传型的犯罪形式占主导地位。据估计,在法国,塞弗比尔思(Cerfbeers)、塞罗门斯(Salomons)、莱维斯(Levis)、布鲁姆斯(Blums)和克莱因斯(Kleins)家族中整整几代人都是流氓和小偷。被控告犯谋杀罪的犹太人很少,如果有,他们也是组织严密的犯罪帮伙的首领,就像克拉福特(Graft)、塞弗比尔(Cerfbeer)、迈尔(Meyer)和德香(Dechamps)帮伙的首领那样。这些超级流氓帮伙有常设的旅行机构、有分类账目,他们聪明、耐心而且坚韧,这就使他们在长达几

---

① 塞维:《欧洲的犹太人》(Gli Israeliti in Europa),都灵,1872 年。
② 《奥地利监狱统计》(Stat. Uebers. d. k. k. Österreichischen Strafanstalten),1875 年。

年的时间里,有可能逃避那些试图捉拿他们归案的种种努力。

当他们发现有价值的目标时,大部分犹太犯罪人都有他们自己特殊的作案手段,例如,打电话的伎俩;或者是打"叫醒"电话,这就使他们有机会洗劫那些忘了锁门的睡觉人的房间。①

俄罗斯的犹太人主要是高利贷者、造假者和走私者,那些走私者竟然到了将女人走私到土耳其的地步。他们的走私是以准政府的方式(semi-governmental fashion)来管理的。像博得洛夫(Berdereff)这样的边境小镇几乎住满了犹太走私者。政府经常派士兵将小镇围住,在搜查中可以发现拥有大量走私物品的商店。当地的走私是如此猖狂,以至于严重影响了俄罗斯和普鲁士的商业条约。在普鲁士,以前有大量的犹太人因为造假和诽谤而受到控告,但他们更频繁进行的是破产和销售赃物的犯罪,这些犯罪经常能逃过法律的制裁。就因为犹太人中流行销售赃物,使得大量犹太词语融入到德国和英国盗贼的行话中,因为那些盗贼将收赃物的人看成是主人或领导,很容易接受他们的语言。美因兹(Mainz)②的那个臭名昭著的流氓集团的每项艰巨复杂的冒险计划,都是由一个犹太销赃者策划的。在法国,曾经一度"几乎所有的大型流氓集团的首脑都有犹太情妇"。以前,迫使犹太人从事这些犯罪,牟取非法的高利贷利益有很多原因,包括他们对黄金的贪婪、受到挫折、绝望、得不到任何公职和公共救助,以及对于更强大种族的迫害的自然反应,他们对此无法用别的方法进行防卫。他

---

① 《维多克》(Vidocq),杜坎普(DuCamp),巴黎,1874年。
② 德意志联邦共和国西部城市,是莱茵兰-法耳次州的首府。——译者

第 3 章 不同种族的影响

们为了不成为牺牲品,不得不成为武装强盗和封建领主的帮凶,穿梭于两者之间。因此,人们不必对于犹太人的高犯罪率表示惊讶;也应该客观地看到,当犹太人被允许进入政治生活时,他们对于特殊犯罪的倾向就消失了。我们必须要重新认识到,仅以统计数据为基础得出普遍有效的结论是有难度的。

尽管我们可以证明犹太人的犯罪行为要比其他种族少,但当我们转到精神错乱的问题时,我们又发现了一个极为不同的情况:犹太人很不幸地居于领先位置。[①] 不过,这样的问题与其说是一个种族的问题,不如说是智力的问题。在闪米特人(阿拉伯人和贝都因人)中,精神错乱现象极其少见。

第 25 节 吉普赛人

在吉普赛人中,情况就完全不同了。他们是整个种族都进行犯罪的活生生的例子,他们有着犯罪人所具有的激情和邪恶。格里尔曼(Grelmann)说:[②]"他们害怕任何只需要一点点劳动的事

[①] 根据厄廷根提供的资料,在巴伐利亚,每 908 个天主教徒中有 1 个精神错乱者,每 967 个新教徒中有 1 个精神错乱者,每 518 个犹太人中有 1 个精神错乱者。在汉诺威,每 527 个天主教徒中有 1 个精神错乱者,每 641 个新教徒中有 1 个精神错乱者,每 337 个犹太人中有 1 个精神错乱者。在西里西亚,每 1355 个天主教徒中有 1 个精神错乱者,每 1264 个新教徒中有 1 个精神错乱者,每 604 个犹太人中有 1 个精神错乱者。在丹麦,每 1000 个犹太人和天主教徒中,分别有 5.8 个和 3.4 个精神错乱者。

[②] 《波希米亚人的历史》(Histoire des Bohémiens),巴黎,1837 年;珀达利(Perdari):《关于吉普赛人》(Sugli Zingari),米兰,1871 年;波特(Pott):《吉普赛人》(Zigeuner),哈雷,1844 年;科洛西(Colocci):《吉普赛人》(Gli Zingari),安科纳(Ancona),1889 年。

情;他们能够忍受饥饿和贫穷,却不能容忍任何持久的劳动;他们的工作只要让他们不饿死就可以;他们对自己人也会为了控告犯罪而提供伪证,不顾情谊,既残忍又懦弱;从特拉西瓦尼亚人①的一句谚语就可以看出这样一个事实,一块潮湿的破布就足以让五十个吉普赛人仓皇逃窜。"被招募到奥地利军队中的吉普赛人同样表现不佳。他们有过度的报复心理。其中有一个士兵为了报复曾经打过他的主人,便把主人拖进洞穴,缝进兽皮里,一直让他吃最恶心的食物,直到他死为止。他们为了抢劫洛格罗尼奥,②便在德拉瓦河(Drave)的源头投毒,当他们相信所有的居民都死了之后,就全体入侵这个地区,但是,当他们发现一个居民点燃的篝火时,他们就沮丧得落败而归了。人们都知道,吉普赛人发起疯来,会像用投石器投石头一样抡起他们自己的孩子,用他们孩子的头去砸对手。他们像违法者一样虚荣自负,却从不惧怕羞耻。他们把挣来的每一分钱都花在了吃喝和装饰物上。他们会光着脚丫,却穿着色彩亮丽或有蕾丝花边的衣服;他们会不穿袜子就套上黄色的鞋子。他们像野蛮人和犯罪人一样目光短浅。曾经有这么一个故事,有一次,一群吉普赛人把一支军队阻挡在壕沟外,他们大喊道:"快逃吧,快逃吧,如果我们还有一点炮弹,你们就要被我们全干掉了。"敌人一下子就从他们的叫喊声中知道了他们的境况,掉头回来进行了大屠杀。他们没有道德观念,但是却十分迷信。他们相信,如果吃了鳗鲡和松鼠,他们就会受到谴责,失去名誉,然而他们却会狼吞虎咽地吃下半腐烂的肉食品。他们天性放荡,喜欢嘈杂,

---

① 特拉西瓦尼亚人(Transylvanian)是居住在罗马尼亚中部一个地区的人。——译者

② 洛格罗尼奥(Lograno)是西班牙北部的一个集镇。——译者

在市场里大声叫喊。为了抢劫,他们会冷酷地杀人,人们曾经怀疑他们是食人的。吉普赛女人擅长偷窃,并调教她们的孩子去偷窃。为了让人相信她们医牛的技术,或者为了得到低价的牛肉,她们会用特定的粉末来毒害牛。在土耳其,她们还从事妓女行当。吉普赛人非常擅长一些卑鄙的行为,诸如制造假币和将病马当好马卖。如果对我们而言,犹太人是高利贷者的同义词,那么在西班牙语中,"吉普赛男子"(gitano)是卑鄙的卖牛者的同义词。不管在什么情况下,吉普赛人都泰然自若,一点都不担心未来,只是过一天算一天,蔑视一切对将来的想法。

  权威、法律、规则、原则、规范、责任——这些概念都是这个奇怪的民族所不能忍受的。遵守和命令对他们而言是负担,无聊之极,令人讨厌。他们认为,责任和财产是同一个概念;"我有"(I have)和"我应该"(I ought)①都令他们感到陌生。他们对结果、后果、预见、过去和将来之间的联系一无所知。②

科洛西认为,吉普赛人会用自己特定的符号指示自己的独特路线,例如,德国人的暗号(Zinken),这种符号常常被难民、小偷和走私者使用。最常用的符号是佩特罗(patterau),它以前是三叉戟形状,现在成了拉丁十字的形状。这种符号常常画在公路上,或者用木炭画在墙上,或者刻在树皮上,是向后来者传达"这是吉普赛人走的路线"的常用方式。最初,佩特罗是用横线表示的,后来

---

① 在吉普赛语中并没有"应当"(ought)一词。动词"有"(to have)也几乎要被欧洲的吉普赛人遗忘,而亚洲的吉普赛人对此更是一无所知。
② 科洛西。

用狭长的十字表示。停车场用神秘的万字符(swastika)表示,毫无疑问,这种万字符是从古代东印度符号中演变而来的,很可能是我们现在所使用的万字符的原型。"当他们希望离开呆过的地方时,"16世纪的皮肯·德鲁比(Pechon de Ruby)写道,"他们会朝反方向行走差不多1.5英里后再折回来到他们真正要走的方向。"

与他们那些犯罪人和贱民的祖先一样,吉普赛人有一种通俗的以犯罪为荣的犯罪文学(criminal literature),下面这段父子间的对话可以说明这点:

> 父亲:"哈罗,巴塞尔(Basil),如果你想有出息,想超过你父亲的话,那么你就必须偷窃。"
> 儿子:"那么,爸爸,如果我被人发现了该怎么办呢?"
> 父亲:"那你必须马上逃跑,不要让你的祖先蒙羞。"
> 儿子:"去你的吧,老爸!你根本就没有好好教过我。"①

需要注意的是,这个种族道德意识低下,没有发展文化和知识,是一个根本就不能发展任何工业的种族,同时,他们在诗歌方面的成就从未超越过最糟糕的抒情诗,但就是这个种族在匈牙利创造了不可思议的音乐艺术——我们或许在吉普赛犯罪人身上找到了他们那夹杂着隔代遗传的天才的新证据。②

---

① 科洛西。
② 参见龙勃罗梭:《隔代遗传与进化》(Atavism and Evolution),《当代评论》(Contemporary Review),1895年7月。

第 4 章　文明—野蛮—人口聚集—报刊书籍—新型犯罪

第 26 节　文明和野蛮

在众多的社会问题中,有一种肯定而彻底的解决方法极大地引起了我们的特别关注。那就是文明对犯罪和精神错乱的影响。如果我们仅仅依靠统计数据来判断,我们可以得出这个问题已经得到解答的结论。因为我们发现,除了英格兰之外,任何一个欧洲国家的犯罪和精神错乱的增长都已经远远超出了人口的增长。①

在法国,1826 年到 1837 年间,每 100 个人中有 1 人受到控告(indictment);在 1868 年,上升到每 55 人中有 1 人受到控告。从 1825 年到 1838 年,控告(不包括对政治犯罪和财务违法行为的控告)从 57470 起增加到了 80920 起。在 1838 年,控告从 237 起(每 10 万人)增加到 375 起;1847 年增加到 480 起;从 1854 年到 1855 年,控告回落到了 389 起;而后又再次增加到了 1874 年的 517 起,

---

①　以下几段中关于法国、奥地利、英格兰和威尔士、意大利的统计数据,在原文中是作为脚注的。但是,由于内容较多,为了便于阅读和排版,现改为正文。——译者

1889年的552起。50年间,犯罪率上升了133%。

在奥地利:

1856年,1238个居民中有1人被定罪(conviction),832个居民中有1人受到控告;

1857年,1191个居民中有1人被定罪,813个居民中有1人受到控告;

1860年,1261个居民中有1人被定罪,933个居民中有1人受到控告;

1861年,1178个居民中有1人被定罪,808个居民中有1人受到控告;

1862年,1082个居民中有1人被定罪,749个居民中有1人受到控告。①

在英格兰和威尔士:

从1811年到1815年,1210个居民中有1个犯人;
从1826年到1830年,568个居民中有1个犯人;
从1831年到1845年,②477个居民中有1个犯人;
从1846年到1848年,455个居民中有1个犯人。

---

① 梅塞达戈里亚(Messedaglia)。
② 原文为"从1826年到1830年",可能有误,此处依逻辑改为"从1831年到1845年"。——译者

从 1805 年到 1841 年,人口增长了 49%,犯罪的增长比人口增长多 6 倍。在一些郡,例如,蒙茅斯郡(Monmouthshire),人口增长了大约 128%,而犯罪增长了 720%。[①]

在意大利:

从 1850 年到 1859 年,有 16173 起严重犯罪的控告,7535 起被判有罪;

从 1860 年到 1869 年,有 23854 起犯罪控告,10701 起被判有罪;

从 1863 年到 1869 年,犯罪增加了 1/10,人口增加了 1/20。[②]

但是,梅塞达戈里亚在研究犯罪与人口增长的联系中发现,如果我们试图仅仅以统计数据为基础来解答同时受到众多因素影响的复杂问题,就很容易出错。事实上,犯罪和精神错乱的增加,可能是因为刑法和民法的变化、更严格的起诉倾向、精神错乱患者容易被精神病院接纳、警方的大量活动等引起的。

有一件事是很明确的:文明和野蛮都有各自特有的犯罪。通过削弱道德敏感性、消除对杀人的恐惧,野蛮经常被当成英雄行为而受到崇拜。通过把复仇当作自己的义务、混淆可能(might)与权利(right),野蛮增加了血腥犯罪,也鼓励与犯罪分子的交往,就

---

① 阿伯丁(Aberdeen):《演讲录》(Discorso),1876 年。
② 孔萧,同前引书。

像野蛮促使精神错乱者发展宗教狂热(religious mania)、魔鬼附体妄想(demonomania)和模仿型精神错乱(imitative insanity)那样。另一方面,家庭的纽带作用更加强大,而性兴奋和精神错乱型雄心(insane ambition)并不常见,因此,杀害长辈罪、杀婴犯罪和偷窃也较少发生。

根据古格列莫·费雷罗[①]的研究,人类迄今为止共发展了两类文明:一类文明以暴力为特点,另一类文明则是以欺骗为特点。它们是根据为了生存而进行的竞争(struggle)的形式来区分的。在原始文明中,纯粹以武力来进行这种竞争,以武器来获得财富与权力,不惜牺牲外族人和弱一点的本族人。两族人之间通过军队和船队开展商业竞争,也就是说,通过暴力将竞争对手从觊觎的市场里驱逐出去。公平的竞争是通过决斗来决定的。另一方面,以欺骗为特点的文明,生存竞争主要通过诡计和谎言的方式进行,合法的狡辩(chicanery)取代了打斗争胜负(wager of battle)的方式。人们不再是通过剑,而是通过金钱来获得政治权力;通过诸如操作证券交易等骗局和秘密操作手段从别人口袋中诈取钱财。商业竞争是通过生产方法的完善来实现的,但更多的依然是通过发展欺骗手段来实现的,要有技巧地给购买者一个买到物美价廉商品的印象。[②] 科西嘉岛、撒丁岛的部分地区、南斯拉夫西南部地区、意大利一些中世纪的城市属于第一种类型,大体上几乎都属于原始

[①] 古格列莫·费雷罗(Guglielmo Ferrero,1871—1943)是意大利历史学家、犯罪学家,龙勃罗梭的女婿与研究合作者。——译者

[②] 费雷罗:《罗马涅大区的暴力和诈骗犯罪人》(Violenti e Frodolenti in Romagna),《意大利人的犯罪领域》(II Mondo Criminale Italiano),米兰,1894年。

文明。所有的现代文明国家,即那些资本主义政权制度得到完全发展的国家,都属于第二种类型。不过,因为在同一个社会中常常可以发现这两种文明交融在一起,因此,在现实中,这两种文明的区分并不像理论上说的那么绝对。

现在,由于社会领域中的病态现象与自然领域中的病态现象一样,都通过生理学方法发挥作用,因此,我们在犯罪人世界中也发现了相同的两种竞争方式。事实上,在我们的生活中存在着两种并列的犯罪形式:第一种是隔代遗传型犯罪(atavistic criminality),这是指一些具有病态素质的个人回归到那些现在已经被文明所禁止的暴力型生存竞争方式,例如杀人、抢劫和强奸;第二种是进化型犯罪(evolutive criminality),这种形式没有什么反常的犯罪意图,而是使用更加文明的犯罪方式,用诡计和欺骗代替暴力。[1] 第一类犯罪的犯罪人仅仅是少数不幸地注定具有犯罪倾向的个人;任何一个个性不够坚强到足以抵制环境中邪恶影响的人,都可以归入第二类犯罪中。

西盖尔准确地发现,在两种形式的"集体犯罪"(collective criminality)中也存在着同样的划分,第一类属于社会上层,第二类则属于社会下层,当然这一点还有待考证。进行第一类集体犯罪的是在政治和商业上推销自己的选票和影响的富人,他们通过诡计、欺骗和投机买卖搜刮大众的财富。进行第二类集体犯罪的是穷困无知的人,他们试图通过无政府主义的阴谋、游行、起义来摆脱他们被迫所处的处境,反抗来自于上层社会的邪

---

[1] 西盖尔:《宗派犯罪》(Delinquenza Settaria),米兰,1898年。

恶压迫。第一类犯罪在本质上是现代的、进化的；第二类犯罪是隔代遗传型的、野蛮的、暴力的。第一类属于智力范畴，通过诡计欺骗来实现，例如，欺诈犯罪、非法占有犯罪和伪造罪；第二类属于身体力量范畴，通过暴力手段实现，例如，起义、投掷炸弹和暗杀。在过去的几年间，意大利非常频繁地出现两种犯罪形式同时爆发的现象。一方面，人们以宗教的名义或者有趣的谎言以及其他的理由来解释西西里爆发的强盗和饥荒引起的骚乱；与此同时，我们看到，在罗马，不讲道义的富有阶层与银行的丑闻联系在一起。

我曾在《犯罪人论》一书中通过特别交往给出了中世纪血腥犯罪的例子。但是，人们可能会问："如果古时候到处都存在这类犯罪交往（criminal association），那么它们为什么仅仅在特定的国家中得以持续，而在其他地方却消失了呢？"如果我们考虑到人们的那种不完全文明的状态，特别是那些维持和鼓励这类野蛮行为的政府的状况，考虑到这些反常交往的最初的和持续的来源，就很容易回答这个问题了。"政府越能够像政党那样组织，"阿泽利奥（d'Azeglio）说得非常真实，"政党也就越能够把它组织成政府。"当一名忠诚的邮递员窥探了信件的隐私，当人们和小偷讨价还价，允许他们自由出入妓院和监狱时，那么，在这样的环境中，就会保护那些秘密组织的成员，因为他们可以安全地投递信件，保护别人免遭暗杀，用公平合理的价格赎回被偷之物，甚至是对于一些小事件作出公正的决断，与正规的法庭所作的判决一样的公正，不过当然要比他们快，比他们便宜。卡莫拉组织是那些被坏的政府逼得野蛮的人们对不利环境作出的一种

第 4 章 文明—野蛮—人口聚集—报刊书籍—新型犯罪

自然适应。

强盗常常成为反抗压迫者的一股野性的正义力量。正如狄克逊(Dixon)的一首歌所向我们证明的那样,在俄罗斯的农奴时期,农民漠视生命,怨恨不断遭受但却无人关心的苦难,他们都准备好要通过杀人来替自己报仇。"任何一个伟大的俄罗斯家庭,"这位著名的作家在关于欧洲监狱的作品中写道,"都有着家庭成员由于暴力行为而死亡的历史。"资本的固定化和贪婪驱使那些意大利南部的富人放高利贷,不可思议地剥削贫穷的农民。

乔里奥茨(Jorioz)写道,"在丰迪(Fondi),由于市长的勒索,许多人被迫成为了强盗。考帕(Coppa)、马希尼(Masini)和萄托拉(Tortora)由于受到当地居民的虐待辱骂而被迫成为强盗。""意大利南部的农民认为,"戈沃尼(Govone)对调查委员会说,"当强盗是报复让他们感到不公平的整个社会的方式。由于伯爵的封号现在都受到了质疑,或者说这块土地被许诺是大家的,特别是属于穷苦农民的,造成了穷人与富人之间关于某块过去属于男爵的土地的划分纠纷;仇恨使那些不是十分高贵的代表们与意大利南部决裂;一些针对受贵族保护的平民的复仇运动等,都是强盗产生的基本原因。在巴西利卡塔的 124 个市镇中,只有 44 个没有强盗,这些市镇处于诚实市长的真正控制之下。在基耶蒂(Chieti)附近的两个市镇中,保姆巴(Bomba)的穷人待遇不错,那里没有强盗;而芒塔佐里(Montazzoli)的穷人受到虐待,那里存在大量的强盗。""在意大利南部,"韦拉里(Villari)发现,"现代文明中依然存在中世纪的现象,只不过古代男爵消失了,出现了平民债权人。""在西西里,"弗朗切迪写道,"有一个农民阶层,他们几乎是土地的奴隶;第二个阶层是那些认为自己能超越法律的人;第三个阶层,也是人数最多的阶层,他们认为法律是无用的,但是却尊重某种原则,颂扬那些通过自身的努力捍卫正义的风俗。在那里,法律的最高权威被误解和受轻视,法律的代表得不到尊重。在西西里,只要虐待和专治的始作俑者希望政府公职人员成为他们的帮凶,或者至少是对他们的罪行保持沉默,那么,他们就会吹捧讨好那些公职人员;一旦有人忠于职守,就会遭到嫉恨,就会被追踪,就会受到攻击等任何可能的压制。""废除封建制度后,"弗朗切迪说,"即使社会关系的真正本质没有任何改变,它们的外在形式也不得不发生变化。大人物们的绝对权力不再是法律制度的内容,法律制度中也没有规定贵族的司法权和警察权。现在必须用来掩盖权力滥用的工具,是国家或城市的官员。但是,贿赂却无法总是能够保证得到官员的默许;有必要使用特殊的伎俩。同时,必须采取策略来控制那些还不至于因为经济状况而沦落为奴隶的人。这时,蛮力(brute force)不得不在一定程度上让位于诡计和狡诈。……虽然如此,暴力至少在大半个岛屿上没有被废除。没有东西结束这一古老的传统,使这种古老传统发挥作用的工具也一直存在。前面所提到的封建男爵虽然被放到了一边,但是却依然存在着,更不用说那些已经犯过罪,或者准备犯罪的人,还有那些身处在犯罪机会之中的社会大众。法律一贯是没有用处的。但是现在,那些官员就像犯罪人那样,为了自己的利益而进行交易,任何想得到他们帮

第4章 文明—野蛮—人口聚集—报刊书籍—新型犯罪

助的人,都必须双方进行协商。"①

在西西里,强盗(malandrino)这个词语已经没有贬义,而且已经被人们作为一种赞美的词语在使用,许多令人尊敬的人都骄傲地使用这个词语。"我是一个强盗"意味着讲话的人宣称自己是一个勇敢的人,不怕任何东西,特别是不怕司法机关,他们把强盗与政府相混淆,或者更确切地说,与警察相混淆。②

正是人们对于道德的这种错误概念,正是缺乏对诚实与两面派之间差别的理解,可以解释为什么强盗既能在农民中找到同谋,也能在有产阶级中找到同谋,强盗就和他们生活在一起,而他们也认为这种犯罪是新的投机方式。根据官员的报告,这种状况在西西里尤为严重,真正的强盗在街上闲逛时,总是三三两两的,一定的时候他们会大批地出动,并且会得到农民的帮助。而且,大量的有产阶级自己为了能勒索赎金、终止遗嘱、建立起对市民的专制政权,还会利用强盗。因此,他们对于泄露信息非常反感,对他们而言,这比谋杀更不道德,一个垂死之人直到最后都不会说出凶手是谁。让他们反感的并不是杀人,而是法律。因此,在少数被起诉的案件中,犯罪到最后都不会受到惩罚。所以,在那不勒斯,曾有150个手持武器的强盗被捕后,107人被陪审团宣判无罪,只有7

---

① 弗朗切迪(Franchetti):《西西里岛的政治和行政环境》(Condizioni Politiche e Amministrativ e della Sicilia),佛罗伦萨。

② 托马希-科鲁德利(Tomassi-Crudeli),同前引书。

人获罪。① 正如阿尔弗雷德·科曼迪尼（Alfred Comandini）所说的，②在罗马涅省的情况也是如此。根据鲍尔德（Bourde）和鲍乃特（Bournet）的论述，在科西嘉也一样。

阿尔弗雷德·科曼迪尼写道：

> 我们所有问题的原因，就是酗酒、广为流行的携带武器的风俗以及作为传统流传下来的政治团体；这些团体是在专治时期形成的，那时的人们冒着生命危险加入它们。它们的志向是高尚的，但是它们往往支持犯人脱逃，因为如果犯人被抓住的话，就可能会出卖它们。这些团体已经不再有政治或者教育目的，也没有互助的目的。现在最多的仅仅是提供聚在一起喝酒的机会，这时一般都由富裕的成员付账。这样的团体通常都堕落成为争吵和打架的团体，而且由于他们的相互帮助的传统义务，经常有很多成员卷入争吵和打架活动。

但是，科西嘉的情况甚至比罗马涅省的情况更严重，科西嘉的情况是一种无意识犯罪，它是由社会历史环境以及已经指出的那种纯粹的历史影响所造成的。

鲍乃特写道：③

---

① 乔里奥茨：《论强盗》(Il Brigantaggio)，1875年。
② 《罗马涅》(Le Romagne)，维罗纳，1881年。
③ 鲍乃特：《科西嘉岛的犯罪》(Criminalité en Corse)，1887年，《精神病学档案》(Archivio di Psich.)，第Ⅷ卷。

第4章 文明—野蛮—人口聚集—报刊书籍—新型犯罪

频繁发生的为了报仇而谋杀的案件,已经为全社会所了解,但人们不太了解的是,谋杀案的起因经常是非常琐碎的。塔发尼(Tafani)的一条狗被洛克西诺(Rocchino)给杀了,这件事最终造成两个家庭11位成员丧命。1886年,发生了135起攻击他人的案件,即每200个居民中就发生一起;也就是说,比塞纳多4倍。在这135起案件中,52起是吵架或打斗的结果。没有一个目击证人愿意作证。在巴勒莫现场,有60人在场,但是,所有的人都发誓说什么也没看到。

鲍尔德根据警察的报告估计,有500到600个强盗。他说:

50

所有的问题都归到一点,那些被宗族首领认为是敌人的偏远乡村的农民相信,世界上没有公平正义。科西嘉人非常骄傲,他们鄙视体力劳动,不愿意耕种土地。他们的聪明才智要比道德多得多,他们有自己的一套看待命运和良心的方式。他们的组织与罗马贵族体制类似。十五个或者二十个家族统治所有剩下的家族,一些家族只有一百张选票,而其他家族却有数千个表达他们意愿的选民。大约两百年间,有五十个家族为一个家族出力。一个人根本就不可能过中立的生活,如果他中立,他就什么也干不了。家族成员会为了他们中的某一个人而甘冒生命危险,愿意做出自我牺牲。在科西嘉岛上,有两种良心相互竞争:一种是提倡权利和平等的现代良心,另一种是永远为了家族利益的古老的科西嘉良心。通常是后者胜出，可以从陪审团给为了建铁路而征用的土地作出的估价中看出后者的作用。这个陪审团由卡萨比纳卡（Casabinaca）担任主席，这个人是科西嘉岛上最有势力的政党的首领，这个陪审团因为不公平而声名狼藉。这个政党的敌人贝内迪特（Benedetti）因为一个17公亩①的葡萄园而获得了2000法郎，而卡萨比纳卡的追随者费吉蒂（Virgitti）却因为一个19公亩的葡萄园而得到13000法郎，等等。在科西嘉，甚至被害人都认为这样的不公平是很自然的，而且如果他们有权力的话，他们自己也会这么做的。治安法官②是全能的，但却是有偏好的，是维护那些当权者的利益的。对于候选名单，他们也是为所欲为，剔除那些可能伤害他们的人的名字，加入对他们有用的人的名字；根本就无视上诉法院的存在。经常发生严重的犯罪结果。在选举中所采用的方法数量众多，形式多变，经常导致悲剧后果。帕尔尼卡（Palneca）的市长巴特里（Bartoli），为了获得满意的投票结果，三次拖延投票。第四次（1884年9月28日）时，他带着他的追随者一大早就在市政厅修筑工事，阻止他的对手进入市政厅。这可激怒了他的对手，他们试图冲进去，却由于对方的武器而落败。整整一天，射击手不停地在一个个房子间穿梭，造成严重的人员伤亡。巴特里的对手告诉各级官员，他们"宁可死也不愿受束缚"。1885年，全法国的乡村地区发生了42523起轻罪。仅科西嘉

---

① 一公亩（ares）相当于100平方米。——译者
② 治安法官（magistrate）是法官等级体系中级别最低的法官，对刑事或者准刑事案件具有简易裁判权。——译者

第4章 文明—野蛮—人口聚集—报刊书籍—新型犯罪

一地就有13405起,接近1/3!①

由于无止境的多样化需求和欲望,也由于通过财富的积累而鼓励了肉欲,就使得文明的进程中产生了大量的酒鬼,使精神病院里多了许多瘫痪病人,使监狱里关满了财产犯罪人和违反风俗犯罪人(offender against decency)。数据表明,事实上,大城市中那些受过教育的阶层所犯的此类犯罪的数量在上升(参见表26-1、表26-2和表26-3)。② 西盖尔从他的角度告诉我们,现代的集体犯罪有着同样的特点。

表26-1 普鲁士的犯罪情况③

	人身犯罪	自 杀	偷窃罪	违反风俗犯罪
普鲁士,1854年	8.9%	0.43%	88.41%	2.26%
普鲁士,1859年	16.65%	0.52%	78.17%	4.68%

表26-2 法国的犯罪情况

猥亵性犯罪		堕胎罪	杀婴罪	自杀	偷窃罪	杀人罪
针对成人	针对儿童					
从1831年到1835年						
2.95%	3.64%	0.19%	2.25%	3.83%	14.40%	14.40%
从1856年到1860年						
6.20%	20.59%	0.97%	67.45%	6.18%	11.83%	11.83%

---

① 鲍尔德:《科西嘉岛》(En Corse),1887年,《精神病学档案》,第Ⅷ卷。
② 这三个表格在原文中是作为脚注的。——译者
③ 厄廷根:《道德统计》(Moralstatistik),埃朗根(Erlangen),1882年。

表 26-3　不同犯罪的比较①

比较的内容	比率
科西嘉的入室盗窃罪和公路抢劫罪与法国同类犯罪的比率	0.38∶1
科西嘉的强奸罪与法国同类犯罪的比率	0.50∶1
科西嘉的杀害长辈罪和破产罪与法国同类犯罪的比率	0∶1
科西嘉的勒索罪与法国同类犯罪的比率	3∶1
科西嘉的强奸年轻女性罪与法国同类犯罪的比率	23∶1
科西嘉的杀人罪与法国同类犯罪的比率	32∶1

当我们面对这两种形式的集体犯罪时,我们很自然地会问自己:"为什么富人会采用诡计来犯罪,而穷人的犯罪是以暴力为基础的?"答案很简单。上层阶层代表了真正的现代文明,而下层阶层的思想和感情依然属于相对遥远的过去。因此,前者很自然地会在集体犯罪中展示现代发展的结果,而后者则相反,依然采用暴力,这不是绝对的隔代遗传现象。

白哲特②曾经说过:

> 要想证实感觉的精细程度是否随着社会等级的降低而下降,不必去访问野蛮人;只要与英国的穷人,甚至是与自己的仆人谈谈就可以了。③

---

① 罗比凯(Robiquet):《科西嘉岛的犯罪》(Les Crimes en Corse),1862 年。
② 白哲特是指英国经济学家和社会学家、社会达尔文主义的主要代表人物之一沃尔特·白哲特(Walter Bagehot,1826—1877),又译为"白芝霍特""巴杰浩"。——译者
③ 白哲特:《国家发展的科学规律》(Lois Scientifiques du Développement des Nations),巴黎,1880 年。

其次,如果富人的犯罪是一种病态现象,这标志着流传至今的古代社会组织是有缺陷的,而下层阶级的犯罪则正好相反,它可能过早地宣告了一个新的时代即将到来。也正是这个原因,前者包含着所有老年人的狡诈,而后者则有年轻人那种不计后果的胆量。最后,富人如果不是在数量上,至少也是在力量和地位上代表了大多数人。相反,穷人只代表了小部分人。现在,所有的小部分人都比多数人更加勇敢,更具有暴力性。他们不得不去征服开拓,而多数人却只要保持他们所拥有的成果。去获得某种东西或者达到一个遥远目标所要求的能量,要比保卫已有的成果所需要的能量多得多。胜利软化和削弱了勇气,而征服的欲望却会百倍地增加勇气。[①] 事实上,和小部分人在一起,就好像和受到许多人攻击的某个人在一起一样。如果附近有人可以帮助他的话,他是不可能表现出那种极度的力量的。危急处境(necessity)会激起那些孤军奋战、意识到自己弱势的人们的自卫力量。危险所激发的自卫本能,会使个人爆发出绝望的勇气。在犯罪领域,下层阶级也会表现出这种自然法则,下层阶级不得不通过竞争来获得可能的机会,用大胆和暴力来弥补他们的天然劣势。

不过,可能需要痛苦地承认这样的现象,即文明已经成功地改变了犯罪的种类,或许也增加了犯罪的数量。当人们看到教育的进步带来更多的攻击而没有带来更多的防卫时,这样的事实本身也就容易理解了。

---

① 西盖尔:《宗派犯罪》,米兰,1898年。

第27节 人口拥挤

必须在我们已经列举的原因中增加一些不同类型的原因。由于铁路、政府和商业的集中,文明的发展使得人口的中心越来越大,使一些主要城市出现人口过剩现象。而且,众所周知,正是在这样一些拥挤的城市中,发现了大量的习惯犯罪人。犯罪集中在大城市的这种不幸现象,可以用大城市给犯罪人提供了巨大的利益和更大的安全来解释。然而,这可能并不是惟一的原因,因为在城市中,尽管警惕性下降了,但是,检举起诉活动却更加积极、更有系统化;尽管城市中犯罪的诱惑和刺激更多了,但是,诚实劳动的机会也更多了。我相信还存在另外的更强大的影响因素。人口拥挤本身会产生进行犯罪和不道德行为的不可抗拒的冲动。

贝蒂荣[①]写道:

> 人体内存在一种暴力性的、病态的倾向,它驱使我们再现我们在周围人中所看到的那些情感和行为。有很多原因导致了这样的现象:年轻、女性化,[就像萨希(Sarcey)所讲的]最重要的是与感情敏感的人的互动接触,所有这些都使每个人增加了额外的力量。空气中到处都是这样的主流观点,它们就像传染病一样四处传播。

---

① 贝蒂荣可能是指法国警察官员、人体测量专家阿尔方斯·贝蒂荣(Alphonse Bertillon,1853—1914),又译为"贝蒂隆""柏帝云"。——译者

人们发现,即便是拥挤在一起的马群也会产生鸡奸的倾向。54 所有这些原因,伴随着性器官和大脑的发育,以及良好的营养,可以部分地解释色情犯罪的大量增加。色情犯罪与大城市中持续增长的妓女数量一样,都是现代犯罪的一种特征。正是这个原因,妇女在越文明的国家中越容易犯罪。由于她们对自身贫穷的虚荣心、对奢侈的欲望,以及男性化的职业和教育,使得她们很容易陷入犯罪。尤其是男性化的职业和教育,为她们提供了进行与男性同样的犯罪的方法和机会,例如,伪造罪、违反新闻出版法的犯罪和欺诈罪。文明增加了一些犯罪的数量,就像文明也增加了一些形式的精神错乱①(全身麻痹症、酗酒)那样,因为文明增加了刺激物的使用,这些刺激物是野蛮人所不知道的,但是现在已经成为文明世界的必需品。因此,我们发现,在今天的英格兰和美国,除了酗酒、吸烟之外,使用鸦片甚至是乙醚(ether)的现象正在蔓延开来;在法国,白兰地的消耗已经从1840年的8公升上升到了1870年的30公升。

---

① 以世界上最发达的国家美国的数据为例,我们发现在美国的人口普查中,精神错乱者在1850年是15610人,1860年是24042人,1870年是37432人,到1880年则增加到了91997人;人口从1850年的23191876人增加到1870年的38558371人和1880年的50155783人。也就是说,当人口在三十年里翻一番的时候,精神错乱者的数量增加了六倍;而且,在最近的十年里,人口增长了30%,而精神错乱者增加了155%。在英格兰和威尔士,1859年每1万人中有18.6个精神错乱者;1885年是28.9个;1893年是39个。在意大利,1874年每10万人中有51个精神错乱者;1877年是54.1个;1880年是61.25个;1883年是67.7个;1885年是66个;1888年是74个。

第28节　报刊书籍[①]

由于文明有利于创办和发行报纸,因此,文明往往是一部邪恶和犯罪的编年史。报纸通过刺激犯罪人仿效和模仿,成了一种新的犯罪原因。一想到特洛普曼(Troppmann)的犯罪能让《巴黎小报》(Petit Journal)的发行量上升到50万份,使《费加罗报》(Figaro)的发行量上升到21万份,就很让人伤心。毫无疑问,也由于这种原因,使这类犯罪在比利时和意大利被迅速模仿。请注意下面这起奇怪的犯罪案件。当经营者R不在时,他的结实的保险柜被强行打开了。很快他的助手就被逮捕了,并从他那里一分不少地搜到了丢失的金额,助手也确实承认是他拿了这笔钱,不过他没有什么恶意。事实上,因为老板非常信任他,让他所管的金钱数目还要大得多,他根本没有必要强行打开保险柜。他说,他之所以犯罪,只是想要试试前天他在报纸上所看到的伎俩。他的老板知道他一直都是这份报纸的读者,声称他接受这样的解释,而且当这位助手被判无罪时,老板就恢复了他的职位。1873年,在巴黎,一个名叫格里马尔(Grimal)的人为了能让自己和一些他在报纸上看到的臭名昭著的犯罪人一样被人们谈论,就实施了纵火犯罪。尽管他招供了自己的犯罪,但是,人们依然不相信他的犯罪。他将自己的妻子虐待致死,并承认自己要对她的死负责,但是他依然被判"无罪"。后来,他注意到寡妇格拉斯(Gras)的案件,为了模仿,

---

[①] 原文是 the press。刘麟生译本翻译为"印刷品"。——译者

他竟将硫酸泼到朋友的脸上,并将他杀害,然后到处向别人讲述他的罪行。第二天,他迫不及待地看《巴黎小报》上关于谋杀的报道,不久他就将自己送进了监狱。非常明显,阅读犯罪故事以及报纸上各种其他的报道,都会导致他产生犯罪的念头。

同样要说的是那些与法国现在流行的小说一样专门描写犯罪行为的小说。1866年,两个年轻人布鲁勒(Brouiller)和塞卢(Serreau)掐死了一个女店主。被捕时,他们说是看了德尔芒斯(Delmons)的小说才让他们犯罪的。"一些人,"拉普莱斯(La Place)真诚地说:"天生就有一个容易进行邪恶行为的身体,但是,他们的这种倾向性只有在听见或者看到别人的罪行时,才会转变为行动。"几年前,人们发现,10份被盗的合同整齐地放在一张纸上,小偷在纸上摘抄了布拉斯克(Bourrasque)小说中的一段令人沮丧的话:"发明良心一词只是为了吓唬那些傻子,让他们接受自己的不幸。权力和财富只能通过暴力和诡计来获得。"在大城市中,许多人被煽动去那些容易弄到廉价出租房过夜的地方进行犯罪。"许多人,"梅休①说:"由于丢了工作而来到这些廉价出租房,然后在这里实施偷窃。"

政治法律和一些新的流行的政府形式,是现代文明带来的,在一定程度上也是所谓的自由带来的,它们以社会娱乐(social amusements)、行政企业(administrative enterprises)或者互相帮助的名义,通过各种形式促成社会的形成。巴勒莫、来亨、拉文纳

---

① 梅休可能是指英国新闻记者和社会改革家、早期犯罪学研究者亨利·梅休(Henry Mayhew,1812—1887)。——译者

(Ravenna)①和博洛尼亚的例子,以及路西亚尼(Luciani)和帕基(Pagge)、克利斯皮(Crispi)和尼克特拉(Nicotera)的历史表明,从慷慨的企业到最不道德的暴力甚至到犯罪,其间的距离是多么短。在北美,一些地方更是离谱,以至于实施犯罪之后不受惩罚;在两个最繁华的城市(纽约和旧金山),甚至通过官方渠道,并且往往成功地使诈骗合法化。针对这些政府的政治革命因此而更频繁地发生,这些政治革命或者使人们聚集在一起,或者刺激了人们的暴力激情,结果引起一些特定犯罪的增加。"西班牙是一个监狱,"一位杰出的西班牙人说:"只要有人表示赞同,或者给犯罪披上政治的外衣,任何犯罪在西班牙都可以免受惩罚。"在西班牙被宣判无罪的犯罪人数量,在5年内增加到了4065人,是法国同期的4倍。②西班牙的犯罪相应地比其他地方的犯罪多,这一点儿也不令人吃惊。

像革命一样,战争也会增加犯罪的数量,因为战争将人们集中在一起,使人们相互交流,1866年的意大利证明了这一点,内战前后的北美也证明了这一点。③ 1848年大革命前,法国的性犯罪是100到200起,大革命一开始性犯罪就增加到280起,后来增加到了505起,同时,随着性犯罪的增加,非婚生子女的出生数量也相应增加。

在了解这些情况之后,即使不需要引用数字也很容易理解:当犯罪人被一起关在监狱里时,会增加多少犯罪。就像犯罪人自己

---

① 意大利东北部港口城市,又译为"腊万纳"。——译者
② 阿明戈尔(Armengol):《感化院研究》(Estudios Penitenciarios),1873年。
③ 科雷:《犯罪民族志》,第78页。

供认的,在监狱里,邪恶是光荣的头衔,美德是羞耻的徽章。文明通过设立大量的监狱,极大地传播了犯罪。后来的一些不恰当的热心之举,例如,建立慈善博爱的机构(改造学校等),更会引起犯罪,因为这样的机构不但会污染那些值得尊敬的人们的心灵,而且无法软化那些顽固罪犯的心理。我们应该看到,在引进释放证(ticket-of-leave)制度后,英格兰1861—1862年间的少年犯罪人(delinquent)大幅度增加,就与1834年开始实行流放制度(transportation system)时的情形一样。[①] 似乎是出于真正慈善的人道主义目的而建的矫正院(house of correction),因为将一群堕落的人收留在一起,导致最终所起到的作用并不是有益的,而是背离了最初建立矫正院的目的。值得注意的是,著名的奥利弗科洛纳(Olivecrona)将瑞典大量累犯的产生归因于感化院制度,归因于对年轻犯罪人实行与成年犯罪人一样的惩戒制度的习惯做法。[②]

第29节 新型犯罪

文明每天都会引起新型犯罪(new crime),这些新型犯罪或许不会像旧有的犯罪那样残忍,但是,其伤害性却未必就小。在伦敦,小偷用诡计取代了暴力;在入室盗窃犯罪中,小偷采用特殊仪

[①] 从1863—1864年度的2649名犯罪人增加到1873—1874年度的15049名。在流放这些暴力罪犯的流放地,这些犯罪增加,直至达到所有其他犯罪的一半;而在英格兰,这些犯罪仅有1/8。贝尔特诺-斯卡利亚(Beltrano-Scalia),1874年。

[②] 《累犯的原因》(Des Causes de la Récidivie),斯德哥尔摩,1873年。

器行窃；在报刊书籍的帮助下，犯罪人用诈骗和勒索代替爬门廊。① 为获得人寿保险金而杀人是一些医生所犯的新型犯罪形式，这类犯罪常常会用到最新的科技知识。因为砒霜中毒的症状与霍乱的症状相类似，让两个医生产生了恶念，当马格德堡（Magdeburg）②和摩纳哥（Monaco）爆发霍乱时，他们一开始给很多病人买保险，然后再毒死他们。③ 在维也纳出现了一种新型犯罪，即侵吞为虚构的社会组织订购的货物。④ 无政府主义者中流行用炸弹侵害他人和建筑。最近，芝加哥出现了一种电棒（electric bludgeon）和小鱼雷。犯罪人可以将鱼雷塞入被害人的口袋中，然后引爆，能将被害人炸得粉碎。文明通过削弱家庭联系，不仅增加了培育犯罪人的弃儿收容所（foundling asylum）的数目，而且也使遗弃成人罪、强奸罪和杀婴犯罪大幅度增加。

虽然存在这些令人不悦的结果，但是，我们决不能不加选择地谴责文明取得的富有成效的进步，因为即使在犯罪问题上，所发生的变化也并非总是有害的。如果文明是犯罪增加的原因，那么，它至少也减轻了犯罪的性质。另一方面，当进步达到最高程度的时候，进步本身就会找到治疗方法去解决它所引起的疾病，例如，犯罪精神病院（asylum for the criminal insane）、感化院中的独居监禁（separate confinement）制度、劳动制度（industrial system）、储蓄银行（savings bank），特别是儿童保护机构，能够将犯罪消灭在萌芽状态之中（见第三部分）。

---

① 《评论季刊》（Quart. Review），1871年。
② 德国西部的一个城市。
③ 佩滕科弗尔（Pettenkofer）：《霍乱理论》（Theorie der Cholera），1871年。
④ 《评论》（Rundschau），维也纳，1876年。

第5章 人口密度—移民—出生率

第30节 人口密度

通过对不同因素的逐个分析，可以使我们更好地了解文明对犯罪的影响。因为历史告诉我们，只有当人口达到一定的密度时，犯罪才会产生，因此第一个要分析的因素就是人口密度（density of population）。

正如勒克吕斯、韦斯特马克[①]和克鲁泡特金[②]最近所指出的那样，卖淫、伤害、盗窃在原始社会中很少出现；类似的情况同样很少发生在仅仅因为雨季而聚在一起的维达人[③]和仅仅为庆祝丰收而聚在一起的澳大利亚土著人中。同样，当动物不是成群出现或者被驯养时，它们中很少发生类似于人类犯罪的行为，因为动物的野蛮本能缺少展示自己的手段。但是，当情形发生改变时，部落或者宗族的形成就为犯罪提供了机会，一直沉寂着的犯罪就会猛烈地

[①] 韦斯特马克可能是指芬兰社会学家、哲学家和人类学家爱德华·韦斯特马克（Edward Westermarck, 1862—1939）。——译者

[②] 克鲁泡特金（Krapotkin, 1842—1921）是俄国地理学家、无政府主义运动的最高精神领袖和理论家。——译者

[③] 维达人（Veddah）是斯里兰卡最古老的土著居民。——译者

爆发出来。即使在一些结构不太紧密的野蛮社会中,犯罪相对而言也是较少的,不过犯罪更加残忍。在我们这个文明发达的社会中,犯罪急剧增加,在野蛮人中流行的五六种犯罪形式,也会在我们中大批出现。

关于人口密度问题,我们只要简单看一下盗窃、杀人和欧洲的政治巨变,我们就可以明白盗窃与人口密度成正比,而杀人与人口密度成反比(除了一些矛盾现象之外,气候影响的结果是,南方的杀人和起义增加而北方的盗窃增加)。事实上,我们从表30-1中可以发现,在7个人口密度低的国家中,只有西班牙和匈牙利这两个国家的杀人犯罪数量较多;在8个人口最密集的国家中,只有意大利存在大量的杀人犯罪。盗窃犯罪的情况刚好相反。但是对于起义,我们就很难立刻得出结论了,因为我们发现在同样人口密度的国家中(波兰、奥地利和瑞士),起义存在着巨大的差异性,而在人口密度相差较大的国家中,例如,英格兰、俄罗斯和匈牙利,差异却很小。根据费拉里(Ferrari)的研究,中世纪的科西嘉虽然人口稀少,但是却发生了大量的革命运动,4个世纪里发生了45次革命运动。

表30-1 欧洲国家的犯罪和人口密度

每平方英里的人口数	国　　家	每100万居民中的杀人犯罪[1]	每10万居民中的盗窃犯罪[2]	每1000万居民中的起义数量[3]
47	俄罗斯	14	……	……
85	瑞典和挪威	13	……	13
85	丹麦	13	……	13
85	西班牙[4]	58	53	55
132	葡萄牙	25	80	58
158	奥地利[4]	25	103	5

第 5 章 人口密度—移民—出生率

续表

每平方英里的人口数	国 家	每 100 万居民中的杀人犯罪[1]	每 10 万居民中的盗窃犯罪[2]	每 1000 万居民中的起义数量[3]
158	匈牙利	75	103	5
171	波兰	10	…	13
179	瑞士	16	114	80
184	法国[4]	18	116	16
223	德国[4]	5	200	5
259	意大利[4]	96	72	30
290	英格兰[4]	7	136	7
316	爱尔兰	9	91	30
420	比利时	18	134	…

[注] [1]《哥特年鉴》(Almanach de Gotha),1886—1887 年。
[2] 菲利:《论杀人》,1895 年。
[3] 龙勃罗梭和拉司奇(Laschi):《政治犯罪》,都灵,1895 年。
[4] 博迪欧:《司法统计委员会报告》(Relazione della Commissione per la Statistica Giudiziaria),1896 年。

在我们国家,人口密度的影响似乎是很清楚的,尤其在我们仔细研究不同程度的人口密度中所发生的各类犯罪时,更加清楚。例如,在意大利,我们发现了下列情况(参见表 30-2)。

表 30-2 每 10 万居民中的犯罪数量①

每平方公里的人口	杀人	盗窃	抗拒警察	强奸	敲诈勒索
20—50	11.0	199.0	22.7	18.8	52.6
50—100	6.03	144.4	25.4	16.4	45.0
100—150	6.0	148.0	23.5	14.5	58.5
150—200	5.1	153.0	24.6	12.3	54.6
200 以上	3.5	158.0	29.5	18.7	50.4

① 博迪欧:《意大利统计年鉴》(Annuario Statistico Italiano),1894 年,罗马。

所以,我们发现,杀人犯罪随着人口密度的增加而减少,在一些大城市更是如此。像米兰、那不勒斯、来亨和热那亚这样的城市,它们的人种(希腊人、凯尔特人和利古里亚人)和气候相差甚远,但是在杀人犯罪数量的减少方面却很类似。相反,在人口密度最小的地方,杀人犯罪的数量却经常性地增长,也就是说,越是在一个国家气候较热的地区或者海岛上,社会就越野蛮,犯罪团伙(criminal band)就越常见。

盗窃犯罪、强奸犯罪、抗拒执法者的行为都随着人口密度的增加而减少,然而,当大城市的人口密度过度增加时,它们就会快速反弹(例如,帕多瓦、那不勒斯、米兰和威尼斯)。敲诈勒索犯罪的趋势是无规律的,但总是与人口密度的增加相反:一些海岛上的人们,特别是撒丁岛的人们,积极参与这种犯罪行为。而且,这种积极参与的行为起源于一种赞同旧的种族风俗的偏好,这种偏好常常存在于弗利和博洛尼亚这两个城市中,那里普遍流行敲诈勒索犯罪。博洛尼亚更是以敲诈勒索犯罪臭名昭著,但丁[①]在《地狱》(Inferno)中借文尼迪克(Venedico)之口说道:"我并不是惟一一个在这里哭泣的博洛尼亚人;这个地方到处都是哭泣的人。"

同样,在最近的一份法国统计数据中,我们可以发现以下内容(参见表30-3)。

[①] 但丁(Dante,1265—1321)是中世纪时意大利的著名诗人。——译者

表 30-3　法国的人口密度与犯罪①

每平方公里人口	每 10 万居民中的犯罪数量		
	盗窃犯罪	杀人犯罪	强奸犯罪
20—40	63	4.41	19.0
40—60	96	1.42	20.4
60—80	100	1.40	19.0
80—100	116	1.20	30.0
100 及 100 以上	196	1.88	34.0

我们可以看到,随着人口密度的增加,盗窃犯罪的发生越来越频繁。相反,杀人犯罪和强奸犯罪在人口密度最小或者最大时,发生的数量最多。可以通过以下的事实来解释这种矛盾现象。在人口非常密集的地方,很容易形成大的工业中心(下塞纳省,每平方公里人口 92)和政治中心(巴黎,每平方公里人口 18),会吸引大量的外来移民(罗讷河口省,每平方公里人口 45),冲突产生的机会就很多;在人口密度很小的地方[科西嘉,每平方公里人口 200;洛泽尔省(Lozère),每平方公里人口 41;上阿尔卑斯省,每平方公里人口 24],民风极其野蛮,人们往往把伤害和暗杀看成是必不可少的现象,而不认为它们是犯罪。

正如我在《政治犯罪》一书中所证明的,政治暴动(political insurrection)的情况也是如此。一项针对革命者和法国各地极度保守人群的研究表明,革命者总是更多地出现在人口密度大的地区。在研究法国的人口密度与君主制度下的保守主义的关系时,

---

① 菲利:《论杀人》,1895 年。

我们发现,在人口稠密的地方,主流的观点更倾向于共和主义。事实也是如此,下阿尔卑斯省、朗德省、安德尔省(Indre)、歇尔省(Cher)和洛泽尔省这些每平方公里只有40个居民的地方,在1877—1881—1883年的选举中,大多数人都将票投给了赞成君主政体的政党。同样的情况还发生在每平方公里人口数只有60的旺代省、诺尔省、上比利牛斯省(Hautes-Pyrénées)、热尔省、洛特省(Lôt)和阿韦龙省(Aveyron);在平民表决法令(plebiscite)的情形中也是如此。[①]

相反,当人口密度达到一定的程度时,革命精神会有极大的发展。例如,在罗讷省、卢瓦尔省、塞纳-瓦兹省和下塞纳省的部分地区就是这样,雅各比早就指出了这一点。可以在人口密集的地方发现最强烈的革命倾向,然后是中等密度的地方;而在人口密度最小的地方,保守主义占主流地位。

很容易理解为什么在城市人口密集的地方,政治热情也最高涨。这一点在巴黎尤其突出,就像维奥莱-勒-杜克所写的,"整个文明世界要消除那些社会渣滓,这些社会渣滓要建立一个世界性城市,在这种城市里,那些无国家、无原则、无传统的暴民们专横地操纵选举,利用国家的不幸来推翻政府并获得权力。"[②]因此,巴黎公社运动过后,在36809个被捕者中,有1725个外国人,25648个外省人。

马克西姆·迪康(Maxime du Camp)总结道:

---

① 雅各比(Jacoby)。
② 维奥莱-勒-杜克(Viollet-le-Duc):《巴黎防卫回忆录》(Mémoires sur la Défense de Paris),1871年。

这是人口过于密集的地区的缺陷,在这些区域中,人们的生活无法得到良好的发展。

大都市会危及政治和平。它们就像是一个抽吸泵:它们会吸进去任何东西,但是什么也不吐出来。法国好像一名脑积水病人一样,长着一个巨大的脑袋,很容易像狂怒的人那样爆发出来。巴黎公社运动正是这样的一种爆发。

种族和气候的影响遮蔽了人口密度对犯罪的影响,但是,人口密度的影响是可以观察到的,人口密度对于盗窃犯罪和杀人犯罪的数量是有影响的,它与盗窃犯罪的数量成正比,与杀人犯罪的数量成反比。

第31节 外来移民与迁出移民

不可否认,在意大利和法国之间存在着一种显著的差异,正如我们所见到的,这是一种在财富和犯罪方面都相反的情况。在意大利,杀人犯罪有规律地随着人口密度的增加而减少,但是在法国,当人口密度达到最大值后,杀人犯罪开始非同寻常地增长(不过,巴黎在这点上要排在环绕着它的塞纳-瓦兹省之后)。然而,这种矛盾现象是可以解释的。意大利的情形是,由于大城市中心对文明的影响持续增加,这种影响减弱了人们把复仇看成是生活中的义务或者权利的传统倾向;而且,由于过多的血腥犯罪导致了菲利所称的"犯罪饱和"(criminal saturation),所以,犯罪不可能再增加了。不过,法国的情形相反,那里的特殊情形是由一种新因素,即外来移民造成的,而意大利缺少外来移民。外来移民不仅增大了人口密度,而且会以某种方式引起一些后果,这是因为,引入这个国家的100多万外来移民处在特别容易犯罪的年龄和状态中,而且仅仅在某些地区更多地引入了这类外来移民。事实上,杀人犯罪最多的是罗讷河口省,有45起,而这正是一个外来移民的中心,有5万意大利居民。不过,假如我们通过犯罪人的国籍来分析约利的犯罪分布图,从而消除外来移民因素的话,那么,罗讷河口省的犯罪就会从最多的86下降到62;埃罗省会从81下降到63,阿尔卑斯滨海省(Alpes Martimes)从83下降到45;就更不用说塞纳地区了,在那里被捕的4万人中,只有1.3万人是在那里出生的;如果巴黎引入了大量的流氓,那么她同样也会输出大量的流氓。埃罗省本身的状况是良好的,但是一个城市塞特(Cette)就破坏了一切。如果有10个人被控告犯罪,塞特人就会占到7个;在蒙彼利埃(Montpellier)[①]的法院受理的案件中,仅仅塞特的案件就占到了一半。造成这种状况的原因,就是大量群集在这里、睡在露天的累犯以及外来人口。1889年,118个居民和21个外国人受到犯罪控告;也就是说,受到犯罪控告的本地人的比例是1000人中有2人,而外来人口的比例则是1000人中有19人。马赛的港口工人也有着类似的情况。"就是这些外来人口,"约利写道:"有着最强的进行盗窃、暗杀、无政府主义暴动和伤害等的可能性。"

---

① 法国南部城市。——译者

第5章 人口密度—移民—出生率

1881年,每100万个法国人中有17起强奸犯罪;

1881年,每100万个外国人中有60起强奸犯罪;

1872年,每100万个法国人中有18起强奸犯罪;

1872年,每100万个外国人中有46起强奸犯罪。

人们早已知道,外来移民表现出了很高的犯罪倾向。

从美国1880年公布的一份统计数据中可以看出,[①]那些外来移民多的州,特别是接收了爱尔兰和意大利移民的州,犯罪数量巨大。具体数据参见表31-1。

表31-1 美国不同州中移民与犯罪数量

州　　名	每千人中犯罪人的数量	外来移民在人口中的百分数
加利福尼亚州	0.30	33
内华达州	0.31	41
怀俄明州	0.35	28
蒙大拿州	0.19	29
亚利桑那州	0.16	39
纽约州	0.27	23
另一方面		
新墨西哥州	0.03	6.7
宾夕法尼亚州	0.11	13.0

这与人口密度对犯罪有影响的观点相反。蒙大拿州每平方英里只有0.3个居民,怀俄明州是0.2个居民,内华达州是0.6个居民,亚利桑那州是0.4个居民,尽管这些州的人口密度都很低,却

---

① 《1880年美国第十次人口普查概要》[Compendium of the Tenth Census (1880) of the United States],第二部分,第1659页。

因为有外来移民而产生大量的犯罪。纽约州每平方英里有151个居民,宾夕法尼亚州有95个居民,尽管人口密度高,但是犯罪率却较低。哥伦比亚特区也是如此,每平方英里有2960个居民,但是犯罪量却相对要低。

在纽约州被捕的49000人中,有32000是外来移民。[①]

在北美的38000个犯人中,有20000个是外国人的子女。[②]

在法国,1886年时就已经发现:

> 每10万个定居居民中,有8个要上法庭接受审判;
>
> 每10万个改变了住所的人中,有29个要上法庭接受审判;
>
> 每10万个外来移民中,有41个要上法庭接受审判。

目前,法国的外来移民已经增长了3倍,从1851年的380381人增加到了1886年的1126123人。

约利[③]恰当地评论说,当人们移居海外的趋势较弱时,强壮而聪明的人会被吸引过去,但是,当这种趋势变强后,不管好坏都会被移民到其他国家。事实上,相当一部分犯罪的移民来自移民容易的边境省份。1886年,每10万个瑞士人中有4个被判有罪;在同样的人数中,会有18个西班牙人、23个意大利人被判有罪,几乎没有英格兰人或俄罗斯人被判有罪。同样,在巴黎,在那里的人口中,被捕的比利时侨民和瑞士侨民的人数是英国人和美国人的

---

① 布雷斯(Brace):《危险阶层》(The Dangerous Classes)。
② 伯特拉米-斯卡里亚(Bertrami-Scalia),同前引书。
③ 约利:《法国的犯罪》(France Criminelle),1890年。

3倍。意大利殖民地的面积几乎是奥地利的4倍,而被逮捕的人数是奥地利的15倍。[1] 加入法国国籍的比利时人要比经常只是临时居民的西班牙人的犯罪率低。

一个国家内部的移民情况也是如此,特别是那些类似小贩的流浪型移民。例如,在圣戈登斯(St. Gaudens)的研究中发现,当许多法国小贩开始流动创业(36000人中有7000人)后,他们就在欺诈犯罪和暴力犯罪中都占有很大的比例。从1831年到1869年的41起增加到了1881年的200到290起;存在大量的遗弃孩子、通奸、离婚的现象。

就犯罪率而言,萨尔特省(Sarthe)是法国最好的地区之一;但是,如果我们将从此地移出的人口的犯罪计算在内,那么,它就会在犯罪等级表中上升34个级别。因为克勒兹省(Creuze)的犯罪率中包括了45000个没有稳定工作的外来移民,若是将他们相应地排除在外,那么本来排在第三位的克勒兹省会下降到第18位。

许多来到大城市的人都是诚实的,但是却错误地理解了诱惑他们的新情况,从而容易误入歧途,慢慢地变成犯罪人。屈从于诱惑的年轻女孩会变成妓女;工人因为找不到工作而变得懒散,并且在身处诱使他做坏事的同伴中,经历了他看得见而别人在享受的各种快乐的诱惑之后,他就会变成小偷。有些工人后悔了,他们希望自己能忘掉过去,用劳动来赎罪,但是如果再次遇到诱惑或者无法掩盖他们的过去时,很快就会故态复萌。最后就出现了专门到城市里犯罪的作恶者。正如约利恰当指出的,在小镇上,要寻找犯罪机会;而在巴黎,犯罪机会则会主动出现并引诱你。生活高度奢

---

[1] 约利:《法国的犯罪》,1890年。

华的人本身就是一种犯罪的原因,对那些违反风俗的犯罪来讲更是如此。在巴黎,这些犯罪是用非常聪明的手段实施的,以至于犯罪人不再像是犯罪人。[1]

马克西姆·迪康写道:

> 精力旺盛的巴黎人只参与了公社运动的一些暴行,而各省的社会渣滓都跑到巴黎来搞动乱。破产者、头脑空洞的人和妒忌的人都涌向城市,自认为重要的感觉在他们内心膨胀,而且由于他们在乡村酒馆里过于兴奋,以至于他们相信自己有统治世界的能力。巴黎必须实现他们的梦想,要不就毁灭它;但是巴黎甚至还不知道他们的名字,他们只是在自掘坟墓。

正如我在《犯罪人论》第二版中所指出的那样,一般的迁出移民都是社会中犯罪倾向最为强烈的人。因为迁出移民大多是社会中最贫穷的人,最缺乏密切的监视,没有羞耻感,最容易逃避审判,最有可能使用盗贼的黑话。盗贼几乎总是流浪者。[2] 从阿布鲁佐出去的移民最容易成为马齐尼帮伙(Mancini Band)的成员。一小部分从嘎法格尼尼(Garfagnini)到卡拉拉(Carrara)采石场的移民,即便不再当工人也会犯罪,因为他们恢复了酒鬼的面貌,愤世嫉俗,成为秘密组织的成员。在过去的几个世纪里,这些移民也是犯罪的原因。[3]

---

[1] 约利:《法国的犯罪》,1890年。
[2] 同上书,第一卷,第三部分,第10章。
[3] 德·史蒂芬尼(De Stefani):《加尔法尼亚纳地区的移民》(Dell'Emigrazione di Garfagnana),1879年,米兰。

第 5 章　人口密度—移民—出生率

以费奥迪斯皮尼(Fiordispini)帮伙为例,它最初完全由修补匠、卖蜡烛者、庄稼收割者和小贩组成,他们以实施零星犯罪而出名。即便是那些出于宗教狂热而移民的人,本来应该是最远离犯罪的,然而他们进行了很多的结伙犯罪(associated crime)。"玛利洛"(mariulo)一词似乎就是从异口同声呼喊"万岁玛利亚!"(Vive Maria)的风俗中演变而来的,这种做法在去洛雷托(Loretto)和阿西西(Assisi)的朝圣者中很流行——不过这种风俗并没有阻止他们实施强奸罪和抢劫罪,他们相信可以通过朝圣来赎这些罪。[①] 对他们而言,朝圣是犯罪的一种便利方式,也是赎罪的一种更为便利的方式。就像是著名的柳叶刀那样,这种手术刀先划开伤口,但是随后却能够很快痊愈。我在法国国王颁布的一项法令中找到了证明这种情况的一个证据,这份法令颁布于 1732 年 9 月(撤销了 1671 年和 1686 年的其他法令),因为朝圣者经常实施严重犯罪,该法令对他们下了禁令。[②]

[①]　洛齐(Lozzi):《惬意意大利》(Dell'Ozio in Italia),佛罗伦萨,1870 年。

[②]　似乎有必要在此处提到如下内容:"陛下,回想起已故的国王、他的曾祖父在 1671 年 8 月和 1686 年 1 月的声明,这个声明禁止他的臣民继续到加利西亚省(Galicia)的圣地亚哥(Santiago)朝圣,禁止去洛雷托(Lady of Loretto)朝圣,禁止他们到王国以外的任何地方朝圣,除非他们奏明陛下,得到国务卿在所辖教区教皇授意下的签署文件(否则,男人会受到终身在军舰上做苦力的处罚,女人则任由法官处罚);

"陛下获悉,尽管颁布了这些法令,但许多他的臣民依然不去要求许可,或者用各种方式滥用得到的许可,找出各种可疑的托辞抛弃家人、父母、主人、职业和生意,去过懒散而放肆的流浪生活,这样的生活经常导致犯罪;

"那些离开王国,希望过上更为方便有利的生活的人,最终连他们早在祖国就享有的利益与帮助都得不到,大部分人都悲惨地死在路上,或者冒着被邻国军队征募的危险;

"在陛下军队中服役的士兵经常与这些流浪者混合在一起,由于流浪者数量庞大,以至于那些士兵有机会开小差;

"陛下意识到有必要为了军队和公众的利益而结束这种无序状态,抑制任何导致这些问题的托辞,明确禁止他的臣民,不管多大年龄、什么性别、所处的阶层,都不许他们以任何托辞到圣地亚哥、加利西亚省去朝圣,不许他们去洛雷托和门特菲拉脱(Monteferrato),不许他们到任何王国以外的地方,不然就要被罚到军舰上终身做苦力,等等。

"宣布任何先前的许可都是无效的。"

毫无疑问,正如阿泽利奥(d'Azeglio)在他的回忆录中所写的,这正是那些有着著名神殿的地方却名声恶劣的原因。

正是由于这些迁出移民的影响,我们能够清楚地从杀人犯罪与人口密度的关系方面,解释意大利为什么与法国有那么大的差异。在1880年至1890年间的法国,平均每年的移迁出移民有11163人,而在意大利,这个数字在1892年达到了246751人,年均大约124000人。①

第32节 出生率和外来移民

关于迁出移民的这些调查,很好地解释了现在出现的关于意大利与法国存在极大差异的问题。承认人口密度对某些犯罪的影响,那就表明这些犯罪应该与出生率的变化有关,例如,随着人口密度的增加而增加的盗窃犯罪,也应该随着高出生率而增加。然而,在法国,我们发现强奸和暗杀随着人口密度的大量增加而增加,但是却与出生率相反。科雷和在他之后的约利都发现,在法国犯罪最多的地区,出生率最低(参见表32-1)。

表32-1 法国的出生率与犯罪

出生率	人身犯罪	盗窃犯罪	强奸犯罪
19.00	64	83	17
16.47	66	99	26
14.05	89	186	29

---

① 《意大利移民统计》(Statistics dell'Emigrazione Italiana),罗马,1894年。

第 5 章 人口密度—移民—出生率

事实上,法国的低出生率与外来移民有直接的关系。正如莫里尔(Maurel)所观察到的,[①]这一点是很容易解释的:既然出生率低,那人口数量就一定会少。根据约利对塞特和马赛的研究,低出生率所导致的人口数量的减少,会被外来移民,尤其是热那亚移民和卡拉布里亚移民所弥补,这些人也导致犯罪数量的大幅度增加。另一个差异存在于子女多的工人阶层与悲惨而子女少的农民阶层之间。因此,在那些工人数量众多的地区,例如,下塞纳省、诺尔省和加来海峡省,存在大量的犯罪,出生率也更高,这与歇尔省和安德尔省的一些地区形成对比。

不过,总体而言,出生率与犯罪之间的反比关系是占主流的。因此,在巴黎、香槟(Champagne)和诺曼底地区的一部分,以及除了加尔省(Gard)的所有地中海地区,出生率大幅度下降,但是犯罪数量却没有一点上升。在塔尔纳-加龙省(Tarn-et-Garonne)这个非常贫穷、没有资源和交通工具的地区,人口增长显著而犯罪的增长则相对较小;但是在富裕肥沃的地区,本地居民越来越少,犯罪和外来人口却越来越多。另一方面,布列塔尼、歇尔省、塞纳省、德龙省(Drôme)、维埃纳省(Vienne)和旺代省的孩子大多是合法出生的,那里的犯罪较少,但存在较多的早婚情况。所有这类因素与出生率的关系,不如与弥补了本地人口赤字的外来移民的关系紧密;正如我们将要看到的,犯罪的根源与贪婪有更为密切的关联。

但是,意大利的出生率与犯罪之间的反比关系向我们证明了外来移民的影响。没有外来移民进入意大利,倒是每年平均每 10 万

---

① 《科学杂志》(Revue Scientif),1895 年 11 月 12 日。

居民中有193人移民国外。① 我们从科格伦(Coghlan)的统计数据中可以发现,1884—1886年间移民到新南威尔士的人数的增加,伴随着犯罪数量的增加,但是在另一方面,移民外国的人数的增加(1883—1888年),也伴随着犯罪数量的增加(1884—1888年)。如果我们利用鲍斯高(Bosco)的新近调查②来研究外来移民对美国1889年杀人犯罪的影响,我们就会发现以下的事实:在那些杀人犯中,每一百万中有95人是出生在美国本土的,而每一百万中有138人是外来移民,这些外来移民的具体分布如下:

丹麦、瑞典、挪威	每10万中有5.8人
英格兰	每10万中有10.4人
爱尔兰	每10万中有17.5人
德国	每10万中有9.7人
奥地利	每10万中有12.2人
法国	每10万中有27.4人
意大利	每10万中有58.1人

这意味着,这个比例是他们本国中的2倍(法国人和意大利人除外)。这证明,就像在法国那样,外来移民进行了不利的选择,即使考虑外来移民的年龄与欧洲犯杀人罪最多的人口的年龄相符这一因素后,也是如此。

在意大利,越是因为犯罪而臭名昭著的地区,或者越是穷得出

---

① 戴尔·维吉奥(Del Vecchio):《论移民问题》(Sull'Emigrazione),罗马,1892年。
② 《美国的谋杀》(L'Omicidio negli Stati Uniti),1895年。

第5章 人口密度—移民—出生率

名的地区,出生率越高。1876年到1888年,意大利南部和海岛地区每年平均每1000个居民中有40人出生,而其他地区则是36人。西西里的情况类似,在4个杀人罪最多的省份,即格艮地、特拉巴尼、卡尔塔尼塞塔和巴勒莫,有3个省的出生率最高。① 不过,另一种因素也有影响作用,过度的炎热破坏了人们的自制力,使得人们在生儿育女的过程中忘记了马尔萨斯②的警告。

然而,意大利南部的高出生率被高死亡率和迁出移民所抵消。正是因为这个原因,尽管意大利的出生率很高,但是,在1881年,对于威尼斯平均家庭人口5.17人和托斯卡那区4.92人而言,西西里的出生率相对还是低的,仅为4.1人,巴西利卡塔为4.5人。

通过比较欧洲一些国家的最高出生率(1870—1890年),发现有些国家的出生率高,另一些国家的出生率低(参见表32-2)。

表32-2　1876—1890年间欧洲一些国家的出生率

国　　家	出　生　率
出生率最高的国家	
英格兰	34.0
德国	31.1
意大利	37.3
匈牙利	44.0
出生率最低的国家	
法国	24.6
爱尔兰	24.9
瑞士	29.4

---

① 博迪欧:《刑事统计》(Statistica penale),1879—1883年。
② 马尔萨斯(Thomas Robert Malthus,1766—1834)是英国经济学家,以所著《人口论》(An Essay on the Principle of Population)知名,认为人口按几何级数增长而生活资料按算术级数增长,如不抑制人口的过度增长,必然引起"罪恶和贫困"。——译者

我们只在意大利和匈牙利发现了杀人犯罪与出生率是成正比关系的,这些情况与英格兰和德国是完全不同的,英格兰和德国是出生率高而杀人犯罪数量低。在出生率低的国家中,只有爱尔兰的杀人犯罪数量较少。如果英格兰和德国的大量盗窃犯罪与高出生率有关,那么,匈牙利和瑞士的情况却并非如此。如果进一步研究的话,两者基本上就不存在类似情况。

第33节 城市与乡村

人口密度对犯罪的影响,可通过其对法国的城市居民与乡村居民的影响而进一步体现出来。特别要感谢法耶(Fayet)、孔凯(Cosquet)和拉柯沙尼先生对这一主题的长期而勤奋的调查研究。他们的研究表明,从1843年到1856年,在乡村中受到犯罪控告的人数较多,而从1863年开始,在城市中受到犯罪控告的人口开始占多数。[1]

表33-1 意大利一些地区的犯罪与出生率

	每10万人中的杀人犯罪	每10万中的出生数量
卡尔塔尼塞塔	46.2	4400
卡塔尼亚	26.9	3900
格艮地	70.7	4600

---

[1] 参见我的《精神病与犯罪人类学档案》(Archivio di Psichiatria ed Antropologia Criminale)一书第三卷第311页中引用的拉柯沙尼的论述。法耶(1847)已经指出,在1830年到1846年的法国,每405个居民中有1个乡村人受到犯罪控告,而每165个城市人中就有1个人受到犯罪控告。

第5章 人口密度—移民—出生率

续表

	每 10 万人中的杀人犯罪	每 10 万中的出生数量
墨西拿	19.2	3900
巴勒莫	42.5	3900
锡拉库扎	15.7	4000
特拉巴尼	40.2	4300

从乡村移民到城市的人口数量越来越多,以至于这些来自乡村的外来移民占了城市人口的 1/5。那些从乡村移民到城市的人,都是一些很优秀和聪明的人,这种移民降低了乡村的人口素质,同时,又把城市的邪恶和风俗带回到自己的故乡。

总而言之,那些针对财产犯罪的控告在乡村减少了 2/3,而在城市减少了 1/2。所以:

在 1843 年,(被控告犯罪的数量)73% 在乡村,64% 在城市;
在 1878 年,(被控告犯罪的数量)27% 在乡村,36% 在城市。

1823 年到 1878 年间,在乡村人口中,针对人身犯罪的控告要多得多,但是在 1859 年后这个数字减少了,不过依然比城市要多。表 33-2 中的数据表明了法国针对人身犯罪的控告情况。

表 33-2 法国对人身犯罪的控告情况

年份	乡村	城市
1850 年	1819	830
1851 年	1894	836
1870 年	1180	732
1871 年	1239	603

关于杀人犯罪,索奎特证实,在早期,即1846—1850年间,在乡村中受控告的人数是在城市中受控告人数的3倍,为20比7.6;不过,最近一个时期,即1876—1880年间,在乡村中受控告的人数只有城市的2倍,为63比31。从中可以看出,乡村的犯罪在减少,而城市中的犯罪却在增加。那些因谋杀而受控告的数据见表33-3。

表33-3 不同年代和地区的谋杀犯罪的数量

年　　代	乡村	城市
1846—1850	72%	65%
1876—1880	26%	31%

这就是说,在最近一个时期,城市和乡村的犯罪都在减少,但是乡村减少得更多。在乡村,无疑是因为缺少妓院,使得针对成人的猥亵伤害罪(indecent assault)的数量超过了城市。这一时期的数据见表33-4。

表33-4 不同年代和地区的猥亵伤害罪的数量

年　　代	乡村	城市
1846—1850	74%	24%
1876—1880	67%	27%

乡村的犯罪数量在减少,而城市却略有增加。乡村针对儿童的猥亵犯罪数量从1846—1850年的59%降低到1876—1880年的53%;而同期城市中的数量却从39%增加到了45%(索奎特)。城市中的堕胎罪显然要比乡村多,是乡村的2倍,后来达到了

3倍。不过,杀婴罪却是乡村更多。毫无疑问,这是因为他们容易找到城市中的堕胎者作为帮凶,不太害怕会被发现。

法国因为堕胎罪而受到控告的情况见表33-5。

表33-5　法国因为堕胎罪而受到控告的情况[①]

	每百万居民	
	1851—1855年	1876—1880年
法国的堕胎罪 乡村 城市	9.3 18.6	4.2 14.5
法国的杀婴罪 乡村 城市	32 21	35 22

财产犯罪的曲线表明,乡村受到经济危机影响的程度要比城市更深刻。[②] 革命和葡萄的收成会对城市和乡村的犯罪数量产生不同的影响。当葡萄丰收的时候,乡村的犯罪数量会增加。革命对乡村的影响要小得多,甚至到第二年才会被乡村感受到。但是,城市却能够立刻并且深刻地感受到革命的影响。

城市和乡村有着自己特定的犯罪类型。由于乡村人的复仇、贪婪和残忍性,他们的犯罪也更加野蛮。城市中的犯罪则以懒散、阴险和伪造为特点。当我们研究很大的城市市中心时,可以发现那些破坏公共秩序的犯罪在增长,而血腥犯罪相对减少的现象。

[①] 索奎特:《对法国犯罪研究的贡献》(Contribution à l'Etude de la Criminalité en France),1826—1880年。

[②] 拉柯沙尼,同前引书。

例如,在法国,塞纳地区杀人犯罪的数量(19.9)要比周围地区少;塞纳-瓦兹省是24.3,瓦兹是25.8。杀婴罪的数量相对而言就更少了,但是强奸儿童罪的数量却很大。盗窃罪的数量也很多(244)。在意大利的主要城市中,例如,都灵、威尼斯、博洛尼亚和罗马,违反公共诚信的犯罪数量就比周围其他城市要多得多。违反公共秩序的犯罪情况也是如此(都灵、热那亚、威尼斯、博洛尼亚、那不勒斯、罗马和巴勒莫)。罗马的杀人罪数量排在第一位(至于原因我们会在以后的章节中提到),然后是都灵。在其他所有的主要城市中,杀人罪的数量都在减少。维也纳每百万居民中有10.6起杀人犯罪,而整个奥地利只有25起;但是,维也纳的盗窃犯罪是每百万居民中116起,而整个奥地利的盗窃犯罪是每百万居民中113起。从1818年到1878年,柏林不管人口发生多大的变化,财产犯罪、盗窃罪、欺诈罪和流浪罪数量都确实在减少;而人身犯罪却在增加(除了1870年的战争时期)。[①] 不过,杀人罪的数量要比其他省份少,每百万居民中是11.6起,而布雷斯劳(Breslau)是18.2起,马格德堡是12起,康斯坦茨(Constance)是16起。盗窃罪的情况相反,柏林排在第二位。英格兰的情况更为简单。目前,伦敦每10万人中有15个犯罪嫌疑人,而其他的英国城市则每10万人中有50个犯罪嫌疑人,在乡村地区则是每10万人中有60个犯罪嫌疑人。因此,在伦敦,每10万人口中有3到4个犯罪嫌疑家庭,而在乡村,每10万人口中有3.9个犯罪嫌疑家庭;在其他城市,每10万人口中有18个犯罪嫌疑家庭。

---

① 施塔克(Starcke),同前引书。

第6章 生存(饥荒、面包的价格)

第34节 生存

使气候和人口密度的影响作用更为复杂化,甚至往往到达难以解释的地步的因素之一,就是生存的难易问题。

从厄廷根[①]关于普鲁士犯罪数量与必需的食物价格的对比研究中,我们发现食物问题所起的作用与文明同样大,甚至比文明所起的作用更大。因为当食物便宜时,财产犯罪(纵火犯罪除外)就减少,但是人身犯罪、特别是强奸犯罪则增加(参见表34-1)。

表34-1 普鲁士的食物价格与犯罪的关系

年份	强奸犯罪	纵火犯罪	财产犯罪	人身犯罪	谷物、土豆等的价格
1854	2.26	0.43	88.41	8.90	217.1
1855	2.57	0.46	88.93	8.04	252.3
1856	2.62	0.43	87.60	9.32	203.3
1857	4.14	0.53	81.52	13.18	156.3
1858	4.45	0.60	77.92	17.03	149.3
1859	4.68	0.52	78.19	16.63	150.6

---

① 厄廷根是指德国统计学家、犯罪学家亚历山大·冯·厄廷根(Alexander von Oettingen,1827—1905),又译为"奥廷根"。——译者

1862年,在普鲁士,当土豆等的价格非常高时,财产犯罪与人身犯罪的比率是44.38比15.8。当食物的价格下降时,财产犯罪也随之下降到41,而人身犯罪则上升到18。[①] 1847年的饥荒导致人身犯罪上升24%。但是,正如施塔克(Starcke,1884)所给出的数据那样,我们有更明显的证据证明1854年到1878年普鲁士的情况。

每50公斤小麦的价格和与之对应的犯罪数量,参见表34-2。

表34-2 每50公斤小麦的价格和与之对应的犯罪数量

犯罪类型	居民犯罪数量		
	每50公斤小麦高于12马克	每50公斤小麦低于10马克	每50公斤小麦在10至12马克之间
普通犯罪	1到172.9	190.6	179.8
盗窃罪	1990	2645	2512
盗伐林木罪	50.8	48.2	49.5
伪造罪	76283	71787	68600
破产罪	77600	56300	56200
破坏公共秩序罪	4282	3587	3055
纵火罪	68328	46960	71666
伤害罪	37328	54463	45933
杀人罪	109937	118225	95000
杀婴罪	230700	227000	227000

从表34-2中可以看到,小麦的价格部分地影响了普通犯罪(crime in general),而对盗伐林木罪却产生了直接的影响作用;当

---

① 瓦帕奥伊斯(Wappaeus):《普通人口统计》(Allgemeine Bevolkerungs Statistik),1861年。

第 6 章　生存（饥荒、面包的价格）

小麦的价格最高时，此项犯罪的数量也最多。另一方面，小麦的最低价格显然与最大程度的生活安宁相一致，与伤害罪、杀人罪和纵火罪的爆发状况相符合。这种情况或许可以用如下事实来解释，即当面包的价格低时，酗酒就变得有可能。在小麦价格居于中等水平时，伪造罪、破产罪及破坏公共秩序罪发生的频率最大。在法国，从科雷的图表中可以看出，从 1843 年到 1883 年，代表轻罪（几乎都是财产犯罪）发生频率的曲线和自杀曲线在持续上升，到 1865 年时几乎与代表面包价格的曲线平行。然而，达到这个点后，虽然代表轻罪的曲线仍然持续上升，但是，代表面包价格的曲线却在下降，这证明有其他的因素影响了犯罪，使得生存因素排到了第二位。代表犯罪的曲线一点都没有与代表面包价格的曲线平行。罗西（Rossi）在研究了罗马的犯罪之后得出了同样的结论。卡利亚里等在研究了 1875 年到 1883 年间犯罪与炎热天气和谷物价格的关系时，也得出了相同的结论。[①] 同期，财产犯罪（不包括恶劣的盗窃罪和公路抢劫罪）也受到冬天气候和食物价格的影响（参见图 34-1）。

事实上，在罗马，1830 年的犯罪数量最多（70738 起），那时恰逢很高的小麦价格和严寒的天气；不过，在小麦的价格依然很高，但是冬天的天气却格外温暖的 1877 年，犯罪数量仅仅只有 61498 起。1881 年，当小麦的价格显著下降，冬天的平均气温上升时，财产犯罪数量也明显下降，从 70730 起下降到了 59815 起，这种下降一直持续到 1882 年和 1883 年，同时，谷物的价格也在下降，天气

[①] 《精神病与犯罪人类学档案》，1884 年。

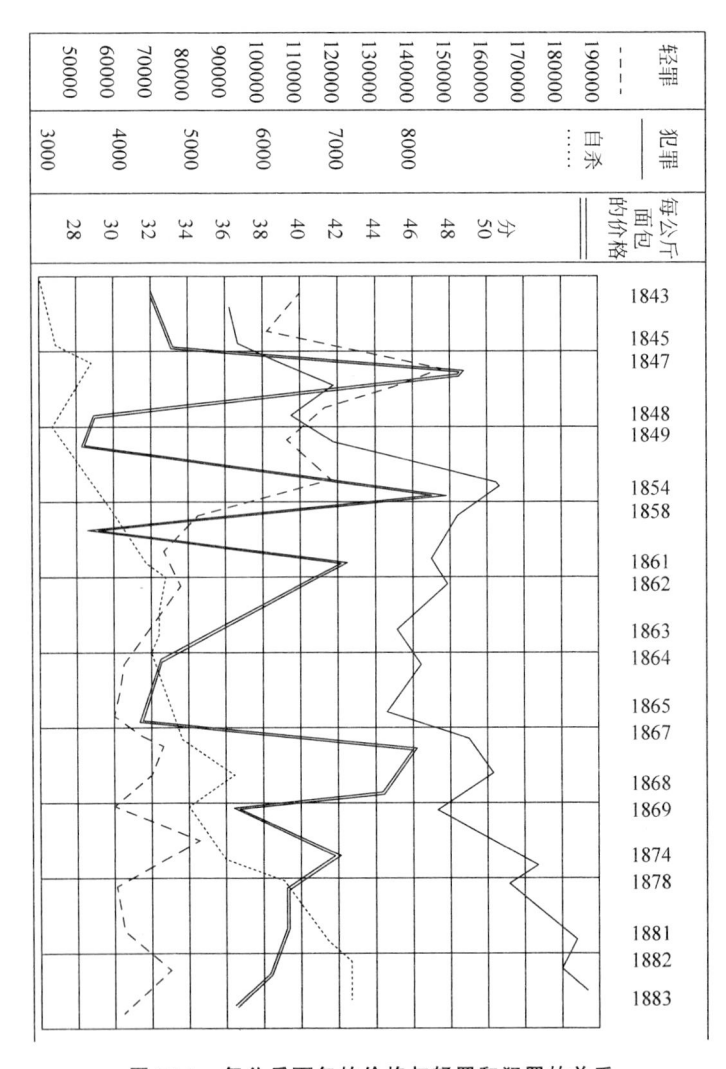

图 34-1 每公斤面包的价格与轻罪和犯罪的关系

也没有那么寒冷。从1875年到1883年,温度几乎没有影响伤害罪和其他人身犯罪,但是,食物价格的每一次上涨都会造成这些犯罪数量的下降,反之亦然。

不过,在意大利进行的各种因素对不同类型犯罪的影响作用的所有研究中,最具有决定性的研究结果,是关于获得每公斤小麦或者面包的等价物所要付出的必要劳动小时数的研究结果。通过这种方式,可以校正在不同工资水平下食品的价格。① 从图34-2和表34-3中可以看出:第一,所有财产犯罪(除非相反的因素发挥强大的影响作用)都与获得每公斤面包或者谷物的等价物所必需的劳动小时数的曲线,保持着精确的对应关系。在1875—1877年,盗窃罪随着必要劳动小时数的增加,从137起增加到153起;而在1879—1888年,当必要劳动小时数下降时,盗窃罪的数量从184起下降到111起。商业犯罪和伪造罪则不受影响。第二,当必要劳动小时数减少时,违反道德规范的犯罪数量上升。从1881年到1888年,当必要劳动小时数从122小时下降到92小时时,这些犯罪数量从3.11上升到5.25。佛纳萨里·迪·维斯②为我调查了英格兰、苏格兰和爱尔兰50年间的数据,结果表明,在犯罪与谷物价格变化之间存在着类似的关系。也就是说,非暴力型财产犯罪一般随着谷物价格的上涨而增加,1846—1847年就是如此;但是,暴力犯罪完全不受食物价格的影响。

---

① 佛纳萨里·迪·维斯(Fornasari di Verce):《意大利的犯罪与经济》(La Criminalita e le Viconde Economiche in Italia),都灵,博卡(Bocca),1895年。
② 佛纳萨里·迪·维斯是19世纪意大利犯罪学研究者。——译者

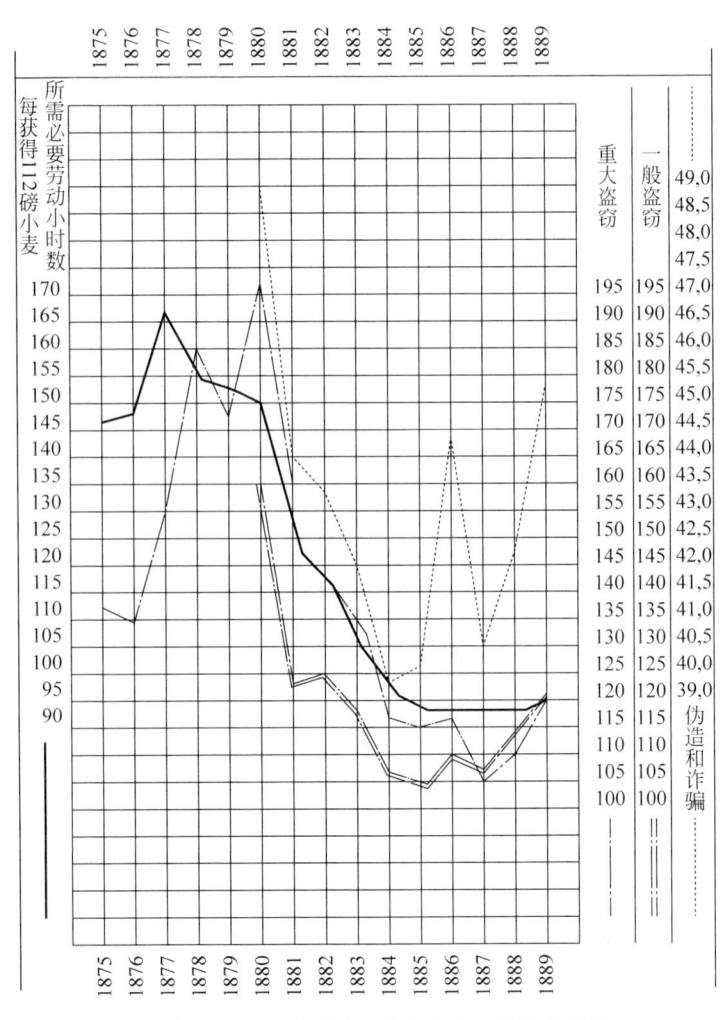

图 34-2　意大利小麦价格与盗窃犯罪的关系

第 6 章 生存（饥荒、面包的价格）

在 1842—1845 年和 1862—1863 年间，这些犯罪数量随着谷物价格的下降而减少，但在 1881—1886 年时，虽然谷物价格便宜，而犯罪数量却上升了。诈骗型财产犯罪、伪造罪、伪造货币罪等和类似的人身犯罪都不受价格的影响。在新南威尔士，同样可以从科格伦的调查中得出类似的结论（参见图 34-4）。

食物价格对谋杀罪的影响是不确定的，或者是可以忽略不计的，对于伤害罪也是如此。但是，对于盗窃罪却有着巨大的影响；对违反道德规范的犯罪还起着反作用，当食物价格降低时，犯罪数量则增加。饥荒减少了人们的性欲，但是丰富的物质却激发性欲；当对于食物的需要迫使一个人去偷窃时，丰富的物质也会诱使一个人实施性犯罪。同样的情况也适用于工作的缺乏和工资的降低。人们已经指出，女性和家庭佣人比其他人更容易在缺乏食物的情况下犯罪，毫无疑问这是因为她们更需要食物。特别是那些断断续续过着好日子的家庭佣人，抵制穷困的能力更低。但是，如果承认食物缺乏会增加盗窃罪，食物丰富会增加杀人罪、伤害罪和放荡行为，那么，当一个犯罪团伙在一定市场状态下犯罪增加，而另一个犯罪团伙在同样的情况下犯罪却减少时，或者发生了完全相反的情况时，就更容易理解食物对于一般犯罪变化的影响是不大的。即使食物的价格持续朝一个方向发展，它也不会从本质上影响一些特定犯罪的比例。例如，在意大利，食物价格的上升极大地影响了重大偷窃犯罪；然而，这种极大的变化也是在 184 到 105 之间，就是说，每 10 万人中的变化量是 79。与此类似，由于食物价格低而造成的性犯罪的增加，在每 10 万人中最大的变化量也只是 2.14；如果考虑到遗传、气候和种族的影响时，这样的事实也是很好理解的。

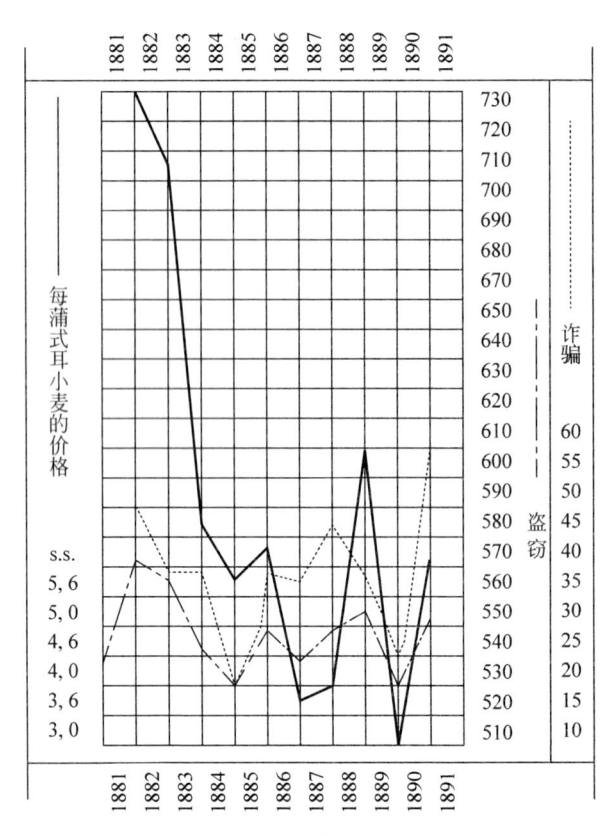

图 34-3　澳大利亚新南威尔士州小麦价格与盗窃和诈骗关系曲线图

在食物价格的提高对于杀人罪的影响方面，往往存在着一种奇怪的矛盾现象。在通常情况下，当面包价格贵时，人们缺钱去买酒，杀人罪和公路抢劫罪就会减少。但是，有时候人们会为了获得更多的酒而使得犯罪数量增加，新南威尔士就是如此。根据约利的研究，莫尔比昂省和旺代省是道德最好的地区，[①]虽然那里的工资只上涨了一点，而生活必需品的价格却翻了一倍；但是，那里的酗酒现象较少。罗讷河口省的情况则相反，工资上涨了30%，食物上涨了15%；埃罗省的工资上涨了60%，而食物价格的上涨要少得多；但是，这些地区就是因为酗酒而成为道德水平最低的地方。

表34-3　意大利获得一定食物的必要劳动小时数与犯罪的关系

年份	生存所需的必要劳动小时数		在法庭受审的案子（每10万居民）						
	112磅谷物	112磅面包	盗窃罪		欺诈罪和盗用罪	杀人罪		伤害罪	性犯罪	抗拒政府罪
			重大盗窃	一般盗窃		加重杀人	单纯杀人			
1875	146	……	137.48	……	……	4.00	10.71	……	……	0.24
1876	148	……	134.06	……	……	4.50	10.45	……	……	0.14
1877	166	……	153.61	……	……	3.49	9.30	……	……	0.25
1878	154	……	184.77	……	……	3.91	10.86	……	……	0.67
1879	152	……	172.10	……	……	6.54	13.79	……	3.45	0.45
1880	149	207	196.84	160.04	49.04	5.87	12.48	147.38	3.11	0.37
1881	122	181	146.46	123.24	43.84	5.35	11.08	151.48	3.95	0.34
1882	116	176	140.98	124.26	43.24	5.54	10.17	157.10	3.76	0.37
1883	104	167	131.07	117.30	41.85	4.98	10.08	165.10	3.66	0.66

---

① 《法国的犯罪》，第353页。

续表

年份	生存所需的必要劳动小时数		在法庭受审的案子（每10万居民）						
	112磅谷物	112磅面包	盗窃罪		欺诈罪和盗用罪	杀人罪		伤害罪	性犯罪	抗拒政府罪
			重大盗窃	一般盗窃		加重杀人	单纯杀人			
1884	96	149	116.77	106.89	39.61	5.02	9.68	167.18	4.12	0.61
1885	93	146	115.25	104.84	40.19	4.72	9.27	145.41	4.20	0.45
1886	93	145	116.73	110.83	43.85	4.52	9.13	158.83	4.56	0.42
1887	93	147	105.91	107.98	40.56	4.11	8.38	180.61	4.41	0.49
1888	92	147	111.44	115.80	42.21	4.26	9.11	192.27	5.25	0.26
1889	95	149	122.19	121.83	45.37	4.19	8.17	178.78	5.62	0.26

不过，有一件事是肯定的，即尽管饥荒很少发生并且数量稳步减少，但是，盗窃罪却持续增长。① 由此很容易理解，为什么食物的缺乏和真正的贫困对犯罪的影响要比人们一般认为的更小。在格雷的统计数据中，由于贫困而进行的偷窃只占整个偷窃总数的1‰，那些饥饿者所犯的偷窃罪还没有暴食者犯的多。在伦敦，在43种被偷物品中，香肠、禽肉和野味排在第13位；糖、肉和酒排在第30位；面包排在了最后。约利评论说，在法国1860年到1890年的统计数据中，盗窃钱和银行支票的数量是最多的（396：100000），而盗窃肉、燕麦、家禽等的数量每10万人中55起。马雷（Maré）写道：②

---

① 约利：《法国的犯罪》，第358页。
② 《美丽的世界》(Un Joli Monde)。

第6章 生存(饥荒、面包的价格)

饥饿很少导致偷窃。年轻人偷刀具和雪茄;当食物被盗时,成年男子会喝烈性酒,成年妇女会吃棒棒糖和巧克力。

卖淫的情况也同样如此。

劳科太里(Locatelli)说:

> 如果饥饿和贫困足以让一个年轻女孩去卖淫,那么有必要把蒙蒂欧奖①授予人民的无数的女儿们,因为她们不管遭受怎样的极度贫困,不管遇到怎样的巨大诱惑,都从不出卖自己,而是保持纯洁与贞操。

到此为止,我们能够得出这样的结论,即什么样的食物支持什么样的犯罪。我们知道,素食者的饮食使素食者温和驯良,而动物肉食则使人残忍而暴虐。毫无疑问,这正是伦巴第族农民能够忍耐他们主人的虐待,而喜欢吃猪肉的罗马涅人(Romagnol)则会用暴力为自己复仇的缘故。

第35节 起义

正如我在《政治犯罪》一书中所论述的,饥饿对起义(insurrection)的影响作用被夸大了许多。在法拉戈里亚(Faraglia)

---

① 蒙蒂欧奖(Montyon prizes)是由法国科学院(French Academy of Sciences)和法兰西科学院(Académie française)每年颁发的系列奖项。——译者

那本很有价值的书《那不勒斯物价的历史》(Storia dei Prezzi in Napoli)中,向我们提供了将近9个世纪中每年的食物价格,我们总共发现了46次大规模的饥荒,分别出现在1182年、1192年、1256年、1269年、1342年、1496—1497年、1505年、1508年、1534年、1551年、1558年、1562—1563年、1565年、1570年、1580年、1586—1587年、1591—1592年、1595年、1597年、1603年、1621—1622年、1623—1625年、1646年、1672年、1694—1697年、1759—1760年、1763年、1790—1791年、1802年、1810年、1815—1816年、1820—1821年。在这46年的饥荒中,只发生了6次起义,分别是1508年、1580年、1587年、1595年、1621—1622年、1820—1821年。著名的马萨尼埃洛①起义②(1647年)就受到除了经济状况以外的许多其他因素的影响,例如,马萨尼埃洛的疯狂、炎热的天气以及西班牙人的残忍。这是因为,如果1646年发生了饥荒,1647年即使没有谷物丰收,至少水果、肉类、猪油和干酪是丰收了。而且,1182年那场持续了五年,人们几乎找不到野草吃的大饥荒时期也没有爆发起义。1496—1497年的饥荒即使让瘟疫流行,迫使城市中的人逃到了乡村,也没有引起任何的革命;1565年饥荒时,灾难十分严重,以至于烂白菜都卖到了平时新鲜的好白菜的价格,但是同样也没有爆发任何的革命。1570年,当"穷人离开各自的省份,成群结队如潮水般涌入那不勒斯,饥饿、消瘦、疾病缠

---

① 马萨尼埃洛(Masaniello,1620—1647)是意大利那不勒斯的反抗西班牙统治和贵族压迫的贫民起义领袖。——译者

② 龙勃罗梭:《精神病学家对三个法庭的研究》(Tre Tribuni Studiati da un Alienista),1887年。

身,他们希望通过斗争来活命,街道上到处都是不幸的人们"的时候,依然没有发生任何的革命。最后,1586年的饥荒时期也没有发生起义。在这里,我们要好好回忆一下,如果法国在1827年、1832年、1847年爆发的革命,都与经济危机、物质匮乏和炎热的夏天有关,那么,在1834年、1864年和1865年的革命中,我们没有发现明显的经济或者气象学的原因。1451—1500年和1601—1625年间,斯特拉斯堡的牛肉的平均价格上升了134%,猪肉上升了92%,而工人的工资下降了10%,但是,那些年也没有爆发起义。① 1670年马德里发生严重饥荒时,工人们自发组织起来,洗劫富人的房子,杀害有产阶级,每一天都有人因为食物而杀人;但是即便如此,也没有爆发真正的起义。② 在印度,可以一步步地发现可怕的饥荒所引起的后果。1865—1866年间,饥荒造成奥里萨邦(Orissa)25%的人口死亡,布里(Puri)有35%人口死亡,但是,那些年也没有任何起义。最严重的一次饥荒持续了一百年,在内洛尔(Nelhore)这个因干旱和高密度人口而受灾最严重的省份里,至少在以下年份中发生过饥荒:1769—1770年、1780年、1784年、1790—1792年、1802年、1806—1807年、1812年、1824年、1829年、1830年、1833年、1836—1838年、1866年、1876—1878年。③ 在1869—1870年的饥荒中,死了1/3的人口。在1877—1878年,除了正常死亡的人数外,1.97亿人口中据估计有500多万死于饥

---

① 马蒂尼(Martini):《普鲁士年鉴》(Preussiche Jahrbücher),1895年11月。
② 巴克尔(Buckle),Ⅳ。
③ 亨特(Hunter):《印度皇家公报》(Imp. Gaz. of India),1881年。

荒。① 但是，所有这些饥荒都没有引起起义。印度1857—1858年的大规模兵变事件②的主要原因，是因为反对文明所带来的革新（铁路、电报等），因为被废黜王子的共谋，以及如亨特所认为的，是因为印度士兵相信自己的弹药筒被涂上了猪油。③ 在这里，长期饥饿还不如迷信有威力。我们所知道的其他的印度叛乱，都与物质匮乏无关。无论是1751年的波黑拉(Bohilla)起义，还是1710年旁遮普邦(Punjab)的锡克教教徒(Sikhs)起义、1764年的印度兵(Sepoys)起义；无论是1843年在辛茨(Synts)所发生的准王朝起义(semi-dynastic)，还是1848年的锡克教教徒起义，都与物质匮乏无关。值得注意的是，在饥荒最严重的奥里萨邦，起义数量最少。

所有这些都可通过我们所研究的热带气候和两极气候的影响来进行解释，当人们的生命力降低时，他们没有足够的能量来反抗。因此，人们过度的不幸不太可能比繁荣更容易引起革命。这完全与从犯罪数据中得到的发现相一致，即饥荒和严寒一般会减少所有的人身犯罪，特别是会减少强奸和杀人犯罪。④

---

① 亨特：《印度帝国》(The Indian Empire)，1882年。
② 同上书。
③ 凯(Kaye)：《印度兵的历史》(History of the Sepoys)，1865年。
④ 龙勃罗梭：《政治犯罪与犯罪现象》(Crime Politique et Criminalité)，巴黎，1895年；《思想与气象》，米兰，1875年。

第7章 酗酒[①]

第36节 酗酒和食物供应

正如我们在前一章中已经看到的那样,食物供应的效果不可能与酒精饮料的效果分开。的确,酒精饮料是犯罪原因中一种强有力的因素,它的影响作用甚至能够完全超过其他因素。

第37节 酒精饮料的有害影响

众所周知的一个事实是,由于酒精饮料可以使极端性气候变得比较容易忍受,因而会增加炎热地区和寒冷地区人们的危险性。在极地地区的人们中,在印度的士兵与海员中,都是如此;他们认为,饮用酒精饮料可以增加对疲劳的抵抗力,但实际上,酒精饮料会加重他们的疲劳。毫无疑问,由于这种原因,在俄罗斯战役

[①] 原文是alcoholism,这个术语也可以翻译为"嗜酒成瘾",在精神病学中通常翻译为"酒精中毒"。刘麟生的译本将本章翻译为"酗酒之影响"。——译者

中,[1]北方人比不善饮酒的拉丁人[2]更能够吃苦。在霍乱流行中已经证实,酒鬼(drunkard),甚至单纯的"饮酒者"(drinker),都比戒酒者更容易患上霍乱。[3] 在饮酒的妇女中,更容易发生堕胎,因为饮酒家庭的生育能力,比戒酒和节制饮酒夫妻低 2 到 4 倍。这种致命的酒精饮料,会刺激肉欲,使其发展成为暴力行为和犯罪,却不会因此而增加生育率。[4] 瑞典军队在招募新兵时,饮酒是被拒绝招募的主要原因之一,因为饮酒者身体虚弱或者发育不足。1867 年,未被招募的人上升到 32%;在颁布禁酒法律之后的 1868 年,未被招募的人下降到 28%。在法国一些缺乏葡萄酒的地区,人们更多地饮用烈性酒(spirits[5]),例如,在菲尼斯太尔省(Finistère)就是这样,在那里,招募新兵时不合格的人从 72 增加到 155。[6] 酒精饮料影响身材。身材高大的华尔捷克人(Woljaks),在过度饮用白兰地酒之后,身材变小,最后变得身材低于平均身高。我们已经看到,维佑(Viu)河畔的美女在大量饮用白兰地后,失去了美貌和身材。饮酒会缩短平均寿命,这也不是什么令人惊讶的事情。不应当把白兰地叫作"生命水"(eau de vie),

---

[1] 根据刘麟生译本,俄罗斯战役(Russian campaign)是指法国统治者拿破仑侵略俄罗斯而遭到失败的战役。——译者
[2] 拉丁人(Latins)是指讲拉丁系语言的人,包括意大利、法国、西班牙、罗马尼亚等国的人。——译者
[3] 在戒酒者中,霍乱引起的死亡率是 19.9%,而在饮酒者中,霍乱引起的死亡率是 91%。
[4] 饮酒夫妻平均有 1.3 个孩子,而戒酒夫妻平均有 4.1 个孩子。转引自贝尔(Baer):《酗酒》(Alkoholismus),柏林,1878 年。
[5] Spirits 通常指威士忌、白兰地等烈性酒,又称为"烈酒"。——译者
[6] 卢涅尔(Lunier)的论述。

而应该把白兰地叫作"致命汤"(eau de la mort)。奈森(Neisson)的计算表明,饮酒者中的死亡率至少是戒酒者的3.25倍。①

第38节 贫穷

所有这些都使我们了解到,酗酒的最明显、最严重的后果之一,就是陷入贫穷(pauperism)。饮酒者的后代是盲人、瘫痪病人和阳痿者。即使他们在出生时有大量财富,他们也必然会变成穷人。如果他们是穷人,他们就无法工作。

的确,随着工资的增加,酒鬼的数量也会剧增,结果导致轻罪(misdemeanor)数量的增加。当兰开夏郡②矿工的工资从4先令增加到7先令和9先令时,醉酒引起的死亡率从495增加到1304和2605,犯罪从1335增加到3878和4402。不过,更加糟糕的是在工资下降的时候。在这个时候,饮酒占用了穿衣和吃饭的资金,就很容易发生饥寒交迫的情形;饮酒反过来又使饮酒者日益变得衰弱和贫穷,并且导致他们在很多时间被监禁。可以说,酗酒既是奢侈的结果,也是贫穷的结果。在埃克斯-查佩拉(Aix-la-Chapelle)地区可以发现这种现象。在这个地区,1850—1860年间,工资增长了1/4,酗酒也增长了1/4;但是,酗酒的增长甚至更

---

① 20岁时嗜酒的人的预期寿命为16年,同样年龄时不饮酒的人的预期寿命是44年。饮用啤酒者的预期寿命是21.7年,饮用烈性酒者的预期寿命是16.7年;既饮用啤酒又饮用烈性酒的人的预期寿命是16.1年。在97名父母饮酒的儿童中,只有14人是正常的。转引自贝尔:《酗酒》,柏林,1878年。

② 兰开夏(Lancashire)是英国西北部郡名,以产棉而出名。——译者

快,在美国发生危机之后,80个工厂关闭,工资下降了1/3。贫穷家庭的数量从1865个增加到2255个,售酒商店从183家增加到305家;妓女从37名增加到101名,而结婚男女则从785对下降到630对。同一时期,盗窃与纵火案件成倍增加。① 人们发现,在1860—1861年的饥荒中,在伦敦戒酒协会的7900名成员中,没有一人申请救助。② 惠施(Huisch)发现,在每100磅的救济物中,有30磅被用于饮酒。伯特兰(Bertrand)和李(Lee)指出,最悲惨的城市,是那些饮酒数量急剧增长和售酒商店成倍增加的城市。酒精饮料的有害后果的一个突出例子,就是上西里西亚(Upper Silesia)提供的。这个地方十分悲惨,一些人被饿死,与此同时,酗酒却急剧增加,新婚夫妇在走入神坛之前因为饮酒而摇摇晃晃,父母在醉酒状态中给自己的新生儿洗礼。西里西亚的一个传教士写道:"在无节制放纵的地方,悲惨和犯罪就如影随形一般。"③人们已经注意到,醉酒是德国夫妻分居和离婚的主要原因之一,而且,人们也已经知道,离婚父母的子女和第二代的婚姻,与犯罪和卖淫有极为密切的联系。

第39节 酗酒与犯罪统计

从上述情况很容易发现,无论是从社会角度来看,还是从病理

---

① 图恩(Thun):《莱茵河下游的工业》(Die Industrie am Niederrhein),1890年。
② 从1823到1826年,美国费城的济贫院(almshouse)每年接受4000到5000名因为饮酒而倾家荡产的穷人。在马萨诸塞州的3000名穷人中,大约有2900人属于同样的情况。转引自贝尔:《酗酒》,柏林,1878年,第582页。
③ 贝尔:《酗酒》,柏林,1878年,第582页。

角度来看,酗酒与犯罪都有联系。这种联系的第一个证据,可以从表明文明国家的犯罪不断增长的统计中发现。由于人口的增长,这种增长的幅度如果仅为 13% 到 15%,是正常的。但是,这种增长很容易用滥用酒精饮料来解释,酒精饮料的消耗比率恰恰可以解释犯罪率的增长。

酗酒与犯罪有联系的一个进一步的证据,可以在菲利对法国犯罪的研究中发现。[①] 这项研究发现,犯罪与葡萄酒和烈性酒消费之间的并行关系是很明显的,至少在葡萄丰收的年份(1850、1858、1865、1869、1875)和葡萄歉收的年份(1851、1853、1854、1866、1867、1873)是如此。1870 年是一个例外,因为这一年是发生战争的一年,在这一年中,军事统计挤掉了司法统计。1876 年是另一个例外,是一个我无法解释的例外,我没有这些年的连续的统计资料。在 1860—1861 年间的葡萄收获期,似乎将酗酒对犯罪的影响效果推迟了一年。犯罪与酒类消费之间的并行关系是很奇怪的,也是很值得关注的,因为有几位作者声称,烈性酒对于犯罪有重大影响而葡萄酒对于犯罪没有重大影响,因此,正如我们将要看到的,有人已经提出,应当在最容易发生犯罪的那些国家,鼓励葡萄酒的销售。现在,从这些统计资料来看,饮用酒精饮料(alcohol)与杀人和伤害之间的关系不如饮用葡萄酒(wine)与杀人和伤害之间的关系那样明显,1855—1868 年、1873—1876 年是例外。这很容易理解,因为在销售葡萄酒的商店中,比在销售白兰地的地方更容易发生争吵,在销售白兰地的地方停留的时间很短,

---

① 龙勃罗梭:《犯罪人论》,1895 年。

没有机会进行争吵。

饮酒与犯罪之间关系的另一个证据,可以在这样的事实中发现,即犯罪发生最多的日子和月份,恰恰是饮酒最多的日子和月份。因此,施洛特(Schroeter)报告说,[①]在德国发生的2178起犯罪案件中,58%是在星期六夜晚发生的,3%是星期天发生的,1%是星期一发生的;在同样的日子里,性犯罪、造反和纵火发生得最多,发生率为82%。在意大利,仅仅保留了1870年的这类记录,在记录中发现了同样的事实。[②]

在1870年的意大利官方记录中,在假日(平均每5个工作日才有1个假日)中发生的不同犯罪的百分数见表39-1。

表39-1 假日中发生的不同类型犯罪的情况

犯　　罪	巡回法庭（Assizes）	普通法庭（Ordinary tribunals）
对抗官员	68.1	78.5
强奸	65.4	67.4
杀害长辈、杀妻、杀婴犯罪	56.9	……
谋杀(murder)	72.8	74.8
杀人(homicide)	78	76
重伤害	71.3	……
恶意伤害(malicious assault)	69.6	……
威胁和流浪(vagrancy)	……	72.4

---

① 《威斯特伐利亚监狱年鉴》(Jahrbuch der Westphälischen Gefängnisse),1871年。
② 由于原注内容较多(从下一段的"在1870年的意大利官方记录中……"到表39-1之后的一段"因此,所有暴力犯罪和侵害人身犯罪都是在假日发生得最多,而诈骗型犯罪和预谋型犯罪则在平日发生得最多。"都是原注中的内容)并且有表格(即表39-1),现在改为正文,将这些原注的译文排在本段之后。——译者

续表

犯 罪	巡回法庭（Assizes）	普通法庭（Ordinary tribunals）
公路抢劫	61.5	……
盗窃	61.2	66.8
遗弃和替换婴儿	……	34.8
收受和购买赃物	63.9	……
侵占公共资金	……	39.3
伪造	47.8	49.4
诽谤和诬告	12	……
公路抢劫致人死亡	31.2	……
破产	26.4	48.2

因此，所有暴力犯罪和侵害人身犯罪都是在假日发生得最多，而诈骗型犯罪和预谋型犯罪则在平日发生得最多。

菲利发现了令人惊讶的事实：在法国，从1827年到1869年，人身犯罪从8月份到12月份普遍性地迅速下降，相反，严重的身体伤害则在11月份明显上升，11月份是新的葡萄酒开始销售的时期。应当注意到，重伤害案件的发生，例如，由巡回法庭审判的案件，是一个问题，而由轻罪法庭（minor court）审理的葡萄酒商店中的轻微争吵，则不是一个问题。狄克逊（Dixon）发现了一个独特的地方，这个地方尽管多年来有大量的工人人口，但是犯罪并没有随之增加。这个地方就是美国佛蒙特州的圣约翰伯里（St. Johnbury）。不过，这里绝对禁止销售发酵饮料、啤酒、葡萄酒等；这些饮料只能像毒药一样，根据消费者的书面请求，经市长同意后才能由药剂师提供，市长要写出在政府登记册（public register）中记载的那个人的姓名。在比利时,据估计酗酒引起了25%到27%的犯罪。在美国纽约,在被传讯的49423人中,30509人是习惯型酒鬼(habitual drunkard)。1890年,在整个美国,每100名监狱犯人中,20人是酒鬼,60人是中度饮酒者,20人是戒酒者。[1] 在荷兰,4/5的犯罪、7/8的争吵、3/4的殴斗和1/4的破坏财产,都是由酗酒引起的。在瑞典,3/4的犯罪是由酗酒引起的。酗酒与暗杀和其他流血犯罪的关系更为密切,但是,盗窃和诈骗大部分是由酒精遗传(alcohol heredity)引起的。在英格兰,被巡回法庭判决有罪的29752人中,有10000人是由于经常出入酒馆而犯罪的;被治安法官判决有罪的90903人中,有50000人是由于经常出入酒馆而犯罪的。[2] 在法国,吉耶曼(Guillemin)估计,50%的犯罪人是酗酒后犯罪的。贝尔估计,在德国,41%的犯罪人是酗酒后犯罪的。在那些葡萄酒的消费少而烈性酒的消费多的地区,犯罪人中酒鬼的比例最多。根据马罗(Marro)的观察,在犯罪人中,73%的人滥用酒精饮料,其中只有10%的人是正常的。在我的《百年犯罪行为》(Centuria di Criminali)中,罗西(Rossi)发现,醉酒者高达81%,其中23%的人从婴儿时期开始饮酒。在青年和成人中,酗酒的发生率仅有10%的差异。在20岁以下的100名犯罪人中,64%的人已经饮酒成瘾。由此可见,饮酒是极其有害的。

---

[1] 鲍斯高:《美国的谋杀犯罪》(L'Omicidio negli Stati Uniti d'America),1897年。
[2] 贝尔:《酗酒》,柏林,1878年,第342页。

第 40 节 生理效果

所有那些能够用异常的方式刺激大脑的物质,都会使个人更容易进行犯罪和自杀,也会使个人更容易精神错乱,而精神错乱与犯罪和自杀有密切的联系。迈吉都人(Medjidubs)和爱萨诺斯人(Aissaonas)不用任何麻醉品,他们通过长时间的头部摇摆运动而进入麻醉状态。"他们是危险的人,"伯布卢格(Berbrugger)说,"他们凶残,容易进行盗窃。"① 吸食鸦片者也经常陷入杀人狂暴(homicidal fury)中。在大麻的作用下,莫罗(Moreau)感到自己逼迫进行盗窃活动。

葡萄酒的效果是很有害的,烈性酒的效果甚至更加有害,它浓缩了葡萄酒的有害成分。但是,在所有酒类饮料中,最有害的是像苦艾酒(absinthe)和味美思酒(vermouth②)一类的烈性酒,这类酒除了酒精之外,还包含了毒害神经中枢的药物。③ 诺伊曼(Neumann)在 1876 年论述了酒精饮料怎样改变血色素的问题,他发现,酒精饮料使血球携带氧的能力降低 1/4,还会使大脑隔膜和皮层充血,这会导致血管扩张,使血管壁的肌肉纤维产生麻痹;

---

① 《阿尔及利亚》(L'Algérie),1860 年。
② vermouth 也译为"苦艾酒",是以多种香草制成的酒类饮料,常用以调配鸡尾酒。——译者
③ 《科学评论》(Revue Scientifique),1897 年。

最后,受到刺激而发炎的神经细胞会变肥退化。克雷佩林[①]指出,[②]30—45 克乙醇[③]或多或少会阻止甚至使所有的心理功能不能发挥作用。昏迷(stupor)的效果与身体疲劳类似,给昏迷者饮用酒精,会使昏迷的时间延长,短则持续 40 或者 50 分钟,长则持续 1 至 2 小时。在摄入少量的酒精时,心理功能在兴奋活动或者加速进行一定时间之后,会陷入麻痹状态,心理功能兴奋活动或者加速进行的时间至多会持续 20—30 分钟。

但是,克雷佩林进一步证实,酒精的效果并非对所有心理功能都是相同的。酒精可能会使运动神经产生短时间的加速进行现象,同时,甚至最小剂量的酒精都会使统觉(apperception)、概念、联想等心理功能受阻和几乎完全受到抑制。在感觉方面也会有同样的情况。可以推断,由少量酒精引起的最初阶段的兴奋,仅仅是由几种因素交织在一起,特别是由外部观念联想、语词联想、感觉等,以及更有逻辑性和更为深刻的内部联想的损害引起的一种迸发现象。在酒精影响下,过度兴奋的运动中枢会使醉酒者产生一种错觉力量,迫使其进行极为残忍的行动;观念联想混乱,饮酒者会无休止地重复单调的陈词滥调和同样的粗鄙笑话。这种现象同样可以用心理运动活动的最初加速度来解释,通过这种加速,可以不使饮酒者产生痛苦的心理抑制。当酒精一旦使不幸的受害者陷

---

① 克雷佩林是指德国精神病学家埃米尔·克雷佩林(Emil Kraepelin, 1856—1926),又译为"克雷丕林"。——译者

② 《通过某些药物影响简单肢体的物理过程》(Ueber die Beeinflussung einfacher physicher Vorgänge durch einige Arzneimittel),耶拿(Jena),菲舍尔(Fischer),1892 年。

③ 乙醇(ethyl alcohol)是酒精的正式名称,乙醇俗称为"酒精"。——译者

入这种状况,就会使其心理抑制持续下去;当醉酒者一旦陷入心理抑制后,最高尚的情操都会失去作用,最健全的大脑都会发生疾病。这是一种新的实验性证据,证明了犯罪是有机体的一种病态状况的结果。因此,对于醉酒者来讲,影响大脑、脊髓和神经中枢以及肝脏和肾的有毒物质,不仅会因为影响部位的不同而引起痴呆、尿毒症和黄疸病,也会在其他情况下引起犯罪。

但是,不幸的是,犯罪是最普通、最常见的结果,大量的证据证明了这一事实。我最近在监狱中遇到一个很引人注目的窃贼,他就像所有犯罪人那样,以自己是一个窃贼而感到得意,除了窃贼们的隐语之外,不知道如何交谈。他没有受过教育,他的脑部也没有表现出迫使他犯罪的症状。不过,当他告诉我说他的父亲和他都是酒鬼时,我很快得知了其中的原因。"你知道,"他说,"在我还是一个孩子的时候,我就喜爱白兰地。现在,我能喝 40 到 80 小杯白兰地。当我喝完 2 至 3 瓶葡萄酒后,白兰地的醉酒状态就会过去。"[1]习惯型饮酒者(habitual drinker)不仅自己邪恶放荡,而且会使子女发生缺陷,变成犯罪人或者早熟型堕落者(precocious debauchee),[2]我们将从朱克家族(the Juke family)的历史中看到这样的情况;而且,醉酒本身也是犯罪的一种直接原因。加尔(Gall)讲了一个名叫佩特里(Petri)的土匪的情况,这名土匪说,当他喝醉之后,他感到自己是被迫杀人的。加尔也提到了柏林的一个妇女,当这名妇女喝醉的时候,就会产生残暴的欲望。

---

[1] 《精神病学和刑罚科学档案》(Archivio di Psichiatria e Scienze Penali),1890 年。
[2] 《精神医学年刊》(Ann. Med. Psich.),1877 年。

因此，酒精饮料是犯罪的一种原因。首先，这是因为许多人实施犯罪是为了得到酒喝。其次，是因为人们往往从喝酒中获得进行犯罪所需要的胆量，或者把饮酒当作对自己的不良行为辩解的一种借口。第三，是因为在酒精饮料的帮助之下，年轻人容易陷入犯罪之中。第四，是因为售酒商店是犯罪的同谋者们聚会的场所，他们不仅会在那里计划犯罪活动，而且会在那里挥霍他们的犯罪所得。据估计，在伦敦，1880年有4938间酒馆，它们绝对是犯罪人和卖淫者经常光顾的场所。

最后，酒精饮料与犯罪，或者更准确地讲与监狱有一种直接的联系，因为个人在第一次被监禁之后，刑释人员（liberated criminal）失去了名声，也失去了和家庭的所有联系，他们会在饮酒中寻求补偿和遗忘。这就是我们为什么经常会在累犯中发现酗酒的原因，这也可以解释梅休观察到的事实：在下午，伦敦几乎所有的窃贼都处在醉酒状态之中；窃贼们一般都在30岁到40岁时死于饮酒。在被流放到努美阿①的罪犯中，也会发现同样的现象，这些罪犯不仅有根深蒂固的喝酒习惯，而且也通过喝酒忘掉耻辱，忘掉与家庭、国家的分离，还可以忘掉监狱长及其随从们的残忍行为；或许还能陷入懊悔之中。葡萄酒在他们中变成了一种常见的交换媒介。一件衬衫值1公升葡萄酒，一件外套或者一条裤子值2公升葡萄酒。甚至可以用葡萄酒换来对妇女的亲吻。②

---

① 努美阿（Noumea）是太平洋岛国新喀里多尼亚岛的首都。——译者
② 西蒙·迈耶（Simon Meyer）：《流放犯回忆录》（Souvenirs d'un Déporté），巴黎，1880年，第376页。

第41节　特别犯罪

在这里,考察那些特别容易受到酗酒影响的犯罪,是很有用处的。根据贝尔对德国感化院和看守所的统计(参见表41-1),①酗酒似乎与伤害、性犯罪和起义的关系最为密切。其次,与暗杀和杀人的关系较为密切。最后,与纵火和盗窃等财产犯罪的关系也较明显。不过,这些犯罪比习惯型酒鬼的其他犯罪更多一些。与饮酒关系最弱的是伪造和诈骗,其原因在于,就像几个诈骗犯对我讲的那样,"这类犯罪需要清楚的头脑去执行精明的计划。"根据马拉巴特(Marambat)的研究,②在他调查的3000名罪犯中,有78%的人是酒鬼;79%的人是流浪者和乞丐;谋杀犯占50%;纵火犯占57%;盗窃犯、诈骗犯等占71%。一般而言,人身犯罪的88%是由醉酒者实施的,财产犯罪的77%是由醉酒者实施的。马罗也发现,在酒鬼中,公路抢劫犯最多,82%的公路抢劫犯都酗酒;77%的打架者、78%的盗窃犯、66%的诈骗犯、62%的谋杀犯和61%的抢夺者(ravisher)都酗酒。韦托特(Vétault)发现,在40名饮酒犯罪人中,15人进行了杀人犯罪,8人是窃贼,5人是诈骗犯,5人是性犯罪人,4人是打架斗殴者,2人是流浪者。大体而言,我们可以讲,严重犯罪,特别是侵犯身体和财产(单纯盗窃和抢劫)的严重犯罪,就是那些酗酒发挥着决定性影响的犯罪,但是,酗酒对于财产

---

① 《酒精中毒及其传播等》(Der Alkoholismus, seine Verbreitung, etc.),柏林,1878年。
② 《科学评论》,1888年。

犯罪的影响作用不如对人身犯罪的影响作用那样大。

表 41-1 德国感化院和看守所中不同类型犯罪的统计

犯罪类型	总数	感化院 酗酒型犯罪人(alcoholic criminal)		
		犯罪总数	偶然犯罪	习惯犯罪
伤害	773	575(75.5%)	418(72.7%)	157(27.3%)
抢劫和谋杀	898	618(68.8%)	353(57.1%)	265(42.9%)
单纯杀人	348	202(63.2%)	129(58.6%)	291(41.4%)
性犯罪	954	575(60.2%)	352(61.2%)	223(38.8%)
盗窃	10033	5212(51.9%)	2513(48.2%)	2699(51.8%)
杀人未遂	252	128(50.8%)	78(60.9%)	50(39.1%)
纵火	304	383(47.6%)	184(48.0%)	199(52.0%)
预谋型杀人	514	237(46.1%)	139(58.6%)	98(41.4%)
伪证罪	590	157(26.6%)	82(52.2%)	75(47.8%)
		普通看守所		
性犯罪	209	158(77.3%)	113(73.3%)	41(26.7%)
抗拒官员	652	499(76.5%)	445(89.0%)	54(11.0%)
伤害	1130	716(63.4%)	581(81.1%)	135(18.9%)
纵火	23	11(48.0%)	……	……
盗窃	3282	1016(32.0%)	666(63.5%)	382(36.5%)
诈骗、伪造等	786	194(24.7%)	111(57.2%)	83(42.8%)

佛纳萨里·迪·维斯在研究酒精饮料对英国和爱尔兰的犯罪发生的影响的过程中,发现了一些奇特的差异。(1)随着酒精饮料消费量的增加,非暴力型财产犯罪往往下降,不过这种下降缺乏规

律性;[①]在酒精饮料消费量下降的时候,犯罪却会增加。不过,也有一些例外。所以,在1875—1876年间,在犯罪增加的同时,酒精饮料消费量也增加;但是,在1877—1878年间,尽管犯罪增加,但是酒精饮料的消费量却下降。(2)对于暴力型财产犯罪(violent crime against property)而言,酒精饮料的消费量并没有什么影响。(3)诈骗型财产犯罪(fraudulent crime against property)通常会随着酒精饮料消费量的增加而减少。在1870—1875年间和1863—1865年间,酒精饮料的消费量上升,而诈骗型财产犯罪却从276起下降到260起、从519起下降到238起。不过,从1848年到1855年,诈骗型财产犯罪和酒精饮料消费量都是增加的。因此,现在这些犯罪的上升和下降,与酒精饮料的消费量没有关系。当酒精饮料消费量从1875年到1884年间逐渐下降的时候,诈骗型盗窃(fraudulent theft)有时候是上升的,有时候又是下降的。(4)到1884年时,伪造签名和伪造货币犯罪在下降,而葡萄酒的价格也在下降,但是,在此之后,尽管葡萄酒的价格很低,犯罪却在增加。(5)人身犯罪似乎随着酒精饮料消费量的波动而波动,1848—1857年间,酒精饮料的价格在上涨,犯罪也在逐渐增加。不过,这类犯罪并没有随着酒精饮料价格在1873—1889年间的下降而减

[①] 酒精饮料消费量的增加或者减少,并没有对非暴力型财产犯罪产生重大影响,例如,事实表明,1847年的非暴力型财产犯罪从20035起增长到23571起,1854年从21545起增长到23017起,同一时期酒精饮料的消费量也是同样增加的。但是,另一方面,尽管非暴力型财产犯罪在1864年从14075起减少到13202起,1871年从12294起减少到11265起,而酒精饮料的消费量却是明显增加的,1864年从0.85增加到0.9,1871年从1.23增加到1.27。

少。① (6)其他犯罪与酒精饮料消费量之间的关系并不明显。但是,轻罪和违警罪(violation of police regulation)随着酒精饮料消费量的下降而减少。②

最后,可以说,在英格兰,酗酒是一种很重要的因素,英格兰自己也深刻地感受到这一点,酗酒是将近77%的犯罪案件的一种原因。在澳大利亚的新南威尔士,没有发现在酒精饮料与犯罪之间有什么对应关系,但是盗窃和纵火案件除外。③

第42节 文明国家中酗酒与犯罪之间的反比关系

在文明国家中,一种显著的事实就是,在那里,往往过量饮用酒精饮料,就像在新南威尔士和英格兰那样,以至于酒精饮料的影响力越来越弱。鲍斯高指出,在美国,只有20%的杀人犯罪者酗酒,相反,有70%的杀人犯罪是在未饮酒的状态下实施的。科拉扬尼④和泽博格里奥(Zerboglio)在1893年的论著中已经解释了这种现象。根据他们的解释,酒精饮料并不是对个人没有可怕的效果,而是因为当过度饮用酒精饮料的现象发生在文明程度很高的地方时,这里通过增加抑制力量和更大的精神活动,保护个人避

---

① 佛纳萨里·迪·维斯,同前引书,第198页。
② 同上书,第62—68章。
③ 科格伦,同前引书。
④ 科拉扬尼可能是指意大利政治家、社会学家、犯罪学家拿破仑·科拉扬尼(Napoleone Colajanni,1847—1921)。——译者

第 7 章 酗酒

免犯罪。这就是英格兰、比利时、挪威和德国这些国家酒精饮料消费量极大,但是文明程度也极其发达,杀人犯罪反而比酒精饮料消费量低的西班牙和意大利要少的原因。①

表 42-1 显示了欧洲近来的酗酒情况。②

表 42-1　近来欧洲国家的酗酒情况

	人均纯酒精饮料消费(加仑)	每 10 万居民中的杀人犯罪
奥地利	2.80	25.0
西班牙	2.85	74.0
德国	3.08	5.7
意大利	3.40	96.0
英国	3.57	5.6
比利时	4.00	18.0
法国	5.10	18.0

根据科拉扬尼的非常真实的评论,③这可以解释法国由酗酒引起的严重犯罪。在法国,1826—1840 年间,严重犯罪从 7% 增加到 11%;1861—1880 年间,严重犯罪从 5% 下降到 3%。酗酒在继续发生,甚至有所增加,但是在同一时期,文明带来的抑制力量也在增加。因此,酒精饮料对于犯罪的影响力在降低。我们必须补充一点,那就是在北方,寒冷的影响力起很大作用;这一方面诱导人们饮酒,另一方面也减弱了人们的冲动性,从而会降低人们的杀人倾向。

---

① 《酗酒》(L'Alcoolisme),都灵,1893 年。
② 科格伦:《财富与进步等》(The Wealth and Progress, etc.),悉尼,1893 年。
③ 《精神病学档案》,Ⅶ。

第43节 政治骚乱

酒精饮料是造反的一种重要影响因素。造反的领导人们注意到了这种情况,他们往往利用酒精饮料达到自己的目的。因此,在阿根廷,唐·胡安·曼努埃尔(Don Juan Manuel)不仅自己是个酒鬼,还在酒精饮料引起的普遍愤怒中发现了帮助其实现政治目标的力量。同样,酒精饮料也是奎洛加(Quiroga)、弗兰克(Franco)、阿迪加斯(Artigas)和他们的疯狂追随者们手中的武器,就像布拉塞托(Blacito)和奥托古克斯(Ortoguex)那样,他们中的几个人自己也变成了震颤谵妄[①]的受害者。[②]

在布宜诺斯艾利斯,1834年过度饮用烈性酒精饮料的情况是令人难以置信的。在这一年,除了消费掉几百大桶(hogsheads)[③]白兰地之外,还消费了3836罐子(frasqueras)、263大桶、2182坛子(demijohn)的杜松子酒(gin),2246大桶葡萄酒,346桶(barrel)啤酒以及干邑白兰地酒(cognac)和波尔多红葡萄酒。在法国大革命时期,激起暴动者和革命政府代表们的血腥本能的,就是酒精饮料。在革命政府代表中,我们可以回忆起蒙纳斯提(Monastier),他在喝醉之后将拉萨尔(Lassalle)送上断头台,次日却忘记了自己

[①] 震颤谵妄(delirium tremens)是以意识障碍,丰富生动的幻觉,面部、舌肌和肢端粗大震颤为特征的一种精神疾病,多见于慢性酒精依赖者。——译者
[②] 龙勃罗梭和拉司奇:《政治犯罪与革命》(Le Crime Politique et les Revolutions)。
[③] 这是液量单位,在英国等于52.5加仑,在美国等于63加仑。——译者

第7章 酗酒

签发的命令。据泰纳①讲,旺代省的使节在3个月中喝完了1974瓶葡萄酒,其中的一个人瓦切龙(Vacheron)进行强暴行为,射杀了不愿意服从他酒后产生的欲望的女人。有人已经断言,在12月2日政变②期间,将大量的葡萄酒分发给军人。对于1846年骚乱而言,酗酒肯定是不奇怪的,根据什尼(Chenu)的论述,③在骚乱的头目中,有两人是酒鬼,即科斯迪(Caussidière)和格朗迈斯尼(Grandmesnil)。在巴黎公社④中,酗酒肯定也发挥了重要作用,因为在这个被包围的城市中,发现了很多的葡萄酒和烈性酒。德斯皮纳⑤注意到了这种联系:巴黎公社招募的大部分士兵都具有饮酒狂(dipsomania)症状,通过购买和抢掠方式满足其饮酒嗜好的希望吸引着他们,只要有酒喝就不怕危险和受伤。⑥ 巴黎公社委员克吕泽烈⑦在其《回忆录》中,并没有试图掩盖这样的事实:

---

① 泰纳是指法国19世纪的思想家、文艺评论家和历史学家(Hippolyte Taine,1828—1893)。——译者

② 12月2日政变(the coup d'état of the second of December)是指1851年12月1—2日,法国路易·波拿巴(Louis Bonaparte,1778—1846)推翻法兰西第二共和国、建立第二帝国的政变。——译者

③ 《阴谋论》(Les Conspirateurs),1849年;龙勃罗梭:《政治犯罪等》(Le Crime Pol.,etc.)。

④ 巴黎公社(Commune)是指1871年法国无产阶级在巴黎建立的工人革命政权。——译者

⑤ 德斯皮纳是指法国精神病学家、犯罪心理学家普罗斯佩·德斯皮纳(Prosper Despine,1812—1892),旧译"台斯宾"。——译者

⑥ 《疯狂》(De la Folie)等,巴黎,1875年。

⑦ 克吕泽烈是指1871年法国巴黎公社的领导人之一居斯塔夫-保罗·克吕泽烈(Gustave-Paul Cluseret,1823—1900)。——译者

他说,"葡萄酒销售商在此期间绝对没有赚很多钱。"[他自己经常因为醉酒而被军队的负责人逮捕,不仅在夜晚到早晨期间是这样,而且在早晨到夜晚期间也是这样。]"当被包围的起义者开始变得畏缩不前时,当凡尔赛的军队在很近的射程中威胁到高地(Fort d'Issy)时,保卫者干了什么呢?这个村庄的酒馆和售酒商店挤满了被酒精饮料麻醉的顾客。在阿涅尔(Asnières),在投降的前夜,国民自卫军按照这种值得赞美的风俗习惯,吸烟、睡觉、吃东西和饮酒。"

第44节 酗酒和进化

在《天才》一书中,我已经指出,一些天才人物和他们的父母都是酒鬼。例如,贝多芬、[①]拜伦、[②]阿维森纳、[③]亚历山大[④]和米尔热[⑤]。但是,有人可能会讲,这种现象与其说是天才的一种原因,

---

[①] 贝多芬是指杰出的德国作曲家路德维希·冯·贝多芬(Ludwig van Beethoven,1770—1827)。——译者
[②] 拜伦是指英国著名诗人乔治·戈登·拜伦(George Gordon Byron,1788—1824)。——译者
[③] 阿维森纳(Avicenna)是欧洲人对阿拉伯著名医学家和哲学家伊本·西拿(ibn-Sina,980—1037)的称呼,他被称为"医中之王"。——译者
[④] 亚历山大可能是指马其顿国王亚历山大大帝(Alexander the Great,前356—前323)。——译者
[⑤] 米尔热又译为"穆杰",是指第一个描绘放荡不羁生活的法国小说家路易-亨利·米尔热(Louis-Henri Murger,1822—1861)。——译者

不如说是天才的一种结果和并发症,因为这些伟大而有力的头脑,经常需要一些新的刺激。与其相对应的事实是,比较文明的人们更容易酗酒,这是促使他们的大脑兴奋的一种必然结果。

第45节 烟草

根据温特立的论述,[①]在犯罪人中,有很多人吸食鼻烟(snuff),其数量不仅多于正常人,也多于精神错乱者(在犯罪人中为45.8%,在精神错乱者中为25.88%,在正常人中为14.32%)。在犯罪人中,那些进行了血腥犯罪的犯罪人吸食鼻烟的百分比更高,为48%,而盗窃犯和伪造犯为43%。犯罪人和精神错乱者从很早就开始形成这种习惯,正常人则不是这样。但是,精神错乱者是在精神病院中养成这习惯的,犯罪人吸食鼻烟的情况在监狱中监禁期间则不会有类似的增加。[②] 维罗纳(Verona)和卡普阿(Capua)的妓女几乎都吸食鼻烟,这些人不吸香烟(smoke)。马拉巴特断言,[③]未成年人吸烟的欲望会导致懒惰、酗酒,并且最后会导致犯罪。在603名8—15岁的少年犯罪人中,51%的人在被拘留之前有吸烟的习惯;在103名16—20岁的年轻男子中,84%的人吸烟;在850名成年男子中,78%的人在20岁之前就形成了这种习惯。在这些人中,516名或者57%的人在20岁之前第一次被监禁,而在那些从不吸烟的人中,这样年轻就被监禁的人

---

① 温特立(Venturi):《精神病学档案》,Ⅶ,第630页。
② 同上。
③ 《精神病学档案》,Ⅴ,第378页。

仅为17%。在流浪者、乞丐、窃贼、诈骗者等中间,89%的人是吸烟者。在酒鬼罪犯中,74%的人吸烟,而在其他罪犯中,只有43%的人吸烟。在吸烟者中,累犯的数量占到79%,而在不吸烟者中,累犯的数量仅占55%。在不吸烟的累犯中,温和的犯人(temperate prisoner)仅占18%,而在吸烟的累犯中,温和的犯人占到82%。

因此,显而易见,在吸烟与犯罪之间存在着一种因果联系,就像在饮酒与犯罪之间存在因果联系那样。但是,就像在饮酒的情况下所发生的情形那样,在吸烟的国家中存在着令人感到奇怪的事实:在吸烟的国家中,烟草消费量很大的地区犯罪数量却很少(参见表45-1)。① 在我们的研究中,经常遇到这样的矛盾现象。但是,这种矛盾现象很快就会消失,因为就像过度饮酒情况下所发生的情形那样,过度使用这些刺激性物质的现象在文明人中特别多,他们已经学会了自我控制。

表45-1 一些国家人均烟草消费量(磅)②

国　　家	人均烟草消费量(磅)	国　　家	人均烟草消费量(磅)
荷兰	6.92	法国	2.05
奥地利	3.77	瑞士	1.87
丹麦	3.70	西班牙	1.70
比利时	3.15	意大利	1.34
德国	3.00	俄罗斯	1.23

---

① 这个表格在原文中是作为脚注的。——译者
② 科格伦:《新南威尔士州的财富》(Wealth of New South Wales),1895年。

第46节 大麻

斯坦利发现,在非洲,有一类叫作拉嘎-拉嘎(Ruga-Ruga)的土匪,他们是一些滥用大麻(hashish)的土著人。根据乌干达的一种传统,在肯特(Kinto)人的后代中,饮用啤酒之后就要进行犯罪行为。

第47节 吗啡

除了上述麻醉物质之外,还可以论述更多的麻醉物质。乱砍乱杀的马来人就是在鸦片的麻醉驱使之下进行疯狂的杀人行为的。中国的鸦片吸食者一旦吸食鸦片,就会变得冷漠而冲动,很容易自杀和杀人。许多女骗子不仅有吸食吗啡的习惯,而且有歇斯底里倾向。那些吸食吗啡成瘾的人,往往丧失道德感,结果更容易进行诈骗活动,有时候还会进行杀人和性犯罪。[1] 吗啡成瘾者逐渐地丧失抵御冲动倾向的力量,其丧失程度类似于甚至超过吸食大麻者,其犯罪倾向也很常见。中国的鸦片吸食者为了获得吸食鸦片的资金,甚至把自己的手指作为赌注,如果赌输,就一节一节地将其斩断。拉姆森博士(Dr. Lamson)是一个吸食吗啡者,他用吗啡毒害自己的内弟,不知道这种行为的严重性。当吸食吗啡者被迫戒毒时,就会表现出强烈的愤怒情绪和忧郁,甚至会出现自杀倾向和杀人倾向,特别是会为了获得吗啡而进行盗窃行为。马朗顿·德·蒙蒂耶(Marandon de Montijel)报告了一起案例:一个人

---

[1] 查科特(Charcot),同前引书。

赞同在船上戒除吗啡,但是却强行闯入船上的商店去获得吗啡。一名妇女在被戒除吗啡时,感到十分痛苦,为了获得吗啡,她最终进行卖淫活动。在另一起案例中,一名吗啡成瘾者谋杀了自己的孙女,然后却说,这种药物驱使自己进行暴力行为。① 一名患有癔症的 28 岁妇女,进行诈骗活动,以虚假的名堂获得了价值 120 法郎的货物,但是,她做出了一种奇怪的轻率举动,几天之后又回到该商店,还回部分货物,说是自己对它们不满意。她将其余的货物出售后购买吗啡,她欠药剂师 1600 法郎,当药剂师拒绝继续赊欠药物给她时,她实施了犯罪行为。

第 48 节　变质的玉米

一定要把变质的印度玉米(India corn)看成是犯罪的一种原因。实验观察已经发现,母鸡和本性良好的狗,如果吃了变质的玉米,在一段时间之后就会变得凶恶起来。我已经在我的《糙皮病的临床研究》(Études Cliniques sur la Pellagre,1872)和《糙皮病的特征》(Traité sur la Pellagre,1890)中,讲述了一些犯罪人的故事,这些犯罪人最初犯罪的原因是糙皮病,②也就是说,食用了变质的印度玉米。一个由于贪婪而患了糙皮病的男子,会饿死他的

---

① 吉姆拜尔(Guimbail):《公共卫生年鉴》(Annates d'Hygiene Publique),1891 年。
② 糙皮病(pellagra)又译为"玉米红斑病"或称为"癞皮病",是一种维生素缺乏性疾病,主要诱因是缺乏维生素 PP(烟酸)和蛋白质,特别是含必需氨基酸色氨酸的蛋白质;糙皮病患者一般是贫穷、酗酒的无家可归者或者是拒绝进食的精神病患者。糙皮病的经典症状被描述为四个 D,即英文 diarrhea(腹泻)、dermatitis(皮炎)、dementia(痴呆)和 death(死亡);主要症状包括光敏性皮炎,攻击性行为,皮炎,脱发,水肿,牛肉舌(舌面光滑,呈牛肉样质感),皮肤损害,失眠,虚弱,意识障碍,共济失调,腹泻,痴呆。——译者

孩子,会杀死那些为了不挨饿而从其地里偷了几个马铃薯的人。一名妇女几乎当众将自己的新生儿投到井中。另一名妇女利用偷窃活动来满足其无止境的欲望,她说,"我能够吃掉一个男人。"所有这三个人,都是在早年中由于食用了变质的玉米后中毒而产生悖德狂[①]症状的。

[①] 悖德狂(moral insanity)又译为"悖德症""道德狂乱症",是对变态人格或者人格障碍的早期称呼。这个概念最初由英国精神病学家普里查德(James C. Prichard)于1835年从智能精神病(intellectual insanity)中区分出来。他认为这类人是一种精神扰乱的类型,他们的智能很少或完全不受到损害;失调主要表现在情感、性情或习惯方面,他们心灵中的道德观念和正义原则是高度歪曲和败坏的;自我控制能力丧失或产生严重障碍。普里查德的概念得到广泛的支持,也引起激烈的争论。道德能力包括意志、气质和心理的伦理观,因此他认为悖德狂是一个内容广泛的实体,其中包括神经症、药瘾、人格障碍、一时性精神失常甚至还有躁狂抑郁症和麻痹性痴呆。意大利精神病学家、犯罪学家龙勃罗梭在1876年描述的生来犯罪人,大多属于悖德狂,他把这种人称之为"道德卑劣"(moral imbecile),其特征是无罪恶感,高度的攻击性,自夸,冲动性及对社会批评和躯体疼痛特别敏感。到19世纪末期,悖德狂一词被德国精神病学家科赫(Koch,1891)提出的"精神病理性卑劣"(psychopathic inferiority)所代替。目前,除犯罪学、犯罪心理学等犯罪研究领域中还使用悖德狂一词外,在精神病学领域大多使用变态人格、人格障碍或病态人格。——译者

第8章　教育对犯罪的影响

第49节　文盲与犯罪

几年前,许多人认为,犯罪与教育之间存在绝对并行的关系,这种观点在今天被认为是错误的。马罗发现了都灵的500个犯罪人和500个诚实人中的情况(参见表49-1)。

表49-1　文化程度与犯罪

文 化 程 度	犯罪人	诚实人
文盲	12%	6%
会读写	75%	67%
受过教育	12%	27%

从表49-1中可以发现,固然文盲中有相当比例的犯罪人,但在会读写的人中同样也存在不少犯罪人。[①]

莫拉诺(Morano)证实,1878年在巴勒莫发生的53起校园犯罪中,34起是学生所为,19起是由教师所为,他们显然是受过教育的。[②] 孔萧发现,在意大利每284个文盲中有1人犯罪,在292个

---

① 《犯罪人的特征》(Caratterie dei Criminali),都灵,1886年。
② 龙勃罗梭:《犯罪的增加》(L'Incremento del Delitto),第80页。

受过教育的人中有1人犯罪——这一数据随着犯罪人受教育程度的轻微增加而与前一数据接近。在某些特定种类的犯罪中,这些细微的差别还不是那么显著。3/7 的犯罪人接受过小学教育;1/2 的性犯罪人、1/2 的轻罪犯罪人以及 2/5 的人身犯罪人和财产犯罪人,都接受过一些教育。在一般犯罪人中,平均有 50% 到 75% 的人是文盲;在未成年犯罪人中,平均只有 42% 是文盲;在一些省份,文盲的百分比还要低。例如,在伦巴第,只有 5% 的少年犯罪人是文盲;在皮德蒙特高原,17% 的少年犯罪人是文盲。早在 1872 年,人们就估计,每有 453 个文盲,就有 51 个能够阅读的人,368 个既能读又能写的人,401 个能读、写、算的人,还有 5 个受过高等教育的人。[①] 根据约利提供的资料,在埃罗省 1866 年招募入伍的士兵中,文盲比例最少(1%),该省的犯罪也是最低的;但是,如果考虑到该地区的学校数量是最多的,那么该地区的犯罪数量也是最多的。约利对杜省和罗讷省也作出过同样的论述。另一方面,德塞夫勒省(Deux Sèvres)、旺代省和洛特省各有 12 个犯罪人,维埃纳省有 14 个犯罪人,安德尔省(Indre)有 17 个犯罪人,北滨海省(Côtes-du-Nord)有 24 个犯罪人,莫尔比昂省有 35 个犯罪人,这些省份的犯罪率都是最低的。勒瓦瑟(Levasseur)计算过在法国每 100 个受犯罪控告的人的情况(参见表 49-2)。

---

① 卡登(Cardon):《监狱统计》(Statist. Carceraria),罗马,1872 年。

表 49-2　法国每 100 个受犯罪控告的人的情况

	1830—1834	1840—1850	1850—1860	1860—1870	1875	1878
能阅读者	28	41	48	55	60	95
受过高等教育者	2	3	3	5	4	4

因此,在不到 30 年的时间里,或多或少受过一点教育的犯罪人在人数上翻了一倍。托克维尔①指出,在美国康涅狄格州,犯罪随着受教育程度的增加而增加。在美国,犯罪数量最多的怀俄明州、加利福尼亚州和内华达州(分别是每 1000 人中有 0.35、0.30、0.37 名犯罪人),文盲人数是最少的(分别是 3.4%、7.7% 和 8.0%);而新墨西哥(0.03)、南加州(0.06)、阿拉巴马州、密西西比州、佐治亚州和路易斯安那州的犯罪人数最少,文盲数量却最多。内布拉斯加州、爱达荷州、缅因州和达科他州是例外,这些州的犯罪人和文盲人数都很少,这是以前我们讨论过的一些因素发挥作用的结果。在英格兰,萨里郡(Surrey)、肯特郡(Kent)、格洛斯特郡(Gloucester)和米德尔塞克斯郡(Middlesex)的受教育程度很高,但是犯罪人数也最多;而文盲比较多的地区,例如,北威尔士、艾塞克斯郡(Essex)和康沃尔郡(Cornwall),那里的犯罪人数却较

---

① 托克维尔应当是指法国法官、历史学家、刑罚改革家亚里克斯·德·托克维尔(Alexis de Tocqueville,1805—1859),他曾经对美国的犯罪与刑罚等情况,进行过深入的考察和研究。——译者

少(参见表49-3)。① 在教育不太普及的俄罗斯,根据厄廷根②计算出的结果,有25%的犯人懂得读写,甚至有29%的男人懂得读写,而在一般人中懂得读写的人仅占8%。洛韦恩(Lauvergne)说:"查看一下法庭的记录,你就会发现最难改造的犯罪人都是受过教育的。"但是,科格伦在他的《新南威尔士州的财富》(悉尼,1895年)一书中,给我们提供了更好的证据(参见表49-4)。1880年,在总人口中文盲占12%;文盲犯人占文盲人口的5.5%,而多少受过点教育的犯人在受过教育的人口中占6.2%。1891年,在总人口中文盲占7%,而被捕入狱的人中文盲占4.1%,受过教育的被捕入狱者占4.7%。这说明,不管是绝对数量还是相对数量,受过教育的人中犯罪的都比文盲多。从1881年到1891年,在校小学生从197412人增加到252940人,而被捕的人也从39758人增加到44851人。每开办10所新的学校,就会多5名被捕者;而且在所有不同的犯罪人中都有这种情况。

表49-3 英国一些郡的犯罪与文化程度的情况③

	每1万居民中的犯罪人人数	文盲所占的百分比
格洛斯特郡	26	35
米德尔塞克斯郡	24	18
北威尔士	7	35
康沃尔郡	8	45

---

① 这个表格在原文中是作为脚注的。——译者
② 厄廷根,第三版,第597页。
③ 梅休,同前引书。

表 49-4　澳大利亚新南威尔士的犯罪与文化程度的情况

犯罪类型	被捕人数	文盲人数	文化程度 会读	文化程度 会读和写
人身犯罪	3355	222	39	3094
暴力型财产犯罪	990	60	14	916
非暴力型财产犯罪	4873	331	69	4473
骚乱、醉酒	32878	2348	473	30057
伪造	157	3	4	150

第50节　推广教育——它的好处

不过,在过去几年中对这些数字所作的公正考察,给我们带来了一些宽慰:教育并不像它一开始所表现的那样不幸。教育能使犯罪数量上升到某个点,但是达到这个程度后,教育就能以另外的方式发挥它的影响作用。教育广泛普及的地方,受过教育的犯罪人的数量会增加,但是文盲犯罪人的数量增加得更多,这表明,受过适度教育的犯罪人数量在犯罪人总数中的比例在减少。因此,在纽约,虽然总人口中有 6.08% 的文盲,而且外来移民只占犯罪总人数的 1.83%,但是,所有文盲犯罪人在犯罪人总数中还是占了 31%。[①] 虽然文盲在美国总人口中只占 10%,但是在最近被判决的杀人案件中,[②]有 33% 的案件是由文盲实施的,64% 的作案者能读写,另有 3% 的犯罪人受过高等教育。在奥地利,虽然萨尔茨堡的年轻而品行端正的人和蒂罗尔州都没有文盲,但是文盲犯罪

---

① 布雷斯:《纽约的危险阶级》(The Dangerous Classes of New York),1871 年。
② 鲍斯高:《美国的谋杀》,1897 年。

人依然占犯罪人总数的 16% 到 20%。从约利提供的最近的统计数据中,我们可以发现每 10 万个法国居民中受到犯罪控告和文盲的情况(参见表 50-1)。

表 50-1 每 10 万个法国居民中受到犯罪控告和文盲的情况

省	文盲数量	受到犯罪控告的次数
6 个省	7—10	9
13 个省	10—20	9
3 个省	20—50	9
11 个省	50—61	9

在这里,犯罪数量随着受过适度教育的人口的增加而增加,随着受过高等教育的人口的增加而减少。同样在法国,可以发现不同年代的文盲百分比(参见表 50-2)。①

表 50-2 法国不同年代每 100 个士兵和犯罪人中的文盲数量

	在士兵中	在犯罪人中
1827—1828	56	62
1831—1832	49	59
1835—1836	47	57
1836—1850	47	48
1863—1864	28	52
1865—1866	25	36
1871—1872	20	37
1874—1875	18	36
1875—1876	17	34
1876—1877	16	31

---

① 厄廷根,第三版,第 597 页。

这两类人中的文盲人数每年都在下降，但是犯罪人中文盲人数的下降要慢得多。而且，我们可以再补充一点，就是在1828—1863年间，21岁以下的犯罪人人数减少了4152人。如果我们研究一下勒瓦瑟[①]提供的欧洲小学生数量，博迪欧[②]提供的公立学校和私立学校的小学生数量与总人口的比例，同时结合菲利所提供的杀人案和盗窃案的统计数据，以及我在《政治犯罪》中所提到的关于革命的情况，那么事实就更清楚了。我们会发现表50-3中的数据。

表50-3 几个欧洲国家的犯罪情况

	每100个居民中的小学生	每10万个居民中的杀人案（1880—1882）	每10万居民中的盗窃案	每100万居民中的革命次数
普鲁士	17.8	5.7	246	5
瑞士	16.1	16.4	114	80
英格兰[1]	16.4	5.6	163	7
荷兰[1]	14.3	5.6	……	……
瑞典[1]	13.6	13.0	……	……
奥地利	12.5	25.0	103	5
法国	14.5	18.0	103	16
比利时[1]	10.9	18.0	134	……
西班牙	9.1	74.0	52.9	55
意大利	7.6	96.0	150	30
俄罗斯	2.4	14.0	?	……

[注释][1]只有公立学校。

---

① 《统计学会公报》(Bulletin de la Société de Statistique)，1895年。
② 《关于经济变化的其他测量指数》(Di Alcuni Indici Misuratori de Movimento Economico)，1891年。

第8章 教育对犯罪的影响

从表50-3中可以看出,除了俄罗斯(虽然只有2.4个小学生,数量是最少的,但是杀人案的数量也只有14起)以及小学生数量和杀人案数量都高的瑞士之外,杀人案的数量随着小学生人数的增加而减少。盗窃的情况则相反。在英格兰、比利时和普鲁士,盗窃案的数量随在校小学生数量的增加而上升,但在西班牙,盗窃案的数量随在校小学生数量的小幅上升而减少。革命趋势的结果很矛盾。如果我们仔细研究各国情况的话,这两者在一定程度上都是紧密联系的。意大利的杀人案、强奸案和文盲无知是完全有关的,最小程度的无知、无知的方式和最大程度的无知与上述的两类案件是一致的,具体情况见表50-4。

表 50-4　意大利每10万个居民中与文盲有关的犯罪

	86%—80%	80%—50%	50%—0%
杀人案[1]	32.3	22.9	6.6
强奸案[1]	23.6	11.3	10.2
诈骗案[1]	41.0	63.0	50.0
盗窃案[2]	141.0	160.0	119.0

[注释][1] 博迪欧:《特别委员会的司法统计报告》(Relazione alia Commissione di Statistica Giudiziaria),1896年。
[2] 菲利:《论杀人》(地图集),1895年。

我们发现,法国和英格兰大城市中的血腥犯罪已经越来越少了,而且这些城市中的血腥犯罪几乎一直都是由农民和山区居民实施的;但是在另一方面,财产犯罪的数量却在增加。仅仅由于意大利的累犯受过较多的教育,他们的犯罪情况也是如此。在比利时,从1832年以来,严重犯罪的数量每年都在减少,从1832年的每83573个人中有1起下降到了1855年的每90220人中有1起。

瑞士的严重犯罪也从1852年起下降了40%。在法国,巡回法庭审理的严重犯罪从1825年的每10万人中40起,下降到了1881年的每10万人中11起;然而,被治安法官处理的案件从48000起增加到了205000起。确实,犯罪的总量已经增加了133%,但是血腥犯罪在减少,性犯罪一直在增加。从1826年到1880年,盗窃案增加了238%,诈骗案增加了323%,背信罪(breach of trust)增加了630%,性犯罪增加了700%。流浪罪翻了4倍多,侵害公职人员罪(offence against official)翻了5倍。破产罪从2000起增加到了8000起,虽然商人的数量也多了,但是两者之间的增加是不成比例的。所有这些差异都说明了教育的影响作用。但是这种影响在英格兰更显著,也更起促进作用。[①] 在英格兰,1868年到1892年间的犯人数量从87000减少到了50000人,成年犯罪人从31295人减少到了29825人。同时,同一时期英格兰的人口增加了12%,由此可以计算出每100个受犯罪控告的人中只有21个文盲。这种减少在学校数量更多、教育普及更广的伦敦,尤其明显。

第51节 文盲和受教育者的特殊犯罪行为

所有这一切都解释了最初完全自相矛盾的现象,即教育既增加犯罪数量又减少犯罪数量的现象。当一个国家中的教育还没有

---

① 《英格兰司法统计》(English Judicial Statistics),1895年;约利:《巴黎评论》(Revue de Paris),1895年,第21号。

第8章 教育对犯罪的影响

普及、没有完全发展时,教育会在一开始时促使除了杀人犯罪外的其他犯罪数量的增加。但是,当教育广泛普及时,它就能减少所有的暴力犯罪,不过,正如我们将要看到的那样,教育不能减少那些不太严重的犯罪,例如,政治犯罪、商业犯罪和性犯罪,因为这些犯罪会随着人际交往、商业贸易和大脑活动的增加而自然增加。但是,教育无可争议地改变了犯罪的特点,降低了犯罪的野蛮程度。法耶和拉柯沙尼指出,在法国:(1)在文盲中占主导地位的犯罪是杀婴、堕胎、盗窃、组成犯罪帮伙、抢劫和纵火;(2)那些读写水平较好的人所犯的罪行,主要是敲诈、写威胁信、勒索、抢劫、为了财产而伤害和袭击;(3)那些受过适度教育的人所犯的罪行主要是贿赂、伪造和写威胁信;(4)受过良好教育的人所犯的主要罪行是伪造商业文件、职务犯罪、伪造和窃取公共文件以及政治犯罪。在文盲所犯的罪行中,伪造罪数量最少,杀婴罪最多。受过高等教育的人主要实施伪造公文罪、违约罪和诈骗罪,他们不进行杀婴罪和暴力犯罪。

因此,有一种犯罪类型是文盲中占主导地位的犯罪,那就是野蛮型犯罪(savage type);受过教育的人主要实施的犯罪类型是狡诈型犯罪(cunning type)。同样,从索奎特最近的研究中,[1]我们可以发现,与1831—1835年相比,法国在1876—1880年的文盲犯罪人的数量在逐渐减少。他们所犯的杀人罪和谋杀罪已经减少了一半,杀婴罪和堕胎罪减少了1/3,性犯罪也减少了将近一半。整

---

[1] 《对法国犯罪研究的贡献》(Contribution à l'Étude de la Criminalité en France)。

体而言，受过教育的犯罪人所犯的暴力犯罪数量在减少，而他们所犯的其它犯罪数量却几乎保持不变。受过教育的犯罪人所犯的政治犯罪数量在持续增加。历史告诉我们，文明程度最高的地区所发生的革命数量最多（雅典、热那亚、佛罗伦萨）；虚无主义者①和无政府主义者当然是无法在文盲中招募到新成员的，但是，他们也能发展那些受过高等教育的人。我曾在我的《政治犯罪》中提供了有关这一问题的大量证据。在奥地利，文盲实施的主要犯罪有抢劫、诱拐、杀婴、堕胎、谋杀、重婚、杀人，以及为了财物而恶意伤害他人和袭击。从阿马迪（Amati）进行的值得注意的研究中，②我们发现了意大利的情况（参见表51-1）。

表51-1 意大利的犯罪与受教育程度的情况

犯罪（1881—1883）	文盲	能读写者	受过更多教育者
政治罪	54%	36%	10.0%
诈骗罪	38%	55%	7.0%
杀人罪	62%	37%	0.12%
盗窃罪	65%	34%	1.7%
强奸罪	48%	44%	8.0%
谋反罪	49%	48%	3.1%

1881—1883年间，在500名受过高等教育的人中，所犯具体罪行的人数见表51-2。

---

① 虚无主义者（nihilists）是持怀疑主义哲学观点的人，他们认为，世界，特别是人类的存在没有意义、目的以及可理解的真相及最本质价值；认为无知是万恶之源，只有科学才能战胜无知，只有科学才能解决社会问题。虚无主义者往往把恐怖和破坏活动作为达到既定目的的手段。——译者

② 《意大利的教育与犯罪》（Istruzione e Delinquenza in Italia），1886年。

第 8 章 教育对犯罪的影响

表 51-2　意大利每 500 名受过高等教育的人中犯罪人的情况

犯罪类型	每 1000[①] 人中犯罪人数	犯罪类型	每 1000[①] 人中犯罪人数
伪造罪	76—152	伤害罪	13—26
杀人罪	44—88	杀害长辈罪	2—4
盗窃罪	40—80	政治犯罪	14—28
诈骗罪	57—114	反宗教罪	1—2
敲诈罪	38—76	毁坏财物罪	4—8
公路抢劫罪	22—44	纵火罪	9—18
性犯罪	34—68	教唆罪	6—12
破产罪	33—66	堕胎罪	1—2
伪证罪	2—4		

从表 51-2 中可以看出，伪造罪、诈骗罪、性犯罪、破产罪、盗窃罪、敲诈罪和杀人罪的数量较多；而伤害罪、公路抢劫罪、杀害长辈罪和纵火罪的数量较少。因此，文盲实施得较多的是杀人罪和盗窃罪，受过良好教育或者受过部分教育的人实施得较多的是政治犯罪以及绝大部分的强奸罪和诈骗罪。

但是，在这里需要注意一点，上述数据所代表的犯罪都发生在意大利思想完全自由的时期，这一时期发生的政治起义较少，起义并没有吸引人口中较优良的部分加入到起义阶层中，相对而言，大部分的起义人员依然是文盲。而现在，那些因政治起义被判刑的人，都属于国家中受过较好教育的阶层。俄罗斯的情况也是如此，那里绝大部分的政治犯都属于受过教育的阶层。从 1827 年到 1846 年，因为政治原因而被流放到西伯利亚的贵族是被流放到那的农民数量的 120 倍。在俄罗斯，每 100 个被判决犯政治罪的女

---

① 该两处数据与表题中的数据不符，原文如此。——译者

性中,有75人受过良好教育,12人能读写,7人是文盲。[1]

但是,不能认为教育总能起到预防犯罪的作用,也不能认为教育总会促使犯罪的产生。当教育真正普及到每一个阶层时,它就能起到有益的作用,使那些受过适度教育的人的犯罪减少,使他们的性格更加温和。

第52节 监狱中的教育

不过,虽然教育对于普通大众是有益的,但是却不应该推广到监狱,除非有设计好的能激发犯人适当激情和本能的特殊训练来辅助监狱中的教育,而且这种特殊训练决不能以开发犯罪人的智力为目的。对普通犯罪人进行基础教育肯定是有害的;结果只能是让他们手中多了额外的犯罪武器,使他成为一名累犯。将学校引入监狱,立刻就能使这些犯人相互接触,使他们的智力和能力得到进一步的发展,我认为,这就是为什么有那么多受过教育的累犯的原因。因为统计数据告诉我们,教育使人们更容易实施财产犯罪,累犯进行的财产犯罪(67.4%)是非累犯进行的财产犯罪(28.7%)的2倍,而累犯所实施的人身犯罪则要少得多。毫无疑问,在法国、萨克森[2]和瑞典的监狱中进行的基础教育,是造成大量累犯实施伪造罪的原因。监狱中的扒手和凶手,用国家的钱学会了制造假钥匙、印刷假钞票和进行入室盗窃犯罪。

---

[1] 塔诺夫斯基(E. N. Tarnowski):《法律公报》(Juridicesky Vestnik),1889年。
[2] 萨克森(Saxony)是德国的一个州。——译者

第 53 节　教育的危险性

西摩(Seymour)指出:"知识是力量,而不是美德。它可以成为好人的仆人,同样也可以成为坏人的仆人。"换言之,无论是以代表物体的字母或者声音所表现出来的简单的感性认识,还是创造了极大科技进步的高深知识,在根本上都不能提高一个人的道德水准。事实上,知识可能会成为恶人的有力武器,使他们能够制造新的犯罪,并且容易逃脱法律的制裁。科学的进步可能使犯罪人利用铁路进行犯罪,例如,1845 年的蒂尔伯特(Tiebert)案件;或者使用炸药进行犯罪,例如,托马斯(Thomas)案件;或者使用电报和密码进行犯罪,例如,威尼斯人范竟(Fangin)就是使用这种方式来通知他的同谋者要抢劫的对象的。强盗卡鲁索(Caruso)总是说,如果他认识字,他就能征服世界;杀人犯德尔珀洛(Delpero)在绞刑架上宣称,父母让他接受的教育正是他堕落的根源,因为教育让他变得懒散,不愿意从事低薪的体力劳动。最后,通过审讯记录了解到,所有的犯人学会并且也喜欢将他们前辈的犯罪"艺术"运用到实际中。梅休发现,在 150 名流浪者中,有 50 个读过《杰克·谢泼德》[①]及其他的关于犯罪人的故事,这些人声称,正是这些阅读鼓励他们迈出了犯罪的第一步。

在我们拉丁人中,无论是接受过最低等教育的人,还是接受过

[①]　杰克·谢泼德(Jack Sheppard,1702—1724)是臭名昭著的英国大盗,曾四次从伦敦监狱逃脱,成为诗歌、通俗戏剧、浪漫故事和滑稽剧中极受欢迎的人物。——译者

最高等教育的人,他们中的犯罪都是继续增长的,而他们中的助人为善者并没有增加;在政治犯罪方面尤其如此。我们生活在一个活跃忙碌的年代,时间过得飞快,一下子几天就过去了,几年、几个世纪都过去了,我们不能让那些年轻人生活在一成不变的世界里。智力最好的人也没有足够的时间理解一切必要的知识(例如,自然历史、卫生学、现代语言和经济学),我们愿意让年轻人把宝贵的时间花在模糊不清地学说一些死语言上,花在学习死科学上,觉得所有这一切都是为了让他成为有品位的人。花十年或者十二年的时间来学习花卉和音乐似乎是荒谬的。充满各种事实的现代生活洪流从我们眼前奔涌而过,我们却没有发现它们。这会让我们的子孙后代嘲笑我们,他们会认为,成千上万的人真诚地相信那些并不愿意学习而且很快会被遗忘的名著片断,或者是古代语法干巴巴的规则,就是发展年轻人智力、形成年轻人个性的最好方法,是比探讨这些事实的根源的方法还要好的方法。同时,我们创造了一代又一代只学习形式而不学实质内容的年轻人,更糟糕的是(因为形式可能通过一些名著来传播),这种形式崇拜与拜物教无异,这些形式被运用的时间越长,就越错误、越盲目、越不会有结果。

正是这种教育造成了暴力崇拜,而暴力崇拜正是造成一切从卡拉·迪·黎恩济①到罗伯斯比尔②的叛乱的起点。那么,除了对一切形式的暴力的不断赞颂之外,什么是完整的传统教育呢?在

---

① 卡拉·迪·黎恩济(Cola di Rienzi,1313—1354)是意大利政治家。——译者
② 罗伯斯比尔是指法国资产阶级革命时期雅各宾派的领袖马克西米利安·玛丽·伊西多尔·罗伯斯比尔(Maximilien Marie Isidore Roberspierre,1758—1794),主张实行恐怖统治。——译者

第8章 教育对犯罪的影响

这个问题上,所有的政治团体都是一样的,邪恶也是相当根深蒂固的。当拉韦莱克①的匕首刺下时,牧师们激动地欢呼"好哇!"同样,当1871年共产主义者们被大规模处以死刑时,保守主义者的表现也是如此。对于一个充满了暴力的社会而言,暴力会不时地以雷鸣闪电之势在各个阶层爆发,这又有什么好奇怪的呢?如果宣称暴力是神圣的,就有可能受到惩罚;前提是只能以某种方式使用暴力,因为一些人迟早会将暴力学说从一种政治信条转到另一种政治信条上。

我很高兴的是,我那杰出的导师泰纳在这个思路上要领先于我。他在最后的文字中给了我们这些可怜的拉丁人几乎是遗嘱式的警告,我们是如此的虚荣,如此的顽固,以至于这些特征会毁灭我们。

泰纳写道:②

> 真正的学习,真正的教育,是通过一个人与事物的接触而获得的,通过一个人在实验室、工厂、法庭或者医院的整日劳动中所得到的无数感观印象而获得的,这种印象通过耳朵、眼睛、鼻子而被个人有意识或无意识地吸收,迟早会以综合性的、简单的、经济的、进步的和发明的形式出现在他眼前。法国年轻人恰恰在最富有成效的年龄阶段,被剥夺了进行这些宝贵接触的机会,被剥夺了精神生活中所有这些可吸收的和

---

① 拉韦莱克是指法国刺客弗朗索瓦·拉韦莱克(François Ravaillac,1578—1610),他在1610年5月14日刺杀了法国国王亨利四世。——译者

② 泰纳:《哲学杂志》(Revue Philosoph),1894—1895年。

不可缺少的成分。他们被关在学校里七到八年,不让他进行个人体验,而正是这些被剥夺的体验,能够帮助他形成正确而生动的概念,帮助他掌握那些理解事物、人类并且有助于他今后生活的方法。

让年轻人在特定的时间中从考场上掌握所有的知识,这样的要求实在是太高了。事实上,在考试后的两个月中,他们就会忘记所有的东西;而在同时,他们的智力活力在下降,新鲜感和生产力在消失。一个有才艺的人,或者更确切地说是一个不能适应变化的人,被贴上了标签,只能顺从于常规的生活模式,永恒地转动同一个轮子。

另一方面,盎格鲁-撒克逊人①[正如我们将要看到的,是欧洲惟一一个犯罪在减少的种族]并没有我们那样多的专业学校。他们的知识不是来自书本,而是通过物体本身获得的。例如,工程师不是在学校而是在工场接受教育的,这就使任何一个人都能达到适合他们智力水平的层次:如果他们的智力不能达到更高层次,他们就当工人或者建筑人员;如果智力允许,他就可以当工程师。我们正好相反,要接受三个层次的教育:儿童教育、青年教育和成年教育,知识的传授是通过长凳和书本的方式来实现的,考试、文凭、学位和佣金加剧了他们的精神紧张感;但是,我们的学校并没有为我们提供不可缺少的特征,即正确而坚定的理解力、意志力和勇气。因此,一个

---

① 盎格鲁-撒克逊人(Anglo-Saxons)通常是指以英语为母语的人,特别是指英国人。——译者

第8章 教育对犯罪的影响

学生进入世界的入口和他向实际领域迈出的最初步伐,往往是连续地失败的,当他从失败中爬起来时,即便他没有残废,也已经是伤痕累累。他的精神平衡被打破,如果无法重建的话,就非常危险了。他们的醒悟将是猛烈而暴力的。

最后,教育常常会刺激邪恶的产生,因为它会使人产生自身无能力满足的新需要和欲望。这种情况特别容易发生在那些好学生和坏学生都混合在一起的学校里;当教师本身就有邪恶倾向,特别是容易进行性行为时,教育的影响就更危险了,在意大利和德国观察到的情况就是这样。①

在这点上,我非常赞成但丁的观点:

> 当智慧与权力和邪恶相结合时,人们的努力就会是徒劳无益的。②

约利说:

> 你希望,学校能代替那些成天忙于工作或者缺少教育子女的知识与能力的父母来教育他们的子女;而另一方面,你又指望家庭能弥补学校在道德教育方面的缺陷。但是当双方都在等待另一方时,他们就什么都做不了了。

---

① 厄廷根,同前引书。
② 《地狱》,XXXI。

第9章 经济条件的影响——财富

第54节 引言[①]

人们关于财富影响犯罪的争议,比教育影响犯罪的争议要多得多,由于调查者们无法找到足够的决定性证据,因此即便是对事实进行的最公正的考察,也无法给出彻底解决这些争议的方法。博迪欧本人就在他的经典著作《意大利经济变动的若干指标》(Di Alcunni Indici Numeratori del Movimento Economico in Italia, 1890)中表示,根本就不可能回答这个问题。那么,什么才是意大利的真正财富呢?因为我们无法精确统计意大利的矿业和农业,我们就不可能确切地得出意大利所有的矿业和农业的价值。因为无法同时评估不动产和个人财产,因此也不能估算出所有人的财产。平均工资是建立在最低生活水平的基础上的,而这一基础本身就建立在推测的基础之上。只要一想到评估人员可能会犯那些足以推翻他们计算结果的错误,人们就会明白单单靠税收来评估财富也是不可能的,何况还有那些或多或少逃税的商人、银行家和

[①] 这一节的标题是译者加的,原文中仅有"节号"(§),但是之后没有标题。后文中,节标题为"引言"的,均为此种情况。——译者

第 9 章　经济条件的影响——财富

专业人员。这就是这方面的结果无法有效地说明财富与较严重犯罪之间确切关系的理由,不过,也许有人会反对这些理由。

第 55 节　税收

表 55-1、表 55-2 和表 55-3 是主要犯罪的数量与各省居民所交的包括消费税(国内税收、烟草税、盐税等)、直接税收(农场财产税、一般的地产税、个人财产税等)和商业税在内的税收总数的比较。

表 55-1　意大利最富裕(maximum wealth)省份的犯罪

人均税收(法郎)	省　　份	性犯罪	诈骗罪	盗窃罪	杀人罪[注]
74.9	来亨	22.4	76	224	21.3
71.3	罗马	22.1	65	329	27.8
55.1	那不勒斯	20.7	48	161	26.7
54.5	米兰	11.7	47	157	3.4
45.6	佛罗伦萨	12.6	48	120	9.9
42.5	热那亚	17.2	59	147	7.8
41.4	威尼斯	14.3	138	246	6.6
38.4	都灵	17.9	103	121	9.1
33.3	博洛尼亚	11.3	104	216	7.6
33.0	克雷莫纳	6.3	59	134	2.3
31.7	费拉拉	7.2	33	387	6.1
31.4	曼图亚	15.6	88	254	7.8
		15.6	70.6	206	11.3

[注] 除了盗窃罪的数据是来自菲利之外,其余数据均来自博迪欧(1879—1883)。税收数据来自《财政部统计年报》(Annuario del Ministero della Finanze, Statistica Fin, 1886—1887)。

表 55-2　意大利中等富裕(mean wealth)省份的犯罪

人均税收(法郎)	省　　份	性犯罪	诈骗罪	盗窃罪	杀人罪
26.9	莫里斯港	10.1	94	135	6.2
25.4	诺瓦拉	8.1	34	100	6.3
25.1	格罗塞托	22.4	50	105	15.4
24.6	卡塞托	17.0	44	189	31.2
24.4	库内奥	6.9	52	87	8.8
24.1	安科纳	11.7	128	100	19.0
23.5	巴勒莫	21.8	35	150	42.5
23.3	莱切	16.7	52	126	10.3
23.0	贝尔加莫	9.5	38	115	4.0
22.5	弗利	7.4	172	174	21.5
20.4	卡利亚里	17.2	68	296	21.8
20.3	佩鲁贾	12.7	32	140	15.9
		13.4	66	143	17.0

表 55-3　意大利财富最少(minimum wealth)省份的犯罪

人均税收(法郎)	省　　份	性犯罪	诈骗罪	盗窃罪	杀人罪
10.5	贝鲁诺	6.3	25	108	5.1
13.6	桑德里亚	13.0	31	120	5.4
14.0	泰拉莫	14.7	37	108	20.4
14.7	科森扎	34.8	30	125	38.2
15.0	坎波巴索	22.2	42	190	41.2
15.4	阿奎拉	18.5	44	118	31.1
15.8	基耶蒂	31.1	76	119	25.7
16.3	雷焦-卡拉布里亚	30.5	26	214	30.5
16.4	墨西拿	17.9	29	148	19.2
16.5	阿斯科利	13.3	40	82	11.9
16.6	阿韦利诺	23.3	42	179	45.4
18.3	马切拉塔	9.8	102	273	13.0
		19.6	43	148	23.0

第9章 经济条件的影响——财富

表55-4把数据进行了归类,并添加了博迪欧获得的1890—1893年的数据。他总结说,除了盗窃罪由巡回法庭审判外,其他犯罪都是由一些轻罪法庭(minor court)审判的。

表55-4 意大利的财富与犯罪的关系

	财富(1885—1886)			财富(1890—1893)		
	最大值	平均值	最小值	最大值	平均值	最小值
诈骗罪	70.6	66.0	43.0	55.13	39.45	37.39
性犯罪	15.6	13.4	19.4	16.15	15.28	21.49
盗窃罪	206.6	143.4	148.4	361.28	329.51	419.05[1]
杀人罪	11.3	17.0	23.0	8.34	13.39	15.40

[注][1]由博迪欧提供的这个数据中包括了乡村盗窃犯罪。

数据表明,诈骗罪的数量肯定会随着财富的增加而增加,盗窃罪也是如此,但是,如果我们把乡村盗窃犯罪也包括在内的话,我们就可以发现,财富最少时,盗窃罪却最多;最后这一条也适用于杀人罪。这些更清楚地表明了贫穷对轻微犯罪(minor crime)的影响。早在关于生存的章节里,我们就已经说过,在德国,在谷物价格最低的年份里,盗窃罪发生的频率较低,但在另一方面,当物价很高时,盗伐林木罪的数量却增长很快。不过,这些盗窃罪仍然让人联想到将土地和牧场当成是共同财产的古时候,这些盗窃罪是与旧的传统密切相关的,仅仅在极少数情况下才反映了乡村的不道德状况。性犯罪的数据结果更让人感到意外。当意大利的财富仅仅是中等水平时,性犯罪的数量最少;当财富最少时,性犯罪的数量却最多。因为性犯罪的数量一般都随着财富的增加而增加,因此,意大利成了一个例外。通过对数据的研究也发现，个别省份也有类似的情况，它们与其他几组的平均值相差甚远。

第56节 遗产税

德富韦尔认为，我们可以通过所宣布的遗嘱估算出私人财产。① 但是，如果我们仔细研究潘塔雷奥尼提供的关于意大利的有价值的统计数据，②我们就会发现，要想弄清犯罪与财富之间的关系是多么困难。事实上通过研究表56-1，我们可以得出结论，那些最富有的地区，即皮德蒙特高原、利古里亚、伦巴第和托斯卡纳，其财产犯罪的比例要低于整个王国的比例；同样，那些财富接近平均水平的地区，例如，威尼斯和艾米利亚的情况也是如此。在最穷的地区，例如，撒丁岛、西西里和那不勒斯的犯罪比例就要高。但是，同样贫穷的翁布里亚和马尔凯斯的犯罪比例却要低一些。盗窃案很少发生在最富裕的地区，例如，托斯卡纳、伦巴第、艾米利亚、皮德蒙特高原和利古里亚；不过，在最贫穷的地区之一的马尔凯同样也很少发生。在西西里，发生了中等数量的盗窃案，而在威尼斯，发生的盗窃案稍多一些，这就要利用在这个地区的极度贫困的农业人口来解释。最富有的地区拉丁姆和最贫穷的地区撒丁岛

---

① 德富韦尔(De Foville)：《法国经济》(La France Économique)，1870年。
② 潘塔雷奥尼(Pantaleoni)：《依照财富及税收负担对意大利大区进行的排序》(Delle Regiona d'Italia in Ordine alle loro Ricchezze ed al loro Carico Tributario)，《经济学报》(Giornale degli Economisti)，1891年；《1872年至1888年间意大利私人财富的价值及变化》(L'Entita e le Variazioni della Richezza Privata in Italia dal 1872 al 1888)，《经济学报》，1890年。

第9章 经济条件的影响——财富

的盗窃案数量都是最多的,因此,在这里盗窃案与财富是没有明显的关系的。博迪欧发现,在考虑拉丁姆的情况时,有必要将资本对犯罪和财富的干扰性影响也考虑在内。由于大量外地的资本都汇聚在此地,因此,用遗产税来度量这里的财富是不可靠的。而且,在罗马,由于乡村财富的特殊状况和所用的耕作系统,只有很少一部分人拥有大量的财产,这就使得遗产税不成比例了。翁布里亚和马尔凯的诈骗案最少,然后是托斯卡纳、艾米利亚、威尼斯、皮德蒙特高原、利古里亚和伦巴第这些最富有的地区。由于那不勒斯相对贫穷,以至于被认为那里会有很多诈骗案,但事实是那里的诈骗案似乎要少很多。

表 56-1 犯罪控告(每 10 万人口的平均数,1887—1889)

省　　份	平均财富	盗窃罪	诈骗罪	公路抢劫罪	杀人罪	伤害罪
拉丁姆	3333	639	116	18	25	513
皮德蒙特高原利古里亚	2746	267	44	7	7	164
伦巴第	2400	227	44	3	3	124
托斯卡纳	2164	211	34	6	7	165
威尼斯	1935	389	43	3	4	98
雷焦	1870	320	49	7	13	287
艾米利亚	1762	250	38	6	6	130
西西里	1471	346	65	16	26	410
那不勒斯	1333	435	47	6	21	531
马尔凯翁布里亚	1227	222	33	3	10	239
撒丁岛	……	670	113	14	20	277

公路抢劫罪发生得最少的地区是威尼斯、伦巴第（富有地区）、翁布里亚和马尔凯（贫穷地区）；中等数量的地区是托斯卡纳、艾米利亚、那不勒斯、皮德蒙特高原和利古里亚。贫穷的撒丁岛和西西里与富有的拉丁姆一样，都是公路抢劫罪数量最多的地区。这显然是非常矛盾的。

第57节　失业

人们会很容易地马上想到，失业（unemployment）肯定对犯罪有很大的影响。然而，失业并不是重要的影响因素。在新南威尔士，[①]无工可作的懒散时期对工人几乎没有影响。赖特认为，[②]在工业萧条时期，所有的犯罪都增加，但是他并没有提供任何证据。当他提到曼彻斯特220名被控告犯罪的人中有147人没有固定工作，68%的犯罪人没有职业时，他的证据仅仅证明了犯罪人不喜欢工作这一众所周知的事实。美国82%的犯罪人在进行暴力犯罪时是有职业的，只有18%是无业。[③] 这似乎表明失业并不是暴力犯罪的原因。[④] 这与大部分犯罪人没有固定职业并不矛盾。他们从来没有职业，也从来不想有，而那些真正的失业人员是那些曾经有工作但却因为他们不可控制的原因，或者因为罢工而失去了工

[①]　科格伦，同前引书。
[②]　赖特（Wright）：《经济条件与犯罪原因的关系》（The Relations of Economic Conditions to the Causes of Crime），费城，1895年。
[③]　鲍斯高：《美国的谋杀》，1895年。
[④]　比较佛纳萨里·迪·维斯的前述著作，第32—33、44—48章。

作的人。

第58节 工作天数

关于这个问题的更加可靠的标准,是找出多少天的薪水可以等同于一个人每年花费的食物费用。(参见表58-1[①])这种研究方法接近于我们曾做过的维持生存费用的研究。

表58-1 工作天数与犯罪

相当于一年食物的工作天数		每10万居民中被判刑的人数							
		杀 人		伤 害		性 犯 罪		盗 窃	
E&W		苏格兰	0.51	E&W	2.67	西班牙	1.03	西班牙	59.63
苏格兰	127	E&W	0.56	爱尔兰	6.24	爱尔兰	0.85	比利时	110.44
爱尔兰		爱尔兰	1.06	苏格兰	11.59	苏格兰	1.41	法国	110.95
比利时	130	德国	1.11	西班牙	43.17	E&W	1.66	意大利	165.89
法国	132	比利时	1.44	法国	63.40	意大利	4.01	爱尔兰	65.81
德国	148	法国	1.53	德国	126.40	奥地利	9.33	E&W	165.63
奥地利	152	奥地利	2.43	意大利	155.35	法国	10.26	苏格兰	268.39
意大利	153	西班牙	8.25	比利时	175.39	比利时	13.83	德国	226.02
西班牙	154	意大利	9.53	奥地利	230.45	德国	14.87		

[注]E&W是指英格兰和威尔士。

---

① 因为不同国家有着不同的道德法律条件,必须谨慎地对待这个表格中所提供的不同国家的犯罪比较,正如博迪欧所发现的,我们要特别注意性犯罪。不过一个重要的事实是,除了英格兰第一、苏格兰第二之外,最近数据所表明的杀人案的数字[博迪欧:《论1893年的犯罪运动》(Sul Movimento della Delinquenza nel 1893),第51页],并没有改变国家的相对的位置。

从表58-1中我们可以发现:(1)与最低薪水相关的过度劳动,换言之,缺少适当营养的过度劳动,与杀人案有一定的关系。事实上,工作天数最少的苏格兰、英格兰和爱尔兰的杀人案数量也是最少的,分别是0.51、0.56、1.06;而工作天数最多的西班牙和意大利的杀人案数量也是最多的,分别是8.25、9.53。(2)工作天数与伤害也有一定的关系。必要工作天数(necessary days of work)最少的英格兰、爱尔兰和苏格兰(127)的伤害案件数量也最少,分别是2.67、6.24和11.59;奥地利和意大利的必要工作天数最多(分别是152和163[①]),它们的伤害案件数量也最多,分别是230.45和155.35。不过西班牙却是一个例外,它的必要工作天数很多但伤害案件数量却很少;而酒精饮料的影响使得比利时的必要工作天数只有136[②]天,但伤害案件数量却是175.39。(3)必要工作天数对性犯罪的影响则相反。人们经常可以发现,性犯罪数量在那些必要工作天数最多的地方反而是最少的。西班牙的必要工作天数是154天,但是只有1.03起性犯罪;而比利时的必要工作天数只有130天,是最少的,性犯罪数量却接近于最多的犯罪数量。然而,在必要工作天数最少的英国,性犯罪的数量是第二少的。(4)盗窃案的数量显然一点都没有受到影响。因为我们发现,不管必要工作天数多或少的国家,例如,西班牙、比利时、法国、意大利等,盗窃案的数量都差不多。

[①] 意大利的工作天数在这里是163,在表58-1中是153,原文如此,其中的一个数字可能是错误的。——译者

[②] 比利时的工作天数在这里是136,在表58-1中是130,原文如此,其中的一个数字可能是错误的。而且,从下文又提到130来看,正确的数字似乎是130。——译者

第59节 储蓄银行

我曾经认为,储蓄银行(savings banks)的存款人数量能提供说明一个国家真实财富的更可靠的数据,因为这可以估量一个国家财富的基本来源,可以估量人们的远见和经济情况,从而可以衡量人们中的存款情况在抑制人们的邪恶和犯罪方面所起的作用。[127] 事实上,我们已经发现,法国的财富与较低的出生率有直接的关系,实质上也与他们具有远见和更大抑制力的情况相符合。

根据科格伦的资料,我们可以发现在欧洲的情况(参见表59-1)。

表59-1 欧洲国家的存款人数与犯罪情况

国 家	每个储蓄银行的存折数量	每10万个居民中的犯罪数量	
		杀人罪	盗窃罪
瑞士	4.5	16	114
丹麦	5	13	114
瑞典	7	13	……
英格兰	10	5.6	163
普鲁士	10	5.7	246
法国	12	18	103
奥地利	14	25	103
意大利	25	96	150

数据表明,杀人罪数量随着储蓄银行存折数量的增加而降低,而盗窃罪则随着储蓄银行存折数量的增加而增加。从我们有限的数据中,我们发现意大利的储蓄银行存折最多,杀人罪数量最少,

同样盗窃罪数量也最少。① 在意大利存折最多(每 3—6 个居民就有一本)的 20 个储蓄银行所在的省份,20 个数量最少的省份(15—24 人才有一本),20 个中等数量的省份(8—13 人有一本)中,它们的不同犯罪的平均数参见表 59-2。

表 59-2　20 个省份中犯罪的平均数量与银行存折数量

犯罪	存折数量最多的省份	存折数量居中的省份	存折数量最少的省份
诈骗罪	57	45	45
性犯罪	11	12.6	20
盗窃罪	132	133	160
杀人罪	10	12.6	27.4

正如我们在意大利的税收情况中所见到的那样,通过银行存折数量可以证明:缺乏远见与存款少时,血腥犯罪、盗窃和强奸就较多,而诈骗罪则较少;不过,当富有程度达到最高和中等水平时,情况正好相反。这也表明乡村依然是野蛮的,更倾向于实施暴力犯罪而不是狡诈型犯罪。但是,我们注意到,在意大利,这种特性与税收的关系十分明显,即在其他地方随着财富而增加的强奸案,在意大利却在越是最贫穷的省份越常见。

然而,正如我早就说过的,当种族和气候已经激发了邪恶时,财富什么作用都发挥不了。因此,我们发现,最富有的省份仍然存在大量的杀人案,例如,巴勒莫有 42 起,罗马有 27 起,那不勒斯有 26 起,来亨有 21 起。在解释这些明显的例外时,可以通过地理位置来解释巴勒莫和那不勒斯的情况,通过种族来解释来亨的情况,而罗马的犯罪,则可通过种族、酗酒和政治情况来解释。贫困对那

---

① 《意大利统计年鉴》(Annuario Statistico Italiano),1892 年。

些相对贫穷省份中的犯罪的影响作用,由于地理位置、气候和种族而加剧了;因为在南部和海岛省份中可以发现大量犯罪的数据。关于性犯罪,同样存在类似的例外和解释。当在富裕的省份发现大量的性犯罪时,例如,来亨是26起,罗马是22起,在那些贫穷的省份中性犯罪的数量却很少,例如,雷焦、艾米利亚、维琴察(Vicenza)是4起,贝鲁诺(Belluno)和罗维戈是5起,乌迪内(Udine)是7起,等等。对此仍然可以用明显的种族和地理位置来进行解释。所有这些都间接证明,意大利南部和海岛上贫穷省份的大量犯罪并不是与经济特性有关系,而是与种族和气候有关系。

第60节 法国的存款

至于法国,根据每1000居民中的银行存折数所估计出的几个地区的财富,我们可以发现犯罪总是直接随着财富的增加而增加(参见表60-1)。

表60-1 法国的财富程度与犯罪数量

财富程度[1]	平均犯罪数量		
	杀人罪	盗窃罪	强奸罪
最低程度的财富	64	83	17
中等程度的财富	86	99	26
最高程度的财富	89	186	29[2]

[注][1] 最低程度的财富是指每1000居民中的银行存折数为0到100,这样的省份包括科西嘉(20)、阿尔代什省(97)。中等程度的财富是指每1000居民中的银行存折数为100到200,这样的省份包括洛特省(101)和卢瓦尔-谢尔省(190)。最高程度的财富是指每1000居民中的银行存折数为200到406,这样的省份包括塞纳省(201)和萨尔特省(406)。

[2]《政治经济年鉴》(Annarie d'Economie Politique),巴黎,1886年。

从一定程度上讲,储蓄对法国和意大利影响的显著差异,可以用我们解释人口密度对两国影响的差异来解释(见第5章),即在法国最富有的地区,制造业也最发达,外来人口流动频繁;一般而言,这就会使这些地区的犯罪率达到法国犯罪率的4倍。从1851年到1886年间,法国的外来移民人数已经翻了3倍,他们的素质却随着数量的增加而降低了。因为在最初的时候,是较好的人移民到法国,后来,随着这种移民趋势的不断增强,很多素质最糟糕的移民也进入了法国。诺尔省的外来移民就比罗讷河口省多4倍,比埃罗省多19倍;但是在诺尔省,入籍归化的人口比罗讷河口省多9倍,比埃罗省多75倍。也就是说,诺尔省的外来人口比较稳定,较易同化,大部分是比利时人,而埃罗省的外来移民更多的是西班牙人。法国的低出生率让外来移民得以进入,而且法国的高罢工频率也让他们有了找到工作的希望。①

在意大利南部,种族和气候因素与经济因素在解释犯罪状况时产生了矛盾。我们已经发现,由于人口中的闪米特人成分(Semitic element)和炎热气候的共同作用,所有人身犯罪和部分财产犯罪都不正常地增加了。但是,如果假定种族和气候就足以解释这些犯罪现象,那就大错特错了。我们仍然要寻求更加严肃的证据。如果我们将意大利的某些特定地区,例如,皮德蒙特高原和伦巴第,与法国有着类似种族和气候的地区进行比较,我们就会发现,即便有相似情况,仍然会出现相反的现象。在意大利,储蓄多,则犯罪少,而法国则相反。在这里,我们一定要注意,实际的原

---

① 约利:《法国的犯罪》。

因是，法国最高程度的财富要比意大利的多很多，至少有4倍。更重要的是，在法国，这些财富的获得是如此地迅速，使得财富所有人太容易放荡堕落，以至于像约利所说的，自我娱乐（to amuse oneself）成了自我放荡堕落（to debauch oneself）的同义词。在意大利，恰恰由于中等程度财富和最高程度财富是相似的，它们导致了相同的结果，这一点就为我们提供了直接的证据；但是法国则相反，最高程度的财富与中等程度的财富存在巨大差异，所造成的结果也是截然不同的。在意大利，储蓄的增加是因为节俭而不是实际财富增加的结果，但是在法国，至少在制造业地区，特别是埃罗省和罗讷河口省，储蓄账户是财富的象征，而且人们的储蓄很多，以至于经常蜕变为狂热投机的机会。因此，我们可以在一个国家发现拥有财富的很多好处，而在另一个国家却会发现拥有财富的很多弊端。慢慢积累起来的中等财富能抑制犯罪，暴富则是很难控制的，它是刺激犯罪发生的重要因素。

第61节 农业和制造业

事实上，当制造业严重地挤压了农业，甚至完全取代农业时，我们就会发现犯罪立刻增加的现象。的确，如果我们把法国分成[①]农业地区（agricultural district）、混合地区（mixed district）和制造业地区（manufacturing district），我们就可以看到，随着从

---

① 正如上述《50年间的犯罪现象》(Sur la Criminalité pendant 50 Ans)中的研究那样。

农业地区向制造业地区的过渡,犯罪几乎都是在增加的。42个农业地区中只有11个地区(占26%)的犯罪率,要比法国平均暗杀案的数量要高一些;26个混合地区中有10个(占38%)要高于法国的平均犯罪率;而17个制造业地区中有7个地区(占41%)要高于平均犯罪率。成人强奸案和人身犯罪的情况也是如此。

在法国所有地区中,超过平均犯罪率的地区的犯罪百分数见表61-1。

表61-1 法国所有地区中超过平均犯罪率的地区的犯罪百分数

地区类型	强奸罪	人身犯罪
农业地区(42)	33	48
混合地区(26)	39	39
制造业地区(17)	52	59

这些数字当然要通过人口的聚集和外来移民来解释。

约利写道:

> 在埃罗省,诈骗罪一直与财富有关系。从来没有一个地方有比这里更多的贿赂活动,不光是对地方官员的贿赂,同样包括对中央行政部门的高官的贿赂……我要引用的例子就是一个市政委员会的所有成员都欺骗性地想要逃税。最大的罪恶莫过于一切都没有受到惩罚,因为陪审团竟然宣布他们无罪……

> 这种道德败坏难道不是因为在酿酒业的转折时期产生、

第9章 经济条件的影响——财富

加速和恶化的吗？正是在这个转折时期，使得人们自1874年起就从酒中获得巨额利润。事实上，正是自1874年起，埃罗省的犯罪状况从第5位滑到了61位，到1884年滑到了81位。①

约利接着写道：

> 从农民，也就是穷人，把自己的耕地改变成葡萄园的那天起，从他们因为铁路而看到他们的产品在眼前变成巨大财富的那天起……从他们变得贪婪的那天起……赌博的人和在炒股中赚钱的人就只会梦到股票和债券了，梦到垄断市场了。现在，不必付出努力就能获得所有的财富，就好比是通过赌博来赢钱一样，这些都对大脑产生了相同的影响。塞特的长官说："正是财富毁灭了国家。"

当博卡日地区（Bocage）贫穷时，那里的人们是诚实的。"现在，那些盗窃的人自己就有财产，那些富裕的农民犯罪的比流浪者还要多。"在厄尔省东部，在卡尔瓦多斯省（Calvados）西部，制造业和农业在倒退，那里的犯罪也较少。在维尔（Vire），居民靠耕种土地为生，那里几乎没有犯罪。

---

① 约利：《法国的犯罪》，第112页。

第 62 节 作为犯罪原因的财富

因此,那些断言犯罪总是贫穷的产物的人,并没有考虑这个问题的另一方面,没有发现犯罪也是富裕的产物。急剧获得的财富,并不能与良好的品格、高尚的宗教或者政治思想相适应,因而比贫穷更有害。斯宾塞也谈到了财富,认为根据一个人的基本特征的好或者坏,财富相应地会导致美德或者邪恶;邪恶尤其是过度富裕的产物,就像过度的权力和过度的教育那样,邪恶是专制的天然工具,容易导致各类性虐待和酗酒,从而导致各类犯罪。因此,财富有时候是犯罪的阻止因素,有时候则是犯罪的诱发因素,就像我们在教育、文盲、人口密度中所看到的那样,宗教的作用也是如此。

在这里,我们尤其要记住犯罪原因方面的标准。因为,根据我们的性格和发展阶段的不同,同样的原因有时会毁灭我们,有时又会拯救我们。因此,我们会看到,明显的矛盾会消失,明显的矛盾甚至也会有助于作出一个完整的解释。在美国,那些犯罪率高的州有时候是财富最多的州,有时候又是财富最少的州(正如在人口普查中直接从个人那获得的数据所表明的那样)。[①] 我们发现,最富有的州的犯罪率低。例如,罗得岛州(人均 183 美元)的犯罪数据是 0.11;有着相近财富的马萨诸塞州(人均 178 美元)的犯罪数据是 0.20,是罗得岛州的将近两倍,几乎和哥伦比亚区的 0.21 一

[①] 斯克里布纳(Scribner):《美国统计地图集》(Statistical Atlas of the United States),1880 年。

样了,但是哥伦比亚区的财富只是中等水平(人均 112 美元)而已,同样是中等财富水平的怀俄明州的犯罪数据却达到了 0.35。一些贫穷的州,例如,达科他州(人均 30 美元)、阿拉巴马州(人均 19 美元)和新墨西哥州(人均 19 美元)的犯罪数据却是最低的,介于 0.04 到 0.03 之间。不过,在这里,我们也遇到了一个矛盾,即中等富裕的特拉华州(人均 82 美元)的犯罪数据仅为 0.05。从上文中我们已经发现,法国和意大利的犯罪是怎样普遍上升的,只是犯罪特征有所变化而已;我们已经发现,在意大利,犯罪最多的是阿尔泰纳,但是根据西盖尔的论述,那里没有一个地方是真正贫穷的,人们都是小土地所有者。不过所有这一切都不能掩盖这样的事实,即在极度贫穷的野蛮盛行的年代和地区,例如,科西嘉,人身犯罪在增加,单纯的盗窃罪也在增加。

第 63 节 解释

造成上述情况的原因是非常清楚的。一方面,贫穷和极度缺乏生活必需品促使人们去盗窃以便满足个人的需要。[1] 这是将贫穷与侵犯财产联系在一起的第一道纽带。另一方面,贫穷使得人们的大脑容易在酒精饮料的作用下变得冲动起来,许多穷人因为饥饿的折磨而进行可怕的行为。同样也要将那些由于父母的坏血病、淋巴结核、贫血症和酒精中毒所造成的退化因素考虑在内。这

---

[1] 迈尔(Mayr):《社会生活中的合法性》(Die Gesetzmassigkeit in Gesellschaftleben),慕尼黑,1877 年;佛纳萨里,同前引书。

些疾病容易造成悖德狂。贫穷也会促使人们残忍地将成为家庭负担的成员除去,这会让人想起原始人在类似情况下的杀害长辈和杀婴行为。因为穷人很难通过卖淫来获得满足,因为工厂和矿山中会有早熟型男女乱交(precocious promiscuity),同样也是因为幼稚症(infantilism)或者男孩中女性化现象的频繁发生,[①]所以,贫穷是性犯罪的一种间接原因。另一方面,当个人在舒适的环境下萌发一丝轻微的想要犯罪的企图时,由于他在身体和道德方面都已经获得充足的养分,受过正确的道德训练,也没有生活的压力,因此,即使他有犯罪的冲动,他也能更容易地抵制这种冲动。

但是,财富反过来又是梅毒、衰竭(exhaustion)等其他原因引起的退化的根源。财富使得人们由于想要超过别人的虚荣心而犯罪,使得人们由于想在世界上出风头的致命野心而犯罪,正如我们所见到的,想出风头的致命野心正是导致财产犯罪的最大原因之一。同样,正如佛纳萨里所评论的那样,当财富绝对集中时,它总是存在于少数人手中,以至于同时会产生巨大的贫困,这种贫困通过对比而被人们强烈地感受到。这一方面促成了犯罪的倾向,另一方面提供了较好的犯罪机会。另外,需要注意的是,[②]当财富很少时,涌入的人口也最少,特别是那些危险的人涌入得很少,他们都聚集在富裕并容易实施犯罪的地方,例如,在法国的塞特。

如果迫切的需要真能使穷人犯罪,那么他们的犯罪数量也是

---

① 参见我的《犯罪人论》,第一卷。
② 参见菲利:《刑罚替代措施》(Dei Sostitutivi Penali),《精神病学档案》,Ⅰ,第88页;《法国犯罪研究》(Studi sulla Criminalita in Francis),《统计年刊》(Annali di Stati),s. 2a,ⅩⅪ,第183页;佛纳萨里,同前引书。

第9章 经济条件的影响——财富

很有限的,但却是非常暴力性的;而富人的那些并不迫切的需要却是数量和类型都很多的,他们在政治人物帮助下逃脱惩罚的方法也是五花八门的。因此,我们可以发现,在意大利,对公众犯下罪行的大臣即便在罪行被揭露之后,依然有权有势,他们甚至把犯罪作为巩固自己地位的方法。只有法国和英格兰的人民拒绝接受犯罪人的管理。

至于性犯罪和酒精犯罪,财富可能带来的最初的满足,从来就不会让人感到厌倦,反而会驱使人们去寻求新的刺激,例如,强奸儿童、①鸡奸、滥用吗啡和可卡因等。过多的财富并不能抑制犯罪,而是经常激发新的犯罪。

约利说:

> 有许多什么都没有的人,他们什么都不要;还有许多人尽管已经拥有很多,但是却野心勃勃地想要更多。而且,就像在战争中大规模、远距离地杀戮似乎与杀人的概念相距甚远一样,在大城市里,尽管诈骗和破产使很多人倾家荡产,但是,它们似乎不是真正的犯罪,即使对许多胆小的人来说也不是真正的犯罪。

总体来讲,生来犯罪人会在财富中,而不是在贫穷中,发现更

---

① 见上文。虽然受过教育的人只占总犯罪人数的 5% 到 6%,但是在强奸儿童犯罪中,他们占到了 12%;也就是说,如果在二十个犯罪人中有一个是自由职业者,那么在强奸儿童犯罪中,每八个犯罪人中就有一个是自由职业者。

多的犯罪机会。不过,对于那些偶然犯罪人(occasional criminal)[①]来说,情况就要糟糕一些。研究过贝尔霍特(Baihaut)、德塞(De Z——)、坦龙格(Tanlongo)等人的相貌之后,人们才会相信这些人并不是生来犯罪人,如果没有政治活动,他们永远也不会成为犯罪人。

第64节 贫穷犯罪人的数量

但是,有人会提出反对意见,他们会询问,为什么那些被控告犯罪的人几乎总是穷人?例如,我们在1889年的"刑罚统计"中发现,100个经济条件比较容易了解的被控告犯罪的意大利人按年份划分的话,可以发现表64-1的结果。

表64-1 每100个被控告犯罪的意大利人的富裕程度与犯罪情况

富裕程度	1887年	1888年	1889年
赤贫的(人)	56.34	57.45	56.00
仅有生活资料的(人)	29.99	30.77	32.15
相当舒适的(人)	11.54	9.98	10.13
富裕的(人)	2.13	1.80	1.72

---

① 意大利语是 Criminel par occasion,在其他的地方写作 d'occasion。龙勃罗梭通常用这个术语来指那些受到外界压力而成为犯罪人的人,以此来区别那些生来犯罪人(born criminal);但是他有时也用此表述来区分初次犯罪人(one time criminal)和习惯犯罪人(habitual criminal)。——英译者原注

第9章 经济条件的影响——财富

这些数字与纪尧姆、①史蒂文斯②和马罗③所发表的数字是一样的,他们发表的数字都向我们表明了穷人犯罪占有相当大的比例。

但是,这些数字似乎与我们关于财富的邪恶影响的结论完全相反,在我们被这些数字误导之前,有必要记住,富人是很少被定罪判刑的,正如马罗清楚地讲到的,即使他们违反了法律,他们也不会像穷人那么容易地被关进监狱。富人能够运用他们财富的影响力,运用他的家族,他的社会关系以及他的智力。这些经常足以把他从监狱中救出来,并且总是能为其提供能干的辩护人。在仅仅供富人使用的私立精神病院(private asylum)中,有很多的悖德狂者,但是这些人几乎没有一个会被送进公立精神病院(public asylum)或者监狱;这似乎意味着,财富有助于清除生来犯罪人的病理因素,而贫穷是无法做到这点的。而且,在阶层之间的竞争中,法庭被用做统治穷人的方法,穷人早就注定要被判有罪。上层阶级的人习惯于说"穷人像贼"。而且,唉! 如果把这句谚语倒过来说,就更糟糕了。

科拉扬尼说:

> 穷人的一些犯罪仍然没有被发现,其原因可能是由于他

---

① 纪尧姆(Guillaume):《瑞典监狱问题状况》(État de la Question des Prisons en Suède)。
② 史蒂文斯(Stevens):《比利时的单独监禁》(Les Prisons Cellulaire en Belgique)。
③ 马罗:《犯罪人的特征》(I Caratteri dei Delinquenti),都灵,1887年。

们的道德意识不足,因而没有提供犯罪信息,就像在性犯罪中那样,也可能是由于实施犯罪后没有被人发现,就像在田野盗窃中那样,如果是这样,富人们是否也总是这样呢?他们的各种犯罪是否也没有曝光呢?是否要让一支军队去发现富人的犯罪呢?就像要一支军队去发现在田野和森林中实施的犯罪那样?

议员和政治人物没有公开的或者秘密的豁免权(immunity)吗?这种豁免权是一种涉及精神病院的权利,它已经被扩展到包括所有那些有政治权力的违法者、宗教人员(ministers)、议员(deputy)、重要选举人(great elector)和记者。一位伟大的诗人莎士比亚告诉我们,破旧的衣裳因为裂缝一下子就能让别人发现犯罪,而金子却能将犯罪隐藏起来,甚至是提供保护。[1]

总而言之,经济因素对犯罪产生了极大的影响,不过,贫穷并不是犯罪的根源,过度的财富、快速积累的金钱也对犯罪起到了重要的作用;贫穷和财富的作用经常因为种族和气候的作用而被减弱。

---

[1] "透过破烂的衣服,小恶习也会显露出来;长袍和毛皮长袍掩盖了一切。用金子铸成罪恶的盘子,用公正的利刃折断罪恶;把它裹在破布里,一根侏儒的吸管就会把它刺穿。"(莎士比亚:《李尔王》,第四幕,第六章)

第 10 章　宗教

第 65 节　宗教与犯罪[①]

宗教的影响也很复杂，甚至比文明和财富的影响还要复杂。我们已经发现，有些犯罪人是虔诚的教徒（特别是在乡村和一些文明程度相对较低的地区），有些犯罪人并不信教，甚至根本就是无神论者。[②] 我们已经看到，在宗教教徒中，犯罪人和诚实人几乎同样多，[③]而且犯罪人往往占多数。[④] 在菲利研究的 700 名犯罪人中，只有 1 人是无神论者；1 人根本就什么都不在乎；7 人是虔诚的教徒，而且经常能为他们的犯罪找到宗教借口。其中的一个人就说："正是上帝让我们有了偷窃的本能"；还有一个人说："我是有罪，这是真的，但是神父在我忏悔时已经宽恕了我。"被宽恕之后，绝大多数的犯罪人并不担心会受到人类的惩罚。有这么一个杀人

---

① 这一节的标题是译者加的，原文中仅有"节号"（§），但是之后没有标题。——译者

② 参见我的《犯罪人论》，第一卷。

③ 马克西姆·迪康观察了 33 个犯罪人做弥撒的情况，他注意到在做弥撒的过程中，有 3 个人在祷告，1 个人蒙着脑袋坐着、眼睛盯着祭坛，1 个人跪着，1 个人假装在祷告其实是在阅读画报，1 个人在哭泣，还有 26 个人坐在桌边阅读或者劳动。

④ 参见我的《犯罪人论》，第一卷。

犯,当菲利问他是否担心上帝会愤怒时,他回答说:"上帝到现在为止还没有惩罚我。""但是你会下地狱的。""哦,我可能会下地狱,也可能不会。"接着还说:"我们应该看看当我们死后是否会受惩罚。"

如果我们相信所获得的这些有限的统计数据,我们就可以发现,在同等条件下,在无神论者很多的地方,犯罪人比天主教徒或者新教徒占多数的地方要少。这可能是因为他们受到更高程度的教育的缘故,欧洲的情况尤其如此,受过更高程度教育的无神论者特别多。只有在具备一定的能力时,一个人才能把宗教情感与普遍而传统的思维模式区分开来。同样,只有使一个人在具备能够抵制模仿本能的抑制力时,才能使个人克制犯罪的冲动。

约利就不认同宗教的外在活动能够产生崇高的影响作用,他以诺曼底地区为例来说明,该地区十分尊重宗教,但在同时,那里的犯罪比例却是相当高的。他所引用的用来描述洛泽尔省居民的谚语也表达了相同的意思:"洛泽尔省人一手拿着玫瑰花,一手拿着刀。"他进一步用发生在阿尔代什省(Ardèche)的事件来证明。两伙人在市场里发生了口角,当他们已经举起了包着铁皮的棍子时,教堂祈祷的钟声敲响了。这两伙仇恨的人马上就放下了棍子,不作任何防卫地画起了十字,嘴里在祈祷……但是在祈祷结束后,他们又拿起武器重新打斗。约利发现,在法国,尽管女孩比男孩更听从宗教的教诲,但是女孩犯罪并没有消失;而且,如果青少年犯罪在总体上有所下降的话,那也是男孩的犯罪数量在下降。勒克吕斯写道,[①]在特立尼尔(Treynier)有一座教堂,人们可以到那里

---

① 《普通地理》(Geographie Universelle),Ⅱ,第618页。

去恳求"仇恨女神"(Madonna of Hatred),处死那些可恨的人。劳科太里在提到西西里时指出:

> 这些成千上万的牧师(priest)有钱有势,无所事事,却具有南方人的精神和肉欲,他们一定对穷人产生了腐化的影响,这是无法想象的。对他们而言,诱惑、鸡奸、通奸和乱伦都是可以原谅的。一个罪行暴露的杀人犯会借口说自己是被逼的,并且受到了伤害,甚至仅仅是因为他非常贫穷,他就不但能获得神的宽恕,而且也不必受到世俗法庭的起诉,但是,假如不这样,即便是一个清白的人也会被捕入狱。为了逃避危险或者为了不损害邻居而向法官隐藏真相的目击证人,同样会听从神父(confessor)的调解而与上帝和好。如果一个出于土耳其式嫉妒(Turkish jealousy)而冷落妻子的富人能试图保护女儿的贞操,他也会受到别人的尊重。对于那些犯了诸如伪造罪等轻罪的人,可以通过付给教堂32法郎80生丁[①]来净化自己的心灵。

仅仅在几个世纪前,最富有城市的大代理主教(great vicars-general)就可以准许人们通奸一整年。在其他的城市,给主教的官员1/4桶葡萄酒,就能获得终身不受惩罚的通奸权利,因为主教可以让他们获得罗马教皇的敕令,获得宗教法中规定的特权。有一个人甚至厚颜无耻地向教皇西克斯图斯四世(Sixtus IV)呈递陈

[①] 法郎和生丁都是法国的货币单位,1法郎等于100生丁。——译者

情书，要求在三伏天也可以进行通奸。在我们这个时代，同样也存在着教皇的敕令，使神职人员可以瓜分那些由于人们的犯罪而交到教堂的金钱，这样的敕令直到1868年才被废除。[①] 迪潘·德·圣安德烈(Dupin de saint-André)1879年再版了《教廷赦罪院的税费》(Les Taxes de la Pénitencerie Apostolique)，[②] 书中写道，犯罪后要根据教皇约翰十二世(Pope John XII)和教皇利奥十世(Pope Leo X)所指定的税表来缴税。因此，如果一个世俗人杀了一个牧师，要交7个格罗森[③]才能被饶恕；如果一个世俗人杀了另一个世俗人，那么只要交5个格罗森就够了。

如果一个牧师和一个修女私通[④]，不管是否发生在修道院里，或者与其堂表亲或教女通奸，他只要付67法郎11苏[⑤]就可以得到宽恕。如果其行为是变态的，那么就要付219法郎14苏。如果一个修女和几个男人私通，不管是否发生在女修道院中，都要付131法郎14苏。如果是通奸[⑥]，要付87法郎3苏。然而，如果一个世俗人通奸，只要付4法郎就

---

① 全部引自我的《意大利犯罪增加》(Incremento del Delitto in Italia)第二版，1879年，都灵。
② 1520年由图森·丹尼斯(Toussain Denis)出版，1741年在罗马出版。
③ 格罗森(gros)是旧时代的奥地利最小硬币单位，等于1/100奥地利先令；也是旧时代德国、法国的银币单位。——译者
④ 私通(fornication)是指无婚姻关系的男女之间自愿发生的性行为。——译者
⑤ 苏(sou)是旧时代法国辅币的名称和单位，相当于1/20法郎(franc)，等于5生丁。——译者
⑥ 通奸(adultery)是指已婚或者未婚男子自愿与配偶之外的已婚女子发生的性行为。——译者

第 10 章 宗教

够了；如果是通奸和乱伦①，就要付 10 法郎。约翰十二世规定，与姐妹或者母亲发生乱伦要付 40 苏。②

谁会不知道上世纪耶稣会士的座右铭呢？例如，拉克鲁瓦（Lacroix）就说："尽管正常的法律禁止说谎和谋杀，但是在一定条件下，也是被允许的。"因此，波岑布隆（Buzenbraun）宣称："一个极度贫穷的人可以拿他要的必需品，甚至可以杀了阻止他拿必需品的人。"同样地，梅奥卡（Maiorca）允许弑君；隆盖神父（Père Longuet）说："一个人不能违背正义，没有义务归还用死亡或者受伤得来的金钱。"

不过，有件事我似乎是很清楚的，即越是年轻的宗教，其道德力量越强，因为字面意义（letter）还未侵蚀其精神，对新观念的热情占据着他们的头脑，把他们从犯罪那里拉开；最后，从起源来看，身体本身就不易受到阻碍他们活动的那些符号和公式的影响。我们可以从萨伏那洛拉③和伏多瓦派④那里发现这一事实，也可以在

---

① 乱伦（incest）是指与法律禁止结婚的异性血亲之间发生的性行为。——译者
② 维吉尼奥·波利多罗（Virginio Polidoro）：《事物的发明》（Delia Invenzione delle Cose）；比安奇-乔维尼（Bianchi-Giovini）：《教皇的历史》（Storia dei Papi），XXI，1864 年。
③ 萨伏那洛拉（Savonarola，1452—1498）是意大利宗教领袖和政治改革家，抨击罗马教廷和暴政，领导佛罗伦萨人民起义（1494），在该城建立民主政权，这个政权被教皇阴谋推翻后，他被火刑处死。——译者
④ 伏多瓦派（Vaudois）是大约在 1170 年出现于法国南部的一个基督教教派，16 世纪参加宗教改革运动。——译者

美国黑人中发现这一事实,当这些黑人转而相信循道宗①时,就不再懒散,不会去杀婴,因此,充满这些转变的地区的人口会有极大的增长。有一个令人奇怪的现象是,每当一个由纯粹的偏执狂者创立的新教派形成时,例如,意大利的遣使会②和英格兰的贵格会③,都会使犯罪立刻减少。即便是将相互阉割作为宗教的一部分的思科普茨派(Skopzi)教徒,也以诚实而闻名。在俄罗斯北部的比亚洛瑞茨人(Bialoriztzi)不喝酒也不抽烟。④他们身穿他们手工缝制的白衣服,过着道德而善良的生活。同样的还有梭塔沃茨人(Soutasevtzy),他们拒绝牧师、偶像和兵役,因此常常受到苦难的折磨。"上帝之子"(Sons of God)们相信每个人都有自己的神,向任何邻居进行祈祷就足够了。他们一起跳着狂野的舞蹈向上帝表示敬意,直到筋疲力尽倒在地板上。他们非常虔诚地做着这一切。沃伦斯基(Veriginski)或者托尔斯泰的信徒们(Tolstoians)只喝茶,可以毫不反抗地任由别人虐待,只说"上帝帮助我",直到那些迫害者钦佩地匍匐在他们脚边。这些新的宗教真正在传播美德和崇高。

令人奇怪的是,尽管俄罗斯南部的教徒以他们残忍的性格而出名(据我们所知,毫无疑问是因为炎热的气候使人们产生杀人的

---

① 循道宗(Methodism)又译为"卫理公会",是基督教新教的一个派别,由约翰·卫斯理(John Wesley)18世纪在英国创立,提倡遵循种种道德规矩,礼拜仪式从简,成立小组在信仰方面互相促进、互相启迪等。——译者
② 遣使会(Lazarettists)是天主教的一个教派。——译者
③ 贵格会(Quaker)是基督教的一个教派,又称为"教友会""公谊会"。——译者
④ 《评论杂志》(Revue des Revues),1895年10月15日。

倾向），但是，他们却鼓励崇高的道德。因此，杜科波尔派[①]杀死那些身体和头脑不正常的孩子，因为他们尊重存在于任何人中的神圣精神。他们的首领之一卡波斯丁(Kapoustine)将该派所有的叛逆者活埋，在一次反对他的活动中，发现他制造了 21 起宗教杀人案。所有这一切对我们而言似乎是严重的犯罪。但是，这个教派却反对战争，宣扬沙皇只统治流氓和犯罪人，诚实的人和杜科波尔派教徒都与沙皇的法律和权威无关。就在这个教派中产生了莫洛坎尼派(Molokani)，他们喝牛奶，反对牧师、装饰和无用的仪式。这些人都是受过教育的人和非常诚实的人，他们互相帮助，不管他们被驱逐到哪里，他们都会将最荒凉的地方变成花园。美洲的摩门教徒(Mormons)同样也以他们的勤奋和正直而出名。

总体而言，当我们透过现象看本质的时候，宗教影响方面的矛盾现象现在几乎完全消失了。当宗教完全建立在道德的基础上并且抛弃了一切世俗习惯时，宗教就是有用的。这是一种只能在新的宗教中才能实现的情况；因为所有的宗教在开始时都是道德的，但是在后来，这些宗教慢慢地变得具体起来，仪式活动淹没了道德原则，而这些道德原则不容易被大众所理解和保持。新教派的所有成员都是有新观念的人，这些新观念像疫苗一样保护着他们，使他们能避免不光彩冲动的影响。出于同样的原因，那些有着更多炙热宗教热情的新教城市，例如，日内瓦和伦敦，就是少数几个不受文明进程和人口密度影响、犯罪一直在减少的城市（仅仅是伦敦

[①] 杜科波尔派(Doukobors)是 18 世纪产生于俄国的一个教派，1899 年因受迫害而移居加拿大。——译者

的人口就比意大利一个完整的省的人口还要多)。在这里,发挥作用的并不是抑制,而是极大的宗教热情,这些宗教热情抵消了人们不光彩的本能,使人们以极大的力量与邪恶和不道德的倾向斗争,并最终战胜了它们。

费雷罗指出:

> 在英格兰,宗教吸收了成千上万的狂热信徒,他们以各种名义和理论,以极大的热情拯救人们的灵魂。他们活跃在许多领域,组织宗教仪式、讲道、列队行进唱赞美诗、虔诚劳作等。
>
> 另一方面,在天主教占统治地位的拉丁语系国家中,宗教很少能用来抵制邪恶;这不是因为人们不信或者怀疑宗教(即便是在伏尔泰的国家也是如此,这也几乎是人们普遍相信的一个原因),而是因为宗教组织本身的原因。天主教会是一个组织严密的机构,几乎是一个建立在服从和支配基础上的军队,每个人在里面都有自己的位置,一切行动都遵循不变的制度。像巴纳多(Barnardo)博士那样积极狂热的人,天性独立,容易叛逆,在教会中,他们会感觉非常地不安,除非是在唯一赋予个人自主性的布道地区。反之,他们能在新教中找到家的感觉,那些新教和小教派与野蛮部落一样的自由,如浸信会教友(Baptists)和基督教的救世军(Salvation Army)。[①]
>
> 而且,在日耳曼国家,尤其是英格兰发现的狂热现象,是

---

① 菲利的论述,参见《社会改革》(Riforma Sociale),1895年。

其慈善事业发展的一个重要领域,而这在拉丁语系国家中几乎总是缺乏的。

伦敦是这类狂热慈善事业的主要城市。在这里,所有的男人和女人,不管来自什么阶层,拥有什么社会职位,富有或者贫穷,有文化或者无知,心智健全或者愚蠢,都想到要治愈社会的疾病,要消除一些特殊形式的不幸与悲伤。有的人关心那些受到父母残忍虐待的孩子;有的人关心失明的老人;1/3 的人关心精神病院里受到虐待的精神病患者;1/4 的人关心被释放的犯人。人们不停地努力,出版杂志,组织社团,演讲,有时还会形成社会的流行时尚,形成社会大众的主流观点,最终导致重要的人道主义改革。这种活动能够很好地替代那些导致极度暴行的政治狂热主义。

但是,这样的活动在拉丁语系国家根本就不起作用。由公众权威或者教堂来管理慈善事业的传统已经深刻地扎根于人们心目中,以至于个人不会去关心社会的不幸。如果大城市的孩子们经常受到虐待,报纸强烈地表示了抗议,并激起公众的一定反应时,公众的观点也仅仅是要求国家的法律采取行动,然后就满意地安静下来,不过,法律永远都不会起作用。没有一个人会去建立那些像英格兰一样的个人组织,不时地去监督那些残忍的家长,将那些小受害者从家长手中救出来。

这是自然的。因为那些延续了许多世纪的宗教,不会考虑大众的情感,有的只是过度的仪式,所以道德因素已经在宗教中不复存在了。在圣本尼狄克派①的73条主要规则中,只有9条与道德有关。在圣高隆朋派②中,任何遗失了一片圣体(神圣面包)的人都要被判苦修一年,那些一口吃了两片圣体的人要苦修六个月。

唯一能够阻止犯罪的宗教,是那些狂热的、充满强烈道德意味的宗教,或者是正在形成中的宗教。其他的宗教仅仅与无神论所起的作用一样,或许还不如无神论所起的作用。

---

① 圣本尼狄克派(Order of St. Benedict)又译为"圣本笃会",是公元529年由意大利人圣本尼狄克(St. Benedict,480—550)创立的天主教隐修院的修会之一。——译者
② 圣高隆朋派(Order of St. Columbanus)是由中世纪前期的基督教爱尔兰教师高隆朋(Columbanus,约公元543—615)创立的基督教教派。——译者

第 11 章　教育、非婚生子女与孤儿

第 66 节　非婚生子女

在最文明的国家中,教育对犯罪的影响,可以间接地通过非婚生子女①犯罪人数量的持续增长表现出来。在普鲁士,1859 年非婚生子女占到犯罪人总数的 3%,到 1873 年增加到 6%,妇女从 5%上升到 8%。在法国,在 1864 年被捕的 800 名未成年人中,有 60%是非婚生子女或者孤儿(orphan),38%是妓女或犯罪人的儿子。在奥地利,1873 年度所有男性犯罪的 10%是非婚生子女进行的,而女性犯罪中占到了 21%。② 在德国汉堡,30%的妓女是非婚生子女。在法国巴黎,有 1/5 在巴黎出生的妓女和 1/8 的乡村妇女是非婚生子女。③ 在德国符腾堡(Würtemberg)地区的监狱中,1884—1885 年间,有 14.3%的人是非婚生子女;1885—1886 年间,有 16.7%的人是非婚生子女;1886—1887 年间,有 15.3%的人是非婚生子女;而非婚生子女在没有犯罪的人口中所占的比例

---

① 非婚生子女(illegitimate children)是指没有合法婚姻关系的男女发生性行为后所生的孩子,俗称"私生子"。——译者

② 厄廷根,同前引书。

③ 培伦特–迪夏泰来(Parent-du-Châtelet),同前引书。

只增加到了 8.76%。赛克特(Sichert)发现,[1]在他研究的符腾堡地区这些监狱中服刑的 3181 名犯罪人中,非婚生子犯罪人占 27%,几乎是其他人的 2 倍。这些数据的分布见表 66-1。

表 66-1 非婚生子犯罪人的犯罪分布

非婚生子犯罪人的类型	非婚生子女所占百分数
小偷	32.4
扒手	32.1
性犯罪人	21.0
作伪证者	13.0
纵火犯	12.9

他发现,在习惯犯罪人中,有 30.6% 是非婚生子女;在偶然犯罪人中,17.5%(一半多一点)是非婚生子女。他还发现了一些情况(参见表 66-2)。

表 66-2 非婚生子小偷和婚生子小偷的情况

小偷的不同情况	厌恶工作者	乞丐	流浪者
1248 名婚生子小偷(legitimate thieves)中	52.0%	32%	42%
600 名非婚生子小偷(illegitimate thieves)中	52.3%	39%	49%

在意大利,监狱统计数据表明,在男性未成年犯罪人中,有 3% 到 5% 是非婚生子女,女性则是 7% 到 9%。[2] 我们可以补充说,意大利 36% 的累犯不是非婚生子女就是弃儿(foundling)。要理解这些数据的重要性,必须要想到,所有在 18 个月到两年里死

---

[1] 李斯特(Liszt):《刑法档案》(Archiv. f. Strafrecht),1890 年。
[2] 《监狱统计》(Statistica delle Carceri),罗马,1873 年,CXXVIII。

第11章 教育、非婚生子女与孤儿

亡的非婚生子女在人口中所占的极大比例——至少是60%,经常是80%。①因此,马波(Marbeau)可以毫不夸张地说,每四个弃儿中有三个不到十二岁就死了,第四个注定要过犯罪人的生活。为了更精确地说明这些数据的重要性,我研究了劳里(Lolli)博士提供的伊莫拉(Imola)精神病院、特巴尔迪(Tebaldi)教授提供的帕多瓦精神病院以及帕维亚精神病院里几乎所有的成年人,共计3787人的情况,同时还研究了1871年进入帕维亚城市医院的1059人。我发现,在精神病院里,弃儿占1.5%,在城市医院中,弃儿占2.7%;不过帕维亚弃儿的死亡率比许多其他地区要低。② 在同等年龄和条件下,弃儿的不良行为比精神疾病患者多20倍。因此,我们可以肯定地说,那些幸存下来的弃儿会自暴自弃地陷入犯罪之中。毫无疑问,遗传在这种后果的产生中起了极大的作用。大部分这样的孩子都是罪孽的产物;他们没有值得赞扬的名誉,没有缰绳可以勒住他们激情的冲动,他们得不到来自母亲的细致的关心、爱心和奉献,没有母亲能帮助他们培养崇高的品质,帮助他们克服罪恶的冲动;他们觉得过诚实的生活太累,就不可避免地堕入罪恶的深渊。他们通过模仿产生罪恶的犯罪倾向。另一方面,像孤儿院和育婴堂之类的慈善机构,也会对他们产生邪恶的影响。因为我们已经发现,接触的多样性总是会导致犯罪。

---

① 在波尔多(Bordeaux)的1000名弃儿中,10年里死了729名。在94年间进入育婴堂(foundling asylum)的367988个婴儿中,有288554个在婴儿时期就死亡了,也就是说占到了79%。参见安杰尔(Angel):《关于孩子死亡的报告》(Vortrag. üb. Mortal der Kinder),1865年。

② 在进入当年是25%。

第 67 节 孤儿

在监狱中发现大量的孤儿和继子女(step-children)的事实证实,遗弃和缺乏教育在犯罪的产生中起着巨大的作用。在意大利1871—1872年的少年犯罪人中,继子女的比例从8%上升到13%。布雷斯指出,在纽约,有1542名孤儿和504名继子女由于各种不同的原因而被捕。他补充说,监狱中55%的犯罪人是无父无母的;60%的被捕孩子来自单亲家庭或者父母是分居的。根据马波的数据,在100个少年犯人(juvenile prisoner)中,有15个是被母亲抛弃的。在意大利,在10年间,少年犯罪人中孤儿的平均数从33%上升到35%;在我的诊所中,在580名成年精神疾病患者中,孤儿占到了47%。在1059名进入帕维亚医院的精神疾病患者中,孤儿占到78%。从这些数据中可以发现一个更重要的事实,那就是在少年犯罪人中,孤儿的平均比例占到了18%至20%,这一比例比孤儿在总人口中的比例要低。半孤儿①的情况也是如此,这些半孤儿在少年总人口中只占18%,但是在少年犯罪人中的比例达到了23%至30%。意大利的数据表明,26%的少年犯罪人没有父亲,23%的少年犯罪人没有母亲,而在精神疾病患者中,51%的没有父亲,10%的没有母亲。

另一方面,可以肯定的是,女性在犯罪的孤儿中数量很多,在弃儿中占的比例更大。甚至在排除了做妓女这一轻罪之后,情况

---

① 半孤儿(half-orphan)是指父或者母一方死亡的儿童。——译者

也是如此。因此,厄廷根得出了一个奇怪的结论,即在少年犯罪人中,少年与少女的比率是 5∶1,而在弃儿中,少年与少女的比率则是 1∶3。不过,这也是正常的,因为女性的身体要比男性弱,女性的激情要比男性强,所以,需要更多的来自家庭的支持和限制来避免女孩误入歧途,因为当妓女的道路总是向她们敞开着的。遗传在这里的作用是巨大的,由于性犯罪而出生的女性,更容易犯同样的错误,并且由此开始更严重的犯罪。

少年犯罪人中数量巨大的弃儿,也可以解释城市人口中少年犯罪人数量很多的原因,同时,还能够使我们衡量教育缺陷和遗弃所造成的损害。

第 68 节 不良出身与教育

邪恶的教育甚至比遗弃更能产生不良的犯罪影响,这是很自然的。在这里,我们可以回想起大部分犯罪人的父母都不健全的情况。西查特(Sichart)发现,病理性遗传(pathological inheritance)达到了 36%,而马罗则指出,病理性遗传达到了 90%。6.7% 的犯罪人有患癫痫的父母,4.3% 的犯罪人是自杀者的子女,6.7% 的犯罪人的父母是精神疾病患者;而在那些严重犯罪人中,彭塔(Penta)发现酗酒遗传(alcoholic heredity)占了 37%,马罗发现酗酒遗传占了 41%。当不幸的孩子面对这些多种多样的诱惑,甚至更糟糕的是,当他们面临父母的权威和榜样时,他们怎样才能保护自己远离邪恶呢?我们可以从实际例子中更好地理解这些情况:V 是一个小偷的妹妹,从小被父母当男孩养。她穿着像男生,保持着男孩的发型,到处挥舞着刀子。有一天在旅途中,她偷了一件斗篷,被捕后,她指控父母进行盗窃。考努家族(Cornu family)几乎都是由小偷和杀人犯组成的,从婴儿时期就习惯于犯罪。在五个兄弟姐妹中,只有最小的那个对犯罪表示厌恶。她的父母找到了一种方法来克服她的反感,就是让她为了两个同伙而把其中一个被害人的头裹在围裙里。很快,她就不再懊恼,而成为团伙中最凶残的人,想对被害人实施最残忍的罪行。杀人犯克劳科(Crocco)三岁时就用石头砸同伴,把小鸟的毛活生生地拔下来,他父亲常常把他独自留在森林里,一直到他十九岁的时候。弗雷吉尔(Frégier)说,有一个小偷的儿子因为在三岁时就能用蜡来拓取钥匙形状而成为他父亲的骄傲。根据维多克[①]的论述,刺客的妻子比她们的丈夫更为危险,因为她们培养孩子们的犯罪习惯,甚至奖励孩子们所进行的每一起谋杀。

我们已经看到,并且会在下一章中更清楚地看到,有着不良父母和家庭的犯罪人数量是多么的巨大,邪恶的教育和邪恶的遗传交织在一起发挥作用。在遭受遗弃的情况下,并且也由于卖淫和女性犯罪的持续增加,容易受这些影响的女性数量要比男性多得多。对许多读者而言,教育的作用如同上述数据所表明的那样,似乎是不太重要的。但是,除了我们必须要补充的弃儿的数据外,我们还必须想到这样的事实,即许多犯罪有自身根源(autochthonous origin),许多人在出生时就很反常,不管他们的父

---

① 维多克是指法国冒险家和侦探弗朗索瓦·维多克(François Vidocq,1775—1857),他曾帮助建立了法国的保安警察。——译者

母如何努力进行矫正,他们仍然是反常的。在 1871—1872 年的少年犯罪人中,有 84% 的男孩和 60% 的女孩来自有道德的家庭。[1] 这些就需要通过他们的父母早年在孩子教育方面的不足来进行解释了,这些不足会使他们在以后要付出更艰巨的努力,才能让孩子顺从。诺埃尔(Noël)、维多克、多农(Donon)、德马希里(Demarsilly)、拉丝奈尔(Lacenaire)、阿巴多(Abbado)、赫塞尔(Hessel)、弗拉·迪亚沃洛(Fra Diavolo)、卡图什(Cartouche)、特鲁萨雷罗(Trossarello)、特洛普曼、阿纳茨隆(Anazlone)和德莫(Demme),都来自诚实的家庭。罗萨迪(Rosati)告诉我,在他第一次偷窃之后,他被他的父亲打了很多次,他看到他的母亲在他面前流泪,每次他都向他们许诺要归还偷来的东西,当然他每次都没有遵守诺言。另一方面,经常会发现这样的事实,培伦特-迪夏泰来和梅休的调查研究都证实了这一事实,即那些变得富有的小偷和妓女,会尽最大的努力教育他们的孩子过道德的生活。

---

[1] 贝尔特拉米-斯卡利亚(Beltrami-Scalia),同前引书。

第 12 章 遗传

第 69 节 遗传影响的统计

我考察了104名犯罪人的遗传情况,发现了下列事实:

71人显示出一定的遗传影响;

20人的父亲是酒鬼;

11人的母亲是酒鬼;

8人的父亲是犯罪人;

2人的母亲是犯罪人;

5人的父亲是精神错乱者或者患有脑膜炎;

5人的母亲是精神错乱者或者癫痫病人;

3人的母亲是妓女;

6人的兄弟姐妹是精神错乱者;

14人的兄弟姐妹是犯罪人;

4人的兄弟姐妹是癫痫病人;

2人的兄弟姐妹是自杀者;

10人的姐妹是妓女。

第 12 章 遗传

费吉里奥博士在很好的条件下进行了他的调查,发现在所调查的案例中,26.8%的犯罪人的父母是犯罪人,父亲的酗酒情况也总是如此(21.77%的犯罪人有这方面的遗传)。除了这些情况之外,6%的犯罪人的父母双方都进行了犯罪。[1]

彭塔也发现,[2]在圣斯特法诺(St. Stefano)的184名生来犯罪人中,表现出下列情况(参见表69-1)。

表 69-1　在生来犯罪人中发现的情况

不 同 情 况	犯罪人的数量	百分数(%)
父母年龄大	29	16.0
父母酗酒	50	27.0
父母患有肺结核	17	9.2
父母脑中风	20	11.0
父母患有糙皮病	3	1.6
父母精神错乱	12	6.5
祖先或者旁系血亲中患有精神错乱	27	14.5
祖先或者旁系血亲中患有癔症	25	13.5
祖先或者旁系血亲中患有癫痫	17	9.2
祖先或者旁系血亲中患有头痛	17	9.2

只有4%到5%的犯罪人的父母是完全健康的。后来,他给我们提供了有关病态遗传(morbid heredity)的统计资料的新表格(参见表69-2),其中将447名犯罪人分为两类情况。

---

[1] 费吉里奥:《关于疾病性质犯罪的研究合集》(Saggio di Ricerche sulla Nature Morbosa del Delitto)。

[2] 彭塔:《精神病学档案》,XII,1891年。

表 69-2 病态遗传与犯罪

	第一类情况（232）	第二类情况（215）
父母进行犯罪行为	30	58
父母患有癔症	17	38
父母患有癫痫	11	22
父母有其他神经疾病	20	65
父母酗酒	40	95
父母精神错乱	35	50
父母患有肺结核	25	80
父母高龄	23	55
父母脑中风	10	20
父母有易患重病的体质	12	20
父母患有慢性疟疾	5	20

马罗调查了犯罪人的230名父母和诚实人的100名父母的死因，发现了一些情况（参见表69-3）。

表 69-3 犯罪人和诚实人父母的死因

	父 亲		母 亲	
	犯罪人	诚实人	犯罪人	诚实人
酗酒	7.2	2.4	2.1	……
自杀	1.4	……	……	3.7
精神错乱	6.5	2.4	5.3	……
脑—脊椎疾病	21.1	14.6	18.2	7.4
心脏病	6.5	14.6	3.2	18.5
水肿	4.3	2.4	6.4	3.7
肺结核	5.1	2.4	10.7	……
神经休克、焦虑等	2.1	2.4	4.3	……

如果不是分别检查每一组人员,而是将酗酒、自杀、精神错乱和脑部疾病引起的死亡加到一起的话,我们就会发现,在犯罪人的230名父母中,这些因素引起的死亡占32.1%,而在正常人的父母中,这些因素引起的死亡仅为16.1%,只有前者的一半。有少年犯罪人兄弟的人特别多。马罗发现,在500名犯罪人中,68名犯罪人有一个或者多个少年犯罪人兄弟,还发现了下列父母的情况:

患有精神错乱的17人;

患有癫痫的4人;

属于少年犯罪人的6人;

属于酒鬼的34人(在4起案例中,父母都是酒鬼);

已经年老的33人(在4起案例中,父母都很老)。

在研究500名犯罪人的仍然健在的父母的过程中,马罗发现,40%的犯罪人的父亲酗酒,5%的犯罪人的母亲酗酒;而在500名正常人中,酗酒的父亲仅为16%。犯罪人的祖先或者旁系血亲中患有精神错乱的为42.6%(正常人中的这个数字仅为16%);犯罪人的祖先或者旁系血亲中患有癫痫的为5.3%(正常人中的这个数字仅为2%);犯罪人的祖先或者旁系血亲中具有不道德性格和暴力性格的为33.6%。在考察精神错乱、中风、酗酒、患有癫痫、癔症和进行少年犯罪行为的父母,包括那些年龄和性格有异常的父母的过程中,马罗发现,犯人中77%到90%的人有病态遗传。西查特研究了3881名因盗窃、强奸和诈骗而在德国符腾堡被监禁的人。在与普通人进行的比较中,发现了不同类型的犯罪人父母有异常或者进行犯罪的百分比(参见表69-4)。盗窃犯和纵火犯的父母有异常或者进行犯罪的百分比较高。[1] 在仅仅考察直系亲属中的酗酒、癫痫和自杀时,他发现纵火犯中的病态遗传为71%,盗窃犯中的病态遗传为55%,强奸犯中的病态遗传为43%,诈骗犯中的病态遗传为37%。

表69-4 不同类型的犯罪人父母有异常或者进行犯罪的百分比

不同类型的犯罪人	父母有异常或者进行犯罪的百分比	不同类型的犯罪人	父母有异常或者进行犯罪的百分比
盗窃犯	32.0	作伪证者	20.5
纵火犯	36.8	诈骗犯	23.6
性犯罪人	38.7		

关于父母的自杀,西查特和马罗发现了一些情况(参见表69-5)。

表69-5 犯罪人的父母的自杀情况

	西查特(%)	马罗(%)
盗窃犯	5.0	……
纵火犯	8.2	……
性犯罪人	3.9	5.1
作伪证者	2.1	……
诈骗犯	1.5	……
杀人犯	……	……
总计	4.3	

---

[1] 在法文版和德文版中给出的性犯罪人的数字见表69-4(38.7%),但是,我猜测这个数字应当是28.7%。——英译者原注

将西查特提供的 3000 名犯罪人的邪恶父母的数据与马罗报告的数据进行比较,就可以发现有关情况(参见表 69-6)。

表 69-6　西查特和马罗报告的不同类型犯罪人的邪恶父母的情况

	西查特(%)	马罗(%)
盗窃犯	20.9	45.0
纵火犯	11.0	14.2
诈骗犯	10.8	32.4
性犯罪人	9.4	28.2
作伪证者	6.0	……
诽谤者	12.0	……

我们已经发现,有邪恶父母的盗窃犯的百分数非常高,有邪恶父母的诈骗犯的百分数不是很高,有邪恶父母的纵火犯和作伪证者的百分数最低。在梅特雷[①]的 3580 名少年犯罪人中,707 人是罪犯的子女,308 人的父母生活在非法同居状态中。[②] 在埃尔迈拉教养院[③]的犯人中,13.7% 的犯人的父母是精神错乱者或者癫痫病人,38% 的犯人的父母是酒鬼。汤普森在调查了 109 名罪犯之后发现,有 50 人是相互有关系的,其中的 3 人是一个家庭的成员,是一个累犯的子女。他也注意到,还有 2 个姐妹和 3 个弟兄都是盗窃犯,他们的父亲、叔叔、婶婶和表兄弟姐妹都是谋杀犯。在另

---

① 梅特雷(Mettray)是 1840 年在法国建立的一个少年犯感化农场,1939 年关闭。——译者
② 布雷斯,同前引书。
③ 埃尔迈拉教养院(Elmira Reformatory)是 1876 年在美国建立的第一个教养院,美国刑罚改革家泽布伦·布罗克韦(Zebulon Brockway,1827—1920)担任第一任院长。——译者

一个有15位成员的家庭中,有14人是伪造货币犯,第15位成员似乎是一个诚实人,直到有一天,他给自己的房屋上了四次保险之后,放火烧毁了自己的房屋。

可以在我自己、塔诺夫斯基(Tarnowski)夫人和马罗(参见表69-7)等人对女性犯罪人和妓女的研究中,发现遗传的影响作用,也可以在培伦特-迪夏泰来对女性犯罪人和妓女的研究中,发现遗传的影响作用。培伦特-迪夏泰来发现,在5583名妓女中,252人是姐妹,13人是母亲和女儿,32人是堂姐妹,4人是婶婶和侄女。人们在理解下面的这些话时,肯定有一种厌恶的情感,这些话是这些人中一个名叫拉库尔(Lacour)的人说的:"我的父亲在监狱中,我的母亲和引诱我的那个男人在一起生活。她已经和那个男人有了一个孩子,我和我的弟弟在抚养那个孩子。"

表69-7 遗传对犯罪的影响作用[1]

	女性犯罪人 萨尔撒托(%)	女性犯罪人 马罗(%)	妓女 格里马尔迪(%)	盗窃犯 塔诺夫斯基(%)	妓女 (%)
酒鬼父亲	6.6	40.0	4.23	49	82
父亲精神错乱	6.6	7.6	……	……	3
父母年老	17.0	26.0	……	……	8
父母患癫痫	2.6	……	……	……	6
父母患肺结核	……	……	……	19	44
父母是违法者[2]	?	19.7			

---

[1] 这个表格在原文中是作为脚注的。——译者

[2] 原文是 parents delinquent,delinquent 这个词也可以翻译为"少年犯罪人",即这两个英语单词也可以翻译为"父母是少年犯罪人"。——译者

第 70 节　临床证据

在帕维亚的监狱中,我已经研究了一个儿童,他有很大的凸颚、浓密的毛发、女性相貌和斜视。他在 12 岁时犯了谋杀罪,此外还被判决犯有 6 次盗窃罪。在他的兄弟中,有 2 人是盗窃犯,2 个姐妹是妓女,他的母亲是一个收受赃物者。在福赛(Fossay)家族中,5 个兄弟和 1 个妻弟被判决参与了抢劫。他们的爷爷和父亲都被绞死;两个叔叔和一个侄子在监狱中。哈里斯博士(Dr. Harris)提供了遗传影响作用的更值得关注的证据。他注意到上哈得逊(upper Hudson)河畔的一个县,发现那里的很多犯罪都是由同一个姓氏的人们实施的,因此,就查看登记册,结果发现,相当一部分居民都是一个名叫玛格丽特(Margaret)的妇女的后代,这是一个有着邪恶生活的妇女,她生活在 2 个世纪之前,在她的后代中,有 200 名违法者(delinquent),有 200 多名精神错乱者和流浪者。①

德斯皮纳向我们提供了拉美特(Lamaitre)和克雷蒂安(Cretien)家族的另一个系谱学证据。我在这里把它整理成一眼就能看明白的系谱图(参见图 70-1)。

菲耶斯基家族(The Fieschi)也是世袭刺客(参见图 70-2)。

---

①《大西洋月刊》(Atlantic Monthly),1875 年。这就是后面将要论述的朱克家族(Juke family),这是达格代尔(Dugdale)根据哈里斯的建议进行调查的那个家族。——英译者原注

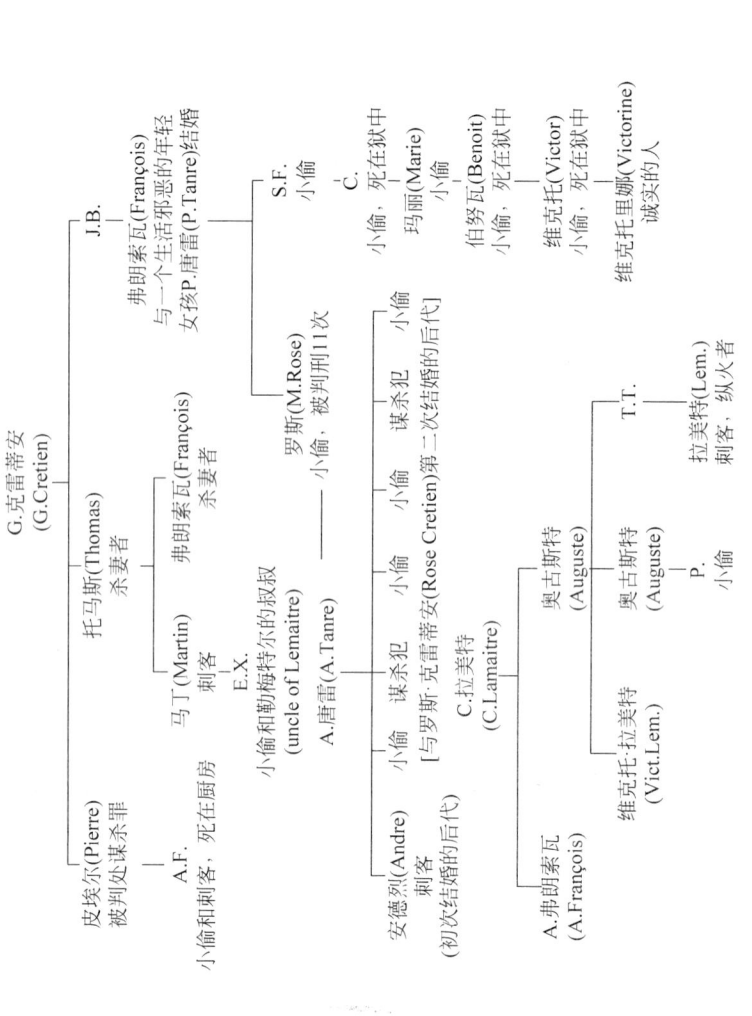

```
                                    G.克雷蒂安
                                    (G.Cretien)
            ┌───────────────────────────┼───────────────────────────┐
            托马斯(Thomas)                                          J.B.
            杀妻者
    ┌───────────┼───────────┐
    马丁(Martin)         弗朗索瓦(François)              弗朗索瓦(François)
    刺客                    杀妻者                       与一个生活邪恶的年轻
    E.X.                                                女孩P.唐雷(P.Tanre)结婚
    小偷和勒梅特你的叔叔
    (uncle of Lemaitre)
    A.唐雷(A.Tanre)
                                                        ┌───────────────┬──────┐
                                            罗斯(M.Rose)                S.F.   C.
                                            小偷,被判刑11次              小偷
        ┌───────────┬───────────┬───────────┤
      小偷         谋杀犯       小偷         小偷      小偷、死在狱中
      [与罗斯·克雷蒂安(Rose Cretien)第二次结婚的后代]              玛丽(Marie)
      C.拉美特                                                   小偷
      (C.Lamaitre)                                              伯努瓦(Benoit)
        ┌───────────┐                                           小偷、死在狱中
    奥古斯特        奥古斯特                                     维克托(Victor)
    (Auguste)       (Auguste)                                   小偷、死在狱中
                    P.                                          维克托里娜(Victorine)
                    小偷                                        诚实的人
    安德烈(Andre)
    刺客
    (初次结婚的后代)
    A.弗朗索瓦                 T.T.
    (A.Francois)              拉美特(Lem.)
                              刺客、纵火者
    维克托·拉美特
    (Vict.Lem.)

皮埃尔(Pierre)
被判处谋杀罪
A.F.
小偷和刺客、死在厨房
```

图 70-1 拉美特和克雷蒂安家族的系谱图

第12章 遗传

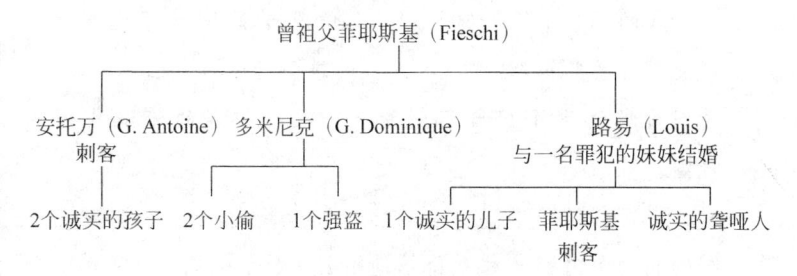

```
            曾祖父菲耶斯基（Fieschi）
      ┌──────────────┬──────────────┐
安托万（G. Antoine）  多米尼克（G. Dominique）   路易（Louis）
   刺客                                      与一名罪犯的妹妹结婚
    │          ┌────┬────┐         ┌──────┬──────┐
2个诚实的孩子  2个小偷 1个强盗 1个诚实的儿子 菲耶斯基 诚实的聋哑人
                                              刺客
```

图 70-2　菲耶斯基家族的系谱图

斯特拉恩[①]向我们提供了在一个家族的历史中有关遗传型犯罪的另一份证据。这个家族的子孙后代有 834 人，其中的 709 人可以确切地追溯其历史。在这 709 人中，106 人是非婚生子女，164 人是妓女，17 人是皮条客（procurer），142 人是乞丐，63 人因为慢性疾病而住院治疗，76 人是犯罪人，他们的总监禁刑期是 166 年。奥布里报告了 Y 家族（Y. family）的情况，[②]这个家族过去曾经在社会上有很高的地位，但是，到 19 世纪开始时，已经完全衰微，只剩下兄弟两人：鲁（Lu）和勒内（René）。勒内终身与犯罪人交往，但是自己并没有被宣判犯罪。他是一个有独创性的人，特别喜欢斗鸡，沉溺于淫荡放纵的生活。他有无数的情妇和子女，当地几乎所有的孩子都叫他"爸爸"。他的一个情妇就是很多犯罪人的母亲。他的哥哥鲁的家庭是正常的家庭，但是一个儿子由于学习叔叔勒内而被剥夺了继承权，在叔叔死后的那天自杀，并且留下了这样的遗书：

---

① 斯特拉恩（Strahan）：《本能犯罪》（Instinctive Criminality），伦敦，1892年。
② 奥布里（Aubry）：《谋杀的传染》（La Contagion du Meutre），巴黎，1889年。

我的死亡不怪任何人。我之所以自杀,是为了逃避那些不能忍受的敌人,这些敌人是我的愚蠢行为给自己带来的,也是因为我无法保护自己免受有一些人组成的流氓集团的侵害。

勒内的两个情妇Z和F都给他留下了堕落的后代。Z是一个刽子手的妻子,Z与丈夫生育了一个患肺结核的女儿,在24岁时死亡。F也结婚了,不过被人们指责毒害了自己的丈夫。F有5个子女,其中的2个是与丈夫生的,3个是与情夫生的。在F与丈夫所生的孩子中,第一个孩子是女儿,她与丈夫分居,是一个精神病边缘者和喜欢争吵者,任何事情都会给她提供打官司的机会,不过,她通常都会输掉官司;她有许多情夫,其中的一个情夫是有点天分的演说家,她与这个演说家生了几个孩子,包括一个著名的诗人、一个画家等。第二个孩子是一个名声很糟的房屋女房东,她有两个孩子,其中一个是盲人,一个是帕金森麻痹症患者。在F与情夫勒内所生的3个孩子中,第一个孩子是女儿,她在看护父亲的遗体时,和嫂子喝醉了。她有一个女儿,过着邪恶的生活;她还有一个侄女,15岁时变成了一个妓女和小偷。第二个孩子是儿子,他是一个农民,曾试图上吊自杀;他和一个道德败坏的妇女结婚,这名妇女与其最小的儿子有乱伦关系,与酒鬼女儿一起进行盗窃活动,因此臭名昭著。人们很怀疑这名妇女杀死了自己的女婿,她的女儿把她叫做"罪行累累的老女人"。

这个悲哀的婚姻生育了两个孩子:第一个是玛丽(Marie),她在月经期间,在母亲的帮助下杀死了自己的丈夫。她们都被宣告

第12章 遗传

无罪。第二个是伊曼纽尔(Am.)，他与自己的母亲有性关系，并且杀死了情妇的丈夫。在F家族的旁系亲属中，即F的女儿的亲属中，有许多破产商人；一个母亲尽管生育了很多孩子，但是仍然与自己最后的情人私奔，带走了钱箱；一个丈夫在逃走并挥霍完家庭的财产之后，又回来依靠妻子生活；玛丽第二任丈夫的一个兄弟，先杀死了自己的与人通奸的妻子，然后自杀。在这个家族中，几乎所有的成员都实施了一种或者多种犯罪，那些没有实施犯罪的人就自杀。但是，有一支Z的旁系亲属，在艺术方面取得了很高的成就。因此，这个家族证实了天才与犯罪之间存在的密切关系。

洛朗(Laurent)向我们讲述了一个完整的犯罪人家族的故事，①这个故事有力地支持了马罗和奥布里的数据资料。在这个家族中，祖父死于心脏疾病。他性格懦弱，完全受妻子的摆布。妻子是一个神经质的、自私的人，随时殴打丈夫，她是那样的暴躁易怒，以至于在生病时甚至以殴打丈夫取乐。父亲是一个非常容易紧张而暴躁的人，但是，却很胆小，尽管他知道妻子的风流放荡行为，但是却没有胆量进行干预。他死于动脉供血不足。一个叔叔非常邪恶而残暴，为了从父母那里获得钱而殴打父母。他乘父母不在家的时候卖掉了一部分家具，并且由于嫉妒而杀死了自己的儿子。一个堂弟沉溺于鸡奸关系。外祖父人很聪明，然而却是一个酒鬼，并且因为盗窃在监狱服刑两年。他是巴黎公社的一个指挥官，但是却因为不良行为而受到惩罚。他情绪不稳定、残忍而粗

---

① 《监狱的常客》(Les Habitues des Prisons)。

鲁。在第一次婚姻中,他有了4个女儿,她们的精神状态我们后面将要论述。外祖母遗弃了自己的孩子,与丈夫一起挥霍掉一周的工资。她死于子宫癌。母亲非常邪恶、懒惰而残暴,她在20岁时结婚,婚后有2个孩子。23岁时,她抛弃自己的丈夫,与一个年轻人一起生活,并且与这个年轻人有了一个儿子。她后来回到丈夫身边,并和丈夫有了第四个孩子。不过,在此期间,她仍然充当一个葡萄酒销售商的情妇。在这个情夫之后又找了一个情夫,并且在35岁时生了第五个孩子。她不加考虑就抛弃家庭和孩子,将时间花在到酒吧中玩牌、与酒鬼们争吵上面。她在酒后几次试图杀死自己的丈夫。在37岁时,她与一个情人生了第六个孩子,这个婴儿死于脑膜炎。她再次怀孕,并且决然地毁坏了夫妻关系,带着女儿们与第一个情夫混到一起,而且经常喝醉酒。在39岁时,她再次怀孕并且让她的情夫给她堕胎。这个女人有3个姐姐。第一个姐姐在婴儿时期就很坏,在16岁时开始卖淫生活。她非常暴躁易怒,在嫉妒心发作时,会撕裂另一个妇女的耳朵。第二个姐姐愚笨而淫荡,沉溺于酒精饮料之中。这个姐姐有3个孩子,其中的一个在9岁时,由于一些琐碎的原因而被她扔出窗外。有一次,也没有什么明显的原因,她就将孩子扔到马车轮子前面。这个孩子患了脑膜炎,但是治愈了。第三个姐姐是个低能者,沉溺于酒色之中,经常与其丈夫一起喝得酩酊大醉。

现在,我们论述第三代人的情况。这一代人有8个孩子:第一个孩子是一个19岁的女孩,非常漂亮,但是并不很聪明,她的毛发浓密,上颚很高,额头发育过度。这个女孩很邪恶,嫉妒心很强,曾将大头针放进兄弟们的肉汤中。在10岁时,人们发现她和一帮年

第12章 遗传

轻人在下等酒吧间中鬼混,进行与其年龄不相称的放荡行为。第二个孩子是一个18岁的男孩,这是一个工人,生活节俭而诚实,但是有点神经质,比较固执,性格懦弱,就像自己的父亲那样。第三个孩子是一个15岁的女儿,她与别人通奸,邪恶而嗜酒,还是一个贪吃的人。她经常光顾酒馆,常常喝得酩酊大醉,还从食品杂货店的橱窗中偷东西。第四个女儿14岁,懒惰,骗人,经常偷窃,暴躁,自私,轻佻而淫荡。她的身体经常神经性地颤抖,脸部往往连续不停地扭曲。她没有家庭感情,当她的祖母睡觉时,她就掐祖母的腿,作为对自己受到的惩罚的报复。第五个孩子是一个8岁的男孩,这个孩子驼背,患有淋巴结核,非常神经质,暴躁易怒,专制暴虐。当他情绪发作时,会打碎手边的任何物品。第六个孩子是与人通奸后生的女儿,她在16岁时死于脑膜炎。

臭名昭著的盗窃犯桑斯·里弗斯(Sans Refus),是一个名叫卡姆托斯(Comtois)的盗窃犯和一个名叫伦佩乌(Lempave)的女贼的女儿,卡姆托斯1788年死于车轮下。休波特帮伙(Thiebert band)中技术最好的成员玛丽安(Marianne),是两个盗窃犯的孩子,她的父亲是一个犯罪5次的累犯。她最初在一个偷来的大车中看到了公路上的灯。[①] 西盖尔研究了1852年以来起诉阿尔泰纳地区居民的所有案卷,在研究的过程中不断地发现了同样的姓氏,总会碰到父亲、儿子和侄子,似乎受不可抗拒的规律支配似的。在最后的审判中,有两个家庭是犯罪年报中已经有记录的家庭。一个家庭有7个成员;另一个家庭有6个成员,父亲、母亲和4个

---

① 吕卡(Lucas):《自然遗传》(De l'Hérédité Naturelle),第487页。

儿子，一个都不少。

西盖尔说，[1]

> 这种关系是恰当的，借用维多克的话说，就是"法国有一些家族的犯罪是世代相传的，这种情况证明了古老的格言是正确的：有其父必有其子"。[2]

第71节 同类相聚

我们看到，这种由两个犯罪家庭的结合而活跃起来的遗传，自然地产生了不同的人群，其根源是一种选择性亲和（elective affinity），它会使违法妇女从那些最容易犯罪的人中选择情人或者丈夫。我们可以回忆在 Y 家族中驱使勒内从妓女和违法者中选择情妇的现象，也可以回忆起在克雷蒂安家族和拉美特家族中的婚姻。我们可以在布伦维勒斯侯爵夫人（The Marquise de Brinvilliers）对圣克鲁瓦（Sainte-Croix）的致命同情中发现这种同类相聚现象的另一个突出例子；在路易丝·波荷（Louise Poch）——玛丽·卡特尔（Marie Catel）——盗窃犯、诈骗者和妓女对罗西格诺（Rossignol）的极端同情中看到这样的例子。当路易丝·波荷的对手在监狱里告诉她罗西格诺的功绩时，路易丝·波

---

[1] 《精神病学档案》，1894 年。
[2] "将门出虎子"（Bon chien chasse de race）。

荷感到自己被罗西格诺吸引住了。玛丽·卡特尔出生于一个高尚家庭,在 14 岁的时候就已经堕落;到 15 岁时,她与罗西格诺合谋进行了公路抢劫。在都灵,有一个名叫卡姆勃扎诺(Camburzano)的女孩,她还没有到结婚年龄时,就变成了一个盗窃犯的情妇。当送到教养院时,她逃跑了,同一天她与一个名叫托莫(Tomo)的刺客勾结到一起,变成了托莫的帮凶,变成了他最凶残的谋杀行为的煽动者。

第 72 节 朱克家族中的隔代遗传

但是,犯罪的遗传以及犯罪与卖淫和精神疾病关系的最突出例子,是由达格代尔[1]对朱克家族进行的一项杰出研究向我们提供的。[2] 这个可悲家族的创始人是一个猎人、渔民和放荡不羁者,被达格代尔称为"马克斯·朱克"(Max Juke),他出生于 1720 至 1740 年间。在老年的时候,他变成了一个盲人。他有许多后代,其中 540 人是婚生子女,169 人是非婚生子女。他的所有子孙后代不可能都追踪到现在,但是,我们有他的 5 个女儿的后代的线索(其中的 3 个女儿在结婚前就是妓女),也有一些旁系血亲的线索,这些线索涉及 7 代人。我们可以对这个家族列一个简表(表 72-1)。

---

[1] 达格代尔是指法国出生的美国社会学家、犯罪学家理查德·路易·达格代尔(Richard Louis Dugdale,1841—1883),又译为"达格德尔"。——译者

[2] 达格代尔:《朱克家族》,普特南(Putnam),第四版,1911 年,转载自《纽约监狱协会执行委员会 1874 年第三十次年度报告》(Thirtieth Annual Report of the Executive Committee of the Prison Association of New York for 1874)。

表 72-1 朱克家族世系表

代	人员	每代总人数	两性间血统 不同性别总人数	婚生子女	非婚生子女	婚姻关系 已婚的	非婚的	已婚的非婚生子女	妓女	不生育者	逛妓院者	患性病者	贫民 接受院外救济者	在救济院的人数	年数	年数	人数	犯罪 在监狱中的年数	犯罪数量
2	J[1]女	5	5	1	…	5	3	…	…	…	…	…	…	…	…	…	…	…	…
	X[2]男	5	5	2	…	5	…	…	…	…	…	…	…	…	…	…	…	…	…
3	J女	34	16	15	1	13	1	1	3	5	…	…	3	20	2	2	…	…	…
	X女	16	7	3	…	4	…	…	…	…	…	…	1	23	…	…	…	…	…
	J男	…	18	12	6	11	…	…	4	4	…	1	6	54	3	6	1	…	1
	X男	…	9	…	2	5	…	…	…	1	2	14	3	5	2	3	2
4	J女	117	46	38	…	26	6	8	12	3	5	12	18	122	7	7	5	1	7
	X女	…	25	6	1	15	…	…	4	1	4	7	8	53	2	4	2	1/2	2
	J男	…	57	46	3	22	…	…	4	7	3	6	19	129	8	12	12	11	15
	X男	59	34	5	1	19	…	…	15	3	2	2	11	50	3	3	10	13	11
5	J女	224	119	94	17	37	6	3	36	5	5	25	24	100	12	18	9	1/4	15
	X女	…	33	4	2	1	…	…	14	…	2	11	49	2	4	1	1/4	1
	J男	…	102	70	20	21	…	…	12	7	…	7	25	87	11	21	18	72	41
	X男	84	51	11	8	26	…	…	14	6	2	4	14	33	…	2	8	16
6	J女	152	63	33	13	2	…	…	1	…	2	…	3	8	2	1/2	2
	X女	…	2	…	…	1	1	…	…	…	…	…	…	…	…	…	…	…	…
	J男	…	48	72	20	1	…	…	…	…	…	…	7	7	2	6.5[3]	2
	X男	5	3	…	…	2	…	…	1	…	…	…	…	…	…	…	…	…	…
7	J女	8	3	1	2	…	…	…	…	…	…	…	…	…	…	…	…	…	…
	X男	…	…	…	…	…	…	…	…	…	…	…	…	…	…	…	…	…	…

第12章 遗传

续表

代	人员	每代总人数	两性间血统		婚姻关系				不生育者	逛妓院者	患性病者	贫民				犯罪	
			不同性别总人数	婚生子女	非婚生子女	已婚的	非婚的	已婚的非婚生子女	妓女				接受院外救济者	在救济院的人数	年数	年数	人数	在监狱中的年数	犯罪数量
总计	J女	…	252	182	33	83	18	2	53	13	11	37	45	242	24	25	16	1.75[3]	24
	X女	…	67	13	3	35	19	1	21	8	1	9	20	125	5	7	3	3/4	3
	J男	…	225	155	49	55	…	0	20	18	1	14	50	270	29	46	33	89.5[3]	59
	X男	…	102	18	6	57	…	0	34	7	5	7	27	97	6	7	24	24	29
朱克血统		540	977	377	82	138	18	12	33	31	12	57	95	512	53	81	49	91.25[3]	83
其他血统		169	169	31	9	92	6	1	55	15	6	16	47	222	11	15	27	24.75[3]	32
总计		709	645	368	91	230	24	13	128	46	18	67	142	734	64	96	76	116	115

[注][1] J 表示朱克家族血统的人。

[2] X 表示与朱克家族成员联姻或者同居的其他血统的人。

[3] 表中的一些小数均由原文中的"数字加分数"的表达形式换算而来,因为它们在表中不好排列。

从这个表中,我们看到了卖淫、犯罪与疾病之间的独一无二的联系。同样,我们也看到了遗传原因(参见图 72-1)。

我们发现,在第二代中,违法者较少,但是,违法者却以极快的速度成倍增加,在第四代时为 29 人,到第五代时增加到 30 人;妓女的数量从 14 人增加到 35 人再增加到 76 人;乞丐从 11 人增加到 56 人再增加到 74 人。他们在第六代、第七代时人数减少,这仅

```
                        "马克斯"(Max)
        ┌──────────────────┼──────────────────┐
   76名违法者           123名妓女         131名阳痿者、白痴者
142名流浪者和乞丐      18名妓院老鸨          或者梅毒患者
64名住救济院者         91名非婚生子女        46名不生育者
```

图72-1　马克斯的不良遗传的影响结果

仅是因为自然规律通过妇女不生育发挥作用的结果,第三代中有9人不生育,第五代中有22人不生育;也通过儿童夭折减少人数,在最后的代年中有300余人夭折。这个家族的成员在监狱中服刑的总数达116年,接受救济的年代总数达830年。在第五代中,一半的妇女不贞洁,男人中犯罪的数量也同样多。在第七代人中,年龄最大的人仅仅为7岁,这个家族还有6个成员住在救济院中。在75年间,维持这个家族的生存和他们所造成的破坏,共计花费了国家的130万美元。

事实表明,在这个家族的几乎所有分支中,犯罪倾向都在最小的儿子中最强烈,在男孩中的表现要比女孩更加明显,这与贫穷倾向不同。犯罪倾向伴随着旺盛的生命力、生育能力和精力,这在非婚生子女的遗传中比在婚生子女中更加明显。这种情况在其他不道德现象类型中也是如此。因此,通过比较第五代的38个非婚生子女和85个婚生子女,可以发现一些结果(参见图72-2)。

在这里,关于卖淫的数据,仅仅代表了不道德性关系的一小部分,可以列举其他更多的数据来证实,包括大量的非婚生子女

第 12 章 遗传

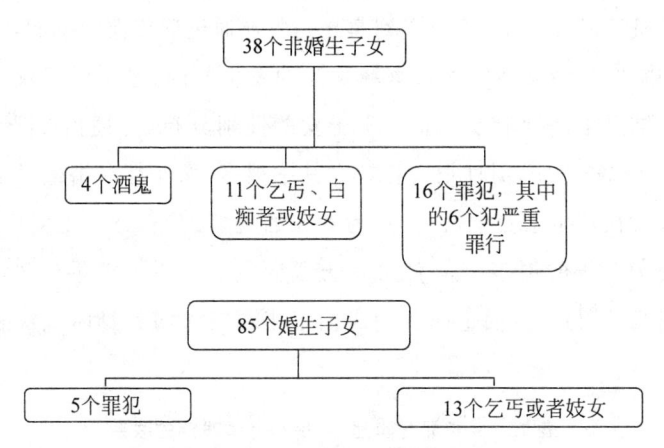

```
                    ┌─────────────────┐
                    │ 38个非婚生子女   │
                    └────────┬────────┘
         ┌───────────────────┼────────────────────┐
   ┌──────────┐      ┌──────────────┐    ┌──────────────────┐
   │ 4个酒鬼  │      │11个乞丐、白  │    │16个罪犯，其中    │
   │          │      │痴者或妓女    │    │的6个犯严重       │
   │          │      │              │    │罪行              │
   └──────────┘      └──────────────┘    └──────────────────┘

                    ┌─────────────────┐
                    │ 85个婚生子女    │
                    └────────┬────────┘
         ┌───────────────────┴────────────────────┐
   ┌──────────────┐                      ┌──────────────────┐
   │ 5个罪犯      │                      │13个乞丐或者妓女  │
   └──────────────┘                      └──────────────────┘
```

图 72-2　非婚生子女和婚生子女的后代的情况

(bastard,其中男性占21%,女性占13%)以及梅毒病人和"荡妇"①,荡妇在第二代中占60%(5个女儿中有3人是妓女)、在第三代中占37%、在第四代中占69%、在第五代中占48%、在第六代中占38%,平均达52.4%。此外,与这个家庭结婚的妇女中,荡妇占42%。有关生育过多和卖淫方面的数据也容易证明,性欲过度是贫穷的最重要原因之一,而贫穷又似乎具有遗传性,在妇女中尤其如此,在年轻人中特别容易产生贫穷。贫穷也与犯罪和疾病有密切关系,因为很多人感染了梅毒,或者有身体残疾,或者遗传了某种犯罪倾向或流浪倾向。另一方面,应当注意到,在兄弟们是犯罪人的家庭中,姐妹们也容易进行卖淫活动,并且会被指控从事性犯罪。正如达格代尔所说的,"妇女中的卖淫类似于男人中的犯

---

① 达格代尔用"harlot"(荡妇)这个词指那些进行了任何不贞洁行为的妇女,而用"prostitute"(妓女)这个词指以妓女作为职业的妇女。——英译者原注

罪和贫穷。"在这里,可以看到卖淫是怎样通过遗传而产生的,可以不用贫穷或者其他原因来解释卖淫的发生原因;也可以仅仅通过较早结婚来进行干预。非婚生子女的性别分布(男性占21%、女性占13%)表明,男性很奇特地在其中很多,而女性在婚生子女中很多。在婚生子女中,长子女为女儿的更多;在非婚生子女中,长子女为儿子的更多。表72-2一方面向我们表明了犯罪与卖淫之间的联系,另一方面也向我们表明了犯罪与疾病和身体残疾之间的联系。

表72-2 犯罪与卖淫、疾病和身体残疾的联系

	朱克血统的人	其他血统的人	总数
身体残疾	1	……	1
盲人	10	1	11
聋哑人	……	1	1
精神错乱者	1	……	1
白痴者	1	……	1
肺结核患者	1	1	2
梅毒患者	29	13	42
先天性梅毒患者	22	3	25
癫痫病人	……	1	1
有疾病者总数	65	20	85
接受救济的病人总数	33	15	……
百分数	50.77	56.47	……

达格代尔总共发现了200名盗窃犯和其他犯罪人,280名乞丐或残疾人,90名妓女或者患梅毒的妇女,所有这些人都是一个酒鬼的后代。还应当指出的是,此外还有300名夭折的儿童、400名患梅毒的男人和7名被暗杀的人员。

这不是唯一的例子。法国马赛的野蛮人盖勒托（Galetto），是强奸犯和食人者奥托拉诺（Ortolano）的外甥；杜莫拉（Dumollard）是一个谋杀犯的儿子；佩泰特（Patetot）暗杀了祖父和曾祖父；帕帕（Papa）、克劳科和赛拉瓦里（Serravalle）的祖父在监狱中服过刑，卡瓦兰特（Cavalante）的父亲和祖父都是罪犯。克努（Cornu）家族从父亲到儿子都是刺客，沃杜勒斯（the Verdures）家族、塞弗必（the Cerfbeers）家族和纳唐（Nathans）家族都是如此。在纳唐家族中，一次有14个成员被监禁在同一所监狱中。卵科（Mocc）是一个厚颜无耻的奸妇，她毒死了自己的丈夫，还有乱伦问题；妓女几乎总是违法者或者酒鬼的女儿。德庞帕杜（de Pompadour）女士是一个被赦免的酗酒盗窃犯的女儿。

第73节 父母的精神错乱

所有这些令人感到悲哀的家族遗传情况向我们证实，一些犯罪人的父母患有精神错乱。我发现，在我知道其遗传血统的314名犯罪人中，7个人的父亲是精神错乱者，2个人的父亲是癫痫病人，同时，4位母亲、2位父亲、3个兄弟、4个叔叔和1个堂弟，都患有呆小病（cretinism）。在100名其他犯罪人中，5人有精神错乱的母亲，3人有精神错乱的父亲，6人有精神错乱的兄弟，4人有患癫痫的兄弟。我在帕维亚治疗的一个家庭中，家族遗传中有很多犯罪人和妓女，具体情况参见图73-1。

我调查过的另一个家族的情况见图73-2。

莫伊莱（Moeli）发现，在67个精神错乱犯罪人中，61%的人的

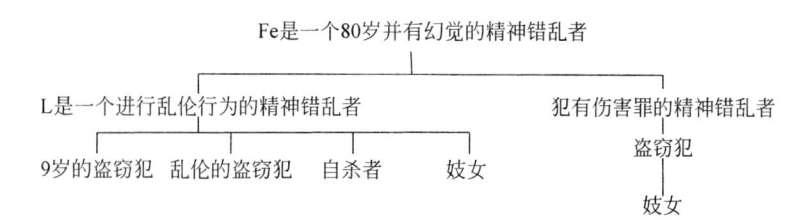

```
                    Fe是一个80岁并有幻觉的精神错乱者
        ┌──────────────────┼──────────────────┐
L是一个进行乱伦行为的精神错乱者              犯有伤害罪的精神错乱者
   ┌────┬────┬────┐                              盗窃犯
9岁的盗窃犯 乱伦的盗窃犯 自杀者 妓女                │
                                                 妓女
```

图 73-1　在一个家族中出现的犯罪人和妓女的情况

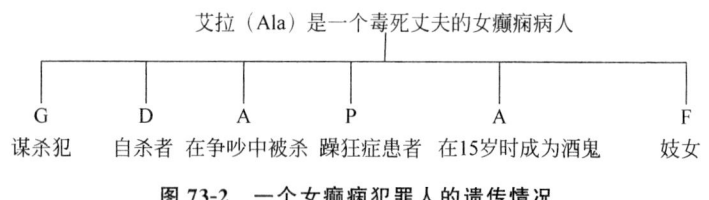

```
              艾拉（Ala）是一个毒死丈夫的女癫痫病人
    ┌──────┬──────┬──────┬──────────┬──────┐
    G      D      A      P          A      F
  谋杀犯  自杀者 在争吵中被杀 躁狂症患者 在15岁时成为酒鬼 妓女
```

图 73-2　一个女癫痫犯罪人的遗传情况

父母患有精神错乱或者癫痫；15％的人的父母自杀或者进行犯罪；21％的人的兄弟或者姐妹精神错乱。[①] 科克（Kock）在剔除所有可疑的案件之后发现，46％ 的犯罪人有病态血统（morbid descent）。[②] 费吉里奥研究了 266 名罪犯，不过，所有这些罪犯都患有慢性疾病，结果发现他们中的 10 人是精神错乱者，13 人是癫痫病人。他发现，父母中的一个人，一般是父亲，往往患有精神错乱。癫痫的患病率也很高，在 14.1％ 的案件中犯罪人患有癫痫。6 个犯罪人的父亲是行为古怪的人，1 个犯罪人的母亲是行为古怪的人；1 个犯罪人的父亲是准痴愚者（semi-imbecile）。1 个强奸犯的父亲是聋哑人。彭塔发现，在他所调查的犯罪人中，16％ 的犯罪

---

① 《疯狂的罪犯》(Ueber irre Verbrecher)，1888 年。
② 《符腾堡州精神疾病统计》(Zur Statistik der Geisteskrankheiten in Würtemberg)，斯图加特，1877 年，第 161 页。

人的父母患有精神错乱。1890年在美国纽约州建立的埃尔迈拉教养院中,127名犯人的父母精神错乱或者患有癫痫。马罗和西查特也发现了一些有关的情况(参见表73-1)。

表73-1 马罗和西查特的调查结果

犯罪类型	马罗(%)	西查特(%)
纵火犯	11.0	28.5
性犯罪人	3.5	10.2
盗窃犯	6.4	14.5
诈骗犯	5.5	10.3
作伪证者	3.1	……
杀人犯	……	17.0
伤害犯	……	14.0

戈廷(Gottin)是一个纵火烧毁其恩人的房屋的人,他的祖父是精神错乱者;缪(Mio)的父亲和祖父都是精神错乱者;让·德·阿戈多(Jean de Agordo)是一个杀害长辈者,其兄弟是精神错乱者;马迪纳蒂(Martinati)的姐姐是一个白痴者;文泽卡罗(Vizzocaro)曾经杀死长辈和亲兄弟,帕玫里尼(Palmerini)是一个刺客,他们两人都有精神错乱的兄弟和叔叔;比希(Bussi)有精神错乱的父亲和弟弟;吉特(Guiteau)有精神错乱的父亲、叔叔和堂弟;珀路西(Perussi)是一名伪造犯和谋杀犯,生在精神病院中,有一个精神错乱的母亲,而且母亲后来自杀了,父亲患有夸大狂(megalomania);维戈(Verger)的母亲和姐妹自杀死亡;皋德夫劳(Guodfroy)给自己的妻子、母亲和姐妹买了受益人为自己的保险之后,杀死了她们,他还有一个精神错乱的祖父和几位叔叔;迪迪

埃(Didier)是一位杀害长辈者,有一个精神错乱的父亲;路易丝·布里茨(Louise Brienz)杀死了自己的丈夫,她有一个患癫痫的母亲和一个精神错乱的妹妹;塞里萨(Ceresa)、阿巴多、库尔曼(Kulmann)都有精神错乱的父母。

在这种联系中,我们发现精神错乱者与犯罪人是完全相同的。高尔基、[①]斯图尔特(Stewart)和提吉斯(Tigges)已经证实,精神错乱者的父亲一方比母亲一方更有可能有精神错乱症状,[②]在犯罪人中也是如此。不过,注意到犯罪人的父母患有精神错乱的频率低于精神错乱者的父母,对于法医学来讲是很重要的。提吉斯在3115名精神错乱者中,发现28%的人的父母也有精神错乱症状;斯图尔特发现的这个数字是49%;高尔基发现的这个数字是53%。如果我们也考虑癫痫和其他神经疾病的遗传影响的话,高尔基给我们提供的这个数字就是78%。

第74节　父母的癫痫

科尼奇(Knecht)发现,在他检查的犯罪人中,15%的犯罪人父母患有癫痫。里包多(Ribaudo)调查了559名犯罪军人,发现10.1%的犯罪军人的父母患有癫痫。彭塔在184名生来犯罪人中,发现9.2%的犯罪人的父母患有癫痫。克拉克(Clark)指出,在癫痫犯罪人中,46%的犯罪人的父母患有癫痫,而在不犯罪的癫

[①] 这个高尔基,可能是指意大利解剖学家与病理学家卡梅洛·高尔基(Camillo Golgi,1844—1926),曾获1906年诺贝尔生理学—医学奖。——译者

[②] 斯图尔特:《论遗传性精神错乱》(On Hereditary Insanity),伦敦,1874年。

痫病人中，只有 21% 的人的父母患有癫痫。不过，德耶林尼（Dejerine）提供的数字表明，在癫痫犯罪人中，74.6% 的犯罪人的父母患有癫痫，而在未犯罪的癫痫病人中，只有 34.6% 的人的父母患有癫痫。尽管德耶林尼提供的数字很大，但是，犯罪人与非犯罪人之间的比率却是相同的。西查特和马罗在不同类型犯罪人中发现了癫痫病人的一些百分数（参见表 74-1）。

表 74-1　不同类型犯罪人中癫痫病人的百分数

不同类型的犯罪人	西查特（%）	马罗（%）
盗窃犯	2.1	3.3
诈骗犯	2.0	1.3
纵火犯	1.8	……
性犯罪人	1.2	……
作伪证者	……	……
杀人犯	……	7.0

第 75 节　酗酒的遗传

彭塔发现，在犯罪人的父母中，33% 的人有酗酒（alcoholism）症状。我自己发现，在犯罪人的父母中，20% 的人酗酒。在埃尔迈拉教养院的 6300 名未成年犯罪人中，38% 的人的父母酗酒。勒古朗发现，[①]157 名属于 50 个不同酒鬼家庭的人，显示出下列情

---

① 勒古朗（Legrain）：《社会退化与酗酒》（Dégénérescence Sociale et Alcoolisme），巴黎，1875 年。

况：精神错乱者占54%，酒鬼占62%，癫痫病人占61%，有抽搐症状者占29%，悖德狂者占14%，患脑膜炎者占6.5%。根据贝尔的论述，犯罪人的父母中酗酒的百分数为：在萨克森州是10.5%，在巴登州是19.5%，在符腾堡州是19.8%，在阿尔萨斯州是22.0%，在普鲁士是22.1%，在巴伐利亚是34.6%。西查特和马罗在酗酒犯罪人中发现了他们的父母也酗酒的一些数据（参见表75-1）。

表75-1 酗酒犯罪人的父母酗酒的情况

犯罪人类型	西查特(%)	马罗(%)
盗窃犯	14.3	46.6
诈骗犯	13.3	32.4
纵火犯	13.3	42.8
作伪证者	11.1	……
性犯罪人	14.2	43.5

马罗也发现，在杀人犯的父母中，49%的人酗酒；在伤害犯的父母中，50%的人酗酒。因此，在实施了血腥犯罪的犯罪人中，父母酗酒的百分数最高，然后是盗窃犯的父母。

在意大利，父母酗酒更有可能是犯罪的一种原因，而不太可能是精神错乱的一种原因。人们已经发现，在精神错乱者中，17%的人的父母酗酒，而在阿沃萨（Aversa）长期监禁的罪犯中，22%的人的父母酗酒。勒古朗发现，早熟（precocity）是酗酒遗传的首要特征。他发现，一些小孩甚至在四岁时就已经成为酒鬼。酗酒遗传的另一种特征是，不可能忍受酒精的影响。因此，一个父亲七年来一直在喝酒，却没有影响他的大脑，而他的儿子却因为两天的

第12章 遗传

狂欢而陷入某种谵妄状态。此外,酗酒遗传可以表现为对更大剂量酒精的强烈需求。所有这些特征在犯罪分子中都是经常遇到的。

第76节 父母的年龄

马罗对这个问题作过调查,他得出了下列结论:

在财产犯罪人中,年轻父母的孩子很多,只有在诈骗犯中是例外;在诈骗犯中,年轻父母的孩子很少。实际上,诈骗需要伪装和狡猾,而不需要身体灵巧和力量,身体灵巧和力量是年轻人的特长,就像伪装和狡猾是成人的特征那样。

马罗发现,在年龄较大的父母的子女中,很多人实施人身犯罪;在杀人犯罪中,有52.9%的犯罪人属于这种情况,而在一般人口中仅有17%的父母是年龄较大的人。另一方面,在这类犯罪人中,只有3%的犯罪人的父母是年轻人。在那些伤害犯中,年老的和非常年轻的父母的数量,要远远多于一般人(百分数分别为40%和13.5%)。当我们回想起冷酷无情与活泼好动都是争吵和造反的先兆时,这些情况就很容易理解。此外,在强奸犯中,年老父亲的比例降到30%,但是年老母亲的数量也要多于正常人。马罗把21岁作为妇女成熟的开始年龄,把37岁作为妇女衰落(decadence)的开始年龄,他根据犯罪人、正常人和精神错乱者出生时母亲的年龄得出了不同的百分比(参见表76-1)。

表 76-1 不同类型人的母亲的生育年龄百分比

不同类型的人	母亲的年龄		
	不成熟年龄期(%)	成熟年龄期(%)	衰落年龄期(%)
谋杀犯	6.4	54.8	38.7
伤害犯	21.2	57.5	15.1
强奸犯	15.6	59.3	25.0
公路抢劫犯	27.2	63.6	9.0
入室盗窃犯(burglar)	19.4	61.1	19.4
扒窃犯	22.5	64.5	12.9
入室窃贼(house thieves)	20.0	62.5	17.5
盗窃犯	17.9	64.1	17.9
诈骗犯	12.1	14.2	13.6
犯罪人的平均数	18.5	63.7	17.9
正常人	12.8	76.4	10.7
精神错乱者	20.0	58.8	21.1

在不同类型违法者的父亲中观察到的规律,也适合于母亲。如同年老的父亲那样,年老母亲的百分比在谋杀犯和强奸犯中也特别高,不过,在强奸犯中,父母双方年老的数量都是有限的。在伤害犯和盗窃犯中,父母双方往往都很年轻,公路抢劫犯的父母双方尤其年轻。马罗研究了917名小学生的品行(conduct),并与他们父母的年龄相对比,结果发现了一些情况(参见表76-2)。

表76-2 学校儿童的品行

父母的年龄	好(%)	中(%)	差(%)
26 岁以下(父亲)	44	31	23
26—41 岁(父亲)	47	34	17
41 岁以上(父亲)	51	31	16
22 岁以下(母亲)	53.9	28.3	17.7
22—37 岁(母亲)	48.3	32.2	18.4
37 岁以上(母亲)	41.3	41.3	17.2

品行差的学生有年轻父亲的最多,而品行好的学生有年轻父亲的最少,但是,由于妇女温和而顺从,年轻妇女尤其温和而顺从,因此,品行好的大多数学生的母亲都年轻。

关于父母双方年龄相同的学生,也发现了一些情况(参见表76-3)。

表76-3 学生的品行

父母的年龄	好(%)	中(%)	差(%)
不成熟年龄	39	39	21
成熟年龄	40	35	15
衰老年龄	41	41	16

马罗发现,父母年龄相同的违法者的占比,要少于正常人,63%的违法者的父母年龄相同,70%的正常人的父母年龄相同。[172] 在学生中,智力最好的学生和品行最差的学生的父母,都是很年轻的。

父母发展成熟的年龄,可以产生品行最好和智力最高的子女,就像母亲完全成年的情况那样。在父母双方衰落的时期,良好的品行和智力往往都比更年轻时期要少。

第77节 结论

在各种神经异常中,除了作为一种退化症状的呆小病之外,最典型的就是犯罪人的神经症(neurosis)。这类症状可以使人回想起在朱克家族的历史中很突出的那种现象:前几代人中的精力和生育能力过于旺盛。这种现象在后几代人中由于儿童的死亡而有所减弱,到最后时完全没有生育能力,例如,在畸形者和残暴者中发生的情况就是如此。彭塔统计了在生来犯罪人中发现的退化症状的数量,发现通过后代的迅速死亡,旺盛的生育能力会迅速下降。在他研究过的104名犯罪兄弟中,70名在早年就死去。在100名犯罪父母中,53名表现出过度的生育能力,23名似乎没有生育能力。在46名犯罪人中,10人表现出旺盛的生育能力,31人表现出有限的生育能力。在研究马罗和西查特提供的数据的过程中,我们发现,在盗窃犯的父母中,患有癫痫的人更常见;在纵火犯的父母中,自杀的更常见;在盗窃犯和强奸犯的父母中,酗酒者更常见;在纵火犯的父母中,精神错乱者更常见。从朱克家族的资料中,我们已经看到,男性,特别是老年男性,比女性更容易受到犯罪遗传的影响,非婚生子女比婚生子女更容易受到犯罪遗传的影响。贫穷的影响效果刚好相反,在贫穷发生影响的过程中,身体虚弱发挥着重要的作用。我们已经看到,无论是在正常人的遗传中,还是在犯罪人的遗传中,父亲的影响作用都要超过母亲。因此,马罗发现,父亲一方或者母亲一方的疾病遗传情况是不同的(参见表77-1)。

第 12 章 遗传

表 77-1　父亲疾病和母亲疾病的遗传情况

疾 病 种 类	父亲一方(%)	母亲一方(%)
酒精中毒	7.0	3.1
精神错乱	6.5	5.0
脊髓疾病	21.0	18.0
心脏病	6.5	3.2
肺结核	5.0	10.0

在这里,母亲只能排列在最后。

在犯杀人罪的父母中,已经发现23%的父亲和7%的母亲有邪恶倾向。在犯伤害罪的父母中,20%的父亲有邪恶性格(evil character),16%的母亲有邪恶性格。我们可以说,母亲更有可能把她的情绪特征传递给孩子,而不太可能把她的智力特征传递给孩子。这些结论与奥坎斯基①确立的遗传规律是一致的。他指出,遗传是父母身体的一种功能,在任何时候,这种功能都是与其他功能的力量、与父母的一般身体条件相适应的。父母中的每一方都具有将自己的性别传递给后代的倾向,占优势的一方就是最接近成熟的那一方。

儿子的外貌比女儿更像父亲,身体结构方面也是如此,不过,儿子会表现出更多的变化,而女儿表现出更多的稳定性。如果父母中的一方患病,那么,就会出现这样一种倾向,即父亲更有可能把自己所患的疾病传递给儿子。这种现象在患有神经病的父母(neuropathic parents)中更为明显,而患有肺结核的父母则会发生

---

① 奥坎斯基(Orchanski):《家族遗传疾病》(L'Eredità delle Famiglie Malate),都灵,1896年。

相反的遗传关系,即父母更有可能把肺结核传递给与自己性别不同的孩子。因此,疾病的遗传在父亲一方呈现出进行性的(progressive)趋势,而在母亲一方则呈现出退行性的(regressive)趋势。父亲的病理状况容易在子女中重复发生。因此,病态遗传取决于两个因素:父母的性别和病态状况的强度。男性继承父母双方的疾病,并且继承的强度更大,有一种将功能性障碍转化为器质性障碍的倾向;而女性则表现出相反的倾向。

总之,身体类型都是由遗传决定的。儿童自己在遗传性的表现方面起很大的作用,因为他们或多或少可以积极地吸收遗传特征。遗传影响并非在任何时候都会全部表现出来,也不会一次性地全部表现出来。遗传特征在身体中是潜在的,它们会在整个发展的过程中逐渐地表现出来。身体的任何方面都遵循遗传的一般规律;通过身体的任何部分遗传而来的特征,都会经历身体发展的一般过程,在身体发育到最成熟的时候达到顶点。父亲的遗传影响更具有变异性和个别性,而母亲的遗传影响则会维持原有的样式,在决定后代性别的过程中,总会发现父亲影响和母亲影响的这种拮抗作用(antagonism)。同样的竞争在疾病遗传中也会发生,母亲会以更加温和的形式传递其疾病,使疾病变得更轻更弱,并且也会与父亲的病态倾向作斗争。男孩子和女孩子在继承方面的差异,与父母在传递遗传特征方面的差异,是完全相同的。

第13章 年龄与早熟的影响

第78节 年龄与早熟

人们发现,犯罪与精神错乱之间的有些差异在一定程度上与年龄有关。稍微了解一下表78-1中所列出的精神错乱者、犯罪人

表78-1 正常人、精神错乱者和犯罪人的年龄分布

年　龄	意大利人			英国人	奥地利人
	正常人	精神错乱者	犯罪人	犯罪人	犯罪人
20岁以下	43.55%	6.18%	12.9%	25.10%	10.4%
20—30岁	17.01%	2.34%	45.7%	42.40%	42.6%
30—40岁	14.32%	26.21%	28.8%	16.80%	27.67%
40—50岁	10.67%	22.19%	11.6%	8.40%	12.1%
50—60岁	7.89%	14.02%	3.8%	4.20%	5.9%
60岁以上	6.56%[1]	9.34%[1]	0.8%[2]	2.0%[3]	12.4%[4]
总数	20011	20011	26590	23768	12786

[注][1] 来源于劳里的《伊莫拉精神病院统计》(Statistica del Manicomio di Imola),1874。

[2] 来源于卡登的《监狱统计》(Statistica delle Carceri),罗马,1874年。

[3] 来源于梅休的数据。

[4] 来源于《奥地利监狱》(Die Oesterreichen Strafanstalten),维也纳,1874年。

和正常人之间大体相等的数量,就会发现20—30岁之间的犯罪人的数量是最多的,在这个年龄段,正常人和精神错乱者的数量并不多,精神错乱者在30—40岁这一年龄段的数量是最多的。

应当注意到,从40岁开始,精神错乱者的百分数是正常人和犯罪人的两倍;50岁以后,犯罪人的百分数仅仅是相同年龄段正常人的百分数的一半。

一项更仔细的分析发现,犯罪数量最多的年龄段是从15岁到25岁。在英格兰,少年犯罪(juvenile crime)的比例在下降;21岁以下的犯罪人的百分数,要比这个年龄段的正常人的百分数低,而22岁到30岁的犯罪人的百分数,则是正常人百分数的2倍(参见表78-2)。

表78-2 英格兰犯罪人和一般人口中不同年龄者的百分数[①]

年 龄 阶 段	英 格 兰	
	犯罪人	一般人口
12岁及以下	1.1	13.5
13—16岁	3.2	22.5
17—21岁	18.1	9.59
22—30岁	32.4	16.6
31—40岁	21.0	12.8
41—50岁	13.1	10.0
51—60岁	3.3	7.48

[数据来源]利维(L. Levy):《统计协会杂志》(Journal of Statistical Society),1882年。

---

① 这个表格在原文中是作为脚注的。——译者

第13章 年龄与早熟的影响

在奥地利,1/6 的犯罪人介于 14—20 岁之间,4/6 的犯罪人介于 21—40 岁之间。在法国,1477 名被判处死刑的犯罪人的年龄分布参见表 78-3。

表 78-3　法国 1477 名被判处死刑的犯罪人的年龄分布

人数	年龄分布
107	16—30 岁
534	30—40 岁
180	40—60 岁
69	60 岁及以上

在我所研究的 46 名犯罪人中,有 35 人在以下年龄段开始他们的犯罪生涯(参见表 78-4)。

表 78-4　35 名犯罪人开始其犯罪生涯的人数和年龄

人数	开始犯罪生涯的年龄	人数	开始犯罪生涯的年龄
1	4	2	7
6	8	1	9
5	10	4	11
3	12	3	13
3	14	7	15

其余 12 个人承认,他们是为了逃避惩罚和工作而离家出走的。在都灵的教养学校中,10% 的人都直率地承认他们在 12 岁之前就学会盗窃了,他们不是偷必需品,而是在同伴的鼓励和指导下盗窃。在罗西和我调查的 100 个犯罪人中,有 35 人在 2 岁到 10 岁之间开始喝酒,而其中有 25 人只喝白兰地;6 个人在 6 岁前就

沉溺于手淫，13个人在14岁前就有性行为，[1]——所有的人在邪恶方面都表现出了明显的早熟。

马罗发现，在他研究的462名犯罪人中，有18%的犯罪人在13岁之前就违法了。曼佐尼[2]很好地指出了这种早年学习犯罪现象的主要根源，即随着成熟而增强的躁狂症（mania）；他在自己著名的小说中写道："格维斯（Gervais）考虑到自己已经着手进行了一些带有犯罪意味的活动，就认为自己已经与其他人一样是个男人了。"马罗在研究小学生的品行时发现，有两个时期的不良行为最为显著：第一个出现在11—13岁之间，第二个则是在16—17岁之间。

犯罪中的早熟现象表明，犯罪比精神错乱更具有遗传特性。这让我们想起早熟是原始人的显著特征，是犯罪的隔代遗传根源的一种新证据。在这一联系中，一些原始人的风俗就引人关注，例如，一些非洲部落的年轻人在成为成年人之前，要赤身裸体地躲进树林里，直到他们杀了人才能出来。

我们也可以把隔代遗传影响（atavistic influence）看成是类似于那不勒斯的斯库奥诺惹（scuonero）一样的风俗习惯；根据这种风俗习惯，15岁的男孩就像暴君一样，有风流韵事，还拿着棍子或左轮手枪，让他们的父母和警察都觉得无奈。这就像是少年"卡莫拉"，最高的荣誉要颁给伤害或者杀害他人的人。能证明

---

[1] 罗西：《百年犯罪行为》（Una Centuria di Criminali），1885年。
[2] 曼佐尼（Alessandro Manzoni, 1785—1873）是意大利诗人和小说家，他的著名小说《约婚夫妇》（3卷，1825—1827）是意大利民族复兴运动时期的著名作品。——译者

这种影响的另一个例子,是西西里语中表示刚毅和强盗的词语"保密禁规"(omerta)。

第79节 所谓的犯罪等级

在一起案件中,我发现了年轻犯罪人在盗窃特征方面的等级变化,这个犯罪人在儿童时期先偷了4苏钱买陀螺。然后发展到偷8苏,后来是1法郎,最后偷了3法郎。但是在通常情况下,这种犯罪等级的加剧是想象的,因为很多人一开始犯的就是杀人罪或者强奸罪,而最残暴的犯罪经常是最早熟的犯罪人实施的。有一天,在米兰发现一位老人,身上有82个伤口,最初人们认为老人是残酷报复行为的被害人。但是后来发现,凶手却是5个15—19岁的青少年,他们只是想弄点钱到妓院去而已,可所有的人都想要刺伤被害人。

已有证据表明,所有的严重犯罪人都在年轻时,特别是青春期甚至更早时候就有反常行为。例如,波恩塞格尼(Bonsegni)在18岁时,鲍洛特(Boulot)在17岁时,布伦维勒斯侯爵夫人在18岁时,都有反常行为。多姆贝(Dombey)在7岁半时就已经是个小偷了,当他12岁时,他又进行了亵渎神明的行为。克劳科在3岁时就活生生地将鸟的羽毛拔下来;拉萨格奈(Lasagne)在11岁时割下了牛的舌头;同样是在11岁,卡图什偷同学的东西;而拉法格夫人(Mme. Lafargue)还是一个10岁的孩子时,就扼死了家禽。据费尔巴哈(Feuerbach)说,一个杀害长辈的犯罪人,在孩童时期,就喜欢把那些被他挖了眼睛的母鸡赶得跳起来。

劳科太里说,

> 盗窃的倾向存在于非常小的孩子中,一开始是在家里小偷,然后逐步升级。但是谋杀却相反,经常是在非常幼小的年龄就突然变成这样了。正是因为这个原因,在青春期之前进行谋杀罪的孩子,远远少于同年龄的小偷。

在巴黎的监狱中,有 2000 个年龄在 16—21 岁之间的年轻人,其中的 996 人因为谋杀或者盗窃罪而被捕入狱,而且这些年轻犯罪人实施暗杀的手段非常残暴。梅洛特(Maillot)和吉勒(Gille)在同伴的帮助下杀害了他们的女恩人,甚至咬下她的手指来取她戴在手上的戒指。这些团伙中年龄最小的 15 岁,最大的 18 岁。在巴黎,由青少年组成的暗杀团伙中的每一个人员,包括女孩在内,几乎都未到适婚年龄。[①]

虽然皮皮诺(Pipino)、贝格尼斯(Bagis)、奎特立(Quartery)、沃齐尼(Verzeni)、莫罗(Moro)和普雷沃斯特(Prevost)早期都有暗杀行为,但是,其中的普雷沃斯特后来当了 21 年无懈可击的警务人员。而一开始名声不错的马丁(Martin)却杀了自己的妻子。查理九世(Charles IX)从童年起就比较残忍。

---

① 豪森维尔(D'Haussonvile):《巴黎的童年》(L'Enfance à Paris),1876 年。

第80节 人生不同阶段的犯罪

就像凯特勒(Quetelet)、[①]格雷和梅塞达戈里亚所说的那样,在生命的每个阶段都有各自的犯罪形式。奥地利的年轻人和年纪大的人所实施的性犯罪的比率都很高,达到了33%。格雷也发现,最容易犯这些罪的年龄段是在16—25岁和65—70岁之间。在英格兰,50—60岁的人最容易进行违背自然犯罪(crime contrary to nature);但是这个年龄段的犯罪经常被归因于渐进性瘫痪(creeping paralysis)和老年痴呆。在年轻人中值得关注的另一种趋势是纵火罪(在奥地利达到30.8%);在纵火罪中,需要注意的是青春期之前的躁狂症容易以纵火癖(pyramania)的形式出现。盗窃也有类似的现象;但是,凯特勒发现,如果最先出现的犯罪倾向是盗窃的倾向,那么,它也同样出现在整个生命周期中,并且在各个年龄阶段都会常见。[②]

成年时期主要的犯罪是谋杀罪、杀人罪、杀婴罪、堕胎罪和强奸罪,它们在奥地利占到大约80%。在更成熟一些的年龄段中,不断增加的犯罪则是诽谤罪、伪造罪、背信罪、违背自然犯罪、勒索罪和包庇罪。在老年阶段,可以发现性变态犯罪、诈骗罪和一些类似于年轻人的犯罪,例如,纵火罪。我们可以从表80-1中更明确地注意到犯罪在不同年龄阶段的分布,表中所列的是1826年到

[①] 凯特勒是指比利时数学家、天文学家、犯罪学家阿道夫·凯特勒(Adolphe Quetelet,1796—1874)。——译者

[②] 凯特勒:《社会物理学》(Physique Sociale),第325页。

1840年之间在法国受到指控的每1000个年龄段相同的人中犯罪人的数量。①

表80-1　1826—1840年间在法国受到指控的每1000个年龄段相同的人中犯罪人的数量

年　龄	盗窃罪	强奸罪	暗杀罪	谋杀罪	杀人罪	投毒罪	诈骗罪	诽谤罪	总数
16岁以下	0.4	0.1	0.1	0.2	0.1	0.3	0.1	0.1	0.3
16—21岁	16.0	14.1	10.9	7.3	6.0	3.4	3.8	4.6	12.2
21—25岁	18.4	14.3	13.5	15.3	14.2	9.5	10.1	9.1	15.8
25—30岁	14.7	12.6	20.1	16.6	14.1	13.9	11.8	8.8	14.6
30—35岁	13.7	11.1	18.7	14.0	15.3	12.2	13.4	11.0	13.3
35—40岁	10.7	8.8	11.8	11.1	10.8	11.3	12.8	11.7	10.8
40—45岁	6.6	7.5	6.8	8.3	9.7	13.0	11.5	11.0	8.9
45—50岁	6.4	6.4	6.8	7.3	8.2	9.4	9.7	10.0	7.0
50—55岁	4.5	4.1	4.7	5.8	6.3	6.5	7.6	9.3	5.1
55—60岁	3.1	4.1	3.3	4.5	5.2	4.8	5.5	8.3	3.9
60—65岁	2.6	4.8	2.9	4.0	4.3	4.8	5.4	6.9	3.4
65—70岁	1.8	5.2	1.6	3.0	3.2	5.1	3.9	5.4	2.5
70—80岁	1.2	4.5	0.8	1.7	1.7	3.0	3.0	3.8	1.6
80岁以上	0.4	2.1	0.5	0.9	0.6	2.8	1.4	……	0.6

---

① 格雷：《法国的道德统计》(Statistique Morale de la France)，第84页。

第14章 性别与卖淫

第81节 性别

所有统计都表明,女性犯罪人的数量要比男性犯罪人少得多;如果我们把杀婴罪排除在常规犯罪之外的话,这种现象就更明显。奥地利的女性犯罪还不到犯罪总数的14%;西班牙的女性犯罪不到犯罪总数的11%;而在意大利,女性犯罪只有犯罪总数的8.2%。我们将不同的数据整理在一起,①制成表81-1来说明欧洲不同国家中女性犯罪的情况。

表81-1 欧洲和其他洲不同国家和地区女性犯罪的情况

国家和地区	男性(%)	女性(%)	相对于1个女性犯罪人的男性犯罪人数
意大利(1885—1889)	84.1	15.9	5.2
英国(1858—1864)	79.0	21.0	3.8
丹麦和挪威	80.0	20.0	4.0
荷兰	81.0	19.0	4.5
比利时	82.0	18.0	4.5
法国	83.0	17.0	4.8
奥地利	83.0	17.0	4.8

---

① 完整的文献索引参见龙勃罗梭和费雷罗的《女性犯罪人》(Female Offender)。

续表

国家和地区	男性(%)	女性(%)	相对于1个女性犯罪人的男性犯罪人数
巴登州(德国)	84.0	16.0	5.8
普鲁士	85.0	15.0	5.7
俄罗斯	91.0	9.0	10.1
布宜诺斯艾利斯(1892,阿根廷)	96.4	3.6	27.1
阿尔及利亚(1876—1880,非洲)	96.2	3.8	25.0
维多利亚(1890,澳大利亚)	91.7	8.3	11.0
新南威尔士(澳大利亚)	85.5	14.5	5.8

将意大利1885—1889年间发生的各类犯罪事件的数据集中起来,我们就可以得到每年的平均犯罪数:男性犯罪每年平均为186825起,女性犯罪每年平均为54837起。

不过,假如我们认为治安法官(justice of peace)所判的案子是最轻的,巡回法庭(assize)所判的案子是最重的,特别法庭(tribunal)所判的案子介于两者之间的话,那么,我们就会看到,女性罪犯的分布与犯罪的严重性成反比。在这三类法庭判决的案件中,相对于每100名男性犯罪人而言的女性犯罪人数量如下:

治安法庭判决的数量——21.8名女性犯罪人;

特别法庭判决的数量——9.2名女性犯罪人;

巡回法庭判决的数量——6.0名女性犯罪人。

几乎所有的数据都表明,妇女开始犯罪生涯的时间要比男性晚。厄廷根认为,女性犯罪在25岁到30岁时达到顶峰,而凯特勒认为,女性犯罪的高峰年龄是30岁。但是,男性在24岁时就达到了犯罪的顶峰。从1885年到1889年间,在意大利,如果不同年龄阶段的男性犯罪人实施的犯罪为100起的话,那么,女性犯罪人在各个年龄段实施的犯罪数量见表81-2。①

表81-2　1885—1889年间意大利女性违法者在不同年龄阶段的犯罪数量(相对于每100名男性犯罪人)

年龄阶段	治安法庭审判案件	特别法庭审判案件	巡回法庭审判案件
14岁以下	22.5	10.1	0.0
14—21岁	22.2	9.0	3.3
21—50岁	21.6	8.4	5.5
50岁以上	23.1	10.5	11.1

我们从中可以发现,相对于男性犯罪而言,女性犯罪在老年时达到了顶峰;也就是说,在性的特殊特征已经被年龄消除掉,卖淫也不再是一种职业的时候,女性犯罪达到了顶峰。女性犯罪的第二个顶峰出现在性特征还没有完全成熟的14岁及更小的时候(参见表81-3、表81-4)。不过,最严重犯罪的情况并非如此,因为在14岁以下的女孩中没有一人受到巡回法庭的审判,而在1000万起犯罪中,该年龄段的男孩实施的犯罪就有4650起。

表81-3　意大利1871—1872年间少年、少女犯罪按年龄组划分的情况②

年龄阶段	100个女孩	100个男孩
10岁以下	25.5	18
11—14岁	43.5	57
15—18岁	27	23
18岁以上	4	2

---

① 罗恩考罗尼(Rencoroni):《女性犯罪》(La Criminalità Femminile),《精神病学档案》,1893年。
② 表81-3在原文中是作为脚注的。——译者

表 81-4　奥地利每 100 起犯罪中女性和男性的人数①

年　　龄	女性	男性
10—20 岁	12.7	10.6
20—30 岁	42.1	39.6
30—50 岁	24.5	27.8
50—60 岁	14.0	12.5
60—70 岁	7.3	5.7
70 岁以上	2.9	1.6

在德国,有 3.8% 的女性犯罪和 2.6% 的男性犯罪发生在 60 岁以上。相对于每 100 起 60 岁以上的人实施的男性犯罪,同年龄段的女性实施的犯罪为 25.4 起,而相对于 100 起 21—40 岁人实施的男性犯罪,同年龄段的女性实施的犯罪只有 19.6 起。在 1876—1880 年间,相对于每 100 起 16 岁以下的人实施的少年犯罪,同年龄段的少女实施的犯罪只有 16.3 起;相对于 21 岁以下的人实施的 100 起少年犯罪,同龄少女实施的犯罪只有 17.7 起。女性犯罪人在年轻时达到第一个犯罪顶峰,这样的事实可以通过女孩的卖淫来解释,不完全要用年龄来解释。根据培伦特-迪夏泰来的论述,15% 的法国卖淫者在 17—21 岁间,而根据格雷的论述,24% 的伦敦卖淫者还不到 20 岁。

---

① 表 81-4 在原文中是作为脚注的。——译者

第82节 特殊犯罪

女性作为犯罪人,在不被男性支配的犯罪领域中自然表现得十分活跃。在奥地利,女性经常会实施堕胎罪、重婚罪、诽谤罪、共同犯罪、纵火罪和盗窃罪;但是,她们几乎不犯杀人罪和伪造罪。在法国,女性犯罪人主要实施杀婴罪、堕胎罪、投毒罪、杀害长辈罪、虐待儿童罪、家庭盗窃罪(domestic theft)和纵火罪。在英格兰,她们的犯罪一般经常从运输伪造的货币、作伪证和诽谤罪开始,杀人罪的增长非常缓慢。罗恩考罗尼(Rencoroni)在研究了意大利的情况后,得出了表82-1 的结果。

表82-1 意大利犯罪情况

犯罪(巡回法庭审判)	三年的平均数 男性	三年的平均数 女性	每100万个犯罪人中 男性	每100万个犯罪人中 女性	相对于每100个男性犯罪人的女性犯罪人数量
叛国罪	9.2	0.6	5.472	0.036	0.5
伪造罪和商业犯罪	345.8	24.0	22.822	1.440	6.9
流浪罪	114.6	1.0	6.876	0.066	0.8
性犯罪	251.0	15.6	17.6	1.16	5.16
堕胎罪、杀婴罪	10.8	51.6	0.618	3.086	476.8
杀人罪、谋杀罪	144.0	49.2	75.504	2.952	3.4
投毒罪	4.4	5.4	0.264	0.324	122.7
暗杀罪	899.2	34.2	59.346	2.052	3.8
公路抢劫罪	473.2	5.8	35.630	0.348	1.2
盗窃罪	910.8	60.8	60.060	4.012	6.6
诈骗罪	22.8	1.4	1.368	0.084	6.3
销赃罪	92.2	18.6	5.520	1.116	20.2
纵火罪	42.2	3.8	2.652	0.228	8.6

从表82-1中我们可以发现,相对于每100个受到巡回法庭审判的男性犯罪人,就平均有6个女性犯罪人受到巡回法庭审判。在一些犯罪中,女性犯罪的数量更多(参见表82-2)。

表82-2　相对于每100个男性犯罪人的女性犯罪人数量

犯　　罪	数量
销赃罪	20.2
投毒罪	122.7
堕胎罪和杀婴罪	476.8
纵火罪	8.6

这四类犯罪似乎与女性的天性有更紧密的联系。

女性一般不太参与公路抢劫、谋杀、杀人和暗杀,这是由女性的体质特点决定的。如果要准备一次谋杀并付诸实施,至少在大多数的案子中,不仅要有体力,而且还要有一定的精力和智力。女性在这方面通常比男性要差一些。另一方面,那些不太需要体力和智力的犯罪,特别是像销赃、投毒、堕胎和杀婴,对她们来说就很平常了。我特别指出了智力(intellectual force)而不是教育(education),这是因为,人们都知道犯人通常是受过良好教育的人。凯特勒已经评论说,所存在的这些差异,并非来自性格方面的细微差别,而是来自于更加隐蔽的生活方式方面的差别,生活方式很少提供进行像公路抢劫这类犯罪的机会。但是,在家庭盗窃犯罪方面,男女是相同的,有时女性犯罪比例甚至要超过男性的比例。在投毒罪方面,她们达到了91%;在入室盗窃方面,女性达到了60%,更不用说堕胎罪和杀婴罪了。如果我们再看到,妇女的卖淫不仅等同于男性实施的性犯罪,甚至超过男性实施的性犯罪,至少在心理学家心目中,情况是这样的;同时认识到,女性犯罪在很文明的国家和很文明的时期不断增长,直至与男性犯罪持平的话,那么,男女之间的犯罪相似性可能比我们最初所见的更大。

第83节 卖淫

女性因流浪罪而被捕的情况是很少见的,[①]这一部分是因为女性很少酗酒,一部分是因为她们很少被雇佣参加贸易活动,还因为在年轻时,卖淫完全替代了犯罪。[②] 由于这种不幸的职业,懒惰和流浪不可分离地结合在了一起。如果将卖淫也包括在犯罪数据中,那么两个性别之间的犯罪马上就相等了,甚至女性犯罪更多一些。根据瑞安(Ryan)和塔尔博特(Talbot)的论述,在伦敦,每7个女性中有1人卖淫;在汉堡,每9个女性中有1人卖淫。在意大利,在中心地区,卖淫者占到同龄女性人口的18%到33%。[③] 在一些国家,这个比例翻一番,甚至有时会翻十倍。在柏林,卖淫的人数从1845年的600人增加到了1893年的9653人。1876年,迪康指出,巴黎秘密卖淫的人数达到了20000人。

我们已经发现,今后会越来越多地发现,少年犯罪人的体力和道德特征,与卖淫者是多么的相似;这两类行为之间的相似性是多么的巨大。这两类行为都起源于懒惰、贫穷特别是酗酒。而且,两

[①] 美国读者应当记住,在美国,正如达格代尔指出的,女性所犯的"流浪罪",仅仅是"官方对卖淫的委婉表达"。——英译者原注

[②] 关于这一点的完整论证,请参见上文引用的龙勃罗梭和费雷罗的著作。

[③] 卡斯迪格列昂尼(Castiglioni):《论卖淫》(Sulla Prostituzione),罗马,1871年。

者都与一定的身体倾向和遗传倾向有关,正如达格代尔在朱克家族中已经证实的那样。

劳科太里指出:

> 当我比较那些从专门的著作中获得的数据时,通过我自己的经验,我相信那些作者都陷入了这样的误区,即都宣称造成卖淫的主要原因是遗弃,那些下层阶级的女孩在贫穷中挣扎。我认为,卖淫就像盗窃一样,产生于一些个体的邪恶的先天倾向。大部分情况下可以把缺乏教育、遗弃、贫穷和坏榜样看成是第二位的原因;就像家庭关怀和教育有益于阻止邪恶倾向那样。卖淫倾向来源于谦逊感的缺乏,而且也来源于性感情的缺失,因为这些不幸者中的许多人感情冷漠。她们是像机器一样的人,不关心自身,也几乎没有情感;在她们许多的、短暂的关系中,她们没有表现出什么偏爱。如果她们曾经表露出关心某个特别的情人,那也不是因为同情,而是因为这是她们交往的风俗;她们对尊敬就像对残忍的辱骂一样毫无感觉。

这种冷漠往往被暴力性的和反复无常的激情发作所打断。[①]但是,这与犯罪人有惊人的相似性,冷漠、满不在乎、暴力、短暂的激情和懒惰,是犯罪人的主要性格特征。[②] 但是,即便我们严格地

---

① 龙勃罗梭和费雷罗,同前引书。
② 龙勃罗梭:《犯罪人论》,第一卷。

按照法律定义和官方统计来看,很显然,卖淫大军中的一部分人肯定也会被看成是犯罪人。格雷发现,在伦敦,30岁以下的女性犯罪人80%是妓女,而在30岁以上的女性犯罪人中,7%是妓女。而且,卖淫就像女性犯罪一样,随着文明程度的增加而增加,并在数量上接近男性犯罪。在伦敦,1834年的女性犯罪人是男性犯罪人的18.8%,1853年时达到了25.7%;而在西班牙,这个数字只有11%,法国是20%,普鲁士是22%,苏格兰是23%。奥地利女性犯罪大体上是男性犯罪的14%,但在维也纳是25%。

然而,除了这些事实之外,其他的一些重要原因使我们怀疑女性犯罪要比数据表明的多。上文中提到的女性被判有罪的那些犯罪行为,都是最容易被隐藏、最少受审判的犯罪行为。在此要补充众所周知的事实,即女性犯罪人表现出极大的犯罪顽固性和犯罪强度。因此,在美国,少女犯罪人要比少年犯罪人更难矫正。然而,同样要记住的是,女性犯罪人的堕落标记要比男性少。

第84节 文明

我们发现,在男女两性中,特别是在女性身上,严重犯罪一般随着文明程度的增加而增加。另一方面,文明程度与流浪罪及类似犯罪的关系,文明程度与性犯罪的关系,都是不那么确定的。表84-1中的数据就说明,各种犯罪从意大利南部和意大利中部转移到了更文明的地区。

表84-1　意大利北部每发生1起犯罪时在其他地区发生的犯罪数量①

犯　　罪	意大利中部		意大利南部	
	男性犯罪	女性犯罪	男性犯罪	女性犯罪
谋杀和杀人罪	5	4	12	24
暗杀罪	3	2	6	11
公路抢劫罪	1/3	5	4	5
盗窃罪	1/4	2/3	1/3	3/5
纵火罪	1/3	2	6	6

越是文明的国家,年轻人就越是频繁地实施堕胎罪和杀婴罪,然而,越是在不文明的国家,此类罪就越频繁地发生在年龄大的人中。这可能是因为,在越是文明的国家,怀孕的女孩就越是珍惜在公众中的名誉,因此而采取犯罪的方式来保全自己的名誉。但是,通常在21岁到40岁这个年龄段发生这类案件的地方,可能名誉对此类犯罪的影响就不如风俗习惯大。这种联系或许可以说明堕胎在野蛮人中比较普遍的现象。

在法国,在1831年到1880年间,被"轻罪法庭"(correctional tribunals)②判处刑罚的男性犯罪人上升了180%,而女性犯罪人则上升了110%。法国学校教育的推广,使得女性犯罪相对于男性犯罪的比例比以前要少了。然而在1888年,在累犯中,有1%的男性犯罪人受过高等教育,9%受过基础教育;没有一个女性犯罪人受过高等教育,只有5%受过基础教育。1887—1888年间被

---

①　这个表格在原文中是作为脚注的。——译者
②　刘麟生译本将correctional tribunals翻译为"自新法庭";可以直译为"矫正法庭"。——译者

第14章 性别与卖淫

流放的244名犯罪人中,30%的男性和33%的女性是文盲,53%的男性和51%的女性能读写,15%的男性和10%的女性受过基础教育,2%的男性受过高等教育,女性则无一人受过高等教育。德国的情况也是如此。在1854年,有23%的犯罪是女性实施的;在1878年,只有16%的犯罪是女性实施的。因此,这个时期正是女性犯罪人持续减少的时期。与此相反,杀婴罪却更为频繁,而在城市中,堕胎罪更为频繁。因此,1888年在德国,在172起杀婴罪中只有1起发生在柏林,而在216起堕胎罪中有23起发生在柏林。法国有75%的杀婴罪发生在乡村,60%的堕胎罪发生在城市。

在许多更文明的国家,例如英格兰和奥地利,女性违法者的人数一度接近男性违法者;但这是因为受到了一些轻微案件的影响,例如,醉酒、流浪等等,而就严格意义上的犯罪而言,女性犯罪要比男性少,呈现出消减而不是增加的趋势。在一些仍然还未开化的国家,女性犯罪极少,以至于在保加利亚,拉维里耶(Laveleye)在监狱中几乎没有看到女性犯罪人。如果我们再特别关注一下大城市对犯罪的影响,我们就会发现,大城市中的暗杀、公路抢劫和盗窃数量要比小镇或者小乡村多。例如,在柏林,不断增加的人口密度是造成女性犯罪增加的一个明显的因素;事实上,首都地区21%的犯罪是女性实施的,而在整个国家,只有16%的犯罪是女性实施的。在英格兰,在1859—1863年间,每100名男性被巡回法庭判决有罪时,那么分别就有35、26、38、33、31和32名女性被判有罪;但是在差不多的时期(1854—1862年),被伦敦警方逮捕的人中,如果有100名男性被捕的话,就有57个女性被捕,而在利物浦,女性被捕人数达到了69人,柏林是84人。

已婚女性（和已婚男性）比未婚者实施财产犯罪的要少；但是就一般犯罪而言，30岁以上的已婚女性的犯罪数量要比未婚者多，不过就已婚男性而言，是得不出类似结论的，除非他们已经过了70岁——这可能要归因于人身犯罪和侵害国家等的犯罪了。

第85节 累犯

在法国，累犯（recidivist）数量的增加情况参见表85-1。

表85-1 法国的累犯在犯罪人中的百分比

年　　份	男性	女性
1851—1855年	36	16
1856—1860年	30	16
1861—1865年	42	17
1866—1870年	45	17
1871—1876年	51	19
1877—1880年	53	21

因此，男性犯罪人比女性犯罪人更容易成为累犯，而且如数据所显示的那样，这种趋势会随着文明的发展而增加。这种趋势很可能会保持下去，因为虽然允许有一定的误差，但是在今天，累犯比以前更容易被识别出来。众所周知，监狱中的犯人被释放后，会立即重新犯罪，或者至少在很短时间内就重新犯罪，具体如表85-2所示。

表 85-2　被释放的犯人成为累犯的百分比

年　份	男性	女性
1851—1855 年	37	26
1856—1860 年	34	23
1861—1865 年	37	24
1866—1870 年	40	25
1871—1875 年	39	22
1876 年	40	26
1877 年	39	23
1878 年	45	24

德国的情况有点不同。尽管 1869 年女性犯罪人中的累犯比例有点少,但是比例在慢慢增加,到 1882 年时,已经达到了与男性相当的百分比(参见表 85-3)。

表 85-3　德国的累犯百分比

年　份	男性	女性	总数
1869 年	71.44	64.88	……
1870 年	74.00	74.22	……
1871 年	80.38	78.35	……
1872 年	77.29	74.16	76.74
1873 年	80.66	77.46	80.13
1874 年	77.98	77.16	77.84
1875 年	79.03	84.26	79.85
1876 年	79.66	78.17	79.42
1877—1878 年	78.47	76.76	78.25
1878—1879 年	79.13	75.80	78.61
1879—1880 年	77.13	75.19	76.84
1880—1881 年	76.42	77.77	76.47
1881—1882 年	78.76	78.86	78.87

梅塞达戈里亚指出,奥地利女性多次重复进行犯罪的比例要比偶尔重新犯罪的多,而男性犯罪人在这两个方面几乎是相同的。普鲁士的情况同样如此,那里有16%的女性是第一次被捕,17%是第一次重新犯罪,24%是第六次重新犯罪,还有30%是第七次重新犯罪甚至更多次重新犯罪。

我们可以得出如下的结论:

第一,女性违法行为仅仅是男性违法行为的1/4或1/5,如果我们仅仅考虑严重犯罪的话,那么女性犯罪只占男性犯罪的1/16。

第二,与男性犯罪相比,女性犯罪在老年时发展到顶峰,然后是年轻时期,中年时期犯罪行为最少。如果仅仅考察完全由女性实施的、丝毫与男性无关的犯罪,我们发现,只有女性严重犯罪才在老年时期达到顶峰。[①] 不管是男性还是女性,年轻时期的犯罪比例都很高。

第三,在比较了男女之间的犯罪之后,我们发现,女性更多地参与一些不太需要体力、文化和智力的犯罪。

第四,无论是男性还是女性,在年轻时期往往由于突然的愤怒而犯罪,在成熟时期则是经过预谋之后进行犯罪。不过对于女性而言,成熟时期的犯罪大多是谋杀、杀人和纵火罪。中年时期(21岁到50岁)的犯罪数量超过了前两个年龄段的犯罪总数。

第五,一般犯罪的数量、每一类犯罪的数量、每种性别的人实

[①] 根据迈尔的资料,男性犯罪的顶峰出现在18—21岁之间,而女性则是30—40岁之间。

施的犯罪的数量、每个国家的犯罪数量,基本上都是一致的。不过在意大利,男性严重犯罪的数量在减少,男性和女性的轻罪数量在上升,但是,女性实施的严重犯罪的数量也在增加。

第六,越是文明的国家,女性犯堕胎罪和杀婴罪的就越多,这是由羞耻感引起的,而不是古老的风俗引起的。因此,在意大利北部,这类犯罪在年轻人中更为普遍,在意大利南部,则是成熟的人实施此类犯罪。

第七,大城市对犯罪增长的影响在女性犯罪中更为显著,特别是会引起暗杀、公路抢劫和盗窃罪的增加。

第八,卖淫很大程度上取代了女性犯罪,因此也可以解释为什么女性犯罪人要比男性少,为什么女性犯罪在卖淫不能再成为职业的年老时期达到顶峰。

第15章 公民身份、职业与失业

第86节 公民身份

我们知道,犯罪的高峰年龄段是 15—25 岁,大多数女性违法者是卖淫者或未成年人。因此,几乎没有必要补充说,实施了最多犯罪行为的是未婚者。去掉那些还未达到婚龄的人,我们从 1890—1894 年意大利的数据中发现,每 1000 个有着相同生活状况的被判刑者中,未婚者占 48.9,已婚者占 29.7,鳏夫和寡妇占 14.3。在奥地利,犯罪人中未婚者的比例比其在整个人口中的比例多 35%,而已婚者的比例比其在整个人口中的比例要少 13%。因犯罪而被判刑的鳏夫在犯罪人中的比例,要比鳏夫在正常人口中的比例少 56%。精神错乱者中也因为同样的原因而呈现出类似的情况。根据维格(Verga)的论述,在 20—60 岁之间的人中,每 474 个未婚者中就有 1 个精神错乱者,而在 1418 个已婚者中才有 1 个精神错乱者。吉拉德在 1841—1857 年的数据中发现:

每 2169 个未婚者中有 1 个精神错乱者;
每 7094 个已婚者中有 1 个精神错乱者;

每4572个鳏夫中有1个精神错乱者。

至于性别差异,卢涅尔发现,在1853—1862年间:

每2629个未婚男性、每2931个未婚女性中有1个精神错乱者;

每4754个已婚男性、每5454个已婚女性中有1个精神错乱者;

每3421个鳏夫、每3259个寡妇中有1个精神错乱者。

然而,需要注意的是,鳏夫在犯罪人中和精神错乱者中的数量要比寡妇多很多,奥地利的梅塞达戈里亚和意大利的劳里,都更多用鳏夫在总人口中的数量来解释这一现象。人们已经注意到,在奥地利、意大利和法国,已婚男性和有子女的寡妇实施犯罪的频率要比没有子女者少。根据圭斯莱恩(Guislain)和卡斯迪格列昂尼的研究,反过来的情况也是一样的,不过,对于精神错乱发生的频率,可以通过大家庭的更多需要所引起的焦虑来解释。[①]

第87节 职业

由于统计中常用的分类和术语的体系,很难确定职业(occupation)的影响。尽管这个体系对经济学家是有用的,不过,它几乎不适合于人类学家的用途,例如,这个体系将开酒吧者和商

[①] 维格:《如果结婚》(Se il Matrimonio),米兰,1870年。

人,士兵和农业劳动者,金属工人和橱柜工人,艺术家和自由职业者放在一起进行分组。当招募新兵的统计数据和人口普查的统计数据有各自的分组模式时,就更加难以比较。根据意大利最新的统计数据,表 87-1 显示了发生在不同职业领域的犯罪数量(每 1000 人)。

表 87-1　意大利不同职业的每 1000 人中犯罪人的数量

职　　业	每 1000 人中犯罪人的数量
农业	8.9
制造业	7.4
商业	12.8
公共服务业和自由职业	3.5
家政服务	3.6

商人中较多的犯罪行为,可以用商业生活中的大量活动来解释,也可以用 1881 年人口普查以来这个行业在不断扩大的现象来解释。他们不仅如人们所料想的那样进行了大量的商业诈骗,也进行了相当数量的诽谤及其他类似的犯罪。农业人口中常见的犯罪是盗窃罪(26%)和暗杀罪(22%),这类人在其他形式的犯罪中所占数量很少。工厂的工人也进行了大量的盗窃罪和暗杀罪,但是与农业人口相比,他们有更强的进行反对国家犯罪的倾向(11%)以及进行诽谤与诈骗犯罪的倾向。

如果我们继续仔细地分析一些职业的话,我们就会发现犯罪比例最高的人群是小贩(pedlar),每 1000 人中有 44 人,相对而言,他们中的很多人实施了盗窃罪(30%)、抗拒官员罪(20%)和性犯罪。屠夫(butcher)也有大量的犯罪行为(每 1000 人中有 37

人),主要是抗拒政府罪和商业诈骗罪。然后是运货马车夫(drayman)和出租马车司机(cab-driver),每1000人中有26人犯罪,他们实施得最频繁的犯罪是抗拒政府、财产犯罪和人身犯罪。有学识的专业人员(the learned profession)和家政服务人员在犯罪人中只占很小的一部分(每1000人中是2.94和3.93),其中,有学识的专业人员实施的最常见犯罪是伪造罪,而家政服务人员实施的最常见犯罪是入室盗窃罪。马罗发现,在都灵,猎人、牧师、学生、教师、渔夫和制伞工人的违法数量最少(每1000人中是2人)。平版工(lithographer)、雕刻工、马车制造工人、园丁、泥瓦匠和制革工人中的犯罪人数相当少(每1000人中是8人);经纪人、作家、纺织工和理发师中的犯罪人数要多一点(每1000人中是14人),最后一类人几乎只实施性犯罪。

表87-2比较了一些特定职业者在犯罪人中的百分比和其在普通人口中的百分比。

表87-2 一些特定职业者在犯罪人中的百分比和其在普通人口中的百分比

	在犯罪人中的百分比	在普通人口中的百分比
泥瓦匠	11.0	2.5
面包师	6.9	1.6
锁匠	8.3	2.3
鞋匠	7.3	3.2
学生	0.33	3.1

面包师和泥瓦匠有很强的代表性,因为他们是按日拿薪水的,不需要长的学徒期。城市中最易酗酒的职业(厨师、鞋匠和酒吧经营者)、穷人与富人密切接触的职业(家政服务人员),或者容易学

会犯罪方法的职业(泥瓦匠和锁匠),都会产生大量的犯罪人,甚至会产生很高比例的累犯。文字学中可以找到证明上述情况的部分证据,coquin(流氓)一词的词源就是拉丁文的 coquus(厨师)。那些不太需要与人们接触的职业,例如,农民和船夫,就只占犯罪人总数的小部分,在累犯中也是如此。在法国,鞋匠具有最大的性犯罪倾向,原因就是酗酒,以及他们工作时生殖器官的位置。在其他文明国家中,人们对于犯罪与各种职业关系的态度是一样的。表 87-3 给出了奥地利(每 100 万人中)犯罪的人数,并按职业进行了分类。

表 87-3 奥地利每 100 万人中不同职业者的犯罪人数

人口类型		犯罪人数	总计百分数(%)
农业人口	经营者和租户	46.8	49.3
	乘务员	53.2	
	工人	51.6	
制造业和商业人口	企业家	23.8	37.7
	代理商	13.0	
	工人	45.5	
其他职业人口	有产者和股票所有者	15.9	
	有学识的职业者	6.1	
	家政服务人员	133.6	
其他职业人口	其他职业者	26.0	
	无职业者(包括妇女和儿童)	4.8	
	奥地利全体人口(无职业者除外)	49.9	

如果不考虑包括妇女和儿童在内的无职业者,那么,有产者(property-owner)和有学识的专业人员进行偶然犯罪的可能性最小。

第15章 公民身份、职业与失业

如果我们把暴力犯罪分为有预谋型和无预谋型,我们可以得到每百万居民中各种职业的犯罪人数(参见表87-4)。

表87-4 不同类型暴力犯罪在不同职业者中的分布

	有预谋型	无预谋型	杀婴罪
土地所有者	17.3	25.3	4.2
农业劳动者	14.4	26.2	11.0
制造业者	8.9	12.7	2.2
工厂工人	18.2	24.3	3.0
有产者和股票所有者	8.2	6.2	1.4
自由职业者	3.3	1.4	1.4
公务人员	24.7	11.2	97.7

法国各种职业的划分方式不同于奥地利,具体划分也较少。自由职业者包括了军官、资本家和股票所有者(法国存在大量的股票所有者)。工业和商业没有区分开,农村土地所有者也没有与农业劳动者分开。1876—1880年间,每百万居民中实施了暴力犯罪的人口数量见表87-5。

表87-5 法国每百万居民中实施了暴力犯罪的人口数量

人口职业类型	犯罪人数量
无职业者、乞丐、流浪者、妓女、救济院中的被救济者	59.2
家政服务人员	25.9
农业阶层	24.3
工业和商业阶层	18.1
自由职业者	10.6

除了自由职业者以外,在其余的所有类别中,我们发现法国的数据与奥地利的数据完全相似。或许可以得出这样的结论,即在

社会情况相似的不同国家中,犯罪与职业的关系也相似。

根据伊沃内斯(Yvernés)提供的数据,1882年法国从事相同职业的每10万个男性中的犯罪数量见表87-6。

表87-6 在1882年法国从事相同职业的每10万个男性中的犯罪数量

不同职业者类型	每10万人中的犯罪人数量
有产者和股票所有者	6
公职人员	12
农场主	16
农场雇员和劳动者	24
产业工人	25
自由职业者	28
运输业和商业海运业	35
商业阶层	38
私人仆人(personal servants)	49
未分类的职业和未知的职业	54

根据塔尔德[1]最近的研究,[2]法国各个职业类别中每1万人中的罪犯数量见表87-7。

表87-7 法国各个职业类别中每1万人中的罪犯数量

职业类别	每1万人中的罪犯数量
农业	0.84
制造业	1.32
商业	1.00

---

[1] 塔尔德是指法国社会学家、哲学家、犯罪学家加布里埃尔·塔尔德(Gabriel Tarde,1843—1904)。——译者

[2] 《日内瓦犯罪人类学大会会议记录》(Actes du Congrès d'Anthropologie Criminelle de Genève),1897年。

与意大利一样,在法国,农业阶层偶然犯罪的可能性比制造业和商业阶层都要小。在这里,我们应当注意乡村犯罪人数量与城市犯罪人数量的巨大差异,城市中之所以有大量犯罪人,是由于城市的有害环境造成的。根据法耶早年的研究,占总人口53%的农业人口,1847年仅仅实施了32%的犯罪。在这种联系中,确实应当注意到,农业雇工尽管非常贫穷,但是仅仅实施了4%到5%的犯罪,而城市里的仆人却实施了7%的犯罪。城市里的仆人和酒吧经营者一起,实施了1/3的杀婴罪,1/6的盗窃罪和1/9的投毒罪;毫无疑问,造成这一情况的原因是,他们在训练中总会体验到的依赖状态,导致了个人尊严感的丧失。我特别强调这一点是因为公务人员很少酗酒,也就是说他们不太接触这类导致犯罪的主要原因。不过,法耶发现,大部分的杀害长辈者,即164人中的108人,是来自乡村的人口。而且,法耶发现,泥瓦匠和油漆工实施了相当数量的不敬罪(offense against modesty),出租马车司机实施了大量的强奸罪,制帽者和洗衣工人实施了大量的杀婴罪(这一点也不奇怪,因为大量的妇女从事此职业)。在商人中,财产犯罪特别多,专业人员和有钱人中同样有很多财产犯罪;不幸的是,有钱人所犯财产犯罪的数量在增加,特别是公证人和律师的财产犯罪在增加,而有产者较少犯此罪。1833—1839年间,法国从事特殊职业的26岁以上男性中,每1万人中的犯罪数量见表87-8。

表 87-8　法国每万名 26 岁以上者中犯罪数量

职　　业	犯罪数量
牧师(priests)	10
事务律师(solicitors)	52

续表

职 业	犯罪数量
出庭律师(advocates)	74
公证人(notaries)	145
执行官(bailiffs)①	162

约利认为,这些人的法律知识、他们的特权、所受的教育和得到的福利,都应该保证这些职业人员的犯罪倾向较小。然后事实却相反,他们因成功或工作的寄生性质而堕落,这诱使他们从自己的职业中获得最大的利益,而不是激发他们的崇高志向。约利注意到,在1881年时,每年失去职业的公证人为18—25人,但是1882年达到40人,1883年达到41人,1884年达到58人。在后来的两年中,数量有小幅回落,在1887年时猛增到了75人。根据法国的犯罪数据,公证人的犯罪数量是每1万人中有43人,而每1万普通人口中只有1起犯罪。因此,公证人的犯罪是普通人口的43倍。公证人和执行官比从事其他职业的同性别和同年龄人的犯罪数量更多。1/10的谋杀者、1/7的杀人者、1/8的杀害长辈者、1/8的强奸未满15岁的幼女者以及1/18的其他犯罪者,都是专业人员或者有钱人,而这些人只占了总人口的1/18。② 这清楚证明了高等教育所产生的腐败影响,同时也表明恐吓在遏制这些诱惑方面的影响作用是多么小,因为出庭律师和执行官比任何人都更清楚法律刑罚的威胁。

---

① bailiffs又译为"法警"。——译者
② 法耶:《经济学家杂志》(Journal des Economistes),1847年。

在普鲁士,自由职业者在总人口中占 2.2%,但是在犯罪人中却占 4%;家政服务人员在总人口中占 2%,但是在犯罪人中却占 12%。①

我所得到的俄罗斯的数据表明,在 1875 年到 1879 年间,有 9229 起暴力犯罪。表 87-9 根据不同的职业,对俄罗斯、奥地利和法国的数据进行了比较。

表 87-9　俄罗斯、奥地利和法国的犯罪数据比较

职业		俄罗斯		奥地利		法国	
		百分数		百分数		百分数	
农业	有产者	47.5	60.3	18.4	50.0	……	50.7
	工人	12.8		31.6		……	
制造业和商业	有产者	7.5	16.8	3.3	16.9	……	30.0
	工人	9.3		13.6		……	
按日计酬的工人		7.7		……		……	
自由职业者		1.8		0.2		5.0	
家政服务人员		4.9		19.6		8.1	
未定义的职业者		6.7		8.8		……	
妓女和无职业者		2.0		4.9		6.0	

因此,当奥地利在三年间只有 4 个自由职业者因暴力犯罪而被判刑时,俄罗斯却在五年间有 165 人因同样的犯罪而被判刑,其中有 88 人是政府工作人员,59 人是神职人员、律师、医生和技师,还有 19 人是学者、学生和画家。之所以在俄罗斯的自由职业者中存在如此多的暴力犯罪,其原因是政治迫害和他们的宗教狂热,这

---

① 厄廷根:《道德统计》,第 37 页。

些宗教狂热一方面会激发犯罪,另一方面也是犯罪的必然结果。

我们发现,从事商业的女性中犯罪的最多,而且她们实施最多的犯罪是诈骗罪、伪造罪、诽谤罪和暗杀罪。工厂和工场里的女工所犯盗窃罪的数量不如乡村女性多,很可能是因为乡村女性有更多的进行田园盗窃的机会。在从事不同职业的女性实施的特殊犯罪中,我们发现助产士犯的堕胎罪最多(100个中有3人);女家政服务人员所犯的盗窃罪数量紧随在乡村女性之后(55比100)。[①]但是,我们所得到的数据还十分有限,不足以得出任何确定而普遍的结论。而且,大量的妓女也扰乱了我们的研究,因为大部分乡村女性的犯罪就是从公开的卖淫或者伪装成到城市工作的卖淫开始的。"经常到大城市去,"培伦特-迪夏泰来写道,"是不利于乡村女性的,数据表明,她们离市中心的远近与她们从事卖淫的比例直接有关。"巴黎一半的妓女是女缝纫工和熨衣工;1/3是制造女帽者、女店员和理发师;1/12是洗衣工和工厂女工;还有一些是女演员。

第88节 士兵

单独研究士兵中的高犯罪率是十分重要的。豪斯纳认为,士兵的犯罪是其他人口的25倍多。但是,由于研究者并没有将平民中的老人、妇女和儿童排除在外,因此这个结论是有错误的(参见表88-1)。至少我们发现,意大利的数据是与此非常不同的。如果我们研究1872年意大利士兵的犯罪,我们就会发现,大部分指

---

① 鲍斯高:《女性犯罪》(La Delinquenza Femminile),罗马,1897年。

控对于军队以外的人来说并不算是犯罪,例如,不服从命令和装病。所以,我们发现,112个士兵中有1人犯罪。现在,如果我们把这个数据与同龄的(21—31岁之间)普通人中犯罪的人数(172人中有1人犯罪)相比,我们就会发现,虽然军队中的数据要严重一些,但是差距没有那么大;如果我们不考虑平民中的女性,这种差异就会变得更小,因为她们的犯罪比男性少80%。

表88-1　不同国家中士兵和市民的犯罪情况①

国　　家	每1个犯罪人相对的人数	
	平民	士兵
奥地利	856	78
荷兰	4330	173
法国	7460	139

但是,即使我们必须承认这种差距(德国的情况就是如此),也可以通过如下的原因来解释,即士兵手头总有武器,正处在最容易犯罪的年龄段,未婚,很懒惰,不得不与大量个人接触,空间狭小,这些都容易造成大量的强奸罪、鸡奸罪和犯罪交往;而且需要补充的是,在战争年代,他们具有进行血腥行为的习惯。霍尔岑多夫说,一个曾经是士兵的谋杀者这样为自己开脱,他说,他在1866年的奥地利战争中看到那么多人被杀,因此,再多杀一两个,对他来讲也无所谓。卢西恩(Lucian)也说:"参加过战争的人既无信仰也不虔诚。"我们可以从词源学中找到一种奇怪而又重要的联系,即许多军事功能在以前都只能是通过犯罪的方式实现的,这导致现

---

① 这个表格在原文中是第201页的脚注。——译者

在它们成了犯罪的同义词。因此，latrones 是正在洗澡的官员,[①]是国王的侍从,但是,他们并不是现在意义上的朝臣,而是进行了许多掠夺活动的人,所以这个词语现在就与"强盗(robber)"一词混淆不清了。

现在的我们几乎无法相信,"海盗(pirate)"最初是指舰队,"土匪(brigand)"以前仅仅是指在攻击乡镇时的神枪手。

正如霍蒙德(Hammond)在他的军事心理学研究中所清楚表明的那样,好战的人有着非常残忍的性格。士兵的那种特殊的残忍,部分产生于他们对平民阶层的那种自古就有的蔑视,部分是由于他们所做的过分行为可以不受惩罚。德国、俄罗斯和意大利就存在大量数不清的不受惩罚的例子。在科布伦次(Coblenz),[②]一个用马刀杀了过路商人的陆军中尉,会被判处入狱一年;有赦免的话,在狱中的时间甚至更短;而且,如果被害人的母亲用强烈的言词进行抗议的话,她就会被罚款(1894)。在柏林,有个名叫拉伊科(Laerke)的士兵在当班时重伤了两个工人,他的上级高度赞扬了他的事迹并让他升职(1893)。在博洛尼亚,两名持枪官员门特列奥尼(Monteleone)和阿奎拉(Aquila)攻击平民一事,被无限期地搁置了。人们认为在士兵身上具有的骑士般的宽宏大量,实际上与他们根本无关,即使在中世纪时,这些骑士般的宽宏大量也仅仅是存在于浪漫学派的幻想之中。当然也有例外,但是,他们的情况一点也不可悲。这些在服役期间被成功奴化的个人,已经不再具

[①] 这句话的原文是 latrones were officers ad lotus,其中的 latrones 和 ad lotus 是拉丁语,含义分别为"强盗"和"洗澡"。——译者
[②] 德国西部的城市。——译者

有主宰自己生活的能力,也失去了个体特性和创新精神,他们不得不依靠他人生活,而国家则需要强有力的武器和自由强烈的精神。

但是,对士兵犯罪行为与平民犯罪行为之间的巨大差别影响最大的,是在士兵犯罪案件中,已经显露出来的犯罪行为与真正实施的犯罪行为之间存在的极小差异。在军队中,任何犯罪都会很快被发现并且立即受到惩罚,而在平民生活中,众所周知,只有一半的犯罪会被发现并受到惩罚。[①]

第89节 精神错乱者

不论是富人中的精神错乱者,还是穷人中的精神错乱者,一般都会被收容到不同的精神病院里,不容易找到与他们有关的统计数据,因此,职业对精神错乱者的影响不如它对犯罪的影响那样清楚。不过,从我们所获得的法国的最完整数据中,可以发现精神错乱与犯罪有着引人注目的相似性(参见表89-1)。城市中的精神错乱者是乡村的两倍多(223 比 100),男性比女性更容易受到精神错乱的影响(132 比 100)。农学家中的精神错乱者最少,而自由职业者中的精神错乱者最多;在自由职业者中,艺术家和法学家患精神错乱的要比官员和神职人员多。吉拉德的调查表明,在公务人员、金属制造工(metal-worker)和矿工中非常容易产生精神错乱者。比尼(Bini)和高尔基认为,鞋匠(1.2% 到 8%)、救济院(almshouse)中的被收容者、厨师(2% 到 5%)和大量的自由职业

---

① 在法国,在预审法官审理的 233181 起案件中,有 70276 起案件找不到作案者。1862—1866 年间,在德国的巴伐利亚州,仍然因为找不到作案者或者证据不足,致使 68% 的犯罪和 54% 的轻罪没有受到惩罚。

者(5%)容易发生精神错乱。吉拉德和巴罗菲奥(Baroffio)的调查表明,军事人员中精神错乱的比例很高,1000人中有1.4人。劳利(Lolly)的研究,是我所熟悉的关于意大利的唯一的研究,这些研究范围非常广泛,结果表明,在土地所有者、富裕阶层和商人中的精神错乱者比农业阶层中更为常见。根据劳利的研究,农业阶层的精神错乱者也比工匠中要少(参见表89-2)。

表89-1 精神错乱者在不同行业人员中的分布①

不同行业人员	吉拉德(塞纳省,1852)	卢涅尔(法国,1856—1861)
	在下列人数中有1个精神错乱者	
艺术家	3292	104
法学家	544	119
文人(literati)	1035	280
神职人员	706	253
医师和药剂师	1602	259
官员	1621	727
银行家	2571	5487
家政服务人员	609	……
鞋匠和裁缝	1807	……
土地所有者	5547	3609
农学家	11403	18819
士兵	553	1711
矿工	132	……
金属制造工	732	……
酒吧经营者等	1700	……

[资料来源]卢涅尔:《新医学词典》(Nouveau Dictionnaire de Médecine),巴黎,1872;吉拉德·德卡鲁克斯(Girard de Cailloux):《关于精神错乱者的实务研究》(Etudes Pratiques sur les Aliénés),巴黎,1863。

---

① 这个表格在原文中是作为脚注的。——译者

表89-2 不同阶层在总人口中的百分比和精神错乱者中的百分比①

	在总人口中的百分比	在精神错乱者中的百分比
农业阶层	49.00	34.00
工匠阶层	12.30	12.90
家政服务阶层	2.64	2.17
土地所有者阶层	2.78	6.23
商业阶层	2.70	1.66
神职人员阶层	0.60	1.37

我必须要补充的是,那些使人习惯于见到血或者使用危险武器的职业,例如屠夫、士兵等,或者使人往往处于社会隔离和性隔离状态的职业,例如牧羊人、田园守护者或者牧师,特别当给他们强加上一种纯洁时,我认为,这些职业都会唤起精神错乱者和犯罪人的野蛮残忍性,而且经常伴随着异常的狡猾。我们也注意到,医师和药剂师比其他阶层的人更频繁地进行投毒犯罪。

第90节 对工作的厌恶

在看待上述的相关调查时,必须要注意这样一个事实,即犯罪人所声称的职业经常只是一个名义,他们真正的职业是懒惰(idleness)。在都灵,我已经发现犯罪人所特有的一种奇怪的职业——伪装工作。这些人伪装成工匠、锁匠或者不用带着必要工具的人。但是,这些仅仅是为了让警察相信。他们的工作或

---

① 这个表格在原文中是作为脚注的。——译者

者全部都是伪装的,或者足以避免他们因为被认为是流浪者而遭到逮捕。他们缺乏工作手段,也没有工作机会,他们有的只是工作的意愿。西查特发现,[1]在3181个犯罪人中,有1347个人或者42.3%厌恶工作。按不同的犯罪进行分类后得到的具体数字见表90-1。

表90-1 不同类型犯罪人中厌恶工作的情况

犯罪人类型	犯罪人数量	厌恶工作的人数或百分数
小偷	1848	961 或 52%
诈骗犯	381	172 或 45%
纵火犯	155	48 或 31%
性犯罪人	542	145 或 26.7%
作伪证者	255	21 或 8.2%

如果我们将西查特所称的"偶然犯罪人"(occasional criminal)[2]与习惯犯罪人的区分方式考虑在内的话,这些数据的重要性就更加清楚了。在偶然犯罪人中,有170人或者19.2%厌恶工作;而在习惯犯罪人中,有1170人或者51.7%厌恶工作,是前者的两倍半多。根据美国马萨诸塞州的最近统计,[3]我们发现,在4340个犯罪人中,有2991人或者68%是没有职业的。根据宾夕法尼亚州的数据,监狱中几乎有88%的犯罪人从来没有职业,同样,在县看守所(county jail)中,有68.5%的犯罪人也没有职

---

[1] 《论犯罪的个人因素》(Ueber individuelle Faktoren des Verbrechens),《综合刑法科学杂志》(Zeitschrift für die gesammte Strafwissenschaft),1891年。

[2] 《偶然犯罪人》(Crimineb par occasion)。

[3] 赖特,同前引书。

业。至于杀人罪,弗雷德里克·瓦因斯[①]指出,在1890年时,6958名杀人犯中有5175人或者超过74%的人从来没有接受过任何职业培训。[②]

对工作的厌恶,同样在犯罪人从事的职业中得到了体现。马罗注意到,泥瓦匠只占总人口的3.56%,但是却占犯罪人的11%。许多泥瓦匠犯罪人都告诉他说,他们之所以放弃其他职业而从事这个职业,是因为他们是按日拿工资的,不需要等到一周或者两周后才能拿工资,这就使他们能任意地从事这份工作。我已经指出,在法国,小偷常常被叫做 pègre(盗贼)或 paressux(懒惰者);那些最坏的犯罪人,例如,拉丝奈尔、勒梅尔(Lemaire)和克雷蒂安,他们憎恨工作的程度超过了热爱生命的程度。可以用菲利在《论杀人》一书的人类学统计地图集(anthropological-statistical Atlas)中给出的心理学表格,来研究一个人的心理状态,在那里往往指出了懒惰的心理。因此,当询问一个累犯"你是否愿意工作时",他的回答是,"不,工作会减少寿命"。另一个说得还要直白:"我工作,不过只做一点点,因为工作让我们疲劳。"还有一个人被问道为什么不工作时,他是这么为自己找借口的:"我没有能力去工作。"另一个说:"我没有工作的欲望,所以,如果我需要钱,我就不得不去偷了。"

犯罪人更换工作的频率值得注意。在100个正常人中,发

[①] 应当是指美国监狱改革者弗雷德里克·瓦因斯(Frederick Wincs, 1838—1912),他是美国牧师和著名刑罚改革家依诺克·科布·瓦因斯(Enoch Cobb Wines, 1806—1879)之子。——译者

[②] 鲍斯高,同前引书。

现有 86 个人从事相同的工作,13 个人会更换 1 次职业,1 个人会换 3 个不同的职业。但是,下列的犯罪人更换了 2 次或更多次职业:

在 40 个谋杀者中,有 27 人更换了 2 次或更多次职业;

在 40 个扒手中,有 30 人更换了 2 次或更多次职业;

在 77 个诈骗犯中,有 60 个更换了 2 次或更多次职业;

在 39 个公路抢劫犯中,有 22 个更换了 2 次或更多次职业;

在 51 个刺客中,有 28 个更换了 2 次或更多次职业;

在 97 个小偷中,有 60 个更换了 2 次或更多次职业;

在 39 个强盗中,有 30 个更换了 2 次或更多次职业;

在 41 个其他的性犯罪人中,有 23 个更换了 2 次或更多次职业。

在埃尔迈拉教养院的报告中,指出了 6639 名犯罪人的职业情况(见表 90-2)。

表 90-2　埃尔迈拉教养院中犯罪人的职业情况

犯罪人的职业情况	人数	百分数
家政服务人员	1694	25.5%
一般劳动者	3651	55.0%
有技术的劳动者	974	14.7%
无职业者	320	4.8%
总计	6639	100.00%

第 15 章 公民身份、职业与失业

无职业者的人数比较少,但是,该报告继续指出:

> 必须要注意的是,那些自称有职业的人几乎从来都没有被正规地雇佣过。[①] 因此,在教养院里,那些无法适应稳定工作的人的数量非常大。同样,尽管对他们实行道德激励(moral stimulation)制度,但是,依然不能胜任工作的人数也非常大,教养院院长布罗克韦证实,对于 34% 的犯人而言,任何促使他们工作的道德激励都是浪费;这种道德激励甚至无法引起他们的注意。

正因为如此,布罗克韦提倡使用鞭笞(lash)和体罚,这些惩罚方法都是按照一定程序仔细而严厉地执行的。他证实说,不可改善犯罪人(incorrigible criminal)与原始人之间存在可比性,不过人们并没有意识到这一点。因为原始人只有在暴力逼迫下才会去劳动,有时候在他下决心去劳动前,就已经被殴打致死了。犯罪人更换职业的倾向,他们对那些按日计酬的、自由不受限制的工作的偏好,都证明了他们对工作的厌恶并不是因为他们无法胜任,而是因为他们不喜欢讲规则、有方法的、严格按小时进行的任何工作形式。

马罗的数据非常有意义,能帮助我们理解犯罪人无工作能力的性质。这不是对任何活动都没有能力,也不是绝对的惰性。有

[①] 《第十九本年鉴,纽约州埃尔迈拉教养院》(Nineteenth Year Book, New York State Reformatory at Elmira),1894 年,第 38 页。

时候，犯罪人不得不从事大量的活动。一些犯罪，像诈骗和盗窃，经常要求精力充沛地活动。让犯罪人不满的是现代社会机制的规律性，每个人在庞大的齿轮嵌入似的机制中，都有自己像钟表般精确的工作，必须在任何给定的时刻做指定的动作。犯罪人无法抵制他们性格中断断续续的反复无常，因而向不符合他们偏好的社会宣战。在劳动大军中，犯罪人就是游击队员。他们往往不能忍受疲劳，他们只有在高兴时才会顺从，紧张的努力与长期的懒惰交替出现，并且总是控制不住另外一种意愿。在这个过程中，他的性格完全就像一个野蛮人，尽管有习惯性的惰性，但在有时候也很忙碌；他们不愿从事最令人疲劳的打猎劳动和战争。这就是罗伯逊（Robertson）描述的美国印第安人的性格。他说：

> 当打猎旅行时，他们就改变了习惯性的懒惰状态，使用一些在平时休眠不用的智力能力；他们变得活跃、坚韧、不屈不挠。

马罗的观察很真实：

> 在未开化的人中，我们发现他们几乎都没有持续努力的能力。稳定和不间断的劳动是文明人的特点。越能节约体力，就越能用智力获得利益，就越能为自身和社会的利益而使用智力。

第16章 监狱、报纸、模仿、领导人和其他原因

第91节 监狱

监狱是最重要的犯罪因素之一。我们认为,把犯罪人关进监狱里是在保护社会,是给社会报仇。然而,事实却相反,我们不仅给犯罪人提供了相互交往、相互指导的机会,而且向他们提供了真正的享受。"我会把那些说监狱不好的人撕成碎片,"在巴勒莫监狱中,一个犯人就是这样说的,"监狱是上天赐给我们的一种好运,因为它教会我们寻找藏身的地方和盗窃的方式。"① 这些事实说明了为什么在我们的调查数据中有些人被判刑的次数高达50或60次,他们只是为了能再次被关进监狱而偷窃。有一个名叫祖奇(Zucchi)的人为了能使自己被逮捕,就在巡回法庭审判期间偷窃。"自1852年以来,"他说:"我已经在监狱里过了20年了。由于特赦,我获得了自由,但是我无法过每天只有1法郎的日子,我想我应该让自己重新回到监狱里,这样我就有吃、有喝、有睡觉的地方

---

① 龙勒罗梭:《犯罪人论》,第一卷。

了。尊敬的法官大人,请增加刑罚吧,毕竟我不讨厌呆在监狱里。"①1879年,在罗马,有一个在监狱里待了47年的80岁老人,乞求法官能将他送回到监狱。"我不要什么职位,"他说:"只是请把我送到能让我安静度日的监狱。我已经80岁了,我也不可能活得太长而损害政府。"奥利弗科洛纳说道,有这么一个犯罪人,在离开监狱时,他向监狱长表示感谢,说他以前从未吃过像在监狱里这么好吃的食物。

奥利弗科洛纳说:

> 监狱里的犯人一年能吃52公斤猪肉,但是,一个农民和他的家人却一般只能吃25公斤腌牛肉和半只腌公猪。因此,我们必须把监狱生活所具有的舒适性,看成是产生累犯的原因之一。②

第92节 感觉

另外还有一种非常强有力的犯罪原因,不过,很难准确估计,除非通过一些职业中某些犯罪的增加,才有可能准确估计这种犯罪原因。我指的是感觉印象(sense impression)的直接影响。例如,没有见过金子的小偷就不会去偷金子。一个名叫唐纳

---

① 《监狱学科杂志》(Riviata di Disciplines Carcerarie),1878年。
② 《累犯》(De la Recidive),1812年。

(Downer)的银行家,醉醺醺地走进一家理发店。店里16岁的学徒,在此之前还是一个非常诚实的学徒,但是,在听见银行家口袋里金钱的叮当声时,立刻就冒出了杀死银行家的念头。他用绳索把银行家给勒死了。犯罪后他惊恐万状,就逃跑了;后来忏悔说,如果他没有听到银行家口袋里的叮当声,就不会产生杀人的可怕念头。38岁的玛丽·弗兰克(Marie Frank)是一个老酒鬼,曾经有一段精神疾病史,经常遭受丈夫殴打。有一天,她看到了火,就立刻跑出去点着了十二幢房子。阿黛尔·斯特罗姆(Adele Strohm)在目睹了两个犯罪人被执行死刑后,就产生了杀死自己最好朋友以便在上帝的恩典中死去的念头。①

第93节 模仿

毫无疑问,所引用的例子部分地能用精神错乱来解释,但是,也有很多受到了模仿的影响,模仿是对犯罪和精神错乱的作用力最大的原因之一。1863年和1872年时,报纸只要一开始报道遗弃儿童的新闻,此类案件在马赛一天之内就会发生8次。希博(Sibour)大主教遭到暗杀的新闻,促使一个牧师袭击了马特拉(Matera)的主教,尽管这个牧师对主教没有任何的怨恨。迪弗雷纳(Dufresne)虽然憎恨德劳赫斯(Delauchx),但从未想过要伤害他。当他看到对教堂管理人审判的报道后,他站起来叫道:"我也要像那个教堂管理人一样",然后,他杀死了他的仇人。在贝尔加

---

① 德斯皮纳,同前引书。

莫(Bergamo),①沃齐尼的案件被报道后不久,就发生了两起勒死妇女的案件;在巴黎对菲利普(Philippe)、比劳艾(Billoir)和穆尧斯(Moyaus)的审判,在佛罗伦萨对马迪纳蒂案件的审判后不久,都有类似案件发生。在审判鲁(Roux)的时候,有两个仆人声称,他们在偷了主人的东西后,主人试图勒死他们。拉保莫累斯(La Pommerais)的投毒案则是模仿了普里查德。

这种病态的刺激由于真正的犯罪报纸的大量增加而增加了百倍,这些报纸仅仅是为了肮脏的利益,就到处传播最令人厌恶的社会瘟疫的病毒,激起了下层社会的病态的欲望和更多的病态好奇心。这些报纸就像是蛆,产生于腐败,并加重了腐败。不幸的是,这些报纸仅仅在意大利就有28000个读者。1851年,纽约的一个妇女谋杀了她的丈夫;几天之后就有另三个妇女做了同样的事情。科里得利(Corridori)杀害了对他进行正当批评的校长,他在攻击校长之前说:"我会重复卡坦扎罗校长的案子",而卡坦扎罗正是因为同样的原因而被杀害的。詹姆斯(D. James)在铁路上所犯的暗杀未遂罪就是模仿了同一条铁路上的另一起案子。②

---

① 意大利北部的一个城市。——译者
② 霍尔岑多夫在他杰出的著作《论谋杀罪与死刑》(柏林,1875年)一书中,为我们提供了许多其他的例子。

第 17 章 犯罪团伙及其原因

第 94 节 引言

结伙犯罪(associated crime)的原因十分重要而且有害,值得单独进行研究。

造成这种现象的第一个原因是传统。例如,黑手党、卡莫拉和强盗似乎从早期产生开始,就具有长期坚持和顽强固执的特征,并且长期重复同样的行为直至将其转化为一种习惯,最终演变为一种规则。历史告诉我们,长期存在的种族现象不是立刻就能根除的。卡莫拉早在 1568 年就已经存在于那不勒斯了。我们从西班牙总督、米兰达伯爵(Count Miranda)、阿尔卡拉(Alcala)公爵等的法令中可以知道,赌徒、赌场经营者以及那些为了自己的利益而向这些场所索要财物的人,都被威胁要送到战舰上当犯人;那些以某些神圣的借口向其他犯人勒索的犯人,也是受到这样的威胁。[①]莫尼尔说得很对,卡莫拉一词就来自西班牙语,是争吵、怒骂、争论

---

① 莫尔迪尼(Mordini):《部长的调查报告》(Relazione al R. Ministero),罗马,1874 年;莫尼尔(Monnier):《卡莫拉》(Sulla Camorra),1861 年。

之意,而 camorrista① 意味着坏性格。阿拉伯语 kumar 是指一种赌博游戏比赛。从塞万提斯②的小说中我们得知,大约在我们谈到的那个时代,在塞维利亚(Seville)确实存在一个与卡莫拉相似的组织。这个有着很大威慑力的组织,同样向每个小偷收取贡物,还把一部分收益分给了警方,替一些私人报仇,包括打伤脸(sfregio)或者砍伤脸。那些刚刚加入组织的新手,被称为"小兄弟"(minor brother),他们在最初的半年里要把自己偷来的东西全都上交,给监狱里的"大哥"(major brother)带信,一般都担任一些不重要的职务。大哥们都有一个共同的姓氏,平分组织的共同财产。摩洛哥的小偷也向妓女收费。

在文明程度还不发达的所有时期,都存在与卡莫拉完全类似的组织。斯卡利亚发现,中世纪时,在斯丁奇监狱(Stinche prison)和帕尔马监狱(prison of Parma)中,都存在卡莫拉组织式的规则,在与赌博有关的活动中尤其如此。我们发现,在每一间关满犯人的房间里,都有自己的头领,被称为"队长"(capitaneo)或者"最高行政官"(podestà),与现代的卡莫拉成员有自己的"会长"(priore)一样;而且,这些中世纪的卡莫拉们,过去常常向新来的犯人收费,与现在的习俗相同。③ 我们知道,在小说《堂吉诃德》中,那些懒惰的家伙是怎样以预言赌博的形式向那些幸运的赌博

---

① camorrista 是意大利语,指意大利那不勒斯的一种秘密团体的成员。——译者
② 塞万提斯(Cervantes,1547—1616)是西班牙小说家,代表作是长篇小说《堂吉诃德》(Don Quixote)。——译者
③ 贝尔特拉尼-斯卡利亚(Beltrani-Scalia):《意大利监狱改革史》(Storia della Riforma delle Carceri in Italia),1868 年,第 288 页。

者强收赌博分红的。这可是现代卡莫拉成员的常见任务。

意大利南部和撒丁岛的顽固的强盗们,因为在古老的时候就已经存在于意大利中部和南部地区,因此,他们也有历史传统。斯特拉伯(Strabo)提到了他们与撒丁岛的关系。

"在那不勒斯王国,"詹农[①]写道,"在侵略者的大军中总有强盗,有希腊人、伦巴第族人、撒拉逊人、安茹省人(Angevin)或者阿尔巴尼亚人,所有这些人都有偷窃习惯,有残忍、贪婪特性。"

第95节 宗教、道德和政治

在文明还没有牢固建立的国家,并不存在道德和司法的概念,宗教常常成为犯罪的帮凶或者煽动者。在巴里,每天由大强盗帕斯夸里(Pasquale)出资做"强盗的弥撒"。"我们得到上帝的保佑,"他对一个朋友说,"福音书也是这么写的。"道德自然就与宗教概念一致起来。

1877年,在那不勒斯,一名弃儿(Esposito)按他头领的命令暗杀了一位以前的秘密团体的成员,然后为了保护他的头

---

① 詹农(Giannone,1676—1748)是意大利历史学家。——译者

领免于被捕而跑去自首。一群人欢呼鼓掌着陪同他到监狱，像对待英雄一样在他身上盖满了鲜花。

在司法苍白无力的地方，受伤害的人就必须求助于自己的力量或者朋友的力量。如果是名誉受损，他会寻求私人报复；如果是财产被盗，他会与小偷友好相处。在西西里，如同在伦巴第人的审判中所见到的那样，一个人可以支付一定数量的金钱来弥补所偷的马匹或者羊；一个小偷也可以向被害人支付一定的金钱，弥补被偷的财物，这样他就能避免被起诉。在原始司法中，随处可见这种行为。[①]

在文明国度中，还存在另外一种支持犯罪团伙的极其强大的原因。这就是弱者身上被残忍力量所激发出来的对犯罪团伙的倾慕。任何一个人如果在身体孱弱、语气柔弱和性格懦弱的羸弱群体中，看到一个真正的有着威武表情、钢铁般肌肉、发 r 的舌尖颤音的卡莫拉成员时，马上就会明白，即便没有引入卡莫拉，它也会自动地在这里产生，这是精力充沛的人与软弱绵羊般的人群产生反差的必然结果。即便是卡莫拉成员也要向法律低头；一个强壮而暴力的人，也要向更强壮更暴力的人低头。莫尼尔引用了一个古怪的例子来证明这种影响。卡拉布里亚的一个牧师因为一起勇敢的事件而入狱，一进入监狱，就要求他按惯例向卡莫拉交费。他拒绝后受到了威胁，于是，他回应说，如果他有武器，任何人都不敢威胁他。"就这样吧！"一个卡莫拉成员说完，一眨眼就给了他两把刀，结果他把这个卡莫拉成员杀死了。当天晚上，这个行凶的牧师

---

① 参见杜布瓦(Du Boys)：《刑法史》(Histoire du Droit Crimine)。

第 17 章 犯罪团伙及其原因

比害怕波旁王朝的司法还要惧怕卡莫拉的复仇,但是,让他吃惊的是,他被授予了这个组织中的"罐子"(barattolo)①一职。没有他本人表示意愿,他就已经被吸收为卡莫拉的成员了。另一个用刀子威胁收税人的卡拉布里亚人,也有同样的冒险经历。奥诺福利奥(Onofrio)写道:"在西西里,任何有勇气的人都被叫做'黑手党成员'。"因此,卡莫拉在怯懦者的烘托之下,成为了强者的自信的一种表达形式。

不仅仅是少数人的强大,而且也是许多人的恐惧,造成了这种情况。强盗头子隆巴多(Lombardo)宣称,那些受人尊敬的土地所有者就是他最热心的支持者,因为他们出于对他的害怕,就会告诉他哪些邻居家是可以去抢的。"他们没有意识到,"隆巴多补充说,"他们反过来也会被别人指出来的,以至于最后他们失去的东西,比联合起来对付我失去的还要多。""一个没有武装的卡莫拉成员,"莫尼尔写道,"在成千的人群中收税,人们会比顺从一个常规的收税人还要顺从地把钱给他。""卡莫拉的精神,"莫尔迪尼写道,"一直都存在于那不勒斯,也就是说,一直都存在着由于傲慢和专横而产生的恐吓。"莫尼尔解释说,之所以在意大利南部能长时间地存在卡莫拉和强盗,就是因为恐惧。牧师宣扬的宗教只是让人们恐惧邪恶;主流的政治只是让人们恐惧王权,国王通过利用中产阶级对无产阶级的恐惧而掌控了它;而无产阶级和中产阶级都因为害怕残忍的军队和警察力量而受制于王权。秩序不是通过提高

---

① barattolo 在意大利语中是"罐子""瓶子"等的意思,这里应该是指卡莫拉组织中的一种较高级的职位。——译者

一个人的素质来维持的,而是通过使一个人堕落来实现的。结果是什么呢?结果就是恐惧马上就成为了暴力者手中的现成的武器。

第96节 野蛮行为

除了上文所提到的因素之外,许多半文明状态的环境因素都对强盗的流行产生了影响。这样一种社会状态,为成功的伏击提供了更多的机会,也提供了安全的避难场所。索拉(Sora)、皮佐特(Pizzuto)、以利亚(S. Elia)、费奥拉(Faiola)和希拉(Sila)的森林一直是强盗出没的极好地方,法国的奥斯热(Osgier)和卢弗雷(Rouvray)等地的森林也是如此。同样,那些一般无人居住的、没有什么道路相连的地方,总是受到强盗的青睐。我们发现,意大利的强盗因为铁路的开通而消失,我不知道在一些能将镇村都连在一起的、有着巨大的良好公路网络的国家中,强盗还如何能继续存在。锡拉库扎省的道路比西西里的任何其他地方都要好,这里就没有强盗;而在巴西利卡塔,1870年时,124个镇中的91个还没有公路,因此,这里就滋生了大批强盗。

第97节 糟糕的政府

不久以前,在墨西哥的贵族家庭中,儿子们都认为公路抢劫是正当的,1400年的巴黎和1600年的威尼斯的情况也是如此。在教皇克雷芒十四世(Clement XIV)统治的最后一年,有记录的杀人罪是 12000 起,其中有 4000 起就发生在罗马。直到拿破仑时期,在威尼斯依然存在着随心所欲地控制人民的所谓的元老院(Buli),他们完全通过恐怖手段进行统治。为了理解社会在那个时代所处的不幸状况,回忆一下共和国最著名的人物们因为无耻的罪行而公开被流放的事就足够了。引用莫罗西尼(Morosini)、考莫洛(Comaro)、法里埃罗①和莫塞尼戈(Mocenigo)的话就足以说明。

莫尔蒙迪说:②

在卡斯迪格隆(Castiglione)、迈德勒(Medole)和索尔佛力诺(Solferino)市镇给国王的、反对费迪南德二世(Ferdinand II)的一份请愿书中,他们证明暗杀王子的人谋杀了贫穷的农民,砍下了他们的脑袋,将它们陈列在卡斯迪格隆城墙上的铁笼子里;他的士兵焚烧农舍和谷仓,掠夺民宅,偷盗金钱、牲畜和家具,砍倒或者连根拔起葡萄园中的树。在虽已没落但却保持着严厉名声的圣马可(San Marco)共和国,也到处都是强盗掠夺的痕迹,在最近两个世纪更是如此。所有的预防措施、法律、威胁和惩罚都不起作用。如果一个威尼斯贵族犯了罪,政府立刻就会向被他扰乱了和平的城市派一队人马。但是,这名犯罪人激发起民众的极大尊敬,民众会

---

① 法里埃罗可能是指威尼斯的行政长官马林·法里埃罗(Marin Falieri,1274—1355)。——译者

② 莫尔蒙迪(Molmenti):《威尼斯共和国的强盗》(I Banditti della Repubblica di Venezia),佛罗伦萨,1896 年。

保护他;这个贵族犯罪人发现,他自己的城堡就是一个很安全的地方。地方官员几乎都是贵族,在颁布了针对违法者的法令和刑罚,并造出声势与威胁后,事件也就不了了之。贵族们并不把地方政府放在眼里;在米兰,威尼斯共和国的大使手里拿着剑,宣称他拥有救济院的统治权。因此,当一天早上,米兰城市卫兵的首领及其部下经过他的住所时,这位大使为了惩罚这种胆大妄为的行为,用箭乱射,射死、射伤了几个人。

最后,在流行漩涡装饰(Cartouche)的文艺复兴时代的巴黎,也存在着与卡莫拉和西西里的黑手党类似的组织。那时的小偷都被组织成帮伙,警察中也有他们的同谋者;他们有假冒的法警和探员,并且将所有的人,包括酒吧经营者、守门人、表匠、裁缝、兵器制造者甚至是医生,都按数字登记在册。1500年,法国的勃艮第人和波希米亚人是真正的强盗团伙,由流浪者和有钱的士兵组成,这些人随着社会越来越文明而撤退到了卢弗雷(Rouvray)和埃斯热勒(Eslrellère)的森林里,在那里,内战的逃亡者充实了他们的队伍。[①]

第98节 武器

另一个极大地影响强盗发展的因素,是携带武器和使用武器的熟悉程度。古罗马时期的角斗士是强盗团伙中最为可怕的领头

[①] 龙勃罗梭:《犯罪人论》,第二卷,第474页。

人,他们将自己的人马转变为真正的军队。托马斯·克鲁代利(Tommasi Crudeli)说得非常正确:

> 在整个意大利南部,从坎帕尼亚(Campagna)开始,刀子不再被认为是背信弃义的工具,而被看成是人们手中的武器。[218] 事实上,在正式的挑战中几乎总是优先使用刀子。格斗是如此地根深蒂固,以至于在让西西里的平民解除武器的过程中,巴勒莫所有地区的墙上都有隐藏的刀子,这些地区的居民都知道刀子藏在什么地方,因此,当他们在争吵中需要刀子时就能拿到。

第99节 懒惰

黑手党之所以在巴勒莫盛行是因为那里缺少制造业,而且也受到了喜欢懒惰的僧侣院的影响。牧师和修道士们往往是产生强盗的原因之一。在18世纪的那不勒斯,400万居民中有115000个神职人员,其中有一半是修道士;每个3000人的村子中至少有50名牧师。牧师不仅将乞讨当作一种职业,也把它当作是有价值的工作。莫尼尔说:

> 造成强盗和卡莫拉的主要原因之一就是习俗,是一些广泛流传在那不勒斯人中间的习俗。他们让自己的孩子从三岁起就在大街上成长。在那里,他们学会了乞讨,以各种神灵的

名义起誓他们是孤儿,就要被饿死了。乞丐很快就变成了流氓,然后被抓进监狱,如果他勇敢,他就成了卡莫拉的成员;如果他懦弱,就成了牺牲者。

那不勒斯与巴勒莫一样的温和多产的气候,滋生了懒惰,诱惑居民到大街上闲逛;使人们几乎不用付出就能生活,不会让人们感受到需要工作和工作责任。这就是在主要城市中,特别是南部有那么多犯罪团伙(association of malefactors)的原因,在那里狂暴激情很可能会激发特定种类的犯罪。①

犯罪团伙的形成显然取决于国家的特征和状况。因此,我们发现黑手党和卡莫拉在被粉碎和驱逐之后又会重新产生。1860—1861年间,大量的卡莫拉成员从那不勒斯被驱逐出去;但是仅仅消沉了一小段时期之后,卡莫拉就比以前更为活跃了,现在竟敢威胁选民委员会。1860年,在巴勒莫摧毁了黑手党,但是在1866年又崛起了,他们拥有武器,力量强大。1874年被莫尔迪尼(Mordini)消灭的卡莫拉,1877年在尼科太拉②政权下复苏;而且,如果该政权没有在市政府高层中安排许多自己的亲信,卡莫拉就会对选举产生巨大的影响。1866年,墨西拿的卡莫拉由于29个

---

① "我认为,"文森特·马季奥拉尼(Vincent Maggiorani)给我写信说,"黑手党代表了一种疾病的急性发作时期,这种疾病几乎侵入了靠近东方的所有国家,黑手党在那些国家中发展其成员。我相信这些在西班牙不时发生的事情,仅仅是同一种疾病的不同形式。在北欧,你就找不到任何类似事件。一条等温线就标志了这种习性的界线。"

② 尼科太拉(Giovanni Nicotera,1828—1894)是意大利复兴运动活动家,两次出任内务大臣(1876—1877、1891—1892)。——译者

领导人被除以死刑而遭到毁灭。但是,完成这一壮举的享有勇敢者声誉的那些人,以此建立了自己的卡莫拉,与卡莫拉的前辈们一样地活跃,甚至有过之而无不及。

第100节 贫穷

贫穷的影响已经说得太多了。韦拉里对南部人民生活状况的描述是如此的恐怖,以至于会让我们战栗。

他写道:

> 在西西里,农民与土地所有者之间就只有压迫者与被压迫者的关系。在收成不好的年份,农民干了一年农活后依然两手空空地回家。在丰收的年份,高利贷者就像冰雹、蝗虫、暴风雨和龙卷风一样扑来。农民是岛中部的一群野蛮人,他们还不会像反对压迫他们的高利贷者和土地所有者那样去反抗政府。如果他们诅咒任何形式的政府,那是因为他们相信所有的政府都支持压迫他们的人。

不过,如果更加辩证地考虑事实,那么贫穷也没有韦拉里说得那么重要(当然贫穷的确是起了相当重要的作用)。因此,在西西里,最不贫穷的门雷勒地区,黑手党从富有阶层招募了大量的成员。卡莫拉统治下的那不勒斯当然也不如卡拉布里亚区穷。上文所提到的犯罪猖獗的阿尔泰纳,却是罗马省中最富裕的地区。而且,卡莫拉的真正帮凶来自有钱阶层而不是那不勒斯的穷人。

第101节 混合文明

在考虑那些鼓励犯罪团伙产生的因素时会发现，文明和野蛮的混合比缺乏文明更为糟糕。正如我们在意大利的部分地区和美国的大部分地区所见到的那样，那里的半开化的人们容易接受更文明的国家制度的影响。两种社会的优点消失了，留下的只是两种社会的有害成分。大城市中财富的增长、食物的精细，增加了流浪、强奸和偷窃，犯罪更加不容易被发现；而在另一方面，司法制度、对个人自由的尊重、容易获得赦免，都是犯了罪却不受惩罚的原因。官员的选举制度，特别是美国一些州中司法官员的选举，都为犯罪人提供了新的获取权力和非法获益的方法。我们发现，犯罪团伙已经将触角伸到了新闻媒体和立法者的选举中，在美国已经影响到了法官的选举，这样他们就能获得双倍的利益——眼前的利益和将来的豁免。

第102节 战争和起义

政治骚乱（political disturbance）、战争和起义（insurrection）都是在这方面需要考虑的因素。人群聚集在一起、极度兴奋、容易拿到武器、政府警惕性的松懈，都是产生犯罪团伙的自然因素。如此形成的犯罪团伙，都可能胆大妄为，足以使自己成为真正的政治因素。这可以用来解释阿尔科里（Alcolea）的残忍和巴黎公社的

第 17 章 犯罪团伙及其原因

形成,也可以解释近来发生在墨西哥和新奥尔良的有着类似性质的事件。这些现在不太可能的事情,在过去可是经常发生的。在中世纪时,贵族们的苛政,使强盗们具有了某种社会制度的外表,他们保护一些封建诸侯,或者为一些封建领主报仇,而那些人则把抢劫看成是一种神圣的事情。同样在古时候,苏拉①复位后的十年,是意大利强盗和海盗的黄金时期。② 1793 年,在巴黎免费分发面包的时候,聚集了很多的流浪汉和强盗,以至于陌生人被警告说,如果他们不想被抢劫的话,晚上就不要出去。小偷们十分大胆,他们用绳索封锁了公路。夏尔·德鲁热(Charles de Rouge)是掠夺大庄园的犯罪团伙的头目,居然以共和国委员的身份出现。在拿破仑时代,在被入侵的国家中,出现了一支叫做"月亮军队"(army of the moon)的强盗团伙。这支伪军队中有伪士兵和伪军官,他们既掠夺征服者,也掠夺被征服者。在更早一些时候,有类似的团伙跟随哥特人和汪达尔人一起进入了意大利。在现代的意大利,当波旁皇族从那不勒斯撤回到罗马时,强盗在阿布鲁佐肆虐横行。偷得最多的小偷被国王召见。"犯罪行为,"科利特(Colletta)写道,"已经失去了犯罪的特点,成为了王国中到处都有的一种行业。"在一个意识到战争的不道德性质的人看来,这种犯罪的高涨一点也不令人吃惊。斯宾塞在他伟大的有关道德规范的研究中就表示,好战分子总是最邪恶的。

---

① 苏拉(Lucius Cornelius Sulla,公元前 138—前 78)是古罗马统帅、独裁官(前 82—前 79 年),他加强元老院权力,实行军事独裁统治,公元前 79 年自行退隐普托里庄园,实际上对罗马国事仍有重要影响,次年病死。——译者

② 蒙森(Mommsen):《罗马史》(History of Rome),第三卷。

第103节 犯罪团伙的头目

如果在犯罪分子众多的一个国家,出现了一名天才的犯罪人,或者出现了一名胆大妄为的犯罪人,或者出现了一名有很大社会影响力的犯罪人,那么,我们就会看到,犯罪团伙(criminal association)将会出现并且迅速增加。因此,诸如拉丝奈尔、隆巴多(Lombardo)、斯特拉特梅特(Strattmatter)、赫塞尔、梅诺(Maino)、莫蒂诺(Mottino)、拉嘎拉(La Gala)和特威德(Tweed)的犯罪组织,正是因为他们头目的聪明能干,才不断壮大并长期逃脱惩罚的。卡瓦兰特是一个天才的强盗头子,以至于他的手下要比亚历山大的手下幸运得多,他们自己都成了像卡诺萨(Canosa)和埃吉迪奥诺(Egidione)等可怕的犯罪团伙的头目。朗皮埃尔(Longpierre)的暗杀组织和纵火组织,因为是由当地市长组织并受其保护的,因而逃脱了所有的调查。这位市长通过纵火对他的政治对手进行复仇,并以此来压低他所想购买的货物的价格。

第104节 监狱

但是,结伙犯罪的主要原因过去是,现在仍然是因为犯罪人在监狱里被关在一起,而没有分开关押。几乎所有的犯罪头目,例如,梅诺、隆巴多、拉嘎拉、拉丝奈尔、索法德(Souffard)、哈都因(Harduin)及其他人,都是从服苦役的战舰上逃出来的,他们从同伴中挑选那些大胆残忍的人作为自己的同谋者。正是在监狱里，卡莫拉出现了，而且卡莫拉控制的第一个地方就是监狱；但是在1830年的费迪南德（Ferdinand）国王统治时期，许多犯罪人由于王室的仁慈而重获自由，他们带着非法所得和早已习惯的放荡挥霍的生活方式，重新开始了自由生活。[1] 仅仅在几年前，卡莫拉还是在"法院"（Vicaria）[2]的犯人中选择自己的头目的，自由的卡莫拉成员在决定头目时并不能起到重要的作用。在巴勒莫,[3]犯罪人在监狱里接受职业教育，那些没有监狱经历的新手只能被那些需要大量人手的团伙接纳。

如果我们回想起在前一章中所提到的一个巴勒莫犯罪人的话，这一切就太自然了："监狱是上天赐给我们的一种好运，因为它教会我们寻找藏身的地方和盗窃的方式。"[4]

第105节 种族影响

我们已经谈过种族对犯罪的影响，它自然也同样影响犯罪团伙。[5]

就像贝都因人[6]一样，吉普赛人被称为是结伙犯罪分子

---

[1] 莫尼纳,同前引书,第58页。
[2] Vicaria 是13世纪时那不勒斯的查理一世设立的最高法院。——译者
[3] 劳科太里,同前引书。
[4] 法文版在这两处是不同的。——英译者原注
[5] 龙勃罗梭：《犯罪人论》,第二卷。
[6] 贝都因人（Bedouins）是一个在沙漠中居无定所的阿拉伯游牧民族。——译者

(associated malefactor)的民族。莫里认为,美国的黑人、意大利南部的阿尔巴尼亚人和希腊人,有时甚至是本地人,都会表现出同样的结伙犯罪的倾向。圣乔里奥茨(Saint-Jorioz)在谈到索拉[①]时说:"这个美丽的地区充满了小偷,就与当地的居民一样多。"这就解释了为什么强盗能成功地当选为市镇顾问。只要小偷能拉来其他地区的选票,卡斯多尔堡(Castelforte)的居民就会保护他们。巴勒莫附近那些充满了黑手党的邻居们,是效劳古代贵族的亡命徒的后代;或者他们的父辈可以追溯到贪婪的阿拉伯侵略者,从贝都因人中找到自己的亲兄弟。"我已经注意到,"阿泽利奥在谈到罗马人时这样写道,"在中世纪的古代封地科洛纳(Colonna)、奥辛尼(Orsini)和萨维勒(Savello),人们中仍然保留着憎恨、战争和分裂生活留下的印记,这些都是那些不幸年代中经常存在的现象。几乎所有的年轻人都是一个个活生生的亡命徒。"[②]

第 106 节 遗传

这些种族方面的问题,最终都要被当做遗传(heredity)的问题来解决。在意大利南部的现代强盗中,有些是可怕的弗拉·迪亚沃洛的后代。许多著名的卡莫拉成员是兄弟,我们知道的就有马扎迪(Mazzardi)七兄弟,曼齐(Manzi)兄弟,还有瓦德雷利(Vadarelli)以及拉嘎拉家族。在光天化日之下抢劫明尼苏达银行

[①] 索拉是意大利中南部拉齐奥区弗罗西诺内省的一个城镇。——译者
[②] 《意大利人的生活》(Bozzetti della Vita Italiana),第 187 页。

的美国扬格（Younger）兄弟，也同样地臭名昭著。卡塞托 (Cuccito)和纳唐团伙都是由父母、兄弟和姐夫妹夫等组成的。在这里，传统和教育增强了遗传的影响作用。犯罪人的家庭就是一个已经形成的团伙，父母把犯罪手段传给了孩子们。

1821年，弗利里（Vrely）和罗塞雷斯（Rosières）市镇经常发生偷窃和杀人案件，作案者十分熟悉当地的情况，而且非同一般地大胆。虽然恐怖妨碍人们获得信息，但是犯罪人最终还是被发现了，原来竟是一家人。1832年，偷窃又出现了，犯罪人正是上一伙犯罪人的侄子们。1852年和随后的几年里，同一个市镇中发生了暗杀事件。谋杀者被证明是30年前非常活跃的犯罪人的侄孙们。这些事实告诉我们，为什么犯罪在一个特定的村庄里会不停地复发。只要邪恶家族中有一个人幸存下来，他就会通过犯罪人之间的选择性亲和（elective affinity）而使整个地区堕落。这证明，在古时候和野蛮时代残忍地惩罚犯罪人及其无辜的亲戚，在一定程度上是正当的。

第107节 其他原因

犯罪人经常不得不联合起来抵抗武装军队，或者通过离开他们的犯罪地点来躲避警察的搜查。不过，几乎所有的犯罪团伙都有一种倾向，即在自己的地盘上犯罪。

同样，在某些品质上相互弥补的需要，也可能导致犯罪人的联合。因此，性格懦弱的拉丝奈尔就与残忍血腥的艾弗里尔（Avril）

联合；而有勇无谋的梅诺和拉嘎拉也与有文化的费拉里和达万佐(Davanzo)联合。大部分的犯罪人都要在其他人身上寻找他们所缺乏的勇气。可以补充的是，对这些犯罪人中的许多人来说，犯罪是一种愉快的探险，如果不结伴进行，这种探险就不那么愉快了。

有时候，犯罪组织的产生纯属偶然。因此，刚从监狱里出来的特帕斯(Tepas)，在开始抢劫一个醉汉时，听到福里尔(Faurier)在喊他，要与他分战利品。这个偶然碰面就产生了特帕斯团伙。"非常偶然的情形，"梅休说，"如住在同一个邻里，住在同一条街，叫同样的名字，一出监狱就碰到等等，都使伦敦产生了许多小偷团伙。"斯帕戈里亚迪(Spagliardi)告诉我们，在伦巴第，流浪儿的聚会地点就是盗窃团伙的发源地。

第18章 政治犯罪的原因

第108节 引言

我们发现,政治犯罪是一类激情犯罪(crime of passion),这类犯罪之所以受到惩罚,仅仅是因为它攻击了人类的保守情操(conservative sentiment),特别是宗教和政治领域的保守情操。[1]我们已经发现,[2]在年轻人中,在最聪明最有教养的国家中,政治犯罪发生得特别频繁。

第109节 山岳形态

毋庸置疑,较轻的气压对政治犯罪的影响是很大的。可以说,总是能在山区中找到最具有革命性的人。萨谟奈人、[3]马西人、[4]利古里亚人、坎塔布里人(Cantabri)和布鲁迪人(Bruttii)反抗罗

---

[1] 关于这个主题的全面论述,参见我的《政治犯罪与革命》(Crime Politique et les Révolutions),第一部分,1890年。

[2] 龙勃罗梭:《犯罪人论》,第二卷。

[3] 萨谟奈人(Samnites)是古代居住在意大利中部、使用奥斯卡语的部落,公元前350—前200年曾3次卷入反抗罗马人的战争。——译者

[4] 马西人(Marsi)是古代居住在意大利中部福齐尼湖附近的萨拜因人。——译者

第113节 种族

种族的影响也是毋庸讨论的。通过对法国选票和革命的研究,我觉得利古里亚人和高卢人占主导地位的地区中出现的反叛者最多,而伊比利亚和辛布里人中反叛者数量最少。许多小地区和单一的城市,例如,阿鲁诺(Arluno)和来亨,都因其一贯的反叛倾向而著称。[①]

阿普利亚地区的利古里亚人的历史,向我们解释了无政府主义和起义经常在他们中间发生的原因;利古里亚人一直都反对罗马人。

第114节 种族交融

种族交融(crossing of races)所产生的种族影响非常明显,能够使他们变得更革命、更进步。这种现象与达尔文在植物界中所发现的现象是相关的,也就是说雌雄同体的植物应该是杂交产生的;这种现象同样也与认为自变量就是进化的主要原因的罗马尼斯法则(law of Romanes)相关。爱奥尼亚人(Ionian)就是一个很好的例子。他们是革命的,培养了希腊最伟大的天才,这当然都是

[①] 来亨是和海盗一样臭名昭著的伊利里亚人定居的地方,这些人第一次到托斯卡那水域去时,就仅仅只有掠夺的目的。

因为他们早就在小亚细亚和海岛上与吕底亚人和波斯人的交融,而且,还受到了气候变化的影响。波兰人与日耳曼种族的交融是最有力的,因为新兴的日耳曼种族说明了为什么波兰在尚未开化的斯拉夫人中间短时间内就发展到极高的文明程度,那时把文明的第一粒种子带到波兰的德国人自己也只有较低程度的文化。到此为止,我们已经部分解释了为什么波兰有持续不断的起义。①

气候以及南美土著人与西班牙共和国的欧洲殖民者的交融,造就了一个在商业和智力方面都很活跃的种族,但最重要的是引起了革命。现代的西班牙不可能以拉莫斯-米加斯(Ramos-Mejas)、罗卡角、②米特立(Mitri)或者皮尼罗(Pinero)而感到自豪。

第115节 糟糕的政府

一个忽视公共福利、迫害高尚人士的政府,总会引发起义和革命。迫害会极大地改变一个人的观念和情感。在美国独立战争③前夕,本杰明·富兰克林(Benjamin Franklin)在一本名叫《一个伟大王国降低为小王国的规则》的手册中,总结了如下有关糟糕的政

---

① 与德国人的这种交融似乎甚至在史前就已经开始了。可以确定的是,在波兰和普鲁士的史前墓穴中发现了长头的、直颌的头骨,也就是说,是日耳曼人型的头骨。
② 罗卡角(Roca)在葡萄牙西部,欧洲大陆的最西端。——译者
③ 美国独立战争(American Revolution)发生在1775—1783年间。——译者

府(bad government)的特征,事实上,正是这些特征使他自己的国家在短时间内发生了革命。

他在对母国①的讲话中写道:

> 你希望激怒你的殖民地并驱使他们叛乱吗?这里有一个绝对可靠的方法:总是假设他们随时会叛乱,并且相应地对待他们。在他们中间安排那些有可能激发起义的态度傲慢的士兵,然后用子弹和刺刀镇压他们。

在一个政治改革与人民愿望保持同步的国家里,起义很少发生或者从不爆发。在法国的路易·菲利普(Louis Philippe)统治时期,只是关心富人阶层,根本就不考虑人民大众的疾苦,以致激发了大量的起义和政治犯罪,而这些起义和政治犯罪在拿破仑三世(Napoléon Ⅲ)的专制型民主政府(Caesarian-democratic government)的最初几年里就消失了,因为拿破仑三世的辉煌和他对社会改革的努力,给人民留下了深刻印象。可以通过1826年到1880年间因为政治原因而被判有罪的数据来证明拿破仑时期(1851—1870)政治审判最少的事实(参见表115-1)。

---

① 这里的母国(mother country)是指英格兰,因为本杰明·富兰克林的父亲是来自英格兰的移民。——译者

第18章 政治犯罪的原因

表 115-1　1851—1870 年间的政治犯罪案件

年　代	对席审判案件①	缺席审判案件②
1826—1830	13	284
1831—1835	90	406
1836—1840	13	63
1841—1845	4	41
1846—1850	9	271
1851—1855	4	……
1856—1860	1	……
1861—1865	1	……
1866—1870	1	……
1871—1875	10	64
1876—1880	……	6
总　计	146	1135

不同社会阶层之间为了最高权力的斗争，是不平等的一种结果，而不平等则是亚里士多德所称的"一切革命的根源"。③

他写道：

> 一边是那些渴望平等的人，是那些即使得到了与所渴求的一样多，但是只要他们相信自己比其他人得到的要少就会

---

① 原文是 cases of "en contradictoire"，应当是指控告方和被告方均在的审判案件。——译者
② 原文是 cases of contumacy，应当是指仅有控告方而被告方缺席的审判案件。——译者
③ 《政治学》。有一个奇怪的事实就是，所有研究或者书写革命的作者都紧紧追随亚里士多德。这是因为，他既是一个观察家也是一个天才，生活在大量的小革命中，见到和理解的革命比他的后来者多。

发动革命的人。而在另一边，是那些渴求权力的人，还有那些尽管存在着平等，但是如果认为这种平等没有合理的存在理由就会发动起义的人。

统治阶层滥用权力足以产生某种反作用。亚里士多德在《政治学》中又指出："无论政府倾向于哪一方，它总是会通过夸大其所遵循的原则而堕落。"在法国，1789年的大革命似乎用君主的鲜血扼杀了君主制原则，使其陷入无政府状态，为帝国铺平了道路；1849年的共和国又重复了整个过程，然后出现了第二帝国。

第116节 一个阶层的排他性优势——牧师

无论哪种政府形式，只要一个阶级或者阶层支配另一个阶级或者阶层，就往往是一种危险的来源，因为它会阻碍国家的有机发展，使其先萎缩，然后陷入无政府状态。因此，神职人员在西班牙和苏格兰的统治，意大利和那不勒斯的教皇制度，都长期妨碍了这些国家的进步，最终导致革命。出于类似的原因，罗马贵族的苛政导致了萨图宁[①]和喀提林[②]的造反，尽管罗马贵族取得了胜利，但

---

① 萨图宁(Saturninus，？—前100)是古罗马保民官。——译者
② 喀提林(Catiline，约公元前108—前62)是罗马共和国末期的贵族，他试图推翻西塞罗任执政官的共和制，但是没有成功。——译者

是却导致了恺撒①的独裁统治。这种独裁统治后来导致了布鲁图②的造反,但是此次造反没有成功,因为帝国的兴起代表了下层阶级对寡头政治的合理反应。寡头政治的成员经常为了权力而相互斗争,最终为人民推翻他们提供了机遇。在中世纪时,佛罗伦萨贵族的苛政导致了小商人的胜利;而小商人对权力的滥用反过来使雅典公爵当选,他虽然进行了控制权力滥用的尝试,但最终还是疏远了人民,自己也被驱逐。相反,当社会地位与属于它们的权力保持平衡状态时,自由就有了保障,革命就很少发生。这就是亚里士多德认为斯巴达政府能够长期存在的原因。权力在上层阶层间被平均分配,由上议院代表行使,而人民大众通过公众投票选出监督官③。而且,因为有两种来源不同的权力,他们不可能轻易地达成一致的意见,因此,国王的权力极大地受到了限制,结果暴君也几乎不会出现了。

第 117 节 政党与派别

尽管政党有时候在弱者对抗强者的斗争中是有用的,但是,科克(Coco)经常将政党称为一种会使个人堕落,而后通过个人使国

---

① 恺撒(Gaius Julius Caesar,约公元前 100—前 44)是古罗马统帅和政治家。——译者
② 布鲁图(Marcus Junius Brutus,约公元前 85—前 42)是古罗马政治家、共和主义者。——译者
③ 监督官(Ephor)是古代斯巴达每年由民选产生的、有权左右国王的五位长官之一。——译者

第118节 模仿

我们已经发现,犯罪、精神错乱和幻觉都通过模仿而在大众中传播。因此,模仿是引发起义的重要因素。模仿可以大规模地进行,例如,一个国家模仿另一个国家并且引起革命的爆发。根据费拉里的论述,[1]1378年到1494年间就发生过这样的情况,在那个时期,欧洲人民模仿在意大利发生的反抗封建领主的很多起义——在罗马由黎恩济领导的起义,在热那亚由阿德诺(Adorno)领导的起义,在佛罗伦萨由梳毛工团体(Ciompi)领导的起义,在巴勒莫由阿莱希(Alessi)领导的起义,在那不勒斯由拉萨利[2]领导的起义。在这个时期,在波西米亚发生了胡斯运动成员(Hussites)的起义,在德国自由城市沃尔姆斯(Worms)、哈勒(Hall)、吕贝克(Lübeck)、埃克斯(Aix)发生了劳动人民的起义,根特(Ghent)的市民拒绝缴税,瑞士爆发了独立战争,瑞典农民在英格波特(Inglebert)的领导下爆发了起义,克罗地亚农民在哈维特(Harvet)的领导下揭竿而起,英格兰爆发了威克利夫(Wyclif)领导的宗教运动。1793年的人们模仿或者根本就是在仿效古希腊历史学家普鲁塔克描绘的英雄们,就像拿破仑模仿恺撒一样。1789年,法国几乎所有的省都模仿了巴黎的九月大屠杀,然后又

---

[1] 《意大利革命的历史》(Storia delle Rivoluzioni d'Italia),米兰,1870年。
[2] 拉萨利(Constatino Lazzari,1857—1927)是意大利工人运动的领袖之一。——译者

模仿白色恐怖。亚里士多德认为,发生起义的原因之一,就是具有其他政府形式的邻国。与斯巴达寡头政府的邻近,经常会颠覆雅典的民主,反之亦然。

第119节 理想的传播

许多理想的传播本身就像是流行病的传播。以前君主理想和国王荣耀的传播是这样;人民主权理想的传播是这样;后来的民族性理想的传播、现在的改善经济条件理想的传播,都是这样。现在的情况并不比我们父辈时的情况糟糕。相反,饥荒在过去常常会导致数百万人死亡,而现在只能导致几百个人死亡;现在的工人所拥有的衬衣比许多古代骄傲的贵族拥有的还要多。但是,人们的需要与人们对于为满足自己的需要而付出的必要劳动的厌恶,却随着经济的改善而相应地增加。

第120节 历史传统

"每一次革命,"马基雅维利[①]写道,"都为下一次革命铺平了道路。"事实上,我们可以发现,很久以前的革命形式仍然在重复着。因此,不管制度和个人有多少差异,罗马的保民官再一次与黎恩济、巴伦塞利(Baroncelli)共存,而后与塞瑟鲁阿齐奥

---

① 尼克洛·马基雅维利(Niccolo Machiavelli,1469—1527)是意大利政治家、思想家和历史学家。——译者

(Ciceruacchio)和考卡皮勒(Coccapieller)共存。罗马涅地区①从中世纪起就以其革命倾向而闻名,但丁用这样的话来描述他们:"罗马涅人的内心现在和将来都会与暴君作战。"巴黎公社模仿了1789年的革命,就像1789年的革命模仿了扎克雷(Jacquerie)起义那样,②而巴黎国民议会则模仿了旧时代的省议会。我们可以说,在巴黎设路障已经成为一种持续十年的习惯,就像西班牙发生军事革命、在俄国企图暗杀沙皇、在希腊和马其顿强盗盛行那样。

关于传统影响的最后证据,是那些不懂得如何保持其传统的革命政府都走向灭亡的事实。新旧政府之间的差异越大,人民对政府的忠诚就越不牢靠。正是由于这个原因,那些很好保持了旧有传统的政府才是最幸运的。因此,老布鲁图(Brutus)以"再次奉献"(rexsacrificulus)的名义,为人民保留了他们的国王。同样,恺撒也保留了保民官、参议院和共和政府的其他形式,甚至仅仅给自己保留了军事头衔——"元首"(Imperator)或者"将军"(General)。正因为如此,英国人在《大宪章》③中公开确认了古时候的权利。在意大利,教皇派成员④模仿皇帝派成员从贵族中选出人民的首领,就像皇帝派成员选择他们的市政官那样。这一

---

① 罗马涅地区(Romagena)是指艾米利亚-罗马涅大区(Emilia-Romagna),位于意大利北部,意大利20个大区之一,由历史上的两个大区艾米利亚和罗马涅组成。——译者
② 1358年在法国北部发生的农民暴动。——译者
③ 《大宪章》(Magna Charta)是1215年英国大封建领主迫使国王签署的保障部分公民权和政治权的文件。——译者
④ 教皇派成员(Guelfs)又音译为"归尔甫派",是公元12世纪至15世纪意大利大封建地主中反对神圣罗马皇帝的政治派别成员,与皇帝派成员(Ghibellines,又音译为"吉伯林派")相互斗争,皇帝派成员支持神圣罗马皇帝。——译者

第 18 章 政治犯罪的原因

切都没有逃过马基雅维利的敏锐智慧,他写道:"任何一个想改革自由国家的人,都必须保留旧有形式的影子;在改变旧有制度时,人类大脑必须要用心地使这种转变尽可能多地保存过去的制度。"

第 121 节 不恰当的政治改革

只有不懂人性的人或者过度专制的人,才会制定不合时宜的法令,才会因为旧制度曾经存在于其他的社会机制中,而不是出于需要来摧毁旧制度,建立新制度。这样,就出现了对每种改革的不满,既然新制度并不是建立在旧制度的基础上,难免会导致人们强烈的厌恶,并不断引起一系列革命。这就是阿尔诺德①和萨伏那洛拉改革的结果。这也是黎恩济努力想要实施连加富尔②都未能完全实现的改革的结果。同样的情况还在法国马塞尔③的改革尝试中重演,当时即便是宪法也不可能建立共和联盟;相应地,征税、社会和行政的统一、全面的政治权利、国家权威代替王室和让巴黎成为法国的首都,都是不可能的。④"改革一切就是要毁灭一切",科克在评论 1799 年拿破仑的革命时这么写道。西班牙的查理三

---

① 阿尔诺德(Arnaldo,约 1100—1155)是意大利政治活动家。——译者
② 加富尔(Cavour,1810—1861)是撒丁王国首相(1852—1859、1860—1861)和意大利王国首相(1861)。——译者
③ 马塞尔可能是指 14 世纪法国的中产阶级领袖埃蒂安纳·马塞尔(Étienne Marcel,约 1316—1358)。——译者
④ 《新老人》(Le Vieux Neuf),1877 年。

世①通过自己的人格力量和权威,抑制了神职人员的权力,改善了国家的状况。但是,他刚一下台,他所有的改革就停止了,没有留下一丝遗憾,因为这些改革还不成熟。在1812年、1820年和1836年,西班牙都不缺热情洋溢的改革,但是它们都因为不了解人民的感情而失败了。在1814年和1823年,人民的愤怒赶跑了西班牙的议会,奎因(Quin)说,在国王经过的每个地方,人群都会猛烈地攻击自由主义者、宪法和议会。②

第122节 宗教

在亚洲和非洲国家,宗教不仅与政治混合在一起,而且根据宗教的特点,它本身就是唯一的政治,有时是革命的,但更经常是反动的。在印度,那纳克③通过制造奇迹创立了印度的宗教锡克教(Sikh),这种宗教以一神论、世袭等级制度的废除和天堂的幸福为基础。创立者自己没有改变过信仰,但是在他的继承者哈维金德(Havogind)的领导下,锡克教徒在马拉他人起义中拿起武器,反对伊斯兰教徒的宗教狂热并且赢得新的权力,建立了共和国,现在的人数已经达到了近两百万。穆罕默德(Mahomet)结束了拜物教,征服了阿拉伯半岛,却在科学领域发动了一场革命。从公元750年到1250年,阿拉伯人表面上以解释《古兰经》为目的,翻译

---

① 查理三世(Charles Ⅲ,1716—1788)在1759—1788年间担任西班牙国王,是18世纪的"开明专制君主"之一,曾经使西班牙得到短期的文化和经济复兴。——译者
② 《费迪南德回忆录》(Memoirs of Ferdinand),1824年。
③ 那纳克(Nanak,1469—约1539)是印度锡克教的第一代祖师。——译者

了希腊作家的作品,并编撰了大量百科全书式的著作,让其在欧洲广为传播。似乎是为了一劳永逸地建立宗教与政治之间的并行关系,宗教教规(Convention)规定,要崇拜至高无上者,并且组织了爱的盛宴(love-feast);民众膜拜疯狂的凯瑟琳·西奥特,①这个人宣扬肉身不朽,并在70岁时宣称自己将要再次变成年轻人。雅各宾派支持宗教博爱的社会,他们在巴黎圣母院(Notre Dame)、新的名人堂(Temple of Reason)、圣罗克(Saint Roch)和天才神殿(Temple of Genius)里,庆祝自己的节日,在那里的祭坛前唱起名著中感伤的诗篇,摆下盛宴赞美苏格拉底(Socrate)、圣·文森特(St. Vincent)、卢梭(Rousseau)和华盛顿(Washington)。在古代的以色列,耶罗波安②统治下的做法,是追随所罗门的统治,因为所罗门是一个改革者,至少在艺术和工业方面,他早在几个世纪前就预料到了大众的想法。③

因此,无论什么时候,试图要将占主导地位的风俗和迷信放在一边,都会产生反作用。安南人④起义反抗法国的一个原因,就是欧洲人没有尊重当地人相当尊重的这些古代文献(当地人尊重这些文献,很可能是因为他们认为这些文献有神赋予的神奇力量),以至于他们建立了收集和保护这些文献的社团。在印度发生的所

---

① 凯瑟琳·西奥特(Catherine Theot,1716—1794)是一名法国幻想家,她相信自己注定要为上帝工作,曾经宣称自己是圣母玛利亚、新的夏娃和上帝的母亲。——译者

② 耶罗波安(Jeroboam)是公元前10世纪时以色列的第一代国王。——译者

③ 里南(Rénan):《以色列历史研究》(Etudes d'Histoire Israélite),《两个世界杂志》(Revue des Deux Mondes),1888年8月。

④ 安南人(Annamese)是对法国统治下的越南人的旧称,主要指今天越南中部的人。——译者

有反抗英国人的起义，都是因为当地人的风俗和宗教遭到破坏的缘故。1857年印度兵叛乱与其说是因为东印度公司野蛮占领了古乌得(Oude)王国，不如说是因为新教传教士过于热情的鼓吹，激起了婆罗门和伊斯兰教徒的反感；更是因为要求印度兵使用那些用猪油擦拭过的弹药筒。

第 123 节　经济影响

洛里亚(Loria)用无可争议的证据证明，最近几个世纪以来最大规模的革命运动都受到了经济因素的影响。①

当英格兰的贵族开始制定对土地所有者有利但却损害了制造业利益的规章时，就爆发了阶级之间的斗争。当中产阶级聚集在伊丽莎白(Elizabeth)周围，与她一起庆祝击败玛丽·斯图亚特(Mary Stuart)和追随她的贵族时，也同样爆发了阶级之间的斗争。同样的现象也发生在克伦威尔(Cromwell)和奥林奇的威廉(William of Orange)身上。16世纪的德国也存在类似的对抗，当时，以选举产生的王子为代表的贵族，享有排他性的政治权力，他们通过了敌视资本和商业的法律，对进出口货物征收关税。在意大利，教皇派成员与皇帝派成员之间的斗争，掩盖了制造业者与封

---

① 《政治宪法的经济理论》(La Teoria Economica della Costituzione Politica)，1885年。

建贵族之间的斗争。① 在法国,长期无能力对抗国王和贵族的中产阶级,最终被排斥在国民大会外,他们便煽动人民革命并迫使宫廷和贵族仓皇逃离。根据罗舍尔(Roscher)的论述,即便是现代的虚无主义(nihilism),也起源于富裕阶级与地主阶级之间的斗争。虚无主义尤其是起源于这样的情况,即商业阶级和小业主对农民的勒索以及对贵族的损害,这些被剥夺了家庭继承权的人便与中产阶级的所有敌人联合起来。曾(Tschen)认为,中国的繁荣来自于运河系统,任何一个忽视运河的皇帝很快就垮台。②

第124节 税收与货币改革

经常都是政府本身因为对经济规律的无知而加剧已有的混乱,最后导致起义。法国1360年革命的原因之一,就是在瓦卢瓦(Valois)统治时期的黄金价格仅仅在一年里就变了26次。同样,根据阿马里(Amari)的研究,在西西里,对货币价值改变的不满,已经影响到了西西里人的晚祷(Vespers)。1382年,在巴黎对蔬菜征收税,引起了梅洛丁斯(Maillotins)起义。1640年,当马萨林③对巴黎的食物供应征收两倍的税时,人民就于8月26日在街

---

① 这当然是一个很大胆的假设,但是,并不缺乏证据。例如,对劳动人民友好的博纳科西(Bonaccorsi)家族和雷吉奥的最高行政官(Podesta of Reggio),在八个月后被皇帝派成员驱逐出境。
② 《科学评论》,1889年。
③ 马萨林(Jules Mazarin,1602—1661)是红衣主教,曾任法国首相(1643—1661)。——译者

上设置了路障。惊惶的宫廷小心地对待此事,答应减少1200多万法郎的税收。1639年,鲁昂(Rouen)人民叫喊着"让盐税局职员(*gabeleurs*)去死",发动了起义,但是起义却被大屠杀镇压。人民对收税人员的憎恨显然一直都很强烈,但是政府一直禁止使用"收税员"(publican)、"敲诈者"(extortioner)和"垄断者"(monopolist)等表示对收税人员不满的语言。即使税收是正当的,但是,如果它对一个阶级的直接影响要比对另一个阶级更多的话,也会导致起义。因此,由于中产阶级的煽动,帕维亚的谷物税和佛罗伦萨的土地税都引起了起义。

第125节 经济危机

仅仅导致地方起义的工业危机和商业危机,在古时候并没有对革命产生巨大的影响。[①] 根据卡尔(Carle)的论述,[②]罗马就是这样,大动乱的起因是人们承担的债务,而不是土地法。在执政官与保民官之间进行激烈斗争的时候,在经济仍然繁荣的时候,斯珀留斯·卡修斯[③]提出了一项土地法的议案,要求将部分公共财物分给贫穷的公民,但是,仅仅因为他希望拉丁同盟者也能将其财产

[①] 罗西:《革命运动中的经济因素》(Il Fattore Economico nei Moti Rivoluzionari),《精神病学档案》,第九卷,第1页。
[②] 《不同形态民权社会与政治的起源与发展》(Genesi e Sviluppo delle Varie Forme di Convivenza Civile e Politica),都灵,1878年。
[③] 斯珀留斯·卡修斯(Spurius Cassius)是罗马执政官,活动时期在公元前6世纪末到公元前5世纪初。他在第三次担任执政官期间(公元前486),提出了旨在帮助贫民的土地法案,但是遭到贵族和富人的强烈反对,他们控告卡修斯,将其处死。——译者

分给贫民,他不仅未能获得人民的支持,而且还被杀死了。[1]

第 126 节　贫困与罢工

正是我们自己的时代见证了伟大的政治和社会革命,这场革命是由劳动报酬与投机资本报酬之间的不均衡造成的,而且也是由新的需要引起的,这使人们比以往任何时候都更强烈地感受到他们的悲惨境遇。事实上,达尔文的理论承认个人差异,也承认这种差异必然导致财富不平等。但是,不管达尔文的理论是什么,人们出生时就从上帝那里获得并且至今还未被时间削弱的人类情操,都不愿允许一个辛勤劳动者被饿死,也不愿让一个愿意工作并且有能力工作的人找不到工作。当人们看到,因为想不出对策,就没有一个代表在国会中代表意大利成千上万的被迫以变质玉米为生的农民的利益时;当人们看到,仅仅因为将大量金钱浪费在无用的纪念碑上,而不是花在为人民提供卫生的水上,结果导致阿尔卑斯山地区大批人死于甲状腺疾病和呆小病时;当人们想到,在意大利平原的两座最大城市的城门之间疟疾肆虐,夺走人们的性命时,[2]人们必然会得出这样的结论:如果农民通过起义和罢工进行抗议的话,那些无法找出解决问题方法的人就应当承担责任。在法国,1882 年在罗昂(Roanne)、贝塞热(Bessége)、莫里勒(Molière)和南部其他工业中心发生的罢工,以及发生在蒙索莱米

---

[1]　蒙森:《罗马史》,第一卷。
[2]　在意大利 5258 个市镇中,2813 个有 1150 万人口的市镇都受到疟疾的折磨,还有 2025 个有 80 万人口的市镇中也有一定数量的此类情况。

讷(Montceau-les-Mines)和里昂(Lyons)的更严重问题,都是因为带有明显政治特征的社会主义煽动造成的。在美国,革命的社会党以芝加哥为活动中心,它的重要性似乎在持续增长,部分是因为经济危机,特别是伴随铁路投机产生的经济危机,部分是因为两大主要政党忽视了工人阶级。这类组织正是造成罢工如此频繁爆发的主要原因(2年里爆发了160次)。

与过去相比,我们这个时代发生的起义更多,这是由经济原因而不是政治原因造成的。在最能代表现代生活的国家中,例如,在法国、英国和比利时,由经济原因导致的骚乱非常多;而在代表过去时代的西班牙和土耳其,爆发的则是军事叛乱。表126-1是有关19世纪上半叶爆发的起义的数据。

表126-1　19世纪上半叶爆发的起义情况

国　　家	总起义数	有政治原因的起义数	有经济原因的起义数
西班牙	19	5	3
土耳其	24	9	1
比利时	16	0	8
英　　国	15	0	8

第127节　环境的变化

我们发现,在与环境的联系中,存在许多奇特的矛盾之处。埃及非常炎热的气候能使最反对革命的闪族人、阿拉伯国家的农民,甚至是阿尔及利亚山区的柏柏尔人,都处于持续革命的状态,以至于在阿尔及尔,他们展示了七个省长(bey)的坟墓,这些人都是在

第18章 政治犯罪的原因

一天中被点名和杀死的。在新的环境中,荷兰农学家变成了在南非过游牧生活的布尔人(Boers),诺曼底的猎人成为了勇敢的海上流浪者,游牧的犹太人变成了商人,非常保守的盎格鲁-撒克逊人变成了北美自由的革新者和革命者。一个优秀的政府能成功地避免这些因种族差异而引起的混乱状态,当其中的大部分人对一小部分不同类型的人有吸引力时,更应如此。这种吸引力是闪米特沙尔人(Semitic Sards)与凯尔特-皮埃蒙特人(Celtic Piedmontese)融合的重要因素,也是意大利的科西嘉人与法国人融合的重要因素。当人们处于隔绝的居住状态时,第一次交融(例如,多里安人、罗马人)会引起暴力骚动;但是在后来,随着不断的发展,经济利益和政治利益就会比种族问题更为重要。正因为如此,波兰人因为俄罗斯人的专制而诅咒他们,根本就不会考虑他们有着共同的斯拉夫人血统。另一方面,莱茵河流域的人们虽然大部分是德国人,但是,他们更倾向于认为自己是法国人,而不是与他们有共同血统的德国人,因为生活习惯和经济利益要比他们的种族起着更重要的作用。

不同因素在一定时期中的支配地位,例如,在我们这个时代的经济因素,可以用这样的事实来解释,即在社会学和化学中,某些因素在"新生状态"中最为活跃。生理学也告诉我们,在一系列类似的刺激中,最初的刺激是能够最强烈地被感受到的刺激。因此,气候的影响即使被种族的影响所掩盖或者削弱,也依然是有效的。在一些特定地区中,例如佛罗伦萨,地形结构对起义和暴力行动爆发的影响就比以前小。荷兰是一个寒冷的、平坦的国家,因此,那里的人自然是反对革命的,但是,与大海的斗争和与外国压迫者的战斗,已经改变了这种影响。

总体而言,宗教对文化演变进程的影响较小,但是在最初的阶段,宗教是极度支持反叛和革命的。新的宗教总是伴随着道德和性格方面的真正的革命,伴随着能为它们赢得人民尊重的真正的改革。在历史上,佛教、基督教和路德教的兴起就是例子,到今天我们依然能在遣使会会士①和一些俄罗斯教派中发现这一影响。

第128节　偶然原因

亚里士多德断言,寡头政治一般都会因为他们中的一些成员享有太多的优势而分崩离析,当他们遇到困难时,他们就努力通过发动起义来拯救他们自己。他告诉我们,在锡拉库扎,因为一起导致两个贵族青年及其追随者造反的风流韵事,把宪法都修改了。在谈到诛杀暴君时,他发现,这类事件的最频繁的起因是个人伤害。培根②评论说,一些王子过于激烈的言论有时会引发叛乱。加尔巴③就是在说了"他选择了他的士兵,而没有收买他们"(Legia se militem, non, emi)之后毁灭了自己,因为士兵们就不再对他抱有任何希望,因为他不会为了获得他们的选票而给他们发饷。

---

①　遣使会会士(Lazzarettists),又写作"Lazaristes",是天主教的一个派别,以派遣会士到乡村给平民传教为宗旨,所以称为"遣使会";除传教外,该派别也兼办慈善事业。——译者

②　培根(Francis Bacon,1561—1626)是英国散文作家、哲学家和政治家。——译者

③　加尔巴(Galba,公元前3—公元69)是罗马皇帝,公元69年在罗马广场被禁卫军杀死。——译者

第 18 章 政治犯罪的原因

同样,当普罗布斯①在说了"如果我活着,罗马皇帝就不会需要士兵了"(Si vixero, non opus erit amplius Romano Imperio militibus)后,士兵们就立即发动了反对他的革命,将他处死。即使在我们这个世纪,暴乱也常常是因为一些小事而爆发的。1821年在马德里爆发的叛乱,就是因为国王不能或不愿意出现在某个队伍中。1867年,布加勒斯特爆发了反对烟草垄断的革命,同年,在曼彻斯特由于两名芬尼亚运动成员②被捕而爆发了暴乱。1876年,在阿姆斯特丹,由于一次年度集会被取消而发生了起义。

第 129 节 战 争

战争经常是国内骚乱的原因。在希腊历史,特别是寡头政治的历史中,就有不胜枚举的此类例子。根据索尔迪克(Soltyk)的研究,波兰人在17世纪和18世纪所取得的战争的胜利,是导致波兰政府垮台的原因之一,因为他们根本没有考虑穷人的利益,激起了所有被征服者的反抗。法国-普鲁士战争超过了许多阶层中对德国王朝的厌恶感。这些都可以用叛逆罪的数据来说明。1846—1848年,所宣判的此类犯罪高达342起,1849年达到了369起,然后降低到了1879的132起和1880年的193起。③ 根据里南的论

---

① 普罗布斯(Probus,？—282)是罗马皇帝(276—282),他对农业有兴趣,曾提倡在多个地方种植葡萄,后被不满屯垦的部队杀死。——译者
② 芬尼亚运动成员(Fenian)是19世纪60年代在爱尔兰、美国和英国进行活动的爱尔兰民族主义秘密团体的成员,他们反对英国的统治。——译者
③ 《普鲁士的犯罪人和犯罪》(Verbrecher und Verbrechen in Preussen),柏林,1884年。

第 1 章　刑罚替代措施[①]

第 130 节　引言

如果说犯罪往往确实是某些素质(constitutions)导致的一种致命后果,而这些素质本来就容易导致犯罪的话,那么,犯罪就几乎是不可能被矫治的;我们就不能再希望教育或者监禁能够成为足以战胜犯罪的矫治措施。但是,在这些情况下,我们看到了在任何刑罚制度下都不断产生累犯的原因。更重要的是,我们获得了一种新的犯罪人治疗体系应该遵循的正确路线的提示。

仅仅镇压犯罪是不够的,我们必须努力预防犯罪。如果我们不能镇压犯罪,我们至少应当寻找一些方法,去减少我们所研究的犯罪原因对于偶然犯罪人、少年犯罪人和瘾癖型犯罪人(partial criminal)的影响。

基于这个目的,我们必须运用菲利所说的"刑罚替代措施"

[①] 原文是 penal substitutes—climate—civilization—density—scientific police—photography—identification,直译为"刑罚替代措施——气候——文明程度——人口密度——科学警察——图片——辨认"。——译者

(penal substitutes)。① 其观点认为,立法者在认识和研究犯罪的原因后,应当努力寻找预防性手段,以此消除或者至少是减少它们对犯罪的影响。

因此,在**经济**领域内,自由交换虽然克服了地方性的物质短缺,但是因此也导致了盗窃和抢劫犯罪的发生。关税的降低,甚至关税的完全取消,能够预防走私犯罪的发生。一种更加公平的税收分配体制,能够预防针对国家的诈骗行为。用金属货币取代那些更易伪造的纸币,减少了伪造货币的数量。对公务员提供较高的工资,减少了官员腐败和贪污的机会。同样,将树木分配给穷人,要比分配给一群警察更容易减少林区盗窃案件的发生。宽阔并有电灯照明设备的街道,要比警察更容易减少盗窃和强奸案件的发生。

在**政治**领域内,一个像英国这样真正民主的政府,能够阻止无政府主义暴乱的发生以及复仇行为的实施,这正如一份完全自由的报纸能够阻止政府的腐败和被统治者的造反一样。

在**科学**领域内,尸体解剖更容易预防一般的投毒犯罪的发生,就像通过马什检测②方法能够确定砒霜的毒性一样。同样,汽船的出现杜绝了海盗的发生,而铁路的运营减少了公路抢劫的发生。

在**立法**领域内,通过法律规定承认非婚生子女以及对其父母**进行调查**,规定让违背婚约的人进行赔偿,将会减少堕胎、杀婴以

---

① 《犯罪社会学》(Sociologie Criminelle),巴黎,1890 年。
② 马什检测(Marsh's test)是由英国化学家和痕迹专家詹姆斯·马什(James Marsh,1794—1846)发明的检测砒霜或者锑的方法。——译者

及许多因复仇而实施的谋杀。同样,降低民事诉讼的费用,能够预防妨害公共秩序的犯罪行为;名誉评判委员会(jury of honor)可以阻止决斗的发生;育婴堂也可以禁止杀婴的发生。

在**宗教**领域内,允许教士结婚以及允许信徒堕胎,将能够消除很多性犯罪的发生。

在**教育**领域内,消除残暴的表演和赌博,将会是预防打架和暴力犯罪的有效途径。

第131节 气候和种族

根据对引起犯罪的主要原因所进行的分类,我们现在可以尝试着实施一套系统的刑罚替代措施。

可以肯定地说,我们确实不能消除炎热的气候对犯罪所造成的影响,但是,我们却应当努力了解那些最适宜减少其影响的替代措施。例如,为了减少纵欲过度现象,就应当对娼妓进行合理的规范;每个公民都应当能够用咸水或者淡水洗澡,就像在古代的罗马和今天的卡拉布里亚那样,因为没有其他任何措施能够比凉水更能减少炎热天气对人体的影响。因此,我们应当使公正的刑罚更加及时、更加有效地对人们的大脑产生影响。但是,应当避免机械地将这种措施同样推广到北方地区,因为这些地区需要不同的应对措施,尤其是那些针对人身犯罪、性犯罪的预防措施。

令新的意大利法典①的推广者非常苦恼的是,在司法上对王国内不同地区的公民实施不同的待遇,带来了很多的不便。但是,他们没有认识到,如果这类差别没有在法律上有所体现的话,就肯定会存在于更加实质性的东西中,即存在于舆论中;舆论对于在马扎拉(Mazzara)地区发生的杀人案件的解释,与对于在奥斯塔地区发生的杀人案件的解释差别非常大,这种情况肯定会在审判中得到体现。一起强奸12岁少女未遂的犯罪,在南方地区就是另外一件事了,因为南方地区的性成熟年龄要比北方地区早。所以,在确定同意年龄②的问题时,一定要根据不同的气候来确定。但是在这种情况下,对性成熟以及所伴随的心理成熟及其程度,有必要进行认真的调查。在这方面,我们如今有了一部统一的法律,然而这部法律确实不仅没有减少犯罪,反而失去了法律的权威,成了人们的笑柄。为了在实际上而不仅仅是在书面上统一法律,就不仅要统一气候、土壤和农业体制,而且要统一道德、出生率和性特征。否则,统一法律的目标就会像沙皇降旨要求波兰人改变其语言那样,仍然无法实现。沙皇的圣旨可以消灭掉一个地区的居民,但是不能消灭掉他们使用的语言,除非一下子能够改变他们的整个身体素质。

在多民族国家内实施一部统一的法典并不能证明什么。在科西嘉,因为实行陪审团制度,法国的法律成了一纸空文;而在瑞士,

---

① 扎纳德里(Zanardelli):《新刑法草案》(Progetto del Nuovo Codice Penale),罗马,1886年。
② 同意年龄(age of consent)是指同意自愿进行性行为的最小年龄;与小于这个年龄的未成年人进行性行为,会被视为强奸。——译者

每个州都有自己的刑法,这并没有带来任何的不便。英国的情况也是这样,在英国并没有一部统一的刑法典,但是在其三个地区①并存着三种不同的法律。这样的情形在美国同样存在。这些国家都是世界上最自由的国家;至少在英国,犯罪在下降。

这并不是说将这种特殊情况毫无保留地推广到所有省和所有市镇,因为问题的关键是那些对较大的种族和气候区域产生重要影响的因素。例如,对广大的吉普赛人来说,将他们当作巴黎或者伦敦的居民一样看待,并且试图让他们接受由吉普赛人自己组成的陪审团的审判,会是很荒谬的。

第 132 节 野蛮行为

立即彻底根除野蛮行为(barbarism)是不太可能的。但是,通过开发原始森林以及在那些较为荒僻的地方修路、建设城市和村落,却可以减少野蛮行为所带来的那些坏影响,因为这些原始森林就是不良行为的天然屏障。在 734 年,卢特普兰德②正是通过在莫迪纳的那些荒无人烟的地方采取建设城市和村落的方式,结束了在该地区盛行一时的强盗。在采取这些措施的同时,对藐视权力的傲慢行为以及对恃强凌弱的行为辅以强有力的打击,而这两类现象都是强盗赖以生存的温床。通过进行理性的教育,就可以消除迷信或者偏见,或者利用它们去对付犯罪,这些措施早已被加

---

① 英国的三个地区是指英格兰和威尔士、苏格兰与北爱尔兰。——译者
② 卢特普兰德(Liutprando,? —744)是意大利伦巴第国王,在位时间长久,期间国家昌盛,是伦巴第人拓展和巩固国力的时期。——译者

里波第①和拿破仑使用过。那些在文明国家不能利用的一些设置（institutions②），理应取缔；陪审团制度、国民警卫队（national guard）、民选法官以及一切秘密团体，尤其是僧侣团体，就是这样的设置，它们都容易滋生仇恨和违法行为。人口迁移也应当予以关注和加以规范。犯罪组织一旦形成，就应通过奖励告密者的方法对其予以取缔和打击。收购赃物者及其同伙，是自然的犯罪传播者，应当在警察的协助下对其进行严厉的处理。最后，对诚实而软弱的公民，应当予以鼓励。如果不这样做，而是对他们进行恐吓，直至使他们既害怕犯罪人也害怕法律的话，那么，他们就应当更畏惧法律，而不是更畏惧犯罪人。这种办法正是曼海斯（Manhes）在四个月内消灭掉4000名强盗的方法。

如果犯罪不具有经济、政治或者宗教的特征，而纯粹是一个种族问题的话，那么，在某些自由设置的保护下，犯罪行为会非常猖獗，这些自由设置包括住宅不受非法侵犯、禁止预防性逮捕、结社自由、陪审团审判等。为了阻止犯罪的泛滥，必须中止这些特权，就像在最自由的国家英国、美国和葡萄牙所做的那样。为了保护文明，决不允许像自由这样珍贵的财富遭受滥用行为的破坏。为此，应当从政治方面考虑强盗、卡莫拉或者黑手党问题，有必要通过最严厉的法律，以防止它们可能影响选举。甚至对那些仅仅怀疑其参加了上述组织的选民，也应当让其失去全部政治权利。对那些因参加这类组织而被逮捕的人，应当将其送到不受地方性犯

---

① 加里波第（Garibaldi，1807—1882）是意大利民族统一的著名领袖，杰出的游击战专家。——译者

② institutions过去往往翻译为"制度"。——译者

罪影响的偏远地区，最好将其送到孤岛上去。我们稍后要讨论的政治保民官（political tribunate），尤其应当注意采用这些措施。最后，对赦免权（pardoning power）进行一定的限制是很有作用的，尤其是要限制对有组织犯罪人的赦免。在任何情况下，都不应当让这些人重新回到他们原来的活动地点。

第133节　文明

人口大量聚集带来的有害影响，将文明所具有的有害影响推向顶点；为了预防这些有害影响，可以使用新的预防措施来对付在犯罪活动中使用的新式武器。

为了预防大城市的一些不良影响，可以尝试着把一些机构迁到较小的城市，这些机构把大量的人吸引到已经人满为患的地方，例如大学、研究院、科学实验室、军事学院等。不可能一下子疏散这些庞大的人群，但是可以净化他们；可以鼓励失业者迁徙出去，如果必要的话，还可以提供免费的交通。如果一个地区的人口增长超过了该地区的食品供应能力，就必须大力开展新马尔萨斯主义①的实践。

一个英国人②（也是这个国家中对个人自由最为谨慎的公民）

---

①　新马尔萨斯主义（Neo-Malthusianism）是以英国经济学家马尔萨斯（Thomas Robert Malthus，1766—1834）的人口学说为理论基础的一种学说，主张通过避孕的节制生育措施来限制人口增长。这种观点产生于19世纪初期，在19世纪70年代以后广泛流行。与此不同，马尔萨斯本人主张通过禁欲和晚婚的道德抑制措施限制人口增长。——译者

②　希尔（Hill）：《犯罪资本家》（Criminal Capitalist），1872年。

提出建议,主张对犯罪人经常光顾的房屋进行严密监视,必要的话可以将其查封,以便使这些犯罪人失去见面的机会,从而消除他们的危害性。他进一步建议,要严厉惩罚他所谓的"犯罪资本家"(capitalists of crime),因为这些赃物的接收者几乎总是逃脱刑罚的处罚。

为了预防因移民进入而带来的犯罪高潮,应当实行一整套甄别制度,而这种制度在美国已经付诸实施。只有那些身体健康、受人尊重、有一定经济能力和一技之长的人,才能被接纳为移民。正是通过这些甄别制度以及相应的司法调查制度,法国在最近几年才能够净化移民人群,实现了减少犯罪的目标。[①]

第134节 现代警察制度

迄今为止,我们所实行的警察制度仍是英雄主义时代的产物,那是一个只需头脑聪明、肌肉发达的个人就可以决定胜利的时代。我们确实拥有像战斗中的尤利西斯[②]和阿喀琉斯[③]一样能干的警察,但是我们却缺少像毛奇[④]一样的总参谋长,这样的人在组织同犯罪的斗争时,能够依据所提供的调查数据和犯罪人类学的研究

---

① 约利,同前引书。
② 尤利西斯(Ulysses)是古希腊神话中最著名的英雄之一,是古希腊史诗《奥德赛》的中心人物。——译者
③ 阿喀琉斯(Achilles)是古希腊神话中的人物,出生后被其母握脚踵倒提着在冥河水中浸过,因此,除未浸到水的脚踵之外,浑身刀枪不入。——译者
④ 毛奇是指曾任德国总参谋长(1858—1888)的德国军事家毛奇(Helmuth Karl Bernhard von Moltke,1800—1891)。——译者

第1章 刑罚替代措施

成果等,制定出相应的策略,这些科学研究成果能够大大增加个人的能力。例如,电报在铁路以及火车上的运用,使我们能够利用这些工具对付因科技发展而引起的那些犯罪,我们也可以通过电报来收集犯罪人的一些信息。

在美国,提供防盗保险的公司,已经引进了电子报警系统。同样,在美国的不同城市中,警察都配备了信号箱(signal box),这使得他们在需要时可以寻求支援,而不必离开巡逻路线。吉勒(Guillar)建议,所有国家应当为了逮捕犯罪人而联合起来,签署统一的引渡条约,组建一支国际警察队伍,这些警察可以交换犯罪人的照片,向犯罪人要去的国家发通知,不论该犯罪人是自愿离开的还是被驱逐出境的,都要发出这类通知;只有极少数案件除外,在这些案件中,犯罪人学会了用做生意来维持自己的生活。因此,建立一种国际犯罪人登记处(international criminal register)和国际犯罪情报局(international bureau of information),是非常必要的。

英国早就建立了侦探队(corps of detectives),在奥地利也建立了相应的侦探(Vertraute[①])组织,这些侦探们构成了同犯罪作斗争的进攻性力量。这些组织在查获犯罪人时,动用所有能够动用的措施,包括利用铁路、电报、报纸等,尤其通过已掌握的犯罪人的体貌特征来查获犯罪人,对犯罪人来说最不易改变的就是其相貌,还通过我曾经说过的收集犯罪人照片的方法查获犯罪人。[②]

[①] Vertraute 是德语,本意是"熟悉"。——译者
[②] 1872年9月在维也纳,150名侦探逮捕了4950名犯罪人,其中1426名是盗窃犯,而472名犯罪人是诈骗犯。

第135节　辨认的方法

在意大利，一名好的警察要想侦破犯罪的话，就必须依靠自己的记忆、收集到的图片以及数年前建立的笨拙的犯罪人记录。但是，在一个国土与意大利同样大小的国家中，纵然有非常快捷的通信系统，也不能发现成千上万的犯罪人。最好的记忆并不会有非常大的帮助。少年犯罪人可以通过改变自己姓名的方法，很容易逃脱警察的追查，或者一旦被逮捕，他们就把自己说成某个名人的后代。由此可见，运用科学准确的方法辨认被告人是很有必要的；在这方面提出的所有制度建议中，贝蒂荣所提出的方法无疑是最佳的。① 在贝蒂荣所在的巴黎市警察局，保存着几千张违法者的照片，但是随着违法者的增加，对这些照片的使用就变得日益困难起来。基于此，贝蒂荣建议，根据对身体某些部位进行测试后所得出的数据，对犯罪人进行分类。这些数据是：身高、头的长度和宽度、左手中指的长度、左脚的尺寸、左前臂的长度和周长。对这些测试数据应当保留有详细的记录。这些记录在辨认犯罪人的时候，显得非常有必要。在对犯罪人进行辨认的过程中，在对犯罪

---

① 波诺米（Bonomi）：《识别人的工具项目》（Project of an Instrument for Identifying the Person），1892年；孔帕尼奥内（Compagnone）：《犯罪记录》（Il Casellario Giudiziario），罗马，1895年；贝蒂荣：《识别人体测量，指示信号》（Identification Anthropometrique, Instructions Signaletiques），默伦，1893年；贝蒂荣：《司法摄影等》（La Photographie Judiciare, etc.），1890年；龙勃罗梭：《犯罪人类学的应用》（Les Applications de l'Anthropologie Crimmelle），巴黎，1892年。[参见奥图蓝吉（Ottolenghi）：《科学警察》（Polizia Scientifica），都灵，1910年，在这本书中描述了贝蒂荣体系的最新发展。——英译者原注]

人的照片或者附加的其他一些特征进行辨认的同时,如果也参考根据以上测试所得出的那些数据的话,就会降低辨认过程中的失误。

贝蒂荣的这个体系是以这样的事实为基础的,即当一个人的身体发育成熟时,他身上的某些特征就会固定下来而不会有什么变化,因此不可能找到两个完全相同的个人。1883年到1890年间,贝蒂荣使用这种方法进行了3017次辨认,这被称为对"贝蒂荣时代"(Bertillonage)的第一次检验。一段时间之后,人们认识到,即使在没有照片的情况下,仅仅依靠这些方法本身就可以完成对犯罪人的辨认。到此为止,这些辨认具有了一种司法辨认的基本特征:它保证治安法官能够确认接受审判的犯罪人的身份及其经历。但是,一种新的发展使得警察也能够运用这种方法,用它向警察提供识别那些仍然逍遥自在的犯罪人以及使用假名的犯罪人所需要的数据。这就是被贝蒂荣称作"会讲话的照片"(speaking photographs)的东西,这些照片不仅附有对个人情况的详细描述,而且还有对该人的一些独有身体特征的描述。

为了相同的目的,贝蒂荣还创立了一种经过改进的"快速人体测量仪"(Tachy-Anthropometer)。这是一种可以很快测量人体和颅骨的专用工具,也可以对颅骨的侧面曲线、横断曲线、水平曲线进行测量,并且利用电子笔自动记录数据。这种工具的最大优点在于,其测量程序是纯机械的,错误率远远低于标准的贝蒂荣方法。在以毫米为单位的测量中,验证其准确性的唯一方法就是重复测量;在测试颅骨轮廓的时候,通过对测试对象头部的直接重合,确保测量的精确性。我们不应当忘记的是,在一般的测量方法中，用来比较不同测试对象之间的差异的点，是非常有限的，而在新的方法中，用来比较这类差别的点，是非常多的。

第136节 新闻媒体

警方必须系统地利用新闻媒体的服务。因为新闻媒体既是文明的一种工具，也是犯罪的一种工具，而且只要它们没有侵犯真正的自由，对其既不能实施任何打压，也不能进行任何限制。显然，需要做的就是利用它来保护我们的社会。在瑞士，政府机关都有一种手册，该手册包括了瑞士的主要犯罪人的照片和履历。在德国，在发行量最大的报纸上，往往对在逃的犯罪人进行详细的报道，内容包括他们的照片以及缉拿归案后的奖赏。在美因兹，警方每周以法语、德语和英语这三种语言发行一种《国际刑警时报》(Moniteur International de Police Criminalle, Internationales Kriminalpolizeiblatt, International Criminal Police Times)，该报对正在缉拿的犯罪人的特征都有详细的描述。在埃及的开罗，每周四都发行阿拉伯语的《警察新闻》(Vagai'u'bubulis)报，这种报纸由警察局编辑，内容包括对需要逮捕的谋杀犯和伪造犯的描述、对他们的犯罪的详细报道。因此，尽管迄今为止，新闻媒体的公开宣传已经成了进行敲诈勒索、诈骗、诽谤等犯罪的一种消息来源，但是，新闻媒体也可以变成一种保卫社会的手段。

第 137 节　体积描记法

然而,有一些东西的前景还是比较光明的。我们已经废除了拷打讯问,我们可以为之庆贺。然而,与该制度废除后所带来的一丝光明相比,这种残忍的方式在侦查中还是经常使用,因为在该制度被废除后,尚未找到一项恰当的替代措施。

如今,关于生物异常(麻痹症、痛觉缺失、左撇子、视野异常)以及心理异常(犯罪人的残忍、虚荣心、目光短浅)方面的知识,可以帮助我们弥补这个缺陷。还有一些其他情况,例如,犯罪人的一些淫秽的、复仇的文身等,也有帮助作用。德斯皮纳早就建议,当习惯犯罪人在吹嘘自己将要实施某种犯罪行为,而我们知道该人在说完这些话后就有可能将其付诸实施的时候,就可以逮捕该人。我们已经看到(参见我的《犯罪人论》第一卷),在不影响健康和不增加任何疼痛的情况下,莫索(Mosso)的体积描记器(plethysmograph)是怎样探究犯罪人大脑最神秘区域的秘密的。[①] 我自己已经在复杂的案件中使用了这种仪器,证实一个很出名的犯罪人实际上并没有实施所指控的犯罪,但是,却实施了盗窃罪;最初,仅仅通过这项检验就将他与盗窃联系起来,但是,后来通过司法调查弄清楚了他的问题。

[①] 体积描记器是用来测试人体血液循环变化的设备,根据其血液循环来测出行为人大脑的反应。——**英译者原注**

第 2 章 性犯罪和诈骗的预防

第 138 节 引言

性犯罪(sexual crime)[1]和诈骗犯罪(crime of fraud)是先进的文明世界的特殊犯罪。应当怎样矫治这些犯罪呢?

第 139 节 性犯罪的预防

离婚是预防许多通奸和其他性犯罪的一种强有力措施,而这些犯罪属于现代犯罪中最可悲的现象之列。根据菲利的统计,[2]我们看到,在法国,通奸罪判决从 1864 年到 1867 年是增加的,而在同一时期的德国萨克森州,由于可以离婚,通奸罪判决是下降的。在德国的一些实行法国法律的地区,对性犯罪的审判和夫妻分居要多于其他地区,性犯罪的数量也更多。在 1818 年到 1874 年间,法国不能离婚,这一时期夫妻间的投毒案件要多于未婚者之

---

[1] 彭塔:《性变态》(I Pervertimenti Sessuali)等,1893 年;维亚兹(Viazzi):《性犯罪人》(Reati Sessuali),1896 年;克拉夫特-埃宾(Krafft-Ebing):《性精神病态》(Pnyschopatia Sexualis),1899 年。

[2] 《精神病学档案》,II,第 500 页;XII,第 550 页。

第2章 性犯罪和诈骗的预防

间的投毒案件(45:30)。但是在以后,投毒案件越来越少。在意大利,根据估计,在婚姻变得无法忍受之后杀害一方的案件,一年不少于46起。我在自己的《犯罪人论》(第二卷)中讲过克莱因罗斯(Kleinroth)家庭的案例。在这个家庭中,几个儿子和他们的母亲杀死了父亲,因为父亲连续不停地进行残忍的虐待行为。在法国,43岁的戈德弗鲁瓦(Godefroy)女士由于抚养9个儿子而赢得了整个地区人们的尊敬,她忍受酒鬼丈夫的虐待达15年之久。但是有一天,当丈夫用刀子威胁她时,她的忍耐达到了顶点,她用一把铁铲杀死了丈夫,之后向警察自首并被无罪释放。

就一般的性犯罪而言,大量的是由个人的先天倾向(congenital tendency)引起的,但是,另一些数量更大的一般的性犯罪,可以归入偶然犯罪之中,因为这些性犯罪的原因包括受农村地区比较野蛮的状态的影响,没有其他通道可以宣泄激情,缺乏卖淫、婚姻困难;这些犯罪在一些没有卖淫的山区及士兵和教士中尤其多见。

但是,大多数性犯罪是文明造成的结果。普鲁士西部一些省份中性犯罪增加的事实,就是这种观点的一种证据。在这些省份中,文明程度最高,50年间对儿童的性侵害增加了5倍,但是对成人的性侵害已经下降。在法国,这些犯罪的数量在1826年为305起,到1882年时,达到了932起。强奸儿童的犯罪从138起增加到791起,增长了500%。在英格兰,1830—1834年间,性犯罪的数量为167起,1835—1839年间为972起,在1851—1855年间达到1395起。在普鲁士,根据厄廷根提供的资料,性轻罪(sexual misdemeanor)在1855—1869年间从225起增加到925起;而性犯罪(sexual crime)从1477起上升到2945起。现代文明仍然发挥了一种更加直接的影响作用。通过发展教育,增加了对神经系统的刺激,而这又需要新鲜的、越来越强烈的刺激和快乐。一个人的精神活动越增加,个人的需要和对于快乐的追求就似乎越发展;在个人的心灵没有被科学和人道的观念所占据、个人的财富使其有可能获得过度的营养食物时,情况更会如此。在所有这些因素中,个人对于性需要的感受肯定是最敏锐的,在整个动物界中,性需要与大脑系统的联系最为密切。这种联系往往是一种对抗性(antagonism)的联系,就像鱼类和低等昆虫具有很强的生育能力那样,越高等的动物,其生育能力越低,工蚁和蜜蜂以及一些伟人没有生育能力。有时候,性需要与大脑系统的联系是一种并行性(parallelism)的联系,男性在年富力强时精神力量也很强,节欲的男性身心健康、生命力旺盛、智力发展等,都可以证实这一点。

文化程度高的人尽管有很多满足快乐的机会,但是,他们在快乐方面不容易获得满足,这种情况可以向我们解释这类现象的原因:为什么在侵害儿童的犯罪增加的时候,侵害成人的犯罪会减少?也可以和不能离婚的情况一起,进一步解释老年人之间的婚姻正在不断增加的事实;还可以解释为什么性犯罪在已婚的人们中最为常见的奇怪现象。这种犯罪现象与其他所有现象都不同。在法国,未婚者进行的强奸儿童犯罪为41.5,而已婚者进行的强奸儿童犯罪为45.9;但是,在其他侵害人身的犯罪中,未婚者进行的犯罪数量为48.1,而已婚者进行的犯罪数量为40.4。

第2章 性犯罪和诈骗的预防

我们还应当认识到,由于预见性的继续发展,[①]聪明的人总是会寻求尽可能少地要孩子,并且容易进行鸡奸行为(pederasty)。因此,我已经在塞利索(Ceresole)的聪明登山者中发现,他们推迟到40岁时才结婚,以便少要孩子;而在呆小病的发病率很高的奥斯塔流域的山区中,例如,在多拿茨(Donnaz),每对夫妻有6.5个孩子,在查迪隆(Chatillon),每对夫妻平均有将近5.1个孩子,几乎是平均水平的两倍。[②]

我们可以讲,婚姻是一种交易,在这种交易中,人们进行与自然选择规律恰恰相反的选择,即人们宁愿选择财富与势力,而不愿选择美感与健康。结果,婚姻变成了令人憎恨的东西,不仅导致离婚,而且会导致仇恨和厌恶所有性行为,从而使人们寻求用违背自然规律的方式满足性欲。在那些可以通过异性爱人随意获得性满足的人们中间,这种变态的性满足现象肯定很少。文明通过大量增加工厂、矿山、学校和大学等方式,从物质方面影响强奸未成年人的犯罪;文明提供了大量的成年人、往往是未婚成年人与未成年人接触的机会,在这种情况下,一个人的不道德行为,可很会败坏几百个人。这可以解释为什么工人中发生那么多强奸儿童的犯罪。根据法耶提供的数据,工人中一般犯罪的发生率为30%,强奸儿童犯罪的发生率为35%。

[①] 菲利:《社会主义与犯罪》(Socialismo e Criminalit),1883年。
[②] 《农业调查》(Inchiesta Agraria),Ⅷ,第160页。

第 140 节　立法和行政措施

人们很容易沿用古老的军事方法,即在犯罪增加时,也会增加刑罚,用刑罚阻止犯罪。这是一种夸张的说法。不过,菲利在分析法国 53 年间的统计数字时,也进行了夸张的表述。他试图证实刑罚的无效性,因为不断增加的刑罚一直伴随着不断增加的犯罪数量。但是,如果我们分析这些统计表格的话,我们应当会看到,假如通过判处严厉的刑罚(56.4∶32.2＝1.75),将那些强奸成人的犯罪人关进教养院的刑罚数量增加,那么,对监禁刑的使用远远多于劳役刑的情况就会大大减少[(56.7/10.2)∶(30.6/12.9)＝2.34],这种结果证实,总体而言,刑罚的严厉性有了增加。现在,侵害成人的犯罪减少,显然,这种严厉的刑罚产生了一定的影响作用。我们在有关强奸儿童的统计表格中,发现了另一种证据。对于这类犯罪而言,较轻的刑罚似乎得到增加,而较严厉的刑罚似乎减少。结果,刑罚的严厉性降低了。我们发现,在同一时间内,法国发生的强奸儿童犯罪的数量上升了。因此,不能说刑罚没有效果。

不过,毋庸置疑的是,在这种情况下,我们必须寻求比惩罚性措施更有效的预防性措施。因此,应当监督学校和雇用儿童的工厂。例如,在预防鸡奸儿童犯罪方面的一种有效替代措施,就是在儿童夜间工作的工厂中,使用女主管或者已婚妇女担任监工。这种措施更容易使用,因为它具有经济方面的优势。在矿山上禁止使用童工也是必需的,就像 1874 年有关儿童劳动力的法国法律规

第 2 章 性犯罪和诈骗的预防

定的那样,这部法律自 1875 年生效以后,强奸儿童犯罪的数量在 1876 年就减少了。另一种补救方法就是,在农业地区,特别是在有大量海员、士兵和劳工的地区,大量发展卖淫业(diffusion of prostitution)。对于所有情欲旺盛的青年人来讲,能够容易地进行性行为,是很有必要的。

没有任何法律能够阻止买卖婚姻(mercenary marriage),因为这种婚姻的起源很容易令人反感。但是,至少应当给离婚提供很大的便利,因为对婚姻的厌恶会引起憎恨,而憎恨会引起犯罪。显然,离婚肯定会减少通奸犯罪的数量。首先,离婚允许丈夫获得合法的性满足,如果丈夫年轻并且与妻子分居的话,肯定会通过非法途径满足性欲。其次,离婚能对未婚通奸者(unmarried adulterer)产生威胁,因为他们在很多时候面临进行决斗的危险,也有很大的逼迫与失贞妇女结婚的危险。在目前的情况下,受到伤害的丈夫如果诉诸法庭,就有可能冒比真正的犯罪人更大的危险,就有可能比真正的犯罪人遭受更多的烦恼,因为他的情况会广为人知,他会受到奚落,更不要说犯罪人最后还有可能被无罪释放。再次,离婚可以预防受到伤害的丈夫进行的复仇犯罪(这类犯罪在舞台上很常见,在现实生活中很少发生),也可以取代近来在法国对泼洒硫酸行为(acid-throwing)采取的补救措施,因为离婚比法庭所做的一切努力都要好,而且也更有效。即使犯罪人在被法庭无罪释放,被社会舆论宽恕的时候,犯罪人仍然是一名犯罪人;不过,受到伤害的丈夫可能会杀死有罪的通奸者,根据一种仍然很野蛮的习俗,受到伤害的丈夫可以处置奸夫,这类行为总是属于一种野蛮的伸张正义的活动。现在,人们已经注意到,大仲马①应当对于离婚有一定的认识,根据他的观点,这些谋杀行为在合法婚姻中发生的频率,要多于非法同居,因为在合法婚姻中,对侵害自己合法财产者进行复仇的需要更加迫切。

我已经在前面的一章中指出,相互之间不可抗拒的吸引,总有一些反常的性质。这样的婚姻对于当事人来讲是幸福的,不过,对于社会来讲是有害的。但是,堕落的人怎么能够与受人尊敬的人结合到一起呢?像法国人费林(Ferlin)这样的好色之徒,怎么能够与一个贞洁而庄重的妇女结婚呢?费林除了自己的妻子之外,还有7个仆人,有54个孩子,最后又强奸了自己的一个女儿。从这样的案例中,我们看到了犯罪发生的新原因和新方式。古代的法学家绝不考虑妇女,他们仅仅承认,一名受到丈夫殴打的妻子如果以后进行了通奸行为,那么,就不能控告她有罪。② 显然,古人认为通奸具有预防婚姻中的虐待行为的作用。现在,离婚会有更好的预防作用。

但是,仅仅有离婚是不够的。应当调查亲子关系(paternity)问题,特别是要调查受到引诱的妇女的补偿问题。如果我们看一看我们的社会,我们就会发现,在性本能问题上,有两种相反的趋势。一种趋势是,性欲随着智力和文明的发展而增加,因此,

---

① 大仲马可能是指法国著名小说家亚历山大·大仲马(Alexandre Dumas, 1802—1870)。——译者
② "如果丈夫暴打妻子,妻子逃逸,然后进行通奸,则丈夫不得控告她"(Si vir uxorem atrocius verberaverit atque uxor aufugiat et adulterium committat, non poterit eam maritus accusre),蒂拉奎(Tiraqueau):《论婚姻法》(In Leg. Connub)。

产生了很多受过教育的犯罪人。另一种趋势是,满足这种需要的手段变得越来越困难。在这种情况下,性犯罪必然会发生。但是,有一种偏见会加重这种情况,这种偏见使我们把某种性行为看成是一种严重的犯罪,而把其他的性行为甚至不当作轻罪来对待。这种偏见也使我们把年轻人为了满足自己的这种急迫欲望,在性欲冲动的时候,利用违反自然的方式进行的性行为,看成是错误的性行为。因此,我们看到,除了不可避免的退化效果引起的先天变态之外,不需要这样对待那些偶然进行变态性行为的人。

当本能的需求与道德和义务的要求之间实现真正的平衡时,我们就会看到这类犯罪人的减少。为此目的,有必要减少婚姻的金钱色彩,使合法的性关系更容易建立,使母性更加受到尊重;特别是必须要让妇女得到补偿,因为现行的法律不仅不提供补偿,而且通过禁止调查亲子关系问题,在实际上阻止提供补偿。这些措施不仅能够真正预防性犯罪,而且也能够有效预防杀婴犯罪和许多自杀与杀人犯罪,这些犯罪一般都是由于性关系而产生的。这些犯罪人恰恰是那些最值得人们同情的犯罪人,真正有罪的往往是那些在其他方面受人尊敬的人。

第 141 节　诈骗犯罪的预防

诈骗和背信是最具有现代色彩的犯罪,表明了进化和文明对于犯罪的影响结果;在这个过程中,犯罪失去了原始时代的所有残忍性,代之以贪婪和说谎习惯,不幸的是,贪婪和说谎习惯正在我们中间日益变得普遍起来。因此,如果我们从偏僻的山谷走向小城镇,从城镇走向大城市,那么,我们就会看到商业谎言和小规模诈骗的数量越来越多,就像我们从小到大所看到的那样。在最发达的社会中,在一些商业公司的形式下,我们会看到真正的、巨大的而且长期猖獗的诈骗组织,这类诈骗组织即使没有最体面的名称的话,也会隐藏在很好听的、很受人尊敬的幌子背后。通常来讲,普通的诈骗犯或者腐败的政客,不应当是生来犯罪人,而是具有正常人的所有品质的倾向犯罪人。因此,如果没有适合的机会,也就是没有那种足以使一个诚实的人变得腐败的机会,他们是不会犯罪的。[1]

现在,我们看到了通过传播现代经济学知识进行预防的一种方法。如果一家银行仅仅从事货币产品的投机活动,那么,它可能就是一个诈骗组织,因为货币不可能凭借自己的力量成倍增长。而且,在任何时候,我们都必须要求法人银行(corporate bank)的董事们有农业或者工业领域的对象,应当对可能遭受的损失提供有效的担保,甚至在灾难性业务活动受到股东们的制裁时,也要对可能遭受的损失提供有效的担保。这最后的规定是很有必要的,因为股东们往往是流氓无赖们操纵的便利工具,他们无意之间会成为帮凶。

伦敦和巴黎的银行家与珠宝商们已经发现了一种有效地识别骗子的方法,可以识别那些假装身居高位去接近他们的骗子。他们为此目的使用了经过训练的狗,去识别那些假装的富人的气味,

---

[1] 龙勃罗梭:《犯罪人论》,第二卷。

第 2 章 性犯罪和诈骗的预防

因为这些骗子很少洗澡。他们也使用电话、快速摄影、新式电报等,传递可疑顾客的图像,就像用电话传递声音那样。因此,骗子们在离开企图诈骗的地方之前,就有可能被逮捕。

但是,当诈骗活动受到政治权力或者政府权力的保护时,预防诈骗就会变得十分困难。今天的许多人利用政治权力进行的诈骗活动,就像在中世纪时人们对毒药的利用那样,都不是一种犯罪,当时,不仅博尔吉亚家族(Borgias),而且威尼斯的"十人会议",都把毒药作为一种政治武器。现在,通过用公共资金贿赂报纸的方式去帮助一位朋友,是一件很容易的事情;对于那些向不诚实的天才人物提供所需东西的人来说,更是如此。

但是,议会制政府的设置有它的效果,特别是通过增加所缺乏的责任的方法,更能够发挥其效果。当我们生活在一个专制政府的统治之下时,皇室的情妇们就会把公共资金据为己有。今天,侵吞公共资金的是那些占据这类位置的议员们。对于这些人来讲,把自己看成是像帝王那样不可侵犯的人物,甚至比帝王们更不负责任,天生地贪得无厌,除非受到道德感的约束。人们想方设法将巨大的财富放到那些不负责任和不可侵犯的人们手中,或者差不多是这样的人手中,然后告诉他们绝不能碰这些财富。今天,这样的罪恶更多,因为民选议员和参议员更多,因此,也比帝王们更危险。很容易理解他们为什么更危险。在选举竞争中,决定选举胜利的既不是智力特征,也不是道德品质。绝对不是这样的东西!有新观念的人只是把自己抛向由那些保守偏见的人们组成的石墙。有良心的人如果指出某种罪恶,提出解决方法,就会损害有权势的选民的利益。不与邪恶进行公开斗争的受人尊敬的人,不会伤害任何人,但是也会一事无成。所有的人都有被平庸之才所淹没的危险,这些平庸之才用无价值的方案赢得社会的满意;人们也有可能被那些购买所需选票的厚颜无耻者和腐败分子所欺骗。

因此,有必要限制国家的这些民选议员,限制他们的权力,取消他们的特权。在普通犯罪中,应当让他们承担比其他人更大的责任,这样才是公平的,就像英格兰所做的那样。在英格兰,如果怀疑进行通奸行为,尽管大多数人都不会把它看成是一种犯罪,但是,却足以使巴涅尔①垮台。

因此,要给新闻媒体最大的自由。在目前的状态下,新闻媒体的犯罪不仅不能被起诉,而且如果新闻界人员被起诉的话,也要在他们的犯罪中发现新的免罪办法。在新闻媒体人员中,如果正直的人受到损害,那么,在法律的帮助下,他们可以因为自己揭露那些有权势者们的违法行为所遭受的损害而获得赔偿。在法国就发生了这样的情况:B是一个在几年前被判有罪的年轻记者,因为揭露巴拿马丑闻②的一小部分真相而受到严重刑罚的惩罚。

这里应当指出的是,在这样的案件中,揭露丑恶不会增加邪恶,就像一些软弱者所相信的那样,相反,揭露丑恶是医治伤痛的

---

① 巴涅尔可能是指爱尔兰民族主义者、英国议会议员查尔斯·斯图尔特·巴涅尔(Charles Stewart Parnell,1846—1891)。曾多次受到诬陷及入狱,后因婚姻问题受到舆论非议,其政治影响逐渐被削弱。——译者

② 巴拿马(Panama)丑闻可能是指1881年开始由法国官员在开凿巴拿马运河的过程中因拙劣的计划、疾病的影响和欺诈等而遭受失败的事件。——译者

第2章 性犯罪和诈骗的预防

开始。如果一个国家为了净化自己，会努力将所有肮脏的地方暴露在光天化日之下，就像法国那样，那么，这样的国家就会重新赢得人们和舆论的尊敬，不过，犯罪也会增加。

阻止政治腐败的最有效的改革方法之一，就是实行广泛的地方分权制(decentralization)。当一个政府像意大利或者法国的政府那样，有权支配大量的资金和管理涉及巨额资金的事务，就像管理许多公共工程中那样的话，那么，就不可避免地会产生腐败，因为公众的控制不再发挥作用，或者不能直接发挥作用，就会使很多人不能受到惩罚。但是，在另一方面，如果让大量的公共事务公开受到所有人监督的话，那么，控制就会非常有效；那些在金钱面前很容易腐败的人就会发现，将他们的行为暴露在公众面前，会增强他们抵御邪恶的能力。巴拿马丑闻之类的事件，总是会在高度集权的政府中发生，而不会在地方自治政府中发生，或者在这样的政府中发生得很少。

因此，滥用公共权力是最先进国家的一种犯罪，可以通过限制民选议员和参议员的人数与权力的方法预防这类犯罪，因为这些人是腐败官员的天生保护者；还可以通过地方分权制来预防这类犯罪，因为地方分权制会允许进行更有效的监督，会减少垄断者的数量；尤其是可以通过缩减官员的数量来预防这类犯罪。俄罗斯和意大利的政府是真正的官员们的政府，官员们控制了对国家有重要作用的所有事务，这些官员以维持国家生存的借口来破坏它。例如，目前在法庭中，有可能用集体负责制来取代独任法官，从而增强责任感，同时，也更容易发现腐败案件。通过减少雇员的数量，可以选择更好的雇员。例如，我已经提出，首先通过考试来选拔法官;法官在以后的升迁,要根据没有被上级法院驳回的裁决的数量来决定。最后,对于高级法官而言,要根据被直接引用的案件的数量以及对他们的上诉情况,决定他们的升迁。这会是最准确的标准,同时也是对良好业绩的很大鼓励。

第 3 章 酗酒的预防[①]

第 142 节 引言

在与酗酒(alcoholism)[②]作斗争方面,我们应当从盎格鲁-撒克逊人已经取得的卓越成就中受到启发。他们的戒酒协会很有力量,到 1867 年时,戒酒协会的成员就达到了 300 万,而且发行 3 份周报和 3 份月报。在格拉斯哥,他们在工人们最经常光顾威士忌酒馆的地方,花 2000 英镑开设了很多咖啡屋。在伦敦,他们在周末开设了很多茶馆和能够容纳 4500 人的电影院。1873 年在巴尔的摩(Baltimore)举行的大会上,从 75 万多人中产生的代表参加

[①] 威廉·博德(Wilh. Bode):《酒精中毒的治疗》(Die Heilung der Trunksucht),不莱梅港,1890 年;邦吉(G. Bunge):《酒精问题》(Die Alkoholfrage),苏黎世,1890 年;福雷尔(A. Forel):《建立饮酒者庇护所并将其纳入立法》(Die Errichtung von Trinker-Asylen und ihrer Einfügung in die Gesetzgebung),1890 年;福雷尔:《通过全面戒酒改革社会》(Die Reform der Gesellschaft durch die völlige Enthaltung von alkoholischen Getränken),1891 年;泽博格里奥:《关于酗酒者》(Soll'Alcoolismo),1895 年;柯萨可夫(Korsakoff):《预防措施和法律》(Lois et Mesures Prophylactiques),都灵,1894 年;克洛德(Claude):《提交参议院的关于法国酒精消费情况的报告》(Rapport au Sénat sur la Consommation de l'alcool en France),1897 年;雅克(Jacquet):《酒精中毒》(L'Alcoolisme),1897 年;勒古朗:《社会退化与酗酒》,1877 年。

[②] 在医学领域,特别是在精神病学领域,往往将 alcoholism 翻译为"酒精中毒"。——译者

了会议。他们非常自豪地说,他们已经在5年中关掉了4000家酒精蒸馏厂以及8000家酒吧。在美国,妇女成了抵制酗酒的中坚力量。为了拯救他们的兄弟和丈夫,她们强迫酒类的经营者关掉了他们的商店。她们要么是进行哀求,要么是无休止地纠缠。一些妇女通过坚决抵制和威胁要进行罢工的方式,强迫酒类经营者关掉了商铺,还有一些妇女用水龙头朝酒类经营者身上浇水的方式来威胁他们。另一些妇女通过诉讼方式来达到这个目的。但是,这些妇女们通过自己的软弱,通过锲而不舍的努力,通过坚持自己事业的正当性,来保护自己。即便是在陪审团认为她们已经构成犯罪的情况下,法官也不愿意对她们判处刑罚。当这些妇女赶跑一些酒类经营者后,她们就再接再厉地赶跑另一些酒类经营者,很多酒类经营者对她们的执著苦不堪言。在德国和瑞士,在福雷尔的赞助下,出现了很多报纸和图书馆,创立这些报纸和图书馆的唯一理由,就是与酗酒行为作斗争。通过这些方面的种种努力,这方面的制度发生了很大变化。1832年,出台了对所有戒除烈性酒的水兵加薪的决定。对陆军的烈性酒的配给额也大量减少。(严禁随军的小贩们兜售这些酒。)而且,还规定用咖啡和糖来取代这些烈性酒的配给。这些措施后来也被其他大型企业所采用。

1845年,纽约州宣布禁止大量出售酒精饮料,缅因州也马上做出了同样的规定。但是,酒精饮料还是在暗地里秘密交易,接着,缅因州就颁布法律,严禁除了医疗用途之外的任何酒类交易。这样,酒类的运输就变得极其困难。根据这部法律,禁止私人住宅内藏有一加仑以上的饮用酒,而且该法律允许为了查清他人家里

第3章　酗酒的预防

是否藏有饮用酒可以自由出入该住宅。这部法律很快被其他州所效仿。但是，因为大量外国人的存在以及联邦政府的态度，这部法律并没有太大的效果。在美国所有的州（后来包括瑞士和普鲁士）都颁布了法律，禁止向学生、未成年人以及精神病患者、印第安人出售任何酒精类饮料；酒类经营者要承担因饮酒而造成的伤害和财物损害所导致的一切损失。在伊利诺伊州，这类赔偿高达5000美元。在其他一些州，酒类经营者对饮酒者家庭成员因饮酒而患病以及伤害所导致的损失，也要承担赔偿责任。

自1856年以来，英格兰禁止在假日期间出售任何酒精类饮料。后来，在1864—1870年间，酒类饮料的出售只能在某些时间段内进行；对于在公众场所酗酒的行为，处以7—40先令不等的罚款或者一天的监禁。1871年，格莱斯顿①本人受到过这些措施的处罚，在他的干预下，酒吧的数目限制在表142-1所示的范围之内。

表142-1　不同类型地区中人均酒吧的数目

城　　市		乡　　村	
酒吧数目	居民人数	酒吧数目	居民人数
1	1500	1	900
2	3000	2	1200
3	4000	3	1800

政府任命特别督察员（inspector）去控制酒类的非法销售；对于制造假酒的行为，处以高额的罚款和给予吊销营业执照的处罚。

---

①　格莱斯顿是指曾多次担任英国首相的威廉·爱德华特·格莱斯顿（William Edwart Gladstone,1809—1898）。——译者

许有零售商(现在这些零售商都成了它们的雇员了),它们只能在所经营的茶、咖啡以及食品上获得一定的利润。这种联合模式很快在瑞典的 147 个城市得到模仿。只有这些饮料商店才能销售纯酒精饮料,并且禁止向酒鬼或者未成年人出售纯酒精饮料。从 1813 年开始,根据法律,对那些在公共场所醉酒的人第一次处以 3 美元的罚款,第二次处以 2 倍的罚款,第三次和第四次则剥夺其选举权以及代表权。如果该人第五次被发现在公共场所醉酒的话,判处其在监狱或矫正所(house of correction)服 6 个月的劳役,第六次则判处 1 年的劳役。而且,至少在挪威,禁止在假日或者每天早晨 8 点之前出售酒精饮料。①

在所有这一切措施中,究竟哪些措施取得了最好的效果呢?

许多强有力的措施,尤其是那些镇压性的措施,都远远没有实现最初设计的目标,只有在瑞士、英国和瑞典除外。我们都知道,从 1851 年到 1857 年间,严重犯罪的数量在瑞典减少了 40%,轻微犯罪的数量减少了 30%。而且,这些案件的数量一直在减少。1865 年有 40621 起刑事犯罪,而 1868 年却只有 25277 起犯罪。②从 1830 年到 1834 年期间,人均消费的白兰地是 16 升,发生了 59 起谋杀和 2281 起盗窃案件;而在 1875 年到 1878 年间,白兰地的消费额减少到了人均 11 升,谋杀案件减少到了 18 起,而且盗窃案件也减为 1871 起。在同一时期内,人民的平均身高和寿命都有所增长,因酒精饮料而实施自杀的案件数量也从 1861 年的 46 起减

---

① 《统计年报》(Ann. de Stat.),1875 年。
② 伯特兰:《关于纵欲》(Essai sur l'Intempérance),1875 年。

第 3 章 酗酒的预防

少到了 1869 年的 11 起。酒鬼的数目也有所减少,但是减少的数量并不是很多,而且都是用非常规的方式减少的。例如,在哥德堡,[①]酒鬼数目逐年有所变化(参见表 142-3)。

表 142-3　哥德堡酒鬼数量逐年变化的情况

年份	每有 1 个酒鬼的居民数量
1851	19
1855	9
1860	12
1865	22
1866	33
1870	38
1872	35
1873	31
1874	28

但是,当我的同事布鲁萨(Brusa)博士到哥德堡度假时,所看到的却是另一番景象,虽然他本人滴酒不沾,但是他却看到很多人在大街上酗酒。另一方面,可以肯定地说,那些严格的法律并未有效地阻止法国以及美国的酒类消费,缅因州的法律与其说是一项公共卫生措施,倒不如说是一项政治武器;该法律并没有减少那些非法出售酒精类饮料的行为,而且饮酒的大部分都是那些制定该法的议员,这就造成了大量的酒鬼。在法国,针对酒精饮料所征收的税已经从 37.4 法郎提高到了 1855 年的 60 法郎,1860 年提高到 90 法郎,1871 年提高到了 150 法郎,如今达到了 156.25 法郎。

---

① 哥德堡(Gothenburg)是瑞典第二大城市。——译者

尽管如此,酒精饮料的人均消费数量从1850年的11.45升提高到了1892年的41.56升。英格兰的情况也大致相同。在英格兰,对每100升纯酒精饮料所征收的税额最高可达489.2法郎。在英国,1860年到1880年间,酒精饮料的消费一直在4.1升到5.7升之间徘徊。在1880年到1893年之间,虽然有少许的变化,也保持在4.5升左右,这些轻微的变化与其说是因为税收的提高,倒不如说是戒酒者人群的增加,戒酒者的数目估计有500万人。

如果我们认为这些财政措施对消费者的影响仅仅是间接的或者轻微的,那么,在分析这些财政措施缺乏效果的时候,我们就可以看到一些令人吃惊的原因。这些从杜普伊(Dupuy)的以下说明中就很容易看到:

> 假定1升酒精的成本和税收等达4法郎左右。我们知道,1升酒精可以兑勾成2.5升白兰地。如今,1升大约可以分装成30到40小玻璃杯。因此,我们可以说一杯只能装3厘升(centilitre)。从1升酒精变成2.5升白兰地,或者分装成82小杯。每小杯出售价为10生丁,销售商总共可以卖8.2法郎。这就比一般的出售价格高4.2法郎。这样,中间的利润差就非常大,这同时也给零售商以及批发商保留了很大的利润空间。

但是,之所以没有获得成功,主要原因就在于这样一个事实,即任何镇压性的法律如果违背人类本能的话,都不可能达到预定的目的。在目前所有的人类本能中,对精神刺激的追求,例如从酒

第3章　酗酒的预防

精中寻求这样的刺激,是与人类文明的进程相适应的。由于这个原因,苏格兰的那些家境贫穷的未成年人无力购买威士忌,他们就想办法搞到鸦片酒[①]来满足自己精神刺激的要求。同样,伦敦的穷人也用同样的方法减轻自己饥饿的痛苦。[②] 在爱尔兰,马修神父劝告人们远离酒精饮料,结果他们出人意料地迷上了乙醚(ether),[③]这是连牧师都没有预料到的。他们说,"这些东西既不是红酒,也不是杜松子酒,马修神父禁止我们使用这两种酒。这种东西仅仅花几便士就能让我们开心,因此我们都饮用它。"他们这些人经常饮用这种东西,直到酩酊大醉为止。通常的量是7—14克,那些对此形成瘾癖者有时能喝90多克。

在同酗酒作斗争的过程中,那些明智而仁慈的立法者的真正理想,总是想着能够给人们提供一种既不伤害人的大脑也不伤害人的身体,而且也不会产生酒精所具有的危险的一种精神刺激方法。对大型剧院的补贴问题也在他们的讨论范围之内。普及型的剧院和表演为什么不能得到资助呢?拒绝给那些规模较大的剧院提供资助是很公平的,因为他们都仅仅为富人而不是为穷人提供

[①] 鸦片酒(laudanum)又译为"鸦片酊",是鸦片的酒精溶液(酊剂)。它以前被用作麻醉剂和止痛药,19世纪时,在欧洲和美国的大部分地区,都可以从药剂师那里买到。——译者

[②] 根据科尔金斯(Colkins,1871)的统计,美国在1867年基于麻醉的需求而消费的鸦片高达78000磅。根据法兹奥(Fazio,1875)的论述,在肯塔基州,立法机关通过的法律规定,任何人只要因为吸食鸦片或者砒霜等毒品而使自己处于无法控制的状态的,应当由其监护人对其实施监护,否则就应当禁闭在精神病院内。伦敦在1875年总共进口了118915磅的鸦片,而在1862年达到了280750磅,在兰开夏郡这个制造毒品的中心,进口的毒品数目还更多。

[③] 他们使用了乙醚与甲基乙醚(ethyl- and methyl-ether)二种物质的混合物。

精神享受的,不能用于预防酗酒的工作。在都灵的一次禁酒聚会上,一位工人要求剧院在周末全天开放,而且票价应当很低,这样工人们就会远离酒吧。这项建议是该会议上所提出的唯一有意义的一项建议。但是很不幸的是,这项有意义的建议却并没有得到大多数人的同意。佛尼(Forni)曾经告诉我们说,在意大利南部一个较小的地区,那里的酒吧老板拥有滑稽表演的组织者,因为这些人在酒吧里面进行较为便宜的滑稽演出(一般票价为15生丁),酒吧老板所销售的红酒也仅仅是原来的一半。①在意大利,每逢节假日,教士们都组织较大规模的庆祝活动,在这些活动中,穷人们也可以和教士们一起娱乐。这样就使他们这些穷人不再去酒吧了。除了教士这个阶层以外,没有任何其他人能够做到这些。

还有必要扩大饮用茶和咖啡,它们能够刺激大脑,但是又不会像酒精一样损害大脑的抑制功能。要做到这一点,并没有必要非得通过提高税收来达到目的,正如费奥瑞迪(Fioretti)和马格南(Magnan)所提议的那样,国家应当降低进口货物尤其是像茶、咖啡的税额,特别是应当降低糖的进口税,因为糖能够使其他饮料的味道更容易为人们所接受,从而阻止人们对酒精类饮料的依赖。因为那些隐藏在狭窄肮脏街道内的住所,是蓝领阶层的住处,这些地方黑暗、狭窄,卫生条件很差。这些恶劣的居住条件迫使这些工人们到酒吧里面放松,所以,我们应当拓宽道路,建造更多空气畅通、有利于工人们身心健康以及能够让他们受到尊重的居所,这些

---

① 龙勃罗梭:《犯罪增加》(Incremento al Delitio),第81页。

要比建立更多的酒吧好得多。

在采取这些措施后,应该通过限制夜间和节假日的销售时间、限制许可证以及强制出售食品和咖啡,尤其是在工厂附近进行这类活动,来打击酒精饮料零售商。当工厂和矿山的老板们自己销售酒精饮料时,有必要更加严格地对待他们,因为他们以自己的权威促使最清醒的工人腐败。最后,应该对烈性酒征收很重的税,这是一种比征收盐和面粉的税更道德、更有益的措施;禁止食用戊醇①,也禁止使用所有未经蒸馏的酒精,包括苦味酒(bitters)、苦艾酒等,因为这些是对健康最有害的。

也有人提议,禁止以赊欠方式销售酒精饮料,并且提议,应当宣布在酒窖中签订的合同是无效的。一项比较实用的措施是:应当在早上,而不是在晚上将工人们将所挣的钱交给其家人,同时应当严禁在节假日或者节假日前一天发工资。② 不要让某些人认为这样会干涉人们的自由,我们可以看看盎格鲁-撒逊这个世界上最民主的民族,他们同样对销售酒类饮料的时间和地点有着明确的限制,并且对私人家里藏有的酒类饮料的数量,也有明确的限制。当我们看到格莱斯顿也提倡对酒类饮料实行类似的严格限制措施时,我们却发现在意大利,销售酒类饮料的时间被延长了,而且没有一个人提出用对酒馆征税来代替对盐和面粉征收的有害税的观点——人们不得不问自己这样一个问题:这种所称的对自由

---

① 戊醇(amyl-alcohol)是能够溶于水的无色液体,具有特殊的刺激性气味,是8种有机化合物的总称,通常用作树脂和油脂的溶剂。——译者

② 参见《精神病学与刑罚科学档案》(Archivio di Psiohiatria e Scienze Penali),Ⅰ和Ⅱ,1880 年;菲利:《刑罚替代措施》。

的奉献,不就是纵容酒类交易的结果吗?

第143节 治疗

在直接治疗(direct cure)方面,人们根据不同情况及并发症,已经使用了番木鳖碱(strychnine)、溴化物(bromides)、马钱子酊剂(tincture of nux vomica)、冷水浴、用充满了松节油气味的蒸汽进行的蒸汽浴以及硫磺浴。人们也经常使用按摩以及做体操。而且,福雷尔、莱德米(Ladame)和布克尼尔(Bucknill)已经使用催眠术在那些对其敏感的病人身上取得了很好的效果。福雷尔、科瓦列夫斯基(Kowalewsky)、莱德米、勒古朗和马格南已经介绍了合理的治疗醉酒的方法,即通过一定时间的隔离并拒绝提供酒精饮料而戒酒。马森、科罗瑟(Crother)和希尔施(Hirsch)认为,这个隔离时间应当为一年;德雷斯达勒(Drysdale)和克雷佩林则认为应当是九个月;福雷尔认为这个时间应当是四个月到一年。马格南进一步建议,应当多吃肉、蔬菜、水果以及甜食,饮料最好是肉汤、茶以及咖啡等。[①] 除此以外,我们还应当多进行体力劳动,尤其是参加农业劳动,那些不太习惯农活的人也应当尽量参加这些

[①] 在1895年出版的《卫生杂志》(Revue d'Hygiène)中,路德维希(Ludwig)提倡一种令人愉悦的饮料,其颜色和口味使人想起带泡沫的白酒。这种饮料由下列材料制成:白糖1千克、红糖1千克、饱满的大麦粒500千克、蛇麻果30千克、香菜(coriander)30千克、接骨木果25千克、紫罗兰25千克、醋1升、水50升。用一个很干净的木桶,在桶口开一个4—5英寸见方的洞口,首先放入白糖,然后放入其他原料;仔细搅拌,浸泡8天;压榨、过滤和装瓶,细心地用软木塞塞着。这大约值7生丁(百分之一法郎),很像白酒。

农活。但是,正如马格南所说的那样,[1]特别需要的是道德再教育(moral reeducation),即通过讨论和授课的方式,向所有的患者宣传饮酒的危险和危害,由此唤起他们的感情和道德意识。基于此,福雷尔在乡村创立了埃尔顿精神病院(asylum of Elletton),这是像农业垦殖场(farm-colony)一类的机构,由一位院长实行家长式管理,院长既是该院的行政管理人员,也是日常教育人员。在这里,人们按照家庭成员的方式居住在一起,他们过着简单和健康的生活。他们相互鼓励,每天按时进行正常工作。而且所有的工作都是与戒除酒瘾有关的。这种方法的成功率高达65%。美国也曾经予以效仿,根据对3000例的统计,美国按照这种模式同样取得了较高的成功率。

马格南认为,可以将习惯型嗜酒者(habitual drunkard)和所有患酒精中毒性谵妄(alcohol delirium),甚至已经停止这类谵妄的人,收容到专为他们建立的精神病院中,收容时间可以达到17个月或者18个月。在治疗不好的情况下,可以实行不定期收容,就像在瑞士圣加尔州的精神病院里已经实行的那样。那些专门收治酗酒者的医院有双重目标:第一,通过将酗酒者与社会隔离来保护社会;第二,使酗酒者处于治疗和矫正的最佳状态。这些医院应当接受以下人员:第一,那些在饮酒后实施了犯罪行为的人;第二,那些为了饮酒而将自己以及家人的财产全部挥霍掉的人员;第三,任何在大街上被多次发现酩酊大醉者等。对于第一类人而言,医院就起到监狱以及精神病院的作用。对于其他类型的人,医院还

---

[1] 《现代医学》(La Médecine Moderne),1893年11月。

起到了临时庇护所的作用。任何人一旦被发现因醉酒而实施了犯罪,如果在专家调查后确认该人确实有危险,应当在戒酒医院(inebriate hospital)内收容一段不确定的时期。对于虽然在醉酒后实施了犯罪但该人并不是习惯型醉酒者,而被发现是完全健康的人时,应当让其接受是否有人类学和心理学退化(degeneracy)标记的检查,这类标记是犯罪倾向的标志。如果发现该人具有这类标记,应当在治愈之后,才可以将其释放。这就是说,在大部分情况下要对这些人进行永久拘留。

第4章 对贫富都有影响的预防性措施

第144节 引言

正如我们所看到的那样,如果财富过度集中或者是快速获得的话,那么,这样的财富与贫困一样都会产生毁灭性的影响。对于这种情况,只有那些避免过度富有和过度贫困的措施才能起到有效的预防作用。

在这方面,首先,应当通过改革确保更加公平地分配劳动收入,并且确保有劳动能力者能够找到适当的工作,例如,根据劳动者的年龄以及所从事工作的性质的不同,应当对劳动时间有所限制;在开矿业以及对身体有危害的行业更应当如此。也不应当让妇女从事夜间工作,以便保护她们的美德和健康。同时,应当提高大部分工人的收入。为了达到这样的目的,仅仅从理论上同意工人们有权实施罢工是远远不够的,也要在实际上允许工人有自己的组织,不镇压工会组织和抵制活动。如果没有工会组织和抵制活动,罢工自由就是一种法律上的虚伪。另一方面,取消彩票和许多节日,促进民事诉讼,将照明、道路建设、学校和供水移交给社区,将会预防许多腐败,将会使更多的劳动者享受到卫生设施的好处和廉价市场,这些都是生活中最需要的。这样就可以减轻穷人的痛苦,也不会造成任何混乱或者伤害富人。

另一方面,要用多种方法解决财富过度集中的现象,包括让富人与劳动者分享利润;建立累进税制度,特别是要对遗产征收累进税,这类税收将严重影响甚至取消从远方亲属那里获得遗产,从而将这些遗产以及投机和赌博的收益转化为国家和无助者的收益。我们已经通过废除僧侣俸禄(ecclesiastical benefices)和限嗣继承不动产(entailed estates),在财产的征收和再分配方面迈出了一大步,并且通过我们可以使用的这些征税方法,在没有大的动乱的情况下,实现了更大的财产再分配。为什么我们允许意大利北部地区的农民吃那些有毒的、会引起糙皮病的面包,而我们在城市中就可以通过法律有效地预防这种现象呢?为什么我们在能够用低价销售奎宁的方法拯救疟疾流行地区的居民时却允许他们死亡呢?最后,如果燃料不足妨碍了一些工业扩大规模的话,政府就可以扩大我们所能使用的水力发电,而代价仅仅是其不假思索地浪费在军事和政府浮华事务方面的巨额资金中的一小部分。

另一方面,由于国家财富的大量聚集仅仅使少数人长期受益,而使很多人长期患病和贫穷,那么,为什么不把这些大量的财富收归国有呢?为什么不更多地修改有害的土地合同,使农民享受更多的利润份额呢?亨利·乔治(Henry George)提出,如果国家没收土地并将土地直接划归劳动者的话,那么,不仅会有很高的生产率,而且还可以确定最低工资,这种最低工资会高于目前的工资,从而会鼓励工资不高的劳动者精耕细作。①

此外,工人的贫穷,在很大程度上是生产力超过消费能力的结果,这不可避免地会引起工资的下降,而日本、中国和美国在市场上的竞争,只会加剧这种现象。因此,我们应当通过多种方法缓解市场压力,包括鼓励广大公众的消费,减轻附加税(imposts)和关税(duties),特别是减少间接税收;可以用其他对健康和道德无害的税收来取代间接税收,例如,对酒精饮料和烟草征收的税,这些税只对富人和堕落者有影响。英格兰为了实现自己的这些改革,已经放弃了社会主义的信条。英格兰的政府,是欧洲唯一明智的政府,它知道如何预防产生过多的下层阶级,知道首先如何预防爱尔兰问题,然后知道如何预防劳动问题(就像在矿工和码头工人中的劳动问题那样),具体办法包括承认罢工完全自由,允许在所有的政府商店中实行8小时工作制,在劳动纠纷仲裁中平等听取劳资双方的声音。

人口过多是贫穷和犯罪的重要原因,我们必须引导人口过多的国家向居民稀少的国家移民。德比勋爵(Lord Derby)说:"人们总是令我相信,我们的国家之所以摆脱所有国家都遇到的那些最严重的问题,就是因为我们总是向海外输出我们的人口和我们的产品。"实际上,英格兰拥有海洋并且利用海洋,它把整个世界作为其安全阀(safety-valve)。

---

① 《进步与贫穷》(Progress and Poverty),1892年。

国家也应当在远离大城市中心的地方,建立工作聚居区(working colony),特别是要在不发达地区建立工作聚居区,以便消除贫穷和传播文明。应当将懒惰者、流浪者无限期地送到这些工作聚居区;他们在那里的住宿、食品和交通方面的费用,应当从他们的工资中支付。① 懒惰只能靠强制性工作来克服,就像长期懒惰造成的肢体的肌肉惰性只能靠连续不停的、猛烈的甚至是痛苦的运动来矫正那样。当德国巴代施温(Badelschwing)的牧师为了预防乞讨和流浪而在西伐里亚(Westphalia)建立了一个自由工人聚居区(colony of free worker)之后,12个其他的省也仿效这种办法;通过这种措施,这个国家的15000多劳动者找到了工作。自此以后,犯流浪罪和乞讨罪的人数减少了1/3。在瑞士的沃州(Vaud)建立了一个这样的机构之后,犯流浪罪的人减少了1/2。在荷兰,1800个人与他们的家人一起开垦德伦特省(Drenta)的偏远地区,每年人均开销大约是24法郎,同时这也消除了乞讨情况。1850年,在巴登州,在一些大的建筑承包商破产后发生的严重穷困状况,通过1851年至1858年间12000多名手工匠的移民而得到了缓解。②

第145节　互助合作

在意大利和法国,最初的救助往往由政府和统治阶级提供,这是因为我们民族没有那种凭借自己努力摆脱困境的习惯。然而,

---

① 埃罗(Hello):《监狱农场》(Des Colonies Agricole Pénitentiares),1865年。
② 卡皮(Carpi):《殖民地》(Delle Colonie)。

我们必须试图让那些比较贫穷的阶层明白,通过合作和互助,他们能够相互帮助。这些阶层的财政贡献给国家带来的巨大收益,应该通过集体资本而非私人资本转化为他们的利润。

第146节 慈善与仁爱

然而,直至今天,仍然存在一定程度的痛苦,这些痛苦不能通过缓慢的互助合作方法、集体主义以及国家的不完备和拖拉的措施来缓解。我的女儿吉娜通过对都灵的100个工人家庭的详尽调查发现,[①]50%的家庭经常处于负债状态,25%的家庭接受当地慈善机构的救济,如果没有救济,这些家庭的人就有被饿死的危险。这些慈善工作曾经是遇到困难时能够得到的唯一帮助,尽管它还不充足,但仍然是必要的辅助工作,并且会一直如此,直到先进的文明用预防措施取代它们。

因此,我们必须让慈善家摆脱过去的宗教习惯,使他们参照流行的经济改革道路,从中获得新的灵感启发。在慈善方式的现代化方面,盎格鲁-撒克逊人和德国人表现得更为出色。新教徒让慈善救济脱离了与教会的联系,直接满足需要救济的人们的需要,这是发现和解救不为人知的痛苦的最好方法。在英格兰和瑞士,慈善团体富有成效地采取穷人帮助穷人的方法。例如,指导没有工作的母亲去照顾那些母亲要工作的孩子;为家政服务人员建立了

---

① 《吉娜·龙勃罗梭对100个工人家庭的调查》(Inchiesta di Gina Lombroso su 100 Famiglie Operaie),都灵,1897年。

临时寄宿家庭,作为她们临时的家;还为那些需要工作的人建立了专门的劳动雇佣机构。整个机制运行得很顺畅,而且保持这些机构的运转只需要极少的慈善捐助,同时还保留了受慈善捐助者的自尊。

例如,日内瓦[①]是欧洲国家中极少的几个犯罪率下降的城市,这个城市有400家慈善机构。这些慈善机构具体包括如下种类:为小孩子建立的机构组织有35家,其中有7家是为他们能淋浴而建立的,5家机构致力于他们在家庭中得到的保护,1家娱乐性的机构,2家学徒学校,1家工业学校,1家音乐学校;有16家为老人建立的机构,其中有5家是收容所,1家机构是为家庭抚恤而建立的,还有10家保险机构;有48家为女性建立的机构,其中有4家是为年轻女孩而设立的收容所,1家是收容堕落妇女的机构,4家是为没有工作的家庭妇女建立的机构,还有8家医院(其中5家是为妇女建立的,3家是为年轻女孩建立的),1家娱乐机构,1家防止妇女堕落卖淫的机构,1家保护机构,4家雇佣机构,7家介绍家政雇佣工作的机构,8家为了保护教师、儿童建立的机构等;有46家为成年男人建立的机构,其中11家机构是为工伤事故者建立的机构,8家是为了便利不同国籍的入境者能找到工作而建立的机构,3家是为失业者建立的机构,4家是开展娱乐和举办讲座的机构,4家培训机构,1家防止赌博的机构,2家安置学徒的机构,9家戒酒的机构,等等。还有更多的专门机构,它们包括致力于改善住

---

① 隆巴德(Lombard):《日内瓦慈善年鉴》(Annuaire Philanthropique Genevois),日内瓦,1893年。

所环境，尤其是以低廉价格获得更清洁卫生的住所的机构；特别的储蓄银行，这种银行接受小额的存款，以大量批发的商品返还存款；为贫穷的外国人和找工作的失业者设立的便宜的家庭旅馆。这些机构中最具有特色的是一个被称为"旧报纸协会"(Old Paper Society)的组织，这个机构给许多家庭分发麻袋，然后定期回收装满旧报纸的麻袋，将这些回收的旧报纸变卖后得到的费用，足以支持这家机构和办公室的日常运转；这些机构接受富人捐赠的衣服和其他物品，将它们清洗干净和修补好，然后以低廉合适的价格卖出或者捐赠给穷人。其他的机构为贫穷的妇女获取工作而争取机会，通过她们的劳动收益中的一部分，维持这项工作的进行。

这些机构特有的典型特征是，它们能摆脱对赞助人的依赖而自行运转。收容所、临时留宿机构等决不是免费的。那些利用它们的人需要尽他们所能支付少量的费用，他们可以分期支付这些费用。但是总的来说，这些机构和收容所都依靠那些享受它们好处的人来维持。这是慈善的一种进化方式，摆脱了让人感到羞耻的不利的方面，使它成为一种有力和有效的帮助方式。

第 147 节 伦敦——收容所、避难所和对穷人的帮助

伦敦是世界上唯一的犯罪下降的首都城市，在这里存在着类似的甚至更好的机构。伦敦有大约 120 个机构；1894 年，这些机

构救助了18000多人，花费了173000英镑。其中，为年老的人设立的收容机构最多，有20家，其次是为寡妇设立的机构。此外，为那些属于不同的行业、种族和宗教信仰的人，为年老的已婚夫妇，为在自己家中接受帮助的穷人，建立了许多不同种类的机构设施，还建立了夜间避难所(night-refuge)，为海员建立了雇佣机构；还有为照顾酗酒者设立的机构，为照顾犯人的孩子设立的机构，以及为贫穷的犯罪人设立的救助机构。这些机构之间都是互相联系的，由统一的中央委员会(central committee)指导。[1]

第148节 (1)移民机构

许多协会组织将控制犯罪增长的希望寄托于鼓励更多人移居国外，特别是移居加拿大，因此，有很多致力于此类事务的专门机构。他们为移民出境者提供信息和救助，帮助组织成年人或者婴幼儿出境。1894年，他们帮助指导了7566个人移民出境。

第149节 (2)雇佣机构

伦敦有21家机构以帮助寻找工作为主要目的，其他机构则为像擦鞋匠和船上服务生这样的男孩子寻找干活的地方。

---

[1] 洛(Low):《伦敦慈善手册》(Handbook to the Charity of London)，1895—1896年。

第150节 （3）孤儿院

伦敦有60家收容所(asylum)特别关注儿童，它们照看20199个孤儿，花费了172340法郎。为其他孤儿找到了有受人尊敬的父母的家庭，这些父母的严肃稳重以这种方式得到了回报。最后，那些父亲和母亲病重的孩子，作为例外情况，也被看作孤儿，受到如同孤儿般的对待。

第151节 （4）被忽视儿童的机构

更具有预防性质的机构，毫无疑问是那些以照看、保护和指导被遗弃儿童(deserted children)为目标的机构，以及能给那些父母工作时无法照顾的儿童提供临时照顾的机构。这样的机构在伦敦大约有60家，在1894年以119246法郎的代价挽救了32300个儿童，使他们免受街头危险的伤害。

第152节 （5）学校

这些学校被分为免费学校(free school)、夜校(night school)和假日学校(vacation school)。其中一些学校提供食物和衣服，而且，这些学校往往是为不同阶层的人员设计的。这样的学校在伦敦大约有40家，1894年，它们为16000多名儿童提供了教育。

第153节 (6)对犯人、罪犯等的照顾

1894年,在伦敦有84家直接致力于减少犯罪的机构(帮助被释放犯人的机构、保护处于危险状态的妇女的机构、戒酒机构、为酗酒者设立的收容机构、道德宣传机构等等),它们给67000多人提供了帮助。在这些机构中,有36家是专门为从监狱中释放的妇女设立的;不管是堕落的妇女或者刑事犯罪人,还是那些有这类危险倾向的妇女,都可以从中得到帮助。这些机构的目标是保护那些因为工作性质而面临危险的家政服务人员。

第154节 (7)互助协会

此外,互助协会(mutual aid societies)因为行业、种族和宗教等方面的不同而有差别。1894年,伦敦有68家这样的机构,总共花费了218796法郎,救助了33340多人。

表154-1是1894年伦敦慈善机构的救助清单,这些救助活动对犯罪率可能有一些影响。

表154-1 伦敦慈善机构在1894年的活动情况

机 构 种 类	受援助者总数	总开销 法郎
为关照和帮助犯人而设立的机构	67577	176030
移民出境机构	7565	30627

续表

机 构 种 类	受援助者总数	总开销 法郎
就业帮助机构	4840	26290
收养孤儿机构	20199	172341
为贫穷儿童和被忽视儿童设立的机构	32354	119246
教育机构	16019	108261
收容所、避难所等机构	18057	172999
互助协会	33340	218796
总　　　计	199951	1024590

但是,尤其需要特别关注的,是那些以保护儿童为目标的机构。英国预防虐待儿童协会(The British National Society for the Prevention of Cruelty to Children,这种组织形式在纽约被更大规模地效仿)并不像在法国和意大利的情形那样,将自身的活动局限于确保通过某种法律。这个机构致力于引进公平的观念和做法,以实现对社会各阶层儿童的保护,它的这些努力也取得了巨大的成就。25347 名遭受各种虐待的儿童从虐待他们的人中获救;62887 名饥寒交迫并且被忽视的孩子获得了生活必需品的救助;还有 603 个孩子摆脱了乞讨生活。在 10 年时间里,这个机构使 109340 名儿童从邪恶、饥饿和犯罪中被解救出来。为了保护这些孩子,它们还受理了对虐待者提起的 47220 多件投诉。其中,5313 件投诉没有结果;对于 38395 件投诉,该协会仅仅采取了训诫(reprimand);对于 5792 件投诉提起了诉讼,他们诉讼的胜诉率越来越高,宣告无罪的百分比从协会刚成立第一阶段的 10.2% 降低到了第二阶段的 5.5%。根据该协会的调查,虐待孩子的父母多

半有一定财产。可以用酗酒来解释这种现象，还可以用某种新的犯罪形式来解释，因为实施这种犯罪必须手头有钱。这种犯罪方法就是给那些即将死亡的儿童购买人寿保险，然后希望这些儿童死亡，甚至加速这些儿童死亡，以便从中受益。根据一些被指控的人的供述，有些孩子受到的虐待使得他们简直生不如死。在5年之中，该协会总共为19000名受虐待儿童提起了诉讼，他们的父母有家产95000英镑。

但是，为了达到这种目的，也为了发现隐藏于犯罪世界的秘密，有些秘密甚至是在警察的日常监督之下被隐藏的罪恶，该协会必须利用每一种可以得到的帮助，甚至是来自于那些慈善协会和议会的领导人的帮助。该协会得到了治安法官①和法官们的支持，治安法官和法官在看到它们的工作之后，认可它们的能力，最后赋予该协会的督察员一种几乎是官方的身份。在该协会存在的10年中，该协会接受了多达100万人提供的证据，他们在法庭上的证词，更好地帮助实现了正义。所有这些努力带来了非凡的成就，很多时候不需要第二次开庭。在7398个被判刑的人中，到现在有6700个人与他们的孩子生活在一起，只有100个人再次受到法庭审判。

是什么原因导致了父母如此重大的转变呢？这很大程度上可归因于惩罚，惩罚的功效与所遭受惩罚的期限有关；父母对待他们子女的行为的改进程度，与他们在监狱里被拘禁的期限长短直接

---

① 治安法官（magistrate）是法官等级体系中级别最低的法官，对刑事或者准刑事案件具有简易裁判权。——译者

相关。此外,在父母到监狱服刑期间,该协会并没有丢弃他们的孩子。相反,这些孩子再也不是脸色苍白、深受痛苦的人,他们变得强健、精神。当这些父母看到孩子的状态很好的时候,他们对此感到骄傲,内心深处的自然慈爱就被唤醒,这些都有助于他们的改造。这是多么奇怪的人类利己主义的矛盾现象! 父亲以前把自己在孩子身上引起的疾病归罪于孩子自己,如今却骄傲地以孩子们的健康为荣,而他们自己对此没有做出任何贡献。

第155节 拉丁语国家的慈善事业①

与上述国家的慈善事业相比,拉丁语国家的慈善事业似乎非常有限。都灵的面积是日内瓦的3倍,但是仅仅有159个工人互助机构和147个慈善团体,其中有21家医院;43家为孩子设立的机构,其中有2家是为失足青年设立的机构,23家是收留婴幼儿的收容所,6家是孤儿院,3家是娱乐性机构,还有6家是少儿习艺学校(industrial school)。还有22家为妇女设立的机构,其中11家是为那些处在危险中的人设立的,2家是医院,9家是职业学校。这里最具现代性的机构是:一个为工人在工作中遭遇工伤之类的不幸设立的机构,一个民政局(a people's bureau),为无家男人提供养老金(作为报酬)的机构,还有为贫困儿童提供郊游的一座山和一个海滨度假胜地。最后,还有考陀伦歌机构(Cottolengo

---

① 原文是 charity in Latin countries。拉丁语国家是指使用拉丁语族语言的国家,包括意大利、法国、西班牙、罗马尼亚等。——译者

Institute)，它收留所有患病、虚弱和身体单薄的孩子，收留的人数达到 2000 至 3000 人。在意大利南部，巴托罗·郎格（Bartolo Longa）为了表示对圣母玛丽亚和庞培古城的崇敬，收留了 136 个孤儿和 70 个罪犯的孩子，他教他们学会农业耕种和其他行业的手艺。这种对圣母玛丽亚的崇敬还与现代的新闻传播事业发生了紧密的联系，①依靠新闻传播手段，这位慈善家成功地将一些孤儿安置到了仁慈的、受人敬重的家庭中。

在这些国家中缺乏的机构是：吸收小额存款的机构，改善穷人居住条件的机构，就业帮助机构和家政服务人员的临时住宿机构；这些机构都能依靠自己运转，不依赖于慈善家的捐助，不花费他们的开销。还缺少预防偷盗的机构。除了收养孤儿的收容所之外，也没有收留低于 10 岁或 12 岁的孩子的机构。而且，我们既没有寄宿学校，也没有"贫民免费学校"②。此外，这些机构表现得十分低调，远离公众视线之外，因为这样，我花费了很大力气才收集到这些数据资料，很多这样的机构几乎提供不了任何信息。

第 156 节　唐·鲍斯高

在都灵的慈善机构中，唐·鲍斯高③的机构排在最前列。因

---

① 《庞贝谷》(Valle di Pompei)，第六年，1896 年。
② 贫民免费学校(ragged school)是为穷苦儿童举办的免费初等学校，在 19 世纪初由一些慈善家创办，在英国和美国都有这类学校。——译者
③ 唐·鲍斯高(Don Bosco，1815—1888)是意大利的天主教神父，创立撒肋爵会(Salesiano)。由于该教派重视平民儿童的教育，因而又称为"慈幼会"。——译者

为在我们很多人看来,慈善的光辉真正非凡地存在于一些道德崇高的圣人身上,他们同时有着非凡的心灵和智慧,非常有名的唐·鲍斯高就是这样的人。[①]

1841年,唐·鲍斯高26岁的时候,拜访了都灵的一个监狱,对年轻犯罪人产生了兴趣。在他看来,如果很多人得到了足够的照顾,他们中的许多人也许会得到挽救。从那时起,在他的机构中开始收留那些面临诱惑最多的年轻人,唐·鲍斯高在他们失业的时候帮助他们找工作,在他们工作的时候探视他们。1850年,他创立了互助协会(the Mutual Aid Society),这个互助机构的目标是,帮助那些健康状态不佳的人员以及因为没有工作而贫穷的人。这个机构的每个成员需要在每个周日向机构交纳5生丁,入住不满6个月的人不能从这个协会受到益处,除非他们在进入时交纳了6个月的费用并且在此期间没有患病或失业。唐·鲍斯高的机构接纳所有阶层的年轻人,包括被遗弃的孩子。唐·鲍斯高自己认为,1/15的年轻人是天然的堕落者(natural pervert)。

撒肋爵会信徒(Salesian)或者方济各·撒肋爵[②]的信徒们认为,他们的机构体系即使对堕落者也能产生积极有利的影响,不过,他们不能提供任何直接的证据。而且,他们拒绝接纳那些14

---

① 博内蒂(G. Bonetti):《撒肋爵会演说家的五年历史》(Cinque Lustri di Storia dell'Oratorio Salesiano),都灵,1892年;德斯皮内博士(Dr. D'Espinay):《唐·鲍斯高》,1890年;乔丹尼(D. Giordani):《唐·鲍斯高的青年时期》(La Gioventu di Don Bosco),1886年;乔丹尼:《慈善教育》(La Carità nell'Educazione),1890年;切瑞蒂(F. Cerruti):《唐·鲍斯高的思想》(Le Idee di Don Bosco),1886年。

② 方济各·撒肋爵(St. Francis de Sales,1567—1622)是日内瓦的天主教主教。——译者

至15岁左右的犯罪人和癫痫患者等不可挽救的堕落者。世界上大约有200家撒肋爵会的机构。每家机构大约有150个住宿成员,成员总数达到30000人,这其中要算上平均每个机构拥有的100名走读生(day scholar)或者总数为20000名以上的走读生。这些成员9岁的时候被允许进入学校,12岁被允许进入工厂。进入之后,在工作之外的时间,他们在单独的房间中吃饭和休息,在此期间有人进行监督。尽管提倡他们参加宗教活动,但是不强迫他们这样做;那些特别热衷宗教事务的人,也不会因此得到什么特别的奖赏。每个车间、工厂都有宗教方面的和世俗的指导人员。这些是天主教教徒们自己设立的机构。除此之外,还有50家为年轻女孩子设立的机构,平均每家机构有100个住宿成员和280个走读学生。这些机构专门提供家务方面的学习指导。但是,即使在天主教教会机构,也跟其他拉丁国家的趋势一样,吸收了很多学习古典文学的学生(仅仅在都灵的机构就有500多名学生),似乎国家不需要更多的精力充沛的工人,而更需要阅读那些落伍的大部头书籍的人员。

第157节 巴纳多博士

现在,我们来看看一位新教徒圣人的奇迹。[1] 1866年冬天一个寒冷的夜晚,正在学习医学、在空闲的晚上指导一个贫民免费学

---

[1] 保罗·龙勃罗梭(Paolo Lombroso):《伦敦的巴纳多之家》(Le Case di Barnardo a Londra),1896年;《巴纳多之家》(The Barnardo Homes),《夜与日》(Night and Day),伦敦。

校的巴纳多博士(Dr. Barnardo),在指导贫民学校后刚要离开的时候,看到一个孩子仍然停留在屋内,站在壁炉旁边,看起来没有任何离开的意思。在询问了许多问题之后,巴纳多了解到,这个孩子没有父母亲、朋友,也没有住处,他在任何能够凑合一晚的地方过夜。巴纳多被这种沉痛的苦难所感动,他想了解更多的真实情况,他请求这个孩子带他到他的不幸同伴们居住的地方去亲眼看一看。

凌晨一点钟,他跟随着这名向导出发了。在穿过了伦敦最糟糕的市中心之后,他们进入了一个狭窄的庭院,穿过了一个长的屋棚,来到了一堵墙壁面前。巴纳多博士跟随着这名小孩子,爬上了墙。令人震惊的场景出现在他眼前,在一个陡峭的屋顶上,躺着10多个12至18岁的孩子,他们的头靠近房梁处,脚放在檐槽处。就在这个地方,在这些遭遇苦难的可怜人面前,巴纳多发誓要全身心地投入到贫穷孩子的救助工作中。从那一夜起,这成为他毕生追求的目标。虽然是一个默默无闻的穷学生,但是,他仍然成功地从一个慈善家那里筹得了一部分款项,这些钱足够租到一个能容纳20个孩子的房子。在他的庇护所建好后,他花了两个晚上的时间在街头寻找那些孩子。他说:"在这个小房间中,在第一个晚上睡觉前,第一个家庭的25个孩子与我跪在一起,向上帝表示感恩,并祈祷以后他们的需求不会落空。再也没有比这更让我难忘和令人感动的场景了。"

这间开始时只有25个成员的房子,快速地发展和增加。在不到30年的时间里,增加到了87家,收留了5万多名孩子,这些孩子的年龄从几周大到18或20岁不等。除此之外,巴纳多还建立了很多的辅助机构:免费的疗养院,为穷人开办的学校,主日学校(Sunday school),①免费厨房,夜间收留机构,乡间的儿童聚居区(children's colonies in the country),职业介绍机构,戒酒团体,救济贫民的流动厨房(soupkitchen),为移民入境者和移民出境者设立的机构。所进行的这项巨大工作,是理想主义、现实的理解、快速的领悟和对上帝的盲目信任的一种奇特融合,看起来让人感到惊奇。在巴纳多报告的大量事例中,他都指出了拯救每个人的成本方面的道德结论。他得出的精确而率直的结论是:"仅仅依靠10个银币和上帝的帮助,就能挽救一个生命。"在他为了其机构而发表的一篇文章《夜与日》中,我们看到了这样的告示:"我们需要一块距离伦敦50英里左右的可耕土地等"。基于这种单纯的自信,他在这个告示中为其8000个儿童的大家庭增加了一份需求清单:长筒袜、睡衣、床上用品、缝纫机、一架脚踏式风琴、新生儿需要的麻织品,最后,还注明需要一架神奇的幻灯。

与巴纳多开始救助孩子的神奇大胆的开端一样,他成功地运用巧妙方法为他的机构获得了生存的必需品。这个组织的成员增长到了10万人,他使所有公众变成了合作者。他的组织工作使得每一个人都可以贡献出自己的一份力量。有钱的人捐助金钱,没钱的人可以为机构工作,即使不能每天都工作,也可以一周工作一次。我们可以说,巴纳多知道怎样将同情转化为金钱,再将它们投入到慈善事业。

---

① Sunday school 可以直译为"星期日学校",即在星期日对儿童进行宗教等方面教育的学校,大多附设于教堂之中。——译者

在这个方面，我们可以看到，与拉丁人相比，盎格鲁-撒克逊人做得更为卓越！

第158节 慈善机构的无效之处

无论慈善机构多么有效，面对巨大的需要和痛苦，它都只能是一种无效的权宜之计。慈善机构不可避免地要依附于人类的激情，它不仅取决于人们的经济状况，也取决于人们的情感状况。因为怜悯心的断续性或者经常迁移，慈善机构绝不可能实现所有的目标。而且，考虑到人类困境的巨大无边，慈善机构也无法通过适应人们需要的艰苦努力来解决它。即使富人希望以这种方式恢复一部分甚至全部已经获得的东西，在很大程度上也不可能通过诚实以外的手段来恢复。这就像在剪完一只羔羊的毛之后，人们试图再把羊毛绑在它的背上。这种意图可能是好的，但是羊毛再也长不出来。

事实上，3/4的不幸者没有得到救济，那些获得慈善救济的人所获得的救济也是不够的和糟糕的。1/3的钱花在了慈善的管理工作中，这部分钱又到了富有者的保险箱中。许多名称听起来像慈善机构的组织，其目的仅仅是想让穷人依附于宗教。我甚至看到过这样一个例子：因为家庭中的一位成员看不带有宗教性质的报纸，拒绝给全家提供援助。许多时候为了获得面包，不幸的贫穷者在一天之中需要参加多达三次的宗教活动，与通过工作来填饱肚皮的方式相比，在这种情形下人们失去的更多。

然而，无论怎样伪装，公共慈善机构通常都不会帮助那些尽管最需要帮助,但也是最敏感、最强烈地感受到接受施舍的羞耻的人。公共慈善机构不仅没有缓解人们的需要,反而贬低了他们的人格,因为它消除了人们内心深处所有关乎个人自尊的感受,熄灭了人们内心自发产生的通过个人奋斗来获取他在社会中的独立位置的冲动和热情。

1800多年来,福音书上的"不管什么,都要给穷人"(quod superest, date pauperibus)①的格言得到广泛传播,然而,现在社会的罪恶和痛苦却变得越来越深。如果在过去宗教情操浓厚而普遍的情况下,这种格言都很少受到关注的话,那么,为什么在今天这样一个社会——每个人都在被迫寻求自己的利益的社会环境中,人们仍然要关注它?在早期,拥有小块土地是很常见的,那时候通讯极不发达,土地所有者或雇主能轻易地给请求他们的少数人一份工作。但如果是现在,如果要求一个大的工厂的管理人员给所有向他提出请求的人分配工作,他将会说这是做不到的,如果他这样做,在不到一个星期的时间里他就会破产。现在,假设慈善的情感仍然普遍存在,但是,在一个失业率不断攀升,越来越多的人感到痛苦的现代社会中,对个人的救济又能起到什么作用呢?我们最好的机构,例如医院,也仅仅是将发病率、死亡率从50%降到47%。现在,通过阻止年轻人夜间工作、为在校学生提供午饭,就可以看到这些措施能够比所有其他制度更有效地大幅度降低发病

---

① 这一句拉丁文的翻译颇费周折。经问国内有关学者,不得其解。后来只好询问美国犯罪学家皮尔斯·贝尔尼(Piers Beirne),他回复说,quod superest, date pauperibus 的意思是"No matter what, give to the poor",还说,superest 的拼写可能有误,正确的拼写应该是 superstet。——译者

第4章 对贫富都有影响的预防性措施

率和死亡率。

慈善事业和需求是平行的两条线,无论任何时候都不可能有交叉,然而,借助于人们的利益和结盟的利己思想,有可能弥合慈善事业与需求之间的这个缺口。因此,采用8小时工作制度,不仅加强了工人的力量,还能使更多的人就业,同时,还能让人们有机会获得更好的工作。工厂中的艰苦劳动可以毁掉工人,现在,完全忙于这种劳动的个人,也能够忙于他的家庭生活,能够体验到家庭生活的甜蜜而不仅仅是家庭生活的负担,还能获得更多的文化知识,这些是抵制犯罪的一种新武器。在慈善措施之外,将工作平等地分配给所有失业的人,才能提高穷人的经济和道德状况。对生活必需品的集中控制,现在仅限于学校、照明、浴室,有时候还包括医院和电车。如果对食物、居住房屋、衣服也实行集中控制,就可以完全取代过去时代的慈善措施,就能预防所有的偶然犯罪。此外,通过预防贫富差距过于悬殊,也可以预防由此发生的危险,这对所有阶层都适用。穷人带到富人公寓中传播疾病的昆虫、细菌,是对他们忘记穷人的惩罚,就像饥荒发端于富人的投机买卖,它大量增加了穷人中的疾病传播,反过来又影响那些引发它们的人。可以说,许多的偶然犯罪同样起因于部分富人对穷人的忽视。盗窃、无政府主义、谋杀和造反,仅仅是反作用于那些引起它们的人们的恶果。

第5章 宗教

第159节 概述[①]

以往认为宗教是防治犯罪的万应灵药,现在是摆脱这种隔代遗传倾向(atavistic tendency)的时候啦！在过去,即使最科学的观察者也没有注意到这种倾向。现在回想一下,我们摆脱宗教的束缚是多么缓慢,这不仅仅体现在道德方面,而且也体现在艺术和科学方面。以前,如果不首先成为牧师,就没有人能够成为画家、雕刻家、诗人、建筑师或者医师。最终,艺术和科学,那些在教堂的阴影下勉强成长起来的高尚学科,现在已经彻底摆脱了宗教的影响;留给曾经控制整个知识领域的牧师们的,仅仅是道德和慈善事业方面的一部分领域,即使在这些方面也不是垄断性的,因为很多人公开表明,除了宗教之外,他们还信奉慈善和道德,而且正在各个方面兴起的道德社团,摆脱了所有的宗教仪式。

所以,我们不可能从宗教中找到防治犯罪的方法,这一点至少在拉丁语国家是可以理解的。

[①] 这一节的标题是译者加的,原文中仅有"节号"(§),但是之后没有标题。——译者

第 5 章 宗教

我们可能会和塞尔基(Sergi)一样地说,①

> 真正的道德是本能性的;道德感类似于怜悯感;如果本来就不存在道德的话,那么,无论是宗教或者教育的影响,还是任何戒律(precepts),都不能创造出真正的道德。
>
> 宗教就是戒律创造出来的一种说教体系。像其他道德规则一样,宗教有一种远离现实和日常生活的外在约束力;它不但不能强化性格,而且恰恰相反,它有可能通过削弱人格、通过禁欲主义而削弱人的性格,甚至使性格完全消失。
>
> 正是通过宗教,会产生那种人们在外表上重视宗教、尊重教会和神的权威,同时却在社会关系中进行非道德活动的奇怪现象。

但是,有些人会问,宗教本身怎样可以成为预防犯罪的一种有用的道德力量呢?我们的回答是,只有在开始形成宗教思想的阶段,宗教可以发挥有益的影响作用,它可以将自己转化为一种强烈的热情。"迪莉娅(Delia)事件"给我们提供了一个这种转化的高尚例子。②

迪莉娅早年丧母,在修道院里长大。她先是被一名年轻律师诱奸,然后被一个神父强奸,在尼古丁的影响下,她自暴自弃,完全过着一种妓女和酒鬼的生活。她曾三次被送进矫正机构,但最终

---

① 《司法论坛》(Tribuna Giudiziaria),1896 年。
② 惠特莫尔(Whittemore):《迪莉娅》。

因在监禁时拒绝进食而被释放。她加入了盗窃团伙,由于身手敏捷很快就成为这个团伙的头目,曾经7次被逮捕,原因是殴打警察和自己的同伙。她依据窃贼的业绩论功行赏;但她绝不允许弱者在她面前遭受殴打,自己冒着生命危险保护他们。她关心病人,照顾他们,保护他们免受他人的抢劫。警察称她为"奇迹",但她的同伙却称她为"蓝知更鸟"(Bluebird),毫无疑问,这是由于她偏好蓝色的缘故。1891年5月25日,一名女传教士惠特莫尔夫人走进了莫尔伯里·本德(Mulberry Bend)的下等酒吧,在那里,她召集这些窃贼,试图举行一个宗教仪式。但是由于其中的两个窃贼被捕而导致群情激愤,窃贼们甚至不让她讲话。如果没有迪莉娅的保护,窃贼们一定会把他们的愤怒发泄在这个女传教士身上。随后,迪莉娅陪同她走访了纽约最恶劣的犯罪分子的聚集地——莫特街区(Mott Street)的鸦片烟馆。当离开迪莉娅的时候,惠特莫尔夫人送给她一束玫瑰,并且有点神奇地预感到,如果恳求迪莉娅皈依宗教的话,她会带着这个花来看望她。但"蓝知更鸟"的回答是,她发现从任何有钱人手中拿走钱是很正常的;至于其他,她加了一句:"我已经做过所有我能做的罪恶,我不能以另外的方式生活。"(她当时23岁)然而,迪莉娅承诺去一个教堂,并履行了她的诺言。在她送还那束带有魔力的玫瑰花的当天晚上,她坦白地承认自己度过了非常糟糕的一天,于是,她试图借酒消除自己的怀疑,但是,酒喝得越多,就越想成为一个能主宰自己命运的人。在当晚,当察觉到玫瑰花正逐渐枯萎时,迪莉娅陷入了沉思,回想起了自己像玫瑰一样纯洁的时光。她意识到,这些年来一天天消失的时光,正如一天一天凋谢的玫瑰花瓣一样;于是,她立即下定决心,告诉她的同伙自己要离开他们。就在同一天的晚上,迪莉娅满眼含着泪水,走进了教堂,惠特莫尔夫人体贴地拥抱了她,请求她和自己一起祈祷。

从那天起,迪莉娅就放弃了喝酒、吸毒和抽烟的坏习惯。为了劝说自己的一位好朋友向好的方面转变,迪莉娅被允许探望自己的这位在监狱中的老朋友。因为身患肺结核和梅毒,迪莉娅被送进了医院,当她一出院就被邀请去喝酒时,她拒绝了。治愈后,她就在莫尔伯里·本德地区投入到改变其同伴的工作中去。她也曾经在奥本(Auburn)监狱中对1500名罪犯做过演讲。她说:"做坏事能给我们带来什么?监禁、痛苦、耻辱和疾病。当我在最糟糕的情况下因为使别人害怕我而欣喜时,我自己也常常感到恐惧。如果不在我身边开着灯,我会难以入眠;过去,每当早上起来时,我常常问自己,是不是在监狱待了一夜。我记得曾经有一位女士问过我,你见过上帝吗?我回答道,没有,它失踪了,因为我憎恨基督教徒,我的宗教信仰纯粹是一种形式。如果你问我花了多长时间使自己放弃过去的犯罪生活,我将告诉你,大约三分钟,仅仅相当于向上帝祈祷的时间。"在11个月期间内,迪莉娅使100多人发生了转变。当年,迪莉娅死于肺结核,但是她所进行的激励行为使她变得那么伟大,以至于在她死后,她的80多名同伙变成了或者似乎正在变成为正直的人。

我不能够确保这些人的转变是否能够持续下去,但是,迪莉娅的转变却是千真万确的。这一点可以从她脸上显示出的变化来证明,她的照片显示了这种变化。但是,应该记住的是,导致她步入妓女和犯罪生活的原因,不是早熟的犯罪性,而是被人下药后遭受的强奸。更进一步说,即使在迪莉娅的犯罪生涯中,她也总是保护弱者。很显然,她是一名倾向犯罪人,而不是一名生来犯罪人。然而,也许是受到暗示性影响的结果,她迅速发生转变(她自己说是三分钟的事情),进而对其产生了热情。这些都证明,在这种情况下,处于萌芽状态的宗教激情扼杀了所有其他的激情。

可以再举出相同的事例,那是与我有关系的一位浸信会教友(Baptist)的事例。他曾经是一名嗜酒如命的小偷,在牧师讲道和榜样的影响下,一举改变过来,并且成为一个坚持走正道的人。但是,所有的这些事例,都绝对是个别的现象,并不能作为支持宗教能够防治犯罪的理由。这些事例没有提供任何证据证明,宗教作为组织人们的手段,在防治犯罪方面有任何效力;宗教在一些人中产生的狂热,并不是普遍盛行的现象。而且,还应该注意到,这些奇迹更多发生在盎格鲁-撒克逊人和瑞士人之中。我们不得不得出这样的结论:通常归因于宗教影响的这些奇迹,实际上是种族和先进文明引起的结果,它们能够使人产生伟大的理想和高尚的激情;随着文化的发展,宗教感情会每况愈下,越来越淡薄。因此,我们在崇尚道德文化①的社会中,在禁酒会②中,都发现了某种崇高热情的证据,这些崇高热情都是道德方面的和反酗酒的,而不是宗教的。

费雷罗指出:

---

① 普法格斯特(Pfungst):《关于道德文化协会》(Ueber die Gesellschaft für Ethische Kultur),1896年。
② 禁酒会(Good Templar)是指19世纪为促进完全禁酒而组织的秘密社团。——译者

第 5 章 宗教

在加尔文①教派的国家,有成千上万的崇拜者,他们以各种名义和理论为借口,积极开展各种活动,不仅仅有仪式方面的活动,而且也有拯救人们心灵方面的活动。在意大利,如同在法国一样,没有人曾经成功地激起对最严重的社会邪恶进行道德抵制的洪流,而热情的和积极的精神必须在其他方面寻找一个能够利用其能量的领域。②

以基督教救世军(Salvation Army)为例。③ 这个机构是由一位名叫布思④的人创立,它以最古怪的外在形式出现,有军事性质的等级制度和奇怪的统一制服,但是也有最神圣和严肃的目的。它是一个以阻止、打击邪恶和犯罪为宗旨的机构,有时候甚至不惜使用最奇怪的武器。它通过会议、廉价的戒酒酒店、"培训所"(elevator)⑤和人们的厨房(最后在 1895 年分发了 3396078 顿饭)来反对酗酒。该机构为无家可归的人提供宿舍,每晚为 4100 多人提供暂时住处,在这些住处中通过传道聚会,使很多人转变向上。

---

① 约翰·加尔文(John Calvin,1509—1564)是法国宗教改革家,否认罗马教会的权威。——译者
② 《现代生活》(Vita Moderna),1893 年。
③ 怀特、帕克和费拉里(White,Park,and Ferrari):《关于救世军的真相》(Truth about the Salvation Army),伦敦,1892 年;布思(Booth):《最黑暗的英格兰的光亮》(Light in Darkest England),伦敦,1892 年。
④ 威廉·布思(William Booth,1829—1912),又译为"布斯",是英国慈善家,救世军的创始人。——译者
⑤ elevator 的本意是"电梯""起重机",在这里引申为提升生存技能的机构(下文中包含了这方面的意思),因此,翻译为"培训所"。——译者

基督教救世军介入所有的不幸事件,促使人们从邪恶的道路上走出来;在职业介绍机构为那些不幸的人们登记注册,仅在1895年就为19372人找到了工作;或者接收这些不幸的人进入自己的"培训所",这是一种特别的机构,在那里,有偿雇用他们,或者对那些一无所有的人传授做生意的方法,直至为他们找到合适的职位为止。要么把他们安置在救世军的农庄中,他们可以在那里待4年的时间。对于被判有罪的人,基督教救世军在监狱中对他们进行演讲布道。救世军接受那些比较有前途的对象作为不同等级的士兵,把另外的一部分人吸收到一种特别机构里,试图改善这些人的道德和实践教育方面的缺陷,尤其教会他们做生意。他们能够由此进入"培训所",然后被私人机构雇用,或者进入农庄,等等。另外,救世军拥有84个为不幸的人设立的办事机构,通过直接的和个人的努力来克服邪恶。在一年之内,他们访问了大约58723名私人住所中的贫穷的家庭成员,在酒吧拜访了15072名个人,在暂时住处访问了7500人,至少对3887名病人提供了帮助。救世军也支持为儿童设立的特别机构,以帮助流浪儿童尽快返回故乡。对于妇女,救世军提供了9个特别宿舍和13个娼妓救济所(Rescue Home),总是从酒吧和其他可疑的地点解救妇女。救世军为1556名妇女提供了工作职位,并且在一段时间之后,在私人住所中为这些妇女找到住处,或者送她们到农场工作。看到这些新加入慈善事业的士兵受到如此安静的接待,真是令人惊讶!他们的住处、"培训所"和农场是开放的,任何人都可以进出,离开的人一旦回来,总是作为流浪的孩子而被接受,并且享有完全的自由。

卫斯理公会教徒[①]的工作原则并没有根本性的不同。当该派的领导成员之一马库斯(Marcus)揭露伦敦穷人生活条件的可怕情形时,他们就立即投入到改变邪恶和酗酒的工作之中。[②] 休斯(Hughes)是一名伟大的传道者,他在一次布道中说:"我们不能仅仅关注挽救人的心灵而忘记挽救人的身体。"他凭着最深刻的信念,吸引数百人跟随他,这些人承认已经皈依宗教,并且向自己的牧师指导(pastoral guidance)倾诉了心声。他们挑选出人们最危险的时间段,称之为社交时间(social hours),即在晚上 9 点到 11 点之间,邀请人们参加晚间聚会,很好地款待他们,让他们签订保证。他们访问疾病最流行的地方,在那里,他们的姐妹们发现和挽救了一些生命垂危的妇女。一天,他们中的一员看到一个年轻的女子正被一名花花公子领进酒吧,于是就走向前对她说:"记住你是个女人",并亲吻了她的额头。这个女孩很受感动,回答道:"我以后再也不进酒吧啦;但是,如果你不想让我们再堕落,就得每晚收留我们。"

在社会问题实践研究新教徒联合会(Protestant Association for the Practical Study of the Social Question)这一组织中,我们发现其成员坚定地支持这样的观点,即为了获得资本利益而参与劳动。沙夫茨伯里勋爵(Lord Shaftesbury)是改变英格兰矿工生

---

① 卫斯理公会教徒(Wesleyan)是指信奉英国的基督教新教牧师约翰·卫斯理(John Wesley,1703—1791)的宗教思想的基督教教徒。——译者

② 《基督教实践杂志》(Revue du Christianisme Praticante),1890—1895 年;马尔科姆·泰勒(Malcolm Taylor):《西方的肖像和图片》(Portraits and Pictures of the West),伦敦,1893 年;马库斯:《被抛弃者的痛苦呼喊》(The Bitter Cry of the Outcast),伦敦,1893 年。

活条件的人,也提倡发展工业事故保险。①

1862年在纽约创立的禁酒会和1877年在日内瓦创立的蓝十字(Blue Cross)组织,各自的成员人数分别达到了50万名和1万名,它们的规则都要求成员在某一时段禁止饮酒,而且正在成功地开展此项活动。所有的这些都可以解释,为什么在基督教新教国家,尤其是在瑞士和英格兰,酗酒的人正逐渐减少,而在天主教国家酗酒的人却在增加。

我们能说我们的撒肋爵会教徒和慈善修女会的工作完成得更好吗?远非如此!为了取得相似的结果,或者为了追求这些结果,必须有一定程度的理想,而这种理想无法在旧的人群中发现,因为无论是教皇、一定品级的宗教团体领袖,还是圣徒,这些旧的人群都在其宗教仪式的范围内活动,并且在某个独裁者身上达到了最高程度。通过比较唐·鲍斯高和巴纳多博士的工作,我直接证实了这一点。在意大利,我们看到杰出的个人对犯罪进行的有效打击,但是,他们要么是非国教派成员(dissenter②),就像拉扎莱蒂(Lazarretti)那样,要么至少在某一时间内,他们活动的中心游离在官方教会的轨道之外,就像唐·鲍斯高和阿西西的圣方济各③那样。无论是哪一种情况,至少从目前来看,这些人都构成了一种新的宗教,开始了新的生活;如果罗马精明的政治家们不采取预防措施,把他们重新拉进其势力范围内的话,他们不久就会形成自己

---

① 《蒙托邦大会的工作》(Travaux du Congrès de Montaubon),巴黎,1885年。
② 在非宗教领域中,dissenter指持不同政见人员。——译者
③ 阿西西的圣方济各(St. Francis of Assisi)是指方济各会创始人圣方济各(St. Francis,1181—1226),他生于意大利的阿西西。——译者

的教派。

因此，像唐·鲍斯高和巴托罗·郎格那样的圣徒，在他们发展的过程中，如果没有教会当局到处设置障碍阻挠他们，他们就不会发展起来。基于同样的原因，当这些人希望提升自己，使其达到我们这个时代的先进思想水平的时候，他们仅仅成功了一半；他们不是像巴纳多博士那样，通过组织移民聚会或者清理土地，在更有用的行业中大规模地开始照料儿童的工作方面取得了成功，而仅仅在建造大型的修道院方面，在培养在社会中并没有地位的牧师和古典学者方面，取得了成功。简言之，他们就是远离我们时代的圣徒，他们的工作虽然很巨大，但是仍然不能满足当前的需要，很少触及犯罪的根源。虽然这些人的才华或者圣洁可能令人尊敬，但是，他们必须服从更高当局的意志；这表明，在他们的心目中，罗马的宗教仪式比道德更重要。否则，他们就会受到镇压。因此，唐·鲍斯高把成为撒肋爵会的神父作为他的最终目的；而巴托罗·郎格所追寻的目标是崇拜庞培圣母（Our Lady of Pompeii）。现在，即使他们向被遗弃的儿童传授手艺和给予一定程度的道德教育，他们也仅能阻止某些意外犯罪（accidental crime）的发生，而绝不能再以这种方式挽救真正的倾向犯罪人和生来犯罪人。

所以，我们就可以推断，在这种类型的机构中，更加重视的是宗教仪式和礼拜仪式规则，而不是现实生活需要的规则。

另一方面，在拉丁语地区的慈善机构中，公众的支持从不与慈善机构创立者的支持联系在一起。慈善机构的创立者从不宣扬自己，其结果导致很少有人对此感兴趣，效果也较差。由于这些伟大的最初传道者的力量，完全依赖于他们自己的人格，他们集所有的功劳和责任于一体,而当他们去世时,他们的位置便无人能够取代。约利告诉我们,[①]在法国的孤儿收容所中,很长时间以来只关注儿童的宗教利益;他们向孩子们灌输兄弟之情,而不是传授谋生手艺。卢赛尔(Roussel)也指出,法国的教会慈善机构只对年轻的女孩子开展工作,因而忽略了那些除了监狱和矫正院以外没有其他避难地方的男孩子。而且,天主教的孤儿院几乎从不接受非婚生儿童,与新教徒尽可能引起公众对他们组织的关注的做法不同,天主教的机构极力逃避社会,除了向大主教和罗马当局汇报外,从不愿意对外报道。在天主教的孤儿院长大的学生没有任何社会知识,其结果是不能为自己设计未来的生活道路。[②]

总之,我们可以说,盎格鲁-撒克逊人的慈善机构在根本上不同于拉丁语地区的慈善组织,盎格鲁-撒克逊人的慈善机构通过各种服务,通过实际上的合作与互助,特别注意维持受益者的自尊;盎格鲁-撒克逊人的慈善机构特别关注很年轻的人们,而拉丁语地区的慈善组织却很少注意年轻人,最多也就是给他们提供食物。在盎格鲁-撒克逊人中,我们看到像基督教救世军和浸信会教徒这样的宗教团体,把拯救犯罪、预防酗酒和照料幼儿作为他们的伟大目标。如果个别人的影响力对寻求更好的方法具有重要作用的话,就像布思和巴纳多通过他们的感召和才华施加影响那样,那么,他们就是不可缺少的,因为他们总会有众多的追随者,而追随者的人数和热情能够确保获得公众的支持。

---

① 约利:《打击犯罪》(Le Combat contre le Crime),第91页。
② 卢赛尔:《对孤儿院的调查》(Enquête sur les Orphelinats),1882年。

因此,不应将功劳一般性地归于宗教,而是应当归于某些宗教,或者说更应该将功劳归于某些进步人士的理想倾向。然而,我们一定要提到宗教的作用,如同我们要提到慈善机构的作用一样,宗教的作用总是个别的、有限的和缺乏效果的,而不是像经济影响那样具有普遍性,因为民众总能普遍感觉到经济的影响。

第6章　教诲、教育和教养学校等的危险性

第160节　引言

如果说只有关于犯罪的教诲才能使犯罪人受益的话，那么，这是一种夸大的说法，不会再有人相信了。对犯罪人的教诲能让他们变得更加邪恶，简直就是给他们提供对抗社会的新武器。首先，有必要阻止监狱中的学校，就像我在我的《犯罪人论》第一卷和第二卷中曾经论述的，监狱中的学校只能促使累犯急剧增加。相反，我们要努力把教育的范围尽可能扩大到所有的诚实人；让我们加强身体锻炼，用户外的体育训练、步行、跳舞等占据我们的大部分时间。① 让我们更多地通过具体措施而非单纯的格言等预防懒惰和性早熟。同时，有必要优先挑选已婚的老师，而减少修道院和女修道会(monasteries and convents)中的学校。在小学里，如果发现小学生具有生来犯罪人的明显特征，首先必须将他们与其他人区分开来，对他们进行旨在增强其抑制中枢功能的特别训练，因为

---

① 体能训练有助于培养对欲望的克制力和人的纯洁性，一个社会想要培养和提高道德修养，体育训练课程比空洞的说教更能达到这些目的。

第6章 教诲、教育和教养学校等的危险性

他们的抑制中枢总是发展不足。要通过给他们的犯罪倾向提供新的出口来克服或者转变他们的犯罪倾向,同时要禁止他们学习有害的课程。在此,让我们回想一下生来犯罪人自己的坦白供述,他们认为,教育对他们而言是一种强有力的走向邪恶的辅助工具。现在更让人担心和焦虑的是,政治环境允许那些接受了教育的生来犯罪人,比诚实人更容易地进入政治社会,因为在政治世界中,盛行腐败、暴力、阴谋和欺诈。如果拿破仑、布朗热①和克里斯皮②没有文化,意大利和法国将会避免多少不幸和鲜血。

为了使学校不像现在这样消极,而是变得更有用、更积极,我们必须改变教育的基础;当前,教育中对美(beauty)和力量(force)的崇尚只会导致懒惰和暴力。我们必须把特别的农业学校摆在第一位;在其他学校中,我们又必须把手工训练放在第一位,用这些实际的、精确的训练取代过去的那些朦胧幻想。在增强这类课程的同时,要增加大学的赋税,这样就可以避免让那些没有社会地位的人(declassé)泛滥;③目前,我们每天都在增加新的大学。

塞尔基写道:

---

① 布朗热可能是指法国将军和政治家乔治·布朗热(Georges Boulanger,1837—1891)。——译者

② 克里斯皮可能是指意大利政治家弗朗西斯科·克里斯皮(Francesco Crispi,1819—1901)。——译者

③ 任何怀疑这个判断真实性的人,都只能回忆起1789年的革命者的经典风格,都只能阅读瓦莱(Valles)的《年轻人与造反者》(Le Bachelier et l'Insurge),以便相信这种教诲与时代不合拍,而只能导致造反者和落魄者。

到目前为止，学校还在为这些问题争论：什么是教字母表的最好的方式？怎样才能让学生学会写得最快？什么是发展智力的最好方法？但是，不教学生学习觉察自己感觉和冲动的任何方法。就像卫生学（hygiene）那样，教育的宗旨也是为了保持健康。卫生学的任何指导者或教师，都有必要知道如何区分正常身体机能和被扰乱的功能，能够意识到是什么导致了身体紊乱并能知道如何预防。教育者也应该是这样的，他必须知道人类心灵的本质和它如何在个体行为与社会行为中起作用，是什么身体组织方面的原因导致了这样的表现，什么样的外在原因和社会原因会扰乱他的正常机能。可惜，我们的教育者不具有这样的意识。他们进入学校培养孩子，对他们应该达到的困难目标没有任何明确的概念。任何一个进入学校的小孩子都会有数量不等的问题，但是，却把他当做问题已经解决了的人来对待。

不是应该增加古典学校（classical school）的数量，而是应当尽可能减少它们，同时，要根据现代社会的需要把它们改造成商业、艺术、贸易等方面的职业学校和技能学校。学校应该注重培养学生日常生活中需要的智能和性格。通过这样的方式，学生将会养成工作的习惯，这些本身就是非常有效的教育。当有更多的艺术学校、职业学校的时候，手工劳动会变得高尚尊贵。现在的情况是，谁要想学习这些就得拜个熟练的师傅，并且还要过几年糟糕的学徒生活。每个学校的首要目标都是对性格的培养，所有的行为都依赖于人的性格。教育的目标应当是努力克服性格中的弱点,培养学生形成所欠缺的品格,在他们迷失方向时能引导正确的方向。

第161节 家庭教育

在教育方面,家庭可以发挥比学校教师更多的作用。迄今为止,还没有人调查研究学业成功与人生成功或者人生不成功的关系,也没有人探索年轻人中典型的身体能量(physical energy)、种族能量(ethnic energy)与未来生活中不可预见的意外事故之间的联系。[1] 恰恰这些方面是家庭应该特别能够发挥作用的地方。然而,对于我们来讲,家庭往往依赖学校教育,而学校教师在任何情况下都不可能做得太多,因为有太多的学生需要他去关注,很多方面的工作本来是家庭应该完成的。因此,在本该有效制止犯罪的时候,学校和家庭都没有发挥应有的作用。家庭和公众都没有意识到,要把孩子的前途与国家结合到一起,职业和能力倾向是很重要的因素,缺乏知识储备也是一种协同因素。为了实现这种结合,就需要将所有力量持久地联合在一起,包括那些父母必须认真努力发展的力量。

然而,几乎没有必要在教育方面进行这种改革。

---

[1] 弗朗西斯·高尔顿(Francis Galton):《论国际人体测量学》(On International Anthropometry),《国际统计学会公报》(Bulletin of the International Institute of Statistics),1890年;《自由主义观念》(Idea Liberale),1896年。

加罗法洛写道:①

> 慈爱的母亲所养育的子女们在具体情形下究竟表现出慈爱或者严厉,往往根据他们从母亲的表情中查看出的允许或责备的神态而定。当小孩子撒谎或者虐待他的同伴时,还有什么比母亲伤心的责备更重的惩罚呢?如此长年累月地积累,孩子就会形成反对说谎、盗窃、残忍的本能,形成一种生理厌恶(physiological aversion);由于形成了这种本能,他就不可能再犯罪了。这样,教育的问题就解决了。

犯罪人类学告诉我们,考虑到孩子的犯罪行为普遍具有暂时性,我们不必对他们第一次的犯罪行为感到伤心、恼怒;只要这些行为不反复发作,也没有伴随犯罪人类学上的标记时,就不必给他们太严厉的惩罚。对普通人来讲,向好的方面进化就像人类胚胎的形成那样,是非常缓慢的。坏的教育通过刺激反常本能(perverse instinct)在童年时期的表露,就可以使这类反常本能变得频繁地表现出来,而这样的反常本能是难以转变的。斯宾塞在他著名的《教育论》②一书中告诉我们,太严厉的教育是多么的有害,它只会让孩子恼怒,而不会让他们确信自己做错了,太严厉的

---

① 《教育与犯罪的关系》(L'Educazione in Rapporto alla Criminalità),罗马,1896年。也可以参见德穆兰(Desmoulins):《盎格鲁-撒克逊人的优势是什么》(A quoi tient la supériorité des Anglo-Saxons),1897年。

② 《教育论》(Education)的全名是《教育——智育、德育和体育》(Education: Intellectual, Moral, Physical),由斯宾塞1854、1858和1859年发表的4篇论文汇编而成,1861年在伦敦出版。——译者

教育不适合孩子的天性。简言之,如果教育方面的期望过大,而忘记了同情的巨大影响力,那么,即使一个成年人也会因为伤害一个有同情心的人而觉得内疚。

因此,我们应该让惩罚变得更温和一些,同时,要使具体的惩罚措施适应孩子的性格,从而使惩罚更有效。所以,当孩子损坏贵重物品的时候,我们可以另买一个,但是要用巧妙的方式让他付出代价,以此向他表明他做错事情的后果。当他们不听从我们的要求时,我们可以给他更少的关注和同情,而不是愤怒和发火。因为即使是短暂的愤怒,也往往会对父亲和他的孩子十分有害——对于父亲而言,这实际上是野蛮复仇的一种表现;对于孩子而言,这会在他身上产生一种危险的反应。孩子不该受到暴力的强制,而是应该对其进行说服劝导。我们应该克制常见的、将坏的行为与惩罚联系在一起的做法,因为孩子即使接受了惩罚,当老师和家长的监督视线一离开,他就不再惧怕做错事。这就是为什么严厉家教下的孩子比那些家教不那么严厉的孩子在成年后往往会发生更多错误,甚至实施更多犯罪的原因。

第162节 心理学在教养院的运用

当谈到少年犯罪人的问题时,这些原因就具有更大的影响力了。年轻人生性易怒,报复心强,可能不愿意接受惩罚。由于残忍的本能,加上他们在教养学校(reform school)受到其他人的影响,加上他们会把从事不良行为当作光荣,以及他们经常对惩罚进行的理所当然的反抗,他们会变得更加残忍;他们之所以反抗惩罚,是因为对于犯罪的严重性和犯罪人的年龄而言,惩罚太重了。这类机构的负责人与少年犯罪人的关系很淡,还惩罚少年犯罪人,他们怎么能够激起少年犯罪人的同情心呢?在教养学校里有数百个孩子需要照看,他们怎么可能日复一日地监督每一个孩子并纠正他们的坏习惯呢?最后,当如此多的顽劣之人聚集在一起时,他们会为自己的顽劣而自豪,即使是一个诚实的人也容易被腐化,而少年犯罪人又处在坏念头不断涌现甚至相当强烈的年龄,教养学校的负责人怎样才能避免新的作恶机会带来的更大危险呢?[①]

很多人都期待在教养院里进行新的更小的分类。更多的人期待依据监禁的理由和年龄对他们分组。可是,怎么可能将手淫者、易怒的人、性变态者、小偷和虐待动物的人区分开来呢?然而,有必要通过特别的挑选程序改进这些机构。不仅要将年轻人与不可救药的成年人区分开来,而且要尝试根据他们的年龄、堕落程度等划分类型,因为他们的混合只会让罪恶不断滋生,而不是得到改造。必须通过催眠暗示来与邪恶倾向作斗争,催眠暗示在促使这个年龄和阶段的人形成良好的习惯倾向方面,尤其有效,这个过程类似于斯宾塞在他的《教育论》中提到的方式:

> 将一些鲤鱼和更小的鱼放在同一个鱼缸里,鲤鱼会有吃小鱼的习惯,而将它们用透明的玻璃板隔开后,鲤鱼还是会不

---

① 在下一章中,我们会看到布罗克韦在本书的这几页内容的启发下,在埃尔迈拉创办了教养院,从而给了我一个思想者所能期待的对其著作的最好奖赏。

断地试图去捕食小鱼,但每次努力都无济于事,这样他们就会逐渐放弃原来的企图。这时候再将玻璃隔板拿开,鲤鱼就不会再吃小鱼了。习惯会让它们变得无害,就像一条通过习惯培养和驯化的狗,也会不再叼别人家的东西了。

对待生来犯罪人也应该采取同样的方式。要避免严厉的惩罚,否则只会激怒他们。

人类学的新发展,在很大程度上引起了对犯罪人的预防性隔离措施的革新,预防性隔离措施又是很有必要的措施。相貌和颅骨的特征,连同生物学特征和过度的作恶倾向,很有助于区分生来犯罪人的明显而不断增加的犯罪性与在所有儿童中都会发现的那些暂时性特征。[①] 从意大利对这个学科的近期研究中可以看出,[②] 在 333 个接受检查的学生中,13% 的人有严重的颅骨异常,在这些人中 44% 的有违抗行为,而普通学生中只有 24% 的人有违抗行为。在颅骨异常的人中,23% 的迟钝(dull),27% 的呆滞(inert);而在正常人中,迟钝和呆滞的百分比分别是 11% 和 10%。在颅骨异常的人中,10% 的不会有任何改进,而在正常人中仅有 2% 的人会这样。在 43 个颅骨异常的人中,有 8 个人诉说了头痛、头发热、不能连续工作的症状;有 12 个人冲动、易怒,不能控制自己;还有 6 个人是真正的生来犯罪人,缺乏道德意识,在进行最严重的犯罪

---

① 《犯罪人论》,第一卷,第 2 章。
② 维塔里(Vitali):《教育学服务中的人类学研究》(Studi Antropologici in Servizio alla Pedagogia),1896 年。

行为时,也不会有良心受到谴责的感觉。① 在这些情形下,将这类生来犯罪人隔离开来,能够预防他们变得更加邪恶,更重要的是,能避免对其他健康的人产生不良影响,就像预防先天腐烂的苹果感染很多其他正常的果实那样。

我认为这是一种新的用于预防犯罪的想法,将这类新的想法运用到实际中后会没有效果吗?在英格兰,如果一个孩子经常逃学或者在学校中很难管束的话,那么,在经过一次常规的审查之后,就会把这个孩子关到一所逃学生学校(truants' school)中。在这个学校里,学校立即会让他浑身都能体验到一种新生活的感觉。为了实现这个目的,会要求他们理发、洗澡、注射疫苗、穿统一的衣服。他们会被关在自己的房间,除了周末之外,整个星期都被要求保持沉默。会要求孩子们做一些工作,例如,缝纫和制鞋,还要轮流接受体能和军事训练。在过了一段或长或短的这种隐士般生活后,他们能重获自由。如果是第一次,一般都会呆 8 周或者更短的时间,在到期时他们会受到训诫并进入普通学校。在那些被释放的人中,25% 或者 30% 的人会再犯,这次他们会被要求停留 4 个月。如果第三次再犯,就会被要求停留 6 个月。在这之后如果发现他们需要更多的道德教育,他们会被送进教养学校。

少儿习艺学校②接受那些虽然没有被判决有罪,但是由于所

---

① 约利在他所考察的学校里,没有找到任何生来犯罪人,学校老师告诉他,"我们有弱智和不正常的学生,但是他们一般性格温和,不会冒犯别人。"但是不久之后,约利不得不承认,学校里有进行过谋杀行为的学生,只是他在学校中没有发现他们,因为在学校里是不能容忍这样的学生的。那么,在开除他们之前,他们会在哪呢?

② 少儿习艺学校(industrial school)又译为"工业学校"。——译者

处的环境而具有危险性的人。教养学校接受那些被地方治安法官、郡法院或者巡回法庭判决有罪的未成年犯罪人。他们会被限制在得到授权并经过检查的学校里,最长不超过5年时间。总之,少儿习艺学校是预防性机构,而教养学校就像其名字所表现的那样,是约束性机构,同时也是教育性机构,在这里,会把少年犯罪人同那些仅仅是品性不端的人仔细区分开来;通过仔细将他们分成小组的方法,能够避免混在一起而带来的危险。

第163节　儿童的交往

出于相同的原因,为了不让学校变成犯罪中心,有必要监督所有的学校。这是控制在胚胎时代就已经存在的犯罪倾向继续发展的有效方法。在大城市中,街头孩子们的交往看起来好像是无害的,但事实却相反,他们之间的交往是十分让人恐惧的。这些交往是需要我们花费很大精力去控制的。一个学校教师对约利说:"干坏事的这些孩子从来都不是孤立的,他们只要聚在一起就不会干什么好事。"[①]

在《犯罪人论》一书中,在本书的第一部分中,我们都已经看到,人们在结成伙伴关系时是如何丧失他们的诚实性的,即使是参

---

① 约利:《打击犯罪》,第127页。约利指出,另一个教师对他讲,"当一些孩子在一起干坏事的时候,往往会发现他们几乎总是因为关系太亲密而这样的。两个原来很好的孩子,会互相进行可疑的检举揭发,互相产生邪恶的影响。如果孩子的本性就坏的话,情况会更糟糕。他们会有结成具有犯罪性团伙的倾向,还会在他们之间使用一些暗语。"

议员、众议员、学者也不例外。这种自然规律也会在儿童时代体现出来,而儿童时代的生理特征就是不诚实。如果这些拉帮结伙的孩子是孤儿或者来自家教不好的家庭,就很容易理解这些交往带来的危险有多么严重。

斯帕戈里亚迪指出:①

> 我们可以说,流浪者中的绝大部分不是因为怪僻或者贫穷而变成这样的,而是有缺陷的教育或者不良交往引诱的结果。有好多次,我们能听到令人尊敬的父母讲述这样的故事:"当我们在乡村的时候,孩子一直听话顺从,很有前途,可是一到米兰后,他就不再对父母孝顺和尊敬,还数次抢夺。"一个来自良好的受人尊敬家庭的 8 岁小男孩,从家里失踪了,连续几天进行仔细的搜索都没有找到他,在找到他之后,他不愿意说这几天躲在哪里。这些良好家庭里的孩子突然发生这么大的变化,是什么原因造成的呢?如果不是因为流浪者团伙,离开家庭几天期间没有父母的供养和约束,他怎么谋生、以什么充饥呢?

> 有的小孩会以为流浪的生活很理想,但是事实却相反,如果他们发现朝那个方向走的第一步就会带来饥饿、孤立和严格监视的话,这不是更有利于家庭吗?家庭不是通过这种方式可以增强它的权威吗?已经有大量关于公共卫生、街道管制、预防传染病等方面的严格法令,为什么就没有法令限制这

---

① 《一元论者》(The Monist),芝加哥,1895 年。

些街头团伙的形成呢？他们是对社会很大的潜在威胁，当他们还是孩子时，一名警察就能够让他们服从管理。如果任其自然发展，那么，将来某一天即使一支军队也不可能管住他们。

第164节　教养学校

几年前，教养学校（reform school）已经接受了7688个孩子。具体数据是：意大利，3770人；比利时，1473人；荷兰，1615人；美国，2400人。这些机构在表面上目的都是为了保护和改善孩子。但是，我们已经看到，这些机构实际上远远没有获得好的结果，而是将所有的顽固分子都集中在一起，他们相互之间产生了坏的影响。当这些年轻的犯人超过100人时，这样的混杂现象就更危险了。此时，他们不再是一个个的个人，而是变成一个人群了，即使是最能干的管理者也无法对他们进行仔细的监督，也无法仔细地帮助他们发展，于是，最严格的规则也会以失败告终。我这样说并不是仅仅从理论上进行的推理，而是实际走访调查了很多这样的机构，我很钦佩几个担任这些机构负责人的杰出慈善家。

有时候，我能在教养学校里发现勤劳、熟练、不顽劣的年轻人，但是我敢说其他大部分人都不是这样的，他们有很多人在虚假的温顺面具下变得更加邪恶。在米兰的一家非常好的教养学校里，我甚至看到这样的少年犯罪人：当询问他们被监禁在那里的原因时，他们甚至当着管理者的面厚颜无耻地撒谎。从这些事实可以看出，他们对自己的错误行为丝毫没有愧疚，甚至都没有意识到自己的错误。为了验证我的这种说法，在这些人获得自由后，我还一直关注他们。我询问了他们，他们的回答和坦白让我了解到，即使是更好的教养场所也充满了各种罪恶，包括那些最无耻的罪恶，例如鸡奸、盗窃、卡莫拉组织，这些情况非常类似于在监狱中的情形。尽管他们没有伪装成很有美德的样子，但是，他们的行为是那样的恶劣，以至于令那些向我讲述这类情况的人都感到恶心；不久之后，他们就会再次犯罪。[①]

在很多这样的机构中，例如在 G 和 M 中，流行对新来者的惩罚，强迫他们为成年人手淫。在意大利的阿斯科利（Ascoli），有人用石油焚烧这些机构。在另一个城市的教养机构中，有 3 个人将警卫刺死，他们的恶行并没有其他的动机，仅仅是出于作恶的快感。他们采用的欺诈手段也是让人想象不到的。其中一个人利用他的木匠手艺削空了一块木头，在其中塞满了香烟、香肠等东西，卖给他的同伴。另一个人在他的麦秆床垫里藏了一把短剑。第三个人将小金块藏在他的号码牌下面，在他更换囚室时一直带着它，如果不是他自己坦白，可能永远都不会被人发现。在杰纳热拉（Generala），我们询问了几个年轻人，尽管他们犯的是最严重的罪行，但是 8% 的人表示不打算改变。他们说："如果像我们这样年龄的年轻人需要钱来娱乐，那为什么没有从别人那里盗窃的权利呢。"另一些人补充说："无论我们犯了什么样的罪行，都无法与我

---

① 有关的详细证据，参看《犯罪人论》第二版（都灵，1878 年）最后部分的自传和对话。

第6章　教诲、教育和教养学校等的危险性

们在教养院里受到的待遇画等号。"3%的人坚决否认他们的罪行；11%的人承认他们感到懊悔,但是摆出一种无所谓的态度,这种悔改态度显然不真诚;5%的人更过分,甚至侮辱他们的父母。我们已经看到,①在这些机构中,文身现象非常普遍,他们之中40%的人有这样的标记。这是一类严重的标记；但更糟糕的是,有可能把这些文身作为特别的暗语。

在经过了最勤勉的努力后,年轻的犯人可能会有真正的改善,但是一旦再回到成年人群中,这种改善就会消失。除此之外,还有一条适合所有国家、所有年龄人群的定律:孩子需要的是一个指导教师(tutor)和女舍监(matron),而成年人需要的是一个真正能对他严格执行纪律的人(martinet)。约利还讲到,法国一家第一眼看上去像天堂的教养学校,实际上简直是地狱。那里纪律非常严格,但是却根本没有效率。例如,有个专门的惩罚室,孩子们需要绕着椭圆形列队跑步,从早到晚都在跑步,直到晚上才能睡在厚木板床上。为了报复,他们中的8个或者10个人把一个警卫挟持到了墙角,通过殴打或者控告来威胁他,迫使他日后要按他们的指示行事。②

完全的忽视不会比这样的教育制度更好吗？

确实,也存在少量这样的机构,其领导人因他们的仁慈博爱而非常出名,例如,德梅、③达科齐(Ducci)、雷(Rey)、奥伯迈耶

---

① 《犯罪人论》,第一卷,第338页。
② 《打击犯罪》,第145页。
③ 弗雷德里克·奥古斯特·德梅(Frédéric Auguste Demetz,1796—1873)是法国地理学家、感化院的早期设计者。——译者

(Obermayer)、斯帕戈里亚迪和马德利(Martelli)。此外,他们也有作为教师应该具有的敏锐洞察力。他们的奉献会弥补一些缺陷,但这只是一些例外情形,国家不能依赖这些例外情形。

如果教养院里收留的人数少一些,那么其糟糕程度会轻点。法国的这种公共机构里收留了多达 400 个学生,累犯率超过了 19%;而在私人机构,平均大概是 150 个学生,累犯率是 11% 到 12%;在瑞士和巴登大公国(Grand Duchy of Baden),从来都不会超过 50 个学生,那里的累犯率降到了 4% 和 2.5%;而在英格兰,男孩子和女孩子的累犯率分别是 4% 和 1%。

然而,这些数据并不能让我完全满意。在美国,很多教养院的累犯率高达 33%。托克维尔[①]在称赞它们是刑罚措施改革的理想模式后,宣称被释放的 519 个孩子中有 300 个再次犯罪,包括那些痴迷于偷盗和酗酒的几乎所有人,女孩子更是如此。85 个被释放的女孩子中只有 11 个表现优秀,37 个表现良好。在 427 个被释放的男孩子中,41 个表现优秀而 85 个表现良好。每个人都会回想起对梅特雷感化农场[②]的溢美之词。根据数年前的统计数据,梅特雷感化农场的累犯率从 75% 降到了 3.8%。现在数年过去了,累犯率又再次上升到了 33.3%,迪康对此的解释是因为巴黎人对国家的反感,年轻人尤其以此为乐趣。然而,梅特雷设想了关

---

① 亚里克斯·德·托克维尔(Alexis de Tocqueville,1805—1859)是法国法官、历史学家、刑罚改革家,曾在美国进行深入考察,撰写了著名的著作《美国的监狱制度及其在法国的运用》。——译者
② 梅特雷感化农场(the colony of Mettray)是法国地理学家、感化院的早期设计者弗雷德里克·奥古斯特·德梅在图尔(Tours)附近的梅特雷建立的感化农场。——译者

第 6 章　教诲、教育和教养学校等的危险性

于教养学校的理想模式:把小孩子分为 16 或 17 个人组成的小组或家庭,每个人都与自己小组的领导和领导助手一起住在自己的农舍里。数年之后,当我们看到一个政府委员会发现有必要限制教养学校时,我们怎能相信拉·罗科特(la Roquette)的蜂窝状教养学校(cellular reform school)创造的奇迹呢? 据说这个教养学校将累犯率从 15% 降到了 9%。[①] 法国的统计数据显示,在 1866—1868 年间,公立教养学校(public reform school)的累犯率是 17%,而私立教养学校的累犯率是 11%;统计数据也显示,释放的人中有一半名声不好。[②]

即使这些数据是准确的,也说明不了任何问题,因为私立教养学校经常会将那些不顺从的、散漫的孩子转到公立教养院里去。他们摆脱了这部分孩子之后,留下的孩子表现相对好些。此外,无论教养院对孩子的道德感化是多么有效,但是,它们所需的费用巨大、收容的人数有限,往往不能满足需要。

还要指出的是,当孩子不服管教时可以将他们送到教养机构中,并且不需要承担任何费用的现象,使许多父母在管教孩子方面变得更加不积极。在杰纳热拉,我注意到了 5 个有名的家庭,其中两个家庭有超过 100 万法郎的收入,贪婪的管家或者内疚的父母用一种堂皇的借口将孩子关在教养机构中,用一天 1 法郎的费用让孩子待在那里,他们甚至拒绝为孩子买必要的乐器或书籍之类的东西,这些东西能使孩子们的监禁生活变得稍微好受点的。

---

① 比菲(Biffi):《少年教养院》(Sui Riformatori dei Giovani),1870 年。
② 伯特兰:《关于纵欲》,1875 年。

意大利警察局的前任局长劳科太里谈道：

> 我必须指出，我们误解了关于顽劣儿童的立法规定，立法者的目的是更有效地预防犯罪，而人们却带着自私的思想去理解那些立法条文，固执地以为那是慈善事业。于是，大家庭的父亲以为，法律授权他们将那些带给他们麻烦、让他们花钱的孩子送入教养机构，由国家花钱教育他们。只要相关人员认为他们的申请被慎重接受了，他们就会巧妙地通过各种方式实现企图。教养机构收留孩子需要大量的证据，有的证据还需要从很高层次的机构中获得，以证明这些未成年人的不可矫正性。更可悲的是，父母经常过分地以各种巧妙的方式逼迫孩子闲散、流浪，例如，不提供给他们食物，打扰他们的睡眠等，这些方式官方不容易发觉，而且没有任何证据加以证明。

很多人相信，教养学校对被遗弃的孩子和孤儿有很大益处。我应当对这些人讲，这些教养学校里仅有8%至13%的人是孤儿，8%至12%的人是继子女。只有在能够教会少年犯罪人一门手艺时，这些教养学校才是有益处的，可是，那样的情形很少见。此外，晚上的隔离制度和严格的沉默规则，几乎不可能在教养学校或者其他的任何机构中适用，这些规则几乎无法在实行一半教诲、一半劳动制度的机构中运用，其中的人员会不断耍花招规避它们。

假如有人想到如果把这些孩子留在其不道德家庭中，其中的一些人就会受到伤害，因而对此深感忧虑，那么，就让他想一想，在教养学校里，那些与坏人接触的诚实而软弱的年轻人会受到怎样的影响。这些人中的大部分来自乡村,由于缺乏机会,他们不可能接触邪恶现象与进行不良交往;来到教养学校之后,他们发现这里给他们提供了这样的机会。因此,我承认,仅仅在例外情形下和对少数人而言,教养学校才是合适的;应当根据年龄、能力倾向和道德对其中的人员进行分类。这些人在夜晚应该分开,但是应该有尊严地享受到相对的自由。我认为,这些教养学校还应该接受那些因为贫困而不能进入陆军学校或者海军学校的孩子。至于那些想将孩子关在这里的富人,他们应该根据自己的收入相应地缴纳大量的税款。

第165节 教育方法

尽管教养学校是一类有缺陷的机构,但是,我们偶尔也能看到成功的例子,这是因为那里的年轻人已经习惯了有规则的和连续的工作,而这是那些生来犯罪人通常拒绝的事情。这个特点容易使我们识别生来犯罪人并能将他们与其他犯罪人区分开,因此,也容易使那些仅仅在幼年时有这种生理亚犯罪性①缺陷的年轻人养成生理诚实习惯(physiological honesty of habit)。

唐·鲍斯高②探索了对那些能够被改造的少年犯罪人进行教育的优良制度。

---

① 生理亚犯罪性(physiological sub-criminality)是指有可能导致近似犯罪的危害行为或者严重危害行为的生理倾向。——译者
② 博内蒂(Bonetti):《撒肋爵会演说家的五年历史》(Cinque Lustri di Storia dell'Oratorio Salesiano),都灵,1892年。

他说：

> 他们中的很大一部分人都有某种普通的气质和性格，但是他们有些变化无常，往往态度冷漠。应该经常用简短的话语劝导和告诫他们，并且通过少量的报酬和很大的信任鼓励他们工作，不过，需要注意的是，不能放松监督。应当尽可能关照那些不守法的学生，这类学生的比例一般是 1/15。最可怕的恶习是反复无常（lubricity），任何坚持这样做的人都会被开除。不允许年轻的犯人保留任何金钱和贵重物品，通过这种方式能控制孩子之间常有的盗窃和讨价还价的交易……这种管制制度只能控制秩序，但是对人们心灵的净化不起任何作用。孩子会轻易忘记父母对他们的惩罚，但是，他们会记住老师的惩罚。一般说来，管制或许在军队中对那些成熟而谨慎的人管用，但是孩子们需要一套预防制度。这套制度完全建立在理性、宗教、慈爱的基础上，排除粗暴的惩罚。为了理解这套制度的优点，有必要记住孩子的不稳定性（instability）。他们经常忘记纪律规则并且因此遭受惩罚，在他们行动的那一刻，甚至就没有想到过纪律和惩罚。但是，如果有一个友善的声音提醒他，结果会完全不一样。所以，绝对不能让他们独自相处；只要他们喜欢，应该给他们尽可能多的跑、跳、叫喊的机会。体育、声乐、器乐、辩论、业余戏剧、步行等，都是培养良好纪律的方式，这些方式还有助于道德的培养和身体的健康。但是，必须仔细挑选在即兴演出剧场表演的节目，只演出那些受人尊敬的角色。

第166节 通过收养进行的道德训练

教师作为榜样而产生的影响作用,是最重要的,因为我们更容易受榜样的引导,而不容易接受劝说。必须尽最大努力寻找所需要的优秀教师;当缺少优秀教师时,当因为拥挤和无法预防父母的欺诈而使不同班级混合在一起时,当无法为每个人提供一个小房间时,当缺乏好的车间时,就像在意大利存在的不幸情况那样,此时,更好的方法就是将孩子寄养在一个有道德、有活力的家庭中,让他远离城市的腐败影响。被遗弃的孩子会逐渐喜欢收养他的家庭,还会为收养他的家庭带来他的第一份收入,一般绝不会离开收养他家庭,他会找到一个稳定的道德环境,这些都会引导他变得正直。[①] 因此,在法国,在送出去让别人收养的11250个孩子中,最后只有147个被送回了教养学校。

第167节 美国教养制度——乡间居留制度

慈善事业应该采取新的形式,应当抛弃修道院、兵营之类的方法,也应当抛弃那些空洞的道德说教,因为这些措施对有犯罪倾向的人一点都没有用处。现在需要的,是激发年轻人获取财富的激情、对工作的热爱、对美好事物的感受。收养制度还必须用送到遥

[①] 约利:《打击犯罪》。

远的地方或者迁移到农村的方法来补充。正像巴纳多、鲍斯高和布雷斯都证实的那样,这是唯一有效的补救方式。1853年,由教授、法官、牧师、拉比①成立了一个帮助流浪儿童的组织,②他们还建立了一个收留流浪者的慈善工厂。但是,由于与普通企业发生竞争,导致这类工厂没能获得成功,而那些被收留的孩子,从他们自身出发,反对把他们当作慈善救济的对象,而是更喜欢自由。于是,他们考虑了以低价给他们提供住宿的计划。住宿费用是6分,洗澡和晚餐的费用是4分。

然而,还是没有办法让这些流浪者工作。如果直接要求他们工作,会立即使这样的机构变得空无一人。为了避免引起他们的反对或者怀疑,有一天早晨,这里的领导人宣布,有人需要雇佣工人,报酬是一个月12美元,20个人自荐想要获得这份工作。领导人说:"很好,但是这份工作要求字写得好。"结果,现场一片沉默!"如果没有人会写字,晚上专门教你们。"这样,就建立了夜校。在1869年和1870年,有8835个孩子进入了这样的夜校,10年间总人数达到了91326人,其中7788个人成为了很好的工人。有些技术差的妇女不愿意跟少习艺学校里那些技术好的人混合在一起,于是为她们建立了专门的学校,还许诺为那些表现好的人提供

---

① 拉比(rabbis)是犹太教中负责执行教规、律法并主持宗教仪式的人。——译者
② 布雷斯:《关于斯德哥尔摩国际监狱大会计划问题的报告……根据什么原则组织流浪儿童、乞丐和被遗弃儿童的机构》(Reports upon the Questions of the Program of the International Penitentiary Congress at Stockholm.... According to what principles institutions for vagrant, mendicant, and deserted children should be organized),1877年;布雷斯:《纽约的危险阶层》(Dangerous Classes of New York),1875年。

第6章 教诲、教育和教养学校等的危险性

食物和衣服。从此，因为流浪而被逮捕的女孩数量减少了，从1861年的3172人降低到了1871年的339人。2000个学生中只有5个人品质变坏，女盗窃犯的数量从944降到了572，被逮捕的女孩数量从405降到了212。还有更多的为男孩子设立的机构。设立了初级木工学校，那里还提供热的膳食。还建立了娱乐场所，仅仅需花费4分钱或5分钱。最初，那些男孩子打破玻璃，叫喊着："我们不需要任何学校!"最后的事实是，没有强迫他们去做最不情愿做的事情，福禄贝尔[①]的客观方法最终完全征服了他们。

这个机构还采取一些辅助性的办法，把孩子放在遥远的农场，那里更需要他们的劳动。相应的好处是让他们远离了城市的坏影响，还能直接与雇主联系，这种更好的监督胜过他们在自己家中接受的管教。

与良好家庭主妇的长期接触，使女孩子成为很好的家务能手，男孩子也从他们的雇主那里学会了如何成为好的农民。生活在一个慈善、友爱、勤劳的环境氛围中，能激发出新的自尊和美好的希望。另一方面，没有了坏的同伴和任何盗窃的引诱，他们便消除了一些恶习；丰富多彩的农场生活释放了他们多余的能量。当他们太虚弱时，社会会抚养他们，直到他们重新有力气干活，但是，如果他们实际上不够强壮，他们会离开农场。

通过这种方式，在不到23年的时间里，社会安置了被遗弃和没有被庇护所收留的35000多个孩子，更不用说少儿习艺学校（21

---

① 福禄贝尔（Friedrich Wilhelm August Froebel，1782—1852）是德国学前教育家、早期幼儿园的创办人，赞赏通过环境与各种活动使人的天赋力量得到自然发展的主张。——译者

所日间学校和14所夜校)招收的大量学生和寄宿机构(lodging-house)安置的很多孩子(1875年超过了23000名)。当孩子们在夜校和主日学校里养成了守秩序和有节制的习惯后,就把他们送到乡村,整个工作的花费不超过200万美元。

这些孩子中的很多人被他们的雇主收养了,还有部分人通过自己的工作开创了新的农场,或者进入了其他行业。很多女孩成为了家庭中的好母亲。很多年轻人像所有的被雇佣者一样改变了他们的地位,自己成为了雇主;但是,只有很少一部分人回到纽约,更少的、15000人中只有不超过6人被送进法院。实际上,在纽约,在这些机构建立后的10年间,流浪者的数量从3829降到了994,偷盗者从1948降到了245,扒手从465降到了313。

根据布雷斯的说法,这是对流浪儿童唯一有效的机构;他们聚在一起只会相互学坏。通过这样的方式,改善了农场的土地;通过农场的工作,也改善了这些孩子。这是矫治犯罪的一个很好的方式,这样的方式如果运用到意大利的部分地方,将会多么有效啊!

还有的孩子身体不适或者在其他方面不适宜从事农场劳动。对这些孩子,就像英格兰的平民免费学校那样,在学校中为他们保留着单独的床位。

第168节 日间儿童教养院

当不可能建立上述那样的仁爱的公共机构时,应该代之以斯帕戈里亚迪所倡导的那种机构,即日间儿童教养学校(reform

第6章 教诲、教育和教养学校等的危险性

school for day pupils)。这种机构的设立更容易。这是一种强制型日间学校（compulsory day school），收取的对象是父母忽略或不能为孩子提供任何教育，而且也不能被普通收容所（ordinary asylum）①收留的 6—12 岁的顽劣儿童（refractory children），还收容那些喜欢习惯性地在公共场所结伴出现的年轻流浪者。

这位伟大的慈善家说：②

> 即使是专门为孩子设立的收容所，也不可能收留所有的穷孩子，特别是不可能收容那些很贫穷、对贫穷感到羞耻的孩子。但是在任何情形下，当孩子从这些机构出来时，处在最容易走上歧途的年龄，如果他们没有获得任何的特别庇护，他们会变成流浪汉。

通过这种方法，我们可以阻止父母权威日渐衰弱的现象，这些是犯罪的最根本原因之一（不少于 20% 的孩子来自富裕的家庭），并且这种方式没有让他们远离家庭，也没有在孩子们最需要空气、运动、关爱和家庭亲密关系的时候禁闭他们。这样，就用更温和、更适合孩子们年龄的方式对待他们，在特别关注他们身体发育的同时，也不让他们从事不适合他们体力的繁重劳动。

在其他方面，少年教养学校花费金钱太多，以至于不能大范围适用，而日间儿童教养院会根据实际的需要来发展。此外，尽管费

---

① asylum 也指"精神病院"。——译者
② 《米兰省改革之家的成员会议记录》（Compte Rendu de la Réunion des Sociétaires de l'Œuvre Pieuse des Maisons de Réforme de la Province de Milan），1872 年。

用很高(实际情形不是这样),但是可以不断减少犯罪人的数量。米兰有两家这样的机构,1840年收留了700个孩子,他们在离开学校之后没有一个人被判罪,而少年教养学校里有一半的人进入了其他的收容机构。当前,这样就足够了,所谓的"祈祷室"(oratory)则在周日将儿童们召集在一起(在米兰大约有3000名儿童),作没有益处的祈祷,时间一长就会使人感到厌倦和无聊,应该把这样的机构变成非宗教性机构,并采取更理性的方式,在每一天都加以利用。

第169节 平民免费学校

在伦敦,还有介于斯帕戈里亚迪提出的强制型收容所(compulsory asylum)和布雷斯提出的自愿型收容所(voluntary asylum)之间的一种机构,这就是"幼童之家"(Home for Little Boys),这是为不幸的孩子们创立的真正的小村庄或者聚居区(colony)。幼童之家的孩子被分成小家庭一样的小组,还教他们学习鞋匠、农民、男仆、工人等的手艺。[①] 我们还可以用"平民免费学校"(ragged school)为例,这种学校给孩子提供食宿和教育,贫穷的和被遗弃的孩子、孤儿能获得住宿。这种不花费政府任何开销的机构,是1818年为在伦敦街头捡到的几个孩子而设立的。这些学校在上层阶级和下层阶级之间建立了一种高尚的纽带;在这些学校中,每周日都会看到一位大法官给孩子们教授字母表,这种

---

① 《监狱学科杂志》,1876年,第197页。

行为持续了连续34年。尽管多半的孩子第一次是被警察带来的，但是允许他们自由地进入和离开。许多人通过自己的工作养活自己。1860年，学校中有368个擦鞋匠，他们每个人每天给社会创造6便士的收入。

第170节 英国救济儿童的其他措施

英国还有一种值得借鉴的方式，这就是让那些对孩子的过错行为负有责任的父母，在他们没有尽到抚养义务时，从他们每一先令的收入中交出一便士，用来支付被拘留的孩子的费用。这种方法促使他们注意对孩子的照料，而不是从孩子被拘留中受益。我们已经看到了预防虐待儿童协会所取得的成就。另一个优秀的组织是"少年大队"[①]，[②]它收留了数百个街头儿童。这个组织是由史密斯（W. A. Smith）于1883年在格拉斯哥建立的，1891年已收留了20000个孩子，他们在那里操练、游行、作祷告、在教堂唱歌。

第171节 巴纳多博士的机构

如果说生来犯罪人是不可挽救的，那么，至少有必要在倾向犯罪人幼年的时候就挽救他们。

[①] 少年大队（the Boy's Brigade）是1883年创立的英国男童组织，旨在加强孩子们的纪律性和自尊心。——译者
[②] 《基督教实践杂志》，1892年。

巴纳多写道：

> 改造不幸成年人的尝试，往往因为个人身上的犯罪习惯的影响力而遭到失败。无知、恶习和犯罪的惰性，很难被改造的观念所克服。
>
> 对于儿童来讲，情况则完全不一样，只要我们掌握了重塑他们的方法，问题就会解决一半。外界的环境对人的性格的影响程度是令人难以置信的。一个新的、健康的环境对人的改造和更新有强大的作用，要比遗传在人身上留下的坏影响所起的作用更大。所以，如果想改变邪恶的本能，就有必要立即彻底地净化和纯洁环境。

巴纳多盛赞他对所接受的儿童们进行仔细考察的结果。调查显示，这里85%的儿童继承了父母酗酒的恶习，由此可知酗酒这个毛病的遗传性有多大。在9000个接受后被送到加拿大的儿童中，尽管有不幸的历史，但是在他们长大后，只有1%的人走上了歧途。如果想要改变他们，就有必要将他们置于一种具有塑造作用的条件中。这些不仅仅是一个宗教问题，还关系到经济收益。尽管收留和改造一个儿童会花费100美元，但是，社会因此可以节省预防自己免受一个成年犯罪人侵害的数千美元。

巴纳多对于所收留的每个被遗弃小孩，都仔细调查他们的过去，仔细地观察他们一段时间，然后为他们选择一种职业，将他们送到一个农场或者送到加拿大。他最大的秘诀之一，是将孩子们尽可能地分成小组，给他们足够的空间和自由去发挥个人独有的性格特征,尽最大可能避免他自己所说的"机构统一性印记"(the stamp of institutional uniformity),这种统一性印记往往是孤儿院和其他儿童福利机构的弊端。为此,不仅有必要避免不同年龄儿童之间的混合,还有必要让他们住在不同的住处,根据年龄和情况对他们分组。

巴纳多以深刻的洞察力和真正的人道主义情感,在自己的工作中系统地关注每个人的需要、能力和与社会的关系。他接收所有年龄的小孩,3—5岁的去一个房间,4—9岁的去另一个房间,他自己关照其余的10—15岁的孩子。当孩子们到了13岁的年龄时,巴纳多试图让他们养成工作习惯,养成吃苦耐劳的习惯。总之,就是让他们做好未来生活的准备。但是,对那些很小的孩子,如果不奢侈的话,巴纳多希望给他们最好的照料,至少受到像他们在自己家里被抚养时会受到的那种照料;孩子们的家建在花园中,里面有年轻而强壮的护士、光线充足的房间、白色的衣服、玩具、小鸟、小马车和舒适的床。如果他不能够给他收留的所有孩子提供舒适的生活,他至少希望能给那些最小的孩子带来舒适。在他的《夜与日》一书中,我们看到了一个宿舍的照片:墙上贴满了彩色的图画,背景是一个大的旋转木马,而床头边挂着鸟笼。这张照片让人伤心地想到了孤儿院和育婴室里糟糕的环境,在那里,对待孩子们就像对待马厩里的牲口一般,那里每天的日常生活就像走到了人生的尽头。这个机构还有一个设在乡村的分支机构,之所以建立这个分支机构,是因为在接收了一个3岁的乡村小女孩后,她无法适应环境,整天哭个不停。这件事情报告到理事会后,巴纳多的另一个合伙人布兰奇·沃特利小姐(Miss Blanche Watteley)立刻找到了解决办法,认为如果小女孩无法适应城市,他们就在乡村建立一个家庭,这就是建立"鸟城堡"(Bird's Castle)的原因。

让孩子远离了苦难和犯罪,并且在让他们学会工作之后,巴纳多继续进行他的工作,将他们送到加拿大,他在那里联系好了人员,安置孩子在农场干活并监督他们。同农民签订了3—5年的合同,为孩子们提供食宿,并且根据孩子们的年龄一年提供50或100美元的报酬。这样,就使他们免受类似兵营的那种拥挤生活的有害影响,同时,到了新的环境后,现代生活的狂热刺激也不会再影响他们。

同样,在真切感受到孩子们的需要和自己的机构的接纳能力后,巴纳多为女孩子创立了一个机构,设在离伦敦不远的一个迷人的小村庄,这个村庄由很多花园围成的农舍组成,它们都有许多奇特的名字,例如,"豌豆花"(Pea-Blossom)、"野百里香"(Wild Thyme)等。每个房间住20个女孩,由女主人(house-mother)照料她们。巴纳多说过,如果机构印记会伤害男孩子的话,那么,更会绝对妨碍女孩子的成长,因为要使女孩子的气质得到全面的发展,就需要家庭生活的所有细节。类似军营的管理制度或许在一定条件下,仅仅在一段时间内对男孩子有用,但是对女孩子而言却没有任何价值,女孩子们从中学不到任何妻子和穷人应该知道的东西——采购、安抚苦恼的小孩、缝纫等,所有这些都只能在"村舍制度"(cottage system)中学到,每年有200个以这种方式接受过训练的女孩子被送到加拿大,她们在那里很容易获得工作。

当考察救世军组织的代表给我提供的被解救人员名单时,就会发现巴纳多的这种教育方法的益处是不容置疑的。巴纳多引用的历史资料和那些有说服力的图片,给那些人的转变提供了不可辩驳的证据,他们不仅获得了精神上的转变,还发生了身体上的改变。多亏巴纳多博士,那些犯罪人才实现了真正的转变,成为了完全不同的人。

例如,[1]乔布被收留的时候,是15岁,他的母亲在3年前因癌症死于医院,他的父亲是一个懒惰的酒鬼,患有肺结核病,经常被关进监狱。乔布离开收容所时,独自一人,最初做一名小摊贩;由于没有住处和资源,他被邪恶的同伴吸引走了,变成了一个十足的流浪汉,以卖火柴为幌子在街角乞讨。现在,他是一个很好的年轻人,朴素、不抽烟,身体也不错。对他的教育花费了8英镑,他的旅费花费了10英镑,而他在新的国家变成了一个独立的人。[2]

詹姆斯是利物浦的一个14岁男孩,与已经结婚并有三个孩子的姐姐一起住在一个地下室里,警察要求他们离开这里。他因为行乞生活并与臭名昭著的犯罪人为伴而数次入狱。他被送到了加拿大后安置在一个农场,开始时,他因为一些不规矩的表现而惹了一些麻烦;现在,他已经完全改正了。

从以上叙述可以看出,鲍斯高、布罗克韦和巴纳多以他们高贵

---

[1] 参见《犯罪人论》,图表,XCII。
[2] 《夜与日》,1895年。

的心灵,克服了黑暗的、让人恐怖的犯罪,找到了预防方法,这是值得祝贺的!他们给我们带来了光明,开辟了预防犯罪的唯一积极的道路。

第172节　医学治疗

在进行了道德启发方面的尝试之后,应当尝试催眠治疗方法。尽管这种方法的功效被夸大了,但可以确定的是,至少在目前,催眠方法能够克服一些特定的倾向,它还能向正确的方向引导人的精神状态。对偏执狂者的这种治疗已经取得了效果。在病态的初期阶段时,更容易取得效果,并且能够通过重复而培养正确的行为习惯。而且,我们不该忘记,犯罪倾向的基础总是有某种癫痫的性质。根据哈瑟(Hasse)和埃斯基罗尔[1]的研究,在青春期前短暂表现出来的癫痫症状,到了青春期的年龄后多半会消失。如果癫痫是遗传性的,有必要将病人转移到与他父母居住的环境不同的环境中,例如,把他带到另一种气候中,让他以户外身体锻炼替代脑力活动。根据贝文-刘易斯(Bevan-Lewis)和克劳斯顿(Clouston)的研究,水治疗(hydropathic treatment)方法辅之以素食疗法,是非常有效的。[2] 在这些情形下,体内治疗方法(internal treatment)也可以使用,溴化物、鸦片、颠茄制剂等都可以在不同情形下使用。

---

[1] 埃斯基罗尔是指法国精神病学家让-艾蒂安·多米尼克·埃斯基罗尔(Jean-Etienne Dominique Esquirol,1772—1840)。——译者

[2] 马罗:《青春期对男性和女性的影响》(La Pubertà Studiata nell'Uomo e nella Donna),第438页。

第 7 章 政治犯罪的预防

第 173 节 引言

为了预防议会腐败和贫富差距过于悬殊,我们提出了许多经济措施,这些经济措施对预防表达大众不满的政治犯罪非常有效,就像对预防表达个人不满的普通犯罪非常有效那样。

第 174 节 种族亲和力

如同雷尼森(Lanessen)向我们指出的那样,历史的经验表明,当统治者在权力和文化方面不够强大时,被其统治的民众往往会用各种方法自己解放自己。希腊、荷兰和美国都是这样。在这种情形下,好的政治领袖会自愿放弃独裁专制,但是,虚荣心和巨大的眼前利益会蒙蔽当权者,他们很少会采取这种明智的方法。就像奥地利、匈牙利、英格兰和它的殖民地采取的一种更容易的方法——不完全独立(incomplete detachment)那样,这种方法减少了依赖、联系和纠纷,因此,也消除了暴力反抗和政治犯罪的最大原因。人们管理自己的能力越强,看到严重的邪恶并且消除它们的能力就越强。

有时候,这种独立和自治在具有种族差异的国家中是适用的,例如,意大利的南部和北部就有种族差异。在这些情况下,统一的民事、刑事和政治法典引起了以叛乱暴动形式表现出的持续不满。在表现出巨大差异的堕落的种族中,就像印度的种姓制度①和狂热的伊斯兰教民众中那样,唯一的政治安抚方法就是放弃任何的民事、宗教方面的改革企图,谨慎地维持现状,即使在最微小的细节方面也是如此,例如,在东京,仍然保留着敬重手稿灰烬的习俗,在印度则保留着对猪油的敬仰。对传统的这种敬仰在罗马人中曾经存在,在今天的英格兰人中仍然存在。

第175节 分权制度

斯宾塞说过:"从政治方面来看,社会的未来在于分权制度(decentralization)。"如果像小孩子一样对待民众,他们就会失去自发性和与困难作斗争的能力。于是,英国人依靠他们的互助会(mutual-aid societies),而法国人则大声疾呼地反对政府。法国人不再拥有一个自由的政府,因为当他们自由的时候,他们失去了所有的稳定性,使自己陷入了混乱无序的状态。最适合他们的那种帝国政府形式,自然从来都是不自由的。另一方面,如果权力集中于少数人手中,就有巨大的腐败可能性;此外,议会豁免权保护了这个制度的那些创立者。然而,如果能够根据事务的重要性程

---

① 印度的种姓制度(castes)将社会成员分为婆罗门、利帝利、吠舍和首陀罗四个等级,不同等级的人世代相袭,相互之间也不能通婚。——译者

度,让城市自行处理它的内政事务,例如,拥有对初审法院、中等教育、警察局、监狱和媒体的管理权,将会消除导致不公平和权力滥用的一种重大原因,相应地也会消除由于权力滥用导致的政治犯罪。

第176节 政治权力的争夺

为了避免独占政治权力的阶级对其他阶级产生过分的偏见,有必要保留历史上的那种选举人的多样性,让多样化的选举人代表人民。因此,保民官(tribunate)保护罗马共和国多达数个世纪,也预防了民众的暴乱。

第177节 普遍选举权

在普遍选举权(universal suffrage)的发展过程中,注定会废除阶级差别。但是,如果民众无知或者制度腐败,选举制度会损害自由本身。亚里士多德相信,有文化的特权阶层不可能单独通过中产阶级的行动和无产阶级的力量去抵制金钱的力量,不过,这种情形在中国确实存在了几个世纪。如果我们承认普遍选举权就像一种不可阻挡的洪流,那么,这种制度必须由具有远见卓识的人来领导。

第178节　司法机关

司法机关(the judiciary)应当不受立法权的制约。但是在意大利,司法机关从属于立法权。在美国则完全不同,普遍选举给法官以巨大的权力和独立性,在公民申诉权利遭到侵害时,法官有权宣布违宪的法律无效。诺艾赖斯指出,[①]这种司法制度直接来源于英国普通法,它既保护国家和个人的权利免受国会的侵害,也保护联邦政府的特权和个人的权利不受一些州的权力的侵害。当国会的立法与宪法条款冲突时,司法权会介入,保证宪法自由不受立法机关的缺陷或者专横的威胁。

第179节　穷人的律师——法律援助协会

我们看到,司法机关能够预防那些由于对严重的不公平进行报复而实施的政治犯罪。[②] 罗马的内部和平之所以能够维持几个世纪,是由于保民官的影响,而威尼斯(的内部和平之所以能够维持几个世纪)则是由于其司法的公正。另一方面,可以肯定的是,像奥地利、意大利和古代的皮德蒙特高原的专制政府之所以没有争执地存续那么长时间,应当归功于平等的司法,除了涉及国王的

---

① 诺艾赖斯(Due de Noaillesz):《美国的司法权》(Le Pouvoir Judiciare aux États-Unis),《两个世界杂志》,1888年8月1日。

② 龙勃罗梭和拉司奇:《政治犯罪与革命》,1891年。

事务之外,那里的司法普遍是由"穷人的支持者"(advocate of the poor)进行的;也应当归功于参议院,参议院有权废止任何不符合法律的部长法令(ministerial decree)。

应该重新建立这种保护穷人和弱者的大众调解人机构。我已经注意到,一个诚实的保民官发出的反对政府错误的声音,往往比整个议会都更有力,保民官饶勒斯(Jaures)就是这样的例子。因此,在最近的银行丑闻中,如果没有巴黎的布朗热派代表(Boulangist deputies)和意大利的科拉扬尼,各方都会联合起来掩盖这件事。

第180节 修改法律的能力

如果一种政治形式能够持久存在的话,要归因于它的宪法和法律的灵活性,这种灵活性使它们能够适应新的情况。瑞士就是一个典型的例子。在1870—1879年间,瑞士对州的宪法修改了115处,对联邦宪法修改了3处。尽管存在广泛多样的种族和风俗,但是,各州都能够维持它们的联盟。

第181节 保守主义

但是,任何的改变都不能太突然。康斯坦特(Constant)说:"为了民众的安定,这些改变必须与普通人的观念水平相一致。"像俄国废除农奴制度、法国和德国废除古老的不动产制度、教会财产的世俗化,这些都是实现正义的需要。永久保管的财产的不断增加和神职人员免于缴纳田地赋税的权利,已经阻止了所有的政治和经济的进步。然而,由于无视法律的保守方面,这些改革也不是一帆风顺的,法律的保守性不允许过于激进的创新,哪怕这种创新是往好的方面的变革。

第182节 全民公决

在进行全民公决(referendum)或者让人民决定的地方,这种做法能够表明国家与民众代表之间存在思想共同体的程度的大小。可以把这种方式看成是教育民众的最有力的工具,因为它会迫使人们去研究提交给他们的法律,并且通过让他们感受到自己的全部责任,使他们意识到自己在国家政治生活中所具有的职责。[①]

第183节 陈旧的教育

然而,如果我们要保护自己免受"偶然的"革命者的影响,我们就必须使自己摆脱从父辈那里继承的不幸遗产,即阿卡迪亚式的

---

① 布鲁尼亚提(Brunialti):《现代国家的法律和自由》(La Legge e la Libertà nello Stato Moderno)。

花言巧语(rhetoric of Arcadia),①因为这类革命者虽然具有误导性和隔代遗传性,不过,他们的措施可能仍然倡导改革。任何研究了1789年和1848年的革命以及许多怪癖者(mattoid)的性格的人都会看到,叛乱的最大原因之一就是陈旧的教育制度,这种教育制度与我们积极的需要恰好相反。我们想让孩子们变得强壮,但是,却在温室中培养他们,而没有让他们承受强烈的生活激流的冲击。这样一来,我们就有了对美有感觉的人,但是,我们并没有得到能够参与现代生活竞争的人;我愿意承认这一点,不过,有些人却否认它。

第184节 经济不满意

政治犯罪人可能是由于偶然因素、激情、模仿或者贫穷而犯罪的,对他们的唯一矫治方法就是改善国家的经济不安定(economic uneasiness),因为这是导致无政府状态的真正原因。今天,我们有一股经济狂热,就像我们以前的政治狂热那样,很有必要立即通过经济改革措施为这股狂热找到一个出口,就像我们曾经通过宪政代议制政府为政治狂热找到了出口,通过宗教自由给宗教狂热带来了出口那样。但是,现在,我们对人们的经济狂热什么都没有做,

---

① 阿卡迪亚(Arcadia)是古希腊伯罗奔尼撒半岛中部的山区,那里的居民过着田园牧歌式的纯朴生活,古希腊和古罗马的田园诗和文艺复兴时期的文学作品将其描绘成世外桃源。——译者

我们的税收、征用和刑罚措施对穷人的影响最严重,除了在国家荣誉、自由和平等的名义下存在的那些空洞的、肥皂泡样徒有其表的东西之外,对他们没有任何的补偿;与现实相比,这些空洞的东西让他们所遭受的痛苦更难以忍受。

第8章 刑罚制度

第185节 引言

很不幸,预防犯罪的措施已经成为理想主义者的一种梦想,至少对于我们的民族而言是这样。支配我们的法律制度以及据此对犯罪人进行的辩护和惩罚,都是荣誉和奖赏的来源,但是,这种法律制度既不能预防犯罪,也不能发明可以取代这些几乎无用、往往有害的刑罚的替代措施。正因为如此,我们必须仔细考虑这些刑罚,特别是要仔细考虑监狱机构,因为根据我们常见的法律观念,这是对犯罪的唯一的社会防卫措施。

第186节 蜂窝状监狱[①]

我们一旦决定对犯罪人判处监禁刑罚,那么,显然就需要单人

[①] 原文是 cellular prison。刘麟生的译本将这个术语翻译为"分格之监狱"。在这类监狱的内部,将监禁犯人的监房分隔为很多相互隔开的单人监舍或者多人监舍,这些监舍就像蜂窝中整理排列的蜂房那样,因而得名为"蜂窝状监狱"。在这种监狱中,为了避免犯人之间相互交流,对犯人进行单独监禁或者分类监禁。在这类监狱出现之前,监狱往往将很多犯人混杂关押在大的监房中,不考虑犯人在犯罪种类、年龄、精神状态等方面的差别。——译者

监舍(individual cell);因为,即使单人监舍不能改造罪恶的话,也可以阻止犯罪人在犯罪中陷得更深,并且至少在一定程度上可以阻止犯罪团伙的形成,还可以阻止监狱中形成那种迫使犯人将同伴的邪恶加到自己身上的舆论。从司法调查的目的来看,这种监舍似乎也达到了最高的完美程度,因为它可以将那些其罪行仍然有待调查的犯罪嫌疑人隔离开来。同样,对于那些仍能矫正的犯罪人而言,关进单人监舍的这类惩罚也是不可缺少的,因为他们是第一次被关进监狱,与其他犯罪人的接触和交往,会很快消除他们的羞耻感。所以,单人监舍的真正优点在于,没有损害健康的严重危险性,最坏的情况也就是可能会增加自杀的机会。① 但是,蜂窝状监狱的好处大部分被巨大的费用所抵消,由于费用巨大,这种监狱不可能大规模应用;更加引起人们反对的事实是,这种监狱可能会助长犯罪人身上的惰性,将他们变成不能适应现实生活挑战的机器人(automaton)。

戈瑟尔(Gauthier)指出:

在监狱的实际组织中,一切都在摧毁个人,禁锢个人的思想,破坏个人的意志。这种制度的统一性据称是为了按照同

---

① 参见勒古(Lecour):《监狱中的自杀与隔离》(Du Suicide et de l'Aliénation dans les Prisons),巴黎,1876年。根据作者介绍,在美国的普通监狱里,每49个犯罪人中有1个死亡;在实行奥本制度(以犯人保持沉默和白天杂居工作为主要特色——译者注)的监狱中,每54个犯罪人中有1个死亡。而在法国,在蜂窝状监狱里每14个犯人就有1个死亡。根据阿劳蔡特(Alauzet)的介绍,美国的8个实行奥本制度的监狱中,平均是1/50的死亡率,最小的死亡率是1/83。在费城,监狱的死亡率是1/83,而法国监狱中的死亡率是1/39。

第 8 章　刑罚制度

一种模式塑造其"成员",犯人过着僧侣般的单调生活,不能有任何不可预见的事情;除了每月的例行通信外,禁止同外面世界的一切交往。总之,所有的一切,甚至是让人难受的、动物似的列队行走,都会把犯人变成没有意识的机器人。①

我们想使这些犯人成为有用的公民,但是我们却强迫他们变得懒惰成性。我们让他们习惯于找到有保障的食物和住所,习惯于除了听从命令之外,不考虑未来或者其他问题。我们迫使他们像马戏团里听从指挥的小狗,像无意识的机器。这难道不是无知者和懦弱者的理想生活方式吗?这就是极乐世界(Nirvana),就是印度教教徒的天堂。

对许多诚实的人来说,生存的斗争不仅是尖锐的,而且是很不安全的。当克服掉最初的反感之后,许多人(毫无疑问会是大多数人)不知不觉中会走向下一步,为出狱之后的未来生活做准备。

戈瑟尔认识的一个犯人以前是部队军官,曾在克莱沃克斯(Clairvaux)监狱干过出纳员的工作,是第四次或者第五次入狱服刑。到 1883 年年底刑期快结束的时候,他却很不高兴,请求将他的位置保留着,直到他再次被判刑入狱。

我们必须注意到,除了极少数老实的犯人之外,几乎在所有监狱管理者看来,"好犯人"(good prisoner)的典范大多是

---

① 《监狱的模式》(Le Mode des Prisons),巴黎,1888 年。

那些累犯、老手和惯犯,他们的监狱经历和他们已经学会的温顺,是他们的遵守秩序行为的保证。

不幸的是,根据规则,在这种制度下,这类"好犯人"并不能抵挡住来自生来犯罪人或者职业犯罪人同犯[①]的诱惑。他们几乎不能抵御不健康的刺激、获取非法利益的欲望以及邪恶榜样的吸引;他们的抵御能力比那些"坏犯人"(bad prisoner)更差。

他们唯一的志向就是从事犯罪和邪恶活动,这是在监狱犯人之间进行相互学习的这种特殊教育的结果。在犯罪人的暗语中,把监狱说成是"学院",这不是没有道理的。

除了这些,爱撒谎、好争吵等其他恶习都能在监狱里学会或者得到发展。

比利时监狱管理局局长普林斯[②]说:

> 面对监狱中的独居和糟糕的形式主义,我们要思考的是,仅仅通过独居和形式主义,就可以让这些下层阶级的人们获得新生吗?
>
> 自愿隔绝(voluntary isolation)可以改善诗人的心灵,但是,强迫犯罪人独居,除了使他们的道德水准越来越低之外,还能产生什么效果呢?我们可以用在路上设置障碍的方法教

---

① 同犯(companion)是指一起在监狱中服刑的犯人。——译者
② 普林斯应当是指比利时监狱官员、刑法学家、犯罪学家和社会改革家阿道夫·普林斯(Adolphe D. Prins,1845—1919),又译为"普蓝""比利斯"。——译者

小孩子走路吗？或者通过让他害怕摔倒或让他紧紧抓住别人的方法教小孩走路吗？我们可以通过将一个人关在独居监舍的方法教会一个人在社会上寻找其位置吗？独居监舍（solitary cell）是一种与社会生活完全不同的情境，在这里，剥夺了对他们进行道德训练的机会；在这里，他们从早到晚、从行动到思想的哪怕是各种细节，都要受到控制。如果不能用独居监禁（cellular confinement）这种方式培养一个好的学者、工人或者士兵，那么，我们愿意接受长期独居监禁的这种方法吗？如果这种方法应当受到谴责，那么，根据日常生活经验，从法庭宣布判决时起，这种方法就不会有积极作用。

关于监狱的其他负面影响的证据，可以参考我的《监狱笔记》（Palimpsestes de la Psion）。例如，看一个犯人写的这几句话：

> 我 18 岁了，不幸几次犯罪，每一次我都被关进监狱，但是我在监狱里改造了多少呢？我学到了什么呢？我在那变得更加邪恶。

还有：

> 想通过让懒惰者和盗窃犯无所事事的方法矫正他们，的确是荒唐的。
> ……可怜的犯人！像动物一般看待他们，以改造的名义将他们像白熊一样长期关押。在刑罚机构里，不是把他们从

一个盗窃犯改造成一个诚实的人,反而使他们变得仇视社会。这里是一个盗窃犯的大学,在那里老手把他们的手艺教给新手。要进入这样一个旅馆,不需要花钱,甚至不需要给仆人小费。至于我自己,感谢上帝,我比圣彼得(St. Peter)还要快乐,在我的监舍里,我由男仆们服侍着。真是一个理想中的美好社会!这里比在外面好多了。

另一个犯人说,

朋友,千万别试图从监狱中逃脱,在这里,我们免费吃、穿、睡而不必工作。

我甚至找到了一段密码,在这段密码中力劝一个朋友实施一起犯罪,以便再度进入监狱。"我们两个人在一起的话,时间能过得更快点,而且,在这里,我们能彼此向对方讲自己的故事。"一个臭名昭著的盗窃犯勒布朗(Le Blanc)对警察局长吉斯奎特(Guisquet)说:"如果我们被捕了,我们花着别人的钱过生活。我们有饭吃、有衣穿,还给我们供暖,所有这些都要花费那些被我们盗窃的人们的钱。"

更严重的问题是,有许多人从监狱生活中发现了乐趣。我们可以说,在这个与外界完全隔绝的世界里,从理论上讲就是在蜂窝状监狱的空间里,却有很多种手段用来传播信息和进行交流。(对于司法调查而言)更有害的情形是,这些现象既没有被人们预见,也没有被人们发现。

戈瑟尔再次写道：

> 监狱中的墙壁在看守的眼皮下变成了一个传播信息的领域，是监狱中通信的最好工具。我自己在科隆（Chôlon-on-the-Saône）的时候，在最秘密的监舍中，我了解到发生在里昂、巴黎和维也纳的逮捕，在我看来，很多消息都很重要……首先看到的是一段细绳索，上面绑上用碎面包做成的面团以增加其重量，然后从一个窗口扔向另一个窗口，而另一个人守在窗口旁边接应。在图书馆流通的书中加上了密码。自来水管和暖气管都是很好的传话筒。另一种方法是，经过一定指导的人仅仅需要敲打墙壁就可以传递信息。通过这种方法进行交流的犯罪人，需要住在相邻的监舍中，我曾经通过这种方式从 40 或 50 米之外的同伴那得到了很有价值的消息。

在监狱中没有秘密可言。一位法官在巡回审判法庭中询问一名犯人，了解他是怎样与他的同伙联络的，这个犯人回答说："要想阻止我们联络，必须将我们一个监禁在巴黎，而将另一个送往地狱。"[1]

但是，犯罪的贵族、那些有钱的犯罪人或者有权势的犯罪人，则不需要这些权宜之计。看守可以帮助他们同外界获得联络而不会有什么损失，而且蜂窝状监狱制度使看守很容易这样做而不受惩罚，因为谁能知道在一个独居监舍中传递了什么消息呢？我自

---

[1] 《法学杂志》(Gazetta dei Giuristi), 42。

己有直接证据的一个事实是,在监狱外面消息发布前,监狱里面已经知道了这些消息。在我得知一位检察长被撤职的几天之前,监狱里就传开了这个消息,而外界几乎没有人知道,甚至连这个检察长本人都不知道。在研究了都灵的那个大型蜂窝状监狱中墙上的雕刻和犯人的信件后,[①]我确信,尽管人们推测监狱中的交往和同志关系被监舍隔断了,而在实际上,这种"团队精神"(esprit de corps)得到了加强;在入监之前,几乎不存在这种团队精神。我在一个犯人的信件中发现,他们中的一个怎样关切地问候他的后来者,另一个给他的后来者留了一个能写书信的炭棒,第三个则是告诫同伴假装发疯来逃避处罚。在他们锻炼的院子里,墙壁连续多次被重新粉刷。在一种允许携带的日报上,在夏天的沙地上和脏玻璃上,在冬天的雪地上,在允许犯罪人借阅的图书上,到处都能看到传递信息的信号。在研究了墙壁上的1000条雕刻的信息后,我发现其中有182条是特意写给同伴的,有900条是简单的问候,有45条是关于审判的消息,还有27条鼓励继续犯罪。

在这个监狱中,有一个与管理部门联系的机构,称之为"入监办公室"(matriculation office),在这里总是关押着一些犯人,当他们进入和离开时都要经过一段时间的特别检查和观察。这里是传递信息的一个中心,犯人发布的消息从这儿传到监狱的所有监舍。人们如何能相信,即使在会见亲属日,在接待室,也能有数十个或者更多的犯人聚集在一起传播消息。于是,在司法调查的关键时刻,几乎是在法官的注视下,对正在被调查的犯人而言,这个花费

---

① 《监狱笔记》,1889年,第21—56页。

第 8 章 刑罚制度

社会庞大费用的制度,几乎没有任何效果。

我还没有谈到车间。在蜂窝状监狱里,阻止犯人之间交流的努力往往是没有效果的。这样的活动除了使犯罪人无所事事并且对国家有害之外,对将来也会造成损害。积极主动的犯人如果能适应的话,会慢慢变得习惯于这种懒惰的状态;而懒惰的人则喜欢这样的生活,当他们出狱之后,他们为了返回监狱而实施新的犯罪。但是,如果让他们参加劳动,即使排除了那些有同犯(fellow-prisoner)的犯人,也不可能预防他们与自由车间的工头、承包商等人建立新的关系。如果是这样,在案件的调查中,对公众而言是秘密的东西,对于被起诉的人来说根本就不是什么秘密了。

普林斯[①]写道:

> 监狱中隔离犯人是为了让他们远离同犯的坏影响,以便使他们受到正面积极的影响,从而能不断地改造自己。但事实是这样吗?监狱里到处都是看守,对于罪犯而言,他们代表着社会中的优秀成员,是忠于职守的人员,可是,他们也是从罪犯自己所属的那种社会圈子里招募来的。如果没有这份工作,他们也会是"没有社会地位的人"(déclassés),拿着极其可怜的、还不够养家糊口的工资,不得不像很多犯罪人一样地生活。看守数量太少,一个看守负责 25 至 30 个犯人,除了向监舍里扫一眼或者在劳动期间看看是否遵守规则之外,他们中

---

① 《监狱里的罪犯》(Les Criminels en Prison),1893 年。

极少有人能自然而然地发挥这种正面的影响作用。那些空洞的制度,那些有义务转变或者改造犯罪人的官员或牧师们急匆匆的来访,也限制了看守们的努力。

我们从所有的这些发明中都可以看出,多么有必要改变我们的监狱观念!

第187节 分级制度

每个人都会明白,为什么一直致力于不断改造监狱的学者认为所有的措施都只能是权宜之计。也正因为这样的努力,爱尔兰制度(Irish system)获得了那样多的称赞。这一制度的内容是:在第一个阶段,将犯人单独关在一个小监舍里,时间不超过9个月,有时候会减至8个月,在这个阶段,他们只能吃素食,穿劣质的衣服,还要做单调乏味的挑选棉絮的工作。在第二个阶段,进行受到严格监视的集体工作。将犯人们分成4个级别,上一个级别的犯人比下一个级别的犯人享有更多的优惠待遇和便利条件。当犯人因为自己的工作和良好行为而获得一定奖励分数(merit mark)之后,就可以成功地进入上一个级别。在第一个级别,监舍的门在白天是敞开的,他们的工作并不会获得正常的报酬,但是偶尔会获得一两个便士。在获得54分的奖励分数之后,他们会顺利进入第二级别,在这个级别中,犯人会获得更多的教诲和工作报酬,有更多的跟外界接触的机会等。经过了这个阶段,犯人因为在田野中劳动而进入了几乎完全自主的阶段,即中间监狱(intermediate prison)。他们穿着自己的服装,领取工资,可以请假离开,与外界能保持长期的联系。从这个阶段结束到服刑期满为止,犯人们在警察的监督之下,获得暂时的自由。一旦他们再次作案,就会被送回监狱。在出去之前,对他们进行登记、照相,并且提醒他们,即使犯了很小的错误,他们也将被重新关进监狱。在出去后,他们到了第一个目的地后,就得向警察报告行踪,以后每个月都得按时汇报。警察监督他们,也帮助他们找新的工作。

这是一种重要的方法,可以使那些粗鲁懒散的人形成正直做人的观念,至少让他们开始工作。通过这种方法,犯罪人能缩减1/6甚至1/3的刑期,同时也能减少政府的开支,但是任何一种轻微的差错也会让他们降到更低的级别。最严厉的惩罚和其他的惩罚措施在中间级别中就没有必要了。爱尔兰的这项改革取得了令人满意的效果,至少在表面上看是这样;自从1854年引进这个制度以来,犯罪率大幅度降低。表187-1中是一些可以参考的数据。

表187-1 爱尔兰制度的效果

年份	每年入监的人数	罪犯总数
1854	710	3933
1857	426	2614
1860	331	1631
1869	191	1325
1870	245	1236

我们可以讲,通过逐步过渡到完全自由的方式,这项改革将经济(取决于应用任何制度的可能性)与犯罪心理学的要求结合了起

来。因此,这项改革使犯罪人通过遵守纪律和接受改造而获得自由的长久梦想得以实现;它提供了一种改变公众对刑满释放犯的偏见的方式,同时激发了罪犯的自信心。

在丹麦,罪犯从早到晚被关在监舍中,为他们自己的利益工作。那些难改造犯人(incorrigible prisoner)和累犯,在特别监狱里服刑6年之后,如果表现良好,除了能在监狱附近的农场工作外,对于他们的良好行为表现没有其他的奖励。那些年轻的、能被改造的罪犯,或者那些因为轻微犯罪而第一次被判刑3—6个月的罪犯,被关押在一个特殊的监狱中。他们根据行为表现被分成几个级别。在第一个级别(3—6个月),实行彻底隔离,犯人在监舍中接受教育,工作没有报酬,只能经过允许后在石板上写字。在第二个级别(6个月),他们工作一天能获得2先令的报酬,能获得教育但是与别人隔开,在节日里能看到报纸,每两周能看到一些书籍,能够用他们工资的一半购买镜子和日历等日用品,每两个月能够通信和获得探视。在第三个级别(至少12个月),他们一天获得3先令的报酬,每周都有报纸和杂志,允许购买必需品,还能给家里人汇钱,每6周能获得一次探视,还可以拥有家人的照片。在第四个级别,他们一天能得到4先令的报酬,除了享受以上优惠待遇之外,他们能获得更多的特殊优待,他们能走出监舍,在户外工作,享受鲜花和鸟鸣。如果行为表现良好,他们能获得减刑,8个月减为6个月,3年减为1年,或者6年减为3年半。所以,他们的孤独、寂寞减轻了,差不多能获得完全自由了。只有不到10%的人

第 8 章 刑罚制度

在监舍里度过两年以上时间。①

我们可以欢呼这些制度的巨大进步,但是却不应该对它们存有任何幻想。还应当记住其他的事情。在爱尔兰,统计数据受到了移民的影响,那些获得了自由的犯罪人很多都移民到了美国,他们进入了那里的监狱。② 而且,即使在这种制度下,丹麦仍有很多累犯。在实行这种制度的英格兰,则有更多的累犯,在这里,被假释的犯罪人很容易改变他们的住所,使得执法者不知道他们在什么地方。在那些地方,他们并不直接行动,而是借助于其他犯罪人开展活动。根据新门监狱(Newgate)③牧师戴瑞斯(Davis)的论述,一个郡治安官(sheriff)处理了一些根据释放证(ticket-of-leave)释放的犯人的案例,这几个犯人第二次被判刑后再次根据释放证获得了假释;在原判刑期执行完毕前,又第三次犯罪被判刑。其中的一个 36 岁的犯罪人,被判处了超过 40 年的监禁,但是却获得了自由。

这就是为什么在英格兰,被假释犯罪人的数字在 1854 年飙升到了 2892,而在 1857 年降到了 922,在 1858 年降到了 252,直到 1861 年、1862 年、1863 年也未超过 1400 的原因。④ 同样,在德国,被附条件释放的人员数字从 1871 年的 3141 降到了 1872 年的 733,到了 1874 年则降到了 421。这个制度失败的原因在于被假

---

① 皮尔斯(Pears):《监狱等》(Prisons, etc.),1872 年;贝尔特拉尼-斯卡利亚,同前引书。
② 《监狱学科杂志》,1877 年,第 39 页。
③ 塞里(Cere):《危险人口》(Les Populations Dangereuses),1872 年,第 103 页。
④ 同上书,第 100 页。

释的犯罪人能轻易地变更他们的住所,并且能轻易拿到他们所有的存款,而且没有受到严格监督。很多自私的雇主贪图他们眼前的利益,并不管这些被雇佣的犯罪人的行为,最终导致这些被假释的犯罪人缺乏长期监督和积极指导,这方面涉及很多人。

除了对刑罚分级之外,刑罚的个别化也值得提倡,即根据每个犯罪人的不同特点采取不同的管束方式和分配不同的工作,就像医生根据每个病人的体温等不同特点开出不同的饮食菜单和治疗方法那样。在德国的萨克森州,对于老人和年轻人、重罪犯和轻罪犯有不同的特别监狱,他们的饮食、服装、刑罚措施的严厉程度都因每个人的特点而有不同程度的改变。但是,这些措施仅对倾向犯罪人适用,并且在较小的监狱中由能干的监狱管理者执行。否则,自由的奖赏将落到最坏的犯罪人身上,他们伪装成为最好的犯人,其实是最虚伪的犯人。因为这些原因,不能由缺乏远见的官僚机构来进行这些改革。

除了这些制度外,还有必要努力调整犯罪人的感情。我们必须记住,美德并不是人为地创造出来的,只能有效地建立在个人自己的兴趣和激情之上。一个人可以失去自己的生命,但是人们不能剥夺他的激情,所有的人,即使那些最堕落的人,也需要兴趣和目标来指引他们的生活。他们对威胁、恐惧甚至是身体的痛苦感到麻木,但是他们会感到空虚,他们需要有自我的感觉,最重要的是对自由的向往。这也就是为什么说教和空洞的道德教育课程不会有用的原因。我们需要把犯罪人的虚荣心(vanity)作为调整的杠杆,通过物质的激励,例如,根据他们的表现逐渐减轻处罚,来引导他们有更好的表现,根据优点和缺点给以不同的奖励和处罚,这些都能起到很好的作用。例如,如果表现良好,会被允许穿普通的衣服,用鲜花和图片装饰他们的监舍,接受探视,最好的是能短暂感受一下内心期盼已久的自由生活。

获得自由是每一个犯人的梦想和最经常的想法,当有这么一种比秘密逃跑更安全和确定的道路摆在他们面前时,他们一般都会立即走这条路。毫无疑问,他们会为了获得自由而好好地表现,不仅如此,当那些正确的行为经过一次次重复而形成了习惯时,他们就会形成我们所希望的良好习惯。这就是应该废止赦免权(right of pardon)的原因,因为它使得犯罪人将获得自由的希望建立于别人的恩惠基础之上。

德斯皮纳说:

> 有必要提升犯罪人的自我感觉,让他们知道他们能够重新获得社会的尊敬,使他们内心里充满要变成诚实人的激情,这种激情如果没有得到合理的释放,就会使他们变得更加堕落。

德斯皮纳、克拉姆(Clam)、德梅、蒙特西诺斯(Montesinos)和布罗克韦都强调了名誉(honor)对犯罪人的重大影响,这种名誉能使犯罪人通过假释,几乎完全自由地外出工作;这种名誉也使一个勇猛的、20个看守都难以制服的犯人从未想过逃跑。费拉斯(Ferrus)讲述了一个故事:一个犯人受到监狱里的姐妹的感化而发生转变,最后信任她,让她管理衣橱。一个犯罪的木匠因为极端残暴而令人难以忍受,在让他管理其他的犯罪人后,他变成了最温顺、最服从管理的人。西托①的一个犯人干活干得疲倦了,就把锉子扔在了管理者艾伯特·雷(Albert Reey)的脚下,后者二话没说,只是拾起工具到另一个地方继续干活,可怜的扔工具的人被这种高尚的道德行为深深震撼,重新开始了工作,再也没有冒犯过。这些事件都清楚地表明,我们应该怎样着手改造别人。我们必须身教重于言教,实际的道德行为所起的教化作用超过空洞说教。对于犯人,严格的纪律毫无疑问是确有必要的,轻微的惩罚也能够产生轻微的效果,然而,反复使用轻微惩罚的话,其效果还不如偶尔使用严厉的惩罚所产生的效果。过分严厉的惩罚利少弊多,它会使人屈服,但不能使人得到改造,它只会使人在暴力之下变成伪君子。

应该把成年犯罪人看成是有道德问题的儿童,②应该交替使用温和与严厉的方式对待他们,但是应该更多地给予温暖的关怀,而不是严厉的惩罚;复仇精神(spirit of vengeance)和兴奋性(excitability)是他们性格的基础,这使得他们把那些即便是最轻微的惩罚也会看成是一种迫害。正因为如此,当太严厉的惩罚导致犯人们沉默寡言时,对他们的道德教化就没有益处。一个年老的犯人对德斯皮纳说:"如果我们违反了纪律而管理者对此视而不见的话,我们会说得更多,但不会违反道德;现在,我们说得很少,但是我们会诅咒和密谋。"在丹麦,当监狱里实行最严格的惩罚措

---

① 西托(Citeaux)是法国东部勃艮第省第戎市附近的一个地方。——译者
② 为成年犯罪人们奉献了一生的卡彭特小姐(Miss Carpenter)说:"他们都是大小孩,社会应该像管理儿童那样来对待他们。"

第 8 章 刑罚制度

施时,有 30% 的犯人进行不良行为;现在实行比较缓和的管理制度,进行不良行为的犯人只有 6%。德斯皮纳采取了一种有效的方法,即在进行不良行为的一段时间之后才对其实施处罚,这样就不至于引起犯人强烈的激情。犯规的犯人被带到一个悔过室,在一个小时之后,才告知该犯人根据规定将对他采取的处罚措施,通常犯规犯人所属的整个小组的成员都会受到责备和惩罚。奥伯迈耶采用了这种方法,取得了很好的效果。

为了激发犯人身上的能量,使他们养成在出狱之后进行生产劳动的习惯,每个刑罚机构都应该把劳动当做首要的考虑因素和最高的工作目标。而且,劳动也是维护监狱纪律的一种工具,同时还能弥补国家支出的费用。[1] 但是,后一方面的原因只能作为附加考虑因素,也不是最终目标。出于其他方面的考虑和以上提到的原因,例如锁匠、摄影、书法等之类的劳动,会为其他犯罪提供可能性,因此,不能安排犯人从事这类劳动。相反,我们应该优先考虑的劳动包括农场劳动,根据数据统计,这是犯罪率最低

---

[1] 据我所知,仅仅是在查尔斯顿(Charlestown)、查塔姆(Chatham)、朴次茅斯(Portsmouth)和阿里波尔(Alipore)的监狱中,产生的收益与花销的费用几乎持平。在 1871—1872 年,查塔姆监狱和朴次茅斯监狱甚至有 17759 英镑的收益。根据加勒利(Garelli,1862)的论述,意大利的监狱花掉了政府的 3200 万里拉的费用,但是仅仅获得了 1/2 的收益。根据尼科太拉(Nicotera,1876)的论述,在 1874—1875 年,有 38407 个犯人在劳动,32178 个犯人无事可干。在从事劳动的犯人中,1/4 从事织布劳动,1/6 从事制鞋劳动,1/20 做工匠,1/10 是农场工人,1/100 是盐业工人。在 1871 年,管理机构获得的净利润是 1632530 里拉,犯人每天的平均工资是 0.47 里拉,还是比较不错的,因为比利时则为 0.26 里拉,匈牙利为 0.22 里拉,澳大利亚为 0.41 里拉。在澳大利亚,犯人会因为拘留而有义务缴纳一笔费用。在瑞士首都伯尔尼,犯人必须每天挣够 75 生丁才能获得他相应的劳动报酬。在法国,犯人能获得他的劳动收益的 1/3 作为报酬。

的劳动领域,同时也是最便于接受刑满释放者的劳动方式。我们应该优先考虑的劳动还包括像割稻草、制蜡烛灯芯、排版、陶器制作、切割石头等之类的劳动。像图书装订、制造橱柜等会用到危险工具、具有潜在危险的劳动,应当作为迫不得已的最后选择。

每一种劳动都应该与犯人的体力和本能相适应;如果他尽了最大能力才完成的劳动,即使工作量很小,只要他尽了力了,也应该获得相应的奖赏:或者是经济上的报酬,或者是缩短他的刑期。出于这样的考虑,我认为有必要消除监狱制度中的承包制,因为它自然而然地会有利于那些最熟练的劳动者,而且,在有些国家中,承包商控制了对犯罪人的赦免工作。

我们必须通过奖励良好行为促使犯罪人热爱劳动,也减轻监狱生活的无聊感。而且,最好不要强迫他们劳动。必须通过或多或少延长监禁生活的方式,使他们产生了劳动愿望并且要求参加劳动的时候,再安排他们从事一定劳动。如果我们要想使劳动变得有利可图并且能够培养团结和竞争精神,这些精神是改造犯人的重要基础,那么,最好是在过了第一个阶段之后,适当减轻监狱制度的严厉程度,根据劳动的需要让他们在小组里一起劳动。

然而,绝不能把劳动变成给大家或者个别人某些特权的一种借口。马罗斯加(Mareska)认为,监狱里一些担任办事员的犯人享有的特权,导致了很多的累犯。有一天,他听到这些人中的一个对新进来的犯人说:"蠢家伙,你在这儿随便干点活都比在外面过得好。"这些话致使一些被释放的人想重新回来。许多监狱管理者知道的事实是,那些最差劲的无赖表现得最温顺,外表上看起来悔悟也最真诚。

第188节 工资和储蓄

预防被释放的犯罪人变成累犯的另外一种方法,是由德梅和奥利佛科洛纳(Olivercrona)提出的道德改造(moral reform)方法。犯人在监狱里挣的钱一般在释放他们时全部交给他们,而这些钱往往变成他们继续从事一些犯罪活动的本钱,对此,他们建议,应当把这些钱储存起来,作为犯人出狱后良好表现的保证金,并且这种储蓄应当是强制性的。可以把这些钱交由被释放犯人将会去的城市的政府部门或者雇用释放犯人的雇主来管理,仅仅把利息支付给释放犯人。在比利时和荷兰,被判处强制劳动(compulsory labor)的犯罪人的 7/10 的工资,要被保存起来;被判处单独监禁(solitary confinement)的犯罪人,则被强制性地保存 6/10 的工资;判处一般监禁的则要保存 5/10 的工资。没有被强制保存的那部分工资,则被分为两部分,一部分可以在监狱里使用,另一部分在出狱后花销。在英格兰,如果被释放的犯罪人的工资不超过 5 英镑,在他出狱时,将会连同其车票一起交给他;如果超过了 5 英镑,在有良好表现的前提下会分期支付给他。

第189节 被释放犯人的住处等设施

许多人建议,要为被释放犯人(released prisoner)建立接纳和雇佣他们的专门住处,但是,除了不可能根据需要使用这类设施的事实之外,那些从现实而非仅从理论上研究这类机构的学者们的经验也表明,这类设施对成年释放犯意义不大,相反,却会经常助长他们的懒惰倾向,这样的设施会成为犯罪人交往的聚集地。

斯帕戈里亚迪写道:

> 在米兰,100个20—40岁的被释放犯人接受了这样的特殊照顾,结果只有最年轻的并且是只有其中的极少数人,才积极回应这些为他们回归社会所作出的巨大努力。
>
> 他们所经历的贫困助长了他们的懒惰倾向和自由散漫倾向,而他们自主决定是否留在那里的自由,使得他们一般在那里呆了两三个月之后就离开。此外,在他们的眼中,收容所的管理者并不愿为了他们的利益而牺牲自己,这会进一步增强这种现象。他们将收容所的管理者仅仅看作是一个敌人,几乎把他看作是一个暴君,因此,他们经常采取侮辱、不服从、暴力、威胁等方式进行无声的反抗。

这也就是为什么关于这些救助设施的统计数据是那么有限和具有欺骗性的原因。在法国,在16000个释放犯人中,只有363个

第 8 章 刑罚制度

接受了援助;在英格兰,48 个社会设施对 12000 个人提供了援助。一般认为,除了提供临时的救助和给予金钱上的资助外,建立这样的设施是不明智的。相反,应当为了将来的工作而提供食物和住所,社会应该淘汰那些懒惰的人,也应当让那些雇用这些人的人们对其行为有所了解。这样,就有必要设立一种特殊的管理人(agent)。[①] 马克西姆·迪康也认为,[②] 给生来犯罪人和习惯犯罪人提供救助是毫无用处的,然而对偶然犯罪人提供救助可能是很有益处的。

他恰当地写道:

> 在这些偶然犯罪人中,有酒后情绪失控而导致犯罪的,有数字出错的出纳员,有因为不当行为而在价格和结果方面出错的办事员,这些偶然的疏忽使得他们被判刑。这些人在出狱后,一旦找到适合的工作,就不会再次犯罪。

由于这些原因,我承认救助是有必要的。此外,还有一些偶然犯罪人因为一时未能抵御诱惑而第一次失足犯罪,这样的犯罪人如果在出狱后未能得到所需要的救助,将会产生仇视社会的心理,这样的心理会使曾经因为偷窃 20 法郎而深深自责的偶然犯罪人变成经常进行抢劫和谋杀的犯罪人。

---

① 勒马克(Lemarque):《改造等》(La Réhabilitation, etc.),巴黎,1877 年;布朗(Brown):《关于改造被释放犯人的建议》(Suggestions on the Reformation of Discharged Prisoners),1870 年。

② 《两个世界杂志》,1889 年。

第190节 流放

在欧洲,有一个政党认为流放①是控制犯罪的唯一补救办法。② 有人主张,美洲殖民地和古罗马帝国的繁荣,部分程度上归因于犯罪人的移民入境。这是一个历史性的错误。说到古罗马,回想伟大的诗人维吉尔③的不朽篇章就够了。至于美国,我们必须明白的是,假如哥伦布探险队的第三批队员都是由犯罪人组成,这其中的许多人被看作是异教徒和冒险者的话,那么,不该忘记第一批和第二批队员确实只由受人尊敬的人组成。在詹姆士二世(James Ⅱ)时代,移民出境是被禁止的。另一方面,北美洲殖民地将他们的起源归于非常受人敬重的人,像宾夕法尼亚(Penn)和福克斯(Fox)的贵格会教徒。如果说受到了被流放犯罪人的影响的话,那么澳大利亚的维多利亚、南澳大利亚和新西兰都必须被排除掉。新南威尔士和塔斯马尼亚岛的起源也受到了这种影响,但是把他们的繁荣也归于此,则是一个巨大的错误。伟大的慈善家霍华德④和

---

① 原文是 deportation。这个词现在通常翻译为"驱逐出境",而且主要是针对外国人使用的。但是,在本书的这一节中,主要指的是将本国的罪犯送到殖民地的做法,因此,翻译为"流放"似乎比较合适。——译者
② 贝尔特拉尼-斯卡利亚:《监狱学科杂志》,1872—1874 年;蒂索(Tissot):《刑法概论》(Introduction au Droit Pénal),1874 年。
③ 维吉尔(Virgil,公元前 70—前 19)是古罗马时代最伟大的诗人之一。——译者
④ 霍华德是指英国 18 世纪的慈善家和刑罚改革家约翰·霍华德(John Howard,1726—1790)。在法学领域中,他对刑罚制度及其改革、监狱建筑等问题,有很多论述和精辟见解。——译者

边沁[①]激烈地反对流放制度,稍后殖民者自己也同样反对,于是在1828年,议会投票废止了这项制度。澳大利亚的繁荣应归功于肥沃的草地和无数自由人从事的繁荣的羊毛交易。墨尔本和悉尼的繁荣恰恰发生在对犯罪人的流放终止的时期。

在新南威尔士,从1810年到1830年的流放人员入境高峰时期,平均每年人口仅仅增长2000;而从1839年到1848年,尽管流放在1840年就开始停止,但是,羊毛出口贸易额从700万英镑增长到了2300万英镑,人口从11.4万增加到了22万。在流放犯罪人时期,抢劫大规模地发生,那些被流放的犯罪人不工作,那些看守和士兵看护着被雇佣修建道路的犯罪人,惨无人道地对待他们:犯罪人们被猎狗追逐,用枷锁约束,受到鞭打。那些被释放的犯罪人卖掉了政府为了他们能开始新的诚实工作而分配给他们的土地,重新加入了犯罪团伙。当自由人的死亡率不超过5%时,我们不必对这部分人的死亡率达到了40%而感到吃惊。在英格兰,犯罪率是1/850;在新南威尔士则是1/104,在塔斯马尼亚是1/48。在英格兰,暴力犯罪占到了犯罪总数的1/8,在新南威尔士则占到了1/2。在英格兰,1805年到1806年间有2649个犯罪人,每年平均有360个犯罪人被流放;在1853—1856年,有15408个犯罪人,每年平均有4108个犯罪人被流放。这些事实表明,如果不考虑巨大的支出费用和有时候犯罪人为了达到这一目的而故意犯罪的弊端,这个制度还是有它的优点。事实上,1852年,在法国有3000

---

① 边沁是指英国哲学家、经济学家和法学理论家杰里米·边沁(Jeremy Bentham,1748—1832)。——译者

名犯罪人要求被流放出境,更糟糕的是,他们中的有些人为了达到目的而故意实施新的犯罪。在英格兰,养活一个犯罪人的费用是 10 英镑,这项费用在殖民地不断上涨到 26 英镑、35 英镑和 40 英镑。

在圭亚那,被流放犯罪人据说获得了 1511 英镑的利益,但是通过数天的仔细计算,这个数字降到了 1865 年的人均 54 生丁,1866 年的人均 48 生丁,同时,根据记录还有 5% 的逃跑和 40% 的死亡。每个犯人一年将花掉 1100 法郎,这是监狱里犯罪人支出费用的 3 倍,而运输费用还会花掉 400 法郎。[①] 根据 1874 年 5 月 30 日的法国法律,会雇佣被流放的犯人从事最辛苦的劳动。同时,也在进行改造他们的巨大努力:向他们提供诚实生活的方式,而这是诚实人也不是总能够得到的。为他们开办了政府补贴的储蓄银行;给他们最好的土地,这些土地在数年后能够归他们所有。在农田里劳动的时候,他们能获得食物、衣着、农具[②]以及医疗;对于已婚人士,除了结婚时能获得 150 法郎和整套的家具之外,他们的妻子能获得相同的待遇。对他们而言,并不仅仅是环境发生了改变,而且也消除了容易引起重新犯罪的机会。但是,我们应该认识到,改变环境可以改造一个偶然犯罪人,而对于生来犯罪人来说,却是没有作用的,但是这部分人却又占到了被流放犯罪人总数中的大部分。事实上,虽然官方的报告经常有虚假的成分,不过根据官方的报告,我们也可以看到犯罪在光天化日之下再次爆发的情况,这

---

① 博纳维尔·德·马尔桑基(Bonneville de Marsangy):《刑法的完善》(D'Amélioration des Lois Criminelles),Ⅱ,第 95 页。

② 《部长通告》(Circular of Ministers),1882 年 1 月 6 日。

使得普通人和进行那些虚假报告的官员,都成为那些虚假表现的犯罪人的被害人。托马斯是一个公正的外国人,他根据自身的经历描述了这种状况:①

> ……难以想象罪恶达到了什么程度。1844年,一个犯罪人在他的妻子嫁给他48小时后,试图割断她的咽喉,惊恐之中,这个犯罪人逃到了土著人那里,土著人将其枪杀了。但是,那些野蛮人自己常常是这些罪恶的犯罪人的被害人,不加惩罚和姑息迁就导致了真正的无政府状态,使犯罪人好像进入了地球上的天堂。

根据曼斯隆(Mancelon)的记录,②一个至少三次被判处死刑的人最后获得了自由。一个被流放的犯罪人向洛朗讲述了一桩特殊的婚姻,一个官员在他的办公室里也无比钦佩地提到了这桩婚姻:③

> 我在努瓦岛(Isle of Nou)参加了一个奇怪的结婚仪式,新郎和新娘都是我的狱友。新郎因为谋杀被判处5年强迫劳役(hard labor),为了找到配偶,他去了布瑞尔(Bourail)的女修道院,在那他找了一个年老的妓女,这个妓女因为在一个男人的房间里帮助抢劫和谋杀而被判8年劳役。弥撒结束后,

---

① 《食人族和罪犯》(Cannibals and Convicts),1886年。
② 《苦役犯监狱和刑罚殖民地》(Les Bagnes et la Colonisation Pénale),1886年。
③ 洛朗:《监狱的常客》,1890年。

牧师向新婚夫妇说了几句宽恕、救赎和忘记伤害的话,但是,新娘不停地用暗语说,"啊,他真让我烦透了!"

在弥撒之后,一场不顺利的宴会就开始了。证人喝多了,睡觉时钱包被偷走。新郎也喝多了,第二天早晨醒来后发现他的钱包不在了,可是眼眶青肿;而且,新娘子也不见了,直到第二天早晨,才发现新娘子与另一个罪犯在一起。然而,新郎还是欣然接受了这种情况,甚至觉得这很自然。

尽管结婚了,但是这个女的却成了一些被释放犯人的姘妇,有一天她故意勾引一个富有的阿拉伯人到了一个偏僻的地方,然后她的丈夫对阿拉伯人实施抢劫后用斧头杀死了他,惊恐的妻子最后还是告发了这次谋杀事件,丈夫被判死刑。因此,这桩幸福的婚姻也结束了。

在一篇专题论文①中,我们知道了一个名叫德维勒鲍克斯(Devellepoix)的犯罪人的一些情况。这名犯罪人因为两次强奸未成年人和两次谋杀而被判处终身劳役;一段时间后,他毫无理由地放火烧毁了他邻居的房屋,还烧毁了一块草坪。为了过得更舒适,他迫使自己的妻子卖淫。他被判处了死刑。

1881年,海事部长抱怨说,在7000个犯罪人(不包括那些已经被释放的犯罪人)中,只有360个人能被雇佣来从事修

---

① 《19世纪末的强迫劳动》(Travaux Forcés Fin de Siècle),《新杂志》(Nouvelle Revue),1890年。

建道路的工作。其他的一些人名义上占着土地,或者受雇于私人,实际上都在到处闲荡,完全不受约束。因此,再也没有纪律或者监狱的约束了。在1880年仅有640—700个逃跑的案例,在1889年则持续上升到800个。

臭名昭著的强盗布瑞德(Brideau)逃跑了数次,最后还杀害了一名妇女并毁尸。在断头台的屠刀下,他大声地嘲笑法律并叫嚷着示意斩刀落下。

除此之外,谁能阻止那些腐化堕落的人呢?他们仅仅将监狱看作是刑事法律用来吓唬人的东西,除了嘲笑,他们不当它是什么。

战争委员会对那些一次或者再次被判处终身监禁的人已经失去了耐心,还对他们判处了10年、20年、100年和200年的额外监禁刑罚。

在努美阿,有一些被三次判处死刑的犯罪人,最后被赦免释放,自由地度过了其余生。

1891年,努美阿海事法庭判处一个名叫杰米科尔(Jamicol)的男子死刑,由于是在殖民地作出的判决,在2036年前不能获得自由,因此,被判处了145年的监禁!

一个叫马塞(Macé)的妇女,因为杀害了两名小孩而被送到殖民地,她在那里结婚并得到了一块土地,而后她又杀害了一名小孩。一个陶器商人,因强奸了他的大女儿而被判刑,被害人、他的妻子和小女儿宽恕了他,重新接纳了他,他却迫使大女儿卖淫,也迫使小女儿这样做,而他自己仍然逍遥自在地做着他的陶器生意。①

这类殖民地组织的作用是显而易见的。自从第一批罪犯被流放到新喀里多尼亚以来,已经过了1/4世纪,然而,那里仍然没有道路。努美阿既没有下水道、堤防,也没有码头;很快,所有的土地都会被交给纵火者和谋杀者。核查人员的报告中提到,"被划拨土地的持有者是真正的农民,其中一些人可能在完全安全的情况下得到赦免和自由。"对这个说法,我们是难以信服的。

我非常谨慎地讲述这些事实,目的是为了抵消人们不断提出的这种主张:"改变环境,犯罪人就会消失。"现在,什么都改变了,种族、气候、条件——所有这些犯罪因素都消除了,尽管这样,那些生来犯罪人仍然实施一系列犯罪,而诚实的人则要支付所有费用!除了环境,有什么更好的证据表明还有其他的因素主导着人的积极行动呢?我们还有什么证据能够证明有机行动(organic action)比环境更重要呢!

这些事实进一步表明,政府部门的那些官僚们中认为这些最糟糕的措施很有成效的说法,是一系列的欺骗行为。事实上,新喀里多尼亚的总督帕顿(M. Pardon)在他1891年的报告中,赞扬了所使用的这个制度。他提到,他雇用了1200个罪犯从事修路工作,雇用630个罪犯和农民一起干农活,并强调看守们监督着这些罪犯,他们没有任何危险。政府划拨土地的所有者已经增加到123个;这个刑罚制度受到尊重,甚至没有引起罪犯的反抗报复心

---

① 洛朗,同前引书。

理,而工业也繁荣了。① 但是,他本应该提到的事实还有,除了罪犯的生活费用昂贵(每个人不少于900马克)之外,他没有考虑到实施了犯罪的大部分犯罪人只会被送进这个伊甸园。

为了理解犯人流放地(penal colony)造成的经济损失,有必要关注到这一事实:本来不是农民的犯罪人占到了被流放罪犯的一半以上。现在,一个人不是在25岁或者30岁的时候学习一种新的手艺。而且,懒散和不愿意工作是生来犯罪人的特征,这既不是在新的较热气候中可以变好的,因为较热的气候本身会激发犯罪;也不是在野蛮人组成的邻里中可以变好的,因为野蛮人的倾向与生来犯罪人极为相似。于是,很自然的,累犯行为只会增加,而不会减少;因为我们知道这对生来犯罪人而言是常见的现象,而不是例外的情况。

所以,判处流放仅仅对偶然犯罪人和激情犯罪人是有效的。②

第191节 监视

我们中了解犯罪人和警察情况的人都知道,对犯罪人的监视(surveillance)占用了公共安全官员的一大部分时间,③还花费了超过400多万资金,可是却没有真正的好处,因为许多犯罪是由被

---

① 《监狱公报》(Bulletin des Prisons)。
② 参见第12章和第13章。
③ 孔萧:《有偏见的人》(Delle Persone Pregiudicate),收入《殖民地和移民到外国的意大利人》(Delle Colonie e dell'Emigrazione d'Italiani all'Estero),卡尔皮(Carpi),米兰,1876年。

监视的人实施的。而且,监视本身就是新的犯罪的一种原因,也肯定是犯罪人的不幸的一种原因,因为通过私人访问向受人尊敬的人们揭发犯罪人的情况,警察阻止犯罪人获得工作或者保住工作。就像奥托朗(Ortolan)所说的那样,[①]犯罪导致了监视,而监视阻止被监视者找到工作,这个恶性循环的怪圈比把他们送到一个远离他们家的环境中更加有害。

弗雷吉尔说:

> 监视制度从一开始就没有成效,它没有对公共安全提供保证,而是维持着一个并不存在的关于安全的诺言。[②]

除了监视之外,大量的逮捕,在监禁费用方面给政府带来的损失,因为忘记向官员敬礼、与犯罪嫌疑人讲话或者请假外出后未按时归来而导致的任意逮捕,都会将这些不幸者置于警察的掌控之下,使他们陷入奴隶般的境地。马基雅维利说,"处置敌人的方法不是和解就是消灭。"通过监视,这两个目的都不可能达到,反而会激怒他们。因为这个原因,或许还有其他的因素,使得为了抑制犯罪而确立的所有制度,几乎都失去了效果。

---

① 《刑法基础知识》(Éléments de Droit Pénal),第 7 章,第 5 节。
② 《危险阶级》(Les Classes Dangereuses),1868 年。

第9章 刑事诉讼程序中的荒谬矛盾之处

第192节 引言

我们在刑事诉讼程序中使用的方法和权宜之计,比我们在上文谈到的刑罚制度好不到哪里去。对一起犯罪案件的处理决定,就像是一个随机进行的游戏,什么都是不确定的,只有宣告对新犯罪的判决是确定的。

第193节 陪审团

陪审团(jury)在不同时间和不同地域的裁决缺乏统一性,这显示了这种制度的无效性。所以,卡利亚里估计,在被陪审团裁决有罪的案件中,有50%是无罪的;如果是在意大利北部,这个数字为23%。[①] 在威尼斯,从小城镇到大城镇,无罪率从9%到15%不等。泰安尼(Taiani)说:"受过良好教育的阶层很少进入陪审团。"

---

① 拉维尼(Lavini):《司法管理的方式》(Del Modo con cui e Amministrata la Giustizia),威尼斯,1875年。

事实上,很多案件非常清楚地向我们证实,陪审员根本没有什么作用。因此,在一次关于杀人案件的投票中,人们发现表决票上写着"是或否";这被认为是对犯人有利的。当询问陪审员为什么这么奇怪地写一张表决票时,他回答说:"因为表决票印在上面,陪审员必须回答:是或否。"

没有制度保证陪审员不受贿,这些人不用提供资金账户供审查,也不会因为裁定犯罪嫌疑人无罪而损失什么,他们常会在利益与公正之间权衡。许多案例显示,许多犯罪人承认,很多无罪判决是通过行贿陪审员作出的。此外,陪审团制度本身就是一个诱发大众腐败的原因。鲍格蒂(Borghetti)提到,①许多受人尊敬的农民因为参加陪审团而被集体行贿;他也指出:"这是黑手党取得胜利的舞台。"而且,由这种腐败导致的对穷人的不公正,是不道德的一个重要原因;因为对于贫穷的被告人而言,在看到司法并非对每个人都平等之后,他相信自己几乎有理由以牺牲谴责他的社会为代价来补偿自己,并认为对他的判决是不公正的,不过,事实并非如此。

有些人主张,陪审团制度是自由政府的一种保证,然而,我们可以回想一下,在英格兰历史上,有多少次陪审团随着政府的意志而改变他们的裁决的情形。此外,这种观点与那些不涉及政治的案件有什么关系呢?而且,在那些政府并不关心的案件中,即使最受尊敬的陪审团也容易受到公众舆论的影响,而公众舆论又容易

---

① 《对西西里岛情况的调查报告》(Relaz. della Giunta per l'Inchiesta sulle Condizioni della Sicilia)。

第 9 章 刑事诉讼程序中的荒谬矛盾之处

被犯罪嫌疑人和他的辩护人所误导。能够在哪里找到比无知更大的暴政呢？佩罗恩蒂（Pironti）写道："陪审团常常会宣告某些盗窃公共财物的人无罪，目的是为了发泄对政府的不满；陪审团也会宣告某个犯罪人无罪，因为这名犯罪人曾经是一个勇敢的战士。"这种对犯罪人的过度宽容将会引发他们实施新的犯罪，我们也因此能理解为什么在一场斗殴中，挑衅者的同伴会在旁叫嚷着："杀了他，那样你可能获得陪审团的无罪裁决，如果仅仅是伤害了他，你将会被带进警察局。"[①]如果一件事情必须首先根据其事实来决定而不是由感情来决定的话，那么，根据大众的本能来作决定，根据在当时的人群中占主导地位的感情来作决定，难道就不是与正义直接对立吗？可以通过什么样的措施来避免陪审团的错误呢？这些错误的原因往往是不可预见的，就像在布雷西亚[②]的加莱蒂（Galletti）案件中一样。在这起案件中，一个陪审员的表决票上的"是"字染上了墨水，结果，这个微小失误就导致一个应该被判死刑的犯罪人却被宣告无罪。

为了支持陪审团而促使司法程序以及其他机构现代化，是徒劳的。早在十二铜表法（the Twelve Tables）和日耳曼"法庭"（Gerichte）时期，陪审团就以原始粗糙的形式存在着。陪审团就像火葬一样现代——现代的伪卫生学家（pseudo-hygienist）声称火葬是一种创新，其实，火葬早在荷马时代就已经存在——并且在实践中很值得称赞。

---

① 《司法回声》(Eco Giudiziario)，1878 年。
② 布雷西亚(Brescia)是意大利北部的一个城市。——译者

为了约束治安法官进行公正的裁判并要求他们对作出的判决提供理由,而不是将判决做得像神谕一般让人不可理解,就需要以法官的早期经历、他们的专业知识和经验以及对他们的裁判进行上诉作为保证。然而,我们认为,我们发现了一个自由和正义的新来源,那就是,(陪审团制度)允许一些没有经验和责任心的人通过仅仅说"是"或者"不是"来裁决是否构成犯罪,就像孩子和暴君一样,不为他们的行为提供任何理由。在意大利,我们通过颁布法令加重了这种罪恶,因为法令规定这种不负责任的判决在有利于犯罪人的情况下是不可撤销的,只有在对犯罪人不利的情况下才能上诉!每个治安法官在判决诽谤、盗窃或者殴打行为有罪或者无罪时,需要提出正当理由。但是,在交给陪审团裁决的抢劫或者谋杀案件中,他们在裁决中除了说"是"或"不是"之外,没有其他任何的保证和理由。[①] 比这更糟糕的是,陪审员通过投出一张空白表决票,甚至是在法律对此有明确规定的情形下,也能够轻易地让犯罪人逃脱惩罚;无知的陪审员仅仅根据自己的良心作出决定,这样的决定往往是真相与不公正之间的一种妥协。

即使在法律中明确规定了防止陪审团制度出现弊端的预防措施,但是,得到严格遵守的却很少!相关的最主要规定是在陪审团作出裁决前,陪审员不能与任何人接触,他们发誓履行这个义务。然而,众所周知的现实是,他们并没有这样做,他们与公众甚至是犯罪嫌疑人的辩护人进行交流。另一方面,为什么要赋予被告人

---

① 《司法回声》,1875年。

无需理由就可以请求回避的权利呢？这会使被告人挑战那些很好的陪审员——那些以其正直品格和智慧最能抵御诱惑和言辞的人。我们怎能相信，一个无知的人会始终参与像在安科纳[①]进行的那种审判呢？在这个审判中，在陪审团面前询问了147个证人，提出了5000个问题。此外，甚至在负责法官也承认曾经受到威胁的情况下，那些即使决定被告人无罪也不会损失什么的陪审员又如何能够抵御死亡的威胁呢？最后，如果经受过考验的法官和一群专家在一些犯罪案件中也难以探明事实真相，因为有些事实必须依赖于毒理学、外科学、精神病学等专业知识才能理解，那么，一些既非专业人士也对科学无知的人怎么能够查明事实真相呢？这时，对劳动分工的要求远远没有对公正的要求重要！我们难道不是在放弃本来应当根据最严格的规则从事的工作吗？

反对的意见认为，陪审团裁决的无罪数量并不比法官判的无罪多。但是，这样的反对意见还不够精确，因为在有些地区，陪审团裁决的无罪数量平均要超过法官判的两倍多。即使这样，这两类情况也是有很大区别的。在把一起案件交给陪审团审理之前，已经经过了一系列的检验和评判程序，例如，经过了治安法官（prætor）、预审法官（examining judge）、皇家检察官、起诉部门、法院院长、检察长、有关专家等的程序。经过这些程序之后，很难提出证明被告人无罪的证据。此外，无罪判决方面的过错更重要的在于其性质，而不在于其数量。陪审员对于谋杀者、杀人者和叛乱

---

① 安科纳（Ancona）是意大利东部的一个港口城市。——译者

者,表现了令人悲哀的宽容;同时,由于不幸的错误理解,他们对于伪造者和盗窃公共资金的人,也表现出令人悲哀的宽容,这无疑是此类犯罪不断增加的原因之一。

认为英格兰和美国的陪审制度运行良好的反对意见,是并不重要的。盎格鲁-撒克逊民族对于公正和义务的感情,并不像我们那样往往令人失望,此外,对那些已经认罪的犯罪人不适用陪审制度,而我们的这一类案件占到了全部案件的一半,这类案件导致了最多的丑闻。在英格兰,接受陪审团审判的犯罪人的数量更少,在132770个居民中只有一个人接受陪审团审判;在意大利,每8931个居民中有一个人接受陪审团审判。这是一个巨大的差别,我们的严重犯罪不足以解释这种差别。而且,在英格兰,很多的案件,例如,暴乱、破产等,都有特殊的陪审团。人身保护令并不禁止警察预防性地拘捕犯罪嫌疑人,但是保证被告人在24小时内得到法院(伦敦高等法院或者郡法院)的介入,由法院决定延长还是撤销对他们的拘留。在所有疑难的案件中,验尸官都要求召集一个由专家、医生或者化学家组成的真正陪审团来调查。而且,陪审员还宣誓遵守法官关于法律的解说,并且因为尊重法律而严格地遵守这些誓言。在英格兰,那些不顾法官对法律问题的解说而作出的破坏誓言的裁决,会引起舆论的反感。除此之外,如果陪审团的裁决明显不公正,法官可以暂缓执行这个裁决,至少在其同事批准之前暂缓执行。[①] 我们还要提到,在作出裁决之前,陪审团不能离开

---

① 格拉泽(Glaser):《法庭宣誓的争论》(Schwurgerichtliche Erörterungen),维也纳,1876年。

法院,这是一项防止许多不良影响的措施。

即使在英格兰,也不是没有反对陪审团制度的意见。至少在伊丽莎白时代,人们引用了西塞罗(Cicero)反对腐败法官的话,"饥饿对于人们的影响要大于好名声"(Quos fames magic quam fama commoverit)。1824年的《威斯敏斯特评论》(Westminster Review)激烈地抨击了陪审制度,甚至将其称为正义的幻影。

第194节 上诉

培根写道:"不公正会使判决变得痛苦,拖延会使判决变酸。"正如我们今天所说的那样,由于上诉,惩罚不再是迅速的、确定的或者严厉的。鉴于初审法院的判决一般经过了常规的和严格的辩论程序,而上诉法院时常仅仅是依赖于一些书面材料进行审理,这些材料往往既不符合规则也不完整。上诉制度赋予了推翻下级法院判决的巨大权力,然而很多时候推翻判决不是因为实质错误或者事实错误(美国、英格兰甚至法国的做法都是如此),很多时候是因为形式问题;由于形式问题,一个成本高昂的判决可能会因为一个不幸的书记员语法错误而被推翻。

第195节 赦免

好像赋予犯罪人上诉权还不够,我们也大量地运用赦免权(right of pardon),这个制度在意大利的使用频率比在法国高出

100多倍。① 现在,我们怎么才能更好地协调大量使用这种宽恕和很少使用道德改造的现象呢? 谁没有意识到,经过了累进监狱制度(graduated prison system)后被释放的犯罪人(他们比单独监禁经受了更多的考验)仍然表现不好? 我们怎能说对所有的人都一样的公平呢? 紊乱的司法环境注定要干扰正义的实现,正义的实现依赖于明确的和不可任意更改的法律,依赖于摆脱所有的个人影响。如果忽视所有这一切,那么,整个事情就变成了简单的书写——可能是这个国家中最优秀的人的签字,但仅仅是他一个人的签字吗? 赦免制度是建立在这样的假设基础之上的:惩罚权(right to punish)仅仅存在于统治者的意志中。弗雷德里希(Friderich)说:"但是,当司法活动太严厉的时候,我们可以用这个制度来加以缓和。"如果真是这样,那么,就没有真正的正义,就应当改变实现正义的方法。费兰基里(Filangeri)说:"给犯罪人的每个赦免都是对法律的破坏。如果赦免是公正的,那么法律就是不公的;如果法律是公正的,那么赦免就是对法律的巨大破坏。根据第一种假设,应当废除法律,而根据第二种假设,就应该废除赦免制度。"②最后要考虑的一点是,赦免违背了现代社会的平等精神,在很多情形下它是有利于富人的,这让穷人感到对他们而言并没有真正的正义。人们需要记住卢梭在这方面的论述:"频繁的赦免宣告,不久之后犯罪就会不再需要赦免了,大家都知道这将导致什么。"

---

① 《关于司法与宽恕的部长报告》(Relazione del Ministero di Grazia e Giustizia),1875年。

② 《立法科学》(La Scienza della Legislazione),第Ⅲ卷,第四部分,第57章。

第196节 犯罪学的偏见

很糟糕的是,人们在司法实践中可能灌输一系列使每一种判决都无用的偏见。例如,我们对如下原则感到遗憾:当对犯罪人的意图存在疑问时,必须假定他具有恶性较小的意图;当我们无法证明他打算实施两种犯罪中的哪一种犯罪时,我们必须始终认为他是要实施不那么严重的那种犯罪。现在,在生来犯罪人的案件中,情况恰恰相反。因此,按照与事实恰恰相反的假设制定的法律,危及社会安全。

但是,当法律对于未遂犯罪更宽容,当法律否认犯罪意图的存在,甚至在犯罪人通过其威胁、通过实现犯罪意图的行动而泄露犯罪意图时,情况会更糟糕。因此,一个相信自己投放了某种有毒物质的人,即使所投放的物质并没有毒性的话,从常识来看这个人也是有罪的,在旧法学家们的神奇规则中也认为是如此,因为这个人会被认为与真正投毒的人一样危险;如果我们知道投毒者曾经固执地多次进行了大规模的投毒犯罪行为的话,更会认为如此。与此相反的态度则是,眼睁睁看着被害人死去而几乎不采取任何保护措施。对抽象理论的偏爱,使得我们不使用那些实用的、具体的保护方法,即使我们知道生来犯罪人在实施其犯罪行为前表露出来的犯罪倾向时,也会如此。[①] 此外,认为法律应当宽恕那些不再实施同样犯罪的累犯的观点,也是荒谬的,他们并不会因为这样的

---

① 《犯罪人论》,第一卷,第三部分。

原因而降低危险性,而是恰恰相反。英格兰的统计数据表明,那些进行人身犯罪的人,很有可能再次实施财产犯罪,以便借此逃避法律的惩罚;而那些再次实施同样犯罪的犯罪人,几乎都是较低能的,可能不怎么危险。对于这类犯罪人来讲,不必急于加重其刑罚。那些在短时间内实施了数种犯罪的人,表明他在犯罪活动中有更高的智力和更大的变通能力。拉丝奈尔(Lacenaire)、贾斯帕罗尼(Gasparoni)和霍姆斯(Holmes)就是如此,他们懂得将盗窃、诈骗、投毒与伪造、暗杀结合起来;这样的人是最危险的,也最难被识别与逮捕。

还有,认为公开审判(public trial)很重要的看法,也是错误的。

费雷罗认为,

> 公开审判几乎是一种无用的活动,它往往危险地重复初步调查(preliminary investigation)的记录结果,因为证人简单重复他们的证言,而这些证言是已经记录在案的。现在,在威严的法庭中,在一群人的骚扰下,在律师吹毛求疵的甚至是威胁性的询问下,一个人的记忆不发生混淆都是很难的。但是,在一个小房间里,在仅仅面对两三个人的情形下,却能够更加容易地准确回忆和复述某一事实。[①]

[①] 费雷罗:《象征主义的心理规律》(Les Lois Psychologiques de Symbolisme),1890年。

同样，控方和辩方的辩论也是有问题的。这种质疑的理由更多，因为书面论证比口头辩论要先进得多，书面论证是永久性的，而对文字的记忆要比对事物的记忆差得多。根据闵斯特贝格[①]和贝罕姆（Bigham）的实验，听觉错误的平均发生率（31.6%）要比视觉错误（20.5%）多。因此，人们对口头审判的夸大，是与现代进步截然相反的，然而，人们却把口头审判看成是司法制度的支柱之一。

最后，当我们不能明确地确认一个被告人是累犯，也不能确认他是否在年轻的时候犯过罪时，我们至少应该考虑他所有的不良经历，以便将他列入犯罪嫌疑人中。我们要达到的目的是让他对再次犯罪有一种恐惧，如果立法者不相信人类学和心理学的知识对这个问题有用，至少不应该反对已得到证实的犯罪学事实。

第197节　错误的理论

许多法学家非常了解科技问题和与犯罪人有关的最新科技发展动向，但是，由于缺乏生理学知识和直接的接触，因而不能准确地加深其了解的程度。这些人主张，可以在犯罪人中发现大量的精神错乱者或者低能者（feeble-minded），因此，许多犯罪人对其犯罪行为承担有限的责任，这必然导致较轻的刑罚。这些法学家们

---

① 闵斯特贝格是指德国出生的美国心理学家胡戈·闵斯特贝格（Hugo Münsterberg，1863—1916），他在工业心理学、教育心理学、法律心理学等方面进行了开创性研究，被一些人称为"司法心理学之父"（the father of forensic psychology）。——译者

并不知道,新的人类学观念在减轻生来犯罪人的罪过的同时,也让我们有责任延长他们的刑罚,因为越是不负责任的犯罪人,就越是让人害怕,他们与生俱来的、隔代遗传的犯罪倾向,只能通过选择(selection)和隔离(sequestration)才能消除。这些犯罪倾向就像汹涌澎湃的波浪一样,只有在遭遇强有力的堤防时才会转向;但是,在没有得到控制的时候,就会横扫过去,变得很危险。我们的法学家们没有模仿荷兰人,反而把控制邪恶的堤防降得越来越低,因此,越来越倾向于给犯罪人提供各种辩护和获得赦免的机会,而没有采取措施增强社会的安全性和镇压犯罪的确定性。现在,如果一个将军依靠哲学的力量,仅仅使自己接受哲学的指导,或者以古代战争史上流传下来的某种抽象战略为指导,而无视现代的弹道学,那么,就不能确定他的行为是否将不幸的战士带入不可避免的死亡中去。现在,刑事司法至少需要与军事战略一样多的实践知识。在这个问题上,抽象理论只能是一种消极的资源,然而,实际结果往往取决于人们的意见。这些人让人尊敬,但是却倾向于用抽象理论代替策略,有意识地想用自由意志代替事实,认为刑罚权不是以迫切的社会需要为基础,而是以对司法秩序的抽象破坏为基础。他们不仅没有想到消除犯罪的真正原因(例如,酗酒、儿童交往等),而是贸然地采用文明社会发明的那些有利于犯罪人的革新措施;他们忘记了减轻这些革新措施(例如,附条件释放的中间机构等)的有害后果所必需的预防措施,最后,也忘记了为保护社会而设计的新方法。

同样令人遗憾的是,司法界的高级官员们认为,程序的形式比对社会的保护更重要,于是,他们提出了这样的观点,即程序的形式比程序的实质更能有效保护双方当事人,仅仅"形式是事物的本质"(forma dat esse rei)[①]这几个字就足以显示人们对司法事务的盲目性。

第198节 这种状态的原因

这种向理论严重倒退的原因,首先应当在惰性规律和夸大的保守主义中寻找。由于这类特征,当人们被反常情况或者大胆而幸运的反叛分子所吸引时,无论每一种改变多么简单和合乎逻辑,人们都会因为恐惧而产生退缩。在一些情况下,尽管人们不愿意,但是,还是顺从这些改变,那是因为时机如此成熟,革新如此恰当,以至于他们不由自主地受到影响,被迫接受这些改变。但是在这里,就像在宗教和哲学中那样,理论学说掩盖了真理,理论学说的神秘而威严的外表使得别人难以发现其虚幻的特性。任何有着高涨的宗教感情的人,在第一次听到拉比(rabbis)或者婆罗门(brahmins)神秘地重述他们的希伯来语或者梵语的祷告时,都会对他们产生深刻的印象,但是,如果把这些祷告翻译成浅显的语言时,它们就会十分简单。同样,公众并不理解法律词汇,他们发现,越是深刻的法学家就越是让人难以理解;法学家往往这样做,他们越是为自己考虑,就越是倾向于使用晦涩深奥的语言。从这一点中我们可以明白,为什么公众对法学家的一些论断无法理解,例

[①] 根据美国犯罪学家皮尔斯·贝尔尼给译者的信件,forma dat esse rei 这四个拉丁文的含义是"form is the essence of the thing"。——译者

如，法学家们确认，授权他人犯罪并不构成公然犯罪，或者罪犯的第二次犯罪不同于第一次犯罪时不构成累犯。

费雷罗找到了这些错误的另外原因，[①]即观念-情绪不活泼性(ideo-emotional inactivity)，这是指大脑将那些从事任何工作都必不可少的心理联想降到最低限度的心理倾向。实际上，对法律的字面解释比对公平正义的各种思考都重要。

> 很多政府官僚机构也是如此。我们知道，这个阶层开展工作的最常见缺点，就是习惯于在他们的指导下按照字面意思适用法律和规则；而有时候这样做并不能完全正确体现立法者的意志，当然，这些立法者也不能合理预见所有的情形，只能制定一般性规则。官员们需要根据具体实际的案例来解释这些一般性规则，于是，字面上的含义变成了一般性规则，有时还要根据字义作解释。一个私有企业的雇员为了自己的利益，不会不假思索地适用某种一般性规则，而是会根据具体情形理解他所接受的规则。

现在，人们认为，整理编纂法律仅仅是为了在具体案件中指导治安法官，时间一长，治安法官就会认为即使仅仅在字面上运用整理编纂的法律，也能够体现正义。为了谨慎裁判，法官必须根据他的个人见解和普通法反映的普遍理念作出判决。罗马法学家仍然认为，民法上的有些制度要靠称之为自然法的一些理论做补充，自

---

① 《象征主义的心理规律》。

然法反对将抽象规则不恰当地适用于具体情形,它是对实质的公平正义的表达。但是,这需要精深的理论以及让人疲惫的责任感和辛勤劳动才能做到。对普通法律规则的合理演绎,是简单而方便的适用办法,一旦人们的头脑习惯了这样的工作方式,就会产生一种职业性的观念-情绪停滞现象(ideo-emotional stagnation),这会导致法官将法律的字面适用当成是他的全部工作。他很快就会排斥任何的其他观念,而这类观念可能导致用一种公平的方法解决问题。被害人遭受的损害的程度和引起犯罪的原因,在任何情况下都是不会被考虑的。

这些思考让我们明白,为什么科学常常是以演绎方法开始的。甚至是对自然科学而言,研究对象的性质决定了它应该更接近自然,但是,它也以演绎的方法开始。例如,基础的物理和化学是由一系列推理组成的,而这些推理是从随机观察事实后确立的某个原理的逻辑中得出的。直到后来人们才认识到,要学习自然规律,就必须少做推理多观察。从一开始,人们就更喜欢纯粹的逻辑而不太喜欢观察和体验,因为纯粹的逻辑是一种不那么令人疲惫的心理过程,头脑中仅需要一小部分的工作就可以完成。

费雷罗指出:

> 采用纯粹的逻辑学方法,是人们少年时期特有的观念-情绪不活泼性的结果,这种大脑的不活泼性在老年时期表现为众所周知的退化和隔代遗传现象。中世纪的科学,受到了重考古而不重观察的希腊人研究方法的影响。现代司

法领域中把使用演绎方法作为绝对的准则,就是一种衰老退化的表现。观念-情绪不活泼性的规律使我们明白,为什么粗鲁而残暴的民族的法律更加符合常识,而最文明民族的富有逻辑性的法律,却有可能包含一些不可思议的荒诞内容。[1]

---

[1] 费雷罗:《象征主义的心理规律》,巴黎,1894年。

第三部分

综合与应用

第1章 犯罪与刑罚中的隔代遗传和癫痫

第199节 引言

我在本书以及本书之前的那些书籍(《犯罪人论》第一卷和第二卷)中论述的所有内容,都已经清楚地证实,古代的犯罪学论据是不可靠的。我能够成功地用更可靠的论据来取代吗?如果在长期而痛苦的研究工作中形成的自尊心没有令我盲目的话,那么,我认为我可以给出一个肯定的回答。基本立场毫无疑问就是,我们应当研究犯罪人,而不是那样多地研究抽象的犯罪。

第200节 隔代遗传

在生来犯罪人中,高达33%的人有很多几乎总是隔代遗传而来的特征。因此,那些同意我们观点的人们已经看到,原始人表现出的许多特征在生来犯罪人中是很常见的。例如,毛发系统发育不足,大脑容量少,前额后仰,额窦发育过度,缝间骨(Wormian bone)经常出现,颅骨骨缝很早闭合,骨缝简单,颅骨厚壮,上颌骨和颧骨过度发育,颌骨突出,眼眶倾斜,皮肤色素沉着,毛发丛生而卷曲,耳朵硕大。在这些人中,我们还会发现狐猴尾骨(lemurine appendix);耳朵异常;牙齿有间隙;身手敏捷;缺乏痛觉;触觉迟钝;视觉敏锐;伤口愈合快;感情迟钝;感官快乐早熟;①外貌与异性十分相似;妇女难以矫正;懒惰;缺乏悔恨;冲动性;身心容易兴奋;尤其是缺乏远见,这种特征往往使人胆大妄为,使谨小慎微者变得鲁莽轻率。除了这些特征之外,生来犯罪人还很虚荣;有赌博和酗酒的激情;有暴力性的短暂的激情;迷信;对于自己的人格异常敏感;对上帝和道德有一些独特的观念。甚至在细微之处也会遇到意想不到的类似性,例如,犯罪帮伙(criminal gang)的临时活动规则(improvised rules);帮伙头目有全面的个人影响力;②文身习俗;游戏活动的残忍性;过多使用身体姿势;拟人化的拟声语言描述没有生命的事物;在庆祝犯罪时,用一种特殊的文学语言回忆自己的称雄时代,用富有节奏的方式表达自己的思想。

隔代遗传可以解释一些犯罪到处发生的现象。例如,鸡奸幼童(pederasty)和杀婴犯罪;如果我们不回想起罗马人、希腊人和塔希提人(Tahitians),我们就不能解释为什么这类犯罪到处发生的现象,因为罗马人、希腊人和塔希提人不仅不认为这类行为不是犯罪,而且往往把进行这类行为作为一种全国性的风俗。

---

① 《犯罪人论》,第一卷,第136—579页。
② 塔西佗(Tacitus):《日耳曼尼亚志》(Germ.),第Ⅶ卷。

第1章 犯罪与刑罚中的隔代遗传和癫痫

加罗法洛①已经很好地概括了生来犯罪人的心理特征,包括缺乏羞耻感、缺乏荣誉感和缺乏正直感,而在原始人中也缺乏这些感情。② 我们还可以增加两种特征,即他们缺乏勤勉,缺乏自我控制。

对于像勒克吕斯和克鲁泡特金那样的人来讲,他们不相信在原始人中有正直诚实而又有道德节操的人,而我们必须认识到,一定密度的人口和一定程度的人际交往,是犯罪发展的必要条件。例如,当不存在财产的时候,就不可能进行盗窃活动;在没有交易的时候,就不可能进行诈骗活动。但是,这些倾向在原始人中就有萌芽,其证据就是,当他们开始从原始阶段过渡到有一定文明的阶段的时候,他们总是以夸大的形式发展起犯罪的特征。正如费雷罗向我们指出的那样,即使在原始人中发现了名誉、贞洁和正直这些特征,也绝不能说他们中没有冲动性和懒惰。原始人极度讨厌连续不停的工作,以至于对他们而言,如果不通过选择或者强迫,他们是不会积极主动、有条不紊地劳动的。因此,根据塔西佗③的说法,古代日耳曼人的冲动性,往往导致杀害奴隶的活动,而在愤怒发作中进行的行为不会被认为是有罪的。塔西佗也注意到,古代的日耳曼人缺乏劳动能力,他说:

---

① 加罗法洛是指意大利法学家、犯罪学家巴伦·拉斐尔·加罗法洛(Baron Raffaele Garofalo,1852—1934)。——译者
② 《犯罪学》(Criminologie),第2版,1895年。
③ 塔西佗是指古罗马历史学家、政治家和文学家塔西佗(Publius Cornelius Tacitus,约55—约120)。——译者

他们有硕大的身材,容易进行冲动性的活动,但是,缺乏正常劳动所必需的忍耐性。当他们不打仗的时候,他们什么也不干……他们就是睡觉和吃饭。最强壮、最好战的人们生活在懒惰之中,将照料家庭和田地的事务交给妇女、老人和身体虚弱者,自己在懒惰之中变得越来越残忍。

另一方面,冲动性而不是行动迟缓往往与无休止的运动需要联系在一起,这种特征在原始人中的表现,就是过一种经常流浪的生活。因此,正如霍夫莱克(Hovelacque)告诉我们的那样,安达曼岛人(Andaman Islander)有一种躁动不宁的倾向,这使得他们不会在同一个地方停留两三天以上的时间;他们之所以流浪,没有别的理由,就是因为这种运动的需要。这种态度似乎是身心惰性(physiopsychic inertia)与经常追求暴力性的、无节制的身体和道德兴奋的需要相结合的产物,它总是伴随着惰性和冲动性。因此,那些在通常情况下极端懒惰的人,在跳起舞来的时候会毫无节制,极端躁动,会连续不停地跳舞,直到进入一种谵妄状态,最后会因为身心耗竭而突然倒在地上。罗伯逊写道:"当西班牙人最先看到美洲印第安人时,他们对美洲印第安人疯狂的跳舞激情和这种令人眩晕的活动感到惊讶不已,他们在平时总是冷淡而被动,但是在进行这种娱乐活动时,他们的表现却截然相反。"杜夏于(Du Chaillu)写道,"非洲黑人在听到鼓声时就会疯狂地跳起舞来,失去了对自己的所有控制。"莱托努(Letourneau)指出,"这的确是一种舞蹈狂,这使他们忘记了所有的烦恼。"

第1章 犯罪与刑罚中的隔代遗传和癫痫

我们还要指出,犯罪人的隔代遗传可以追溯到原始人,甚至可以追溯到兽类;隔代遗传使犯罪人绝对缺乏羞耻感和怜悯。病理解剖学也有助于证实我们的观点,因为病理解剖学的研究发现,犯罪人的小脑发育过度,矩状裂缝(calcarine fissure)与顶枕裂缝(parieto-occipital fissure)联合起来的极少,视轴缺乏重叠,鼻切迹(nasal incisure)具有水槽状的形状,经常有鹰嘴孔,有多余的肋骨和颈椎骨;特别是具有罗恩考罗尼在一些犯罪人的小脑中发现的组织学异常,也就是往往缺少颗粒层(granular layer),在白质中有神经细胞,有大量的锥体细胞。在寻找与我们自己所属种族相似的特征的过程中,我们偶然发现了对于寰椎(atlas)与枕骨联合、犬齿突出、上颚扁平和中央枕骨窝特征的解释,①这些特征在一些犯罪人、狐猴和啮齿动物中都有。犯罪人还具有其他特征,例如,适宜抓握的脚,掌纹简单,运动和感觉的左利现象。我们也可以回想起即使在没有复仇欲望的情况下也存在的食人倾向,多种多样的凶残与狡猾的结合,吉勒(Gille)、沃齐尼(Verzeni)、莱热(Legier)、伯特兰、阿土肖(Artusio)、萨德侯爵②和其他犯罪人向我们提供了这样的例子;在这些人中,隔代遗传伴随着癫痫、白痴或者全身麻痹症,但是,我们也总是回想起动物中成双成对的现象,回想起在出现这些现象以前,动物们为了克服雌性的沉默寡言

---

① 《犯罪人论》,第一卷,第 160、176、182、217 页。
② 萨德侯爵(the Marquis of Sade)是指法国色情文学作家、早期犯罪学研究者和被害人学思想的早期倡导者萨德侯爵(Marquis de Sade,1740—1814)。他曾经因为性虐待行为而数度入狱,精神病学中的"施虐癖"(sadism)一词就是根据他的名字形成的。——译者

或者为了战胜对手而进行的凶残血腥的竞争。①

这些事实清楚地证实,最可怕的犯罪有动物本能方面的根源,这些动物本能在儿童时代就会有一定的显示。文明人通过教育、环境以及对刑罚的惧怕而压抑自己的动物本能,但是在生来犯罪人中,这些动物本能会突然地、没有明显原因地爆发出来,或者在一定情况的影响下突然爆发出来,例如,在疾病、气候影响、性兴奋或者暴民的影响下突然爆发出来。我们知道,一定的病态状况,例如,头部受伤、脑膜炎和慢性中毒,或者像怀孕、老态龙钟一类的生理状况,都会引起神经中枢营养状况的紊乱,从而会引起隔代遗传型退化(atavistic retrogression)。我们还可以看到,隔代遗传型退化会怎样促进犯罪倾向,并且在我们考虑到生来犯罪人与原始人分离的时间较短的时候,我们就会理解为什么罪犯很容易采用原始人的风俗习惯,包括食人行为,就像在澳大利亚和圭亚那已经发现的那样。② 而且,我们注意到,儿童在接受教育之前怎样对邪恶与美德不加区别,怎样偷窃、打人和说谎,但是,很少有悔恨。我们很容易理解犯罪中的早熟现象;也会看到为什么大部分弃儿和孤儿最终会变成犯罪人。③ 而且,隔代遗传向我们表明,刑罚对于生来犯罪人是无效的;隔代遗传可以使我们理解,为什么生来犯罪人要周期性地进行犯罪行为。因此,这种最大的遗传变异,通过不到 1/25 的人身犯罪的数量和不到 1/50 的财产犯罪的数量而表现出来。④

---

① 《犯罪人论》,第一卷,第 449、513 页;第二卷,第 95、96、123、139、144、147 页。
② 布维耶(Bouvier):《圭亚那之旅》(Voyage à la Guyane),1866 年。
③ 《犯罪人论》,第一卷,第 92—108 页。
④ 莫里:《社会的道德运动》(Mouvemente Moral de la Societé),巴黎,1860 年。

第1章　犯罪与刑罚中的隔代遗传和癫痫

我们看到,正如莫里非常真实地谈到的那样,我们是受一些无声的法则支配的,这些法则绝不会废止不用,它们会比记录在法典中的法律更加有效地支配社会生活。

第201节　癫痫

我们在生来犯罪人中观察到的同样的现象,在悖德狂(moral insanity)中似乎很少出现,[1]但是,可以在癫痫病人中进行详细的、大规模的研究。在癫痫病人中,有些人是犯罪人,有些人则不是犯罪人,[2]正如表201-1中将要证实的那样。在这个表格中,我们将会看到,在犯罪人所表现出来的各种隔代遗传现象中,都存在癫痫;不过,癫痫病人也表现出一些纯粹的病态现象,例如,头血肿(cephalea)、动脉粥样化(atheroma)、谵妄和幻觉。在生来犯罪人中,我们也发现,除了隔代遗传特征之外,也有其他一些完全病态的特征,或者是刚开始一看似乎与疾病的关系更密切,而与隔代遗传的关系不太密切的特征。例如,在解剖学领域中,过度的不对称,脑容量和面部太大或者太小,硬化症,脑膜炎的痕迹,前额脑积水,尖头畸形(oxycephaly),塔头畸形(acrocephaly),头盖骨凹陷,骨赘很多,颅骨缝过早闭合,胸腔不对称,毛发很晚才变灰,头部歇顶很迟,皱纹异常并且很早就出现;在生物学领域中,表现为反射改变和瞳孔不平等。我们还可以发现一些特征,包括视野边缘盲点,这种症状在原始人中绝不会发现,相反,在原始人中,视野相对

---

[1] 《犯罪人论》,第二卷,第2—13页。
[2] 同上书,第50—201页。

宽阔和正常,就像我们在丁卡斯(Dinkas)身上所发现的那样。也可以增加其他的特征,包括听觉、味觉和嗅觉的改变,偏爱动物,性意识早熟,健忘症,眩晕,躁狂与偏执狂并发症。这些异常特征在很多白痴者、呆小病患者和普遍退化者身上可以发现,它们可以用这样的事实来解释,即在这些情况下,酒精中毒(alcoholic intoxication)不但增强了隔代遗传的效果,而且也更大地增强了癫痫的效果。

表 201-1　生理异常的不同表现①

生理异常		犯罪人	癫痫病人	隔代遗传	发育受阻现象	病态现象	非典型现象
颅骨	体积太大	+	+	……	……	……	+
	体积太小	+	+	+	+	+	+
	硬结(sclerosis)	+	+	+	+	+	……
	外生骨疣(exostosis)	+	+	……	……	+	……
	不对称	+	+	……	……	+	……
	中央枕骨窝	+	+	+	……	……	……
	头部指数太大	+	+	……	……	+	……
	眉毛太浓	+	+	……	……	……	……
	额头下仰	+	+	……	+	……	……
	额头脑积水	+	+	……	……	+	……
	颅骨骨赘(osteophytes)	+	+	……	……	+	……
	缝间骨(Wormian bone)很多	+	+	+	+	……	……
	额骨骨缝(frontal suture)	+	+	+	+	……	……
	骨性联接早	+	+	……	……	+	……
	眼眶倾斜	+	+	……	……	……	……

---

① 表格上方的这个标题是译者增加的。该表格在原文中排在第 371 页。——译者

续表

生理异常		犯罪人	癫痫病人	隔代遗传	发育受阻现象	病态现象	非典型现象
面部	狐猴尾骨	+	+	+	……	……	……
	上颌骨太大	+	+	+	……	……	……
	颧骨大而突出	+	+	+	……	……	……
	耳朵大而突出	+	+	+	……	+	……
面部	面部不对称	+	+	……	……	+	……
	眼睛斜视	+	+	……	……	+	……
	妇女满脸肌肉	+	+	……	……	……	……
	牙齿有间隙	+	+	……	……	……	……
	鼻骨异常	+	+	……	……	……	……
	牙齿异常	+	+	……	……	……	……
	脸骨太大	+	+	……	……	……	……
大脑	脑裂异常	+	+	+	……	……	……
	大脑太轻	+	+	+	……	……	……
	小脑肥大	+	+	+	……	……	……
	大脑皮层组织改变	+	+	+	+	……	……
	脑膜炎痕迹	+	+	……	……	……	……
身体	胸腔不对称	+	+	……	……	+	……
	适宜抓握的脚	+	+	+	……	……	……
	左利现象	+	+	+	……	……	……
	疝气	+	+	+	+	+	……
	掌纹简单	+	+	……	……	……	+
	内脏损伤	+	+	……	……	……	+

不过,癫痫虽然也对产生这些特征起作用,但是,并不排斥隔代遗传的作用,因为这些特征既是隔代遗传性的特征,也是病理性

的特征,例如,巨头畸形、颅骨硬化、缝间骨、胡须稀疏。在生物学领域中的左利现象,痛觉丧失,除了视觉之外的所有感觉迟钝,冲动性,鸡奸幼童,淫秽,反应迟钝,迷信,经常发生食人行为,易怒和冲动倾向,像动物那样叫喊和行动的倾向,特别是大脑皮层的组织学异常,我们在犯罪人中已经看到,它们是低等动物特征的再现。最后是牙齿异常。牙齿异常似乎与大脑没有联系,但是,恰恰相反,牙齿异常与大脑有密切的联系,因为牙齿是从那些与大脑相同的胚胎膜(embryonic membrane)发育而来的。①

在这里,我们可以回忆起高尔斯(Gowers)的发现。高尔斯经常注意到,癫痫病人会进行动物特有的行为,例如,撕咬、咆哮、喵喵叫,因此,高尔斯得出了这样的结论,"这些都是我们所具有的本能兽性的表现,它们在平时处于潜伏状态中。"②

如果生来犯罪人中典型的癫痫大发作不常见,那是因为它们仍然处在潜伏状态,以后只有在一些特定原因(愤怒、酒精中毒)的影响下才会表现出来。无论是犯罪人,还是癫痫病人,他们的高级中枢都没有得到充分的发育。这种情况表现为道德敏感性和情绪敏感性的退化,反应迟钝,身心过度兴奋,特别是心理功能缺乏平衡。心理功能缺乏平衡可以通过天才和利他主义区分出来,不过,心理功能缺乏平衡总会表现为心理分歧、心理矛盾和间歇性行动。

---

① 《犯罪人论》,第一卷,第232页。
② 《癫痫》(Epilepsy),伦敦,1880年。

第 1 章 犯罪与刑罚中的隔代遗传和癫痫

表 201-2　身心异常的不同表现[①]

身心异常		犯罪人	癫痫病人	隔代遗传	发育受阻现象	病态现象	非典型现象
皮肤	异常的皱纹	+	+	+	……	……	……
	稀疏的胡须	+	+	+	……	+	……
	微黄的颜色（yellowish tint）	+	+	+	……	……	……
	文身	+	……	+	……	……	……
	卷发（crispy hair）	+	+	+	……	……	……
运动异常	左利现象和左右同利（ambidextry）	+	+	+	……	……	……
	反射异常	+	+	……	……	+	……
	瞳孔不对等	+	+	+	……	+	……
	非常敏捷	+	+	+	……	……	……
感觉异常	触觉迟钝	+	+	+	……	+	……
	痛觉不敏感	+	+	+	……	……	……
	视觉敏锐	+	+	+	……	……	……
	听觉、味觉、嗅觉迟钝	+	+	+	……	+	……
	感觉左利现象	+	+	+	……	……	……
	视野边缘盲点	+	+	+	……	……	……
心理异常	智力不足	+	+	+	+	……	……
	迷信	+	+	+	……	……	……
	情绪反应迟钝	+	+	+	……	……	……
	缺乏道德感	+	+	+	……	……	……
	缺乏悔恨	+	+	+	……	……	……
	食人、凶残和缺乏自制力	+	+	+	+	+	……
	鸡奸幼童、手淫和淫荡	+	+	+	……	+	……
	过分的宗教信仰	+	+	+	……	……	……
	流浪	+	+	+	……	……	……

[①] 表格上方的这个标题是译者增加的。——译者

续表

身心异常		犯罪人	癫痫病人	隔代遗传	发育受阻现象	病态现象	非典型现象
心理异常	性早熟	+	+	+	……	+	……
	虚荣心	+	+	+	……	……	……
	假装(simulation)	+	+	+	……	+	……
	懒惰、惰性	+	+	+	……	……	……
	缺乏远见(improvidence)	+	+	+	……	……	……
	胆小(cowardice)	+	+	+	……	……	……
	热衷赌博	+	+	+	……	……	……
	躁狂、偏执狂和谵妄	+	+	……	……	+	……
	眩晕(vertigo)	+	+	……	……	+	……
原因	遗传(酒精中毒、精神错乱、癫痫、父母年老)	+	+	……	……	……	……
	酒精中毒等	+	+	……	……	……	……

第 202 节 病态异常与隔代遗传的结合

不过,犯罪人和癫痫病人的一些常见特征,往往被看成是异常的或者病态的特征,而没有被看成是隔代遗传性质的特征,这完全是由于我们缺乏胚胎学和种系发生学方面的知识造成的。在表 201-2 中所列的许多特征(不过,仅仅是概略性的),既是隔代遗传性质的,也是病态性质的,例如,小头畸形(microcephaly)、颅骨硬结(cranial sclerosis)等。当我们进行回忆的时候,例如,在我们回忆起彭塔所说的胖鱼(flat-fishes)时,可以说面部不对称似乎也是隔代遗传性质的。有皱纹的脸似乎也是如此,这种特征会使我们

第1章　犯罪与刑罚中的隔代遗传和癫痫

回想起霍屯督人①和猿。疝气也会使我们想起低等脊椎动物和胚胎中常见的现象,费雷(Féré)恰当地指出了这一点。

在很多时候,病态(morbidity)和隔代遗传都追溯到一种共同的原因,正如瓦格纳②在一篇重要的论文中指出的:

> 这种观点,即犯罪人的隔代遗传与胚胎的某些特殊疾病有联系的观点,已经被埃廷霍森(Ettinghausen)的发现完全证实。例如,如果我们冷冻橡树的根部直到部分地将其杀死,那么,第二年它就会长出与现代橡树的树叶不同,但是却与第三纪③时期的橡树的树叶相同的树叶。这个事实可以解释中间的和模糊的化石(intermediate and indistinct fossil)形式的重现。因此,我们清楚地看到,能够产生某种疾病的那种影响力,可以引起形态学方面的退化。

对悖德狂者和生来犯罪人进行的临床描述和解剖学描述(在含糊的准司法、准精神病学假设中往往缺乏的一种描述)中发现的癫痫背景,可以解释他们的症状的自发性、间歇性和荒谬性,而这些特征毫无疑问是他们最明显的特征。例如,在这种类型中,可以注意到善良与凶恶、怯懦与疯狂、天才与愚蠢的并存和

---

① 霍屯督人(Hottentots)是非洲西南部的原始部落中的人。——译者
② 瓦格纳·冯·尤雷克(Wagner von Jauregg):《在精神病诊所的就职演讲》(Antrittsvorlesung an der Psychiatrischen Klinik),维也纳,1895年。
③ 第三纪(tertiary)是一个地质年代,属于新生代的一个时期,自6640万年前持续到160万年前。参见《不列颠百科全书(国际中文版)》第16卷,第528页。——译者

相互转化。

第 203 节　倾向犯罪人

倾向犯罪人(criminaloid)[①]尽管与生来犯罪人有很大的不同,但是,却与癫痫和隔代遗传有一定的联系。因此,倾向犯罪人中有比正常人中更多的癫痫病人(在扒窃犯中有 10%),在犯罪人中有很大的比例(17%),但是,倾向犯罪人也有一些特殊的异常症状,例如,左利现象,这种异常现象在诈骗犯中很常见。[②]

在倾向犯罪人的生物学特征方面,我们发现了一些触觉、痛觉、心理测量学方面的异常现象,特别是发现他们很少有早年歇顶和头发变灰的现象,也很少进行文身。但是,另一方面,我们发现了严格说来是病态异常的现象,这些病态异常与酗酒有很大的关系,例如,动脉粥样硬化、局部麻痹和伤疤。倾向犯罪人的心理异常很少,他们既没有生来犯罪人的那种愤世嫉俗的表现,也没有渴望作恶的激情。他们更容易、更真诚地承认自己的过错,往往感到后悔。但是,他们更加好色淫荡,更有可能嗜酒成瘾。女性倾向犯罪人(criminaloid woman)更容易受到暗示。倾向犯罪人更容易早熟,也更容易重犯,至少在扒窃犯和一般盗窃犯中是如此。他们往往在有利的机会的吸引下进行犯罪行为,缺乏自我控制,这是癫痫病人没有理由地进行犯罪活动、往往在倾向犯罪人中发现癫痫

[①] 在刘麟生的中译本中,将这个术语翻译为"生而有犯罪性之人"。——译者
[②] 《犯罪人论》,第二卷,第 216、514、518 页。

第 1 章　犯罪与刑罚中的隔代遗传和癫痫

病人的原因。我们可以回忆起卡塞诺瓦(Casenova)的供认,当他进行了一次他从未事先考虑过的诈骗活动时,"似乎屈从于一种更高意志。"一个扒窃犯告诉我,"当灵感来的时候,我们无法拒绝。"陀思妥耶夫斯基①描述了监狱中的走私犯,指出尽管他们从事走私活动几乎没有利润,要冒很大的风险,而且也反复承诺不会重犯,但是仍然继续进行走私活动。孟德尔②和本尼迪克特(Benedict)描述了流浪者的冲动性,这种冲动性促使其无目标、无休止地到处流浪。

倾向犯罪人与生来犯罪人的差别不在于类型方面,而在于程度方面。情况确实如此,由于长期在监狱中监禁的结果,使得很多倾向犯罪人变成了习惯犯罪人;变成习惯犯罪人的倾向犯罪人已经与生来犯罪人没有什么区别了,区别仅仅在于他们的身体特征稍有差别。

与生来犯罪人区别不大的还有那些潜在犯罪人(latent criminal)。潜在犯罪人占据高位,被社会尊为领导人。他们具有先天犯罪性(congenital criminality)的痕迹,但是,由于他们占据高位,他们的犯罪性格(criminal character)通常不会被人们认识到。他们是家庭中灾难的根源,他们的家人有可能发现这一点,否则,他们的堕落性质在很晚的时候才有可能被发现,这会使整个国

---

① 陀思妥耶夫斯基(Dostojevsky)是指俄国文学家、早期犯罪学研究者费尔多·米哈依诺维奇·陀思妥耶夫斯基(Fyodor Mikhaylovich Dostoyevsky,1821—1881),他曾经被流放西伯利亚,在鄂木斯克监狱中服了四年苦役。"Dostojevsky"更多地写作"Dostoyevsky"。——译者

② 孟德尔是指奥地利遗传学家格雷戈尔·孟德尔(Gregor Johann Mendel,1822—1884)。——译者

家遭受损失,形成这种情况的首要原因是他们自己不知羞耻,次要原因是公众的无知和怯懦。即使这类特殊的犯罪狂者(criminal monomaniac),在犯罪动机和犯罪方式方面也与癫痫病人有所不同,[1]但是,一些特征表明,他们的犯罪性有癫痫和隔代遗传方面的根源,这些特征包括强迫观念,思维过程中断,缺乏自我控制,夸大一些细节,犯罪危机之后精疲力竭,喜欢使用象征方法,过度的和间歇性的活动以及遗传特征。

第 204 节 犯罪型精神错乱者[2]

真正的精神错乱犯罪人(insane criminal)实施的主要犯罪,是那些被我们看成是犯罪过度(hypertrophy of crime)的那类犯罪。这类犯罪人不仅在身体特征和功能特征方面,而且在犯罪方式和犯罪后的行为方面,都要比生来犯罪人更加夸张。[3] 这些方面的情况可以向我们解释犯罪型精神错乱者的冲动、淫荡和残忍倾向的程度。他们中的大部分人不是令人难以理解的癫痫患者,就是患忧郁症和偏执狂的生来犯罪人;究竟成为哪一类人,是由不同心理障碍的自然倾向决定的,而这类心理障碍来源于退化素质。同样,我们已经看到,癔症患者、酒精中毒者、间发性酒狂者(dipsomaniac)、纵火癖者(pyromaniac)、偷窃癖者(kleptomaniac)、暂时性精神错乱者(the temporarily insane)之类的人,有很多癫痫

---

[1] 《犯罪人论》,第二卷,第 94、97、418 页。
[2] 原文是 criminal insane。刘麟生的译本翻译为"疯狂之犯罪人"。——译者
[3] 《犯罪人论》,第一卷,第 34—228 页;第二卷,第 213 页。

病人的特征。即使精神病边缘者(mattoid),由于习惯性的平静及缺乏退化和遗传痕迹,似乎也可以从癫痫中排除出去,但是,他们经常表现出这种癫痫形式,我们把这种癫痫形式看成是犯罪的核心(kernel)。[①]

第205节 激情犯罪人[②]

这类犯罪人构成了一个特别的部分,它与生来犯罪人完全不同,不仅在和谐的身体线条方面完全不同,而且在心灵之美、强烈的神经和情绪敏感性以及犯罪动机等方面,都与生来犯罪人完全不同。这类犯罪人的犯罪动机往往是高尚的和有力的,例如,爱的动机、政治动机。不过,他们与癫痫病人有一些相似之处,例如,他们的无节制倾向、冲动性、突然爆发和经常健忘等。[③]

第206节 偶然犯罪人

偶然犯罪人,或者更确切地称为虚假犯罪人,是那些并不寻找犯罪机会,但总是遇到犯罪机会,或者由于极其轻微的原因而犯罪的人。他们仅仅是那些与隔代遗传和癫痫完全无关的人;但是,正像加罗法洛所观察的那样,恰当地说,这些人不应该被称为犯罪人。

[①] 《犯罪人论》,第二卷,第646页。
[②] 原文是 criminals by passion。刘麟生的译本翻译为"情欲之犯罪人"。——译者
[③] 《犯罪人论》,第二卷,第226页。

第207节 原因

对犯罪原因进行的这项研究,并没有减少器质性因素(organic factor)所起的影响作用,这类因素所起的作用肯定占35%,甚至可能占40%。所谓的犯罪原因往往仅仅是指最后的决定因素,而先天冲动性(congenital impulsiveness)的极大力量,就是主要原因。这一点我们已经在一些反复进行犯罪的案件中得到证实,这些反复发生的案件是由很小的原因引起的,甚至是没有原因的,即不仅在经济环境已经发生变化,而且在可能促使犯罪产生的所有情况都已经消除时,也会反复发生犯罪。我们尤其可以通过累犯在伦敦的增加来证实这一点。尽管大伦敦区进行了很多努力来抑制那些促使犯罪产生的原因,但是,累犯仍然增加。最后,我们已经看到,一些情况对于倾向犯罪人有很强的作用,以至于它们相当于器质性原因(organic cause);我们甚至可以讲,它们已经变成了器质性原因。在这些情况中,应当注意的是炎热对于强奸、伤害和造反的作用,酒精饮料和遗传对于所有犯罪的作用;还必须加上种族的作用,意大利的闪族人和法国的利古里亚人的种族特征都会增加血腥犯罪。

最重要的一种事实是,减少一些犯罪的原因,可能会增加另外一些犯罪,这就给设计矫治方法的政治家们带来了很大的困难。因此,我们已经看到,教育和财富会减少一些野蛮犯罪,特别是会减少杀人和暗杀犯罪,但在同时,却会增加其他犯罪,甚至会产生新的犯罪,例如,破产和诈骗。如果人口密度过大是许多犯罪,例如，诈骗和盗窃的原因的话，那么，人口稀少也有利于土匪和血腥犯罪的增加。供不应求的状况会增加盗窃森林、伪造、起义和纵火犯罪，但是，谷物的价格便宜却会使强奸、杀人和其他人身犯罪成倍增长。

酒精饮料是仅次于炎热的最重要的犯罪产生因素。当酒精饮料价格便宜时，会引起所有人身犯罪和妨害公共管理犯罪的增加；当酒精饮料的价格昂贵时，又会引起所有财产犯罪的增加。然而，酒精饮料体现了这样一种奇特的矛盾：在酗酒最严重的地方，严重犯罪发生得很少，毫无疑问，这是因为酗酒最严重的地方恰恰是那些文明高度发达的地方，通过倡导禁酒，就可以减少很野蛮的犯罪。

同样，学校也是一种犯罪原因，但是，在教育最发达的地方，学校可以减少犯罪的数量和降低犯罪的严重性。

第 208 节 犯罪的必然性

统计数据和人类学调查都证实，犯罪是一种自然现象，是一种像出生、死亡或者概念一样的现象（一些哲学家会这样说）。

不过，犯罪的必然性（necessity of crime）这种观点，可能是一种很大胆的观点，但是，绝不是一种很新的观点，也不是一种人们一看就觉得是异端的观点。几个世纪以前，卡索邦①就发表了同

---

① 卡索邦可能是指法国古典学者和神学家伊萨克·卡索邦（Isaac Casaubon，1559—1614）。——译者

样的看法,他说,"人不(会主动)作恶,但是,人会不同程度地逼迫作恶。"圣·贝尔纳德[1]也说了类似的话,"不过,无论我们中的某个人多么有经验,这个人都可以在自己的愿望中区分痛苦(morsus serpentis)的影响与疾病(morbus mentis)的影响吗?"他进一步指出,"这种罪恶在我们的心中很少,我们不知道我们究竟是应当把它归因于我们自己呢,还是应当把它归因于我们的敌人呢,因为很难知道心灵的活动和心灵应当进行的活动。"圣·奥古斯丁[2]更加清楚地指出,"即使天使也不可能使作恶的人行善。"这种理论的最大胆、最激烈的拥护者,就是一个狂热的天主教徒、蒂罗尔的神父鲁夫。[3]

一些人拥护与我们的理论相反的那些理论,这些拥护者也通过他们自己的定义间接地证实了这一点。如果我们比较刑法典中的不同尝试,我们就会发现,对一个法律专家来讲,要确立无责任(irresponsibility)的理论和找到一个准确的无责任定义,是多么的困难!米特迈尔(Mittermayer)说过,"所有人都知道什么是好的行为、什么是坏的行为,但是,很难说甚至不可能说,邪恶行为究竟是明知故犯还是不知情而为之。"韦(Way)写道:"我们仍然没有科学的责任方面的知识。"[4]马赫林(Mahring)说过,"无责任是刑事

---

[1] 圣·贝尔纳德可能是指早期的意大利神学家贝尔纳德(Saint Bernard,1380—1444)。——译者
[2] 圣奥古斯丁应当是指罗马帝国神学家圣·奥古斯丁(Saint Augustine,354—430)。——译者
[3] 鲁夫(G. Ruf):《刑事司法,其矛盾与未来》(Die Criminaljustiz, ihre Widersprüche und Zukunft),因斯布鲁克(Innsbruck),1870年。
[4] 《刑法归责》(Die strafrechtliche Zurechnung),1851年。

司法部门在任何特殊案件中都无法肯定地决定的事情。"[1]实际上,一些人患有初期的精神错乱(incipient insanity),或者具有很深的精神错乱倾向,以至于极轻微的原因就可能使他们产生精神错乱。另一些人在遗传的驱使下产生古怪行为或者不道德行为。"关于行为的知识,"德尔布吕克[2]说,"如果不检查行为前后的身体和心理情况,就不能明确认识责任问题。有必要了解犯罪人从摇篮到解剖台之间的生活。"[3]现在,只要犯罪人还活着,就很难解剖他。克拉拉(Carrara)认为,"实施犯罪行为方面的绝对责任,既包含着智力因素,也包含着意志因素,"但是,他接着又立即指出,"意志行为的状况不会被身体、智力或者道德原因所减轻。"现在,我们已经看到,缺乏这些原因的犯罪是不存在的。

第209节　惩罚权[4]

有人回应我们说:"但是,如果你们否定责任的话,你们有什么权利进行惩罚呢?你们声称一个人不可能对其行为负责,但是,你们却需要一种刑罚。这是多么不一致!这又是多么无情!"我绝不会忘记,一个令人尊敬的思想家在听到这些话时摇头的情形。这位思想家对我讲,"这样的论述怎么能行呢?强盗们会以我们不能

---

[1]《尴尬司法的未来》(Die Zukunft der peinlichen Rechtspflege),第188页。
[2] 德尔布吕克可能是指19世纪德国精神病学家安东·德尔布吕克(Anton Delbrück),他是最早研究监狱精神病的人之一。——译者
[3]《精神病学杂志》(Zeitschrift fur Psychiatrie),1864年,第72页。
[4] 原文是the rights to punish。也可以翻译为"刑罚权"。刘麟生的译本翻译为"施罚之权"。——译者

确定他们是否知道自己在作恶为借口,抢劫和杀害我们。"我回答说,没有什么比试图过于合乎逻辑而更不合逻辑的了;如果理论要扰乱社会秩序,没有什么比试图维护理论更轻率的了,即使那些理论显然是最合理的也如此。一个医生如果在病人的病情很危险的时候,必须用最完备的医疗制度谨慎加以处理的话,那么,社会学家也必须十分细心地进行观察,因为如果他将一些不成形的创新措施付诸实施的话,他就会发现他的科学是无用处和无效果的。

不过,令人高兴的是,科学知识与社会秩序和社会实践不冲突,而是与它们相结合的。如果犯罪是一类必不可少的现象,那么,社会阻止犯罪也是一种必不可少的现象,因此,对犯罪的惩罚也就是必不可少的,对犯罪的惩罚应当用刑事拘捕(apprehension)的数量来衡量,这种拘捕能够使被拘捕者受到启发。因此,刑罚就变得不那么可恨,但是也不那么矛盾,当然也会变得更有效果。

除了对刑罚的自然需要以及自卫权(right of self-defense)之外,我不相信任何刑罚理论都有可靠的基础。这就是贝卡里亚和罗马格诺西①的古老理论,②也是卡米格纳尼(Carmignani)的古老

---

① 罗马格诺西是指意大利法学家吉安·多米尼克·罗马格诺西(Gian Domenico Romagnosi,1761—1835)。
② "社会有权把惩罚犯罪作为保护其成员的一种必要手段。"[《刑法的起源》(Genesi del Diritto Penale)]"超出保护公共福利所必需的刑罚,都是非正义的。"(贝卡里亚:《论犯罪与刑罚》)。

理论,在一定程度上还是罗斯米尼(Rosmini)、孟西尼[①]和埃勒热(Ellero)的古老理论。现在,菲利、加罗法洛和波莱蒂[②]成为它的勇敢捍卫者。在德国,我们已经看到由霍梅尔、费尔巴哈、格罗尔曼(Grollmann)和霍尔岑多夫提出的这类理论。在英格兰,我们已经看到由霍布斯[③]和边沁提出的这类理论。在法国,我们已经看到由奥托朗[④]和蒂索提出的这类理论。蒂索宣称,在犯罪与刑罚之间不可能发现任何道德联系。[⑤] 在法国,一个省的检察长谈道:

> 人类没有固有的惩罚权。为了拥有这种权利,人类不得不认识绝对正义(absolute justice)。如果绝对正义不使用绝对需要(absolute necessity)的名义,那么,一个人怎么妄称自己有权审判另一个人呢?根据人类如果不施加刑罚就不可能保护自己的事实,可以得出这样的结论,即人类拥有惩罚权。但是在实际上,人类并没有惩罚权,这可以从这样的事实中看到,即如果不管具体需要而行使这种所宣称的权利时,它就是

---

① 孟西尼是指意大利法学家和政治家帕斯奎尔·斯坦尼斯拉斯·孟西尼(Pasquale Stannislas Mancini,1817—1888)。——译者
② 波莱蒂可能是指19世纪意大利刑法学家菲利普·波莱蒂(Filippo Poletti)。——译者
③ 霍布斯是指英国哲学家和法学家托马斯·霍布斯(Thomas Hobbes,1588—1679)。——译者
④ 奥托朗可能是指法国法学家约瑟夫-路易-埃尔泽阿·奥托朗(Joseph-Louis-Elzéar Ortolan,1802—1873)。——译者
⑤ 《刑法研究的哲学导论》(Introduction Philosophique à l'Étude du Droit Pénal),1874年,第375页。

没有根据的。

容道(Rondeau)是约瑟夫二世[①]时期的总督,他在《死刑的身体实验》(Essai physique sur la peine de mort)中,[②]否认意志自由,否定普遍接受的善恶、功过观念,并且在谈到镇压正义(repressive justice)时声称:

> 犯罪本来并不存在,只是法律将这种不公平的名称强加给某些不可缺少也不可避免的行为。引起所谓的犯罪的很多原因,都是物质性的,都与我们的意志无关,就像引起高热的瘴气一样。愤怒是一种过程性的高热,嫉妒是一种暂时性的谵妄,小偷和骗子的贪婪是一种异常的疾病,驱使人们进行违反大自然的罪恶行为的邪恶激情(depraved passion),是一类器质性缺陷。所有的道德邪恶都是身体邪恶的结果。杀人犯自己也是像其他犯罪人一样的病人。除非他们扰乱了社会生活的正常过程,阻碍了人类的正常而合法的发展,否则,能够根据什么对他们进行惩罚呢?因此,社会或者更准确地讲是政府,有权阻止他们行为的致命后果,就像地主有权建立阻止洪水淹没其田地的堤坝一样。所以,社会权力部门可以毫不犹豫地剥夺犯罪分子的自由。但是,如果认识到所有的犯罪都是自然的产物,是一些疾病的自然结果,那么,刑罚就必须

[①] 约瑟夫二世(Jeseph Ⅱ)是指神圣罗马帝国的皇帝(1765—1790年在位)。——译者

[②] 弗拉萨蒂(Frasati):《意大利和国外的新刑法学派》(La Nuova Scuolo di Diritto Penale in Italia ed all'Estero),都灵,1891年。

第1章　犯罪与刑罚中的隔代遗传和癫痫

变成一种医学治疗。我们应当通过让小偷和流浪汉了解诚实工作的乐趣的方式，去矫治他们。如果有例外情况（不幸的是例外情况太多了）表明，医学治疗对他们自己没有效果，那么，就必须把他们与其他市民隔离开来。

在这里，我们看到，我们的最大胆的结论也早在一个世纪之前就已经有了。

人们可能会问，野兽吃人究竟是由于邪恶引起的，还是由于它们自己的身体引起的？但是，尽管有这样的疑问，也没有人会禁止杀死野兽，没有人会温顺地听任野兽吃掉自己。任何人都不会因为相信家畜有生命权和自由权，就不让它们去干活，或者不杀它们吃肉。如果不是为了自卫，我们有什么权利收容精神错乱者呢？我们有什么别的权利剥夺被招募入伍的士兵们组成家庭的这种最神圣、最崇高的权利，并且很多次不顾他们的意愿而让他们去送死呢？

这恰恰是因为，刑罚的原理就在于以防卫需要为基础，这种基础是真正无可反驳的。

从前，对犯罪给予的相应的刑罚，就像犯罪一样有一种隔代遗传根源，刑罚并不试图隐瞒这样的事实，即刑罚要么是一种等价的现象，[1]要么是一种复仇的行为。法官可以理直气壮地判处刑罚，

---

[1] 违约金（poena），补偿金（compensation）。在《伊利亚特》（Iliad）中记载，阿喀琉斯杀死了12个特洛伊人（Trojans），作为对普特洛克勒斯（Patroclus）之死的报复。一个法兰克人（Frank）死亡的赔偿数额是200苏，小偷也可以获得赔偿。奴隶因为同样的犯罪而死亡的话，仅仅由自由人支付45苏。参见德尔朱迪切（Del Giudice）：《伦巴第法律中的复仇》（La Vendetta nel Diritto Longobardo），1876年。

就像神圣的秘密刑事法庭①成员们所做的那样。犯罪不仅被看成是一种邪恶,而且被看成是一种最坏的邪恶,只有用死亡才能加以补偿。如果犯罪人不供认,就使用酷刑。当不使用酷刑时,仅有证人就足够了。后来,仅仅有假设就够了——而且是这样的假设!法官不仅杀死犯罪人,而且可以让犯罪人慢慢体验死亡的滋味。但是,这种残酷刑罚并没有减少犯罪,然而它在逻辑上是可以减少犯罪的。这样的理论与实践并不矛盾。其基本观念认为,犯罪人绝不可能得到改善,而且有其父必有其子。只有让犯罪人死亡才能预防他们重新犯罪。那时的人们在本能的驱使下,用实施另一种犯罪的方法来惩罚一种犯罪。但是,他们并没有隐瞒这种观点。那么,我们在刑罚事务方面的逻辑和诚意在哪里呢?

我们仍然有这种原始本能。当我们审判一个犯罪人时,我们总是根据犯罪在我们心理上引起的厌恶和恐怖的程度来判处刑罚,总是对已经供认犯罪的人义愤填膺。因此,我们往往看到法律的代表忘记了自己的抽象学说,大声要求社会对犯罪人进行报复。不过,同一个人在写一本刑法书或者就同一个问题制定法律时,又会极端厌恶地批驳这样的态度。这种理论中的逻辑就是,刑罚是以改造为目的的,罗德、②加勒利(Garelli)、佩希纳(Pessina)等人再次使这种逻辑流行起来。当我们清楚对于犯罪人的改造总是或者几乎总是属于例外情况时,我们就知道,监狱不仅不能改造犯罪

---

① 秘密刑事法庭(Vehme)是12—16世纪中叶在威斯特伐利亚(Westphalia,德国西北部的一个地区)存在的一种秘密刑事法庭。——译者

② 罗德可能是指德国刑罚学家卡尔·达维德·奥古斯特·罗德(Karl David Angust Roeder,1806—1879)。——译者

人，反而有可能使犯罪人变得更坏。此外，根据这种理论，怎么能够正当地对政治犯罪人、对由于兴奋或者激情而犯罪的人判处刑罚呢？后一类人总是在犯罪后自发地产生后悔的感觉。奥本海（Oppenheim）写道，每种犯罪都应当受到相应的刑罚处罚，刑罚不仅是一种邪恶，而且应当表现为一种邪恶。接着，奥本海又与莫尔（Mohl）和瑟尔（Thur）一起写道："刑罚应当只以改造和利用犯罪人为目的。"但是，这不是一种明显的矛盾吗？人们怎样将这种惩罚犯罪人的理论与那种试图改造犯罪人的理论一致起来呢？人们怎么能够在给犯罪人的额头上打上一个烙印，然后对犯罪人说，"这是让你变得好一些"呢？赫伯特（Herbert）、康德、①阿尔特米德（Altomid）和黑格尔②的理论是什么呢？是将古代的复仇和同态复仇（lex talionis）观念换成了现代的说法吗？

在这些问题上，国家并不考虑未来。国家将犯罪人关进监狱，在他们服完刑期之后，再将他们从监狱中释放出去，从而增加了社会的危险性，因为犯罪人往往在监狱内的混乱交往中变得更坏，在释放时变得更加暴躁易怒，学会了更多危害社会的手段。根据这种理论，不可能正当地对累犯增加刑罚，也不可能正当地采取预防性措施。

一些立法者认为，应当让犯罪人赎罪。但是，赎罪（expiation）是一个宗教概念，当强制性地剥夺犯罪人的生命或者自由的时候，

---

① 康德是指德国著名哲学家、启蒙运动思想家和早期犯罪学研究者伊曼努尔·康德（Immanuel Kant，1724—1804）。——译者

② 黑格尔是指德国哲学家、早期犯罪学研究者格奥尔格·威廉·弗里德里希·黑格尔（Georg Wilhelm Friedrich Hegel，1770—1831）。——译者

我们能说这是犯罪人自己在赎罪吗？

恐吓（intimidation）理论也提出了很多自相矛盾的说法。我们的祖先使用了割去鼻子和耳朵、肢解肉体、水中煮、油中炸、将溶化的铅灌进喉咙等酷刑。但是，所带来的却是犯罪成倍增加和犯罪变得更加恐怖可怕的后果，因为经常使用刑罚和刑罚的残忍性，使犯罪人变得更加冷酷无情。在罗伯斯比尔时代，即使儿童也会被送上断头台处死。[①] 但是，当刑罚已经变得这样温和、监狱已经变得几乎像舒适的旅馆的今天，如何实现对人们的恐吓呢？什么样的司法活动可以既能惩罚一个犯罪人，但是又不会给其他人树立犯罪后会受到轻微处罚的榜样呢？

而且，根据行为的性质进行惩罚的权利，并不绝对是这样使用的，因为我们已经看到，刑罚因为法官的脾气、习惯的不同而有差异。布雷顿（Breton）证实，已经习惯于处理严重犯罪的法官，在处理轻微犯罪时，也会判处很严厉的刑罚；他会判处几个月监禁，而不会判处几天监禁。不过，即使在一个国家中，也不会有对同样的犯罪判处完全相同刑罚的法官。可以说，即使在人们心目中永恒的、绝对的正义原则，也会因为时间或者地点的不同而有很大差别。我们已经看到，在英格兰和德国，对于重婚罪和强奸罪的刑罚就有很大差别。我们也看到，在不算很远的年代以前，一个犹太人

---

① 在法国，到1100年时，还对116种犯罪判处死刑。盗窃犯会被车裂，杀人犯会被绞死，后来，所有的犯罪人都会被车裂。在1770—1780年间，一个名叫L的人因为偷窃亚麻布而被车裂，另一个盗窃犯因为偷窃奶酪而被车裂。1666年在奥弗涅（Auvergne），有276人被绞死，44人被砍头，32人被车裂，3人被烧死，28人被送上战船（galley）去划船。在一个省中执行死刑的人数要比今天全法国执行死刑的人数还要多。

如果与一个天主教徒妓女搭话,就会被判处死刑。同样,如果一个天主教徒偶然进行了亵渎行为的话,就会让他逃走。与此同时,人们会容忍杀婴行为、乱伦行为和强奸行为吗?难道我们今天还没有看到赦免权(right of pardon)和限制理论(theory of limitations)仍然有效,仿佛国王的恩宠或时间的流逝能够改变犯罪人堕落的本性,或者使他不太可能重新犯罪吗?

第2章 各种刑罚研究[①]

第210节 引言

对刑罚的所有批评意见中,最重要的当然是对它的执行方面的批评,特别是自从菲利、加罗法洛、范·哈默尔、维亚兹(Viazzi)和西盖尔的富有成效的研究成果发布以来,不但纠正了镇压措施中的不合理之处,还使这些措施更好地与我们的法律理念相融合。现在,当谈到刑罚并不是对侵犯社会的一种同等补偿,或者在执行刑罚的时候更多地考虑犯罪而不是犯罪人的时候,我们就会明白,必须改变刑罚的特性。我们必须更多地考虑社会的福利而不是对犯罪人的惩罚,更多地考虑犯罪人和被害人而不是犯罪。一个因为名誉或者政治见解而突然杀人的犯罪人,与一个因为强奸或者盗窃而杀人的犯罪人带给我们的恐惧,是截然不同的。在前一种情形下,惩罚措施几乎是没用的,犯罪本身就是一种相当严重的惩罚,犯罪人绝不会再犯。在第二种情形下,惩罚措施的任何迟延和

[①] 原文是 penalties according to criminal anthropology—fines—probation system—insane asylums—institutions for the incorrigible—capital punishment,直译为"根据犯罪人类学确定的刑罚——罚金——缓刑制度——精神病院——顽固犯矫正机构——死刑"。这个标题太长,因此采用现在的比较简短的标题。——译者

减轻都会构成对诚实人们的一种危险。

因此,就像法典规定的那样,在伤害案件中,根据危害后果的严重性和持久性,惩罚有不同的区别,特别是现在由于抗菌药剂而加快了治疗过程的情况下,更是如此;对于谋杀犯而言,不考虑他的侵害行为的轻重程度,而仅仅考虑是否造成了死亡。相反,在这种性质的犯罪中,我们必须仔细审视犯罪人是否为一个受人尊敬的人,否是受到严重的挑衅。如果受到严重挑衅,犯罪人就属于激情犯罪人类型;如果犯罪有某种微弱的动机,或者是跟同伙进行了预谋,这个人也是习惯犯罪人,那么,即使是最轻微的伤害,最不成功的未遂,也应该作为一种严重犯罪而受到惩罚,以便防止再次实施严重犯罪。在这种情形下,我们不用考虑另一派的争执意见,因为国家有更基本的福利需要考虑,他们根本不考虑对别人可能造成的影响。

菲利非常正确地指出:

> 将犯罪与犯罪人分隔开来是不可能的,就像不可能在制定刑法典时预想某种一般的犯罪类型,而在现实中永远不可能出现这种一般类型那样。法官该怎么做呢?他有两方面的因素需要考量,一方面是犯罪,另一方面是刑罚。他犹豫着权衡两个方面,期望通过这种方法衡量犯罪人的社会适应性(social adaptibility)。但是一旦对犯罪嫌疑人宣判了刑罚,法官就不再关注被判刑的犯罪人以后是否会再一次重复同样的犯罪。他知道适用刑罚的后果吗?知道剥夺自由对犯罪人有什么影响吗?此外,当一个被判 20 年监禁的犯罪人在 10 年

中得到了改造时,为什么还要再监禁他10年呢?在另一种情形下,本来应当在监狱中关押更长时间才能得到改造的犯罪人,却在5年后就被释放了。犯罪就像是疾病,矫治方法应当适合这种疾病。犯罪人类学家的工作就是确定应当采取什么样的措施。如果一个医生在病房门口对带到他面前的病人说:"是肺炎吗?服用15天的大黄汁。是斑疹伤寒症吗?那就服用一个月的大黄汁。"然后就让病人离开,这样能治愈吗?

为了避免这些错误,刑罚应当是不确定的,并且应当根据西塞罗[①]的原则对刑罚进行更细致的划分。西塞罗说:"法律的本质是从人类的本性中学来的。"我们要区别对待生来犯罪人、偶然犯罪人或者激情犯罪人。对每个犯罪案件而言,犯罪本身和犯罪人个人的情况表明,如果仅仅判处赔偿还不够的话,法官应当判处在犯罪精神病院(criminal asylum)不定期监禁的刑罚,或者判处将偶然犯罪人监禁在矫正机构中,例如,感化农场(agricultural colony)或者监狱,无论是成年的偶然犯罪人,还是未成年的偶然犯罪人,都可以如此。应当把刑罚的执行看成是法官审判工作的逻辑延伸和自然继续,是特定机关的一种实际保护功能。刑罚执行委员会中应当包括代表法官、被告人和公诉人的犯罪人类学专家。这些人连同政府官员一起,不应当在宣判刑罚之后就立即忽略或者遗

[①] 西塞罗(Marcus Tullius Cicero,公元前106—前43)是古罗马政治活动家。——译者

忘被判刑的人,就像现在那样;而应当将刑罚执行看成是一种人道主义的事业,它能够有效地保护社会免受被释放的危险犯罪人的侵害,也能够有效地保护个人免受过度执行的刑罚。所以,很明显,附条件释放(conditional liberation)与不定刑期(indeterminate sentence)制度的原则是密切相关的。

第211节 监禁之外的其他刑罚

我们应当尽可能避免短期而重复的监禁;正如我们已经看到的那样,监狱是犯罪的学校,特别是结伙犯罪的学校,而这类犯罪是所有犯罪中最危险的犯罪。"短期而重复的监禁阻碍任何矫治,也不可能进行任何持续性努力,而且区分出一种犯罪人类型,因为在监狱中,许多犯人的刑期都标记在他们的帽子上。"① 克勒讷(Krohne)指出:"我们可以说,大多数国家都采取了将尽可能多的人送进监狱的原则,送进监狱的人数很多,而刑期却很短。"② 他还说,这些国家在这样做的过程中,尽可能使监狱的条件差一些,使监狱造成的损害大一些。我在监狱中发现,有11个孩子因为被严厉地指控是偷盗鲱鱼的犯罪团伙而遭到逮捕,还有4个孩子因为偷了一串葡萄而被逮捕。同时,3位立法部门的官员在为一个偷盗了2000万的盗窃犯辩护。根据约利的见解,在法国,几乎有多达300万人在监狱里呆过至少24小时,每一年有10万多人被送

---

① 阿斯普里尔(Aspirail):《累加刑罚》(Cumulative Punishments),伦敦,1892年。
② 《监狱科学手册》(Handbuch der Gefängniskunde)。

进监狱,这些人除了填补那些死去者的数字外,还使犯人数量不断上涨。贝朗热①估计,在被判刑的犯罪人中,有一半其实是不必监禁的。在30万个被判刑的人中,5.7万人是因为违反警察条例等行为而被判刑的;7000—8000人是因为债务而被监禁的;5500人是被驱逐出境的外国人;1.3万—1.4万人在等待着被移送;还有1.2万人被判处不足6天的监禁。被判处短期监禁的犯罪人常常与习惯犯罪人关押在一起,短期监禁对他们起不到任何威慑作用,特别是荷兰和意大利的刑法典荒唐地规定了1—3天的短期监禁,更是没有任何威慑作用。相反,短期监禁的效果是灾难性的,因为这使得人们不可能严肃地看待司法活动。短期监禁消除了犯罪人的恐惧心理,驱使他们不可遏制地进行新的犯罪,因为他们已经承受了不名誉的后果。

因此,必须以其他措施替代对于轻微犯罪的监禁,这类措施包括家庭拘留(confinement at home)、良好行为担保(security for good behavior)、司法警告(judicial admonition)、罚金(fine)、非监禁型强制劳动(forced labor without imprisonment)、本地流放(local exile)、体罚(corporal punishment)、附条件刑罚(conditional sentence)等。下面让我们论述这些新的措施。

---

① 贝朗热可能是指法国法律改革家、刑罚改革家阿尔方斯-玛丽-马塞兰-托马·贝朗热(Alphonse-Marie-Marcellin-Thomas Berenger,1785—1866)。——译者

第212节 体罚——家庭拘留

对轻微犯罪来说,体罚是比监禁更好的一种替代措施,不过要用与我们的文明程度相协调的方式来执行。禁食(fasting)、灌洗法(the douche)、劳役都无疑是很有效的,并且花费的成本小,还容易按照不同程度执行。根据蒂索的论述,在英格兰,又重新引进了鞭打(whipping)措施并且富有成效。将犯罪人监禁在自己家里也是有效的,这种方法在军队里已被广泛采用。

第213节 罚金

仅次于体罚的最有适应性和最有效果的刑罚,就是罚金。罚金也便于用保证金进行担保。如果罚金的适用与犯罪人的个人财产相适应,就能大大降低司法费用,同时能打击富有的犯罪人,他们最容易在最薄弱的环节逃避处罚,也正是这个最薄弱的环节驱使他们犯罪。博纳维尔·德·马尔桑基[1]评论说,罚金是最自由、最经济、最可细分、最容易被完全赦免的刑罚方式,所以也是最有效的刑罚方式。这种制度的设计越先进,金钱的意义就越大,就越能带来更多的收益。此外,那些用钱购买享受的人不断增多,因此,罚金运用得越多,带来的收益就越大。对那些进行了轻微犯罪

---

[1] 博纳维尔·德·马尔桑基(Bonneville de Marsangy,1802—1894)是法国刑罚改革家,对假释制度和不定期刑的发展做出了重要贡献。——译者

的人,应该广泛使用罚金,这样就能大量减少监禁的使用。根据荷兰的刑事诉讼法典,如果犯罪嫌疑人愿意支付大量的罚金,对它的刑事控诉程序就可以暂时中止;如果他拒绝缴纳罚金,对他的控诉将继续。对于有些会被判处不超过1个月监禁的犯罪,如果被控诉人缴纳一定的罚金,将根据指导委员会的意见停止控诉。那些拒绝缴纳罚金的人则会被判处劳役;如果他仍然拒绝,则会被严厉地判处与其健康和生命状况相适应的监禁。

反对罚金的人认为,罚金很难按比例使用,这种观点不值得认真对待。这是因为,如果一个富人不大在乎在监狱里呆一天,就像一个流浪者在监狱呆一天一样,那么,对他收取1万法郎的罚金就等同于向一个穷人收取几个法郎的罚金。

第214节 赔款

罚金同样能对被害人进行补偿,通过这种方式,我们就可以摧毁犯罪的根源。大量的事例表明,因贪婪而犯罪的绝大多数犯罪人,都来自专业人员阶层和其他富有阶层。刑事法官应当判处犯罪人需要缴纳的赔偿金数额,以免延迟和制约在民事法庭中进行新的裁判;在被害人因为忽视或者害怕而没有请求损害赔偿的案件中,公诉人应当依其职权要求确定案件中的损害赔偿金。博纳维尔·德·马尔桑基提出,应当允许被害人对犯罪人的财产有一种特殊的留置权(lien)。赔款(indemnity)应当同审判费用一起由国家收取;如有必要,应该提取犯人劳动收入的一部分,用来补偿给被害人。

第 215 节 训诫与担保

司法训诫(judicial reprimand)作为监禁的一种替代措施,已经在意大利、俄国、西班牙和葡萄牙的法典中获得认可。在瑞士的沃州,并且在罗马法中也规定,"在惩罚之前先要给予警告"(Moneat lex antequam puniat)。然而,如果说警告(admonition)对年轻人之间的恶作剧、打架和侮辱有效的话,那么,对没有担保的倾向犯罪人的犯罪却是不够的,这实际上是缓交罚金。治安法官可以强迫犯罪人储存一定数量的金钱作为向社会许诺不再重犯的担保,这个担保金储存一定期限后将会返还给他。这种方法在美国和丹麦已被采用,存放一批款项的强制义务和害怕失去它们的心理,在阻止暴乱、暴力犯罪的复发效果上,比对犯罪人数天的监禁更有效。

做出良好行为担保是很有用的。"当治安法官放弃惩罚措施,代之以要求被控诉人做出良好行为担保时,就会要求他们不侵犯他人的和平安宁,或者保证进行良好行为,或者避免进行一些特殊的行为。犯罪人将警告自己,如果犯了新的罪,就会受到比第一次类似犯罪所受到的惩罚更严厉的惩罚。"这种措施已被西班牙法典采用。在英格兰,早期在"维持治安具结"(recognizances to keep the peace)和"良好行为"(good behavior)等名义下运行类似的制度,在有充分证据证明的情况下,治安法官有权要求品行不端的人或者胁迫他人的人向被威胁的人做出良好行为担保。自1861年以来,已经批准把这类方法作为附加刑对罪犯使用。

第216节 缓刑制度——附条件刑罚

对未成年犯罪人和偶然犯罪人最合适的预防性制度,就是缓刑制度,这种制度在美国被广泛采用,特别是对年轻犯罪人广泛采用。一个年轻犯罪人如果不是累犯的话,就不会被关押进监狱,而是会让他接受法官的训诫;法官会警告他,如果重新犯罪就会被判刑。犯罪人被置于国家的一个特别官员的监视之下。如果这位官员发现犯罪人在家中无法接受正规的教育和足够的监督,就会将这名犯罪人送到一个为被忽视儿童建立的特殊家庭里。如果他实施新的犯罪,他将再次接受法庭审判并被送到教养学校。

这种措施在马萨诸塞州取得了让人非常满意的效果,有人建议把它推广至成年犯罪人,1878年的法律设了一个特殊的官职——"缓刑官"(probation officer)。所有在波士顿法院被宣判为轻罪的犯罪人的信息,都应当告知这位官员,他在所收到的信息的帮助下,决定如果不对犯罪人判处刑罚的话,是否能够改造这名犯罪人。这位官员将参加对那些被认为似乎不大必要使用强制措施的犯罪人的审判,同时,根据他自己后来的调查结果(主要的目的是查明是否有前科)决定是否适用缓刑制度。他向法庭提出缓刑的建议,如果法庭同意,在法庭规定的条件下,会对犯罪人适用2—12个月期限的缓刑。这位官员则负责对这些条件的执行,而且他有权在此期限内因为任何原因决定再次逮捕犯罪人,决定再次将缓刑犯罪人带到法庭接受原来延期的审判。当缓刑期限过去后,这位官员会要求撤销原来的判决。在一些特殊情形下,他会要求延长缓刑期限。

在波士顿,1879—1883年间,在醉酒、收受赃物、轻微盗窃、殴打和侵犯人身等犯罪中适用缓刑制度,最终获得释放的有2803个人。在这些人中,有223个人在考验期内因表现不好而被再次带到法庭接受审判和执行刑罚;44个逃跑后未能抓捕回来。1888年,在244个适用缓刑的犯罪人中,230个人似乎被改造好了。毫无疑问,许多承诺没有被遵守,但是总的看来基本上达到了预期的效果。这位官员宣称,他管理下的几乎95%的犯罪人因表现良好而被释放。只有13个人看起来难以改善,不得不接受了惩罚。这个方法看起来是如此有效,以至于1880年的法律要将它推广到整个马萨诸塞州。

类似的制度也在英格兰实行,它规定在1887年的《初犯缓刑法》(Probation of First Offenders Act)中。在美国,缓刑官们的同心协力与合作,保证了犯罪人的良好表现;而在英格兰,要求犯罪人本人作出保证,或者至少需要保人作出担保,保人的协助被认为是最有成效的,因为一旦缓刑犯罪人有新的犯罪,保证金将被没收,保人会被督促履行好他们的监督义务。此外,英格兰法律规定,获得缓刑须具有特殊事由,而且允许治安法官不受任何其他官员干预地确定缓刑期限。根据冯·李斯特(von Liszt)教授发表的霍华德上校(Colonel Howard)的一封来信,在1887—1897年间,有 2 万名犯罪人被附条件释放,其中 9% 的人有累犯行为。①

在比利时,1888 年的法律引进了这个制度,并且迅速取得了效果。司法部长向议会的报告中称,1891 年,在被判刑的 449070 个犯罪人中,有 27564 个犯罪人被附条件释放,其中只有 2% 的人重新犯罪。这些适用缓刑制度的犯罪人,是因为侵犯财产犯罪、勒索、欺诈、破坏信用、名誉诽谤、引诱未成年人、破坏婚姻、威胁、行乞、流浪、携带和销售禁止武器、过失致人死亡、绑架、预谋的强奸、纵火、欺诈破产等犯罪而被判刑的。适用缓刑制度的大多数是偶然犯罪人,只有少部分人是生来犯罪人。

在法国,自从 1891 年通过"贝朗热法"(Berenger Law)以来,也在试用这种制度。刑罚事务主任(director of penal affairs)M. 迪马(M. Dumas)在 1893 年报告了这个法律在最初 9 个月中的执行情况。轻罪法庭(correctional tribunal)公布了 11768 项附条件刑罚,其中有 7362 个案件被判处监禁,4406 个案件被判处罚金。在所有 162582 项判决中,有 97245 项被判监禁,15337 项被判缴纳罚金。因此,暂缓判决占监禁判决的 7.5%,占罚金判决的 6.7%。

在新西兰和澳大利亚,根据司法部长的报告,在头两年中这个措施取得了很好的效果。在 121 个缓刑犯罪人中,58 个表现很好,9 个没有完全履行附加的义务,还有 53 个仍处在考验期内。在新西兰,根据休姆队长(Captain Hume)的报告,从 1886 年 10

---

① 《国际刑法联盟公报》(Bulletin of the International Union of Criminal Law),1897 年 5 月。

月 1 日至 1888 年 12 月 31 日,203 个犯罪人获得了缓刑,其中 70%的人似乎得到了改造,5%的人则被再次逮捕。

第 217 节 埃尔迈拉教养院

适用我们所讲的原则的另一种方法,可以在埃尔迈拉教养院(Elmira Reformatory)中看到。据布罗克韦自己讲,这个教养院是他在我的《犯罪人论》启发下创立的。亚历山大·温特、韦和霭理士很好地描述了这个教养院。① 这个机构仅仅接受第一次犯轻罪的 16—30 岁的年轻人。法律赋予理事会(board of directors)②以无限的权力,他们可以在判决到期前的任何时间释放犯罪人,但是,这种释放的基础是确信犯罪人已经得到改造。所需要的唯一手续就是犯罪人对教养院院长所作的良好行为保证。然而,尽管理事会有权力给表现好的犯罪人缩短刑期,但是,没有权力延长其他犯罪人的刑期。

布罗克韦全力以赴地获取关于年轻犯罪人的知识,了解他们的心理状况,了解他们居住的家庭环境和诱使他们犯罪的原因。根据这些方面的了解,他提出了改革措施。他支持通过灌洗法、按摩(massage)、体育锻炼和合理饮食等,加强犯罪人的肌肉力量,

---

① 亚历山大·温特(Alexander Winter):《纽约的埃尔迈拉教养院》(The New York Reformatory at Elmira),哈夫洛克·霭理士(Havelock Ellis)撰写的《序》,伦敦,1891;《纽约州埃尔迈拉教养院理事会第十五次年度报告》(Fifteenth Annual Report of the Board of Managers of the New York State Reformatory at Elmira),1891 年 1 月。
② 该理事会包括教养院院长和该州州长经参议院同意后任命的 5 个其他人。

同时强调他们通过自己的行为参与，不断强化自己获得自由的意志。一来到教养院后，就强制性地要求犯人洗澡、换上统一制服，同时给他们拍照、检查身体、打防疫针。犯人会在他的监舍里被关押两天，反思他的犯罪并思考怎样改造自己。在第三天时，他会被带到院长面前，院长根据他的性格倾向和教育程度，将他分配到学校或者手工班级（industrial class）。院长会明确告知他要遵守的义务和想要重新获得自由的条件。有人会教他学习某一种手艺（超过75%的犯罪人不掌握任何手艺），这些手艺会帮助他在获释后能够谋生。这是管理层的首要任务。

年轻犯人被分到3个班级里：优良班（good）、中等班（medium）、差班或者难矫治班（bad or least corrigible）。每个月都要根据每个人在学校的品行、工作和进步三个方面的情况对其评分，每一方面的最高分为3分。要想进入最高级的班，就必须在连续6个月的时间里每月获得最高的9分。升到高级别的班级里后，有特殊的优惠待遇，特别是通信方面的优惠待遇，还有其他的特殊待遇，例如，能接受探视、能有书读、能在普通的餐桌上而不是在单独的监舍里吃饭。此外，还能被允许一起在田地里散步，还会交给他们一些需要负责的工作，例如，对其他犯人进行监督。但是，当一个犯人进入优良班级之后，如果疏忽大意或者表现不好，他们会被降级到较低级别的班级里。在这种情况下，他们会被退回到差班或者难矫治班级里，要想回到原来的位置，就必须进行更辛苦的工作。在每个月初时，布罗克韦会在考虑每个犯罪人的能力和体力的基础上，规定他们必须完成的工作量，完成这些工作量就可以获得最高的分数。

第2章　各种刑罚研究

在教养院里,每周都会出版名称为《总结》(Summary)的报纸,但是仅在犯人间传阅。这份报纸的内容包括摘自其他报纸的对一周政治事件的回顾,此外还有专门记录教养院里生活的内容,例如,举办的讲座,对犯罪人的升级、降级和释放。我曾经在一年中一直读这样的报纸,发现在意大利和法国的法律机构里都没有如此丰富的新闻,特别是关于犯罪的信息。

教养院里的所有工作,甚至监督和看守方面的工作都由犯人自己来干,这样,就能把费用降到最低。同时,在选择让犯人做什么工作的时候,主要考虑让他将来能更好地适应社会,而不会考虑教养院的营利问题。会有意识地让良好班级中的犯人面对诸多诱惑。6个月之后,布罗克韦会向理事会提出给予他们附条件自由的建议,理事会有权拒绝这个提议,但是在事实上,如果布罗克韦的建议合适的话,他们一般不会拒绝。不过,只有在犯人找到了长久的工作之后,他才有可能被释放。在获得自由后,他必须定期汇报,至少在最初6个月里必须这样做;只有在经过一年的良好表现之后,他才能获得完全的自由。

这样,就健全了缓刑制度。没有任何其他人比我更热情地支持这项改革了,这项改革是我的研究的第一次实际运用。我坚信,对每一个犯罪人的个性和身体的研究以及实用的、个别化的指导,可以对倾向犯罪人有极好的效果。他将会得到很多的教诲,特别是会帮助他养成工作习惯。

但是,对于生来犯罪人,这种方法看来不是同样有效的。在埃尔迈拉城教养院的这些生来犯罪人中,我发现49%的生来犯罪人完全没有道德意识,12%的生来犯罪人在14岁前就离开家庭,

37%的生来犯罪人来自父母酗酒或者患有癫痫的家庭,56%的生来犯罪人没有悔改的迹象。我不相信冷水浴和热水浴、积极的活动和完整的教育就能够改造他们。我感到,在那里,有前途的青少年的数量很少,他们越与成年犯人混在一起,就越难以得到改造。事实上,如果仔细研究1722名犯人的统计数据,这些犯人在埃尔迈拉教养院里平均呆了20个月后被释放,我发现156人在其他州定居,10人死亡,128人至今未满他们的缓刑期,185人直到刑期完全届满后才能被释放,271人在圆满完成6个月的缓刑期后被附条件释放,47人在缓刑期内因为其他犯罪被再次逮捕,126人没有履行报告义务就消失了,79人被遣返回教养院,25人失去工作后自动返回。除了死去的10人,有533个人没有得到改造,这就是说,31%的人没有得到改造,这个百分数比较接近生来犯罪人的数据。而且,缓刑制度对犯罪人的监督如此薄弱,以至于我们如果把被忽视的那些人看成是累犯的话,可能更加接近现实,而不是假设他们按照布罗克韦的方式得到了改革。

不过,尽管这个制度有这些缺点,但是它连同感化农场制度一起,构成了最有可能的监狱替代方式。

第218节 犯罪精神病院

还有一种将人道主义与社会安全这个矛盾调和得很好的机构,这就是犯罪精神病院(asylums for the criminal insane)。我们对抽象的刑罚理论会有很多不明确的争论,但有一点是没有异议的,即在那些已被判决的犯罪人和等待判决的犯罪人中,有很大一

第 2 章　各种刑罚研究

部分人是精神病患者。把这部分人关进监狱是不公平的,而让他们完全自由则对社会有危险。在意大利,我们反对这些不彻底的折中办法,它们既违背道德原则,也有害于社会安全。在英格兰,已经通过完全自由的实践进行了改革,一个世纪以来,他们都努力尝试在社会结构中弥补这个最危险的缺口,这些措施中就包括为精神病犯罪人设立特别的精神病院。从 1786 年开始,危险的精神病人被关在精神病院(Bedlam)①的特别病房里,除非有首席大法官②特别批准,他们才能被释放。③ 到了 1844 年,这项措施看来还不够,国家决定将 235 名精神病犯罪人关押在一个名叫菲舍顿之家(Fisherton House)的私人机构中。但是这个数字不断增加。终于,1850 年在爱尔兰的邓德拉姆(Dundrum)、1858 年在苏格兰的佩思(Perth)、1863 年在英格兰的布洛德穆尔(Broadmoor)建立了几家特殊的精神病犯罪人机构。新的法律规定,这些机构不仅要接受精神病犯罪人,还要接受在审判时变疯的犯罪人,甚至还包括所有无论是因为精神错乱还是因为无知而无法忍受监狱中纪律的人,但这一部分人会与其他人区分开来,关押在一个特别的地方,如果他们治愈,就会被送回监狱;其他人则需要有皇家命令

---

① Bedlam 这个词本来是英国伦敦东南部圣母玛利亚精神病院(Hospital of St. Mary)的俗称,后来指精神病院。——译者
② 英格兰的首席大法官(Lord Chancellor)是最高司法长官,也兼任上议院议长。——译者
③ 乔治三世时的第 34 卷法典第 4 章(Stat. 34 George Ⅲ, ch. iv)规定:"任何实施了过失杀人罪或者叛国罪的人,都应当按照陛下的意愿被关在一个安全的地方。"

(royal order)才能获得释放。1868 年的精神病犯罪人数字是 1244。① 在这里,护理人员的性格、对患者的舒适程度的关注、对患者的工作和娱乐的安排等工作,都做得很好,然而,英格兰的很多慈善家仍然认为做得不够,他们抱怨在这里有很多本来应当监禁在普通监狱中的犯人。

在美国,除了在奥本的大型感化院中设立了一个附属机构外,还有一些这样的机构。

现在,我不禁问自己,这种在 24 年间还未成熟就在世界范围内发展很快的机构,无论是在寡头政治国家,还是民主政治国家,看起来都十分有效,这是否是一种奢侈品?或者是否为盎格鲁-撒克逊人的一种任性?难道它不符合某种可悲的社会需要吗?我们

---

① 1868 年 1 月 1 日,布洛德穆尔精神病院总共收容了 616 个精神病犯罪人,其中 506 个男的,110 个女的。他们实施的犯罪是:

	男性	女性	总数
死刑犯罪	188	69	257
普通犯罪	152	52	204
自杀未遂	74	29	103
已患癫痫	43	6	49
已患躁狂症	81	20	101

从 1862 年到 1868 年,有 770 个人进入精神病院,有 39 人治愈,55 人死去,5 人逃跑。

在爱尔兰的邓德拉姆精神病院,从 1850 年到 1863 年收容了 250 个精神病犯罪人,其中有 173 个男性和 77 个女性。在这些人中,有 38 人治愈,41 人死去,3 人逃跑。他们的犯罪类型包括:杀人犯罪,79;入室行窃,72;伤害,30;盗窃,12;轻微犯罪,32。

参见佩尔曼(Pelman):《来自英格兰的精神病旅行记忆》(Psychiatrische Reiseerinnerungen aus England),1870 年;《关于犯罪精神病人的第七份报告》(Seventh Report on Criminal Lunatics),1869 年。

第 2 章 各种刑罚研究

意大利难道不想让它在我们的国土上生根发芽和普遍建立吗？如果说在意大利和法国，精神病犯罪人的数字似乎很小，那只是因为当局没有意识到很大一部分犯罪人是因为病态冲动而犯罪的。如果精神错乱被认为是犯罪的唯一原因，审判就会终止，当局就不再管他们了。此外，在这些不幸的人中，有许多人在精神错乱期间也有理智正常的时候，因此，人们会认为，许多人的精神错乱是伪装的。①

从另一角度看，将这些不幸的人关在刑罚机构里是违背道德的，而且这样做对社会和监狱的纪律也不是没有危险。因为缺乏适当的地方和合适的组织，精神病犯罪人既不能得到很好的照顾，又不能得到很好的监督。此外，他们对其他犯罪人经常有暴力倾向，毫无羞耻感，容易因为细小的原因而突然激动，此时更是危险。所以，发生一个精神病犯罪人因为另一个犯罪人不给他擦鞋而将其杀害的事件就不足为怪了。他们固执地不遵守监狱的纪律，对惩罚表现得冷漠、不服气，还经常是骚乱的主要分子。如果他们被单独关在单人监舍中，在那里不能活动，吃不饱食物，灯光昏暗，他们即使不自杀，也很有可能因为疾病而死亡，事实上他们经常受到如此对待。另一方面，如果把他们送到普通精神病院，又会产生其他的很多问题，他们会传播丑陋的恶习，例如，鸡奸、逃跑、反抗、盗窃，对普通精神病院和其他病人造成损害，其他病人会因他们的粗野、下流的方式和以前的不良经历而感到恐惧。

---

① 龙勃罗梭：《关于建立犯罪精神病院》(Sull'Istituzione dei Manicomi Criminali)，1872 年；坦布里尼 (Tamburini)：《关于犯罪精神病院》(Sui Manicomi Criminali)，1873 年。

还有一类特殊的精神病犯罪人,在他们生命中的某一个阶段,他们成为犯罪冲动的受害者。他们没有典型的堕落倾向,但是经常不可抗拒地、强迫性地进行一些野蛮而不可预见的行为,他们潜在的危害不小。他们会超越理性的控制,去从事一些放火等危险行为。他们会为了骗取自由、密谋逃跑或为了其他阴谋,假装成最安静的样子;他们不会像其他精神病人一样逃避社会,相反,他们会融入进去;由于他们保持着自己在犯罪前或者精神错乱之前的那种不安情绪,他们不断地想象自己受到了虐待或侮辱,并且成功地让其他人也有这样的感觉,同时,还成功地逐渐形成逃跑或者反叛的计划。这些特征再次将他们与普通精神病人区分开来,普通精神病人只能像梦游者一样在幻想的世界里孤独地生存,没有能力这样做。

所有的精神病学专家都认可这些事实,我自己因为在这样的机构任职,对这些事实有最直接的证据。例如,一个因为收受赃物入狱的精神病人,不断投诉,指责法院和我们的机构对他不公正,宣称没有得到足够的尊重,他给国王和行政长官(the prefect)写了大量抗议信。有一天,他似乎完全变了,变得谦卑起来,行为表现良好;他开始与其他三个病人一起密谋杀害护理人员,过了一会儿,当护理人员给大家分发中午的汤的时候,他和同伙打碎院子里的铺路石,开始向四面八方扔石头。几年后,一个癫痫杀人者做了同样的事情,并且几乎成功地让所有的护理人员都逃跑。① 另一

---

① 原文如此。原文是"nearly succeeded in putting the whole force of attendants to flight"。如果将这里的"attendants"(护理人员)替换为"patients"(病人),将这句话翻译为"并且几乎成功地让所有的病人都逃跑",可能更为合理。——译者

个因为幻觉杀人的精神病犯罪人,尽管是一个没有受过教育的鞋匠,可是他很聪明,他能够用切利尼①的风格写自传。这个人两年来一直表现很好,但是,有一天在他的床头发现了一根隐藏的铁棒,那是他特意为了打我准备的。另一天,在用几块木头自制了一个撬锁工具后,他打开两扇门,从窗户跳下来逃跑了。所有处理这类事件的调查者都能举出这样的事例来说明,那些看起来似乎无害的人,在病态倾向意外复发后会有危险。② 数年前,格拉兹③的市长成为一个宗教狂热分子的被害人,而之前这个宗教狂热分子就已经对另一个人的生命造成过威胁。海特费尔德(Hatfield)在袭击乔治三世(George Ⅲ)之前,就图谋杀害他的妻子和三个孩子;被关押进精神病院之后,他在那里杀害了另一个患者。暗杀林肯的凶手布思(Booth),曾经投过海,就像他自己说的,他想找个同伴一起死。

精神病犯罪人的无限制的自由,对整个国家造成的危害越来越大。不仅仅因为这些不幸的人谋害的目标是国家的领袖人物,他们清晰的头脑和结成组织的倾向,还会使他们在时机恰当的时候,结成有害的党派。这是更危险的,因为这类组织的领导者头脑中缺乏心理平衡,不能很好地控制自己,只会按照那些迷恋新奇事

---

① 切利尼是意大利文艺复兴时期的金匠、画家、雕塑家、战士和音乐家本韦努托·切利尼(Benvenuto Cellini,1500—1571),写过一本著名的自传。——译者
② 《医学心理学年鉴》(Annales Medico-psychologiques),1846年,第16页;法勒(Falret):《论危险的精神病人》(Sur les Aliénés Dangereux),1870年;索尔布里格(Solbrig):《犯罪与疯狂》(Verbrechen und Wahnsinn),慕尼黑,1870年;德尔布吕克:《精神病学杂志》,第20卷,第478页。
③ 格拉兹(Gratz)是奥地利的一个城市。——译者

物的暴民的想法行动，并且成功地吸引暴民盲目地追随他们。我们可以说，他们就像发酵的细菌，尽管本身的危害并不大，但是到了特定温度和遇到容易感染的身体组织时，就能起巨大的破坏作用。在中世纪，这样的历史教训到处都是，美国的摩门教徒和卫理公会派教徒，1830年在诺曼底发生的纵火案，还有巴黎公社的参加者等，均是如此。我们现在知道，除了某些罕见的理想主义者的影响外，巴黎公社是一种由失败者和滥饮苦艾酒的人，特别是由大量的精神错乱者、野心勃勃者、杀人者甚至是过早从精神病院中放出来的麻痹症患者们引发的流行性谵妄（epidemic delirium）①的结果；他们在这种过度兴奋的人群中找到了适合自己的土壤，团结起来，将那些灾难性的梦想付诸行动。拉保德（Laborde）举例说，②巴黎公社中至少有8个人是臭名昭著的精神错乱者，例如，厄德（Eude）、费雷（Ferre）、吉皮尔（Goupil）、卢涅尔和弗洛伦斯（Flourens）都是这样的人；一个被称为B的人也是这样的人，这个人是一万个人投票选举出来的。法国大革命中的恐怖，往往是由热衷于杀人的精神错乱者挑动起来的，马拉③和特罗伊内（Téroigne）就是这样的人。萨德侯爵是"长矛兵组织"（Pikemen）的主席。

毫无疑问，对所有这些罪恶的唯一补救措施，就是建立特别的

---

① 谵妄（delirium）是精神病学中意识障碍的一种，主要特征是意识模糊，伴随恐怖性幻觉、错觉、情绪不稳以及不适当的或者冲动性的行为。——译者

② 《从心理学的角度看巴黎起义的人》（Les Hommes de l'Insurrection de Paris devant la Psychologie），1872年。

③ 马拉是指法国资产阶级革命时期雅各宾派的主要领导人之一的让-保罗·马拉（Jean-Paul Marat，1743—1793）。——译者

精神病犯罪人收容机构。如果这样的机构得到了法律的认可,它们的地位得到法律的确认,正义与公共安全之间的持久冲突就会结束。现在,新产生的一种冲突是,每次审判这些不幸的人们的时候,都要确定他究竟是受到了病态冲动的驱使,还是按照他自己的意志任性妄为。当法官们自己无法确定时,有时候不公正地行事,有时候轻率地行事。轻率行事的例子是,如果被告人看上去是精神错乱者,就会减轻他们的刑罚,或者完全宣告他们无罪;不公正行事的例子是,如果法官认为被告人是按照自己的意志任性妄为,法官就会对那些被精神病学家认为是精神错乱者的人判处刑罚,甚至判处死刑,这种情况经常发生。

事实上,很多人都会反对这样的做法。如果由我们来考虑这些情况,我们将会不处罚任何人。但在同时,也有人赞同将那些可怜的、被称之为巫师(witches)的精神错乱者烧死的意见。

不应该根据同情心作出这样的决定,因为这样的决定对别人存在很大的危险,预防性措施比人道主义更重要。如果说受到不公正判决的人很多话,那么,被轻率地宣告无罪的情形也不少。需要做的是,除非确认他们对别人没有危害,否则应当阻止他们重新返回社会,因为他们是社会的巨大危险来源。

或许还会有反对的意见,认为非常容易混淆真正的精神错乱与伪装的精神错乱;事实上,这些人在犯罪人中的数量是非常多的。最近的研究表明,之所以发生错误,是因为很多观察人员忽略了悖德狂与犯罪之间的联系;而且,还因为,要做出一个明确的诊断是非常困难的,因为许多伪装精神错乱的人确实有这样的倾向,以至于他们在短期内就会变成真正的精神错乱者,或者他们确实是真正的精神病患者,只是他们自己都没有意识到自己的疾病,所以就能轻易地伪装精神病了。此外,这些病人往往伪装那些罕见的精神紊乱形式,因为这个原因,很可能引起医生的不信任。雅各比谈到,他曾经在诊断中四次改变了自己的意见,因为一个看起来像伪装的精神病患者实际上就是真的精神病患者。一个被德尔布吕克诊断为伪装精神病的患者自己饿死了。另一个伪装的精神病患者说他右胳膊疼,实际上他左胳膊有问题。一个杀人狂(homicidal monomaniac)在监狱中模仿一种精神病,事实上他告诉我,他只是想借此逃避审判。但是,如果一些犯罪人成功地伪装精神错乱的话,那么,长久在医院中隔离对他们本身也是一种惩罚。即使在现代社会,对精神病人也不是重在防范而是惩罚。事实上,有的精神病犯罪人不断地抱怨被关押在医院里,强烈地要求要回到监狱。有一个名叫特鲁萨雷罗的人,不让他的辩护人以精神错乱为由替他辩护,他宁愿被处决也不愿意被关在精神病院。难道精神病院是最好的使这些精神病犯罪人不产生危害的方式吗?我不知道瓦谢(Vacher)是否为真正的精神错乱者,但是,如果长久把他关押在精神病院里,就可以保住几个人的生命。

韦德米斯特(Wiedemeister)反对说,英格兰的犯罪精神病院经常是血腥场景的集中地,维持它的费用是其他机构的3倍。这是事实,在普通精神病院里,不大可能有很多的密谋活动,相反,在犯罪精神病院里,密谋活动却很常见,因为他们知道自己永远不会被释放,而且也知道他们不会受到惩罚,于是,毁坏衣服、器皿、袭击、伤害、杀死护理人员的情形就经常发生。1868年,在布洛德穆尔精神病院中,发生了72个护理人员被伤害的事件,其中2个护理人员受到的伤害非常严重。至于日常费用，考虑到精神错乱者造成的损害和支付给护理人员的高工资，每一个精神错乱者每一天花费的费用会达5法郎。这没有什么奇怪的，也不该有什么反对意见，因为这很自然，将如此多的危险者集中在一起本身就带有很大的风险，特别是对那些贫穷的护理人员来讲，尽管有高工资，但是这种服务工作却很难干得长久。① 而且，即使不在犯罪精神病院里，就是在普通精神病院里，这些事情也会发生。此外，最近，在布洛德穆尔精神病院的奥兰治（Orange）分部，引入了多重分类法（subdivisions），使条件得到很大改善。首先，将罪犯与其他人分开；其次，将那些被起诉但未被判刑的人与其他人分开；最后，将被判短期刑罚的普通犯人送到郡收容所（county asylum）。政府做了大量的改革完善工作，特别为在监狱服刑期间患精神病的犯人留出一个治疗监区，这些措施消除了所有的不便。

犯罪精神病院的数据显示，与普通精神病院相比，他们的人员死亡率明显低得多。这是对建立更多的这类机构的一种鼓励，同时也表明，犯罪精神病院的状况并不像人们所说的那么差。

犯罪精神病院的费用也不是特别多。如果把犯罪精神病院的费用与对暴力型精神错乱者（violent insane）的照料费用相比，而不是与对普通精神错乱者的照料费用相比的话，更是如此，因为对

---

① 护理人员平均有30—40英镑的补助，主要护理人员有150—175英镑的补助，他的助手的补助是40—60英镑。那些已婚的人有家庭公寓。护理人员有专门为他们子女建立的学校、图书馆、阅览室和抽烟的地方。在布洛德穆尔精神病院，平均5个病人有1个护理人员；在邓德拉姆精神病院，平均12个人有1个护理人员。一年中用于被毁坏衣服的费用多达512英镑。

于暴力型精神错乱者需要进行双倍的照看,这需要花费很多的资金。同时,也有必要考虑到逃跑引起的费用,暴力型精神错乱者经常会逃跑。在马萨诸塞州,据估计,为了防止精神病人逃跑而开支的费用,每天不少于25美元。这种情况甚至是该州建立犯罪精神病院的原因之一。还有,如果以更高的报酬将监狱中的优秀看守人员调入精神病院的话,就能大量减少费用。同时,如果这样的话,护理人员经常更换的情形就能减少,而且,他们已经习惯于从事这样的危险工作,不会轻易被威胁。最后,通过将那些不再具有危险性的患者转移出去,通过减少那些在急性精神错乱状态下从监狱送来的犯人的数量,就可以减少精神病院中犯人的数量。因此,正如布鲁赫扎尔[①]的居希(Gutch)精神病院的经验所表明的那样,那些伪装精神病的犯人更容易治愈,也可以将他们留置在监狱医务室中严加监视。

---

① 布鲁赫扎尔(Bruchsal)是德国巴登-符腾堡州的一个城市。——译者

第 3 章　与犯罪人和犯罪性质相适应的刑罚[1]

第 219 节　性别

正如我在第 14 章以及我的《女性犯罪人》一书中所论述的那样,在妇女中,真正的生来犯罪人只存在于卖淫者中,她们已经将从事这种不幸的职业作为犯罪的替代形式。大多数女性犯罪人"只是一些偶然犯罪人或者激情犯罪人,常常属于这两者中的一种。她们很少显现出犯罪人的类型和倾向,所实施的犯罪仅占男性犯罪的 11% 至 20%。她们确实在投毒、非法堕胎以及杀婴罪中占主要部分,但是在公路抢劫中女性仅占 6% 至 8%"。

在此我们要增加讨论几种主要由女性实施的犯罪,例如,非法堕胎和杀婴罪,这些犯罪恰恰是最不需要惩罚的犯罪,因为她们几乎都是在情人或者丈夫的建议之下实施的。通常,将这类犯罪人隔离起来就足够了。

---

[1] 原文是 penalties anthropologically adapted to the sex, age, etc., of the criminal, and to the nature of the crime,直译为"与性别、年龄等人类学特征、犯罪人本身以及犯罪性质相适应的刑罚"。原标题过长,在翻译中采用了一个较短的标题。——译者

对于大量女性犯罪人的刑罚,可以仅限于附带缓刑的训诫(reprimand with suspended sentence),但是一些非常罕见的投毒、诈骗、谋杀案件除外,在这些案件中有必要将犯罪人禁闭在修道院,因为在那里她们容易接受建议,可以用宗教代替情欲,因为情欲是她们犯罪的最常见原因。在我负责的一个监狱中,我发现了这方面的证据,不过,在那里,修女们不能很好地履行其职责。至于那些故态复萌、又重新实施了两三次性犯罪的女性犯罪人,唯一合适的方法就是将她们增加到官方妓女的名册中,这样做的好处是能够防止她们继续进行秘密的卖淫活动,而这类活动的危害性更大。

考虑到妇女对衣装和服饰的依赖性很强,我们在一些较轻微犯罪中,例如,在偷窃、争吵、诽谤等中,可以把监禁这种方式换成那些更能触动妇女虚荣心的刑罚方式,例如剃掉头发等。在调整对妇女的特殊刑罚方面,我们只需回到古代犹太人、德国人的做法。在中世纪的俄国,殴打丈夫的妇女必须倒骑在驴上,头对着驴尾巴。在英国,争吵不休的妇女被罚脚拖重物在村庄游行;诽谤者和好管闲事的人被罚带上牲口用的笼头。[1] 康拉德·采尔蒂斯[2]在他的著作中写道:

> 因为巫术和迷信活动而声名狼藉的妇女,或者犯有杀婴、堕胎罪的妇女,都将会被处以多种形式的刑罚:将她们缝装进

---

[1] 《期刊评论》(Revue des Revues),1895年。
[2] 康拉德·采尔蒂斯(Konrad Celtes,1459—1508)是以"大人文学者"著称的德国学者,也是拉丁文抒情诗人。Konrad又写作Conradus,Celtes又写作Celtis。——译者

麻袋后投入河中淹死，甚至施以火刑而被活活烧死。但是，这些残酷的刑罚仍不足以阻止她们不断增加的犯罪。[1]

第220节 堕胎

堕胎(abortion)犯罪不具有获得职业收益的目的，对于这类犯罪只能判处训诫或者缓刑。拉斐洛·巴勒斯蒂尼证实，不应把堕胎当作犯罪来对待，这是值得赞扬的；[2]在此事上，立法者不能以保护家庭作为理由，因为这种堕胎犯罪往往是由未婚母亲犯下的，其目的恰恰是不想建立一个非法的家庭。如果是为了保护堕胎者本人，除非堕胎是在违背母亲意志的情形下进行的，否则，这样的法律是没有效力的。这种抽象的法律目的同样是不能成立的，因为社会并不能从非婚生子女的出生中得到什么益处。将人格延伸到未出生子女身上的民法拟制不能延续到刑法中。此外，在法律上将胎儿生命作为社会结构一部分的做法，是非常有争议的；胚胎并不代表一个真正的人，而是一个仍然处于动物阶段的生物，或者更确切地说，是一个低等动物；在早期的几个月中，完全需要胚胎学家的认可才能作为人。因此，妇女自己进行堕胎行为，甚至是冒着风险进行堕胎行为，也不侵犯任何权利，因为没有人能够

---

[1] 龙勃罗梭，见《第二届监狱大会公报》(Proceedings of Second Penitentiary Congress)，1895年；莫拉格里亚(Moraglia)，见《精神病学档案》，1894—1895年。

[2] 拉斐洛·巴勒斯蒂尼(Raffaello Balestrini)：《堕胎、杀婴和遗弃婴儿》(Aborto, Infanticidio, ed Esposizione d'Infante)。

防止有人伤害自己。

我们还可以补充说,进行起诉的很少,真正被判刑的更少;除了非常罕见的情况之外,取得一定的证据有很大困难,存在着不公正定罪的风险。[1] 在意大利,1863年有9个受审女性,其中有4个被宣告无罪;1870年被起诉8个,其中4个被宣告无罪;1881年起诉13个,其中4个被宣告无罪。[2] 在英格兰,1847年到1849年间只有3例堕胎案受审,在1850年的受审案件数为5件,在1851年为4件,在1852年为9件,在1853年的17件中有12件被宣告无罪。在1853年,整个苏格兰没有审判一件堕胎案件。1853—1854年间,符腾堡也没有一例。如此稀少的有罪判决比例(28%)不仅嘲弄了反堕胎的法律规定,似乎也表明,在那些被强行判处刑罚的罕见案例中,可能存在着不公正。[3]

第221节 杀婴

以上的论证同样可以适用于杀婴(infanticide)。分娩是胚胎后期发育的结果,是让妇女蒙受羞耻的一种不公正的原因,它对社会并没有什么益处,相反会成为一种负担;因为如果抛弃婴儿的话,婴儿就会被收到弃婴收容所(foundling asylum)中,在那里杀死婴儿则是合法的;这类机构中的死亡率是如此之大,以至于就像持久流行瘟疫一样。在锡拉库扎,弃婴收容所中的死亡率达到了

---

[1] 拉斐洛·巴勒斯蒂尼,同前引书。
[2] 《刑事司法统计》(Statistiche Giudiziarie Penali.)。
[3] 贝卡里亚:《论犯罪与刑罚》(Dei Delitti e delle Pene)。

73%;在莫迪卡(Modica),弃婴收容所中的死亡率为99%;在都灵,弃婴收容所中的死亡率为50%。

有人可能会反对说,我们不应当干预人口增长,但是,如果那样的话,我们应该通过立法反对性交中断①的做法。所有的思想家都认为,法律反映了一种人与人之间的关系,它的目的是让人们能够在社会中生存;它包含了人和社会这两个要件,但是,人只不过是社会的一分子。对于胎儿和新生婴儿来说,我们可以发现这两个要件只具备其一;我们甚至可以认为社会要素是完全缺失的。"很明显,事实上胎儿和新生儿都处于母亲的监护之下,母亲是他们的整个环境,他们并不处在社会环境中,他们仍然不是社会的直接成员。"②对于这些社会还不知道其存在的婴儿(杀婴通常在社会知道这些婴儿出生之前就已进行完毕)而言,由于剥夺他们生命而让社会受到的惊恐,应当比杀死一个正值盛年的成年人小得多。③

因此,我们从谋杀新生婴儿引起的理论上的罪恶中推论,维持这样一个生命反而会使孩子的父母遭受无可挽回的名誉损失,危及一个甚至多个家庭的安宁。如果孩子没被杀死而被丢弃,反而将使社会陷入一种尴尬的境地;因为一方面,慈善人士的迫切要求,会强迫社会去接受无辜的弃婴,而在另一方面,抚养这些孩子又是一种负担,并且社会的抚养会刺激产生越来越多的抛弃孩子

---

① 性交中断(onanism)是过去预防妇女怀孕的一种常见做法。——译者
② 蒂索:《刑法研究哲学导论》(Introd. Philosoph. à l'Étude du Droit Pénal)。
③ 拉斐洛·巴勒斯蒂尼,同前引书。

的行为,慈善行为反而会堕落为对不道德行为的奖励。①

至于杀婴罪所引起的直接危害,就在于抑制人类的生存,而人类的生存受到其他现象的抑制,包括大量发生的流产、弃婴收容所中的高死亡率,因此,杀婴行为引起的危害还没达到普通杀人罪的危害程度。

在这里,几乎没有必要再论述感化院促使妇女堕落的副作用,感化院的副作用还包括把妇女做家务劳动的习惯也一起剥夺了,而这正是她们在刑满后重新恢复正常的重要手段。从另一个方面来讲,如果我们的刑罚建立在预防再犯的基础上,那么对于杀婴罪,这种预防再犯的基础几乎不存在,因为杀婴者几乎无一例外的都是偶然犯罪人或者是激情犯罪人,很少有人是累犯。在这种情形下,附加良好行为保证的缓刑往往就足够了。通过对妇女的这种抑制措施,我们能够防止法官和陪审团的某些不公正的判决——尤其是当我们把妇女的行为与男子相比较时,更是如此。在意大利的巡回审判中,每 100 个受审男性或者女性中,34 个女性被宣告无罪,相比之下有 31 个男性被宣告无罪。在特别法庭(Tribunal)中,这个数字是女 34 人,男 19 人;在治安法官(justices of the peace)那里,这个数字是女 8 人,男 6 人;而在法国的巡回审判中,每 100 人中 25 个女性被宣告无罪,相比之下有 50 个男性被宣告无罪。在俄国,这样的数字是女 31 人,男 34 人。②

---

① 博卡尔多(Boccardo):《政治经济学词典》(Dizionario di Economics Politica)。
② 鲍斯高:《民事和刑事统计》(La Statistics Civile e Penale),罗马,1898 年。

第222节 年龄——青年

对于任何性别的青年(youth)来说,监禁都是不太适合的权宜之计。我已经在《犯罪人论》第一卷中论述过,一些犯罪是童年期的生理现象,例如,残忍对待动物、偷窃食物以及说谎欺骗。① 在这些案件中,真正有用的做法应是唤起他们的道德本性,将他们置于受尊敬的、和善的家庭的照料之下,孩子们在那里能够得到很好的对待,能够接受到合适的建议,这一切对那个年龄段的人是很有作用的。在那里,会鼓励他们继续从事一些能够满足其自豪感的活动,与此同时避免他们放荡和懒惰。在慈善机构、感化农场和教养学校中,例如,在巴纳多创立的教养学校和埃尔迈拉教养院中,更多地采用从心理学和精神病理学中提出的新方法,并采用把他们移送到农业中心(agicultural center)的方式。这些方式会预防在这个年龄段经常出现的偶然犯罪;在一些案件中,如果不能成功地矫正生来犯罪人的话,起码也能够有效地转变生来犯罪人;此外,在任何情况下都能够防止生来犯罪人带坏其他人。②

出于这个目的,应该避免监狱监禁,因为监狱监禁才是青年堕

---

① 《犯罪人论》,第一卷。
② 我在1897年10月的《赞助协会联盟公报》(Bulletin de l'Union des Sociétés de Patronage)中读到,塞纳河畔的特别法庭在对未成年人作出判决时,调查他们的父母的性格。如果调查的结果是好的,就会把孩子送回到他们身边(25%);如果调查的结果不好(73%),就会把孩子送往政府在1893年建立的未成年人临时庇护所。因此,除了一小部分人(2%至5%)之外,其他人都免受刑罚处罚。1898年5月13日,法国司法部长发出通知,将这一措施推广到整个法国。参见《教养院杂志》(Revue Penitentiare),1898年,第871页。

落的最大根源。

约利指出，

> 在提及中世纪的监狱时，我们往往说，在那里，同一张床上躺着两个病人，中间还夹着一个死人。我认为，我们监狱今天的做法如果日久天长，也会出现与中世纪同样的惊人情形。我们将一个人抓起来等候审判时，这个人也许是无辜的，也许只是偶然犯罪人，但是，我们却把他置于那些不折不扣的犯罪人之中……法国就是通过这种杂居的方式，使毫无犯罪倾向的孩子变成了真正的犯罪分子。①

而且，进行甄别的做法往往也无济于事，因为正像约利所观察到的那样，那些被宣告无罪的孩子往往比那些被判刑的孩子更坏。

正是出于这个原因，应当把任何暴力型矫正措施都看成是有害的，我们必须转向更加温和的措施。特别要注意的是犯罪人的过早成熟，我们开始实施教化的年龄界限最好在 9 岁之前的某个时间点；在患有幼稚症（infantilism）时，应当相应地把期限延长到法律规定的期限之后。这个年龄界限是可变的，它受气候、种族、职业等因素的影响。例如，闪米特人和南方的一些种族在血腥犯罪和性犯罪中就比较早熟；穷人和乡村村民的发育则比城市居民和富裕者要缓慢一些。

---

① 《打击犯罪》。

第 223 节　老年人

没有能力造成危害的老年人(old man),应该像小孩一样免于监禁。对于他们而言,普通避难所(common refuge)和贫民习艺所(workhouse)就足够了。在这些机构中,有些犯人应该被关在单独的房间中,以免他们传播罪恶或者逃脱。只有当犯罪行为表现出难以改变的反常特征时,才应该把老年人监禁在常规监狱中。

第 224 节　激情犯罪人

对于那些真正的激情犯罪人(criminal by passion)来讲,对犯罪的懊悔已经是对他们最大的惩罚。罚金、司法训诫、将其从城市中放逐或者禁止其靠近受伤害者等措施,已经足以保护社会,因为那些人并没有真正的危险;这种处置方法往往也能够使他们变成有用的人,因为这类人的特征是有较强的利他主义。

第 225 节　政治犯罪人

同样的观点也可以适用于政治犯罪人(political criminal)。如果存在一种不仅应当免除死刑处罚,而且也应该免受任何重刑处罚的犯罪,那么,这种犯罪就是政治犯罪人实施的犯罪。之所以这样是因为,许多政治犯罪人如果不是激情犯罪人,就是往往有精神病,他们更需要的是医院而不是绞刑架;更因为即使他们是犯罪人,他们的利他主义也往往使他们应当受到最大的尊重,如果能够将他们的利他主义引导到其他方向,他们常常能够对社会有益。例如,在新喀里多尼亚,被称为"红色天使"(the red angel)的露易丝·迈克尔(Louise Michel)热忱地为病人和不幸者服务。① 而且,几乎所有的政治犯罪人都很年轻,而英雄主义和盲目狂信达到顶峰的年龄就在年轻时。不可能通过杀死有思想的人来扼杀某种思想;相反,这种思想会发展壮大并在殉道者的光辉之中得到永恒:如果它是真的,那么它就越真;如果它是假的,那么它就会自己倒下。此外,在一个人活着的时候,不可能对他作出最后的判断,就像仅仅一代人并不能够肯定地判断出他们亲眼所见的某种想法是否错误的一样。长期以来,俄罗斯一直向我们证明,针对政治犯罪的过于严厉的法律毫无用处。俄罗斯进行的每一次可怕的镇压行动,即将人们打入西伯利亚的矿井中慢慢死去,都引起新的、更为暴力的反应。法国和意大利的情况也是如此。拉瓦肖尔②在还没去世的时候就已被神化,巴黎的人们向他致敬时,是唱着赞美诗,而不是马赛曲。③

费雷罗是我们的最深刻的思想家之一,他指出:④

> 在引发革命倾向方面,没有什么比那些传奇性的殉道者

---

① 龙勃罗梭和拉司奇:《政治犯罪》,巴黎,1890年。
② 拉瓦肖尔(Ravachol)是指法国的无政府主义者弗朗索瓦·克洛迪斯·柯尼格斯坦(François Claudius Koenigstein, 1859—1892),曾进行投掷炸弹等政治性犯罪活动。——译者
③ 龙勃罗梭:《无政府主义者》(Les Anarchistes),巴黎,1896年。
④ 《社会改革》,1894年。

更有力的了，他们能激发众多狂热分子的想象力；正是由于他们，使得我们的社会人潮涌动，他们往往是所有革命运动的重要因素。在每个社会中，都有一个需要殉道者的人群，他们愿意遭受迫害，并且相信自己是人类劣根性的牺牲品。他们加入那些最危险的政治团体，就像一些登山者选择最具危险性的悬崖和最难到达的山巅攀登一样。尽管如此，再没有什么比暴力迫害更能刺激他们去接受那些革命理论的了；也没有什么比给这些崇高的想象一个被处决的领导人的尸体更危险的了。

我们能够分辨出的政治犯罪人的一个特征就是，他们缺乏对生活中政府体制的适应性；而那些生来犯罪人不仅不能适应他们自身所处的国家的社会环境，也不适应具有同样文明程度的任何国家。出于这个原因，必须把生来犯罪人从文明社会中淘汰，而对于那些激情型政治犯罪人，仅仅应当从他们不能适应的政府和社会环境中隔离开。

流放（exile）这种形式曾经存在于罗马法中，现在在阿比西尼亚[①]也仍然存在。在一些严重的案件中，还有驱逐刑（deportation），这些刑罚最适于这种类别的犯罪人。但是，这些刑罚应该是暂时性的，并且应当是根据议会的决定经过三年或者五年就可以撤销的。[②] 因为在刑满之前，公众的意见往往可能发生变化。正因为如此，我们这个学派在反对陪审团审理普通案件的同时，却接受在

[①] 阿比西尼亚（Abyssinia）是非洲东部国家埃塞俄比亚（Ethiopia）的旧名。——译者

[②] 龙勃罗梭：《政治犯罪》，第四部分。

政治犯罪人的情况下,只有陪审团才能决定这种行为是否应该被认为是犯罪。正因为如此,在过去的时代中,那些异教被当作最严重的犯罪予以惩罚,而在今天看来,这种惩罚却显得十分荒诞。同样的道理也适用于充斥着叛乱罪、罢工和所谓的社会主义思想犯罪的短暂时代。通过这种方式,我们能防止那些极其罕见的、能够成为革命开端的造反行为;这种做法既不革命也不新颖,它早已被那些真正自由的政府应用于不同的国家和时代。例如,在佛罗伦萨,存在着"警告"(admonition)的形式;在希腊,存在着"贝壳放逐"(ostracism)的形式;在西西里,有"橄榄叶表决驱逐法";①在美国,根据宪法,由国会负责制定对政治犯罪人的处罚方法;在罗马共和国,同样的做法也曾颇为成功。

对于那些单纯由政治激情引发的犯罪,刑罚往往是暂时性的,相反,对于一些混合型政治犯罪(mixed political crime),应该以多种形式结合适用刑罚;也就是说,我们在根据合法的社会反应判处犯罪人一定的、期限确定的刑罚时,可以使其余的服刑年数处于不确定状态。这样处理的目的是,当对政治组织的这种攻击在这个国家中不再被认为是犯罪时,就可以中断刑罚。

第 226 节 偶然犯罪人

如果生来犯罪人、倾向犯罪人以及偶然犯罪人实施了同样

---

① 橄榄叶表决驱逐法(petalism)是在古代意大利的锡拉库扎城对有危险企图或者影响的公民,通过用橄榄叶投票表决的方法,判处 5 年流放的方法。——译者

的犯罪,那么,就需要用不同的刑罚来处罚;甚至在有时候可以对偶然犯罪人不进行处罚。在偶然犯罪人中,辨认真正的动机是至关重要的。真正偶然性的、不需要给予处罚的犯罪,就是那些快饿死的人偷窃食物的行为。① 真正的刑事处罚对于所有非自愿犯罪行为(involuntary offense),同样也不适合,根据普菲阿(Pughia)、皮塞罗(Pinsero)和卡波毕安克(Capobianc)的观点,② 赔偿金额留给民事法官去决定;因为一个人如果仅仅由于疏忽大意或者欠缺考虑,或者由于不可能再现的纯粹偶然事件而进行了某种有害行为的话,就认为这个人绝对不适合在社会中生活,是不公平的。如果同样的行为反复发生,可以在单纯的损害赔偿之外增加罚款,或者暂停其从事公职、艺术活动或者导致这种应谴责行为的职业。

第 227 节　帮助自杀

对于有些法律规定要给予惩罚但是在公众良知中却能够宽恕的所谓犯罪,加罗法洛称之为"非自然的"犯罪,它们是司法上的犯罪,我们应当称为传统犯罪。帮助自杀(aid to suicide)就是其中一例。

凯鲁西(Calucci)和菲利写道,

---

① 克雷马尼(Cremani):《法律上的犯罪人》(De Jure Criminali),1748 年。
② 《实证学派》(Scuola Positiva),Ⅲ 和 Ⅶ。

如果我们撇开抽象的意义不谈,只审视生命的学问,我们将会发现,社会基于每位成员的存在而具有的利益并不是绝对的,在自愿死亡的情形下,社会的利益是递减的,甚至是整体降低的。生物学也显示,在为生存而进行的斗争中,那些最弱的、最不能适应社会生活的个体会死亡。自杀就是这种适应失败的一种形式。根据海克尔①的说法,这是未来物种的一种安全阀,否则会通过遗传传播那些危险的、导致痛苦后果的神经疾病。白哲特也认为这是在自然选择的进程中人类物种改善的一种方式。②

这同样也是莫塞利(Morselli)和我自己的看法。我已经和菲利一起阐述了这样的观点:自杀与杀人不同,③它是一种真正的安全阀,因此,自杀与他杀之间呈现一种此消彼长的关系。从这个角度上讲,自杀对整个社会的安全实质上是有益的。

菲利还说道,

> 同样道理,如果你坚持认为人没有处置自己生命的权利,那么你就必须惩罚自杀行为。相反,如果你不认为自杀是一种犯罪,你又怎能处罚参与或帮助自杀行为的人呢?只因为他们参与了这种算不上是犯罪的行为吗?即使我们无法否

---

① 海克尔可能是指德国博物学家、达尔文主义的传播者和捍卫者恩斯特·海因里希·海克尔(Ernst Heinrich Häckel,1834—1919)。——译者
② 菲利:《论杀人与自杀》(L'Omicidio-Suicidio),1884年。
③ 《犯罪人论》,第一卷。

认,这种法律规定是出于保护公民个人免受犯罪侵害的目的,但是又有谁不曾认识到,自杀者的真正的、自愿的同意能够排除这种法律规定的所有干涉理由呢?

当获知某人出于自己的意愿而死亡时,我们也不会觉得自己的安全受到威胁吧?只有教会才声称能够拯救这个不顾自己的罪人。

第228节 诽谤

意大利法典中对出于政治或者社会目的而进行的诽谤(defamation)规定的刑罚,也有同样的情况。这种工作往往是那些超出常人的、有勇气向公众披露事实的人进行的,之所以将它们认定为诽谤,仅仅是因为被指控的人有权势。但是,这些高贵的诽谤者没有被吓倒,他们也没有造成什么损害。他们不遵守法律是因为法律还不完美。所以,他们是虚假犯罪人(pseudo-criminal),[1] 应该赢得赞誉而不是受到处罚。只要使他们能够通过一定方法显示出自己的诚实就足够了,例如,提供有关事实的证据,或者在发现自己被骗时撤回指控,因为只有展示我们的伤痕才能开始医治这些伤痕。

---

[1] 《犯罪人论》,第二卷。

第229节 决斗

决斗(duel)的情形也是如此。在法律不能起作用的一些严重的、意外的情形中,决斗的风俗会驱使我们采用决斗这种办法。我们是否应当服从这一残暴的风俗呢？如果答案是肯定的,那么对于那些犯了决斗罪但在平时却毫无害处的人,如果我们以避免危险为理由惩罚他们,则这种热心无疑是过分的或者说不公正的,因为所谓的危险并不真正存在。从另一方面来讲,刑法的职能难道是矫正道德吗？肯定不是,因为道德和法律都遵循事物的自然趋势,它们都是由环境决定的。我们已经看见,在对决斗惩罚越严重的国家,决斗这种形式往往越盛行,从中世纪到我们所处的这个时代,随着法律的态度变得温和起来,决斗的数量在某种程度上也减少了。但是,有谁会相信通过刑罚就能够克服人们的偏见呢？如果没有这些无用的刑罚,这些偏见是否会愈演愈烈,引起更多的人遭受其害呢？刑法典的目的应当是通过惩罚犯罪人而净化社会。现在,至少在大多数案件中,决斗者与其说是犯罪人,还不如说他们是被害人；如果通过科学提供给我们的方法,使我们能够在极少数案件中识别出决斗者就是犯罪人,我们为什么要给他这个体面的逃避手段？如果决斗者不是犯罪人,我们为什么要惩罚他呢？是因为他是我们希望消除的那种偏见的受害人吗？但是,偏见可能会消亡,也可能会比法律更强大。鉴于刑罚的严厉性,人们不会适用这些刑罚,这会使立法者的努力不能发挥作用,因而会变得十分可笑。

第230节 通奸

通奸(adultery)的情形也是如此。毫无疑问,在教会法(canon law)中把通奸作为犯罪来惩罚是正确的,但是在现代法典中,通奸至多被当成一般的违法行为(contravention)。毋庸置疑,通奸是不道德的,如果法律能通过刑事处罚的方式防范这种行为,那一定是大快人心的。但是,大多数人都不认为法律能发挥这种作用。如果对通奸行为进行审判,会使被害人遭受比犯罪人更大的痛苦。将这种事情诉诸法律是无用的。此外,对这种案件的一般处理结果是不予惩罚,而这种做法往往招致非议;在某些少见的案例中,还会导致更加残暴的行为出现。就像博伦尼尼(Berenini)在他的专著《犯罪和辩护》(Offesa e Difesa)[①]中论述的那样:"法律不能迫使女人爱她的丈夫或者迫使丈夫爱他的妻子。法律只保障那些以物力和武力得以实行的权利。爱情不是已婚夫妇能够向对方要求的权利,因此,法律不能为那些声称受到权利伤害的人提供保护,因为这种权利根本不存在。通奸毁灭了自然婚姻,从而导致了道德上的离婚;既然如此,为什么不能以法律上离婚的方式解除民法上的婚姻呢?为什么还要用审判和定罪这种无用的方式强行维持这种混乱的根源呢?"

---

① Offesa e Difesa 也可以翻译为《进攻与防御》。——译者

第231节 倾向犯罪人

由于倾向犯罪人既不是累犯又没有共犯,那么,对于他们的第一次犯罪,采取缓刑、保证金、要求其支付损害赔偿金等方式处置就足够了;在犯罪人没有能力提供金钱赔偿的情况下,可以让其采取劳动的方式。这种劳动的方式只适合于犯罪人是农民的情形,如果拒绝劳动,应当将其投入监狱。

第232节 同性恋犯罪人

那些在兵营、学院或者强行禁欲的场合中偶然犯罪的同性恋犯罪人(homo-sexual offender),在这类原因消除之后,显然不会再次进行同性恋行为。对于他们的案件,处以附条件刑罚(conditional punishment)就足够了。不应当把他们与那些生来就是如此的同性恋犯罪人混淆起来,也不应当把他们与那些尽管没有特别原因,但是却从童年起就显现出邪恶倾向的人混淆起来。对于这些人,应当从年轻时就加以禁闭,因为他们是一种传染源,他们会导致出现大量的偶然犯罪人。

第233节 其他轻微犯罪

可以把许多其他的应处罚行为(punishable act)从刑法典转到民法典中来,用罚款(fine)和支付损害赔偿金(damage)的方式加以处理。这类应处罚行为包括侵犯私人通信、损害他人财产、虐

第3章　与犯罪人和犯罪性质相适应的刑罚

待(bad treatment)其他家庭成员(前提是并非经常性的或者不是在真正恶意犯罪的动机下进行的)。在丈夫与妻子之间的虐待行为中,还要包括分居和离婚。对于公职人员违反其职责的应处罚行为,使用这些惩戒手段就足够了,在最严重时可以将他解除公职。对于单纯的威胁、没有犯意的入侵住宅以及侮辱、强行索取补偿、滥用放牧权(abuse of pasturage rights)、非法侵入(trespass)等行为,只需给予损害赔偿金的处罚就足够了,赔偿金的数额可以由民事法官仔细衡量决定。① 我认为,对于偷窃少量食物的行为,也应该这样处理,因为偷窃的仅是少量食物,这表明这种违法行为是偶然性的。那些小偷在大多数情形下并不具有侵犯性,例如,那些偷窃水果的小孩就是如此。如果对他们的惩罚就像对那些大量偷盗者或者真正犯罪人的惩罚一样甚至更加严厉,岂不是显而易见的不公平吗？因为大量偷盗者和真正犯罪人往往完全逃避了惩罚。我个人永远也忘不了那一天,在那天,5位意大利王国的大臣在议会的公开会议中异口同声地为坦隆格(Tanlongo)公司多达3000万的盗窃案辩护,与此同时,7个孩子却因为偷了一条价值35分的青鱼被判入狱一个半月而悲伤哭泣。

在最近的案件中,我希望能区分以下两种情形:一种是真正的犯罪"帮伙"(criminal gang),其成员具有共同的犯意和细致入微的计划。另一种是偶然的半合谋行为(accidental semi-complicity),这类行为没有真正的犯罪性,是纯粹的突发奇想的结果。对于前者,我会给予极其严厉的惩罚,而对于后者,只让他们赔偿伤者,同

---

① 参见加罗法洛:《对受害者的赔偿》(Riparazione alla Vittima del Delitto)。

时，对他们进行训诫或者处以附条件刑罚就足够了。

第 234 节　共犯

那些危险性极小的犯罪人，例如偶然犯罪人或者激情犯罪人，他们的心理学特点往往包括单独行动，没有同谋者（accomplice）。至于共犯（complicity），至少在成年人进行的盗窃、公路抢劫和谋杀案件中，[①]它本身就构成了一种加重情节；我们不必像现在的做法一样，事无巨细地在每个案件中都要追查每个犯罪人在犯罪中的作用，而要特别关注那些最具危害性的犯罪中的犯罪人。[②]

第 235 节　习惯犯罪人

至于累犯和已经成为习惯犯罪人（habitual criminal）的倾向犯罪人，他们应当受到与生来犯罪人一样的对待，只不过这种对待不必那么严厉，因为他们的犯罪往往不那么严重，例如，偷窃、诈骗、伪造等就是如此。进一步来讲，对于生来犯罪人而言，在第一次犯罪时，如果足够严重，就有充分理由对他们判处永久性监禁。对于习惯犯罪人而言，则有必要在采取极端对待之前，收集此类犯罪中大量的、或轻或重的累犯的证据，并且收集在哪些环境下他们会重新犯罪的证据。就这些犯罪人所从事的劳动种类来说，那些

---

① 西盖尔：《共谋的积极理论》（La Teoria Positiva della Complicità），都灵，1894 年。
② 菲利：《犯罪社会学》，巴黎，1890 年。

从城市来的人应当以大工厂作为他们劳动的场所；那些农村来的人应当以某些地区中需要清理的感化农场为劳动场所。在这些场所中，要根据犯罪人从最不健康到最健康的不同类型，分类安排劳动。卡斯蒂阿达斯(Castiadas)感化农场已经在撒丁岛一些条件最差的地区开辟出一片绿洲。特鲁瓦方丹(Trois Fontaines)的奇迹也证明，实际利用这些组织是多么简单，它们减少了人们为惩罚犯罪人所支付的昂贵费用，同时也使犯罪人们能为他们侵害的社会带来真正的益处。

第236节 犯罪型精神错乱者

对于犯罪型精神错乱者(criminal insane)和大量的生来犯人来说，特别是那些患有癫痫和已经清晰地显示出精神错乱特征的人，把他们监禁在犯罪精神病院(criminal asylum)里是唯一合适的待遇。通过这种机构，我们能够摆脱那些伪装精神错乱的各种欲望并付诸行动的人；能够预防被监禁者从犯人那里获得犯罪遗传(criminal heredity)；还能够阻止他们形成犯罪组织(犯罪团伙几乎都是从监狱中发源的)。我们还能够预防累犯，减少审判的昂贵花费以及审判产生的模仿型犯罪(imitative crime)。韦德米斯特反对说，[①]在精神病人能够治愈的情形下，将他们关在这些精神病院里是有损正义的。作为回答，我们认为，首先，这种治愈的案例是十分稀少的，(收治犯人的)布洛德穆尔精神病院的数据显

[①] 《精神病学杂志》，1871年。

示仅为 5.5%；其次，病人经过长期观察后如果显示已经治愈，他们将重获自由，这将弥补这种做法的不恰当性。

"但是，犯罪人一旦被确认是精神错乱者，"法尔沃特（Falvet）反对说，"就不能再将他看成是犯罪人，而应当按照民法恢复他的地位。"对于这种观点，我们的回应意见是：不能恢复其在民法上的地位，因为他已经从事了杀人、抢夺、盗窃的行为，因而不能与那些没有任何危害的精神病人一样享有同样的地位；只要这种危险存在，社会对他进行防卫的权利就仍然存在。除此之外，这种推理方法源于一种观点，这种观点认为，从此以后科学会减少精神病；也就是说，精神病是一种不幸（misfortune），而犯罪则是自由意志的一种反常表现（perversity）。可是，人们在一个世纪前就开始认识到，精神病并不是建立在自由意志的基础之上，这种认识与中世纪的看法相反；我们必须同时意识到，犯罪也不是建立在自由意志之上；精神病和犯罪都是一种不能控制的不幸。我们确实不应该怀有仇恨地对待它们，但是，对于它们的威胁，我们应该做好防卫的准备。①根据实证主义学派的原则，不能对犯罪型精神错乱者仅仅根据民法加以处理，而应该根据自卫法则像对待真正犯罪人那样地对待。

由于这个原因，反对不定期拘禁精神病人的这种观点是不成立的，而且在精神病人被治愈时，即使在判决时对其确定的监狱刑期未满，他也有权获得自由。考虑到各种各样精神病案件中所显示出的大量旧病复发的情形，我们不能接受上述的反对观点。有些不幸是难以避免的，我们只能让其短暂延缓；既然我们不能完全

---

① 菲利：《犯罪社会学》。

第3章　与犯罪人和犯罪性质相适应的刑罚

把个人从不幸中解救出来,那就让我们至少设法阻止不幸的家庭和整个社会成为受害者吧。①

进一步要指出的是,所有比较文明的国家都有相似的机构。在英格兰,我们可以看到这种机构已经很古老了。犯罪精神病院在丹麦也存在;它已经被引入瑞典和匈牙利。在法国,警察辖区内有一个常设医疗委员会,它的职责就是将被逮捕的人中那些显示出精神不正常者与其他人迅速隔离开。1870年,一个犯罪精神病院被作为盖隆(Gaillon)中心监狱的一部分而建立起来,这个机构由监狱管理,只有在医生的允许下才能强制他们劳动或者执行刑罚。只有那些被处以一年以上监禁的人才能被接受到这里,没有部长的授权不得释放他们。② 欧洲大陆上所有其他的文明民族,即使没有正规的犯罪精神病院,也有部分代替其作用的法律和机构。在汉堡、哈勒、布鲁赫萨尔(Bruchsal)等地,感化院有专门为精神错乱者保留的医务室,那里有看守、安全病房和特殊的规则,以便确保精神错乱者能够受到像在正规精神病院里一样的继续照料。在比利时,1850年的一部法律规定:

> 对于被逮捕的人,如果因为精神错乱而暂缓对他们的诉

---

① 最近,克里斯蒂安尼(Christiani)在《精神病学档案》(1896年)中提到,精神病的最常见的结果是,82%不可治愈,17%死亡;治愈率是相当小的,大约在5%至8%之间。在大多数情况下,反社会倾向很突出,占87%。尼科尔森(Nicholson,1895年)观察到,对于普通犯罪人来说,75%是出于贪婪,15%出于仇恨,10%出于不道德;但是,在犯罪型精神错乱者中,由于不道德而进行危害行为的达到了71%(参见《精神科学杂志》1895年10月)。所以,这些人是最凶残、最危险的。

② 哈雷尔(Hurel):《盖隆中央监狱下属的精神病罪犯社区》(Le Quartier des Condamnés Aliénés Annexé à la Maison Centrale de Gaillon),巴黎,1877年。

讼,应当把这些人送到公共事务部长(Public Minister)指定的精神病院。这些精神病院必须有特别病房,以收治躁狂犯人(maniacal prisoner)、被告人和罪犯。没有司法部长的特殊授权,这些人不得与其他犯人关押在一起。医生对危险者或者犯罪型精神错乱者的逃跑负有责任。如果出现逃跑,则必须采取所有必要的措施将他们追回。

1891年的一部新法律要求为监狱指派三个精神科医生担任特别检查员,他们的任务是辨别、隔离并照料那些精神错乱者。在匈牙利,有一种特殊的医学评议会(medical senate),由法官和精神科医师组成,这个评议会负责对疑难案件发表意见。

我们由此可以总结出,在这些精神病院中,应该接受以下类型的人:(1)所有已经精神错乱并有犯罪倾向的犯人;(2)所有那些因为具有行凶或纵火倾向、鸡奸等问题而被交付司法程序,但是因为发现有精神错乱而被暂缓司法程序的精神错乱者;(3)所有那些因为实施残暴的或者奇怪的犯罪而被起诉,但是没有明显动机的人,在这类案件中,人们怀疑犯罪人精神有问题,或者至少显示出其大脑严重受损,并且这个情况已由三名精神病学专家证明;[1](4)考

---

[1] 这个主张乍看之下显得有些荒谬,并且反对建立犯罪型精神病院的人往往也会攻击这一点。但是,他们并没有合理地注意到,只有在处于理智与精神病之间的悬疑案件中,才采用这种做法,并且这种毫无犯罪原因就发生的案件也是常常出现的,在**这种案件中,犯罪型精神病院通常是最有益的,最能在保护公共安全方面发挥作用。**我们能够回想起,毫无原因的犯罪本身就是精神错乱的一种征兆。贝卡利亚说过,一个正常人如果没有憎恨、恐惧或者自我利益的驱使,是不会进行没有必要的残忍行为的(参见《犯罪人论》第三卷)。

虑到癫痫的明显重要性,所有那些在精神癫痫发作时犯罪的人,以及已经癫痫发作的犯罪人;(5)所有那些以往有良好的名声,但是因为一些习惯性的、明显的弱点驱使而犯罪的人,这些疾病包括糙皮病、慢性酗酒、分娩后的疾病等,特别是当他们有精神不正常或者患癫痫的双亲时,或者已经显示出退化的特征时,这类机构也应当收容他们。由上可见,为酗酒者、癫痫病人等准备特殊的犯罪精神病院是适当的。

应当将那些从监狱转来的精神错乱者与其他人隔离开,把他们安置在特殊的附有医务室的房间中。这里的规定应当非常严格,并且要保持比普通精神病院高得多的警惕性,要更像监狱,所安排的劳动的强度要与力气的大小成比例,并且要交替安排长时间的休息和娱乐。总的目的还是治疗,但是里面的看护人员需要受过监狱的培训。

那些被确认具有习惯性危险的人和那些已经数次被传讯的人,都不应该被释放。对于那些受暂时性或者间歇性精神病影响的人以及已经显示出完全治愈的人,在一两年观察后,可以有选择地释放,并且在释放后的几年内,要求他们每月接受医疗探视,就像在比利时的做法一样。

第237节 难改善犯罪人

我们已经看到,最好的感化院制度也不能预防累犯,个别化的感化院制度在丹麦已经显示出失败的结果。从另一方面讲,我们可以看到,集体化监狱(collective prison)是最常见的重复型累犯

(repeated recidivism)和犯罪行为的原因。[1] 进一步来讲,像布雷顿和阿斯普里尔(Aspirall)所描述的那些人,我们能指望他们什么呢?让他们一年50次到60次地进出监狱吗?这些人显然认为自己呆在里面比在外面好得多。让他们认为监狱不是一种惩罚,而是走向堕落的奖赏和刺激吗?当无计可施时,当这些惯犯对痛苦毫无感觉时,当他们10次20次地重新犯罪时,社会不应该让他们在监狱中提高犯罪技术,而是应当将其隔绝,直到他们彻底悔改或者失去为非作歹的能力为止。我们应当建立起特殊的刑罚机构,在这里,由主管、心理学家和法官组成的评判委员会决定如何处置这些从小就显示出犯罪倾向的人、这些已经几度堕落的人,尤其是那些已经显现出某些生来犯罪人所具有的特征的人。

对于这些犯人来说,比他们的健康状况更重要的事情是,让他们变成有用的人而不会花费过多的资金,并且同样重要的事情还有防止他们逃跑。由于这个原因,岛屿和干涸的河床是最好的地方。在这里,可以让犯人终日忙碌:从农村来的犯人将在田间劳动,这对他们的健康和国家的利益都有好处;从城市来的人在车间劳动。最好建立起纪律严明的军事化组织,就像威斯特伐利亚的实践一样,那里的犯人们参加改善路况的建设或者排干沼泽。白天允许他们按照自己的意愿活动数个小时,但是,仅在有明确证据证明他们已经改善的情况下,他们才能重获自由。只有在发生重新犯罪时,才应当将他们关进监狱。这样,监狱才能将那些以邪恶

---

[1] 参见《犯罪人论》,第一卷。

为荣、使种种改良的努力付诸东流的犯罪人得到改善。这样,我们才能在社会中重新适用对我们这个物种来说是正当的选择过程;也只有这样,我们才能使正义昌明。① 无论这种方法将给社会带来多少花费,与新的犯罪和新的审判所造成的花费相对比,它们都是少的。汤普森曾计算出,456个苏格兰累犯花费了13.2万英镑,其中仅仅对他们的审判就花掉了8.6万英镑。

这种观点已经不再新鲜了,因为在1864年,上议院就提议,应对第二次犯罪的犯罪人判处惩役刑②。拉比斯特(E. Labiste)建议,③每个被判处的总刑期超过5年的人或者重复犯罪达10次以上的人,在刑满之后应当被永久驱逐出境。博纳维尔(Bonneville)、④蒂索⑤和多瑞亚·巴里尼(Doria Barini)⑥也曾提出过同样的改革意见。这种做法已经在比利时麦科普拉丝(Mexplas)的感化农场付诸实践。那里有一百多名犯人,这个机构的所有建筑都由犯人在三四十个监工的监督之下完成。所有的设施都是根据需要和当地资源一点一点建成的,所以,这个机构在其他国家可能要花费上百万,但在比利时只花费了土地的资金。这个地方的物产很多,农场有自己的公牛和种马,人们忙于生产那些易于出售的东西,忙于使自己变成有用的人。这些犯人可以分

---

① 《犯罪人论》,第一卷,第一部分。
② 惩役刑(penal servitude)是包括监禁和强制性艰苦劳动(即劳役刑)的刑罚。——译者
③ 《论罗马的刑罚机构》(Essai sur les Institutions Pénales des Romains),1875年。
④ 《当前恐吓的不足》(De l'Insuffisance Actuelle de l'Intimidation),第257页。
⑤ 《刑法研究哲学导论》,第433页。
⑥ 参见《监狱学科杂志》,1876年。

为四种：第一种是难以矫治或者危险的人，其他人与他们接触将会受到有害的影响；第二种是累犯，他们是在警察的监督下曾经逃跑的人或者那些在刑罚机构中有不良记录的人；第三种是那些以前的案件未了结，但是不必在监狱机构中执行严厉刑罚的人；第四种是那些被遣送至感化农场不超过三次的人和那些被认为行为良好的人。市镇有时会把他们的乞丐遣送至此，付给健康的人65生丁、生病的人85生丁。那些拒绝工作的人将会在监舍中被关3天，以水和面包为食。参加劳动的犯人会得到一种仅在本机构内部流通的代币，当他们被释放时，这些报酬会被换成真正的钱币。通过这种方式，可以避免他们在邻近的村落中浪费钱。①

第238节 死刑

即使经过监禁、流放以及劳役等惩罚，有些犯罪人还是第三次或者第四次重复他们残暴的犯罪，威胁诚实的人们的生命。此时已经别无选择，只剩下痛苦但不容迟疑的刑罚——死刑（capital punishment）。就像在有关大自然的书籍中大量记载的那样，死刑在历史书籍中也有很多描述；与所有其他刑罚一样，它蕴含着一种相对正义。死刑毫无疑问能够在野蛮人的刑罚体系中找到，它适用于那些用监狱难以震慑的人；但是在文明人中，有一种微妙的感情，希望能够废除死刑。这种感情值得尊敬，不能对此置之不

---

① 约利：《打击犯罪》。

顾,更不要说法官冷酷地判决死刑会造成一种奇特的声望,这种声望有时候纯粹是虚张声势,但是往往会通过模仿而引起大量的犯罪,甚至在暴民(rabble)中形成对死刑犯的某种崇拜。

不过,反对死刑的这些人没有考虑到:当面对一个反复杀人的、随时将其看守置于暴力危险或者死亡境地的人时,社会还能有什么防卫手段呢?将其手脚终身束缚起来就更加公正或者更加人道吗?

不要再让人和菲利一起助长这种反对意见。这种反对意见认为,要使死刑有效,应该把死刑变成一种定期执行的处死,这是一种与现代思想格格不入的现象。保留死刑并不是指要扩大使用死刑。当那些很可怕的犯罪人在被判处终身监禁之后多次企图杀害他人的时候,让死刑像达摩克利斯之剑(sword of Damocles)一样,高高悬挂在他们头上就足够了。在这些条件下,那些在过去经常提出的原本合理的反对意见,即认为死刑无法挽回的意见,就不再有力了。我也希望,在社会受到像卡莫拉之类的有组织犯罪帮伙的威胁时,应当保留死刑。从这个观点来看,和平时代的这种做法与战争时期保留死刑的做法是完全一样的。是啊!在战时,往往是因为王朝的任性或者蛊惑人心的疯狂,我们征召成千上万的青年,使他们在战场上提前死亡,我们对此动摇过吗?而在镇压一些比外国敌人更危险、更致命几百倍的少数犯罪人的问题上,我们应该犹豫不决吗?难道是害怕子弹偶尔会打死一个达尔文①或者

---

① 达尔文是指英国博物学家查尔斯·达尔文(Charles Darwin,1809—1882),他创立了以自然选择为基础的进化学说,在生物学中引起了一场革命。——译者

格莱斯顿吗？

我们可以肯定地认为，如果我们采取严格的抽象权利的观点，如果我们不相信自己就是上帝的牧师，那么，我们就没有剥夺同胞生命的绝对权利。但是，除非出于自卫的需要赋予我们的这种权利，否则，我们同样没有权利剥夺人们的自由，也无权让他们为最轻微的轻罪承担责任。那种认为死刑违背自然法则的观点，忽视了一个事实：法律本身就是用文字清晰表述的自然法则；整个有机世界的进步完全是建立在生存斗争基础之上的，伴随着野蛮的大屠杀（hecatombs）。事实上，确实存在着生来犯罪人，他们的有机体生来就适合进行邪恶的活动，体现了隔代遗传型繁殖（atavistic reproduction）。不仅是野蛮人，即使是最凶猛的野兽，也能够进行隔代遗传型繁殖，因此，我们不能更多地同情生来犯罪人。这种现象已经得到证实，这使我们不得不硬着心肠拒绝怜悯。我们对动物的爱心还没有达到印度苦行僧（fakir）的那种程度，他们能够牺牲自己的生命去满足动物的欲望。

在这里，我回想起泰纳在去世前不久写给我的一段有力的话：

> 当犯罪冲动没有与犯罪人的生命以及犯罪人的智力、道德和情绪组织相结合，而是孤立地、偶然地、短暂地存在时，我们可以甚至应该赦免犯罪人；但是，当犯罪冲动与整个思想观念或者感情的结合越紧密时，这个犯罪人的罪恶就越大，他就越应当受到惩罚。你已经给我们描述了许多凶猛的淫荡的戴着人类面孔的猩猩，他们显然不可能有别的作为。如果他们强取豪夺、偷窃杀戮，这往往出于他们的本性或者由他们的过

第3章　与犯罪人和犯罪性质相适应的刑罚　　*611*

去所决定。如果证明将来猩猩们还会进行这类行为，那么就更有理由摧毁它们。对他们而言，如果使用死刑对社会有益，我没有任何反对意见。

我这里主张的很多措施，可能都与某些理想的原则相反；虽然这些原则往往是高尚的，但是却是不实用的。人们可能认为，我主张的措施有时是目光短浅的、缺乏忍耐心的，是不能作为可以接受的公理的。不仅如此，这些措施可能会被那些害怕初期投入的人认为是难以实施的；但是，这类看法没有看到将来可能取得的经济效果，尤其是——如果我们能够至少抑制住那些累犯，就能避免因形式错误带来的昂贵无用的司法程序。① 不管怎样，他们将不会再以危害公共安全为理由被控诉了，这正是所有刑罚制度的最终目的。

---

① 在法国，根据德福雷塔(De Foresta)的观察，人们没有权利仅仅因为技术错误而提起上诉，每次新的审判或裁决都可能增加刑罚，上诉非常罕见，通常只基于非常严重的理由提起。3个犯罪精神病院和1个较大的难改善犯罪人矫正机构已经无钱维持，也许采用这些措施能够节省一些钱并使这些机构得以支撑。

第4章 这些改革措施有效的实用证据——英格兰与瑞士

第239节 引言

这些改革措施的有效性在英格兰和日内瓦最新的数据统计中得到了证实。统计数据显示,犯罪率有明显的降低,而在没有实行这些措施的意大利和西班牙,犯罪率是上升的。

日内瓦的统计表明,在1829—1838年间,每10万居民中有79人被刑事法庭(criminal court)判决有罪,1000人被轻罪法庭(correctional tribunal)判决有罪;而在1872—1885年间,被刑事法庭判决的数据是12,被轻罪法庭判决的数据是300。也就是说,在这两个阶段,严重犯罪降低了5/6,轻罪则降低了2/3。这对这个城市来讲是一个巨大的荣耀;还有更引人注目的事实是,在近80年里,日内瓦人的犯罪率降低了9/10。[①]

是什么原因导致欧洲中部的日内瓦变成了道德的绿洲呢?盖诺德将最大的因素归功于外来的移民者吸收了本地人的风俗和道

[①] 盖诺德(Guénoud):《十九世纪日内瓦的犯罪》(La Criminalité à Genève au XIX Siècle),日内瓦,1891年。

第4章 这些改革措施有效的实用证据——英格兰与瑞士

德。约利根据他的观察,也得出了同样的结论。这就是说,最初的移民入境者多是犯罪人,当他们在这个新环境里安居之后,他们变得讲道德和诚实了。但是,莱德米极力反对这种说法:[1]

> 本地人对外国人的同化并没有阻止移民入境;因此,相同的原因持续地发挥着作用。如果日内瓦人每年都要吸收并同化一批外来者的话,那么,相应的道德影响就会被新的移民用其他方式所抵消。

我们也不能从教育方面寻找原因,因为我们已经看到,教育往往会增加至少是轻微的犯罪形式。

那么,唯一的原因就是,日内瓦(参见第二部分第6章)地处欧洲中央,那里建立了最多的互助机构,这些机构在不侮辱受助者人格的情况下,补救了贫穷这个最大的邪恶,同时,也建立了适用于儿童、堕落妇女以及反对酗酒等的预防性机构。

这些证据在英格兰的伦敦更加明显。如果把1892—1893年的犯罪率与之前十年的数据对比,就会发现侵犯人身犯罪增长了28%,而侵犯财产类犯罪增长了18.9%。侵犯财产类犯罪往往是出于报复目的而实施的纵火或者毁坏庄稼。其他形式的犯罪,例如,盗窃、收受赃物、伪造、违反公共秩序等,分别降低了8.8%、36.3%、34%、22.2%,总犯罪率降低了8%。[2] 必须注意

---

[1] 《法国的犯罪》。
[2] 约利:《巴黎杂志》(La Revue de Paris),巴黎,1891年。

到，在这10年间，人口增长了12%，即使犯罪率有12%的绝对增长，相对于总人口的增长而言，英格兰的犯罪率也没有呈现出增长趋势。

根据约利的论述，

> 这里的未成年人犯罪降低，而在意大利则是持续增长。在1868—1869年间，记录数据显示有1万名不足16周岁的犯罪人，在接下来的几年中，数据降到了9700，最后降到了4000。可以发现，考虑到人口增长的因素，英格兰1868—1869—1870年间每10万居民中有46个未成年犯，在1893年则只有14个未成年犯，降低了70%；而法国1889年的数据表明，未成年犯罪人在50年里增加了140%。英格兰的犯罪人包括了行动自由的人、那些已被确认的盗窃者和收受赃物的人，还包括那些嫌疑人。这方面同样有增长，在1867年的数据中，包括了犯罪嫌疑人以及监狱中的犯罪人和行动自由的犯罪人，总共有87000人。这个数据后来下降到了50000；在1881年降到38960，最后在1891—1892年降到了29826。有犯罪嫌疑的家庭从2688降到了2360。[①]

在这里，我们没有谈及统计数据中常见的那些偶然变化，因为

---

① 约利：《巴黎杂志》，巴黎，1894年。

第 4 章　这些改革措施有效的实用证据——英格兰与瑞士

这些数据显示了巨大的变化,这类变化毫无疑问会继续存在;[1]这些数据甚至还包括那些未受惩罚的犯罪人。

犯罪率的大幅度降低,主要归功于预防性措施,特别是那些与儿童有关的预防性措施,那些与酗酒引发的酒精中毒等所作的道德上、宗教上的斗争。与小城市和农村相比,伦敦犯罪率大幅度降低的事实,是无可争议的证据,因为普遍的规律是大城市犯罪率更高,而伦敦的情况恰好相反。伦敦是文明社会中人口最多的城市,这里每 10 万个居民中有 15 个犯罪嫌疑人,而乡村则是 61,其他城市是 50。此外,每 10 万个伦敦居民中有 3.4 个有犯罪嫌疑的家庭,在乡村和其他城市则分别是 3.9 和 8.4。

还有证据显示了预防性措施对减少酗酒的影响,这类现象就发生在英格兰和瑞士的一些地区,在这些地区,一些宗教团体和纯道德性团体与邪恶产生的因素进行了斗争。在法国,酒的销量从 1869 年的 365995 升增加到了 1893 年的 417518 升,每个居民的

---

[1] 然而,这里必须做一些评论,英格兰 16 岁以下的少年犯罪人的统计数据是:

	1864—1868 年	1889—1898 年
被判入狱	8285	2268
被判送进少年教养学校	1228	1163
进入少儿习艺学校	968	8737
被判鞭刑	585	3028
总　　数	11066	15196[2]

我们从中可以看到,被判处进入监狱和少年教养学校(reform school)的少年犯罪人大量减少(超过 6000 名),而被判处送入少儿习艺学校(industrial school)和被判鞭刑的少成年犯罪人增加了 9300 名。

[2] 本行两个数在原文中分别是 11064 和 13806,可能有误,加以改正。——译者

人均销量从1830年的1.82升增加到了1893年的4.2升。在英格兰,情况刚好相反,最近几年的人均销量从7升减少到了5升,瑞士则从11升减少到了7升。①

第240节 生来犯罪人

如果认为那些对其他犯罪人很有效的措施也能成功运用于生来犯罪人,那么,这是一个错误。对生来犯罪人中的绝大部分人而言,即使是从摇篮阶段就给他们最亲切的照顾,他们也是难以治愈的,就像巴纳多最后确认的那样。杰克(Jac)就是一个例子。尽管将他安排在最适合他的环境中进行改造,但是,他为了过流浪汉的生活而数次逃跑。还有些思想落后的人痴迷于老的法理学家们的乌托邦式梦想,相信所有的犯罪人都是可以改造的,对不断增长的犯罪趋势不采取任何措施;而深谋远虑的英格兰人早就认识到,通过努力几乎能完全消除偶然犯罪人,不过,那些生来犯罪人仍然是顽固而难改造的。英格兰是唯一承认存在着抗拒各种改造的犯罪人的民族,他们称呼这些顽固的犯罪人为"职业犯罪人"(professional criminal)或者"犯罪阶层"(criminal class)。

有些人将犯罪的原因归结为教育和环境,但是数据表明这种观点是不对的。虽然英格兰的犯罪率降低了8%,但是,男性犯罪人中累犯的数据是一直稳定或者几乎不变的。事实上,数据显示,

---

① 《基督教实践杂志》,1894年11月。

第4章 这些改革措施有效的实用证据——英格兰与瑞士

在1892—1893年间,英格兰的累犯率是41.7%,而在1894—1895年间是45%。① 在伦敦,尽管女性预防犯罪机构多于男性预防犯罪机构,但是,女性的累犯率从54.6%上升到了60.4%。由于堕落引发的腐败和女性酗酒的上升等原因,所有的努力都白费了。保卢西指出:"几乎没有人知道或者相信,像特希·杰伊(Tessie Jay)这样的人因为酗酒被判罪500次;像詹尼·奎克布雷德(Jane Cakebreade)这样的人因为酗酒被判罪250次。"从这些联系中可以看到,感化农场制度的引进是如何减少了威斯特伐利亚的盗窃和流浪现象。

然而,需要说明的是,这个制度仅仅对偶然犯罪人或者缺少工作的流浪汉有用,对生来型流浪者(born vagabond)却是没用的。在巴黎进行的一个试验可以证实这一点,根据1893年的《法国经济学家》(Économiste Français),有个人能够安排人们在商店、工厂等部门获得工作职位,这些职位每天有4法郎的报酬,于是,所有的人都拿着他的推荐信找工作。在8个月里,他向727个抱怨自己因为没有工作而挨饿的乞讨者提供了这种推荐信件,这些人中超过半数(415)的人甚至没有提出想要这种信件的要求;有130个人得到了这种信件但没有出示给雇主。有些人工作了半天支取了2法郎就再也没有回来。总之,在所有727个人中,只有8个人持续工作。仅仅以那些取得这种信件的人而言,在40个能工作的乞讨者中,只有一个人有真诚工作的愿

---

① 保卢西(Paolucci):《期刊评论》(Revue des Revues),1896年5月。

望。① 即使是巴纳多送到加拿大改造的那些年轻人，其中的一部分人是从雷德希尔(Redhill)少年教养学校中移居到这个国家的，42%的人回来之后变得更糟糕，但是却为他们的改造支付了1000美元的费用。

---

① 也参见保利安(Paulien):《巴黎乞丐》(Paris qui Mendie),1890年。

第5章 对刑法的批判、专家证言、教育学、艺术和科学的实际应用

第241节 引言

所有这些事实都充分表明,犯罪人类学不仅能够解决法律的理论问题,同时也能够为社会与犯罪作斗争提供许多有用的启发。与此相比,古代的刑罚科学越是能够达到法理学的新高度,就越是脱离了实际,就越是不知道怎么保护我们了。

第242节 政治犯罪

犯罪人类学理论的最新的同时也是最实际的运用,就是考虑了这样的事实,即人类对新事物的憎恨是政治犯罪的司法基础。从观相术和生物学的角度研究政治犯罪人,就可以发现在真正的革命、有用并且有生产力的事物与那些总是缺乏生产力的、有害的叛乱之间,是有区别的。[1] 这是已经得到明确确认的事实,我在《政治犯罪》一书中还论证了一种事实,即那些发动伟大的科学革

---

[1] 参见《犯罪人论》,第二卷,第255页。

命与政治革命的人，多半是年轻有为、富于天分、大公无私并且长相良好的人，他们往往没有那些生来犯罪人身上经常表现出来的冷漠。恰恰相反，他们无论是在道德上或者身体上，都是反应灵敏的。但是，如果从某种伟大的社会或者宗教观念的殉道者的角度，去看待造反者、弑君者（regicide）和杀害总统者（presidenticide），例如，费什（Fieschi）和吉特（Guiteau），以及1793年大屠杀的那些发动者，例如，卡里埃（Carrier）、儒尔当（Jourdan）、马拉，还有无政府主义者，就可以看出，所有的人或者几乎所有的人都属于某种犯罪人类型。这些人都是造反者。

第243节 精神病学专家证言的运用

学习了犯罪人类学的医学专家和经验丰富的监狱管理者，非常确信这门学科在区分真正的犯罪人和决定一名同伙多大程度上参与了犯罪时的使用价值。在以前，这些都取决于一些不可信的间接推定，例如，狱中的供述和模糊的官方信息。

作为证据，我将引用一些案例作为证据。

案例1。波森·皮埃尔（Bersone Pierre），37岁，是出了名的小偷，因被指控在铁路上偷盗了2万法郎而被逮捕。他在监狱里装疯，假装有人要毒害他。不久，发现他在一个叫托利（Torrli）的同伙那里保存了大量的文件和护照，很明显，他还有其他的数宗盗窃犯罪。人类学检查的结果是：颅骨容量较小，为1589立方厘米；头部指数77；相貌属于十足的犯罪人类型，触觉几乎正常——舌

第 5 章 对刑法的批判、专家证言、教育学、艺术和科学的实际应用 621

头 1.9 毫米(可以独立感觉到的点之间的距离),右手 2—3 毫米,左手 1—2 毫米(属于左利手);一般感觉和痛觉非常迟钝,用可调节卢姆考夫螺旋(Rhumkorff coil)测量,分别为 48 毫米和 10 毫米,而正常人分别为 61 毫米和 24 毫米。通过水柱式脉搏描记器(hydrosphygmograph)①进行的检查,证实了我观察到的他对疼痛反应迟钝的现象。当谈到铁路上的抢劫案时,他仍然持续的冷漠,而谈到托利案件时,却有明显的沮丧。我得出的判断结论是,他没有参与铁路的抢劫案件,而肯定参与了托利案件,我的结论最后也得到了完全的确认。

案例 2。卢塞拉(Luxera)的玛丽亚·加尔(Maria Gall),是一个 66 岁的老人,发现死在床上,她的脸贴在床垫上,鼻孔流血、有瘀伤,内部也撕裂了。很快将他的两个继子 M 和 F 列为了犯罪嫌疑人。这两个人名声都不好,邻居看到他们对死者怒吼过,同时因为死者打算买终生的养老金,影响了他们继承的财产,于是跟被害人发生了利益冲突。在验尸现场,所有的迹象都表明系内部窒息而死;还在食道里,在喉门打开的地方,发现了肠内寄生的蠕虫。有两位专家都认为,死者是因为用暴力将脸部面对着垫子窒息而死的,虫子爬到那里是因为咳嗽导致的。另一位专家承认窒息死亡,但是不愿意否认因虫子导致窒息而死的可能性。随后,我被邀请作为咨询专家发表意见。至少我知道因肠内虫子导致的窒息死亡,仅仅可能发生在小孩子和精神病人身上,而这个案件中表现出

---

① 一个记录脉搏的仪器,可以获得在情绪影响下的大量数字变化,用毫米来表示心理反应。

来的外部特征却是明显不够的。此外，有证人称，他在事发的那天晚上从被害人居住的方向听到了惨叫声和沉重的敲打声。特别是有重大嫌疑的 M，从法院的和人类学的观点来看，都有重大嫌疑；他被他的兄弟 F 公开揭发，F 的犯罪恶性要小些，不像 M 那么顽固地否认犯罪。事实上 M 正是生来犯罪人的十足典型：大的咽喉，前额凹陷，颧骨突起，薄的上嘴唇，大门牙，常常还是大脑袋（1620 立方厘米），触觉迟钝，感觉中枢倾向于左撇子。最后他被判决有罪。

案例 3。一个富有的农民 S 从市场上回来时随身带着 2000 法郎，一个找工作的陌生人要求与他同行。从此时起，他们就没有分开过。他们一起吃饭，到了晚上时，有人看见他们一起在公路上行走。到了第二天晚上，人们发现这个不幸的农民被暗杀了，带着明显的窒息痕迹，他的颅骨粉碎，钱包被掏空。4 个目击证人对法官说，在一起的那个陌生男子长相阴险；一个年轻女孩说，看到一个叫法兹奥（Fazio）的男子晚上睡在被害人的附近。次日，当警官来到附近现场时，这个人已经躲藏了起来。经过检查，我发现这个人有如下特征：突出的耳朵，宽大的上颌骨和颧骨，前额骨分开，过早出现的皱纹，险恶的外表。简言之，从观相术来看，这个人接近犯罪人的类型。这个人的眼睛瞳孔反应不是很灵活，右腱反应比左腱灵敏，触觉迟钝（右手 5 毫米，左手 4 毫米），运动和感觉具有左撇子的特征；胸部有一个巨大的女人图案的文身，同时写着一句话"纪念塞丽娜·劳拉"①,他还有一个患癫痫的姨妈和患精神病的表兄。调查表明,他是个赌徒和游手好闲的人。可以说,这个案件中的生物学特征连同其他的证据一起,将足够判决他有罪,即使是在对犯罪人比较宽恕的国家中也是如此。尽管这样,他还是被宣告无罪。

第244节 无罪的证据

犯罪人类学不仅能帮助我们识别真正的犯罪人,而且也能够挽救那些无辜的被指控者,或者至少是改造那些被判决有罪的人。

有这样一个案例:一个三岁半的小女孩遭到性侵犯并感染了性病,小女孩的妈妈连续控告了6个年轻人,这6个人住在同一楼道并与小女孩熟悉。6个年轻人都被逮捕了,但是,他们都拒绝承认侵犯行为。在这些人中,我立即就挑出了一个胳膊上刺着猥亵图案文身的年轻人,他长着邪恶的面孔,视线飘忽不定,并且最近感染了梅毒。其后,这个年轻人供认了他的犯罪。

我诊所的一个案例和罗西出版的《百年犯罪行为》一书,都提到了一个无辜的犯罪人。因为一系列错误的供述以及答应他姐夫让他作假证的恳求,法庭以公路抢劫的罪名判处这个人终身监禁。当在我的学生面前检查这个人时,令我感到十分惊奇的是,这是一个极其普通的人。他50岁,身高1.73米,体重74.5公斤,头发和

---

① 塞丽娜·劳拉(Celina Laura)是他的妻子。

胡须浓密,颅骨小(1575立方厘米),脸部没有不规则现象。他的触觉非常好,感觉一般。他对盗窃等犯罪人的行话一无所知,而且没有表现出愤世嫉俗的态度。他的思想状况跟普通人都一样,而且他热衷于工作,这是他在监禁生活中得到的唯一的安慰。他的行为总是堪称楷模,即使在监狱中,除了对不公正的判决和与家人的分离感到烦恼之外,他没有表现出过分的恼怒。他在19岁时结婚,此后,除了他的妻子,他再没有与其他女人交往过,而他的家族也没有任何的智力不健全者和犯罪人。当我给他进行检查的时候,我还不知道他的任何事情,我对学生讲:"如果这个人没有被判处监禁,我以为他是最普通、最典型的诚实人。"然后,这个人安静平和地说,"可是,我是一个诚实的人,而且我可以证明这一点。"随后的很多的材料都表明他是绝对诚实的,例如,这起犯罪的真正实施者的临终遗言就证明了这一点。真正的犯罪人被起诉后在治安法官面前发誓说,这个人没有参与这起犯罪;监狱管理者的证言也认为,他是个诚实的人。我还走访过他的邻居,谈到他时,大家都认为他是个特别老实的人。

第245节 教育学

我们的学派也可以有一种直接并且有效的应用,那就是将其应用于教育学(pedagogy)领域。人类学的调查通过指出犯罪人类型、身体早熟、缺乏对称、脑袋小、夸大的脸等特征,可以解释孩子学习和纪律方面的缺点,从而可以将他们与那些天赋更好的孩子区分开,同时引导他们朝向更适合他们性格的职业发展;有时候,还能指出一种矫治的方式,例如,通过移民、道德教育和医疗进行矫治。

第246节 艺术与文学

在文学中,我们也能看到犯罪人类学这门新科学的最新运用。这不仅表现在对杰出作品的理解方面,在这方面,那些天才人物们早已应用了犯罪人类学的一些成果,像莎士比亚[①]在《麦克白》(Macbeth)、《李尔王》(Lear)中的应用,维尔茨[②]在《斩首》(Enthaupteten)中的应用。同时,犯罪人类学也在新的艺术形式中得到了表现,就像在陀思妥耶夫斯基的值得赞美的作品《死屋手记》(Totenhaus)、《罪与罚》(Schuld und sühne),在左拉[③]的《人兽》(Bête Humaine),在加巴格(Garbarg[④])[⑤]的《装饰和其他描述》(Kolbrottenbro og Andre Skildringer)、易卜生[⑥]的《海达·加伯

---

① 莎士比亚(Shakespeare,1564—1616)是英国杰出的剧作家和诗人,一生著有37部戏剧、154首十四行诗和2首长诗。——译者

② 维尔茨可能是指比利时浪漫派画家和雕塑家安东尼·维尔茨(Antoine Wiertz,1806—1865)。——译者

③ 左拉(Zola,1840—1902)是法国作家、小说家。——译者

④ Garbarg似乎有拼写错误,正确的拼写可能是Garborg,即挪威小说家、诗人和剧作家阿恩·伊文森·嘉宝(Arne Evensen Garborg,1851—1924)。——译者

⑤ 参见菲利:《艺术领域的罪犯》(Les Criminels dans l'Art),1897年;龙勃罗梭:《最新发现》(Le piu Recenti Scoperte),1893年;勒·福特(Le Fort):《艺术中的犯罪类型》(Le Type Criminel dans l'Art),1891年。

⑥ 易卜生(Ibsen,1828—1906)是挪威剧作家及诗人。——译者

勒》(Hedda Gabler)和邓南遮[①]的《无辜者》(Innocente)中那样。

为什么我们不把那些已经应用到最遥远的科学领域的新成果也算在我们的成就之中呢？因此,马克斯·诺尔道在我们的科学中发现了对艺术、哲学和文学创作进行批评的基础;[②]菲利和勒·福特以同样的方式将它应用到了对美术和戏剧大师们的批评上;现在,西盖尔、费雷罗和比安奇(Bianchi)将它用到了现代历史和政治学。

在现代社会中,当一种集体犯罪(collective crime)突然大量出现,成为一种奇怪的、难以解释的现象时,对暴民(mob)的这类特殊犯罪的研究,可以给我们提供很好的解释。同时,这方面的研究也告诉我们,要通过慈善事业提供的预防措施来保护自己免受此类犯罪的侵害。否则,公众肯定会要求进行残酷的镇压,这不仅不会使伤口愈合,反而只会让伤口恶化。[③]

---

① 邓南遮可能是指意大利著名剧作家、诗人、记者和小说家加布里埃尔·邓南遮(Gabriele d'Annunzio,原名 Gaetano Rapagnetta,1863—1938)。——译者
② 《退化》(Degeneracy),第一卷和第二卷。
③ 西盖尔:《犯罪人群》(La Foule Criminelle),1889 年;费雷罗:《法律的象征意义》(Le Symbolisme du Droit),1889 年。

第6章 对犯罪的利用——共生现象

第247节 概述[1]

在我漫长的研究工作结束之际,我像一个最终到达岸边的旅行者一样,向我所走过的地方瞥了一眼;我认识到,(过去的研究工作有)众多的疏漏,其中包括了需要最精心从事的研究工作,例如,严重忽略了犯罪的另一面,即对犯罪的利用,而犯罪长期存在的现象,至少间接地证明了这一点。

如果我们尝试将达尔文法则(根据该法则,只有对物种有用的有机体才能存活下来)运用于这样一个事实,即犯罪并不会停止增长,至少诈骗、侵吞公款和破产这几种犯罪形式不会停止增长,那么,我们就不得不相信,犯罪即使没有某种社会功能的话,至少也有某种社会用途。

事实上,我们已经知道,最严重的犯罪曾经是、现在仍然是被作为一种政治武器而使用的;在古代如此,甚至今天在不开化的人群中仍然如此。我们甚至拥有这样一部马基雅维利式的法典,它

---

[1] 这一节的标题是译者加的,原文中仅有"节号"(§),但是之后没有标题。——译者

仅仅是一部列举大量带有政治目的的犯罪的法典,博尔吉亚[①]就是这类犯罪的一个典型。从威尼斯的"十人会议"(Council of Ten)时代开始,他就出于政治目的雇佣凶手,直到谋杀了圣·巴塞洛缪(St. Bartholomew);犯罪作为一种统治方式即使在最偏远的地方和最近的时代,都是盛行的,难道我们没有看到吗?我们都没有忘记皮特(Pitt)和吉佐(Guizot)的议会贪污事件,也没有忘记富歇(Fouche)和塔莱朗(Talleyrand)的叛国。最近,巴拿马党人(Panamists)和克立斯比党人(Crispists)已经向我们展示,政治道德与私人道德是非常不同的,即使是很受尊重的部长也有可能成为犯罪人;而无政府主义者已经宣布,他们将犯罪视为一种进行战斗的武器。而且,一个正直的人热爱正义和真理,这会阻止他为了克服某种障碍而说谎,阻止他为了引诱不值得信任的人而说谎,阻止他为了取悦于那些把奉承作为最高美德的王公们而说谎,这样,他将会发现有很多不可克服的困难挡住了他的道路。因此,我们看到,无论是对于未开化的议会制政府,还是对于文明的人民,罪恶几乎都变成了必不可少的事物。巴克尔在他不朽的著作中已经告诉我们,无知的政治家比犯罪的政治家更加危险;因为,如果他们无知,他们会使整个国家处于遍地流氓的环境中,而如果他们自己成为了流氓,则只有他们才会犯罪。意大利史上最坏的那位部长曾经宣称:"我们是无能力的,但却是最诚实的";然而历史已经

[①] 博尔吉亚可能是指教皇亚历山大六世的非婚生子切萨雷·博尔吉亚(Cesare Borgia,1475或1476—1507)。他是文艺复兴时代的一个政治人物,身兼罗马涅公爵和教会军司令,据说进行了大量的政治暗杀活动。《君主论》的作者马基雅维利根据他使用的计谋策略,将其称为新"君主"的一个榜样。——译者

第 6 章 对犯罪的利用——共生现象

表明,即使是他,也不是诚实的。在我们的时代,谎言就与专家、医生和律师一样必不可少;它甚至成为了这些人开展工作的基础。安慰濒危的肺病患者的那种善意谎言,不仅经常用于癔症患者和萎黄病人(chlorotic)①,而且也用于那些完全正常的人;就像孤儿和寡妇的自卫也会很容易地被迫害他们的人使用那样。更进一步说,还有比战争更大的犯罪吗?战争只是盗窃、纵火、强奸和谋杀的综合体,它是由与普通犯罪相似的原因引起的,例如,个人的野心和贪婪,但是,又因它大规模地实施犯罪而被豁免。尽管如此,我们必须意识到,如果战争在文明的国家是一种罪恶的话,那么在半野蛮的国家它就是巨大进步的起点。从原始部落开始,人们因战争而结合在一起,成为小的群体,然后形成更大的群体,最后形成国家。而且,军事征服迫使那些原本游手好闲的原始人去忍受穷困,去克服对工作的自然厌恶;它创立了逐级从属的制度(system of gradual subordination),所有的社会生活都以这种制度为基础而建立(斯宾塞语)。从另一方面讲,战争往往促进了民众的自由。毫无疑问,正是由于这个原因,对战争的愤怒还不足以阻止人们挑起战争。在我们看来,卖淫相当于犯罪,但是它反过来又能预防若干性犯罪,这一点已在农村地区强奸案相对较多的现象中得到证明。我们知道,当意识到卖淫场所对制止雅典日益增长的强奸行为有很大的帮助时,人们长久地感激梭伦②建立了卖

---
① 萎黄病又称为"绿色贫血""萎黄病贫血"。——译者
② 梭伦(Solon,约前638—约前559)是古希腊时期雅典城邦的著名改革家、政治家和诗人,在公元前594年出任雅典城邦的第一任执政官后,制定法律,进行了多方面的重大改革。——译者

淫场所。高利贷本身并不是没有用途：正是从高利贷开始，资产阶级伴随着资本的原始积累而产生，并诞生了最有潜力的人类企业。尼维可夫（Novikow）已经向我们揭示，尽管驱逐犹太商人和高利贷者是为了保护农民的利益，但是，将犹太商人和高利贷者驱逐出俄罗斯却使农民变得贫穷了，因为这导致了亚麻价格下降的后果，使有能力的投机者难以出售商品。我们还知道，中世纪的社区（commune）官员在驱逐了犹太人之后，很快又将他们召回来，因为驱逐他们导致所有工业瘫痪。①

我已经指出，②在野蛮时代，许多对付犯罪的刑罚本身就是新的犯罪，例如，编入法典的复仇行为、自相残杀等等。禁忌（tabu）就是一系列的禁止，它们往往是由牧师为了自己的利益而确立的，并且通常是荒谬可笑的；但是，在这些禁忌中，也找到了一些有用的东西，例如，那些保护庄稼和渔业资源不因未成熟的收割或捕杀而枯竭的禁忌。对杀人进行赔偿的做法，往往由野蛮的首领强加给他们的臣民，而且在中世纪由主教和教皇继续以不同的形式实行，这无异于买卖圣职和侵吞公款。不过，它确实能够制止杀人，并且在不太野蛮的法典中确定了分级处置的原则。

我相信，现代对许多犯罪人的容忍，是因为对新事物的热爱倾向而产生的，这种倾向往往被带进工业甚至是政治领域——这是一种完全不同于普通人秉性的倾向。在关于犯罪人的著作中，③在无数令人羞愧的事物中，我已经数次观察到某些天才人物的痕

---

① 龙勃罗梭：《反犹太主义》（L'Antisemitismo），1894 年；《政治犯罪》，1892 年。
② 《犯罪人论》，第一卷。
③ 龙勃罗梭：《监狱笔记》，里昂，1894 年。

第6章 对犯罪的利用——共生现象

迹,它们是不会在普通人身上出现的。正如在天才中一样,在通常有癫痫病的犯罪人中,退化不仅仅只是罪恶的产物。也正如在天才中一样,智力超群也是以道德感和实践能力的缺乏为代价的。①所以,在犯罪人身上,感情的缺乏往往由行动能力和对新事物的热爱来补偿,身体的异常破坏了正常人中习以为常的夸张的保守倾向。犯罪人的异常,犯罪人对新事物的热爱,促使他们加入极端组织。恺撒和喀提林最初发现游击队仅仅存在于流氓中间,而古代的执政官组织只吸收受人尊敬的人。② 历史给了我们这样的教训,即几乎所有大的叛国活动的核心分子都是犯罪人。而且,犯罪人在议会生活中发挥了很大的作用,以至于不遭受很大的损害就不可能将其从议会生活中分离出去,正如不可能将古代的暴君驱逐出去一样,这个暴君就是犯罪人,但却是有用的犯罪人。即使是伪造者和骗子,虽然他们完全是为了自己的利益而开始那么多不同的行动,但是却对发展产生了很有力的促进作用。他们的无所顾忌,他们的暴力冲动以及他们对困难的视而不见,使他们在诚实的人不可避免地要失败的地方却成功了。

这种通过犯罪来创新的爱好,有时候就是无数企业的起点。例如,苏伊士运河的修建就源于一场巨大的骗局,而巴拿马运河的修建,也伴随着同样的骗局。同样,英国海军也起源于德雷克③和同时代人的海盗行为。意大利对委内瑞拉的殖民统治,源于一个

---

① 龙勃罗梭:《天才》,第四部分。
② 龙勃罗梭和拉司奇:《政治犯罪》,1890年。
③ 德雷克(Sir Francis Drake,1540?—1596)是英国航海家、最初环绕地球航行一周的人。——译者

军官因欺诈而被驱逐出我们的军队。米曼德(Mimande)[①]提到了两个诈骗犯、一个纵火犯和两个盗窃犯,这些人大规模地把木薯和西红柿的种植方法引进到了新喀里多尼亚,同样还把制革方法带到那里;而另一个盗窃犯,曾经是一个酿酒者,他发现了从本土植物中提炼香水和溶液的方法。在半野蛮的国家里,犯罪仅仅是一种普通活动而不是违法行为,犯罪人往往会成为受人欢迎的法官,就像过去的政治保民官一样。尽管他们从事某些活动事实上只是为了自己的利益,但同时也有利于他人,是一种暴力型共产主义(violent communism),这种主张允许他们通过掠夺有钱和有权的人来使自己变得富有;而且,他们同时也运用一种简易审判(summary justice),这种审判弥补了正规审判(official justice)的缺陷。在撒丁岛、科西嘉岛以及在很长时间内由波旁王朝统治的西西里岛,真正的法官,受压迫者的真正的保护者,过去是强盗,现在事实上仍然是强盗,这些强盗经常把他们的战利品分给穷人,并在革命中成为穷人的领袖。在那不勒斯以及西西里岛的部分地区,卡莫拉组织和黑手党尽管是犯罪组织,但是却在很长一段时间内对人民是相对公正的,在犯罪人神出鬼没的地方、小旅馆和监狱里,更是如此。他们能够为财产所有者和旅行者提供一种对付犯罪人的安全保障,而政府根本无法保证这一点。正是因为这个原因,诚实的人们容忍他们,甚至还会帮助他们。因此,在路易十四统治下将近一个世纪的时间里,法国的穷人之所以感谢强盗和走私犯,是因为他们能够拥有食盐,而政府对食盐课以重税并使其成

[①] 《刑事警察》(Criminopolis),1897年。

第 6 章　对犯罪的利用——共生现象

为了一种真正的奢侈品,这些强盗和走私犯联合起来几乎可以组织成一支军队。

在一个过于腐败的文明中,当极端的立法已经开始通过不予惩罚来鼓励犯罪时,原本是犯罪的私刑行为就变成了一种野蛮的但是却很有效的自我防卫方法。例如,在加利福尼亚,所有的政府官职包括法官职位,都被一群真正的犯罪人所控制,这群犯罪人进行盗窃却不受惩罚,受到起诉时又可以被宣告无罪。于是,大多数人民对此产生反感,起来造反并对他们施以私刑。从那以后,加利福尼亚成为了美国最安静的州。不通过这种方法,司法机构就永远不能成功地消灭犯罪人,正如现在的意大利,如果那些大流氓是以高官作为保护伞,司法机关就不能成功地打击他们。所有这些都可以解释,为什么野蛮人与最文明的人一样,不仅不惩罚许多犯罪,甚至还会鼓励它们,以及为什么对某些犯罪的反应是如此微弱和不足。

除此之外,为了保证判决的公正性而采取的异议、复审、上诉和抗诉等措施很多,以至于当最后宣告所判刑罚时,人们已经忘记了犯罪行为,或者他们已经等待得相当厌倦了,以至于即使是最不公正的判决也不会引起反对。有的时候,如果判决很不公正并且很严重,就可以用免罪和特赦来救济。所以,如果一个犯罪人要承受他应得的所有刑罚的话,那么,他一定是非常贫穷的或者非常愚蠢的。刑事审判通常就是为律师们往他们的口袋里装钱而服务的,而这些钱就是犯罪人们从诚实人那里偷来的;这样的审判毕竟只是让我们自己感到安全和变得平静的一个借口,而这个借口又被每天发生的新的犯罪证明是虚假的。

我们可以补充一点,如果古代的刑事审判,法律上的同类相食,犯有通奸罪的人的公开交往,以及与野兽的搏斗是可怜的和犯罪的娱乐,那么,现代的审判也是不道德的,因为巡回审判和执行死刑都具有戏剧性的特征。在进行这些活动时,把最坏的犯罪人们聚集起来,找到了他们最好的娱乐活动,同时把这些娱乐活动当作学习更多邪恶以及增加他们的犯罪行为的手段。这使得刑罚本身和刑罚执行变成了另一种形式的犯罪,而所有的费用都是由诚实的人承担的。因此,在意大利,犯罪人的犯罪活动造成的损失达2000万,相当于逮捕和审判他们的费用的4倍,相当于把他们关在监狱中的费用的6倍。这就相当于让犯罪人分享诚实人收入的一部分,对诚实人来说,不恰当的同情常常会找到减轻罪责的情节,这样的同情越多,引起的后果就越坏。

如果野蛮人或者半野蛮人的一些犯罪根本不足以让诚实人在内心中产生坚决反对犯罪的反应,那么,这一切就不会持续这么多世纪了。

第 248 节　共生现象

但是,承认犯罪具有这样的临时性功能,是否意味着本书的最高目标,即与犯罪作斗争,是无用的,甚至可能是有害的呢?如果是这样的话,我这个对善的渴望和对恶的憎恨超过任何理论信念的人,将是第一个撕掉本书的上述页码的人。不过,令人高兴的是,即使是在目前,我们也已经看到一种不那么令人沮丧的方法,即在不停止与犯罪作斗争的情况下,可以使用不那么严厉的方法

第6章 对犯罪的利用——共生现象

镇压犯罪。

我们对现行刑罚方法的无情批评,我们对能够最直接、最有效地帮助打击犯罪的预防措施的赞扬,部分地指出了摆在我们面前的新方法。最主要的一种新方法要求,建立把犯罪人当诚实人一样加以利用的制度,这对双方都有很大好处;因为通常的犯罪(例如,无政府主义的犯罪)揭露了社会最容易受疾病感染的部位,就像霍乱指出了城市中最需要卫生设施的地方一样。

为了实现这个目标,我们相应地要抛弃古代镇压犯罪的残忍手段,要顺应时代变化,改善社会环境。如果犯罪的数量确实正在增加的话,那么,它们肯定会失去古代的返祖型凶残(atavistic ferocity),会表现出一种不太令人厌恶、不太原始的形式,就像伪造和诈骗那样,对于这些犯罪来讲,文化和远见(foresight)是比镇压更好的一种防范措施。随着时代的变化,我们看到的触目惊心的社会不平等现象会越来越少,正如我们在公共照明、教育和道路修建领域中最急迫的社会需求已经通过集体方式得到满足那样,我们开始看到同样的方式也会修复我们最大的社会不公平,并且通过这种方式,也许可以消除偶然犯罪的一种最强有力的原因,即缺乏工作;也可以预防偶然犯罪的另一种潜在的犯罪原因,即财富过剩。

但是,确实也存在一群生来犯罪人,对他们来说,所有的社会治疗方法都像碰到了石头那样毫无效果——这个事实迫使我们要完全地消灭他们,甚至是通过死刑消灭他们。但是,我们认识到,这种令人悲哀的必要性将会消失;至少对不太危险的犯罪人,即倾向犯罪人来说,是这样的。而且,由于医学治疗的发展,通过在那些与他们的隔代遗传倾向相适应的职业中对他们的利用,让他们适应社会的方法将会越来越多,就像战争或者外科手术可以减少杀人犯罪、警察或者新闻业可以减少诈骗犯罪那样,等等。最后,在野蛮和不健康的国家里殖民,可以减少流浪者,他们至少可以在殖民地拥有一个固定的住所。

从一个方面来看,如果自然界的历史已经向我们展示了即使在植物(食肉类植物)中也存在杀戮器官的话,①那么,它也向我们展示了几乎是作为人类慈善象征的大量共生现象(symbiosis),即某些植物本身确实有害,但是,当将它们联合在一起、增加它们活力的时候,这些植物就会变成有用的和有益的植物。因此,豆科植物中之所以富含氮,是由于一种裂殖菌(schizamicete),也就是豆科植物的豆科根瘤菌,它聚集在这些植物的根部,并通过在土壤里的枝根渗透进豆科植物的小细胞中,在细胞中大量繁殖。于是,这些细胞被激活,开始分裂,产生了另一个小块茎,在那里形成了微生物,部分微生物被植物所利用,其他部分则在土壤中扩散,增加了土壤中氮的浓度。在动物世界里,我们将会看到水母型鱼,它会攻击所有接近它的东西,以便保护黑尻鳑不受大鱼的侵犯;通过同样的方法,寄居蟹不是吞食海葵,而是让它在壳里快速成长,并且在携带和保护自己的壳的同时,会利用它鲜艳的颜色来引诱捕食对象。如果科学已经向我们展示了两种无用的或者有害的植物联合起来就变得有用了,就像真菌类和海藻一起可以产生苔藓那样,那么,当社会找到一种方法,通过一种合适的共生培养,使倾向犯

---

① 《犯罪人论》,第一卷,第一部分。

罪人适应相当发达的文明环境,在这种环境中不仅仅只是容忍他们,而是利用他们的长处的话,那么,这样的时代应该也是不会太遥远了。我们应当看到,在人类文明中消除食肉类植物,使共生性植物继续繁衍的时代,毫无疑问不会太遥远了。

但是,我们只有在新的人类学科学的基础上,才能实现这样的目的,这种科学通过它的独特工作,可以有力地帮助我们发现犯罪人的特殊倾向,以便于引导和利用这些特殊倾向中较少反社会性的一面。

尼诺·毕西奥(Nino Bixio)就是表明这种改革可能性的一个突出例子。这名犯罪人在童年时期就容易冲动,成为同伴眼里可怕的人,他会在任何情况下打人。作为一个流浪汉和逃亡者,他似乎完全不可救药;然而,当让他参加海军后,却变成了一个著名的人物,在那里他可以把过多的精力用在活动上。通过这样的方法转变的人不少,例如,加里波第从一个流浪汉变成了英雄。在监狱里,我常常会听到盗窃犯和谋杀犯们声称,他们之所以犯罪仅仅是因为他们想要获得成为戏剧演员或者自行车运动员的工具;他们用不容怀疑的语调断言,如果他们能够实现他们的理想,那么,他们将会成为名人,永远也不会犯罪。我更加相信他们是对的,因为我已经观察到生来犯罪人在这种社会里具有很高的地位,他们通过其职业来满足自己的邪恶倾向;他们通常不会像以往那样变成反社会者,而是会成为社会中有用的成员。有一位著名的外科医生,他的脸部、颅骨甚至躯干都具有先天犯罪性的各种痕迹,而他也具备犯罪原因。但是,他在外科手术中,已经为他的残忍精力找到了发泄的出口,尽管在有的时候,他无疑是很危险的,然而,他总是表现出天才的迹象。我还知道一个名叫特里尼斯（Trinis）的人，是一个运动员，只要他能够在工作中消耗他的精力，那么，他就是一个行为端正的人，而一旦疾病使得他处于游手好闲的状态，那么，他就会变得危险了。他的力量过剩会导致谋杀犯罪，他会对某些人释放他的力量，尤其是会针对警察释放他的力量。我还知道另外一个犯罪人，他从出生时起就受到眩晕的折磨，但是，当他能够满足他在屠宰生意中见到血的喜好时，他仍然能够保持诚实。尽管如此，当他成为了一名下士后，他就对那些需要他讲解武器手册的士兵进行殴打。失业以后，他成了一个诈骗犯、盗贼和谋杀犯。图鲁（Tolu）是撒丁岛的一个强盗，很多时候还是一个谋杀犯，在他生命的最后时光里，他变成了对撒丁岛上的公共安全非常有用的人，因为对那些组织起来偷牛的人来说，仅仅他的名字就可以威慑这些偷盗者，而士兵和宪兵们通常对那些人却束手无策。蒂布兹奥（Tiburzio）在长达 1/4 个世纪内，为罗马城做了同样的贡献，他通过其他的犯罪人来阻止所有的盗窃犯；不过，图鲁做的更多，因为引进了通过将牛租给那些原本是要偷它们的人来阻止犯罪的方法，并且说服人们诚实的劳动能够比盗窃获得更多。[①]

我已经在先前的研究中[②]告诉过大家，天才就像悖德狂一样，具有癫痫的基础。将悖德狂与天才联系起来看的话，并不荒谬，因为这样的联系不仅是无害的，而且有时甚至对社会还是有用的。这种现象发生在伟大的征服者和革命的领导者身上，以至于他们

---

① 科斯塔（Costa）:《强盗图鲁》（Il Brigante Tolu），1879 年。
② 《天才》，第三部分。

第6章 对犯罪的利用——共生现象

的犯罪标记(criminal marks)没有受到人们的注意;尽管这些标记也许会比他们的天才标记更加显著,但是,即使是和他们同时代的人,也没有发现。当我们在研究澳大利亚和美国的伟大先驱者们的生活时,我们看到他们几乎都是生来犯罪人、海盗或者暗杀者,他们对战斗、冲突、屠杀和新鲜事物有着特别的喜好,他们在原始部落中找到了一个有用的发泄出口。所有这些都证明,我们必须通过这种转变来加以利用,癫痫型精神错乱(epileptic insanity)会导致过度的利他行为,可以迫使生来犯罪人变得格外具有利他精神,甚至变得神圣起来,这种转变不仅会使个人,而且还会使大众中盛行美德。这样的例子有拉扎罗蒂(Lazzaretti)、罗尤拉(Loyola)和乔德(Ciodad)的圣约翰(St. John)。他们对疼痛的不敏感和不计后果的做事方式,使得他们在面临危险时成为英雄,就像我们在霍伦(Hollen)、菲耶斯基、[①]摩蒂尼(Mottini)以及克莱夫特斯(Clephtes)身上看到的那样,霍伦、菲耶斯基和摩蒂尼因为在战争中表现英勇而获得奖牌,而克莱夫特斯则是希腊独立战争中的第一批英雄。许多因冲动犯罪的人,对于从善和作恶都不能抵抗。因此,我们可以解释在那不勒斯和巴勒莫霍乱时期发生的犯罪人的英雄行为,就是这种英雄行为拯救了考恰(Kotscha)的整个村庄免于大火。

正是因为这个理由,国家不能使用镇压犯罪人的方法,而是应该努力引导他们去做伟大的利他性工作,将他们的精力和热情引

---

① 菲耶斯基(Fieschi)可能是指意大利热那亚的贵族菲耶斯基(约1522—1547),他反对多里亚家族的密谋是许多文学作品的题材,席勒曾写了《菲耶斯基的密谋》。——译者

导到从事善良、正义和新颖的事业上,从而消除激情犯罪人和政治犯罪人。伟大的人们应该努力利用这些力量,如果不能利用这些力量,那么,它们肯定会变得很危险;它们是能够被利用的,甚至可以成功地转变冷漠的社会大众。革命是努力追求新事物和有用事物的结果,但是,革新的不成熟往往使得它们在当时显得不合时宜而又危险。因此,如果有可能去惩罚革命者的话,对他们的惩罚不应该过分严厉;而且,如果有必要阻止这种新运动过早开始,那么,在某个更加有利的时候,就没有必要去阻止其朝着可能会有利的方向发展。[①] 如果击中加里波第的球把他打死的话,今天就不会看到许多伟大的著作;如果死亡不是那么快地把他从我们中间拉走的话,那么谁又会知道他是否会实现他的梦想,将意大利的沼泽变成肥沃的土地,而不是让我们自己轻率地走进非洲贫瘠的荒漠中呢?在一个像俄罗斯那样被全能的官僚机构搞得疲惫不堪的国家,我们已经看到,受迫害的教派的力量把几乎不适于居住的地方变成了硕果累累的土地,其中有多个繁荣而人口稠密的城市。

这些都是共生现象的结果。这是伟大的救世主和先知们在预言时所预见的崇高目标,"狼和羊将在一起吃东西,狮子会像小公牛那样吃草……在我神圣的山上,它们之间完全不会互相伤害和破坏,上帝说道";这正是一个新时代的圣徒德斯塔尔夫人[②]所预言的:"理解就能宽恕。"

---

① 龙勃罗梭:《政治犯罪与革命》,1894年。
② 德斯塔尔夫人(Madame de Staël,1766—1817)是法国女作家、政治鼓动家和交际家。——译者

龙勃罗梭犯罪人类学著作目录[1]

1863 Prelezione al Corso di Clinica di malattie mentali (*Gazzetta Medica Lomb.*, Chiusi, Milano).

《临床心理健康课程的预科》,《伦巴第医学杂志》

——Cenni di geografia medica italiana. Ai medici militari d'Italia (*Giornale di Medicina militare*, pag. 481).

《意大利医学地理概述 给意大利军医》,《军事医学杂志》

——Memoria su un tumore del cervelletto (Letta alla conferenza scientifica dell'Ospedale militare di Pavia) (*Id.*, pag. 1080).

《大脑肿瘤的记忆》(在帕维亚举行的军队医院学术会议上宣读),《军事医学杂志》

1864 Sul tatuaggio degli Italiani (*Id.*).

《关于意大利人的文身》,《军事医学杂志》

——Rivista Psichiatrica e Psicologica (Bibliografie pubblicate negli *Annali Universitari di Medicina*, marzo, luglio e ottobre).

《精神病学和心理学杂志》(参考书目,发表在《医学院年鉴》)

---

[1] 这份著作目录是龙勃罗梭教授的女儿吉娜·龙勃罗梭-费雷罗女士精心准备的。

1865 La médecine légale des aliénations mentales étudiée par la méthode expérimentale. Rapport à la Société de Marseille (*Bulletin des Travaux de la Société Imperiale de Médici de Marseille*).

《精神病院的法医学实验方法研究　向马赛协会报告》,《马赛皇家学会工作公报》

——*La medicina legale nelle alienazioni mentali studiata col metodo sperimentale*. Pag. 49（con 2 tav.）. Padova, Prosperini edit.

《用实验方法研究精神错乱的法医学》

——Studi clinici sulle malattie mentali. Torino (*Giornale della Regia Accademia di Medicina*, N. 13, 14).

《精神疾病的临床研究　都灵》,《皇家医学院学报》

1866 Ancora sulla medicina legale delle alienazioni studiata col metodo sperimentale. Risposta. Pag. 36. Padova (*Gazzetta Medica Italiana Provincie Venete*, Anno Ⅸ, N. 5, 6, e 7).

《用实验方法研究精神错乱的法医学　回答》,《意大利威尼托省医学杂志》

——Diagnosi psichiatrico-legali eseguite col metodo sperimentale (*Archivio ital. per le malattie mentali e nervose*, Milano).

《用实验方法进行精神病学—法律诊断》,《意大利精神和神经疾病档案》

1867 Algometria elettrica nell'uomo sano ed alienato (*Ann. Universali di Medicina*, Milano).

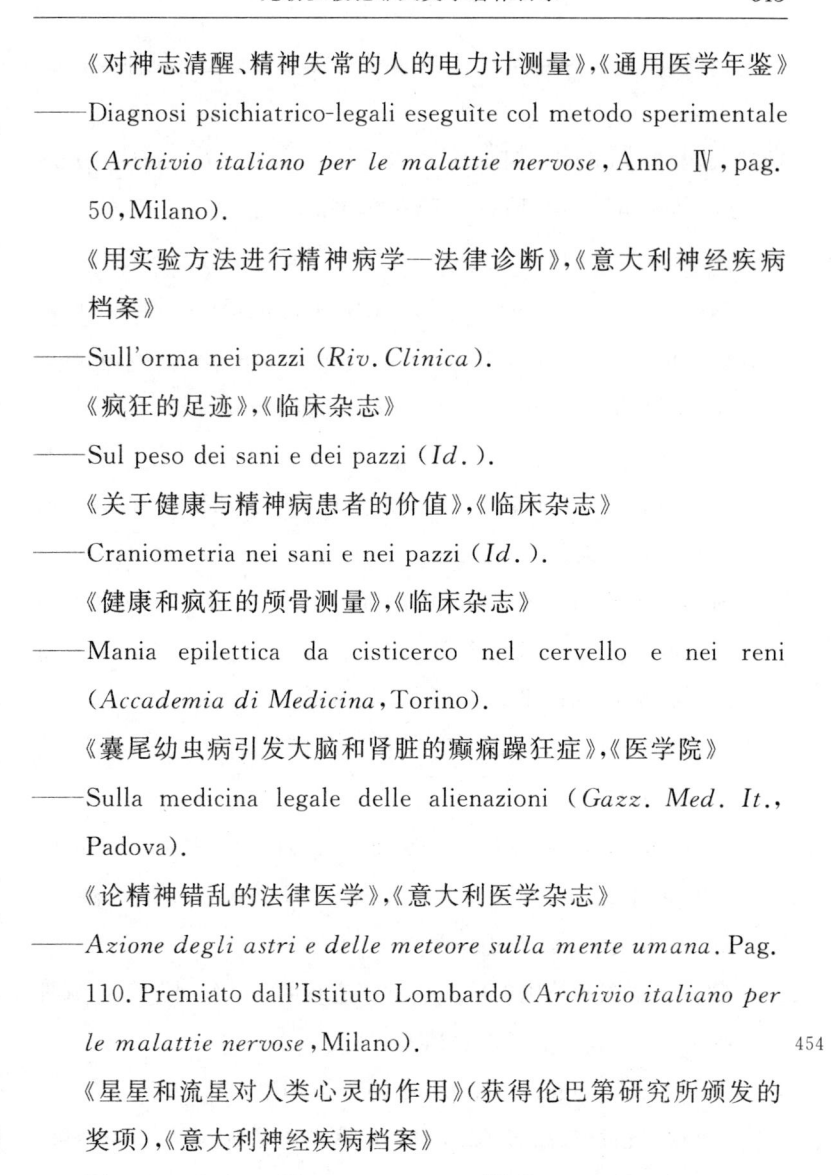

《对神志清醒、精神失常的人的电力计测量》,《通用医学年鉴》

——Diagnosi psichiatrico-legali eseguìte col metodo sperimentale (*Archivio italiano per le malattie nervose*, Anno Ⅳ, pag. 50, Milano).

《用实验方法进行精神病学—法律诊断》,《意大利神经疾病档案》

——Sull'orma nei pazzi (*Riv. Clinica*).

《疯狂的足迹》,《临床杂志》

——Sul peso dei sani e dei pazzi (*Id*.).

《关于健康与精神病患者的价值》,《临床杂志》

——Craniometria nei sani e nei pazzi (*Id*.).

《健康和疯狂的颅骨测量》,《临床杂志》

——Mania epilettica da cisticerco nel cervello e nei reni (*Accademia di Medicina*, Torino).

《囊尾幼虫病引发大脑和肾脏的癫痫躁狂症》,《医学院》

——Sulla medicina legale delle alienazioni (*Gazz. Med. It.*, Padova).

《论精神错乱的法律医学》,《意大利医学杂志》

——*Azione degli astri e delle meteore sulla mente umana*. Pag. 110. Premiato dall'Istituto Lombardo (*Archivio italiano per le malattie nervose*, Milano).

《星星和流星对人类心灵的作用》(获得伦巴第研究所颁发的奖项),《意大利神经疾病档案》

——Dinamometria nell'uomo sano e nell'alienato (*Id*.).

《对健康和精神错乱的人进行动态测量》,《意大利神经疾病档案》

1868 Sull'algometria elettrica. Risposta. (*Rend. dell'Istituto Lombardo*, serie Ⅱ, vol. Ⅰ, fasc. Ⅶ, Milano).

《关于电力计测量　答案》,《伦巴第研究所报告》

——Diagnosi psichiatrico-legali. Parte Ⅱ. Studiate con metodo sperimentale (in collaborazione con Platner). Stabilimento Redaelli, Milano (*Archivio italiano per le malattie nervose*, pag. 28).

《精神病学-法律诊断　第二部分:用实验方法研究》,《意大利神经疾病档案》

——Sulla relazione tra l'età ed i punti lunari e gli accessi delle alienazioni mentali e dell'epilessia (*Rendiconti dell'Istituto Lombardo*, serie Ⅱ, vol. Ⅰ, fasc. Ⅵ).

《论年龄与月球的关系以及精神错乱与癫痫的发生》,《伦巴第研究所报告》

——Di alcuni studi statistici ed anatomo-patologici dei psichiatri di Olanda, Germania ed Inghilterra (*Archivio italiano per le malattie nervose*, Milano).

《荷兰、德国和英国的精神病学家进行的一些统计和解剖病理研究》,《意大利神经疾病档案》

——Azioni del magnete sui pazzi (*Rivista Clinica*, Bologna).

《磁铁对精神病患者的影响》,《临床杂志》

——Studi clinici psichiatrici (Gangrena polmonare. Mania acuta.

Demenza pellagrosa. Mania pellagrosa). (*Gazzetta medica italiana* ,anno Ⅺ,N.46,47,48,49. Padova,Prosperini).

《临床精神病学研究》(肺坏疽、急性躁狂症、糙皮病痴呆症、糙皮病躁狂症),《意大利医学杂志》

——Influenze delle meteore sulle tendenze criminali (*Arch. italiano* ,Milano).

《流星对犯罪趋势的影响》,《意大利神经疾病档案》

——Documenti per la storia della meteorologia applicata alla medicina e psichiatria (*Archivio italiano per le malattie mentali e nervose*).

《将历史气象记录应用于医学和精神病学》,《意大利精神和神经疾病档案》

1871 Sulla pazzia criminale in Italia nel 68,69,70 (*Rivista Discipline Carcerarie*).

《1868、1869 和 1870 年意大利的犯罪精神错乱》,《监狱学科杂志》

——Circonvoluzione cerebrale soprannumeraria di un omicida e satiriaco (*Archivio italiano delle malattie nervose*, Milano).

《杀人犯和淫荡者的大脑回路挫伤》,《意大利神经疾病档案》

——Osservazioni meteorologiche-psichiatriche dell'anno astronomico 1868 nella clinica psichiatrica di Pavia (*Rivista clinica*, Bologna).

《帕维亚精神病院 1868 年天文年度气象精神病学观察》,《临

床杂志》

——Dei pazzi criminali in Italia (*Riv. Discipline Carcerarie*, Roma).

《意大利的犯罪精神病人》,《监狱学科杂志》

——Diagnosi medico-legale di un uxoricida (in collaborazione con Scarenzio) (*Gazzetta medica italiana*, Milano).

《杀妻凶手的医学和法律诊断》(与 Scarenzio 合作),《意大利医学杂志》

——Osservazioni di psicologia patologica (*Morgagni*, Napoli).

《病理心理学观察》,《莫尔加尼》

——Caso di un tricoma circoscritto in un monomaniaco (*Rendiconti dell'Istituto Lombardo*).

《单狂患者三联症病例》,《伦巴第研究所报告》

——*Esistenza di una fossetta cerebellare mediana nel cranio di un delinquente* (*Rendiconti dell'Istituto Lomb.*, vol. V, fasc. 18).

《在罪犯的头骨中存在的小脑正中窝》,《伦巴第研究所报告》

1872 Rivista psichiatrica (Bibliografie). Milano, Tip. Sociale.

《精神病学杂志》(参考书目)

——Verzeni e Agnoletti (*Riv. di Discipline carcerarie*, Roma).

《沃齐尼与不可知论者》,《监狱学科杂志》

——Sull'istituzione dei manicomi criminali in Italia (*Rendiconti dell'Istituto Lombardo*).

《关于在意大利建立犯罪精神病院》,《伦巴第研究所报告》

——Antropometria di 400 delinquenti veneti (*Id.*, vol. Ⅴ, fasc. Ⅻ). — (Nucleo dell'*Uomo delinquente*).

《对 400 名威尼斯犯罪人的人体测量》——(《犯罪人论》一书的核心内容)

——Cranio (*Enciclopedia medica Vallardi*).

《头骨》,《瓦拉迪医学百科全书》

——Antropofagia (*Id.*). — Cretinismo.

《食人肉习性》,《瓦拉迪医学百科全书》——克汀病

——Quattro casi di microcefalia (*Rendiconti dell'lst. Lomb.*, vol. Ⅳ. fasc. ⅩⅩ; vol. Ⅴ, fasc. Ⅰ).

《四例小头畸形》,《伦巴第研究所报告》

1873 Sulla Teorica dell'imputabilità e la negazione del libero arbitrio di Ferri. (*Archivio Giuridico*, ⅩⅪ, fasc. 3°, Pisa).

《论可归责性理论与否定菲利的自由意志》,《法律档案》

——Sulla statura degli italiani in rapporto all'antropologia e all'igiene (*Rendiconti dell'Istituto Lombardo*, serie Ⅱ, vol. Ⅵ, fasc. Ⅵ). Milano, Tip. Bernardoni.

《人类学和卫生学中关于意大利人身高的报告》,《伦巴第研究所报告》

——Diagnosi medico legali eseguite col metodo antropologico sperimentale. Pag. 63 (*Annali Universali di medicina*, vol. 223). Milano, Fratelli Rechiedei.

《用实验人类学方法进行法医学诊断》,《医学院年鉴》

——Studi clinici e antropometrici sulla microcefalia ed il

cretinesimo. Pag. 57 （*Rivista Clinica*，Bologna，Fava e Garagnani）.

《关于小头畸形和克汀病的临床和人体测量研究》，《临床杂志》

——Rivista Psichiatrica (*Rivista di Medicina*，*di Chirurgia e di Terapeutica*，Milano，Tip. Sociale).

《精神病学杂志》，《医学、外科和治疗学杂志》

——Sui rapporti del cervelletto colla fossetta occipitale mediana (in collaborazione con Bizzozero) (*Archivio d'Antropologia*，v. Ⅲ，Firenze).

《关于小脑与枕骨中窝的关系》(与 Bizzozero 合作)，《人类学档案》

——Verzeni ed Agnoletti studiati col metodo antropologico. Roma.

《用人类学方法研究沃齐尼与不可知论者》

1874 Casuistica medico-legale. Pag. 63. Milano，Rechiedei editori.

《医疗法律事务》

——*Affetti e passioni dei delinquenti* (2° nucleo dell'*Uomo Delinquente*). Pag. 22. Nota letta all'Istituto Lombardo.

《犯罪人的感情和激情》(《犯罪人论》的第二个核心)，在伦巴第研究所的阅读笔记第 22 页

——Raccolta di casi attinenti alla medicina legale (*Id*.).

《收集与法医学有关的案件》(《犯罪人论》的第二个核心)

1876 Sulla trasfusione del sangue comparato agli innesti animali. Memoria di 120 pagine premiata all'Ist. Lombardo (*Morgagni*， fasc,ott. -nov. -dic., Napoli).

《关于输血与动物移植的比较》,《莫尔加尼》

——Della fossetta occipitale mediana in rapporto collo sviluppo del vermis (*Rivista sperimentale di freniatria e medicina legale*,anno Ⅰ,fasc. Ⅱ).

《枕骨中窝与颈静脉发育的关系》,《精神病学和法医学实验杂志》

——Behandlung der Eczemate und Chloasmat von verdorbenem Mais (*Centralbl.*).

《变质玉米引起的湿疹和黄褐斑的治疗》

——*Uomo Delinquente*,1ª ediz. Pag. 252. Milano, Hoepli.

《犯罪人论》(第一版)

——Seconda risposta verbale al dott. Biffi (*Rendiconti dell'Istituto Lombardo*,4 maggio 1876).

《对比菲博士的第二次口头回应》,《伦巴第研究所报告》

——I veleni del maiz e della pellagra (*Id.*,23 marzo 1876).

《玉米和糙皮病的毒药》,《伦巴第研究所报告》

——Sull'abolizione dei riformatori dei minorenni (*Rivista di discipline carcerarie*,Roma).

《论废除未成年人教养院》,《监狱学科杂志》

——Il cervello dell'assassino Leopoldo Frend (*Rivista di discipline carcerarie*, Ⅵ,8,Roma).

《杀人犯利奥波德·弗兰德的大脑》,《监狱学科杂志》

1877 Sulla statistica della pellagra in Italia. Roma-Torino, Eredi

Botta.

《关于意大利糙皮病的统计数据》

——Sui veleni del cadavere e sulla pellagra (*Gazz. Medica Italiana*, Padova, 1877).

《尸体上的毒药和糙皮病》,《意大利医学杂志》

——Sulle condizioni economiche-igieniche dei contadini dell'Alta e Media Italia. Pag. 50. Estr. dall'*Italia agricola*, Milano, Tip. Bernardoni.

《关于意大利山区农民的经济和卫生条件》,来自《意大利农业》

——*I veleni del maiz e le loro applicazioni all'Igiene ed alla Terapia* (*Rivista Clinica di Bologna*). Pag. 377. Tip. Fava e Garagnani, Bologna.

《玉米的毒药及其在卫生和治疗中的应用》,《博洛尼亚临床评论》

——*Sulla medicina legale del cadavere*. Pag. 200. Torino, Baglione editore.

《尸体法医学》

1878 Dell'influenza dell'orografia sulla statura (*Arch. di Statistica*, anno II, fasc. III). Roma, Tip. Elzeviriana.

《地形对身高的影响》,《统计学档案》

——Note di Antropometria sulla Lucchesia e Garfagnana (*Annali di statistica*, vol. I, serie II. Roma).

《关于卢切西亚和加尔法尼亚纳的人类测量笔记》,《统计年鉴》

——Sulla Trossarello-Sola. Relazione. Torino (*Rivista di discipline carcerarie*, anno Ⅷ, fasc. 8).

《关于托萨雷洛-索娜》,《监狱学科杂志》

——Alcuni cenni sull'assassino Alberti (in coli, con Maffei). Torino.

《关于杀人犯阿尔伯蒂的一些暗示》

——Su Giovanni Cavaglià omicida e suicida (coli. Dr. Fiore) (*Rivista di discipline carcerarie*, anno Ⅶ, fasc. 8).

《关于乔凡尼·卡格利亚的谋杀和自杀》,《监狱学科杂志》

——Sul cranio di Volta (*Rendiconti dell'Istituto Lombardo*, serie Ⅱ, vol. Ⅺ, fasc. 7).

《伏尔塔的头骨》,《伦巴第研究所报告》

——Mnemosine. Poesia. 20 maggio 1878. Tip. Bortolotti.

《记忆法》(诗歌)

——Su alcuni prodotti del maiz guasto. Strassburg, di Husemann.

《关于玉米产品的味道》

——*L'Uomo Delinquente*. 2ª edizione. Vol. unico. Pag. 740. Torino, Bocca.

《犯罪人论》(第二版)

——Del maiz in rapporto alla salute (*Rassegna settimanale*, giugno 1878, Firenze).

《玉米与健康的关系》,《每周评论》

——Rapporto sull'opera: "De la cause réelle de la péllagre"

(Giorn. Accad.).

《工作报告:"糙皮病的真正原因"》,《都灵医学院学报》

——Relazione sull'opera "Ueber einige Producte des gefaulten Mais" (Id.).

《工作报告"关于一些腐烂的玉米产品"》,《都灵医学院学报》

1879 Studi su 106 cranii piemontesi (in coli, con Manuelli) (*Giornale dell'Accademia di Medicina di Torino*).

《关于106个皮埃蒙特人头骨的研究》(与Manuelli合作),《都灵医学院学报》

——Studi sui segni professionali dei facchini e sui lipomi delle Ottentotte, camelli e zebù, e sullo stricnismo cronico. Pag. 46 (in collab. con Cougnet) (Id.).

《搬运工的专业体征与对霍屯督人、山茶花和瘤牛的脂肪瘤的研究,以及慢性分裂症的研究》(与Cougnet合作),《都灵医学院学报》

——Sullo stricnismo cronico.

《论慢性性病》

——Prolusione al corso di medicina legale (*Giornale internazionale di scienze mediche*, anno I, genn., Napoli).

《法医学课程导言》,《国际医学科学杂志》

——*Sull'incremento del delitto in Italia e sui mezzi per arrestarlo*. Pag. 157. Torino, Bocca.

《关于意大利犯罪的增加及其逮捕方法》

——Considerazioni al processo Passanante. Pag. 60 (*Giornale In-*

ternazionale delle scienze pratiche, anno Ⅰ, n. 4).

《对帕桑南特审判过程的思考》,《国际医学科学杂志》

——Su Passanante: risposta alla Nota del prof. Tamburini (Id., anno Ⅰ, fasc. 9).

《关于帕桑南特:对坦布里尼教授的回应笔记》,《国际医学科学杂志》

——La pellagra nella provincia del Friuli (Giornale della R. Accademia di Medicina di Torino).

《弗留利省的糙皮病》,《都灵医学院学报》

——Parere medico-legale sullo stato di mente di G. Berton nel momento in cui dettava il suo testamento 4 aprile. Udine, Lavagna.

《伯顿在4月4日口述遗嘱时的精神状态》

——La pellagra in rapporto alla pretesa insufficienza alimentare (Giorn. Acc. di med. di Torino).

《糙皮病与所谓的食物短缺有关》,《都灵医学院学报》

——Su alcune nuove forme di malattie mentali (Id.).

《关于一些新的精神疾病形式》,《都灵医学院学报》

——Cinque casi di divisione dell'osso inalare (in collaborazione con Amadei) (Id.).

《五例吸入骨分裂》(与 Amadei 合作),《都灵医学院学报》

1880 Il vino nel delitto, nel suicidio e nella pazzia. Conferenza. Ermanno Loescher edit., Torino.

《酒在犯罪、自杀和精神错乱中的作用》

——Sulla Trossarello-Sola. Relazione (*Archivio di Psichiatria*, Torino).

《论托萨雷洛-索娜的关系》,《精神病学档案》

——Scrittura ideografica di un monomaniaco (in collaborazione con Toselli). Con 2 tav. (*Id.*).

《偏执者的表意文字写作》(与 Toselli 合作),《精神病学档案》

——Del lavoro dei carcerati nelle opere di bonifica. Comunicazione al Congresso Internazionale d'Igiene (*Annali Universali di medicina*, 7-11 settembre).

《犯人在改造土地工程中的工作 国际卫生大会通讯》,《通用医学年鉴》

1881 La nuova proposta di legge sui Manicomii criminali (*Archivio di Psich.*, vol. II, fasc. 2).

《关于犯罪精神病院的新法律建议》,《精神病学档案》

——Delinquenti d'occasione (*Id.*, II, 313, Torino).

《偶然犯罪人》,《精神病学档案》

——Sfigmografia dei delinquenti alienati. Torino.

《精神病犯罪人的脉搏描记法》

——Sull'incremento del delitto in Italia e sui mezzi per arrestarlo (*Rivista sperimentale*).

《意大利犯罪的增加及其逮捕方法》,《实验杂志》

1882 Imbecillità morale in donna ladra e prostituta (*Id.*, volume II, fasc. 2).

《女性小偷和妓女的道德沦丧》,《实验杂志》

——Sul delitto e le meteore. Studi critici (*Rivista Clinica*, Milano, Vallardi).

《关于犯罪和流星 批判性研究》,《临床杂志》

——Sull'azione del magnete e sulla trasposizione dei sensi nell'isterismo (*Arch. di Psichiatria*, Ⅲ, 3).

《关于磁铁的作用和歇斯底里的感官转换》,《精神病学档案》

——La reazione vasale nei delinquenti e nei pazzi (in collaborazione con Cougnet) (*Id.*, Ⅴ, pag. 1).

《犯罪人和精神病人的血管反应》(与 Cougnet 合作),《精神病学档案》

——Gasparone (con fig.). Torino, Loescher edit.

《加斯帕罗内》

——La reazione vasale nei delinquenti (con Couguet) (*Arch. Psich.*, Torino).

《犯罪人的血管反应》(与 Couguet 合作),《精神病学档案》

——Pazzia morale e delinquente nato (*Id.*).

《悖德狂与生来犯罪人》,《精神病学档案》

——Sul mancinismo nei sani, pazzi e ciechi (*Id.*).

《健康人、精神病人和盲人中的左撇子》,《精神病学档案》

——Denti a sega negli idioti (*Id.*).

《白痴的锯齿状牙齿》,《精神病学档案》

——Processo Spada (*Id.*).

《剑的工序》,《精神病学档案》

1883 Sull'analgesia ed anestesia dei criminali e dei pazzi morali (in collaborazione con Pateri) (*Id.*).

《论犯罪人和悖德狂者的镇痛与麻醉》(与 Pateri 合作),《精神病学档案》

——Sui caratteri fisionomici di criminali e di 818 uomini viventi in libertà (in collaborazione con Massimino) (*Archivio di Psichiatria*).

《论犯罪分子和 818 名自由人的相貌特征》(与 Massimino 合作),《精神病学档案》

——Fossa occipitale mediana delle razze umane (*Gazzetta degli Ospedali*, 24 giugno, n. 50, Milano).

《人类枕骨中窝》,《医院杂志》

——Capacità cranica di 121 criminali (*Arch. di Psichiatria*).

《121 名犯罪人的颅骨容量》,《精神病学档案》

——Delitti di libidine e di amore, con 2 fig. (*Id.*).

《犯罪的欲望和爱,2 张图》,《精神病学档案》

——Omicidio e furto per amore pazzesco (*Id.*).

《为了疯狂的爱而杀人和偷窃》,《精神病学档案》

——*L'amore anomalo e precoce nei pazzi* (*Id.*).

《精神病人反常的爱与早熟》,《精神病学档案》

——La fisionomia di donne criminali (in collaborazione con Marro) (*Arch. di psichiatria*).

《犯罪妇女的相貌》(与 Marro 合作),《精神病学档案》

——Riflessi tendinei nei criminali (*Id.*) (*Id.*).

《犯罪人的肌腱反射》(与 Marro 合作),《精神病学档案》

——Processo Pelzer (*Id.*).

《佩尔泽过程》,《精神病学档案》

——L'orecchio nelle atrofie degli emisferi (*Id.*).

《眼部半球的萎缩》,《精神病学档案》

1884 Pazzo morale e delinquente nato (*Id.*).

《悖德狂与犯罪》,《精神病学档案》

——Misdea (in collaborazione con Bianchi). Torino, Fr. Bocca.

《坏女人》(与 Bianchi 合作)

——Pro schola mea (Arch. di psichiatria).

《我的专业学者》,《精神病学档案》

1885 L'identità dell'epilessia colla pazzia morale e delinquenza congenita. Pag. 29 (*Archivio di psichiatria*, Torino).

《癫痫的身份与精神错乱和先天性犯罪有关》,《精神病学档案》

——Epilessia larvata (con Morselli) (*Id.*).

《虚假癫痫》,《精神病学档案》

——Del tribadismo nei manicomi (*Id.*).

《精神病院中的女性同性恋》,《精神病学档案》

——Ninfomania paradossa (*Id.*).

《反常的慕男狂》,《精神病学档案》

——Del tipo criminale nei delinquenti politici (con R. Laschi) (*Id.*).

《政治犯罪人的犯罪类型》(与 Laschi 合作),《精神病学档案》

——Nuovi dati sull'identità dell'epilessia e pazzia morale (*Id.*).

《关于癫痫和悖德狂的新数据》,《精神病学档案》

1886 Del tribadismo nei manicomii (*Arch. di psichiatria*, vol. Ⅵ).

《精神病院中的女性同性恋》,《精神病学档案》

——I processi Pel e Zerbini e la nuova scuola criminale (*Id.*, v. Ⅵ).

《对佩尔和泽尔比尼的审判与新的犯罪学校》,《精神病学档案》

——Epilessia larvata. Pazzia morale (Perizia in collaborazione con Morselli) (*Id.*, vol. Ⅵ, fasc. 1).

《潜在的癫痫　悖德狂》(专业方面与 Morselli 合作),《精神病学档案》

——I delitti di libidine, 2a ediz. Pag. 57. Torino, Fratelli Bocca.

《犯罪的欲望》

——La prima esposizione internazionale di antropologia criminale (in collaborazione con Severi) (*Arch. di psicologia*, vol. Ⅶ, pag. 19). Torino, Bocca.

《第一届国际犯罪人类学展览会》(与 Severi 合作),《精神病学档案》

1888 Nevrosi vasomotoria in un truffatore (in collaborazione coll'Ottolenghi) (*Id.*).

《诈骗犯中的血管舒缩神经症》(与 Ottolenghi 合作),《精神病学档案》

——I pazzi criminali (*Archivio di psichiatria*, Torino).

《犯罪精神病人》,《精神病学档案》

——I gesti dei criminali (in collaborazione col Pitrè) (*Id.*).

《犯罪人的手势》(与 Pitrè 合作),《精神病学档案》

——Il manicomio criminale e la forza irresistibile (*Id*.).

《犯罪精神病院与不可抗拒的力量》,《精神病学档案》

——L'arte nei delinquenti (*Id*.).

《犯罪人的艺术》,《精神病学档案》

——Omicidio e suicidio (*Id*.).

《谋杀与自杀》,《精神病学档案》

——Influenza della civiltà e dell'occasione sul genio (*Id*.).

《文明与机遇对天才的影响》,《精神病学档案》

——*L'homme criminel*. II Vol. 1ª ediz. Pag. 580, con atlante di XXXIX tavole. Paris, Alcan.

《犯罪人论》(第一版,二卷本)

——*Troppo presto! Appunti al nuovo Codice Penale*. Torino, Bocca.

《太快了! 对新刑法典的批评》

——*Palimsesti del carcere*. Torino, Bocca.

《狱中笔记》

1889 Studi sull'ipnotismo e sulla credulità (in collaborazione con Ottolenghi). Unione Tip.-Torinese. Estratto dal Giornale della R. Acc. di Medie., anno 1889, n. 1.

《关于催眠和轻信的研究》(与 Ottolenghi 合作),《皇家医学院学报》

——*Uomo delinquente*. I Vol. 4ª ediz. Delinquente nato e pazzo morale. Pag. lv-660. Torino, Bocca edit.

《犯罪人论》(第四版,第一卷)

——*Uomo delinquente*. Ⅱ Vol. 4ª ediz. Delinquente Epilettico, d'impeto, pazzo, criminaloide. Con 16 tav. Pag. 581. Torino, Bocca ed.

《犯罪人论》(第四版,第二卷)

——Crani di Torinesi ignoti (in collaborazione con Ottolenghi) (*Giorn. Accad. di medicina*, Torino).

《都灵无名氏的头骨》(与 Ottolenghi 合作),《皇家医学院学报》

1890 *Il delitto politico e le rivoluzioni* (in collaborazione con Laschi). Pag. x-550. Torino, Fratelli Bocca editori.

《政治犯罪与革命》(与 Laschi 合作)

——Rapport au Congrès pénitentiaire international de Saint-Pétersbourg.

《圣彼得堡国际监狱大会的报告》

——*Medicina legale del cadavere*. Pag. 190. Pinerolo, Chiantore e Maccarelli, 2ª ediz.

《尸体法医学》

——*Das Politische Verbrechen*, ecc., Ⅱ Vol. Pag. 250.

《政治犯罪》

——*Le crime politique et les Révolutions* (in collaborazione con R. Laschi), t. 1°, pag. XⅢ-293. Felix Alcan, Paris.

《政治犯罪与革命》(与 Laschi 合作)

——*Le crime politique*, tomo Ⅱ, pag. 423.

《政治犯罪》

——*Nouvelles recherches de Psichiatrie et d'Anthropologie criminelle*. Pag. v-180. Felix Alcan, Paris.

《精神病学和犯罪人类学的新研究》

——*L'uomo di genio*. Traduzione in russo di Mad. Tekukenova. St-Pétersbourg.

《天才》（被翻译为俄语）

——Forma nuova di follia del dubbio (*Giorn. dell'Acc. di Medicina di Torino*, 1892, Num. 8 e 9).

《一种疯狂怀疑的新形式》，《都灵医学院学报》

1891 Petites et grandes causes des révolutions. Paris.

《革命的小原因和大原因》

——Les passions dans les révoltes (*Id.*).

《起义中的激情》，《都灵医学院学报》

——Tatto e tipo degenerativo in donne normali, criminali e alienate (*Arch. di Psichiatria*).

《正常妇女、犯罪妇女和精神错乱妇女的触觉和退化类型》，《精神病学档案》

——La definizione del delitto politico (in collab. con Laschi) (*Id.*).

《政治犯罪的定义》（与 Laschi 合作），《精神病学档案》

——Due genii nevrotici femminili (*Id.*).

《两个女性神经质的天才》，《精神病学档案》

——Infanticidio in pellagrosa (*Id.*).

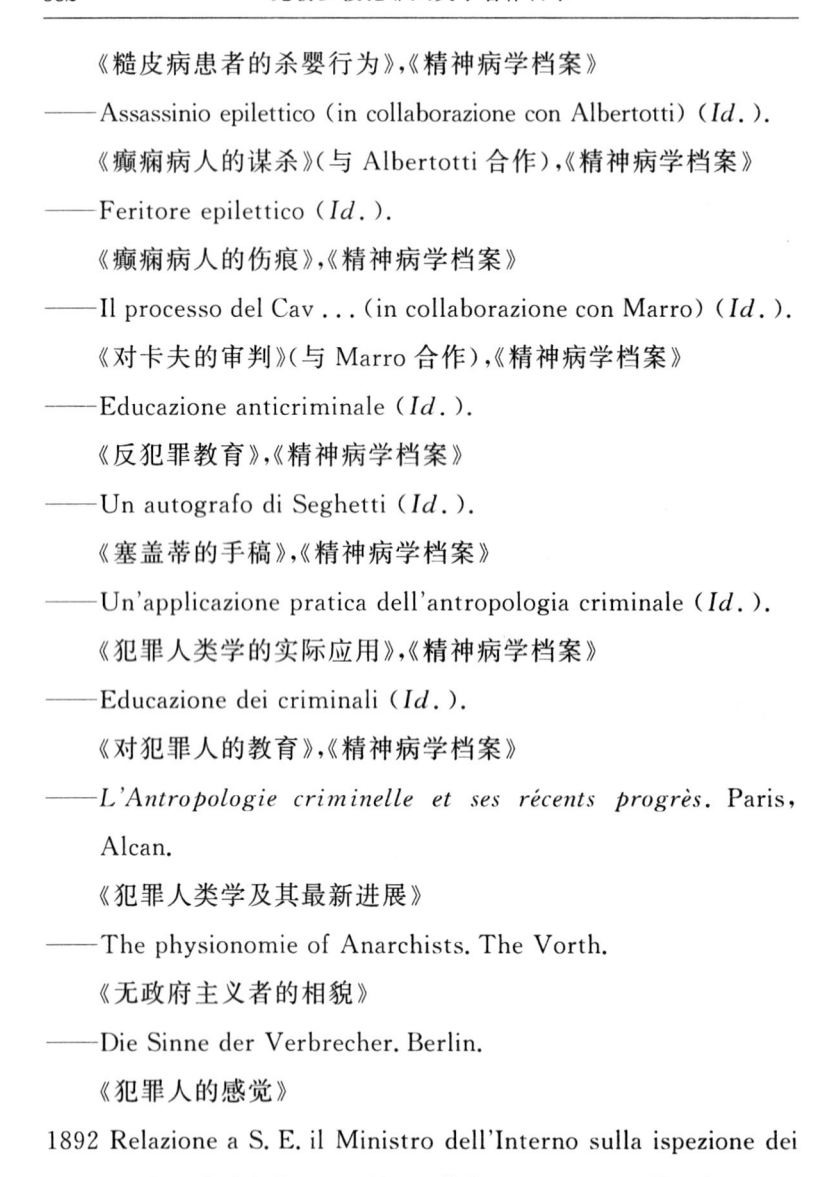

《糙皮病患者的杀婴行为》,《精神病学档案》

——Assassinio epilettico (in collaborazione con Albertotti) (*Id.*).

《癫痫病人的谋杀》(与 Albertotti 合作),《精神病学档案》

——Feritore epilettico (*Id.*).

《癫痫病人的伤痕》,《精神病学档案》

——Il processo del Cav... (in collaborazione con Marro) (*Id.*).

《对卡夫的审判》(与 Marro 合作),《精神病学档案》

——Educazione anticriminale (*Id.*).

《反犯罪教育》,《精神病学档案》

——Un autografo di Seghetti (*Id.*).

《塞盖蒂的手稿》,《精神病学档案》

——Un'applicazione pratica dell'antropologia criminale (*Id.*).

《犯罪人类学的实际应用》,《精神病学档案》

——Educazione dei criminali (*Id.*).

《对犯罪人的教育》,《精神病学档案》

——*L'Antropologie criminelle et ses récents progrès.* Paris, Alcan.

《犯罪人类学及其最新进展》

——The physionomie of Anarchists. The Vorth.

《无政府主义者的相貌》

——Die Sinne der Verbrecher. Berlin.

《犯罪人的感觉》

1892 Relazione a S. E. il Ministro dell'Interno sulla ispezione dei manicomi del Regno (in collaborazione con Tamburini e

Ascenzi)(*Arch. di psichiatria*).

《向 S. E. 内政部长报告检查王国精神病院的情况》（与 Tamburini 和 Ascenzi 合作），《精神病学档案》

——Criminelle d'occasion et criminelle-née (*Id.*).

《偶然犯罪人与生来犯罪人》，《精神病学档案》

——Pazzo e simulatore falsario (*Id.*).

《精神病患者和模仿伪造者》，《精神病学档案》

——Processo Bonaglia (*Id.*).

《博纳格里亚审判》，《精神病学档案》

——Palimsesti del carcere femminile (*Id.*).

《妇女监狱的刻字》，《精神病学档案》

1893 Les corrupteurs actuels (*Nouvelle Revue*), Paris.

《目前的腐败者》，《新评论》

——Psychologie des Wirtes (*Du Zukunft*) Berlin.

《主持人心理学》，《未来》

——Sui recenti processi bancarii di Roma e Parigi (in collaborazione con G. Ferrero) (*Arch. di Psichiatria*, vol. Ⅳ, fasc. Ⅲ, pag. 191).

《关于罗马和巴黎最近的银行审判》（与 G. Ferrero 合作），《精神病学档案》

——*Le più recenti scoperte ed applicazioni della Psichiatria ed Antropologia criminale.* Pag. Ⅶ-435, Bocca ed., Torino.

《精神病学和犯罪人类学的最新发现和应用》

——*La donna delinquente, la prostituta e la donna normale*（in collaborazione con G. Ferrero）. Pag. XI-640. Roux ed., Torino.

《犯罪女人、妓女和正常女人》（与 G. Ferrero 合作）

——Un'inchiesta americana sull'Uomo perfetto（*Gazzetta Letteraria*）, Torino.

《美国对完美男人的调查》，《文学期刊》

——La longevità delle peccatrici（Tavola Rotonda）, Napoli.

《犯罪人的长寿》（圆桌会议）

1894 *Gli anarchici*. Pag. 95, Fr. Bocca editori.

《无政府主义者》

——*L'uomo di genio*. 6ª ed., pag. 739. Fr. Bocca edit.

《天才》（第六版）

——*Das Weib als Verbrecherin und Prostitute*（con G. Ferrero）Pag. 587（*Verlagsanstalt und Druckerei*）. Hamburg—Kurella trad.

《犯罪女性和妓女》（与 G. Ferrero 合作）

——*Neue Fortschritte in den Verbrecherstudien*, Wilhelm Friedrich, Leipzig.

《犯罪人研究的新进展》

——Il delitto e il genio negli animali（*La Piccola Antologia*）, Roma.

《动物的犯罪和天才》，《小文集》

1895 *L'homme criminel*. 2ᵉ ed., vol. I, F. Alcan, édit., Paris.

《犯罪人论》(第二版,第一卷)

——*L'homme criminel*, vol. Ⅱ. Criminel né—Fou moral-Épileptique Criminel d'occasion—Par passion. Pag. 580. Felix Alcan édit., Paris.

《犯罪人论》(第二版,第二卷)

——*Die Anarchisten*（trad. tedesca di Kurella）(*Verlagsantalt und Druckerei*). Hamburg.

《无政府主义者》

——*The female offender*（con G. Ferrero）. Fisher Unwing edit., London.

《女性犯罪人》(与 G. Ferrero 合作)

——Sei cranii di criminali abissini（in collaborazione col Dott. Carrara）(*Atti dell'Acc. di Medicina di Torino*).

《阿比西尼亚犯罪人的六个头骨》(与 Dott. Carrara 合作),《都灵医学会会刊》

——*La donna criminale e prostituta*, trad. in polacco. Varsovia, Cohn.

《女性犯罪人和妓女》(被翻译为波兰语)

——Nevrosi vasomotoria in un truffatore istero-epilettico（in collaborazione con Ottolenghi）(*Giornale Accademia di Medicina*, Torino).

《异位癫痫欺诈者中的血管运动神经症》(与 Ottolenghi 合作),《都灵医学院学报》

——Criminal Anthropology applied to Pedagogy（*The Monist*），

Chicago.

《犯罪人类学在教育学中的应用》,《一元论者》

1896 Les anarchistes. Pag. XX -258. Ernest Flammarion, éditeur, Paris.

《无政府主义者》

——La funzione sociale del delitto. Pag. 31. Remo Sandron editore, Palermo.

《犯罪的社会功能》

——L'uomo delinquente. 5ᵃ ed., vol. I , pag. XXXV -650. Fr. Bocca, Torino.

《犯罪人论》(第五版,第一卷)

——L'uomo delinquente, vol. II , pag. 576. Fr. Bocca edit.

《犯罪人论》(第五版,第二卷)

——Histoire des progrès de l'Anthropologie et Sociologie criminelles pendant les années 1895-1896 (Comptes-Rendus du IVᵉ Congrès International de Genève, 1896).

《1895—1896 年间犯罪人类学和犯罪社会学进步的历史》,《日内瓦第四届国际大会报告》

——Le traitement du criminel d'occasion et du criminel-né selon les sexes, les âges et les types (Id.).

《按性别、年龄和种类分列的偶然犯罪人及其待遇》,《日内瓦第四届国际大会报告》

——The origine of tattooing (Pop. Sc. Month., avril 1906, NewYork).

《文身的起源》,《大众科学月刊》

——Il cervello del brigante Tiburzio (*Nuova Antologia*, vol. LXVI, serie IV, 16 dicembre 1896, Roma).

《强盗蒂布兹奥的大脑》,《新选集》

——*La race dans l'étiologie du crime. L'humanité nouvelle*, Paris.

《犯罪原因中的种族》,《新人类》

——Religion und Verbrechen (*Zukunft*, Berlin).

《宗教与犯罪》,《未来》

1897 Contributo all'Antropologia dei Dinka (in collaborazione col prof. Carrara)(*Atti della Società romana di Antr.*, vol. IV, fasc. II, pag. 24).

《对丁卡人①人类学的贡献》(与 Carrara 教授合作),《罗马人类学学会会刊》

——Criminal Anthropology (*Twenty Century Practice of Medicine*, vol. XII, pag. 372-433. New-York).

《犯罪人类学》,《20 世纪的医学实践》

——*L'uomo delinquente*. Vol. III, pag. 677 con atlante. Fr. Bocca edit., Torino.

《犯罪人论》(第三卷)

——*Genio e degenerazione* (Nuovi studi e nuove battaglie).

---

① 丁卡人(Dinka)是居住在尼罗河上游的黑人民族成员,多从事畜牧,身材较高。——译者

Pagine v-318. Remo Sandron, Palermo.

《天才与退化(新的研究和新的战斗)》

——La delinquenza e la rivoluzione francese. Conferenza (Estratto dalla *Vita Italiana durante la Rivoluzione Francese*, Treves edit., Milano).

《犯罪与法国大革命　会议》,摘自《法国大革命期间意大利人的生活》

1898 I precursori dell'Antropologia criminale (*Arch. di Psichiatria*).

《犯罪人类学的先驱》,《精神病学档案》

——Simulazione di pazzia (*Id.*).

《伪装的疯狂》,《精神病学档案》

——Homicides aux États-Unis (*North American Review*, New York).

《美国的杀人案》,《北美评论》

——Die Epilepsie Napoleons (*Deutsche Revue*, januar, Stuttgart).

《拿破仑的癫痫病》,《德国评论》

——Le cause dell'anarchia (*Id.*).

《无政府状态的原因》,《德国评论》

——Luccheni et l'anarchie (*Revue des Revues*).

《卢切尼与无政府状态》,《评论杂志》

——Mr Place e l'omicidio nelle donne (*The World*, New York).

《普莱斯先生与女性谋杀案》,《世界》

——La dismaternité chez la femme (*Revue des Revues russes*, St-Pétersbourg).

《妇女不生育》,《俄罗斯期刊评论》

——Discorso inaugurale al Congresso di Medicina Legale. Torino. Atti del I Congresso Medicina Legale (*Rivista di Medicina Legale*, 1898). Torino.

《法医学大会开幕致辞》,《法医杂志》

——Anarchistic crimes and their causes (*Indipendant*, Nuova York).

《无政府主义犯罪及其原因》,《独立》

1899 Il delinquente e il pazzo nel teatro moderno (*Nuova Antologia*, 16 febbraio 1899).

《现代剧院的犯罪人和疯子》,《新选集》

——*Luccheni e l'antropologia criminale*. Fr. Bocca, Torino.

《卢切尼与犯罪人类学》

——*Le crime, causes et remèdes*. Pag. 572, con tavole. Schleicher et C. édit., Paris.

《犯罪及其原因和矫治》

——*Kerker Palimpsesten*, 5 Trad, di Kurella. Hamburg.

《监狱墙壁上的刻字》

——Anarchici-monarchici con doppia personalità (*Archivio di Psichiatria*, ecc., Torino).

《具有双重人格的无政府主义者—君主主义者》,《精神病学档案》

——Casi di ferimenti ed assassinii per accessi epiletici ed alcoolistici (*Id.*).

《因癫痫和饮酒而受伤和暗杀的案件》,《精神病学档案》

——Una semiguarigione di criminale-nato (in collaborazione con Alva) (*Id*.).

《生来犯罪人的半痊愈》(与 Alva 合作),《精神病学档案》

——Los hermanos Mangachi y la antrop. criminal (*Criminologia moderna*). Buenos-Ayres.

《曼加奇兄弟与犯罪人类学》,《现代犯罪学》

——La dismaternidad en la mujer delincuente (*Id*.)

《对犯罪妇女的绝育》,《现代犯罪学》

——Caractères spéciaux de quelque dégénérescence. Relazione letta al Congresso medico a Mosca.

《一些退化的特殊特征 在莫斯科医学大会宣读的报告》

——I regicidi (*Die Woche*, Berlin).

《弑君者》,《每周》

——Un anarchico paradosso (Appleton's *Popular Science Monthly*, New York).

《一个无政府主义的悖论》,《大众科学月刊》

——L'omicidio agli Stati Uniti (*North Amer. Review*, New York).

《美国的谋杀案》,《北美评论》

1900 Les peines des femmes. Torino.

《女人的痛苦》

——Le nozioni dell'Antropologia criminale nei pensatori antichi (*Archivio di Psichiatria*).

《古代思想家对犯罪人类学的理解》,《精神病学档案》

——Danneggiamento per vendetta paranoica (*Id.*).

《偏执报复造成的伤害》,《精神病学档案》

——Il delitto col biciclo (*Nuova Antologia*).

《骑自行车犯罪》,《新选集》

——Bresci (*Forum*, New York).

《布雷西亚》,《论坛》

——La polizia in Italia (*L'Adriatico*).

《意大利警察》,《亚得里亚海》

——Il sistema carcerario in Italia (*Id.*).

《意大利的监狱制度》,《亚得里亚海》

——*Lezioni di medicina legale*. 2ᵃ ediz., pag. 573. Fr. Bocca edit., Torino.

《法医学讲义》(第二版)

——Les conquêtes récentes de la Psychiatrie (*des Comptes-Rendus du Congrès d'Anthropol.*).

《最近的精神病学研究成果》,《人类学大会报告》

——Perchè i grandi criminali non presentano il tipo.

《大类犯罪没有典型性表现的原因》

1901 Il delitto nel secolo XIX (*Nacion*).

《19 世纪的犯罪》,《全国日报》

——Les anarchistes aux États-Unis (*Independent*, New York).

《美国的无政府主义者》,《独立》

——Le traitement des criminels (*Revue scientifique*).

《罪犯的待遇》,《科学杂志》

——Sulla cortezza dell'alluce negli epilettici, nei criminali ed idioti(*Archivio di Psichiat.*, vol. XXII, fasc. IV-V, Torino).

《癫痫患者、犯罪人和白痴的脚趾》,《精神病学档案》

——*Nouvelles recherches d'anthropologie criminelle.* 4ᵃ ediz., Alcan édit., Paris.

《犯罪人类学的新研究》

——Le pieghe laterali ed i solchi vestibolari della bocca (*Archivio di Psichiatria*).

《侧向褶皱和口腔的前庭凹槽》,《精神病学档案》

——Der Selbstmord der Vebrecher[①] insbesondere in Zellen (*Der Tag.*, N. 397, 1901).

《罪犯的自杀,特别是在监舍中的自杀》

1902 Giuseppe Musolino (*Arch. di Psich.*, vol. XXIII, pag. 1).

《朱塞佩·穆索里诺》,《精神病学档案》

——Enrico Bailor detto il martellatore (*Id.*, pag. 121).

《恩里科·拜勒,又名锤手》,《精神病学档案》

——La critica alla nuova scuola in Germania (*Id.*, pag. 592).

《对德国新学派的批评》,《精神病学档案》

——*El delito. Sus causas y remedios.* Pag. VI-650. Madrid, Libreria de Victoriano Suares.

《犯罪及其原因和矫治》

---

① Vebrecher 可能是 Verbrecher。——译者

——*Die Ursachen und Bekämpfung des Verbrechens*. Bermüheler. 1902, Berlin.

《犯罪的原因和控制》

——*Delitti vecchi e delitti nuovi*. Pag. iv-335. Torino, Fr. Bocca.

《旧犯罪与新犯罪》

——Innocenza di gravissima imputazione dimostrata dall'antropologia criminale(in collaborazione con Bonelli) (*Id.*, fasc. Ⅵ, vol. XXIII).

《犯罪人类学证明了严重指控的无罪》(与 Bonelli 合作),《精神病学档案》

1903 *La donna delinquente, la prostituta e la donna normale*. Nuova edizione economica (in collaborazione con Guglielmo Ferrero), Torino, Frat. Bocca.

《犯罪女人、妓女和正常女人》(与 Guglielmo Ferrero 合作)

——La psicologia di un uxoricida tribade (*Archivio di Psichiatria*, vol. XXIV, fasc. Ⅰ-Ⅱ).

《女同性恋杀妻的心理》,《精神病学档案》

—— Sul vermis ipertrofico e sulla fossetta occipitale mediana nei normali, alienati e delinquenti (*Id.*).

《正常人、精神病人和犯罪人中的小脑蚓部肥大和中央枕骨窝》,《精神病学档案》

——Razze e criminalità in Italia (*Id.*).

《意大利的种族和犯罪》,《精神病学档案》

—— La psicologia criminale secondo Melchine e le riforme

peniten ziarie (*Revue dea Revues*).

《梅尔奇的犯罪心理学和监狱改革》,《评论杂志》

——La libertà condizionale e la magistratura in Italia (*La Scuola Positiva*).

《意大利的假释制度和司法机关》,《实证学派》

1904 Notre enquête sur la transmission de la pensée (*Annates des sciences psichiqites*, N. 5, 1904, Paris).

《我们对思想传递的调查》,《心理科学纪事》

——Rapina di un tenente dipsomane (*Arch. di psichiatria, neuropatologia*, vol. Ⅳ).

《一名嗜酒中尉的抢劫》,《精神病学与神经病理学档案》

——Ladro pazzo morale (*Id.*, vol. Ⅳ).

《悖德狂小偷》,《精神病学与神经病理学档案》

1905 *La perizia psichiatrico-legale coi metodi per eseguirla e la casuistica legale*. Pag. 640. Torino, Fr. Bocca.

《法律精神病学鉴定的方法与法律程序》

——*Il caso Olivo* (in collaborazione con A. G. Bianchi). Pag. 271. Milano, Libreria Editrice Nazionale.

《奥利沃案件》(与 A. G. Bianchi 合作)

——*Il momento attuale*. Milano, 2ᵃ ed.

《当前时刻》

——Come diventerà il delitto adottandosi la nuova scuola (*Berliner Tageblatt*).

《采用新学校时犯罪将如何发展》,《柏林日报》

——L'armée des crimes et le combat contre le crime (*Le Journal*, août).

《犯罪大军与打击犯罪》,《杂志》

——I geroglifici dei criminali (*Varietas*, gennaio).

《犯罪人的象形文字》,《品种》

——La psicologia dei testimoni (*La scuola positiva*).

《证人心理学》,《实证学派》

——La causa della genialità negli Ateniesi (*Congresso di Psicologia*, Roma).

《雅典人的天才事业》,《心理学大会》

——Mattoide falso monetario (*Arch. di psichiatria, antropologia criminale*, fasc. 4-5).

《古怪的假货币》,《精神病学与犯罪人类学档案》

1906 *Problèmes du jour*. Paris, Flammarion.

《今天的问题》

——Dell'anarchia in Spagna. (*N. Antologia*).

《西班牙的无政府状态》,《西班牙的无政府状态》

——*Crime; Causes et remèdes*, 2ᵃ ed. Alcan, Parigi.

《犯罪及其原因和矫治》(第二版)

——Il mio museo criminale. Torino. *Arch. Psich.* vol. XXVIII.

《我的犯罪博物馆》,《精神病学档案》

——Ossessione isterica di paternità causa di omicidio (*Archivio di psichiatria*, ecc., fasc. 1° e 2°).

《歇斯底里的父权痴迷导致谋杀》,《精神病学档案》

——Psicologia dei testimoni (*Id.*).

《证人心理学》，《精神病学档案》

——Du parallélisme entre l'homosexualité et la criminalité innée. Relaz. al Ⅵ Congresso di Antropologia criminale (*Id.*, fasc. 3°).

《同性恋与天生犯罪之间的平行关系》（在第六届犯罪人类学大会上的报告），《精神病学档案》

——*La femme criminelles* (in collab. con Ferrero), 2ª ediz., Parigi, Alcan (600 pag. con fig.).

《女性犯罪人》（第二版，与 Ferrero 合作）

1907 *Genio e degenerazione*. 2° ediz., Remo Sandron, Palermo.

《天才与退化》（第二版）

——*Neue Fortschritte der kriminellen Anthropologie*. Marhold (Halle). Trad. Jentsch (pag. 110).

《犯罪人类学的新进展》

——Ueber die neuen Entdeckungen krimineller Anthropologie (*Nord u. Süd*, Berlin).

《关于犯罪人类学的新发现》，《北方和南方》

——Una truffatrice simulatrice (*Arch. di psichiatria, antropologia criminale*, fasc. 1-2).

《伪装的诈骗者》，《精神病学与犯罪人类学档案》

——*Neue Studien über Genialität* (*Schmidt's Jahrbücher der gesammten Medizin*). Trad. Jetsch (90 pag.).

《关于天才的新研究》，《施密特氏完整医学年鉴》

——Come nacque e come crebbe l'antropologia criminale. Ricerche e studi di psich., neurop. Vol. dedicato al prof. E. Morselli.

《犯罪人类学的诞生与成长》

——Anomalie in crani preistorici (*Arch. di psichiatria, antropologia criminale*, fasc. 1-2).

《史前头骨的异常》,《精神病学与犯罪人类学档案》

——La mortalità e la moralità in Italia. Comunicazione fatta alla R. Accademia di Medicina di Torino, 22 febbraio.

《意大利的死亡和道德》

——I delitti coll'automobile (*Pall Mall Magazine*).

《汽车犯罪》,《帕尔玛杂志》

——Processo Thaw (*New-York World*), 1907.

《解冻过程》,《纽约世界》

——Id. (*Id.*) 1908.

《解冻过程》,《纽约世界》

——La precocità nel delitto (*Mitt. Straffrechi*).

《提前发生的犯罪》

1908 *Genio e degenerazione*. Nuovi studi e nuove battaglie. 2ª ediz. con molte aggiunte. Remo Sandron. Palermo.

《天才与退化》（新的研究与新的战斗）

——Ueber die Entstehungsweise und Eigenart des Genies (*Schmidt's Jahrbucher der gesammten Medizin*. Bd. CCXCIV, p. 125).

《关于天才的起源和特征》，《施密特氏完整医学年鉴》

——Neue Verbrecher-Studien. Trad. Jentsch, Halle, edit. Marhold.

《新的犯罪研究》

——Perchè i criminali aumentino malgrado le mitezze delle pene (*Rivista di discipline carcerarie*, 1908).

《犯罪增加的原因与刑罚轻微》，《监狱学科杂志》

——Psicologia di Nasi (*Neue Freie Presse*).

《鼻子心理学》，《新自由新闻》

——La criminalité nord-américaine (*New-York World*).

《北美犯罪》，《纽约世界》

——La felicità nei pazzi e nei genii (*Archivio di Psichiatria*, ecc., vol. XXIX, pag. 381).

《疯子和天才的快乐》，《精神病学档案》

——Criptomnesie (*Id.*, pag. 291).

《潜在记忆》，《精神病学档案》

1909 Pensieri sul processo Steinheil (*Archivio di Psichiatria*, ecc., vol. XXX, pag. 87).

《关于斯坦海尔审判的思考》，《精神病学档案》

——Nuove forme di delitti (*Id.*, pag. 428).

《新的犯罪形式》，《精神病学档案》

——I delitti e la nevrosi di Grete Beyer (*Id.*, pag. 442).

《格雷特·拜尔的犯罪和神经症》，《精神病学档案》

——Alcoolismo di Stato (in collab. con Antonini) (*Id.*, pag. 462).

《国家酗酒》(与 Antonini 合作),《精神病学档案》

——Le cause della criminalità spagnuola (*Id.*, pag. 545).

《西班牙犯罪的原因》,《精神病学档案》

索 引

(页码为原书页码,即本书边码)

A

Abortion 堕胎 407
Adoption 收养 315
Adultery 通奸 417
Affinities, elective 同类相聚 160
Age 年龄 175,410
 of parents 父母的 170
Agriculture and manufacturing 农业和制造业 130
Alcoholic heredity 酗酒的遗传 169
Alcoholism, antagonism to crime 酗酒,与犯罪的反比关系 99
 and crime statistics 与犯罪统计 90
 cure of 矫治 273
 and evolution 与进化 101
 and food supply 与食物供应 88
 and insurrections 与叛乱 100
 and pauperism 贫穷 89
 pernicious effect of 有害的影响 88
 physiological effect of 生理效果 93

 prevention of 预防 265
 specific criminality of 特别犯罪 96
American Institute of Criminal Law and Criminology 美国刑法与犯罪学研究所 xi
Appeal 上诉 357
Aristotle 亚里士多德 230
Art 艺术 439
Artena 阿尔泰纳 23,160,220
Associations, of children 儿童的交往 307
 of criminals 犯罪人的 212
Asylums 精神病院 280
 for criminal insane 给犯罪精神病人的 397
Atavism, in crime and in punishment 隔代遗传,在犯罪和刑罚方面的 365
 in Juke family 在朱克家族 161

B

Bad government, and associated crime 不好的政府,与结伙犯罪

216
 and political crime 与政治犯罪 229
Bagehot 白哲特 52
Barbarism 野蛮 43,248
 and associated crime 与结伙犯罪 215
Barnardo 巴纳多 286,320 及以下诸页
Beccaria 贝卡利亚 ix
Bertillon 贝蒂荣 53,252
Birth-rate and immigration 出生率和外来移民 69
Bodio 博迪欧 119
Borghetti 鲍格蒂 353
Bosco 鲍斯高 71
 Don 唐 285,314
Bourde 鲍尔德 50
Bourent 鲍乃特 49
Brace 布雷斯 147,318
Brachycephaly 圆头型 34
Brockway 布罗克韦 206,394 及以下诸页
Buckle 巴克尔 2
Buzenbraun 波岑布隆 141

C

Calendars, criminal 日历,犯罪的 23
Camorra 卡莫拉 212
 morals of 的道德 214
Capital punishment 死刑 426

Cardon 卡登 175
Celtes 采尔蒂斯 407
Centers, criminal 中心,犯罪的 8
Charity, in Latin countries 慈善,在拉丁语国家 284
 ineffectiveness of 无效性 288
Children, day reformatories for 儿童,日间教养院 318
 English measures for 英国的措施 320
City and country 城市与乡村 72
Civilization 文明 43,249
 and associated crime 与结伙犯罪 220
 and crimes of women 与妇女犯罪 187
Civil status 公民身份 193
Class, predominance of 阶层,优势 231
Climatic influences 气候的影响 1,246
Cluseret 克吕泽烈 101
Coghlan 科格伦 107,127
Colajanni 科拉扬尼 136
Cold 寒冷 2
Colletta 科利特 221
Colocci 科洛西 41
Comandini 科曼迪尼 49
Complicity 共犯 419
Conditional sentence 附条件刑罚 391
Confinement at home 家庭拘留

388

Congestion of population 人口拥挤 53

Convicts, released, homes for 犯人,被释放的,之家 344

Coöperation 互助合作 278

Corre 科雷 12,77

Country, city and 乡村,城市与 72
  placing in 居留在 315

Cretien family 克雷蒂安家族 156

Crime, necessity of 犯罪,的必要性 377

Crimes, new 犯罪,新的 57

"Criminal Man," see *Homme Criminel* 《犯罪人论》,参见 *Homme Criminel*

Criminal, born 犯罪人,生来的 xiv,432
  habitual 习惯的 xxv,419
  insane 精神病的 xxii,375,420
  asylums for 精神病院 397
  occasional 偶然的 xxiv,135 注释,376,414
  by passion 激情的 xxii,376,412
  political 政治的 xxii,412,434
  procedure 程序 353
    causes of absurdities in 荒谬的原因 362
    erroneous theories of 错误的理论 361

Criminaloids 倾向犯罪人 xxv,373,418

Criminals, incorrigible 不可改善犯罪人 424

Criminological prejudices 犯罪学的偏见 359

Crudeli 克鲁代利 217

Curcio 孔萧 5

D

Darwin 达尔文 1

Daudet 都德 3

d'Azeglio 阿泽利奥 223

Death penalty 死刑 426

Decentralization 分权制度 326

Defamation 诽谤 416

Delia 迪莉娅 293

Density of population 人口密度 59
  and political crime 与政治犯罪 227

Deportation 流放 346

Derby 德比 277

Despine 德斯皮纳 156,341,342

Discontent, economic 不满意,经济 329

Divorce, recommended 离婚,建议的 257,417

Dolichocephaly 长头型 34

du Camp 迪康 63,67,345

Duel 决斗 416

Dugdale 达格代尔 160 及以下诸页

Dupuy 杜普伊 270

E

Economic conditions 经济条件 119
　and political crime 与政治犯罪 237,239
Economic discontent 经济不满意 329
Educated, specific criminality of 受教育者,特殊犯罪行为 111
Education, archaic 教育,古老的 329
　dangers of 的危险 114,301
　diffusion of 推广 108
　family 家庭 313
　in prisons 监狱中的 114
Educational methods 教育方法 314
Elmira Reformatory 埃尔迈拉教养院 393
Emigration 迁出移民 63
　societies 机构 280
Employment, lack of 就业,失去 124
　societies 机构 281
Environment, change of, and political crime 环境,改变,与政治犯罪 241
Epidemic ideals 理想的传播 233
Epilepsy, of parents 癫痫,父母的 168
　in crime and in punishment 犯罪和刑罚中的 365,369

F

Famine 饥荒 76
Fayet 法耶 72,111,198
Ferrero 费雷罗 45,143,295,360,363,364,413
Ferri 菲利 8,138,206,245,386,415
Fieschi family 菲耶斯基家族 156
Filangeri 费兰基里 358
Fines 罚金 389
Franchetti 弗朗切迪 47
Franklin 富兰克林 229
Fraud, prevention of 诈骗,的预防 261
Fregier 弗雷吉尔 352

G

Garofalo 加罗法洛 303
Gauthier 戈瑟尔 332 及以下诸页
Geology 地质 17
Giannone 詹农 213
Girard 吉拉德 193
Goitrous districts 甲状腺肿多发地区 19
Graded prison system 分级监狱制度 337
Grelmann 格里尔曼 39
Grimaldi 格里马尔迪 155
Guerry 格雷 5,7,13,83,179,187

Gypsies 吉普赛人 39

H

Hair, light and dark 头发,浅色和黑色 35
Hammond 霍蒙德 202
Harris 哈里斯 155
Hashish 大麻 94,103
Hausner 豪斯纳 201
Healthfulness and political crime 健康与政治犯罪 227
Heat 高温 2,8,12
Hereditary influence, clinical proofs of 遗传影响,的临床证据 155
  statistics of 的统计 151
Heredity, and associated crime 遗传,与结伙犯罪 223
  insane 精神错乱 166
Holtzendorf 霍尔岑多夫 14,202,211
Homme Criminel, summary of 《犯罪人论》,的摘要 x 及以下诸页
Homo-sexual offenders 同性恋犯罪人 418
Hot countries, crimes and rebellions in 炎热国家,犯罪与造反 13

I

Identification, means of 辨认,的方法 251
Idleness and brigandage 懒惰与强盗 218
Illegitimate children 私生子 145
Illiteracy 文盲 105
Illiterate, specific criminality of 文盲,的特殊犯罪行为 111
Imitation 模仿 210
  and political crime 与政治犯罪 233
Immigration 外来移民 63
  and birth-rate 与出生率 69
Indemnity 赔款 389
Infanticide 杀婴 408
Innocence, proof of 无罪,的证据 437
Insane, influence of occupation upon 精神错乱,职业对它的影响 203
  criminal, asylums for 犯罪的,的精神病院 397
  defined 定义 xxii
Insanity of parents 父母的精神错乱 166
Insurrections 起义 85,100
  and associated crime 与结伙犯罪 220

J

Jentsch, see Kurella 延什,参见 Kurella
Jews 犹太人 36
Joly 约利 64 及以下诸页,118,131,135,139,199,306 注释,308,311 411,429 及以下诸页

Jorioz 乔里奥茨 47,223
Judiciary 司法机关 327
"Juke" family 朱克家族 156 注释,161
Jury 陪审团 353

K

Kurella and Jentsch 库雷拉与延什 xxxv

L

Lacassagne 拉柯沙尼 72,111
Lacroix 拉克鲁瓦 141
Ladame 莱德米 349
La Place 拉普莱斯 55
Laurent 洛朗 349
Lauvergne 洛韦恩 107
Leaders 头目 221
Legal Aid Societies 法律援助协会 327
Legislative measures 立法措施 258
Legrain 勒古朗 169
Lemaitre family 拉美特家族 156
Letters 文学 439
Levasseur 勒瓦瑟 106
Levy 利维 176
Locatelli 劳科太里 84,139,178,186,319
Lolli 劳里 175,193,204
Lombroso 龙勃罗梭 ix 及以下诸页
London, preventive institutions of 伦敦,的预防犯罪机构 280 及以下诸页
Longuet 隆盖 141
Loria 洛里亚 237
Lunier 卢涅尔 193,204

M

Machiavelli 马基雅维利 234
Mafia 黑手党 212,
Maggiorani 马季奥拉尼 218
Magnan 马格南 273
Maize, spoiled 玉米,变质的 104
Malaria 疟疾 18
Manufacturing and agriculture 制造业和农业 130
Manzoni 曼佐尼 177
Maré 马雷 83
Marro 马罗 105,136,148,152 及以下诸页,155,167 及以下诸页,177,195,206,207
Mathew, Fr. 马修神父 267,270,271
Maudsley 莫兹利 xix,xx
Mayhew 梅休 56,115,175,225
Medical treatment 医学治疗 324
Messedaglia 梅塞达戈里亚 191,193,203
Minor offenses 轻微犯罪 418
Molmenti 莫尔蒙迪 216
Monnier 莫尼尔 215,218
Mordini 莫尔迪尼 215
Morphine 吗啡 103

Mortality rate 死亡率 19
Mutual Aid Societies 互助协会 282

N

Neglected children, institutions for 被忽视儿童,的机构 281
Nicolucci① 尼克卢齐 32
Nordau 诺尔道 215,②439

O

Oettingen 厄廷根 147
Old age 老年人 411
Olivecrona 奥利弗科洛纳 209
Orography 地势形态 17
  and political crime 与政治犯罪 226
Orphanages 孤儿院 281
Orphans 孤儿 147

P

Pantaleoni 潘塔雷奥尼 122
Pardon 帕顿 351
Pardon 赦免 358
Parent-du-Châtelet 培伦特-迪夏泰来 155,201
Parties 政党 231

Pauperism, alcoholism and 贫穷,酗酒与 89
  and political crime 与政治犯罪 239
Pedagogy 教育学 438
Penal institutions 刑罚制度 331
"Penal substitutes" 刑罚替代措施 245
Penalties, according to criminal anthropology 刑罚,根据犯罪人类学 385
  other than imprisonment 监禁之外的 387
Penta 彭塔 151
Periods of life, criminality at 人生不同阶段,犯罪 179
Pilgrimages 朝圣 68
Pironti 佩罗恩蒂 354
Plethysmography 体积描记法 254
Police system, modern 警察制度,现代的 250
Polidoro 波利多罗 141
Political crime 政治犯罪 226,434
  prevention of 的预防 325及以下诸页

---

① 在索引原文中写作 Niccolucci,经查对原文第 32 页,Niccolucci 应当是 Nicolucci。——译者

② 经查对原文第 215 页,该页没有出现此人名,但是,在原文第 439 页出现了此人名。——译者

Political supremacy, contest for 政治权力,的争夺 326
Politics and Camorra 政治与卡莫拉 215
Poor criminals, preponderance of 贫穷犯罪人,优势 135
Poverty, and associated crime 贫穷,与结伙犯罪 219
 prevention of influence of 影响的预防 275
Precocity 早熟 175
Predominance of class 阶级的优势 231
Press 报刊书籍 54,210.253
Price of Bread 面包的价格 76
Prins 普林斯 333
Prisoners, care for 犯人,的照顾 281
Prisons 监狱 209
 and associated crime 与结伙犯罪 222
 cellular 蜂窝状的 331
Probation 缓刑 391
Professions 职业 194
Proof of utility of reforms 改革措施有效的证据 429
Prostitution 卖淫 185
Psychiatric expert testimony 精神病学专家证言 435
Psychology applied to reformatories 心理学应用于教养院 305
Punishment, capital 刑罚,死刑 426
 corporal 肉刑 388
 right of 刑罚权 379

Q

Quetelet 凯特勒 179,182,185

R

Race 种族 21,26,33,246
 and associated crime 与结伙犯罪 223
 crossing of 的交融 228
 and political crime 与政治犯罪 228
Racial affinity 种族亲和力 325
"Ragged schools" 平民免费学校 319
Rebellions 造反 13 也参见 "Insurrections"
Reclus 勒克吕斯 32
Referendum 全民公决 329
Reform schools 教养学校 309
Reformatories, application of psychology to 教养院,应用心理学于 305
 day 日间 318
Reformatory at Elmira 埃尔迈拉教养院 393
Reforms, inappropriate 改造,不适当的 233
Religion 宗教 138
 of brigands 强盗的 213

and political crime 与政治犯罪 236

as a preventive 作为预防措施的 292

René,[①] family of 勒内 157

Rencoroni 罗恩考罗尼 182,184

Reprimand 训诫 390

Right to punish 惩罚权 379

Rondeau 容道 380

S

Saint-Hilaire 圣-伊莱尔 xxviii

Salsotto 萨尔撒托 155

Salvation Army 救世军 296

Savings Banks 银行储蓄 126

Savings in France 法国的存款 128

Scale of crime, supposed 犯罪等级,想象的 177

Schools, London 学校,伦敦 281

Seasons 季节,月份 5

Security 担保 390

Sensation 感觉 210

Sergi 塞尔基 292,302

Sex 性别 181,406

and recidivism 与累犯 190

Sexual crimes, prevention of 性犯罪,的预防 255

Seymour 西摩 114

Sichart 西查特 148,154,167ff.,205

Sighele 西盖尔 23,46,160

Soldiers 士兵 201

Socquet 索奎特 73,112

Spagliardi 斯帕戈里亚迪 308,318,345

Spencer 斯宾塞 132,221,305,326

Starcke 施塔克 76

Strahan 斯特拉恩 156

Strikes and political crime 罢工与政治犯罪 239

Subsistence 生存 76

Substitutes, penal 替代措施,刑罚的 245

Suffrage, universal 选举权,普遍的 327

Suicide, aid to 自杀,帮助 415

Surveillance 监视 351

Symbiosis 共生现象 446

T

Taine 泰纳 116,423

Tarde 塔尔德 198

Tarnowski 塔诺夫斯基 155

Taufucio[②] 桃符霄 4

---

① 在索引原文中写作 Réné,经查对原文第 157 页,Réné 应当是 René。——译者

② 在索引原文中写作 Taufacio,经查对原文第 4 页,Taufacio 应当是 Taufucio。——译者

Taxes 税收 119
　inheritance 遗产 122
　and political crime 与政治犯罪 238
Temperature, extremes of 气候,的极端情况 1
　moderate 温和的 3
Thomas 托马斯 348
Tobacco 烟草 101
Tradition, historic 传统,历史的 234

U

Uomo Delinquente, see Homme Criminel 《犯罪人论》,参见 Homme Criminel
Utilization of crime 对犯罪的利用 440

V

Verce 维斯 98
Verga 维格 193
Villari 韦拉里 47,219
Viollet-Le-Duc 维奥莱-勒-杜克 63
Virgilio 费吉里奥 151,167

W

Wages of prisoners 犯人的工资 344
Wagner 瓦格纳 373
Wars, and associated crime 战争,与结伙犯罪 220
　and political crime 与政治犯罪 243
Weapons and brigandage 武器与强盗 217
Wealth, as cause of crime 财富,作为犯罪原因 132
　prevention of influence of 影响的预防 275
Whittemore 惠特莫尔 293
Wines 瓦因斯 206
Women, specific criminality of 妇女,的特殊犯罪 183
Work, aversion to 工作,对工作的厌恶 205
　days of 的天数 124

Y

Youth 青年 410
Yvernés 伊沃内斯 197

译者简介

吴宗宪，男，1963年2月出生于甘肃省永登县，法学博士。北京师范大学刑事法律科学研究院二级教授、博士生导师，犯罪与矫正研究所所长、社区矫正研究中心主任，北京师范大学法学院学术委员会主任，北京师范大学中美刑事司法心理学研究中心主任。兼任中国犯罪学学会副会长、中国预防青少年犯罪研究会副会长等职。

曾在英国诺丁汉大学法学院、美国耶鲁大学法学院、德国马克斯·普朗克外国与国际刑法研究所等机构学习和访问研究。主要从事犯罪学、监狱学、社区矫正、法律心理学等方面的研究和教学工作。在犯罪学研究方面出版了《西方犯罪学史》《西方犯罪学》等专著，独译和主译了《犯罪人：切萨雷·龙勃罗梭犯罪学精义》《犯罪学原理》《犯罪学理论手册》等著作，其他著作包括《罪犯改造论》《犯罪心理学总论》《犯罪心理学分论》《当代西方监狱学》《社区矫正比较研究》等。

图书在版编目(CIP)数据

犯罪及其原因和矫治/(意)切萨雷·龙勃罗梭著;吴宗宪译.—北京:商务印书馆,2022
ISBN 978-7-100-19942-1

Ⅰ.①犯… Ⅱ.①切… ②吴… Ⅲ.①犯罪学—研究 Ⅳ.①D917

中国版本图书馆 CIP 数据核字(2021)第 092084 号

权利保留,侵权必究。

犯罪及其原因和矫治
〔意〕切萨雷·龙勃罗梭 著
吴宗宪 译

商 务 印 书 馆 出 版
(北京王府井大街36号 邮政编码100710)
商 务 印 书 馆 发 行
北 京 冠 中 印 刷 厂 印刷
ISBN 978-7-100-19942-1

| 2022年2月第1版 | 开本 850×1168 1/32 |
| 2022年2月北京第1次印刷 | 印张 24⅜ |

定价:125.00元